BIBLIOTHEK DEUTSCHER KLASSIKER

HUTTEN · MÜNTZER · LUTHER

BIBLIOTHEK DEUTSCHER KLASSIKER

BDK

HERAUSGEGEBEN VON DEN
NATIONALEN FORSCHUNGS- UND GEDENKSTÄTTEN
DER KLASSISCHEN DEUTSCHEN LITERATUR
IN WEIMAR

HUTTEN · MÜNTZER
LUTHER

WERKE IN ZWEI BÄNDEN

ZWEITER BAND

Luther

Aufbau-Verlag Berlin und Weimar
1989

Ausgewählt und eingeleitet von Siegfried Streller
Textrevision von Christa Streller

5. Auflage 1989

Einbandgestaltung Horst Erich Wolter
Lichtsatz INTERDRUCK Graphischer Großbetrieb Leipzig – III/18/97
Druck und Binden LVZ-Druckerei „Hermann Duncker" – III/18/138
Printed in the German Democratic Republic
Lizenznummer 301.120/152/89
Bestellnummer 610 590 8
I/II 01000

Hutten, Werke 1–2 BDK
ISBN 3-351-00714-0

MARTIN LUTHER

(1483–1546)

Gemälde von Lukas Cranach dem Älteren

Ein Sermon vom ehelichen Stand

Vorrede

Es ist ein Sermon vom ehlichen Stand ausgegangen[1] unter meinem Namen, das mir viel lieber nit geschehen wäre. Dann wiewohl ich mir bewußt, daß ich von der Materi geprediget, so ist es doch nit in die Federn bracht, als wohl gleich wäre[2]. Darum ich verursacht, denselben zu ändern und, so viel mir muglich, zu bessern. Bitt ein iglich frumm Mensch, wollt den ersten ausgangen Sermon lassen untergehn und zunichte werden. Auch so jemand mein Prediget fahen[3] will, mäßig sich seiner Eile und laß mich auch zu meiner Wort Ausbreitung raten[4]. Es ist ein groß Unterscheid, etwas mit lebendiger Stimme adder[5] mit toter Schrift an Tag zu bringen.

Ein Sermon von dem ehlichen Stand, verändert und korrigiert durch D. Martinum Luther, Augustiner zu Wittenberg

Zum ersten. Do Gott Adam geschaffen hätt und alle Tiere fur[6] ihn bracht, unter welchen Adam nit befand[7], das ihm eben und gleich gesellig wäre zum ehelichen Stand, do sprach Gott: Es ist nit gut, daß Adam allein ist. Ich will ihm ein Gehulfen machen, die ihm zur Hand sein soll, und sandt ein tiefen Schlaf in Adam und nahm eine Rippe von ihm und schloß das Fleisch wieder zu. Und bauet aus der-

1 erschienen. – 2 in entsprechender Weise. – 3 fangen. – 4 mithelfen. – 5 oder. – 6 vor. – 7 keines fand.

selben Rippen, die er von Adam genommen hatte, ein Weib und bracht sie zu Adam. Do sprach Adam: Das ist ein Bein[1] von meinen Beinen und ein Fleisch von meinem Fleisch. Sie soll heißen eine Mannine, dann sie von ihrem Mann genommen ist. Darum wird ein Mann Vater und Mutter lassen und seinem Weib anhangen, und sollen zwei in einem Fleisch sein.

Das alls seind Gottes Wort, in welchen beschrieben ist, wo Mann und Weib herkummen, wie sie zusammengeben seind und wozu ein Weib geschaffen und was vor Liebe sein soll im ehelichen Leben.

Zum andern.[2] Wann Gott selb nit gibt ein Weib adder Mann, dann geht es zu, wie es mag[3]. Dann das ist hie angezeigt, daß Adam kein ehelich Gemahel fand, aber sobald Gott Evam geschaffen hätt und zu ihm bracht, da empfand er eine rechte eheliche Liebe zu ihr und erkennet, daß sie sein ehelich Gemahel wäre. Also sollt man lehren, die do zum ehelichen Stand sich geben wollen, daß sie mit rechtem Ernst Gott bitten um ein ehelich Gemahel. Dann auch der weise Mann sagt, daß Guter und Haus mugen die Elteren ihren Kindern versehn[4], aber ein Weib wird allein von Gott geben, nach dem[5] ein iglicher wirdig ist, gleich wie Eva allein von Gott Adam geben ist. Und wiewohl die leichtfertige Jugend aus ubriger[6] Lust des Fleischs in diesen Sachen schwind fähret[7], so ist es doch ein groß Ding vor Gott. Dann nit umsunst der allmächtig Gott allein dem Menschen fur allen Tieren mit sulchem Ratschlag und Bedenken seinen ehelichen Stand einsetzt. Den andern Tierern spricht er schlechts[8]: Wachset und mehret euch, und steht nit geschrieben, daß er das Weib zu dem Mann bringt. Drum auch kein Ehe da ist. Aber Adam, dem macht er ein einigs, sunderlichs[9] Weib von ihm selbs, bringt sie zu ihm, gibt sie ihm, und Adam verwilligt[10] und nimmt sie an, und das ist dann ein Ehe.

1 Knochen. – 2 zweitens. – 3 kann. – 4 beschaffen (versehen mit). – 5 je nachdem. – 6 überschwellender. – 7 geschwind, unbedacht verfährt. – 8 schlechthin. – 9 einziges besonderes. – 10 willigt ein.

Zum dritten ist ein Weib geschaffen, dem Mann zu einem geselligen Hulfen[1] in allen Dingen, besondern, Kinder zu bringen. Und das ist noch blieben, allein daß [es] mit böser Lust nach dem Fall[2] vermischt ist. Und itzt die Begierde des Manns zum Weib und wiederum[3] nit lauter ist, dann nit allein Gesellschaft und Kinder, dazu es allein eingesetzt ist, sondern auch die böse Lust fast[4] stark gesucht wird.

Zum vierten unterscheidt[5] er die Lieb: daß Manns und Weibs Lieb ist adder sein soll die allergroßt und lauterste Lieb vor allen Lieben. Dann er spricht: Vater und Mutter wird der Mann lassen und hangen an seinem Weib, und wiederum das Weib auch, wie wir dann fur Augen täglich sehen. Nun seind dreierlei Liebe: falsche, naturliche, eheliche. Falsche Liebe, die sucht das Ihre, wie man Geld, Gut, Ehre und Weiber außer der Ehe liebet wider Gottes Gebot. Naturliche Liebe ist zwischen Vater und Kind, Bruder und Schwester, Frund und Schwäger[6] und dergleichen. Aber uber die alle geht die eheliche Liebe, das ist ein Brautliebe, die brinnet wie das Feuer und sucht nicht mehr dann das eheliche Gemahl. Die spricht: Ich will nit das deine, ich will widder[7] Gold noch Silber, widder dies noch das, ich will dich selb haben, ich will's ganz oder nichts haben. Alle andere Liebe suchen etwas anders, dann den sie liebet, diese allein will den Gliebten eigen selb ganz[8] haben. Und wenn Adam nit gefallen wäre, so wäre es das lieblichste Ding gewesen, Braut und Bräut'gam. Aber nu ist die Liebe auch nit rein, dann wiewohl ein ehlich Gemahl das ander haben will, so sucht doch auch ein iglich seine Lust an dem andern, und das fälscht diese Liebe. Derhalben ist der ehlich Stand nu nit mehr rein und ahn Sund[9] und die fleischliche Anfechtung so groß und wütend worden, daß der ehlich Stand nu hinfurder gleich ein Spital der Siechen ist, auf daß sie nit in schwerer Sund fallen. Dann eher[10] Adam fiel, war es

1 Gehilfin. – 2 Sündenfall. – 3 umgekehrt. – 4 sehr. – 5 erklärt. – 6 Verwandten und Schwiegervater. – 7 weder. – 8 selbst ganz zu eigen. – 9 ohne Sünde. – 10 bevor.

leicht, Junfrauschaft und Keuschheit zu halten, das nu wenig muglich und ahn sundere Gottes Gnaden unmuglich ist. Darum haben auch widder Christus noch die Aposteln Keuschheit gebieten wollen und doch dieselben geraten und einem iglichen heimgeben[1], sich selb zu prufen: mag er sich nit halten[2], daß er ehlich werde[3], mag er aber von Gottes Gnaden [sich enthalten], ist besser die Keuschheit.

Also haben die Doctores[4] drei Guter und Nutz erfunden[5] im ehlichen Stand, durch welche die sundlich Lust, die mit unterläuft, wiederstattet und nit verdammlich wurde.

Zum ersten, daß [er] ein Sakrament ist. Ein Sakrament aber heißt ein heiliges Zeichen, das do bedeut etwas anders geistlich, heilig, himmelisch und ewig Ding, gleich wie das Wasser der Taufe. Wann das der Priester uber das Kind geußt, bedeut die heilige, gottlich und ewige Gnade, die doneben wird gossen in die Seele und Leib desselben Kinds und reiniget aus[6] die Erbsunde, daß do Gottes Reich inne sei, welche Ding unaussprechliche Guter sein und gar viel unmeßlich großer dann das Wasser, das dieselben bedeutet. Also ist auch der eheliche Stand ein Sakrament, ein äußerlichs heiligs Zeichen des allergroßten, heiligesten, wirdigesten, edlesten Dings, das noch nie gewesen adder werden mag, das ist: die Vereinung gottlicher und menschlicher Natur in Christo. Dann der heilig Apostel Paulus sagt: Wie der Mann und Weib, vereinigt im ehelichen Stand, seind zwei in einem Fleisch, also ist Gott und die Menschheit ein Christus, Christus auch und die Christenheit ein Leib, das ist vorwahr[7] (spricht er) ein groß Sakrament; das ist: der eheliche Stand bedeut vorwahr große Ding. Ist das nit groß Ding, daß Gott Mensch ist, daß Gott sich dem Menschen eigen[8] gibt und will sein sein, gleich wie der Mann sich dem Weib gibt und sein ist? So aber Gott unser ist, so ist auch alle Ding unser.

1 anheimgestellt. – 2 enthalten. – 3 so möge er eine Ehe eingehen. – 4 Kirchenlehrer. – 5 Nützlichkeiten gefunden. – 6 wäscht ab. – 7 fürwahr. – 8 zu eigen.

Sieh, um der Ehr willen, daß Vermischung Manns und Weibs ein so groß Ding bedeut, muß der ehelich Stand sulchs Bedeutnis genießen[1], daß die böse fleischliche Lust, der niemand ahn ist, in ehlicher Pflicht nit verdammlich ist, die sonst außerhalb der Ehe allezeit todlich ist, wann sie verbracht[2] wird. Also deckt die heilige Menschheit Gottes die Schande der fleischlichen bösen Lust. Drum sollt ein ehlich Mensch solchs Sakraments achthaben, daß man die heilige Ding ehret und sich mäßig in ehlichen Pflichten hielte, auf daß nit der fleischlichen Lust, wie die Tiere tun, unvernunftig Folge gescheh[3].

Zum andern, daß es ein Verbundnis ist der Treu. Das ist der Grund und ganzes Wesen der Ehe, daß sich ganz eins dem andern gibt und verspricht, Treu zu halten und kein andern einzulassen. Dieweil dann eins sich also an das ander bindet und gefangengibt, daß es dem Fleisch alle andere Wege versperret und sich an einem Bettgenossen gnugen läßt, so sieht Gott an[4], daß das Fleisch also gedämpft wird, daß nit kreuzwegs durch die Stadt wutet, und läßt gnädig zu, daß derselben Lust in solcher Treu etwas nachgelassen[5] wird, auch mehr dann zur Frucht not ist, doch daß man sich mit Ernste mäßige und nit eine Mist und Saupfuhl draus mache.

Hie sollt ich sagen, waserlei[6] Wort man brauchen sollt, wann sich zwei verloben. So hat man das Ding so tief, weit und spitzig[7] gemacht, daß ich viel zu geringe bin, selbs das zu verstehen, und sorge[8], daß viel Eheleut sitzen beieinander, die wir vor unehlich halten. Dann dieweil der ehelich Stand grundlich stehet in einem Verwilligen zueinander[9] und Gott wunderlich[10] ist in seinen Gerichten, will ich's ihm lassen befohlen sein. Die gemeine[11] Wort sein diese: Ich bin dein, du bist mein, und wiewohl etlich aufs schärpfst meinen, es sei nit gnug, wann man spricht: Ich

1 von solcher Bedeutung den Nutzen haben. – 2 ausgeübt. – 3 geleistet werde. – 4 bedenkt Gott. – 5 nachgegeben. – 6 welcherlei. – 7 spitzfindig. – 8 befürchte. – 9 seine Grundlage hat in der beiderseitigen Einwilligung. – 10 wunderbar. – 11 üblichen.

will adder wirde dich nehmen, adder anderlei Wort brauchten, so wollt ich doch lieber richten[1] nach der Meinung[2], die sie zur Zeit gehabt hätten.

Item: Wann eins dem andern heimlich gelobt und darnach ein anders nimmt, offentlich ader heimlich, weiß ich noch nit, ob es alls recht sei, das man darvon schreibt und richtet. Das ist mein Rat, daß die Eltern ihre Kind gewehnen, daß sie sich nit schämen, von ihn' zu begehren ein ehlich Gemahl und sie sich merken lassen, daß sie sie beraten wollen, auf daß sie deste baß[3] in Hoffnung sich enthalten und beharren mugen, und wiederum die Kind nit ahn der Eltern Wissen sich verloben. Dann schämest du dich nit, einen Rock adder Haus von deinen Eltern zu begehren, was narrst du dann und bittest nit um das, das viel großer ist, ein ehlich Gemahl? Also tät Samson: Der kam in ein Stadt und sah ein Jungfrau. Die gefiel ihm. Do ging er vor[4] wieder heim und sagt zu seinem Vater und Mutter: Ich hab ein Jungfrau gesehen, die hab ich lieb. Lieber, gebt mir dieselben zum ehlichen Gemahl.

Zum dritten, daß es Frucht bringt, dann das ist das End[5] und furnehmlich Amt der Ehe. Das ist aber nit gnug, daß die Frucht geboren wird, und also redt man nit davon[6], wann man sagt, die Ehe entschuldige die Sunde, dann sulche Frucht trägt es auch den Heiden, sundern daß man die Frucht ziehe zu Gottes Dienst, Lob und Ehre und nichts anders darinne suche, das leiden selten geschieht. Man sucht nur Erben adder Lust an den Kindern, Gottes Dienst bleibe, wo er kann. Auch findt man [solche], die zur Ehe greifen und Vater adder Mutter werden, eher sie selb beten kunnten adder wissen, was Gottes Gebot sein.

Aber das solln die Eheleut wissen, daß sie Gott, der Christenheit, aller Welt, ihn'[7] selbs und ihren Kindern kein besser Werk und Nutz schaffen mugen, dann daß sie ihre Kinder wohl aufziehen. Es ist nichts mit Wallfahrten gen Rom,

1 urteilen. – 2 Gesinnung. – 3 desto besser. – 4 zunächst. – 5 Ziel. – 6 und das ist nicht gemeint. – 7 sich.

gen Jerusalem, zu Sankt Jakob. Es ist nichts, Kirchen bauen, Messe stiften adder waser Werk genennt werden mugen, gegen diesem einigen[1] Werk, daß die Ehlichen ihre Kinder ziehen, dann dasselb ist ihre gerichtste[2] Straß gen Himmel. Mugen auch den Himmel nit mehr und besser erlangen dann mit diesem Werk. Es ist auch ihr eigen Werk, und wo sie sich desselben nit fleißen[3], so ist es gleich ein verkehret Ding, als wann Feur nit brennet, Wasser nit netzet.

Also[4] wiederum ist die Helle nit leichtlicher verdienet dann an seinen eigen Kindern. Mugen auch kein schädlicher Werk nit tun, dann daß sie die Kind versäumen[5], lassen sie fluchen, schweren[6], schandbar Wort und Liedlin lehren und nach ihrem Willen leben. Darzu etlich sie selb reizen mit ubrigem Schmuck und Forderung zu der Welt, daß sie nur der Welt wohl gefallen, hochsteigen und reich werden, allzeit mehr sorgen, wie sie dem Leib wann[7] der Seelen gnugsam versehen. Es ist[8] auch kein großer Schad[9] der Christenheit, dann der Kinder versäumen. Dann soll man der Christenheit wieder helfen, so muß man furwahr an den Kindern anheben, wie vorzeiten geschah.

Dies dritte Stuck dunkt mich das großer und nutzlichste sein, das ahn Zweifel nit allein eheliche Pflicht, sondern auch alle andere Sund mächtig ablegen kann. Aber die falsche Naturliebe verblendet die Eltern, daß sie das Fleisch ihrer Kinder mehr achten dann die Seelen. Drum spricht der weis Mann: Wer der Ruten schonet, der hasset sein eigen Kind, wer aber sein Kind liebhat, der stäupt[10] es vielmal. Item: Es ist in eins iglichen Kinds Herzen torliche Vornehmen[11], aber die Ruten mag das alles austreiben. Item Salomon: Schlägst du dein Kind mit Ruten, so wirst du sein Seel von der Helle erlosen. Derhalben ist es hoch vonnoten einem iglichen ehlichen Menschen, daß er seins Kinds Seel mehr, tiefer, fleißiger ansehe dann das Fleisch, das von ihm

1 einzigartigen. – 2 direkteste. – 3 befleißigen. – 4 ebenso. – 5 vernachlässigen. – 6 schwören. – 7 als. – 8 gibt. – 9 größeren Schaden. – 10 schlägt. – 11 törichtes Vorhaben.

kommen ist, und sein Kind nit anders achte dann als einen kostlichen[1] ewigen Schatz, der ihm von Gott befohlen[2] sei zu bewahren, daß ihn der Teufel, die Welt und das Fleisch nit stehlen und umbringen. Dann er wird von ihm gefordert werden am Tod und Jungsten Tag mit gar scharfer Rechnung. Dann wo meinst du, daß herkummen wird das schrecklich Heulen und Klagen der, die do rufen werden: O selig sein die Leibe, die nit Kinder geboren haben, und Bruste, die nit gesäugt haben? Ahn Zweifel darum, daß sie ihre Kind nit wieder zu Gott gebracht haben, von dem sie sie zu behalten empfangen haben.

O wahrlich, ein edler, großer, seliger Stand der ehelich Stand, so er recht gehalten wird! O wahrlich, ein elender, erschrecklicher, fährlicher[3] Stand der ehlich Stand, so er nit recht gehalten wird! Und wer diese Ding bedächt, dem wurde der Kutzel[4] des Fleisches wohl vergehen und vielleicht so schier nach dem junfraulichen Stand als nach dem ehlichen Stand greifen. Die Jugend achtet es geringe, folgt nur den Begierden, aber Gott wird es gar groß achten und folgen dem Rechten.

Endlich: Willt du alle dein Sund wohl büßen und den hochsten Ablaß hie und dort erlangen, seliglich sterben und dein Geschlecht auch zeitlich weit und ferne strecken, so schau nur mit allem Ernst auf dies dritte Stucke, die Kinder wohl zu ziehen. Kannst du es nit, bitt und such ander Leut, die es kunnen, und laß dich kein Geld, Kost, Mühe und Ärbeit dauren, dann das sein die Kirchen, Altar, Testament, Vigilien und Seelmessen, die du hinter dir lässest, die dir auch leuchten werden im Sterben und wo du hinkummest.

1 kostbaren. – 2 anvertraut. – 3 gefährlicher. – 4 Kitzel.

An den christlichen Adel deutscher Nation von des christlichen Standes Besserung
1520

Dem achtbarn und wirdigen Herren, Herr Nicolao von Amsdorf, der Heiligen Schrift Lizentiat und Dumherrn zu Wittenberg, meinem besundern gunstigen Freund

D. Martinus Luther

Gnad und Fried Gottes zuvor, achtbar, wirdiger, lieber Herr und Freund. Die Zeit des Schweigens ist vergangen, und die Zeit zu reden ist kommen, als Pred. 3 sagt. Ich hab unserm Furnehmen nach zusammentragen etlich Stuck, christlichs Stands Besserung belangend, dem christlichen Adel deutscher Nation furzulegen, ob Gott wollt doch durch den Laienstand seiner Kirchen helfen, seintemal der geistlich Stand, dem es billiger gebuhrt, ist ganz unachtsam worden. Sende das alles Eur Wirde, dasselb zu richten und, wo es not ist, zu bessern. Ich bedenk wohl, daß mir's nit wird unverweist[1] bleiben, als vermeß ich mich zu hoch, daß ich verachter, begebner[2] Mensch solche hohe und große Stände tar[3] anreden in so trefflichen, großen Sachen, als wäre sonst niemand in der Welt dann Doktor Luther, der sich des christenlichen Stands annehme und so hochverständigen Leuten Rat gebe. Ich laß mein Entschuldigung anstehen, verweis mir's, wer do will. Ich bin vielleicht meinem Gott und der Welt noch eine Torheit schuldig, die hab ich mir itzt furgenommen, so mir's gelingen mag, redlich zahlen und auch einmal Hofnarr werden; gelingt mir nit, so hab ich doch ein Vorteil: Darf mir niemand eine Kappen kaufen

1 ungetadelt. – 2 ins Kloster gegangener. – 3 wage.

noch den Kamm bescheren.[1] Es gilt aber,[2] wer dem andern die Schellen anknupft. Ich muß das Sprichwort erfullen: Was die Welt zu schaffen hat, da muß ein Munch bei sein und sollt man ihn dazu malen. Es hat wohl mehrmal ein Narr weislich geredt und vielmal weise Leut groblich genarret[3], wie Paulus sagt: Wer do will weis sein, der muß ein Narr werden. Auch dieweil ich nit allein ein Narr, sondern auch ein geschworner Doktor der Heiligen Schrift, bin ich froh, daß sich mir die Gelegenheit gibt, meinem Eid eben in derselben Narrn Weise gnugzutun. Ich bitt, wollet mich entschuldigen bei den mäßig Verständigen, denn der uberhoch Verständigen Gunst und Gnad weiß ich nit zu verdienen, wilch ich so oft mit großer Muhe ersucht, nu fort auch nit mehr haben noch achten will. Gott helf uns, daß wir nit unser, sondern allein seine Ehre suchen. Amen.

Zu Wittenberg, im Augustiner Kloster, am Abend St. Johannis baptistae[4], im tausendfunfhundertundzwänzigsten Jahr.

Der allerdurchläuchtigesten,
großmächtigesten Kaiserlichen Majestät und
christlichen Adel deutscher Nation
D. Martinus Luther

Gnad und Stärk von Gott zuvor, Allerdurchläuchtigester, gnädigste lieben Herrn. Es ist nit aus lauter Furwitz noch Frevel geschehen, daß ich einiger[5], armer Mensch mich unterstanden, fur Eurn hohen Wirden zu reden: Die Not und Beschwerung, die alle Ständ der Christenheit, zuvor[6] deutsche Land, druckt, nit allein mich, sondern idermann bewegt hat, vielmal zu schreien und Hulf zu begehren, hat mich auch itzt zwungen, zu schreien und rufen, ob Gott jemand den Geist geben wollt, seine Hand zu reichen der

1 Es braucht mir niemand eine Narrenkappe zu kaufen noch den Kamm (Schopf) zu scheren. – 2 Es kommt aber darauf an. – 3 haben sich närrisch gebärdet. – 4 23. Juni. – 5 einzelner. – 6 zuvörderst, vor allem.

elenden Nation. Es ist oft durch Concilia etwas furgewandt[1], aber durch etlicher Menschen List behendiglich verhindert und immer ärger worden, wilcher Tuck und Bosheit ich itzt, Gott helf mir, durchleuchten gedenk, auf daß sie erkannt hinfurt nit mehr so hinderlich und schädlich sein mochten. Gott hat uns ein jungs, edles Blut zum Häupt geben, damit viel Herzen zu großer, guter Hoffnung erweckt; daneben will sich's ziemen, das Unser dazu tun und der Zeit und Gnade nutzlich brauchen.

Das erst, das in dieser Sachen furnehmlich zu tun, ist, daß wir uns ie[2] fursehen mit großem Ernst und nit etwas anheben mit Vertrauen großer Macht oder Vernunft, ob gleich aller Welt Gewalt unser wäre, dann Gott mag und will's nit leiden, daß ein gut Werk werde angefangen in Vertrauen eigener Macht und Vernunft. Er stoßet es zu Boden, da hilft nichts fur, wie im 33. Psalm steht: Es wird kein Kunig bestehen durch seine große Macht und kein Herr durch die Große seiner Stärk. Und aus dem Grund, sorg ich, sei es vorzeiten kummen, daß die teuren Fursten, Kaiser Friedrich I. und der ander[3] und viel mehr deutscher Kaiser so jämmerlich sein von den Päpsten mit Fußen treten und verdruckt, fur wilchen sich doch die Welt furchtet. Sie haben sich vielleicht verlassen auf ihre Macht mehr dann auf Gott, drum haben sie mussen fallen. Und was hat zu unsern Zeiten den Blutsäufer Julium II. so hoch erhaben, dann daß, ich besorg, Frankreich, Deutschen und Venedige haben auf sich selb bauet. Es schlugen die Kinder Benjamin zweiundvierzigtausend Israeliten, darum daß sie sich auf ihre Stärk verließen (Richter 20,21).

Daß uns auch nit so gelinge[4] mit diesem edlen Blut Carolo, mussen wir gewiß sein, daß wir in dieser Sach nit mit Menschen, sondern mit den Fursten der Hellen handelen, die wohl mugen mit Krieg und Blutvergießen die Welt erfullen, aber sie lassen sich damit nicht uberwinden. Man muß hie mit einem Verzag[5] leiblicher Gewalt, in demuti-

1 vorgebracht. – 2 immer. – 3 II. – 4 ergehe. – 5 Verzicht auf.

gem Vertrauen Gottes die Sach angreifen und mit ernstlichem Gebet Hulf bei Gott suchen und nichts anders in die Augen bilden dann der elenden Christenheit Jammer und Not, unangesehen, was bos Leut verdienet haben; wo das nit, soll sich's Spiel wohl lassen anfahen mit großem Schein, aber wenn man hineinkummt, sollen die bosen Geist ein solch Irrung zurichten, daß die ganz Welt mußt im Blut schweben, und dennocht damit nichts ausgericht, drum laßt uns hie mit Furcht Gottes und weislich handelen. Je großer die Gewalt, je großer Ungluck, wo nit in Gottesfurcht und Demut gehandelt wird. Haben die Päpste und Romer bisher mugen durch Teufels Hulf die Kunig ineinander werren[1], sie mugen's auch noch wohl tun, so wir ohn Gottes Hulf, mit unser Macht und Kunst fahren.

Die Romanisten[2] haben drei Mauren mit großer Behendigkeit um sich zogen, damit sie sich bisher beschutzt, daß sie niemand hat mugen reformieren, dadurch die ganz Christenheit greulich gefallen ist.

Zum ersten: Wenn man hat auf sie drungen mit weltlicher Gewalt, haben sie gesetzt und gesagt, weltlich Gewalt habe nit Recht uber sie, sondern wiederum[3], geistlich sei uber die weltliche. Zum andern: Hat man sie mit der Heiligen Schrift wollt strafen, setzen sie dagegen: Es gebuhr die Schrift niemand auszulegen denn dem Papst. Zum dritten: Dräuet man ihn' mit einem Concilio, so erdichten sie, es muge niemand ein Concilium berufen denn der Papst. Also haben sie die drei Ruten uns heimlich gestohlen, daß sie mugen ungestraft sein, und sich in sicher Befestung dieser dreier Maur gesetzt, alle Buberei und Bosheit zu treiben, die wir dann itzt sehen; und ob sie schon ein Concilium mußten machen, haben sie doch dasselb zuvor matt gemacht[4] damit, daß sie die Fursten zuvor mit Eiden verpflichten, sie bleibenzulassen wie sie sein, darzu dem Papst vollen Gewalt geben uber alle Ordnung des Concilii, also

1 verwirren. – 2 Verteidiger der unumschränkten Papstgewalt. – 3 umgekehrt. – 4 gesetzt.

daß gleich gilt, es sein viel Concilia oder kein Concilia, ohn[1] daß sie uns nur mit Larven und Spiegelfechten betriegen, so gar greulich furchten sie der Haut[2] fur einem rechten, freien Concilio und haben damit Kunig und Fursten schlochter[3] gemacht, daß sie gläuben, es wäre wider Gott, so man ihn' nit gehorchte in allen solchen schalkhaftigen, listigen Spuknissen.

Nu helf uns Gott und geb uns der Pasaunen eine, domit die Mauren Jericho wurden umworfen, daß wir diese stroheren und papieren Mauren auch umblasen und die christlichen Ruten, Sund zu strafen, losmachen, des Teufels List und Trug an Tag zu bringen, auf daß wir durch Straf uns bessern und seine Huld wiedererlangen.

Wollen wir die erste Maur am ersten angreifen.

Man hat's erfunden, daß Papst, Bischof, Priester, Klostervolk wird der geistlich Stand genennt, Fursten, Herrn, Handwerks- und Ackerleut der weltlich Stand, wilchs gar ein fein Komment und Gleisen[4] ist, doch soll niemand darub schuchter werden, und das aus dem Grund: Dann alle Christen sein wahrhaftig geistlichs Stands und ist unter ihn' kein Unterscheid denn des Amts halben allein, wie Paulus 1. Kor. 12 sagt, daß wir allesamt ein Korper sein, doch ein iglich Glied sein eigen Werk hat, damit es den andern dienet; das macht alles, daß wir eine Tauf, ein Evangelium, einen Glauben haben und sein gleiche Christen, denn die Tauf, Evangelium und Glauben, die machen allein geistlich und Christenvolk. Daß aber der Papst oder Bischof salbet, Platten[5] macht, ordiniert, weihet, anders dann Laien kleidet, mag einen Gleisner und Olgotzen machen, macht aber nimmermehr ein Christen oder geistlichen Menschen. Demnach so werden wir allesamt durch die Tauf zu Priestern geweihet, wie Sankt Peter 1. Petr. 2 sagt: Ihr seid ein kuniglich Priestertum und ein priesterlich Kunigreich. Und Offb. 5: Du hast uns gemacht durch dein Blut zu Priestern

1 außer. – 2 bangen sie um ihre Haut. – 3 schüchtern. – 4 eine feine Auslegung und Trügerei. – 5 Tonsuren.

und Kunigen. Dann wo nit ein hoher Weihen[1] in uns wäre, den der Papst oder Bischof gibt, so wurd nimmermehr durch Papsts und Bischof Weihen ein Priester gemacht, mocht auch noch Meßhalten noch Predigen noch Absolvieren[2].

Drum ist des Bischofs Weihen nit anders, denn als wenn er an Statt und Person der ganzen Sammlung[3] einen aus dem Haufen nehme, die alle gleiche Gewalt haben, und ihm befiehl, dieselben Gewalt fur die andern auszurichten, gleich als wenn zehen Bruder, Kuniges Kinder, gleich erben, einen erwähleten, das Erb fur sie zu regieren, sie wären ie alle Kunige und gleicher Gewalt und doch einem zu regieren befohlen wird. Und daß ich's noch klärer sag: Wenn ein Häuflin frommer Christenlaien wurden gefangen und in ein Wustenei gesetzt, die nit bei sich hätten einen geweiheten Priester von einem Bischof und wurden allda der Sachen eines[4], erwähleten einen unter ihn', er wäre ehlich oder nit, und befiehlen ihm das Amt zu täufen, Meß halten, absolvieren und predigen, der wär wahrhaftig ein Priester, als ob ihn alle Bischofe und Päpste hätten geweihet. Daher kummt's, daß in der Not ein iglicher täufen und absolvieren kann, das nit muglich wäre, wenn wir nit alle Priester wären. Solche groß Gnad und Gewalt der Tauf und des christlichen Stands haben sie uns durch geistlich Recht fast niedergelegt und unbekannt gemacht. Auf diese Weise erwähleten vorzeiten die Christen aus dem Haufen ihre Bischof und Priester, die darnach von andern Bischofen wurden bestätiget, ohn alles Prangen, das itzt regiert. So ward Sankt Augustin, Ambrosius, Cyprianus Bischof.

Dieweil dann nu die weltlich Gewalt ist gleich mit uns getauft, hat denselben Glauben und Evangelii, mussen wir sie lassen Priester und Bischof sein und ihr Amt zählen als ein Amt, das da gehore und nutzlich sei der christenlichen Gemeine. Dann was aus der Tauf krochen ist, das mag sich

1 eine höhere Weihe. – 2 von Sündenschuld freisprechen. – 3 als Vertreter der ganzen Versammlung. – 4 eins, sich einig.

ruhmen, daß es schon Priester, Bischof und Papst geweihet sei, obwohl nit einem iglichen ziemt, solch Amt zu uben. Dann weil wir alle gleich Priester sein, muß sich niemand selb 'erfurtun und sich unterwinden, ahn[1] unser Bewilligen und Erwählen das zu tun, des wir alle gleichen Gewalt haben. Denn was gemeine ist, mag niemand ohn der Gemeine Willen und Befehle an sich nehmen. Und wo es geschehe, daß jemand erwählet zu solchem Amt und durch seinen Mißbrauch wurd abgesetzt, so wäre er gleich wie vorhin. Drum sollt ein Priesterstand nit anders sein in der Christenheit dann als ein Amtmann: Weil[2] er am Amt ist, geht er vor; wo er abgesetzt, ist er ein Baur oder Burger wie die andern. Also wahrhaftig ist ein Priester nimmer Priester, wo er abgesetzt wird. Aber nu haben sie erdichtet Characteres indelebiles und schwätzen, daß ein abgesetzter Priester dennocht etwas anders sei dann ein schlechter Laie. Ja, sie träumet, es mug ein Priester nimmermehr anders denn Priester oder ein Lai [ein Laie] werden; das sein alles menschenerdichte Rede und Gesetz.

So folget aus diesem, daß Laie, Priester, Fursten, Bischof und, wie sie sagen, Geistlich und Weltlich keinen andern Unterscheid im Grund wahrlich haben denn des Amts oder Werks halben und nit des Stands halben, dann sie sein alle geistlichs Stands, wahrhaftig Priester, Bischof und Päpste, aber nit gleichs, einerlei Werks, gleich wie auch unter den Priestern und Munchen nit einerlei Werk ein iglicher hat. Und das ist Sankt Paul Röm. 12 und 1. Kor. 12 und Petrus 1. Petr. 2, wie ich droben gesagt, daß wir alle ein Korper sein des Häupts Jesu Christi, ein iglicher des andern Gliedmaß. Christus hat nit zwei noch zweierlei Art Korper, einen weltlich, den andern geistlich. Ein Häupt ist und einen Korper hat er.

Gleich wie nu die, so man itzt Geistlich heißt oder Priester, Bischof oder Päpst, sein von den andern Christen nit weiter noch wirdiger gescheiden[3], dann daß sie das Wort

1 ohne. – 2 solange. – 3 unterschieden.

Gottes und die Sakrament sollen handeln, das ist ihr Werk und Amt, also hat die weltlich Uberkeit das Schwert und die Ruten in der Hand, die Bosen damit zu strafen, die Frummen zu schutzen. Ein Schuster, ein Schmied, ein Baur, ein iglicher seins Handwerks Amt und Werk hat und doch alle gleich geweihet Priester und Bischofe [sind], und ein iglich soll mit seinem Amt oder Werk den andern nutzlich und dienstlich sein, daß also vielerlei Werk alle in eine Gemein gerichtet sein[1], Leib und Seelen zu fodern[2], gleich wie die Gliedmaß des Korpers alle eins dem andern dienet.

Nu sieh, wie christlich das gesetzt und gesagt sei: Weltlich Uberkeit sei nit uber die Geistlichkeit, soll sie auch nit strafen. Das ist ebensoviel gesagt: Die Hand soll nichts dazu tun, ob[3] das Aug groß Not leidet. Ist's nit unnaturlich, schweig[4] unchristlich, daß ein Glied dem andern nit helfen, seinem Verderben nit wehren soll? Ja, je edler das Gliedmaß ist, je mehr die andern ihm helfen sollen. Drum sag ich: Dieweil weltlich Gewalt von Gott geordnet ist, die Bosen zu strafen und die Frummen zu schutzen, so soll man ihr Amt lassen frei gehn, unverhindert durch den ganzen Korper der Christenheit, niemands angesehen, sie treff Papst, Bischof, Pfaffen, Munch, Nonnen oder was es ist. Wenn so das gnug wäre, die weltlich Gewalt zu hindern, daß sie geringer ist unter den christlichen Ämten denn der Prediger und Beichtiger Amt oder geistliche Stand, so sollt man auch verhindern den Schneidern, Schustern, Steinmetzen, Zimmerleuten, Koch, Kellnern, Baurn und alle zeitlichen Handwerken, daß sie dem Papst, Bischofen, Priestern, Munchen kein Schuh, Kleider, Haus, Essen, Trinken machten noch Zins geben. Lässet man aber diesen Laien ihre Werk unverhindert, was machen denn die romischen Schreiber mit ihren Gesetzen, daß sie sich ausziehen aus dem Werk[5] weltlicher christlicher Gewalt, daß sie nur frei mugen bos sein und erfullen, was Sankt Peter gesagt hat: Es

1 ein gemeinsames Ziel haben. – 2 fördern. – 3 wenn. – 4 geschweige. – 5 entziehen dem Wirken.

werden falsch Meister unter euch erstehen und mit falschen, erdichten Worten mit euch umgehen, euch im Sack zu verkäufen.

Drum soll weltlich christlich Gewalt ihr Amt uben frei, unverhindert, unangesehen, ob's Papst, Bischof, Priester sei, den sie trifft: Wer schuldig ist, der leide; was geistlich Recht dawider gesagt hat, ist lauter erdichtet romisch Vermessenheit, denn also sagt Sankt Pauel allen Christen: Ein igliche Seele (ich halt, des Papsts auch) soll untertan sein der Uberkeit, denn sie trägt nit umsonst das Schwert, sie dienet Gott damit zur Straf der Bosen und zu Lob den Frummen. Auch Sankt Petrus: Seid untertan allen menschlichen Ordnungen um Gottes willen, der es so haben will. Er hat's auch verkundet, daß kummen wurden solch Menschen, die die weltlich Uberkeit wurden verachten (2. Petr. 2), wie dann geschehen ist durch geistlich Recht.

Also mein ich, diese erste Papiermaur lieg darnieder, seintemal weltlich Hirrschaft ist ein Mitglied worden des christlichen Korpers, und wiewohl sie ein leiblich Werk hat, doch geistlichs Stands ist, darum ihr Werk soll frei, unverhindert gehen in alle Gliedmaß des ganzen Korpers, strafen und treiben, wo es die Schuld verdienet oder Not fodert, unangesehen Papst, Bischof, Priester, sie dräuen oder bannen, wie sie wollen. Daher kommt's, daß die schuldigen Priester, so man sie in das weltlich Recht uberantwortet, zuvor entsetzt werden priesterlicher Wirden, das doch nit recht wäre, wo nit zuvor aus gottlicher Ordnung das weltlich Schwert uber dieselben Gewalt hätte. Es ist auch zuviel, daß man so hoch im geistlichen Recht hebt der Geistlichen Freiheit, Leib und Guter, gerad als wären die Laien nit auch so geistlich gute Christen als sie, oder als gehorten sie nichts zur Kirchen. Warum ist dein Leib, Leben, Gut und Ehr so frei und nit das Meine, so wir doch gleich Christen sein, gleich Tauf, Glauben, Geist und alle Ding haben? Wird ein Priester erschlagen, so liegt ein Land im Interdikt, warum auch nit, wenn ein Baur erschlagen wird? Wo kummt her solchs groß Unterscheid unter den gleichen Christen? Allein aus Menschengesetzen und -dichten.

Es muß auch kein guter Geist sein, der solch Auszug[1] erfunden und die Sund frei, unsträflich gemacht hat, dann so wir schuldig sein, wider den bosen Geist, seine Werk und Wort zu streiten und ihn vertreiben, wie wir mugen, als uns Christus gebeut und seine Apostel, wie kämen wir dann dazu, daß wir sollten stillhalten und schweigen, wo der Papst oder die Seinen teufelisch Wort oder Werk furnehmen? Sollten wir ums Menschen willen gottlich Gebot und Wahrheit lassen niederlegen, der wir in der Tauf geschworn haben beizustehen mit Leib und Leben, furwahr, wir wären schuldig aller Seelen, die dadurch verlassen und verfuhret wurden. Drum muß das der Häuptteufel selb gesagt haben, das im geistlichen Recht steht: Wenn der Papst so schädlich bos wäre, daß er gleich die Seelen mit großen Haufen zum Teufel fuhret, kunnt man ihn dennocht nit absetzen. Auf diesen verfluchten, teufelischen Grund bauen sie zu Rom und meinen, man soll ehe alle Welt zum Teufel lassen fahren, denn ihrer Buberei widerstreben. Wenn es gnug wäre doran, daß einer uber den andern ist, darum er nit zu strafen sei, mußt kein Christen den andern strafen, seintemal Christus gebeut, ein iglicher soll sich [für] den Untersten und Geringsten halten.

Wo Sund ist, da ist schon kein Behelf mehr wider die Straf, als auch Sankt Gregorius schreibt, daß wir wohl alle gleich sein, aber die Schuld mach einen untertan dem andern. Nu sehen wir, wie sie mit der Christenheit umgahn, nehmen ihn'[2] die Freiheit[3] ohn alle Beweisung aus der Schrift, mit eigenem Frevel, die [doch] Gott und die Apostel haben unterworfen dem weltlichen Schwert, daß zu besorgen ist, es sei des Endchrists[4] Spiel oder sein nähster Vorlauft.

Die ander Maur ist noch loser und untuchtiger: Daß sie allein wollen Meister der Schrift sein, ob sie schon ihr leb-

1 Ausnahme, Aussonderung. – 2 sich. – 3 ergänze: keinen Richter über sich dulden. – 4 Antichrists.

lang nichts drinnen lernen, vermessen sich allein der Uberkeit, gaukeln fur uns mit unverschamten Worten, der Papst mug nit irren im Glauben, er sei bos oder frumm, mugen desselben nit ein Buchstaben anzeigen. Daher kommt es, daß soviel ketzerisch und unchristlich, ja unnaturliche Gesetz stehen im geistlichen Recht, davon itzt nit not zu reden. Dann dieweil sie es achten[1], der Heilig Geist laß[2] sie nit, sie sein so ungelehret und bose, wie sie kunnten, werden sie kuhne, zu setzen[3], was sie nur wollen. Und wo das wäre, wazu wäre die Heilige Schrift not oder nutze? Lasset sie uns verbrennen und benugen[4] an den ungelehreten Herrn zu Rom, die der Heilig Geist innen hat, der doch nit dann frumme Herzen mag innen haben. Wenn ich's nit gelesen hätt, wäre mir's ungläublich gewesen, daß der Teufel sollt zu Rom solch ungeschickt Ding furwenden und Anhang gewinnen.

Doch daß wir nit mit [eigenen] Worten wider sie fechten, wollen wir die Schrift herbringen. Sankt Paul spricht (1. Kor. 14): So jemand etwas Bessers offenbar wird, ob er schon sitzt und dem andern zuhoret im Gotteswort, so soll der erst, der do redt, stillschweigen und weichen. Was wäre dies Gebot nutz, so allein dem zu gläuben wäre, der do redt oder obenan sitzt? Auch Christus sagt (Joh. 6.), daß alle Christen sollen gelehret werden von Gott; so mag es ie geschehen, daß der Papst und die Seinen bos sein und nit rechte Christen sein noch von Gott gelehret rechten Verstand haben, wiederum ein geringer Mensch den rechten Verstand haben, warum sollt man ihm denn nicht folgen? Hot[5] nit der Papst vielmal geirret? Wer wollt der Christenheit helfen, so der Papst irret, wo nit einem andern mehr dann ihm glaubt wurd, der die Schrift fur sich hätte?

Drum ist's ein frevel, erdichte Fabel, und mugen auch keinen Buchstaben aufbringen, damit sie beweren[6], daß [es] des Papsts allein sei, die Schrift auszulegen oder ihr Ausle-

1 der Meinung sind. – 2 verlaß. – 3 zum Gesetz zu machen. – 4 begnügen. – 5 hat. – 6 beweisen.

gung zu bestätigen, sie haben ihn'[1] die Gewalt selbs genommen. Und ob sie furgeben, es wäre Sankt Peter die Gewalt geben, da ihm die Schlussel seind geben, ist's offenbar gnug, daß die Schlussel nit allein Sankt Petro, sondern der ganzen Gemein geben seind, darzu die Schlussel nit auf die Lahre oder Regiment, sondern allein auf die Sunde zu binden oder losen geordnet sein, und ist eitel erdichtet Ding, was sie anders und weiter aus den Schlussel ihn' zuschreiben. Daß aber Christus sagt zu Petro: Ich hab fur dich gebeten, daß dein Glaub nit zergehe, mag sich nit strecken auf den Papst, seintemal das mehrer Teil der Päpst ohn Glauben gewesen sein, wie sie selb bekennen mussen, so hat Christus auch nit allein fur Petro gebeten, sondern auch fur alle Apostel und Christen, wie er sagt Joh. 17: Vater, ich bitte fur sie, die du mir geben hast, und nit allein fur sie, sondern fur alle, die durch ihr Wort gläuben in mich. Ist das nit klar gnug geredt?

Denk doch bei dir selb: Sie mussen bekennen, daß frumme Christen unter uns sein, die den rechten Glauben, Geist, Verstand, Wort und Meinung Christi haben, je, warum sollt man denn derselben Wort und Verstand verwerfen und dem Papst folgen, der nit Glauben noch Geist hat? Wäre doch das den ganzen Glauben und die christenlichen Kirche verleugnet. Item: Es muß je nit allein der Papst recht haben, so der Artikel recht ist: Ich gläub ein heilige christliche Kirche, oder mussen also beten: Ich gläub in den Papst zu Rom, und also die christliche Kirch ganz in einen Menschen ziehen, wilchs nit anders dann teufelisch und hellisch Irrtum wäre.

Uber das, so sein wir ie alle Priester, wie droben gesagt ist, alle einen Glauben, ein Evangelii, einerlei Sakrament haben, wie sollten wir denn nit auch haben Macht, zu schmecken und urteilen, was do recht oder unrecht im Glauben wäre? Wo bleibt das Wort Pauli (1. Kor. 2): Ein geistlicher Mensch richtet alle Ding und wird von niemands

1 sich.

gerichtet, und (1. Kor. 4): Wir haben alle einen Geist des Glaubens. Wie sollten wir denn nit fuhlen so wohl als ein ungläubiger Papst, was dem Glauben eben oder uneben ist? Aus diesem allen und vielen andern Spruchen sollen wir mutig und frei werden und den Geist der Freiheit (wie ihn Paulus nennet) nit lassen mit erdichten Worten der Päpst abschrecken, sondern frisch hindurch alles, was sie tun oder lassen, nach unserm gläubigen Verstand der Schrift richten und sie zwingen, zu folgen dem bessern und nit ihrem eigen Verstand. Mußte doch vorzeiten Abraham seine Sarah horen, die doch ihm härter unterworfen war denn wie jemand auf Erden, so war die Eselinne Balaam auch kluger denn der Propheta selbs. Hat Gott da durch ein Eselinne redet gegen einem Propheten, warum sollt er nit noch reden kunnen durch ein frumm Mensch gegen dem Papst? Item Sankt Paul straft Sankt Peter als einen Irrigen (Gal. 2). Drum gebuhrt einem iglichen Christen, daß er sich des Glaubens annehm, zu verstehen und verfechten und alle Irrtum zu verdammen.

Die dritte Maur fället von ihr selbs, wo diese erste zwo fallen, dann wo der Papst wider die Schrift handelt, sein wir schuldig, der Schrift beizustehen, ihn strafen und zwingen nach dem Wort Christi (Matth. 18): Sundiget dein Bruder wider dich, so gang hin und sag's ihm zwischen dir und ihm allein; horet er dich nit, so nimm noch einen oder zween zu dir, horet er die nit, so sag es der Gemeine, horet er die Gemeine nit, so halt ihn als einen Heiden. Hie wird befohlen einem iglichen Glied, fur das ander zu sorgen; wieviel mehr sollen wir darzu tun, wo ein Gemein regierend Gelied ubel handelt, wilchs durch seinen Handel viel Schaden und Ärgernis gibt den andern; soll ich ihn denn verklagen fur der Gemeine, so muß ich sie ja zusammenbringen.

Sie haben auch keinen Grund der Schrift, daß allein dem Papst gebuhr, ein Concilium zu berufen oder bestätigen, dann allein ihre eigene Gesetz, die nit weiter gelten, dann soferne sie nit schädlich sein der Christenheit und Gottes

Gesetzen. Wo nu der Papst sträflich ist, horen solch Gesetz schon auf, dieweil es schädlich ist der Christenheit, ihn nit strafen durch ein Concilium.

So lesen wir Apostelgesch. 15, daß der Apostel Concilium nit Sankt Peter hat berufen, sondern alle Apostel und die Ältesten. Wo nu Sankt Peter das allein hätt gebuhrt, wäre das nit ein christlich Concilium, sondern ein ketzerisch Conciliabulum gewesen. Auch das beruhmteste Concilium Nicenum hat der Bischof zu Rom noch berufen noch bestätiget, sondern der Kaiser Constantinus, und nach ihm viel ander Kaiser desselben gleichen tan, das doch die allerchristlichsten Concilia gewesen sein. Aber sollt der Papst allein die Gewalt haben, so mußten sie alle ketzrisch gewesen sein. Auch wenn ich ansehe die Concilia, die der Papst gemacht hat, find ich nit Besonders, das drinnen ist ausgericht.

Darum, wa es die Not fodert und der Papst ärgerlich der Christenheit ist, soll darzutun, wer am ersten kann, als ein treu Glied des ganzen Korpers, daß ein recht frei Concilium werde, wilch niemand so wohl vermag als das weltlich Schwert, sonderlich dieweil sie[1] nu auch Mitchristen sein, Mitpriester, Mitgeistlich, mitmächtig in allen Dingen, und soll[2] ihre Amt und Werk, das sie von Gott haben, uber idermann lassen frei gehen, wo es not und nutz ist zu gehen. Wäre das nit ein unnaturlich Furnehmen, so ein Feur in einer Stadt aufginge und idermann sollt stillestehen, lassen fur und fur brennen, was do brennen mag, allein darum, daß sie nit die Macht des Burgemeisters hätten oder das Feur vielleicht an des Burgemeisters Haus anhube? Ist nit hie ein iglicher Burger schuldig, die andern zu bewegen und berufen? Wieviel mehr soll das in der geistlichen Stadt Christi geschehen, so ein Feur des Ärgernis sich erhebt, es sei an des Papsts Regiment oder wo es wolle! Desselben gleichen geschieht auch, so die Feind eine Stadt uberfielen, da verdienet der Ehr und Dank, der die andern am ersten

1 die Inhaber des weltlichen Schwerts. – 2 sollen.

aufbringt, warum sollt denn der nit Ehre verdienen, der die hellischen Feind verkundet und die Christen erweckt und beruft?

Daß sie aber ihre Gewalt ruhmen, der sich's nit zieme, wider zu fechten, ist gar nichts geredt. Es hat niemand in der Christenheit Gewalt, Schaden zu tun oder Schaden zu wehren verbieten[1]. Es ist kein Gewalt in der Kirchen denn nur zur Besserung. Drum, wo sich der Papst wollt der Gewalt brauchen, zu wehren, ein frei Concilium zu machen, damit verhindert wurd die Besserung der Kirchen, so sollen wir ihn und seine Gewalt nit ansehen, und wo er bannen und donnern wurd, sollt man das verachten als eins tollen Menschen Furnehmen und ihn in Gottes Zuversicht wiederum bannen und treiben, wie man mag, dann solch seine vermessene Gewalt ist nichts, er hat sie auch nit und wird bald mit einem Spruch der Schrift niedergelegt, den Paulus zu den Korinthern sagt: Gott hat uns Gewalt geben, nit zu verderben, sondern zu bessern die Christenheit. Wer will uber diesen Spruch hupfen? Des Teufels und Endchristes Gewalt ist's, die do wehret, was zur Besserung dienet der Christenheit, darum ihr gar nit zu folgen, sondern wider zu stehen ist mit Leib, Gut und allem, was wir vermugen.

Und wo gleich ein Wunderzeichen fur den Papst wider die weltlich Gewalt geschehe oder jemand ein Plag widerfuhre, wie etlichmal sie ruhmen geschehen sei, soll man dasselb nit anders achten dann als durch den Teufel geschehen um unsers Glaubens zu Gott Gebrechen[2], wie dasselb Christus verkundigt hat (Matth. 24): Es werden kummen in meinem Namen falsche Christen und falsche Propheten, Zeichen und Wunder tun, daß sie auch die Auserwähleten mochten verfuhren. Und Sankt Paul sagt den Thessalonicensibus, daß der Endchrist werde durch Satanam mächtig sein in falschen Wunderzeichen.

Drum lasset uns das festhalten: Christliche Gewalt mag

1 oder zu verbieten, daß dem Schaden gewehrt werde. – 2 um unsres Mangels am Glauben zu Gott willen.

nichts wider Christum, wie Sankt Paul sagt: Wir vermugen nichts wider Christum, sondern fur Christo zu tun. Tut sie aber etwas wider Christum, so ist sie des Endchrists und Teufels Gewalt und sollt sie Wunder und Plagen regnen und schloßen[1]; Wunder und Plagen beweren nichts, sonderlich in dieser letzten, ärgesten Zeit, von wilcher falsche Wunder verkundet sein in aller Schrift, drum mussen wir uns an die Wort Gottes halten mit festem Glauben, so wird der Teufel seine Wunder wohl lassen.

Hiemit, hoff ich, soll das falsche, lugenhaftige Schrecken, damit uns nu lange Zeit die Romer haben schuchter und blod Gewissen gemacht, 'erniederliegen. Und [erwiesen zu haben], daß sie mit uns allen gleich dem Schwert unterworfen sein, die Schrift nit Macht haben auszulegen durch lauter Gewalt, ohn Kunst, und keinen Gewalt haben, ein Concilium zu wehren oder noch ihrem Mutwillen pfänden[2], verpflichten und seine Freiheit nehmen, und wo sie das tun, daß sie wahrhaftig des Endchrists und Teufels Gemeinschaft sein, nichts von Christo denn den Namen haben.

Nu wollen wir sehen die Stuck, die man billig in den Konzilien sollt handeln und damit Päpst, Kardinäl, Bischof und alle Gelehreten sollten billig Tag und Nacht umgahn, so sie Christum und seine Kirch liebhätten; wo sie aber das nit tun, daß der Hauf und das weltlich Schwert darzu tue, unangesehen ihr Bannen oder Donnern, denn ein unrechter Bann ist besser dann zehen rechte Absolution und ein unrechte Absolution ärger dann zehen rechte Bann. Darum lasset uns aufwachen, lieben Deutschen, und Gott mehr denn die Menschen furchten, daß wir nit teilhaftig werden aller armen Seelen, die so kläglich durch das schändlich, teufelisch Regiment der Romer verloren werden und täglich mehr und mehr der Teufel zunimmt, so es anders muglich wäre, daß solch hellisch Regiment mocht ärger werden, das ich doch nit begreifen noch gläuben kann.

Zum ersten ist's greulich und erschrecklich anzusehen,

1 hageln (lassen). – 2 mit Strafe zu belegen.

daß der Uberst in der Christenheit, der sich Christi Vicarium[1] und Sankt Peters Nachfolger ruhmet, so weltlich und prächtlich fähret, daß ihn darinnen kein Kunig, kein Kaiser mag erlangen und gleich werden und in dem, der „allerheiligest und geistlichst" sich lässet nennen, weltlicher Wesen ist, dann die Welt selber ist. Er trägt ein dreifältig Kron, wo die hochsten Kunig nur ein Kron tragen; gleicht sich das mit dem armen Christo und Sankt Peter, so ist's ein neu Gleichen. Man plärret, es sei ketzrisch, wo man dawider redt, man will aber auch nit horen, wie unchristlich und ungottlich solch Wesen sei. Ich halt aber, wenn er beten mit Tränen sollt fur Gott, er mußt ie solch Kronen ablegen, dieweil unser Gott keinen Hoffart mag leiden. Nu sollt sein Amt nichts anders sein dann täglich weinen und beten fur die Christenheit und ein Exempel aller Demut furtragen.

Es sei, wie ihm wolle, so ist ein solcher Pracht ärgerlich und der Papst bei seiner Seelseligkeit schuldig, ihn abzulegen darum, daß Sankt Paul sagt: Enthaltet euch fur allen Gebärden, die do ärgerlich sein. Und Röm. 12: Wir sollen Gutes furwenden nit allein fur Gottes Augen, sondern auch fur allen Menschen. Es wäre dem Papst gnug ein gemeine Bischofkron, mit Kunst und Heiligkeit sollt er großer sein fur andern und die Kron der Hoffart dem Endchrist lassen, wie da tan haben seine Vorfahren fur etlich hundert Jahren. Sie sprechen, er sei ein Herr der Welt, das ist erlogen, denn Christus, des Statthalter und Amtmann er sich ruhmet, sprach fur Pilato: Mein Reich ist nit von dieser Welt. Es kann ie kein Statthalter weiter regieren denn sein Herr. Er ist auch nit ein Statthalter des erhebten, sondern des gekreuzigten Christi, wie Paulus sagt: Ich hab nichts bei euch wollt wissen denn Christum und denselben nur als gekreuzigten. Und Phil. 2: Also sollt ihr euch achten, wie ihr seht in Christo, der sich hat entledigt und ein knechtisch Gebärde an sich genommen. Item 1. Kor. 1: Wir predigen Chri-

1 Stellvertreter.

stum den Gekreuzigten. Nu machen sie den Papst ein Statthälter des erhebten Christi im Himmel, und haben etlich den Teufel so stark lassen in ihn regieren, daß sie gehalten, der Papst sei uber die Engel im Himmel und ihn' zu gebieten habe, wilchs sein eigentlich die rechten Werk des rechten Endchrists.

Zum andern: Wozu ist das Volk nutz in der Christenheit, das do heißet die Kardinäl? Das will ich dir sagen. Welsch und deutsch Land haben viel reicher Kloster, Stift, Lehen und Pfarr, die hat man nit wißt baß gen Rom zu bringen, dann daß man Kardinal macht und denselben die Bistum, Kloster, Prälaturn zueigen gebe und Gottesdienst also zu Boden stieße. Drum sieht man itzt, daß Welschland fast wust ist, Kloster verstoret, Bistum verzehret, Prälaturn und aller Kirchen Zinse gen Rom zogen, Städt verfallen, Land und Leut verdorben, da kein Gottesdienst nach Predig mehr gaht. Warum? Die Kardinal mussen die Guter haben, kein Turk hätt Welschland so mugen verderben und Gottesdienst niederlegen.

Nu welsch Land ausgesogen ist, kommen sie ins deutsch Land, heben fein säuberlich an, aber sehen wir zu, deutsch Land soll bald dem welschen gleich werden, wir haben schon etlich Kardinäl: Was darinnen die Romer suchen, sollen die trunken Deutschen nit verstehen, bis sie kein Bistum, Kloster, Pfarr, Lehen, Heller oder Pfennig mehr haben. Der Endchrist muß die Schätz der Erden heben, wie es verkundet ist. Es geht daher: Man schäumet oben ab von den Bistumen, Klostern und Lehnen, und weil sie noch nit alles turen[1] gar verscheinden[2], wie sie den Welschen tan haben, brauchen sie dieweil solch heilige Behendigkeit, daß sie zehen oder zwänzig Prälaturen zusammenkoppeln und von einer iglichen ein jährlich Stuck reißen, daß doch ein Summa draus werde. Proepstei zu Wirzburg gibt tausend Gulden, die zu Babenburg[3] auch etwas, Menz[4], Trier und der mehr, so mocht man eintausend Gulden oder zehen zu-

1 wagen. – 2 völlig zuschanden machen. – 3 Bamberg. – 4 Mainz.

sammenbringen, damit ein Kardinal sich einem reichen Kunige gleich halte zu Rom.

Wenn wir nu des gewohnen, so wollen wir dreißig oder vierzig Kardinäl auf einen Tag machen und einem geben den Munchenberg zu Babenberg und das Bistum zu Wurzburg darzu, dran gehängt etlich reiche Pfarrn, bis daß Kirchen und Städt wust sein, und darnach sagen, wir sein Christi Vicarii und Hirten der Schaf Christi, die tollen, vollen Deutschen mussen's wohl leiden.

Ich rat aber, daß man der Kardinal weniger mache oder laß sie den Papst von seinem Gute nähren. Er[1] wäre ubrig gnug an 12, und ein iglicher hätt des Jahrs tausend Gulden einzukommen[2]. Wie kommen wir Deutschen darzu, daß wir solch Räuberei, Schinderei unserer Guter von dem Papst leiden mussen? Hat das Kunigreich zu Frankreich sich's erwehret, warum lassen wir Deutschen uns also narren und äffen? Es wäre alles träglicher, wenn sie das Gut allein uns also abstohlen: Die Kirchen verwusten sie damit und berauben die Schaf Christi ihrer frummen Hirten und legen den Dienst und Wort Gottes nieder; und wenn schon kein Kardinal wäre, die Kirch wurd dennoch nit versinken. So tun sie nichts, das zur Christenheit dienet, nur Geld- und Hadersachen um die Bistum und Prälaturen treiben sie, das auch wohl ein itzlicher Räuber tun kunnt.

Zum dritten: Wenn man des Papsts Hof ließ das hunderte Teil bleiben und tät ab neunundneunzig Teil, er wäre dennoch groß gnug, Antwort zu geben in des Glaubens Sachen. Nu aber ist ein solch Gewurm und Geschwurm in dem Rom und alles sich päpstisch ruhmet, daß zu Babylonien nit ein solch Wesen gewesen ist. Es sein mehr dann dreitausend Papstschreiber allein, wer will die andern Amtleut zählen, so der Amt soviel sein, daß man sie kaumet zählen kann, wilche alle auf die Stift und Lehen deutschs Lands warten wie Wolf auf die Schaf. Ich acht, daß deutsch Land itzt weit mehr gen Rom gibt dem Papst dann vorzei-

1 ihrer. – 2 einzunehmen.

ten den Kaisern. Ja, es meinen etlich, daß jährlich mehr dann dreimal hunderttausend Gulden aus Deutschland gen Rom kommen, lauterlich vergebens und umsonst, dafur wir nicht dann[1] Spott und Schmach erlangen. Und wir verwundern uns noch, daß Fursten, Adel, Städt, Stift, Land und Leut arm werden? Wir sollten uns verwundern, daß wir noch zu essen haben.

Dieweil wir dann hie in das rechte Spiel kummen, wollen wir ein wenig stillhalten und uns sehen lassen, wie die Deutschen nit so ganz grobe Narrn sein, daß sie romische Praktik gar nichts wissen oder verstehen. Ich klag hie nit, daß zu Rom Gottes Gebot und christlich Recht verachtet ist, dann so wohl steht es itzt nit in der Christenheit, sonderlich zu Rom, daß wir von solchen hohen Dingen klagen mochten. Ich klag auch nit, daß das naturlich oder weltlich Recht und Vernunft nichts gilt. Es liegt noch alles tiefer im Grund. Ich klag, daß sie ihr eigen erdichtet geistlich Recht nit halten, das doch on ihm selb[2] ein lauter Tyrannei, Geizerei und zeitlicher Pracht ist, mehr dann ein Recht, das wollen wir sehen.

Es haben vorzeiten deutsche Kaiser und Fursten verwilligt dem Papst, die Annaten auf allen Lehen deutscher Nation einzunehmen, das ist: die Hälfte der Zins des ersten Jahres auf einem iglichen Lehen. Die Verwilligung aber ist also geschehen, daß der Papst durch solch groß Geld sollt sammlen einen Schatz, zu streiten wider die Turken und Ungläubigen, die Christenheit zu schutzen, auf daß dem Adel nit zu schwer wurd, allein zu streiten, sondern die Priesterschaft auch etwas darzu tät. Solcher guter, einfältiger Andacht der deutschen Nation haben die Päpste dazu braucht, daß sie bisher mehr dann hundert Jahr solch Geld eingenommen und nu einen schuldigen, verpflichten[3] Zins und Aufsatz[4] draus gemacht und nit allein nichts gesammlet, sondern darauf gestiftet viel Ständ und Ämter zu Rom, die damit jährlich als aus einem Erbzins zu besolden. Wenn

1 nichts als. – 2 an sich. – 3 pflichtmäßigen. – 4 Auflage, Steuer.

man nu wider die Turken streiten vorgibt, so senden sie 'eraus Botschaft, Geld zu sammlen, vielmal auch Ablaß herausgeschickt eben mit derselben Farbe[1], wider den Turken zu streiten, meinend, die tollen Deutschen sollen unendlich Todstocknarrn bleiben, nur immer Geld geben, ihrem unaussprechlichen Geiz gnugtun, ob wir gleich offentlich sehen, daß widder[2] Annaten noch Ablaßgeld noch alles ander ein Heller wider den Turken, sondern allzumal in den Sack, dem der Boden aus ist, kummt. Liegen und triegen, setzen und machen mit uns Bund[3], der sie nit ein Haarbreit zu halten gedenken, das muß darnach der heilig Nam Christi und Sankt Petri alles tan haben.

Hie sollt nu deutsche Nation, Bischof und Fursten sich auch fur Christenleut halten und das Volk, das ihn' befohlen ist, in leiblichen und geistlichen Gutern zu regieren und schutzen, fur solchen reißenden Wolfen beschirmen, die sich unter den Schafskleidern dargeben als Hirten und Regierer. Und dieweil die Annaten so schimpflich mißbrauchet werden, auch nit gehalten, was verbunden[4] ist, ihr Land und Leut so jämmerlich ohn alles Recht schinden und verderben, nit zulassen, sondern durch ein kaiserlich oder gemeiner Nation Gesetz die Annaten heraußen behalten[5] oder wiederum abetun. Dann dieweil sie nit halten, was verbunden ist, haben sie auch kein Recht zu den Annaten, so sein die Bischof und Fursten schuldig, solch Dieberei und Räuberei zu strafen oder je zu wehren, wie das Recht fodert, darinnen dem Papst beistehen und stärken, der vielleicht solchem Unfug allein zu schwach ist, oder wo er das wollt schutzen und handhaben, als einem Wolf und Tyrannen wehren und widerstehen, denn er kein Gewalt hat, Boses zu tun oder zu verfechten. Auch so man je wider die Turken wollt ein solchen Schatz sammlen, sollten wir billig dermal eins witzig werden und merken, daß deutsche Nation denselben baß bewahren kunnte denn der Papst, sein-

1 Schminke. – 2 weder. – 3 treffen ... Vereinbarungen. – 4 zugesagt. – 5 im Lande behalten.

temal deutsche Nation selb Volk gnug hat zum Streit, so Geld furhanden ist. Es ist mit den Annaten, wie mit anderm manchen romischen Furgeben gewest ist.

Item, darnach ist geteilet worden das Jahr zwischen dem Papst und regierenden Bischofen und Stiften, daß der Papst sechs Monat hat im Jahr, einen um den andern, zu verleihen die Lehen, die in seinem Monat verfallen, damit fast alle Lehen hinein gen Rom werden gezogen, sonderlich die allerbesten Pfrund und Dignitäten. Und wilche einmal so gen Rom fallen, die kummen darnach nimmer wieder 'eraus, ob sie hinfurt nimmer in des Papsts Monat verfallen, damit den Stiften viel zu kurz[1] geschieht, und ist ein rechte Räuberei, die ihr furgenommen hat, nichts heraußen zu lassen. Darum ist sie fast reif und hoch Zeit, daß man die Papstmonat gar abetue und alles, was dadurch gen Rom kummen ist, wieder 'erausreiße. Denn Fursten und Adel sollen drob sein[2], daß das gestohlen Gut werd wiedergeben, die Diebe gestraft und die ihrs Urlaubs[3] mißbrauchen, Urlaubs beraubt werden. Hält und gilt es, so der Papst des andern Tags seiner Erwählung[4] Regel und Gesetz macht in seiner Kanzelei, dadurch unser Stift und Pfrund geraubt werden, da her[5] kein Recht zu hat, so soll es vielmehr gelten, so der Kaiser Carolus des andern Tags seiner Kronung Regel und Gesetz gebe, durch ganz deutsche Land kein Lehen und Pfrund mehr gen Rom lassen kummen durch des Papsts Monat, und was hineinkummen ist, wieder frei werde und von den romischen Räuber erloset, dazu er Recht hat von Amt wegen seines Schwerts.

Nu hat der romisch Geiz und Raubstuhl nit mocht der Zeit erwarten, daß durch Papstmonat alle Lehen hineinkämen, eines nach dem andern, sondern eilet nach seinem unsättigen Wanst, daß er sie alle aufs kurzst hineinreiße. Und hat uber die Annaten und Monat [hinaus] ein solch Fund[6] erdacht, daß die Lehen und Pfrund noch dreierlei Weise zu

1 Nachteil. – 2 darauf halten. – 3 ihre Erlaubnis. – 4 am Tage nach seiner Wahl. – 5 wozu er. – 6 List, Finte.

Rom behaft[1] werden: Zum ersten: So, der ein frei Pfrund hat, zu Rom oder auf dem Wege stirbt, dieselb muß ewig eigen bleiben des romischen (räubischen) Stuhls (sollt ich sagen), und wollen dennach[2] nit Räuber heißen, so solche Räuberei niemand je gehoret noch gelesen hat.

Zum andern: So, der ein Lehen hat oder uberkummt, der des Papst oder Kardinäl Gesind ist, oder so er zuvor ein Lehen hat und darnach Papsts oder Kardinäls Gesind wird. Nu, wer mag des Papsts und der Kardinäl Gesind zählen, so der Papst, wenn er nur spazierenreit, bei drei- oder viertausend Maulreiter[3] um sich hat, trotz allen Kaisern und Kunigen? Denn Christus und Sankt Peter gingen zu Fußen, auf daß ihre Statthalter deste mehr zu prachten und prangen hätten. Nu hat der Geiz weiter sich erkluget und schafft[4], daß auch heraußen viel den Namen haben päpstlich Gesinds wie zu Rom, daß nur in allen Orten das bloß schalkhaftig Wortlin „Papsts Gesind" alle Lehen an den romischen Stuhl bringen und ewiglich heften [möge]. Seind das nit verdrießliche, teufelische Fundle? Sehen wir zu, so soll Menz, Magdeburg, Halberstadt gar fein gen Rom kummen und das Kardinalat teur gnug bezahlet werden. Darnach wollen wir all deutsche Bischof Kardinäl machen, daß nichts 'eraußen bleibe.

Zum dritten: Wo um ein Lehen ein Hader sich zu Rom angefangen, wilchs, ich acht, fast die gemeinest und großest Straß ist, die Pfrunden gen Rom zu bringen (dann wo hie kein Hader ist, findt man unzählig Buffen[5] zu Rom, die Hader aus der Erden graben und Pfrunden angreifen, wo sie nur wollen, da manch frumm Priester sein Pfrund muß verlieren oder mit einer Summa Gelds den Hader abekaufen ein Zeitlang). Solch Lehen, mit Hader [zu] Recht oder Unrecht verhaft, muß auch des romischen Stuhls ewig eigen sein. Es wäre nit wunder, daß Gott vom Himmel Schwebel und hellisch Feur regnet und Rom in Abgrund versenkt,

1 festgehalten. – 2 dennoch. – 3 Maultierreiter. – 4 sich ausgedacht. – 5 Possenreißer.

wie er vorzeiten Sodoma und Gomorren tät. Was soll ein Papst in der Christenheit, wenn man seiner Gewalt nit anders braucht dann zu solcher Häuptbosheit und er dieselben schutzt und handhabt? O edeln Fursten und Herrn, wie lang wollt ihr eur Land und Leut solchen reißenden Wolfen offen und frei lassen?

Da nu solch Praktik nit gnug war und dem Geiz die Zeit zu lange ward, alle Bistum hineinzureißen, hot mein lieber Geiz doch soviel erfunden, daß die Bistum mit Namen 'eraußen und mit dem Grund und Boden zu Rom sein und daß also kein Bischof mag bestätiget werden, er kauf dann mit großer Summa Gelds das Pallium und verpflichte sich mit greulichen Eiden zu einem eigenen Knecht dem Papst. Daher kummt's, daß kein Bischof wider den Papst tar handeln. Das haben die Romer auch gesucht mit dem Eide, und sein also die allerreichsten Bistum in Schuld und Verderben kummen. Menz, hor ich, gibt zwänzigtausend Gulden. Das sein mir ie Romer[1], als mich dunkt. Sie haben's wohl vorzeiten setzt im geistlichen Recht, das Pallium umsonst zu geben, des Papsts Gesind wenigern, Hader mindern, den Stiften und Bischofen ihre Freiheit lassen. Aber das wollt nit Geld tragen, drum ist das Blatt umkehret und ist den Bischofen und Stiften aller Gewalt genommen, sitzen wie die Ziffren, haben widder Amt, Macht noch Werk, sondern regiern alle Ding die Häuptbuben zu Rom, auch schier des Kusters und Glockners Amt in allen Kirchen, alle Hader werden gen Rom gezogen, tut idermann durchs Papsts Gewalt, was er will.

Was ist geschehen in diesem Jahre? Der Bischof zu Straßburg wollt sein Stift ordenlich regieren und reformieren in Gottesdienst und stellet etlich gottlich und christlich Artikel, darzu dienlich. Aber mein lieber Papst und der heilige romische Stuhl stoßt zu Boden und verdammt solch heilige, geistlich Ordnung ganz miteinander durch Anlangen[2] der Priesterschaft. Das heißt die Schaf Christi geweidet, so soll

1 wahrlich richtige Römer. – 2 auf Betreiben.

man Priester wider ihren eigen Bischof stärken und ihren Ungehorsam in gottlichen Gesetzen schutzen. Solch offentlich Gottesschmach wird der Endchrist, hoff ich, nit vernehmen. Da habt ihr den Papst, wie ihr habt gewollet. Warum das? Ei, wo ein Kirch wurd reformiert, wäre das Einreißen fährlich[1], daß Rom mußt vielleicht auch dran; daruber sollt man ehe kein Priester mit dem andern eines bleiben lassen und, wie sie bisher gewohnet, Fursten und Kunig uneins machen, die Welt mit Christenblut erfullen, daß je nit der Christen Einigkeit dem heiligen romischen Stuhel durch Reformiern zu schaffen gebe.

Bisher haben wir verstanden, wie sie mit den Pfreunden[2] handeln, die verfallen und los werden. Nu erfället dem zarten Geiz zu wenig los,[3] darum hat er sein Fursichtigkeit erzeigt auch in die Lehen, die noch besessen sein durch ihre Verweser, daß dieselben auch los sein mussen, ob sie schon nit los sein, und das mancherlei Weise.

Zum ersten lauret er, wo fette Präbenden sein oder Bistum durch einen Alten oder Kranken oder auch mit einer erdichten Untuchtigkeit besessen. Demselben gibt der Heilige Stuhel einen Koadjutor, das ist ein Mithelfer, ohn seinen Willen und Dank, zugut dem Koadjutor, darum, daß er des Papsts Gesind ist oder Geld drum gibt oder sonst mit einem romischen Frondienst verdienet hat. Da muß denn abgehn frei Erwählung des Kapitels oder Recht des, der die Pfrunden hat zu verliehen, und alles nur gen Rom.

Zum andern heißet ein Wortlin „Kommenden", das ist: wenn der Papst einem Kardinal oder sonst seiner einen ein reich, fett Kloster oder Kirchen befiehlet zu behalten, gleich als wenn ich dir hundert Gulden zu behalten tät. Dies heißt das Kloster nit geben noch verleihen, auch nit verstoren nach[4] Gottesdienst abetun, sondern allein zu behalten tun, nit daß er's bewahren oder bauen soll, sondern die Person austreiben, die Guter und Zins einnehmen und

1 Beginn, Hereinbrechen gefährlich. – 2 Pfründen. – 3 nun wird der lieben Habsucht zu wenig fällig (ledig). – 4 noch.

irgendeinen apostaten, verlaufen Munch[1] hineinsetzen, der funf oder sechs Gulden des Jahres nimmt und sitzt des Tages in der Kirchen, verkauft den Pilgern Zeichen und Bildlin, daß widder Singen noch Lesen daselb mehr geschieht. Denn, wo das hieß Kloster verstoren und Gottesdienst abtun, so mußt man den Papst nennen ein Verstorer der Christenheit und Abetäter[2] Gottesdienst, denn er treibet es furwahr mächtig. Das wäre ein harte Sprach zu Rom, drum muß man es nennen „ein Kommenden" oder Befehlung, das Kloster zu behalten. Dieser Kloster kann der Papst vier oder mehr in einem Jahr zu Kommenden machen, da eines mehr denn sechstausend Gulden hat Einkummen. Also mehren sie zu Rom Gottes Dienst und erhalten die Kloster. Das lernet sich in deutschen Landen auch.

Zum dritten sein etlich Lehen, die sie heißen „Incompatibilia", die noch Ordnung geistlichs Rechts nit mugen miteinander behalten werden, als do sein zwo Pfarren, zwei Bistum und dergleichen. Hie drehet sich der heilige romische Stuhel und Geiz also aus dem geistlichen Recht, daß er ihm Glossen machet, die heißen „Unio" und „Incorporatio", das ist, daß er viel Incompatibilia ineinander leibet, daß eins des andern Glied sei und also gleich als ein Pfreund geacht werden, so sein sie nimmer Incompatibilia und ist dem heiligen geistlichen Recht geholfen, daß es nit mehr bindet, denn allein bei denen, die solch Glossen dem Papst und seinem Datario nit abekaufen. Der Art ist auch die Unio, das ist: Vereinigung, daß er solcher Lehen viel zusammenkoppelt als ein Bund Holz, um wilchs Koppels willen sie all fur ein Lehen gehalten werden. Also findt man wohl einen Kortisanen zu Rom, der fur sich allein 22 Pfarren, 7 Prepsteien und 19 Pfreunden darzu hat, wilchs alles hilft solch meisterlich Gloß und hält, daß nit wider Recht sei. Was nu Kardinäl und ander Prälaten haben, bedenk ein iglicher selbs. So soll man den Deutschen den Beutel räumen und den Kutzel[3] vertreiben.

1 einen Mönch, der sein Kloster eigenmächtig verlassen hat. – 2 Abschaffer. – 3 Kitzel, Übermut.

Der Glossen eine ist auch „Administratio“, das ist, daß einer neben seinem Bistum Abtei oder Dignität habe und alles Gut besitze, ohn daß er den Namen nit habe, denn allein „Administrator“. Denn es ist zu Rom gnug, daß die Wortlin sich wandeln und nit die Tat, gleich als wenn ich lehret, die Hurwirtin sollt Burgemeisterin heißen und doch bleiben so frumm, als sie ist. Solch romisch Regiment hat Sankt Peter verkundet, da er sagt (2. Petr. 2): Es werden falsche Meistere kummen, die in Geizerei mit erdichten Worten uber euch handelen werden, ihren Gewinst zu treiben.

Es hat auch der liebe romische Geiz den Brauch erdacht, daß man die Pfreund und Lehen verkäuft und leihet auf solchen Vorteil, daß der Verkäufer oder Hantierer[1] drauf behält den Anfall und Zuspruch[2], daß, so der Besitzer stirbt, das Lehen frei wieder heimsterbe dem, der es vorhin verkauft, verliehen oder verlassen hat, damit sie aus den Pfreunden Erbguter gemacht haben, daß niemand mehr darzu kummen kann, denn welchen der Verkaufer dasselb verkaufen will oder sein Recht daran bescheidet an seinem Tod[3]. Daneben seind ihr' viel, die ein Leben dem andern aufgeben nur mit dem Titel, daran er kein Heller empfähet. Es ist auch nu alt worden, daß einer dem andern ein Lehen aufgibt mit Vorbehalt etlicher Summen jährlichs Zinses, wilchs vorzeiten Simonei war, und der Stucklin viel mehr, die nit zu 'rzählen sein, und gehn also viel schändlicher mit den Pfreunden um denn die Heiden unter dem Kreuz mit Christus' Kleidern.

Aber alles, was bisher gesagt, ist fast alt und gewohnlich wurden zu Rom. Noch eines hat der Geiz erdacht, das, ich hoff, soll das letzt sein, daran er erwurg. Der Papst hat ein edles Fundlin, das heißet „Pectoralis reservatio“, das ist: seines Gemuts Furbehalt, „et proprius motus“: und eigener Mutwill der Gewalt. Das gehet also zu: Wenn einer zu Rom ein Lehen erlanget, das ihm wird signiert und redlicherweise zugeschrieben, wie da der Brauch ist, so kummt denn

1 Verleiher. – 2 Heimfallrecht und Anspruch. – 3 von Todes wegen zu weist.

einer, der Geld bringet oder sonst verdienet hat, da nit von zu sagen ist, und begehrt dasselbig Lehen von dem Papst, so gibt er es ihm und nimmt's dem andern. Spricht man denn, er sei unrecht, so muß der Allerheiligeste Vater sich entschuldigen, daß er nit so offentlich mit Gewalt wider Recht handelen gestraft werde und spricht, er hab in seinem Herzen und Gemut dasselb Lehen ihm selbs und seiner vollen Gewalt furbehalten, so er doch sein Lebtag zuvor nie davon gedacht noch gehoret hat. Und hat nu also ein Gloßlin funden, daß er in eigener Person liegen, triegen und idermann äffen und narren mag, und das alles unverschamt und offentlich, und will dennoch das Häupt der Christenheit sein, lässet sich mit offentlichen Lugen den bosen Geist regieren.

Dieser Mutwille und lugenhaftige Furbehalt des Papsts macht nu zu Rom ein solch Wesen, daß niemand davon reden kann. Da ist ein Kaufen, Verkäufen, Wechselin, Tauschen, Rauschen, Liegen, Triegen, Rauben, Stehlen, Prachten, Hurerei, Buberei, auf allerlei Weis Gottesverachtung, daß nit muglich ist dem Endchrist, lästerlicher zu regieren. Es ist nichts mit Venedig, Antdorf[1], Alkair[2] gegen diesem Jahrmarkt und Kaufshandel zu Rom, ohn daß dort doch Vernunft und Recht gehalten wird, hie geht es, wie der Teufel selbs will. Und aus dem Meer fleußet nu in alle Welt gleiche Tugend. Sollten sich solch Leut nit billig furchten fur der Reformation und einem freien Concilio und ehe alle Kunig und Fursten ineinanderhenken[3], daß je nit durch ihr Einigkeit ein Concilium werde? Wer mag leiden, daß solch sein Buberei an Tag komme?

Zuletzt hat der Papst zu diesen allen edlen Händeln ein eigen Kaufhaus aufgericht, das ist des Datarii Haus zu Rom. Dahin mussen alle die kummen, die dieser Weis nach um Lehen und Pfrund handeln, denselben muß man solch Glossen und Hantierung abkaufen und Macht erlangen, solch Häuptbuberei zu treiben. Es war vorzeiten noch gnädig zu

1 Antwerpen. – 2 Kairo. – 3 in Streit miteinander verwickeln.

Rom, da man das Recht mußt kaufen oder mit Geld niederdrucken. Aber itzt ist sie[1] so kostlich worden, daß sie niemand lässet Buberei treiben, es muß mit Summen vor erkauft werden. Ist das nit ein Hurhaus uber alle Hurhäuser, die jemand erdenken mocht, so weiß ich nit, was Hurhäuser heißen.

Hast du nu Geld in diesem Haus, so kannst du zu allen den gesagten Stucken kummen, und nit allein zu denselben, sondern allerlei Wucher wird hie um Geld redlich, alls gestohlen, geraubt Gut gerechtfertiget. Hie werden die Gelubd aufgehebet, hie den Munchen Freiheit geben, aus den Orden zu gehen, hie ist feile der ehelich Stand den Geistlichen, hie mugen Hurnkinder ehlich werden, alle Unehre und Schand hie zu Wirden kommen, aller boser Tadel und Mal[2] hie zu Ritter geschlagen und edel wird. Hie muß sich der ehelich Stand leiden[3], der in verboten Grad oder sonst ein Mangel hat. Oh, wilch ein Schätzerei und Schinderei regiert da, daß ein Schein hat, daß alle geistlich Gesetz allein darum gesetzt sein, daß nur viel Geldstrick wurden, daraus man sich muß losen, wer ein Christen sein sall[4]. Ja, hie wird der Teufel ein Heilig und ein Gott dazu; was Himmel und Erden nit vermag, das vermag dies Haus. Es heißen „Compositiones" freilich Compositiones, ja „Confusiones".[5] Oh, wie ein schlechter Schatz ist der Zoll am Rhein gegen diesem heiligen Hause.

Niemand soll achten, daß ich zuviel sage. Es ist alles offentlich, daß sie selb zu Rom mussen bekennen, es sei greulicher und mehr, denn jemand sagen kunnte. Ich hab noch nit, will auch noch nit ruhren die rechte Hellgrundsuppen von den personlichen Lastern. Ich rede nur von gemeinen, läuftigen Sachen und kann sie dennoch mit Worten nit erlangen. Es sollten Bischof, Priesterschaft und zuvor die Doctores der Universitäten, die darum besoldet sein, ihrer Pflicht nach hiewider einträchtlich geschrieben und geschrien haben. Ja, wend das Blatt um, so findest du es[6].

1 die Stadt Rom. – 2 Makel, Fleck. – 3 ... wird anerkannt. – 4 soll. – 5 Die „Compositiones" sollten richtiger „Confusiones" heißen. – 6 das Gegenteil.

Es ist noch das Valete dahinten,[1] das muß ich auch geben. Da nu der unausmeßliche Geiz noch nit gnug hätt an allen diesen Schätzen, da billig sich drei mächtige Kunige ließen an benugen, hebt er nu an, solche seine Händel zu versetzen und verkaufen dem Fogger zu Augsburg, daß nu Bistum und Lehen zu verleihen, tauschen, kaufen und die lieben Hantierung geistlicher Guter treiben eben auf den rechten Ort ist kummen und nu aus geistlichen und weltlichen Guter eine Hantierung worden. Nu mocht ich gerne ein so hoch Vernunft horen, die erdenken mocht, was nu hinfurt kunnte geschehn durch den romischen Geiz, das nit geschehen sei, es wäre dann, daß der Fogger seine beide und nu einigen Handel[2] auch jemand versetzt oder verkauft. Ich mein, es sei ans Ende kummen.

Dann was sie mit Ablaß, Bullen, Beichtbriefen, Butterbriefen und ander Confessionalibus haben in allen Landen gestohlen, noch stehlen und erschinden, acht ich als Flickwerk[3] und gleich, als wenn man mit einem Teufel in die Helle wurf. Nit, daß sie wenig tragen (denn sich wohl davon erhalten kunnt ein mächtiger Kunig), sondern daß er gegen die obgesagten Schätzflusse[4] kein gleichen hat. Ich schweig auch noch zur Zeit, wo solchs Ablaßgeld hinkummen ist. Ein andermal will ich darnach fragen, denn Campoflore und Belvidere und etlich mehr Orte wissen wohl etwas drum.

Dieweil denn solchs teufelisch Regiment nit allein ein offentlich Rauberei, Triegerei und Tyrannei der hellischen Pforten ist, sondern auch die Christenheit ohn Leib und Seel verderbet, sein wir hie schuldig, allen Fleiß furzuwenden, solch Jammer und Zerstorung der Christenheit zu wehren. Wollen wir wider die Turken streiten, so lasset uns hie anheben, da sie am allerärgesten sein. Henken wir mit Rechte die Diebe und kopfen die Räuber, warum sollten wir freilassen den romischen Geiz, der der großest Dieb

1 Nun bleibt noch das Lebewohl (der Schluß) übrig. – 2 beiden und nun vereinigten Handelsgeschäfte. – 3 Kleinkram. – 4 Geldströme.

und Räuber ist, der auf Erden kummen ist oder kummen mag, und das alles in Christus' und Sankt Peters heiligen Namen? Wer kann's doch zuletzt leiden oder schweigen? Es ist ie gestohlen und geraubt fast alles, was er hat, das ist je nit anders, wilchs aus allen Historien beweret wird. Es hat je der Papst solch groß Guter nit kauft, daß er von seinen Officiis mag aufheben[1] bei zehenhunderttausend Dukaten, ohn die Schätzgruben und sein Land. So hat's ihm Christus und Sankt Peter auch nit aufgeerbet, so hat's ihm auch niemand geben noch geliehen, so ist's auch nit ersessen noch erjähret[2]. Sag du mir, woher mag er's haben? Daraus merk, was sie suchen und meinen, wenn sie Legaten 'eraussenden, Geld zu sammlen wider den Turken.

Wiewohl nu ich zu gering bin, Stuck furzulegen, zu solches greulichs Wesens Besserung dienlich, will ich doch das Narrnspiel hinaussingen und sagen, soviel mein Verstand vermag, was wohl geschehen mocht und sollt von weltlicher Gewalt oder gemeinen Concilio.

Zum ersten, daß ein iglich Furst, Adel, Stadt ihn' ihren Untertanen frischan[3] verbiet, die Annaten gen Rom zu geben und sie gar abetue, dann der Papst hat den Pakt brochen und ein Räuberei gemacht aus den Annaten zu Schaden und Schanden gemein deutscher Nation, gibt sie seinen Freunden, verkäuft sie fur groß Geld und stift Officia drauf, drum hat er das Recht dazu verloren und Straf verdienet. So ist die weltlich Gewalt schuldig, zu schutzen die Unschuldigen und wehren das Unrecht, wie Sankt Paulus (Röm. 13) lehret und Sankt Peter (1. Petr. 2), ja, auch das geistlich Recht (16. qu. 7 de filiis). Daher es kummen ist, daß man sagt zum Papst und den Seinen: Tu ora: Du sollt beten, zum Kaiser und den Seinen: Tu protege: Du sollt schutzen, zu dem gemeinen Mann: Tu labora: Du sollt ärbeiten. Nit also, daß nit ein iglicher beten, schutzen, ärbei-

1 daß er von seinen Beamtenstellen einnehmen kann. – 2 durch Verjährung erworben. – 3 frischweg.

ten sollt, denn es ist alles gebet, geschutzt, geärbeitet, wer in seinem Werk sich ubet, sondern daß einem iglichen sein Werk zugeeigent werde.

Zum andern, dieweil der Papst mit seinen romischen Praktiken, Kommenden, Adjutorien, Reservation, Gratiis exspectativis, Papstmonat, Inkorporation, Union, Pension, Palliis, Kanzeleiregelen und dergleichen Buberei all deutsche Stift ohn Gewalt und Recht zu sich reißet und dieselben zu Rom Fremden, die nichts in deutschen Landen dafur tun, gibt und verkäuft, damit er die Ordinarien beraubt ihres Rechten, macht aus den Bischofen nur Zifferen und Olgotzen und also wider sein eigen geistlich Recht, Natur und Vernunft handelt, daß zuletzt dahin kummen, daß die Pfreund und Lehen nur groben, ungelehreten Eseln und Buben zu Rom durch lauter Geiz verkauft werden, frumm, gelehret Leut ihrer Verdienst und Kunst nichts genießen, dadurch das arm Volk deutscher Nation guter, gelehreter Prälaten muß mangeln und verderben. So soll hie der christlich Adel sich gegen ihm setzen als wider einen gemeinen Feind und Zustorer der Christenheit, um der armen Seelen Heil willen, die durch solch Tyrannei verderben mussen, setzen, gebieten und verordenen, daß hinfurt kein Lehen mehr gen Rom gezogen, keins mehr drinnen erlangt werde auf keinerlei Weise, sondern wieder von der tyrannischen Gewalt 'erausruckt, heraußen behalten[1] und den Ordinarien ihr Recht und Amt wiederstatten, solch Lehen zu verordenen, aufs best sie mugen in deutscher Nation. Und wo ein Kurtisan 'erauskäme, daß demselben ein ernst Befehl geschehe, abzustehen oder in den Rhein und das nähste Wasser zu springen und den romischen Bann mit Siegel und Briefen zum kalten Bade fuhren, so wurden sie zu Rom merken, daß die Deutschen nit allezeit toll und voll sein, sondern auch einmal Christen worden wären, als die den Spott und Schmach des heiligen Namens Christi, unter wilchem solch Buberei und Seelverderben geschieht, nit mehr

1 im Lande behalten.

zu leiden gedenken, Gott und Gottes Ehre mehr achten denn der Menschen Gewalt.

Zum dritten, daß ein kaiserlich Gesetz ausgahe, keinen Bischofmantel, auch keine Bestätigung irgendeiner Dignitäten furtan aus Rom zu holen, sondern daß man die Ordnung des allerheiligesten und beruhmtesten Concilii Niceni wieder aufricht, darinnen gesetzt ist, daß ein Bischof soll bestätiget werden von den andern zween nähsten oder von dem Erzbischof. Wenn der Papst solch und aller Concilia Statut will zureißen, was ist's nutz, daß man Concilia habe? Oder wer hat ihm die Gewalt geben, Concilia so zu verachten und zureißen? So mehr tun wir abe alle Bischof, Erzbischof, Primaten, machen eitel Pfarrer draus, daß der Papst allein sei uber sie, wie er doch itzt ist und den Bischofen, Erzbischofen und Primaten kein ordenliche Gewalt noch Amt lässet, alles zu sich reißet und ihn' nur den Namen und ledigen Titel bleiben lässet, so weit auch, daß durch sein Exemption auch die Kloster, Abt und Prälaten der ordenlichen Gewalt der Bischof entzogen und damit kein Ordnung in der Christenheit bleibt, daraus dann folgen muß, wie erfolget ist, Nachlaß der Straf und Freiheit, Ubel zu tun in aller Welt, daß ich furwahr besorg, man mug den Papst nennen Hominem peccati. Wem kann man schuld geben, daß kein Zucht, kein Straf, kein Regiment, kein Ordnung in der Christenheit ist, denn dem Papst, der durch solch sein eigen vermessene Gewalt allen Prälaten die Hand zuschleußt, die Ruten nimmt und allen Untertanen die Hand auftut und Freiheit gibt oder verkäuft.

Doch daß er nit klag, er werde seiner Uberkeit beraubt, sollt verordnet werden, daß, wo die Primaten oder Erzbischof nit muchten ein Sach ausrichten oder unter ihnen sich ein Hader erhub, daß alsdann dieselb dem Papst wurd furtragen, und nit ein igliche kleine Sach, wie vorzeiten geschah und das hochberuhmt Concilii Nicenum gesetzt hat. Was aber ohn den Papst kann ausgericht werden, daß seine Heiligkeit nit mit solchen geringen Sachen beschwert werde, sondern ihres Gebets und Studiern und Sorgen fur die ganz Christenheit, wie er sich ruhmet, warten muge, wie die Apostel täten (Apostelgesch. 6) und sagten: Es ist nit recht, daß wir das Wort Gottes lassen und dem Tisch dienen, wir wollen an dem Predigen und Gebet hangen und uber das Werk andere verordnen. Aber nu ist Rom nit anders denn des Evangelii und Gebets Verachtung und Tischdienst, das ist: zeitlichs Guts. Und reimet sich der Apostel und Papst Regiment zusammen wie Christus und Luzifer, Himmel und Helle, Nacht und Tag, und heißt doch Christi Vicarius und der Aposteln Nachfolger.

Zum vierten, daß verordnet werd, daß kein weltlich Sach gen Rom zogen werd, sondern dieselben alle der weltlichen Gewalt lassen, wie sie selbs setzen in ihren geistlichen Rechten und doch nit halten. Denn des Papst Amt soll sein, daß er der Allergelehrtest in der Schrift und wahrhaftig, nit mit Namen, der Allerheiligest regiere die Sachen, die den Glauben und heiliges Leben der Christen betreffen, die Primaten und Erzbischof dazu halten und mit ihn' drinnen handeln und Sorg tragen, wie Sankt Paul (1. Kor. 6) lehret und härtiglich straft, daß sie mit weltlichen Sachen umgingen. Dann es bringt unträglichen Schaden allen Landen, daß zu Rom solch Sachen werden gehandelt, da große Kost aufgaht[1], dazu dieselben Richter nit wissen die Sitten, Recht und Gewohnheit der Lande, daß[2] mehrmal die Sachen zwingen und ziehen noch ihren Rechten und Opinionen, damit den Parteien muß Unrecht geschehen.

Dabei mußt man auch verbieten in allen Stiften die greulich Schinderei der Offiziäl, daß sie nit mehr dann des Glaubens Sach und guter Sitten sich annehmen, was Geld, Gut und Leib oder Ehre antrifft, den weltlichen Richtern lassen. Darum soll die weltliche Gewalt des Bannen und Treiben nit gestatten, wo es nit Glauben oder gutes Leben antrifft. Geistlich Gewalt soll geistlich Gut regieren, wie das

1 großer Aufwand entsteht. – 2 so daß sie.

die Vernunft lehret, geistlich Gut aber ist nit Geld noch leiblich Ding, sondern Glaub und gute Werk.

Doch mocht man gonnen, daß Sach, die do Lehen oder Pfreund betreffen, fur Bischofen, Erzbischofen, Primaten gehandelt wurden. Drum, wo es sein mocht, zu scheiden[1] die Häder und Krieg, daß der Primat in Germanien ein gemein Consistorium mit Auditoribus[2], Kanzelern, der wie zu Rom Signaturas gratiae und iustitiae regieret, zu wilchem durch Appellation die Sachen in deutschen Landen wurden ordenlich bracht und trieben, wilch man nit, wie zu Rom, mit zufälligen[3] Geschenken und Gaben besolden mußt, dadurch sie gewohnten, Recht und Unrecht verkäufen, wie sie itzt zu Rom mussen tun, darum, daß ihn' der Papst kein Sold gibt, lässet sie sich mit Geschenken selbs mästen (denn es liegt je zu Rom niemand etwas dran, was Recht oder Unrecht, sondern was Geld oder nit Geld ist), sondern mocht das tun von den Annaten oder sonst ein Weg erdenken, wie dann wohl mugen, die hochverständiger und in den Sachen baß erfahren, denn ich bin. Ich will nur angeregt und Ursach zu gedenken geben haben denen, die do mugen und geneigt sein, deutscher Nation zu helfen, wiederum Christen und frei werden noch[4] dem elenden, heidnischen und unchristlichen Regiment des Papsts.

Zum funften, daß keine Reservation mehr gelte und kein Lehen mehr behaftet werde zu Rom, es sterbe der Besitzer, es sei Hader drob oder sei eins Kardinals oder Papsts Gesind. Und das man strenglich verbiete und wehre, daß kein Kurtisan auf irgendein Lehen Hader anfahe, die frummen Priester zu zitiern, tribuliern und aufs Kontentiern treiben. Und wo darum aus Rom ein Bann oder geistlicher Zwang käme, daß man den verachte, als wenn ein Dieb jemand in Bann tät, drum daß man ihn nit wollt stehlen lassen. Ja, man sollt sie hart strafen, daß sie des Banns und gottlichs Namens so lästerlich mißbrauchen, ihre Räuberei zu stärken, und mit falschem, erdichten Dräuen uns treiben wollen da-

1 schlichten. – 2 Rechtsgelehrten. – 3 zufallenden. – 4 nach.

hin, daß wir solch Lästerung gottlichs Namen und Mißbrauch christlicher Gewalt sollen leiden und loben und ihrer Schalkheit fur Gott teilhaftig werden, so wir ihr zu wehren fur Gott schuldig sein, wie Sankt Paul (Röm. 1) dieselben straft, sie sein des Tods wirdig, daß sie nit allein solchs tun, sondern auch, daß sie verwilligen und gestatten, solchs zu tun. Zuvor aber die lugenhaftige Reservatio pectoralis ist unleidlich, dadurch die Christenheit so lästerlich und offentlich wird zur Schmach und Spott gesetzt, daß ihr Uberster mit offentlichen Lugen handelt und um das verflucht Gut Gunst[1] idermann unverschamt betreugt und narret.

Zum sechsten, daß auch abtan werden die Casus reservati, die behalten Fäll, damit nit allein viel Geld von den Leuten geschunden wird, sondern viel armer Gewissen von den wutrichten Tyrannen verstrickt und verwirret zu unträglichem Schaden ihres Glaubens zu Gott. Sonderlich die lächerlichen, kindischen Fäll, die sie aufblasen mit der „Bulla Cenae domini“, die nit wirdig sein, daß man es täglich Sund nennen sollt, schweig dann so große Fäll, die der Papst mit keinem Ablaß nachlässet, als do sein: So jemand verhindert ein Pilgerin gen Rom oder brächt den Turken Wehre[2] oder fälscht des Papsts Briefe. Narren sie uns mit so groben, tollen, unbehenden Stucken? Sodoma und Gomorra und alle Sund, die wider Gottes Gebot geschehen und geschehen mugen, sein nit Casus reservati, aber was Gott nie geboten hat und sie selb erdacht haben, das mugen Casus reservati sein, nur daß man niemand hindere, Geld gen Rom zu bringen, daß sie fur den Turken sicher in Wollust leben und mit ihren losen, unnutzen Bullen und Briefen die Welt in ihrer Tyrannei behalten.

Sollt nu billig ein solch Wissen bei allen Priestern oder ein offentlich Ordenunge sein, daß kein heimliche, unverklagte Sund ein furbehalter Fall ist und ein iglicher Priester Gewalt hat, allerlei Sund zu embinden, wie sie immer ge-

1 dem verfluchten (Geld und) Gut zuliebe. – 2 Kriegsausrüstungen.

nennet werden, wo sie heimlich sein, auch widder Abt, Bischof noch Papst Gewalt hat, der eine ihm furzubehalten. Und wo sie das täten, so hält und gilt es nichts, wären auch drum zu strafen, als [solche,] die ohn Befehl in Gottes Gericht fallen und ohn Ursach die armen, unverständigen Gewissen verstricken und beschweren. Wo es aber offentlich große Sund sein, besonder wider Gottes Gebot, da hat's wohl ein Grund, Casus reservatores zu haben, doch auch nit zu viel, auch nit aus eigener Gewalt ohn Ursach. Dann Christus hat nit Tyrannen, sondern Hirten in seine Kirche gesetzt, wie Sankt Petrus sagt (1. Petr. 5).

Zum siebenten, daß der romische Stuhel die Officia abtue, das Gewurm und Schwurm zu Rom wenigere, auf daß des Papsts Gesind muge von des Papst eigen Gut ernähret werden, und laß seinen Hof nit aller Kunigen Hof mit Prangen und Kosten ubertreten, angesehen, daß solch Wesen nit allein nie gedienet hat zur Sachen des christlichen Glaubens, sondern sie auch dadurch verhindert am Studiern und Gebet, daß sie selbs fast nichts mehr wissen vom Glauben zu sagen, wilchs sie gar groblich beweiset haben in diesem letzten romischen Concilio, darinnen unter vielen kindischen, leichtfertigen Artikel auch das gesetzt haben, daß des Menschen Seel sei unsterblich und ein Priester je einmal im Monat sein Gebet zu sprechen schuldig ist, will er sein Lehen nit verlieren. Was sollten die Leut uber der Christenheit und Glaubens Sachen richten, die, vor großem Geiz, Gut und weltlicher Pracht erstockt und verblendt, nu allererst setzen, die Seel sei unsterblich, wilch nit ein geringe Schmach ist aller Christenheit, so schimpflich zu Rom mit dem Glauben umgahn. Hätten sie nu weniger Gut und Prangen, so mochten sie baß studieren und beten, daß sie wirdig und tuchtig wurden, des Glaubens Sachen zu handeln, wie sie vorzeiten waren, da sie Bischofe und nit Kunige aller Kunige zu sein sich vermaßen.

Zum achten, daß die schweren, greulichen Eide aufgehaben wurden, so die Bischof dem Papst zu tun gezwungen ohn alles Recht, damit sie gleich wie die Knecht gefangen werden, wie das untuchtige, ungelahrte Kapitel „Significasti" von eigener Gewalt und groß Unverstand setzet. Ist's nit gnug, daß sie uns Gut, Leib und Seel beschweren mit vielen ihren tollen Gesetzen, dadurch den Glauben geschwächt, die Christenheit verderbet, sie nehmen denn auch gefangen die Person, ihre Amt und Werk, dazu auch die Investitur, die vorzeiten der deutschen Kaiser gewesen und in Frankreich und etlichen Kunigreich noch der Kunige sein? Daruber sie mit den Kaisern groß Krieg und Hader gehabt so lang, bis daß sie sie mit frecher Gewalt genummen und behalten haben bisher, gerad als mußten die Deutschen fur allen Christen auf Erden des Papsts und romischen Stuhles Gockelnarrn sein, tun und leiden, was sonst niemand leiden noch tun will. Dieweil denn dies Stuck eitel Gewalt und Räuberei ist zu Hindernisse bischoflicher ordenlicher Gewalt und zu Schaden der armen Seelen, ist der Kaiser mit seinem Adel schuldig, solch Tyrannei zu wehren und strafen.

Zum neunten, daß der Papst uber den Kaiser kein Gewalt habe, ohn daß er ihn auf dem Altar salbe und krone, wie ein Bischof einen Kunig kronet, und je nit der teufelischen Hoffart hinfurt zugelassen werde, daß der Kaiser des Papsts Fueße kuß oder zu seinen Fußen sitze oder, wie man sagt, ihm den Stegreif halte und den Zaum seines Maulpferds, wenn er aufsitzt, zu reiten, noch viel weniger dem Papst hulde und treue Untertänigkeit schwere, wie die Päpste unverschamt furnehmen zu fodern, als hätten sie Recht darzu. Es ist das Kapitel „Solite", darinnen päpstlich Gewalt uber kaiserlich Gewalt erhebt wird, nit eines Hellers wert, und alle die sich drauf grunden oder dafur furchten, dieweil es nit anders tut, denn die heiligen Gotteswort zwingt und dringt von ihren rechten Verstand auf ihr eigene Träum, wie ich das anzeigt hab im Latein.

Solch uberschwenglichs, uberhochmutigs, uberfrevelichs Furnehmen des Papsts hat der Teufel erdacht, darunter mit der Zeit den Endchrist einzufuhren und den Papst uber

Gott zu 'rheben, wie dann schon viel tun und tan haben. Es gebuhrt nit dem Papst, sich zu 'rheben uber weltliche Gewalt denn allein in geistlichen Amten, als do sein Predigen und Absolvieren. In andern Stucken soll er drunter sein, wie Paulus (Röm. 13 und 1. Petr. 2) lehren, als ich droben gesagt habe. Er ist nit ein Statthalter Christi im Himmel, sondern allein Christi auf Erden wandelend, dann Christus im Himmel, in der regierenden Form, darf keines Statthalters, sondern sitzt, siehet, tut, weiß und vermag alle Ding. Aber er darf sein[1] in der dienenden Form, als er auf Erden ging, mit Ärbeiten, Predigen, Leiden und Sterben. So kehren sie es um, nehmen Christo die himmelisch regierende Form und geben sie dem Papst, lassen die dienende Form ganz untergehen. Es sollt schier der Widerchrist sein, denn die Schrift heißet „Antichrist", geht doch alle sein Wesen, Werk und Furnehmen wider Christum, nur Christus' Wesen und Werk zu vertilgen und verstoren.

Es ist auch lächerlich und kindisch, daß der Papst aus solchem verblendten, verkehreten Grund sich ruhmet in seinem Dekretal „Pastoralis", er sei des Kaisertums ein ordenlicher Erbe, so es ledig stunde. Wer hat es ihm geben? Hat's Christus tan, da er sagt: Die Fursten der Heiden sein Herrn, ihr aber sollt nit so sein? Hat's ihm Sankt Peter aufgeerbet? Mich verdreußet, daß wir solch unverschamt, grobe, tolle Lugen mussen im geistlichen Recht lesen und lehren, dazu fur christlich Lehre halten, so es doch teufelisch Lugen sein. Wilcher Art auch ist die ungehorete[2] Lugen De donatione Constantini! Es muß ein besundere Plage von Gott gewesen sein, daß soviel verständige Leute sich haben lassen bereden, solch Lugen aufzunehmen, so sie doch so gar grob und unbehend sein, daß mich dunkt, es sollt ein trunken Baur behender und geschickter liegen kunnten. Wie sollt bestahn bei einem Kaisertum zu regieren Predigen,[3] Beten, Studiern und der Armen Warten, wilch Amt aufs

1 bedarf seiner. – 2 unerhörte. – 3 wie sollte sich mit dem Regieren eines Kaisertums vertragen Predigen.

allereigentlichst den Papst zustehen und von Christo mit so großem Ernst aufgelegt, daß er auch verbot, sie sollten nit Rock, nit Geld mit sich tragen, seintemal der kaument solcher Amt warten kann, der ein einigs Haus regieren muß. Und der Papst will Kaisertum regieren, darzu Papst bleiben. Es haben die Buben erdacht, die unter des Papsts Namen gerne Herrn wären uber die Welt und das verstoret Romisch Reich durch den Papst und Namen Christi wieder aufrichten, wie es vor gewesen ist.

Zum zehenten, daß sich der Papst enthalt, die Hand aus der Suppen ziehe, sich keines Titels unterwinde des Kunigreichs zu Neapel und Sizilien. Er hat ebensoviel Recht dran als ich, will dennocht Lehenherr drober sein. Es ist ein Raub und Gewalt, wie fast alle ander seine Guter sein, drum sollt ihm der Kaiser solchs Lehens nit gestatten, und wo es geschehn wäre, nit mehr verwilligen, sondern ihm die Biblien und Betbuch dafur anzeigen, daß er weltlich Herrn lasse Land und Leute regieren, sonderlich die ihm niemand geben hat, und er predige und bete.

Solch Meinung sollt auch gehalten werden uber Bononien[1], Imola, Vincenz, Raven[2] und alles, was der Papst in der Anconitaner Mark, Romandiol[3] und mehr Länder welsches Lands mit Gewalt eingenommen und mit Unrecht besitzt, dazu wider alle Gebot Christi und Sankt Pauels sich dreinmenget, denn also sagt Sankt Paul: Niemand wickelt sich in die weltlichen Geschäft, der gottlicher Ritterschaft warten soll. Nu soll der Papst das Häupt und der Erste sein in dieser Ritterschaft und menget sich mehr in weltlich Geschäft denn kein Kaiser noch Kunige je, so mußt man ihm 'eraushelfen und seiner Ritterschaft warten lassen. Christus auch, des Statthalter er sich ruhmet, wollt noch nie mit weltlichem Regiment zu schaffen haben, so gar, daß er zu einem, der ein Urteil von ihm uber seinen Bruder begehret, sprach: Wer hat mich dir zu einem Richter macht? Aber der Papst fähret einhin unberufen, unterwindet sich aller Dinge

1 Bologna. – 2 Ravenna. – 3 in der Mark Ancona, Romagnola.

wie ein Gott, bis daß er selb nit mehr weiß, was Christus sei, des Statthalter er sich aufwirft.

Zum eilften, daß das Fußkussen des Papsts auch nit mehr geschehe. Es ist ein unchristlich, ja endchristlich Exempel, daß ein armer, sundiger Mensch ihm lässet seine Fuß kussen von dem, der hundertmal besser ist denn er. Geschieht es der Gewalt zu Ehren, warum tut es der Papst auch nit den andern der Heiligkeit zu Ehren. Halt sie gegenander, Christum und den Papst: Christus wusch seinen Jungern die Fuß und trocknet sie, und die Jungern wuschen sie ihm noch nie. Der Papst als hoher denn Christus kehret das um und lässet es ein groß Gnade sein, ihm seine Fuße zu kussen, der doch das billig, so es jemand von ihm begehret, mit allem Vermugen wehren sollt, wie Sankt Paul und Barnabas, die sich nit wollten lassen ehren als Gott von den zu Lystris, sondern sprochen: Wir sein gleich Menschen als ihr. Aber unser Schmeichler haben's so hoch bracht und uns einen Abgott gemacht, daß niemand sich so furcht vor Gott, niemand ihn mit solchen Gebärden ehret als den Papst. Das kunnen sie wohl leiden, aber gar nicht, so des Papsts Prachten ein Haarbreit wurd abbrochen. Wenn sie nu Christen wären und Gottes Ehre lieber hätten denn ihr eigen, wurd der Papst nimmer frohlich werden, wo er gwahr wurd, daß Gottes Ehre verachtet und seine eigene erhaben wäre, wurd auch niemand lassen ihn ehren, bis er vermerkt, daß Gottes Ehre wieder erhaben und großer denn sein Ehre wäre.

Derselben groß, ärgerlichen Hoffart ist auch das ein häßlich Stuck, daß der Papst ihm nit lässet benugen, daß er reiten oder fahren muge, sondern, ob er wohl stark und gesund ist, sich von Menschen als ein Abtgott mit unerhorter Pracht tragen lässet. Lieber, wie reimet sich doch solch luzifersche Hoffart mit Christo, der zu Fußen gangen ist und alle seine Aposteln? Wo ist ein weltlicher Kunig gewesen, der so weltlich und prächtig je gefahren hat, als der fähret, der ein Häupt sein will aller der', die weltlich Pracht verschmahen und fliehen sollen, das ist: der Christen? Nit daß uns das fast soll bewegen an ihm selbs, sondern daß wir billig Gottes Zorn furchten sollen, so wir solcher Hoffart schmeichlen und unsern Verdrieß nit merken lassen. Es ist gnug, daß der Papst also tobet und narret. Es ist aber zuviel, so wir das billigen und vergunnen.

Dann wilch Christenherz mag oder soll das mit Lust sehen, daß der Papst, wenn er sich will lassen kommuniziern, stillesitzt als ein Gnadjunker und lässet ihm das Sakrament von einem kniendem, gebeugten Kardinal mit einem gulden Rohr reichen, gerad als wäre das heilig Sakrament nit wirdig, daß ein Papst, ein armer, stinkender Sunder, aufstund, seinem Gott ein Ehr tät, so doch alle andere Christen, die viel heiliger sein denn der Allerheiligeste Vater, der Papst, mit aller Ehrbietung dasselb empfahen? Was wäre es wunder, daß uns Gott allesamt plagt, daß wir solche Unehre Gottes leiden und loben in unsern Prälaten und solcher seiner verdammten Hoffart uns teilhaftig machen durch unser Schweigen oder Schmeichlen?

Also geht es auch, wenn er das Sakrament in der Prozession umträgt: ihn muß man tragen, aber das Sakrament steht fur ihm wie ein Kandel Weins auf dem Tisch. Kurzlich: Christus gilt nichts zu Rom, der Papst gilt's allesamt. Und wollen uns dennoch dringen und bedräuen, wir sollen solch endchristliche Tadel billigen, preisen und ehren wider Gott und alle christliche Lehre. Helf nu Gott einem freien Concilio, daß es den Papst lehre, wie er auch ein Mensch sei und nit mehr dann Gott, wie er sich unterstehet zu sein.

Zum zwelften, daß man die Wallfahrten gen Rom abetät oder niemand von eigener Furwitz oder Andacht wallen ließe, er wurd dann zuvor von seinem Pfarrer, Stadt oder Uberherrn erkannt, gnugsam und redlich Ursach [zu] haben. Das sag ich nit darum, daß Wallfahrten bose sein, sondern daß sie zu dieser Zeit ubel geraten, dann sie zu Rom kein gut Exempel, sondern eitel Ärgernis sehen. Und wie sie selb ein Sprichwort gemacht haben: „Je nähr Rom, je ärger Christen“, bringen sie mit sich Verachtung

Gottes und Gottes Geboten. Man sagt, wer das erstemal gen Rom gaht, der sucht einen Schalk, zum andern mal findt er ihn, zum dritten bringt er ihn mit 'eraus. Aber sie sein nu so geschickt worden, daß sie die drei Reis auf einmal ausrichten und haben furwahr uns solch Stucklin aus Rom bracht, es wäre besser Rom nie gesehen noch erkannt.

Und ob schon diese Sach nit wäre, so ist doch noch da ein furtrefflicher[1]. Nämlich die, daß die einfältigen Menschen dadurch verfuhret werden in einem falschen Wahn und Unverstand gottlicher Gebot. Dann sie meinen, daß solch Wallen sei ein kostlich, gut Werk, das doch nit wahr ist. Es ist ein gering gut Werk, zu mehr Malen ein bos, verfuhrisch Werk, denn Gott hat es nit geboten. Er hat aber geboten, daß ein Mann seines Weibes und Kinder warte und was dem ehlichen Stand zu gebuhrt, dabei seinem Nähsten dienen und helfen. Nu geschieht es, daß einer gen Rom wallet, verzehret funfzig, hundert, mehr oder weniger Gulden, das ihm niemand befohlen hat, und lässet sein Weib und Kind oder je seinen Nähsten daheimen Not leiden, und meinet doch der toricht Mensch, er woll solche Ungehorsam und Verachtung gottlicher Gebot mit seinem eigenwilligen Wallen schmucken, so es doch ein lauter Furwitz oder Teufels Verfuhrung ist. Da haben nu zu geholfen die Päpste mit ihren falschen, erdichten, närrischen gulden Jahren, damit das Volk erregt, von Gottes Geboten gerissen und zu ihren eigen verfuhrischen Furnehmen gezogen und ebendasselb angericht, das sie sollten verboten haben. Aber es hat Geld tragen und falschen Gewalt gestärkt, drum hat's mußt fortgahen, es sei wider Gott oder der Seelen Heil.

Solch falsch, verfuhrischen Glauben der einfältigen Christen auszurotten und wiederum einen rechten Verstand guter Werk aufzurichten, sollten alle Wallefahrt niedergelegt werden, denn es ist kein Gutes nit drinnen, kein Gebot, kein Gehorsam, sondern unzählig Ursach der Sunden und

1 eine vortrefflichere (wichtigere).

Gottes Gebot zu Verachtung[1]. Daher kummen so viel Bettler, die durch solch Wallen unzählig Buberei treiben, die Betteln ohn Not lehren[2] und gewohnen.

Da kummt her frei Leben und mehr Jammer, die ich itzt nit zählen will. Wer nu wollt wallen oder Wallen geloben, sollt vorhin seinem Pfarrer oder Uberherrn die Ursach anzeigen. Fund sich's, daß er's tät um gutes Werkes willen, daß dasselb Gelubd und Werk durch den Pfarrer oder Uberherrn nur frisch mit Fußen treten wurd als ein teufelisch Gespenst und ihm anzeigt, das Geld und die Ärbeit, so zur Wallfahrt gehoret, an Gottes Gebot und tausendmal besser Werk anzulegen, das ist: an die Seinen oder seine nähste Armen. Wo er's aber aus Furwitz tät, Land und Städt zu besehen, mag man ihm seinen Willen lassen. Hat er's aber in der Krankheit gelobet, daß man dieselben Gelubd verbiete, verspreche[3] und die Gottesgebot dagegen emporhebe, daß er hinfurt ihm benugen lasse an dem Gelubd, in der Taufe geschehen: Gottes Gebot zu halten. Doch mag man ihm auf das Mal, sein Gewissen zu stillen, sein närrisch Gelubd lassen ausrichten. Niemand will die richtige, gemeine Straß gottlicher Gebot wandeln, idermann macht ihm selb neu Weg und Gelubd, als hätt er Gottes Gebot alle vollnbracht.

Darnach kummen wir auf den großen Haufen, die das viel geloben und das wenig halten. Zurnet nit, lieben Herrn, ich mein es wahrlich gut, es ist die bittere und suße Wahrheit und ist: daß man je nit mehr Bettelkloster bauen lasse, hilf Gott, er[4] ist schon viel zuviel. Ja, wollt Gott, sie wären alle abe oder je auf zween oder drei Orden haufet. Es hat nichts Guts tan, es tut auch nimmermehr gut, irre laufen[5] auf dem Land. Drum ist mein Rat: Man schlag zehen oder wieviel ihr' not ist, auf einen Haufen und mach eines draus, das, gnugsam versorgt, nit betteln durfe. Oh, es ist hie viel mehr anzusehen, was gemeinen Haufen zur Seligkeit not ist, denn was Sankt Franciscus, Dominicus, Augu-

1 und zur Verachtung von Gottes Geboten. – 2 lernen. – 3 in Verruf bringe. – 4 ihrer. – 5 bettelnd umherlaufen.

stinus oder je ein Mensch gesetzt hat, besondern weil es nit geraten ist ihrer Meinung nach[1].

Und daß man sie uberhebe Predigens und Beichtens, es wäre dann, daß sie von Bischofen, Pfarren, Gemeine oder Uberkeit dazu berufen und begehret wurden. Ist doch aus solchem Predigen und Beichten nit mehr dann eitel Haß und Neid zwischen Pfaffen und Munchen, groß Ärgernis und Hindernis des gemeinen Volks erwachsen, damit es wirdig wurden und wohl verdienet, aufzuhoren, dieweil sein mag wohl geraten werden. Es hat nit ein ungleich Ansehen,[2] daß der heilige romische Stuhel solch Heer nit umsonst gemehret hat, auf daß nit die Priesterschaft und Bistum, seiner Tyrannei unleidig[3], einmal ihm zu stark wurden und ein Reformation anfingen, die nit träglich seiner Heiligkeit wäre.

Dabei sollten auch aufgehaben werden so mancherlei Sekten und Unterscheid einerlei Ordens, wilche zuweilen um gar geringe Ursach sich erhaben und noch viel geringer[4] sich erhalten, mit unsaglichem Haß und Neid gegenander streitend, so doch nichtsdesteweniger der christliche Glaub, der ohn alle solch Unterscheid wohl bestaht, auf beider Seiten untergaht und ein gut christlich Leben nur nach den äußerlichen Gesetzen, Werken und Weisen geschätzt und gesucht wird, davon nit mehr dann Gleisnerei und Seelenverderben folgen und erfunden werden[5], wie das fur Augen idermann sieht.

Es mußt auch dem Papst verboten werden, mehr solcher Orden aufzusetzen oder bestätigen, ja, befohlen werden, etlich abezutun und in wenigere Zahl zu zwingen, seintemal der Glaub Christi, wilcher allein das Häuptgut ist und ohn einigerlei Orden besteht, nit wenig Fahre leidet, daß die Menschen durch soviel und mancherlei Werk und Weisen leichtlich verfuhret werden, mehr auf solch Werk und

1 in ihrem Sinne gehalten worden ist. – 2 es sieht fast so aus. – 3 überdrüssig. – 4 um viel geringerer (Ursache willen). – 5 die Folge sind und offenbar werden.

Weise zu leben denn auf den Glauben zu achten. Und wo nit weise Prälaten in Klostern sein, die do mehr den Glauben denn des Ordens Gesetz predigen und treiben, da ist's nit muglich, daß der Orden sollt nit schädlich und verfuhrisch sein einfältigen Seelen, die auf die Werk allein achten haben.

Nu aber zu unsern Zeiten gefallen sein fast an allen Ortern die Prälaten, die den Glauben gehabt und die Orden eingesetzt haben (gleich wie vorzeiten bei den Kindern von Israel, da die Väter abgangen waren, die do Gottes Werk und Wunder erkennet hatten, so bald anfingen ihre Kinder, aus Unverstand gottlicher Werk und Glaubens Abtgotterei und eigene menschliche Werk aufzurichten, also auch itzt leider solche Orden unverständig worden gottlicher Werk und Glaubens, nur in ihren eigen Regelen, Gesetzen und Weisen sich jämmerlich marteren, muhen und ärbeiten und doch nimmer zu rechtem Verstand eines geistlichen gutes Lebens kummen, wie der Apostel, 2. Tim. 3, verkundigt hat und gesagt: Sie haben einen Schein eines geistlichen Lebens, und ist doch nichts dahinten, lernen immer und immer und kummen doch nit dahin, daß sie wissen, was wahrhaftig geistlich Leben sei.), so wäre es besser, daß kein Kloster da wäre, wo kein geistlicher, verständiger im christlichen Glauben Prälat regieret, denn derselb mag nit ohn Schaden und Verderben regieren, und soviel mehr, soviel er heiliger und eines guten Lebens scheinet in seinen äußerlichen Werken.

Es wäre meines Bedenkens ein notige Ordnung, besondern zu unsern fährlichen Zeiten, daß Stift und Kloster wiederum wurden auf die Weise verordenet, wie sie waren im Anfang bei den Aposteln und ein lang Zeit hernach, da sie alle frei waren einem idermann, drinnen zu bleiben, so lang es ihm gelustet. Dann was sein Stift und Kloster anders gewesen denn christliche Schulen, darinnen man lehret Schrift und Zucht nach christlicher Weise und Leut auferzog, zu regieren und predigen? Wie wir lesen, daß Sankt

Agnes in die Schule ging, und noch sehen in etlichen Frauenklostern, als zu Quedlinborg und dergleichen. Furwahr, es sollten alle Stift und Kloster auch so frei sein, daß sie Gott mit freiem Willen und nit gezwungen Diensten dienten.

Aber darnach hat man es gefasset mit Gelubden und ein ewig Gefängnis draus gemacht, daß auch dieselben mehr dann die Tauf Gelubd wird angesehen. Was aber fur Frucht draus ist kummen, sehen, horen, lesen und erfahren wir täglich mehr und mehr. Ich acht wohl, solcher mein Ratschlag sei aufs allertorlichst angesehen, da frag ich itzt nit nach. Ich rat, was mich gut dunkt, verwerf, wer es will. Ich sieh wohl, wie die Gelubd werden gehalten, sonderlich die Keuschheit, die so gemein durch solch Kloster wird und doch von Christo nit geboten, sondern fast wenigen geben wird, wie er selb und Sankt Paul sagt. Ich wollt gerne idermann geholfen sein und nit fangen lassen christliche Seelen durch menschliche, eigene, erfunden Weise und Gesetz.

Zum vierzehenten: Wir sehen auch, wie die Priesterschaft gefallen und mancher arme Pfaff, mit Weib und Kind uberladen, sein Gewissen beschweret, da doch niemand zutut, ihnen zu helfen, ob ihn fast wohl zu helfen wäre. Läßt Papst und Bischof hie gehen, was do geht, verderben, was do verdirbt, so will ich erretten mein Gewissen und das Maul frei auftun, es verdrieß Papst, Bischof oder wen es will, und sag also:

Daß noch[1] Christus' und der Apostel Einsetzen ein igliche Stadt einen Pfarrer oder Bischof soll haben, wie klärlich Paulus schreibt (Tit. 1), und derselb Pfarrer nit gedrungen, ohn ein ehlich Weib zu leben, sonder muge eines haben, wie Sankt Paul schreibt (1. Tim. 3 und Tit. 1) und spricht: Es soll ein Bischof sein ein Mann, der unsträflich sei und nur eines ehlichen Weibs Gemahl, wilchs Kindere gehorsam und zuchtig sein etc. Denn ein Bischof und Pfarr ist ein Ding bei Sankt Paul, wie das auch Sankt Hieronimus bewe-

1 nach.

ret. Aber die Bischof, die itzt sein, weiß die Schrift nichts von, sondern sein von christlicher, gemein Ordnung gesetzt, daß einer uber viel Pfarr regiere.

Also lehren wir aus dem Apostel klärlich, daß in der Christenheit sollt also zugahen, daß ein igliche Stadt aus der Gemein einen gelehreten, frummen Burger erwählet, demselben das Pfarramt befiele und ihn von der Gemein ernähret, ihm frei Willkoer[1] ließ, ehelich zu werden oder nit, der neben ihm mehr Priester oder Diakon hätte, auch ehlich oder wie sie wollten, die den Haufen und Gemein hulfen regieren mit Predigen und Sakramenten, wie es denn noch blieben ist in der griech'schen Kirchen. Da sein nu hernachmals, da so viel Verfolgung und Streites war wider die Ketzer, viel heiliger Väter gewesen, die sich freiwillig des ehlichen Stands verzeihet[2] haben, auf daß sie deste baß studiereten und bereit wären auf alle Stund zum Tod und zum Streit.

Da ist nu der romisch Stuhel aus eigenem Frevel drein gefallen und ein gemein Gebot draus gemacht, verboten dem Priesterstand, ehlich zu sein. Das hat ihn der Teufel geheißen, wie Sankt Paulus (1. Tim. 4) verkundigt: Es werden kummen Lehrer, die Teufelslehre bringen und verbieten, ehlich zu werden etc., dadurch leider so viel Jammers erstanden, daß nit zu 'rzählen ist. Und hat dadurch Ursach geben der griech'schen Kirchen, sich abzusondern, und unendlich Zwietracht, Sund, Schand und Ärgernis gemehret, wie dann tut alles, was der Teufel anfahet und treibet. Was wolln wir nu hie tun?

Ich rat, man mach's wieder frei und laß einem jeglichen sein frei Willkore, ehlich oder nit ehlich zu werden. Aber da mußt gar viel ein ander Regiment und Ordnung der Guter geschehen und das ganz geistlich Recht zu Boden gehen und nit viel Lehen gen Rom kummen. Ich besorg, der Geiz sei ein Ursach gewesen der elenden, unkeuschen Keuschheit, daraus dann gefolget, daß idermann hat wollen Pfaff

1 Ermessen, Verfügung. – 2 auf den ehelichen Stand verzichtet.

werden und idermann sein Kind drauf studieren lassen, nit der Meinung, keusch zu leben, das wohl ohn Pfaffenstand geschehen kunnt, sondern sich mit zeitlicher Nahrung ohn Ärbeit und Muhe zu 'rnähren, wider das Gebot Gottes (1. Mos. 3): Du sollt dein Brot essen im Schweiß deines Angesichts. Haben ihm eine Farb angestrichen[1], als sollt ihr Ärbeit sein Beten und Meßhalten.

Ich laß hie anstehen Papst, Bischof, Stift, Pfaffen und Munch, die Gott nit eingesetzt hat. Haben sie ihn selbs Burden aufgelegt, so tragen sie sie auch. Ich will reden von dem Pfarrstand, den Gott eingesetzt hat, der ein Gemein mit Predigen und Sakramenten regieren muß, bei ihnen wohnen und zeitlich Haus halten. Denselben sollt durch ein christlich Concilium nachgelassen werden Freiheit, ehlich zu werden, zu vermeiden Fährlikeit und Sund, denn dieweil sie Gott selb nit verbunden[2] hat, so soll und mag sie niemand verbinden, ob er gleich ein Engel vom Himmel wäre, schweig dann Papst. Und was dagegen im geistlichen Recht gesetzt, sein lauter Fabeln und Geschwätz.

Weiter rat ich, wer sich hinfurt weihen lässet zur Pfarr oder auch sonst, daß er dem Bischof in keinen Weg gerede[3], Keuschheit zu halten, und halt ihm entgegen, daß er, solch Gelubd zu fodern, gar kein Gewalt hat, und ist ein teufelisch Tyrannei, solchs zu fodern. Muß man aber oder will sagen, wie etlich tun „quantum fragilitas humana permittit", so deute ein jeglicher dieselben Wort frei negative, id est: non promitto castitatem, denn fragilitas humana non permittit caste vivere, sondern allein angelica fortitudo et celestis virtus, auf daß er ein frei Gewissen ohn alle Gelubd behalte.

Ich will nit raten, auch nit wehren, daß, so noch nit Weiber haben, ehlich werden oder ohn Weib bleiben, stell das auf ein gemein christlich Ordnung und eines iglichen bessern Verstand. Aber dem elenden Haufen will ich meinen treuen Rat nit bergen und ihren Trost nit vorhalten, die do

1 einen Schein verliehen. – 2 verpflichtet. – 3 zusage, verspreche.

itzt, mit Weib und Kind uberfallen, in Schanden und schweren Gewissen sitzen, daß man sie ein Pfaffenhure, die Kind Pfaffenkind schilt, und sag das fur mein Hofrecht frei:

Man findt manchen frummen Pfarrer, dem sonst niemand kein Tadel geben mag, denn daß er gebrechlich ist und mit einem Weib zu Schanden worden, wilch doch beide also gesinnet sein in ihres Herzen Grund, daß sie gerne wollten immer beieinander bleiben in rechter ehlicher Treu, wenn sie nur das mochten mit guten Gewissen tun, ob sie auch gleich die Schand mussen offentlich tragen, die zwei sein gewißlich fur Gott ehlich. Und hie sag ich, daß, wo sie so gesinnet sein und also in ein Leben kommen, daß sie nur ihr Gewissen frisch erretten: Er nehm sie zum ehlichen Weib, behalt sie und leb sonst redlich mit ihr wie ein ehlich Mann, unangesehen, ob das der Papst will oder nit will, es sei wider geistlich oder fleischlich Gesetz. Es liegt mehr an deiner Seelenseligkeit denn an den tyrannischen, eigengewältigen, frevelichen Gesetzen, die zur Seligkeit nit not sein noch von Gott geboten, und sollt eben tun als die Kinder von Israel, die den Ägyptern stohlen ihren verdienten Lohn, oder wie ein Knecht seinem boswilligen Herrn seinen verdienten Lohn stuhle, also stiehl auch dem Papst dein ehlich Weib und Kind.

Wer den Glauben hat, solchs zu wagen, der folge mir nur frisch, ich will ihn nit verfuhren. Hab ich nit Gewalt als ein Papst, so hab ich doch Gewalt als ein Christen, meinem Nähsten zu helfen und raten von seinen Sunden und Fährlikeiten. Und das nit ohn Grund und Ursach. Zum ersten: Es kann je nit ein iglicher Pfarr eines Weibes mangeln, nit allein der Gebrechlikeit, sondern vielmehr des Haushalten halben. Soll er denn ein Weib halten, und ihm der Papst das zulässet, doch nit zur Ehe haben, was ist das anders getan, dann ein Mann und Weib beieinander allein lassen und doch verbieten, sie sollten nit fallen? Eben als Stroh und Feur zusammenlegen und verbieten, es soll widder rauchen noch brennen? Zum andern, daß der Papst solchs nit Macht hat zu bieten, als wenig als er Macht hat, zu verbieten Essen, Trinken und den naturlichen Ausgang oder feist werden, drum ist's niemand schuldig zu halten, und der Papst schuldig ist aller Sund, die dawider geschehen, aller Seelen, die dadurch verloren sein, aller Gewissen, die dadurch verwerret und gemartert sein, daß er wohl längest wirdig wäre, wer ihn aus der Welt vertrieben hätte, so viel elender Seelen er mit dem teufelischen Strick erwurgt hat, wiewohl ich hoff, daß vielen Gott an ihrem End gnädiger sei gewesen denn der Papst an ihrem Leben. Es ist noch nie Gutes und wird nimmermehr aus dem Papsttum und seinen Gesetzen kummen. Zum dritten: Ob schon des Papsts Gesetz dawider ist, so doch ein ehlich Stand wird angefangen wider des Papsts Gesetz, ist schon sein Gesetz aus und gilt nit mehr. Dann Gottes Gebot, der do gebeut, daß Mann und Weib niemand scheiden soll, geht weit uber des Papsts Gesetz, und muß nit Gottes Gebot um des päpstlichen Gebotes willen zurissen werden und nachbleiben, wiewohl viel toller Juristen mit dem Papst haben Impedimenta erfunden und dadurch verhindert, zerteilet, verwerret den ehlichen Stand, daß Gottes Gebot ist drob ganz untergangen. Was soll ich viel sagen? Sein doch in dem ganzen geistlichen Papstgesetz nit zwo Zeilen, die einen frummen Christen mochten unterweisen, und leider soviel irriger und fährlicher Gesetz, daß nit[1] besser wäre, [als] man mächt ein roten Haufen[2] draus.

Sprichst du aber, es sei ärgerlich und muß zuvor der Papst drinnen dispensieren, sag ich, was Ärgernis drinnen ist, das sei des romischen Stuhels Schuld, der solch Gesetz ohn Recht und wider Gott gesetzt hat. Fur Gott und der Heiligen Schrift ist es kein Ärgernis. Auch wo der Papst kann dispensieren ums Geld in seinen geldsuchtigen, tyrannischen Gesetzen, so kann auch ein jeglicher Christen um Gottes und der Seelen Seligkeit willen eben in demselben dispensieren. Dann Christus hat uns freigemacht von allen Menschengesetzen, zuvor, wo sie wider Gott und der See-

1 nichts. – 2 Scheiterhaufen.

len Seligkeit sein, wie (Gal.5 und 1.Kor.9) Sankt Paulus lehret.

Zum funfzehenten: Daß ich auch der armen Kloster nit vergeß. Es hat der bos Geist, der nu alle Stänḍ durch Menschengesetz verwerret und unträglich gemacht hat, auch etlich Äbte, Äbtissen und Prälaten besessen, daß sie ihrn Brudern und Schwestern also vorstehen, daß sie nur bald zur Helle fahren und ein elend Wesen auch hie fuhren, wie dann tun alle Teufelsmärterer. Nämlich haben sie ihn' furbehalten in der Beicht alle oder je etliche Todsund, die do heimlich sein, daß die kein Bruder dem andern soll auflosen bei Bann und Gehorsam. Nun findet man an allen Orten nit allezeit Engel, sondern auch Fleisch und Blut, die ehe alle Bann und Dräuen leiden, ehe sie den Prälaten und bestimmten Beichtigern ihr heimlich Sund wollten beichten, gehn drauf zum Sakrament mit solchen Gewissen, dadurch denn sie Irregulares werden und des Jammers viel mehr. O blinde Hirten, o tolle Prälaten, o reißend Wolfe!

Hie sag ich: Wenn die Sund offentlich ist oder bekannt, so ist's billig, daß der Prälat allein sie strafe, und dieselben allein und kein andere mag er ihm furbehalten und ausziehen, der heimlichen hat er kein Gewalt, wenn's gleich die ärgesten Sund wären, die man findet oder finden kann. Und wo der Prälat dieselben auszeugt, so ist er ein Tyrann, hat sein nit recht, greift in Gottes Gericht. So rat ich denselben Kindeln, Brudern und Schwestern: Wollen die Ubersten nit Laub[1] geben, zu beichten die heimlichen Sund, wilchem du willt, so nimm sie[2] selber und klage sie deinem Bruder oder Schwester, dem oder du willt, laß dich absolviern und trosten, gang und tu drauf, was du willt und sollt, gläub nur fest, daß du seist absolviert, so hat es nit Not. Und den Bann, Irregularität oder was sie mehr dräuen, laß dich nit betruben noch irre machen; sie gelten nit weiter denn auf die offentlichen oder bekannten Sunden, so die imand nit wollt bekennen. Es trifft dich nichts. Was nimmst du dir

1 Erlaubnis. – 2 die Erlaubnis.

fur, du blinder Prälat, durch dein Dräuen heimlich Sund zu wehren? Laß fahren, was du nit offentlich erhalten kannst, daß Gottes Gericht und Gnade auch zu schaffen habe mit den deinen. Er hat dir sie nit so gar in deine Hand befohlen, daß er sie ganz aus seiner gelassen habe. Ja, du hast das weniger Teil unter dir, laß dein Statut Statut sein und heb sie nit in den Himmel, in Gottes Gericht!

Zum sechzehenten: Es wäre auch not, daß die Jahrtag, Begängnis, Seelmessen gar abetan oder je geringert wurden, darum, daß wir offentlich sehen fur Augen, daß nit mehr denn ein Spott draus worden ist, damit Gott hochlich erzurnet wird, und nur auf Geld, Fressen und Saufen gericht sein. Was sollt Gott fur ein Gefallen drinnen haben, wenn die elenden Vigilien und Messen so jämmerlich geschlappert[1] werden, noch gelesen noch gebetet, und ob sie schon gebetet wurden, doch nit um Gottes willen aus freier Liebe, sondern ums Gelds willen und verpflichter Schuld vollnbracht werden. Nu ist's doch nit muglich, daß Gott ein Werk gefalle oder etwas bei ihm erlange, das nit in freier Liebe geschieht. So ist's je christlich, daß wir alles abtun oder je weniger machen, was wir sehen in einen Mißbrauch kummen und Gott mehr erzurnet denn versuhnet. Es wäre mir lieber, ja Gott angenehmer und viel besser, daß ein Stift, Kirche oder Kloster alle ihre jährliche Meß und Vigilien auf einen Haufen nehmen und hielten einen Tag ein rechte Vigilien und Messe mit herzlichem Ernst, Andacht und Glauben fur alle ihre Wohltater, dann daß sie ihr tausend und tausend alle Jahr, einem iglichen eine besondere, hielten ohn solch Andacht und Glauben. O lieben Christen, es liegt Gott nicht an viel, sondern an wohl Beten, ja er verdammt die langen und viel Gebeten (Matth. 6) und sagt, sie werden nur mehr Pein damit verdienen. Aber der Geiz, der Gott nit kann trauen, richtet solch Wesen an, hat Sorge, er mußte Hungers sterben.

Zum siebenzehenten: Man mußt auch abetun etlich

1 hergeleiert.

Pene[1] oder Straf des geistlichen Recht, sonderlich das Interdikt, wilch ohn allen Zweifel der bos Geist erdacht hat. Ist das nit ein teufelisch Werk, daß man eine Sund bessern will mit vielen und großern Sunden? Es ist je großer Sund, daß man Gottes Wort und Dienst schweigt oder niederlegt, denn ob[2] einer zwänzig Päpste hätt erwurgt auf einmal, schweig denn einen Priester oder geistlich Gut behalten. Es ist auch der zarten Tugend eine, die im geistlichen Recht gelernet werden, denn das geistlich Recht heißet auch darum geistlich, daß es kommt von dem Geist, nit von dem Heiligen Geist, sondern von dem bosen Geist.

Den Bann mußt man nit ehr gebrauchen, denn wo die Schrift weiset zu brauchen, das ist: wider die, do nit recht gläuben oder in offentlichen Sunden leben, nit ums zeitlich Gut. Aber nu ist's umkehret: gläubt, lebt idermann, wie er will, eben die am meisten, die ander Leut schinden und schänden mit Bannen. Und alle Bann itzt nur ums zeitlich Gut ganghaftig sein, wilchs wir auch niemand denn dem heiligen geistlichen Unrecht zu danken haben. Davon ich vorhin im Sermon weiter gesagt habe.

Die andern Strafen und Penen, Suspension, Irregularität, Aggravation, Reaggravation, Deposition, Blixen, Donner, Vermaledeien, Verdammen und was der Fundle mehr sein, sollt man zehen Ell tief begraben in die Erden, daß auch ihr Nam und Gedächtnis nit mehr auf Erden wäre. Der bos Geist, der durchs geistlich Recht ist los worden, hat solch greulich Plage und Jammer in das himmelisch Reich der heiligen Christenheit bracht und nit mehr dann Seelen-Verderben und -Hindern dadurch zugericht, daß wohl mag von ihn' verstanden werden das Wort Christi (Matth. 23): Weh euch Schriftgelehreten, ihr habt euch genommen die Gewalt zu lehren und schließet zu das Himmelreich fur den Menschen, ihr geht nit hinein und wehret den', die hineingehen.

Zum achtzehenten: Daß man alle Fest abetät und allein

1 Strafen. – 2 als wenn.

den Sonntag behielt. Wollt man aber je Unser Frauen und der großen Heiligen Fest halten, daß sie all auf den Sonntag wurden verlegt oder nur des Morgens zur Meß gehalten, darnach ließ den ganzen Tag Werkeltag sein. Ursach: Denn als nu der Mißbrauch mit Saufen, Spielen, Mußiggang und allerlei Sund gaht, so erzurnen wir mehr Gott auf die heiligen Tag denn auf die andern. Und sein ganz umkehret, daß heilig Tag nit heilig, Werkeltag heilig sein und Gott noch seinen Heiligen nit allein kein Dienst, sondern groß Unehre geschieht mit den vielen heiligen Tagen, wiewohl etlich tolle Prälaten meinen, wenn sie Sankt Ottilien, Sankt Barbaren und ein jeglicher nach seiner blinden Andacht ein Fest macht, hab gar ein gut Werk tan, so er viel ein bessers tät, wo er zu Ehren einem Heiligen aus einem heiligen Tag ein Werkeltag macht.

Dazu nimmt der gemein Mann zween leiblichen Schaden uber diesen geistlichen Schaden: Daß er an seiner Ärbeit versäumt wird, dazu mehr verzehret dann sonst, ja, auch seinen Leib schwächt und ungeschickt macht, wie wir das täglich sehen und doch niemand zu bessern gedenkt. Und hie sollt man nit achten, ob der Papst die Fest eingesetzt hat, oder [ob man] eine Dispensation und Urlaub haben mußt. Was wider Gott ist und den Menschen schädlich an Leib und Seel, hat nit allein ein iglich Gemein, Rat oder Uberkeit Gewalt, abzutun und wehren ohn Wissen und Willen des Papsts oder Bischofs, ja ist auch schuldig bei seiner Seelen Seligkeit, dasselb zu wehren, ob es gleich Papst und Bischof nit wollten, die doch die ersten sollten sein, solchs zu wehren.

Und zuvor sollte man die Kirchweihe ganz austilgen, seintemal sie nit anders sein dann rechte Tabern, Jahrmarkt und Spielhofe worden, nur zur Mehrung Gottes Unehre und der Seelen Unseligkeit. Es hilft nit, daß man will aufblasen, es hab ein guten Anfang und sei ein gut Werk. Hub doch Gott sein eigen Gesetz auf, das er vom Himmel herab geben hat, da es in ein Mißbrauch verkehret ward, und kehret noch täglich um, was er gesetzt, zubricht, was er gemacht hat, um desselben verkehreten Mißbrauchs willen, wie im 18. Psalm steht von ihm geschrieben: Du verkehrest dich mit den Verkehreten.

Zum neunzehenten: Daß die Grad oder Gelied wurden geändert, in wilchen der ehlich Stand wird verboten, als da sein Gevatterschaften, der viert und dritte Grad, daß, wo der Papst zu Rom drinnen mag dispensieren ums Geld und schändlichen verkäuft, daß auch daselbs mug ein iglicher Pfarrer dispensieren umsonst und der Seelen Seligkeit. Ja, wollt Gott, daß alles, was man zu Rom muß kaufen und den Geldstrick, das geistlich Gesetz, losen, daß ein iglicher Pfarrer dasselb ohn Geld mocht tun und lassen, als da sein Ablaß, Ablaßbrief, Butterbrief, Meßbrief und was der Confessionalia oder Buberei mehr sein zu Rom, da das arm Volk mit wird betrogen und ums Geld bracht. Dann so der Papst Macht hat, sein Geldstrick und geistliche Netz (Gesetz sollt ich sagen) zu verkaufen ums Geld, hat gewißlich ein Pfarrer viel mehr Gewalt, dieselben zureißen und um Gottes willen mit Fußen zu treten. Hat er aber das nit Gewalt, so hat auch der Papst kein Gewalt, dieselben durch seinen schändlichen Jahrmarkt zu verkäufen.

Dahin gehoret auch, daß die Fasten wurden freigelassen einem idermann und allerlei Speis freigemacht, wie das Evangelium gibt, dann sie selb zu Rom der Fasten spotten, lassen uns haußen Ole fressen, da sie nit ihr Schuh mit ließen schmieren, verkäufen uns darnach Freiheit, Butter und allerlei zu essen, so der heilig Apostel sagt, daß wir des alles zuvor Freiheit haben aus dem Evangelio. Aber sie haben mit ihrem geistlichen Recht uns gefangen und gestohlen[1], auf daß wir's mit Geld wiederkäufen mussen, haben damit so blod, schochter Gewissen gemacht, daß nit gut mehr von derselben Freiheit zu predigen ist, darum, daß sich das gemein Volk so fast drinnen ärgert und achtet fur großer Sund Butteressen denn Liegen, Schweren oder auch Unkeusch-

1 d. h. die Freiheit.

heit treiben. Es ist doch Menschenwerk, was Menschen gesetzt haben, man leg es, wo man hin will, und entsteht nimmer nichts Guts draus.

Zum zwänzigsten: Daß die wilden Kapellen und Feldkirchen wurden zu Boden verstoret, als da sein, da die neuen Wallfahrten hingahen: Welsnacht, Sternberg, Trier, das Grimmtal und itzt Regensburg und der Anzahl viel mehr. O wie schwer, elend Rechenschaft werden die Bischof mussen geben, die solchs Teufelsgespenst zulassen und Genieß davon empfangen: sie sollten die ersten sein, dasselb zu wehren, so meinen sie, es sei gottlich, heilig Ding, sehen nit, daß der Teufel solchs treibt, den Geiz zu stärken, falsche, erdichte Glauben aufzurichten, Pfarrkirchen zu schwächen, Tabernen und Hurerei zu mehren, unnutz Geld und Ärbeit verlieren und nur das arm Volk mit der Nasen umfuhren. Hätten sie die Schrift so wohl gelesen als das verdammt geistlich Gesetz, sie wißten den Sachen wohl zu raten.

Es hilft auch nit, daß Wunderzeichen da geschehen, dann der bose Geist kann wohl Wunder tun, wie uns Christus verkundigt hat (Matth. 24), wenn sie den Ernst dazu täten und verboten solch Wesen. Die Wunder sollten bald aufhoren, oder wäre es von Gott, es wurd sich nit hindern lassen durch ihr Verbieten. Und wenn kein ander Zeichen wäre, daß solchs nit von Gott sei, wäre das gnug, daß die Menschen, tobend ohn Vernunft, mit Haufen wie das Viehe laufen, wilchs nit muglich ist, aus Gott sein, so hat auch Gott nit davon geboten, ist kein Gehorsam, kein Verdienst da, drum sollt man frisch dreingreifen und dem Volk wehren. Denn was nit geboten ist und sich treibt mehr dann Gottes Gebot, das ist gewißlich der Teufel selbs. Auch so geschieht der Pfarrkirchen Nachteil dran, daß sie weniger geehret werden. Summa summarum: Es sein Zeichen eines großen Unglaubens im Volk, dann wo sie recht gläubten, hätten sie alle Ding in ihren eigen Kirchen, da ihn' hin geboten ist zu gehen.

Aber was soll ich sagen? Ein iglicher gedenkt nur, wie er

ein solch Wallfahrt in seinem Kreis aufrichte und erhalte, gar nichts sorgend, wie das Volk recht gläube und lebe. Die Regenten sein wie das Volk, ein Blind fuehrt den andern. Ja, wo die Wallfahrten nit wollen angehen, hebt man die Heiligen an zu 'rheben, nit den Heiligen zu Ehren, die wohl ahn[1] ihr Erheben gnug geehret wurden, sondern Geläuft[2] und ein Geldbringen aufzurichten. Da hilft nu Papst und Bischof zu, hie regnent es Ablaß, da hat man Gelds gnug zu. Aber was Gott geboten hat, da ist niemand sorgfältig, da läuft niemand nah, da hat niemand Geld zu. Ach, daß wir so blind sein und dem Teufel in seinen Gespensten nit allein seinen Mutwillen lassen, sondern auch stärken und mehren. Ich wollt, man ließ die lieben Heiligen mit Frieden und das arm Volk unverfuhret. Wilcher Geist hat dem Papst Gewalt geben, die Heiligen zu 'rheben? Wer sagt's ihm, ob sie heilig oder nit heilig sein? Sein sonst nit Sund gnug auf Erden, man muß Gott auch versuchen, in sein Urteil fallen und die lieben Heiligen zu Geldkutzen aufsetzen?

Drum rat ich, man laß sich die Heiligen selbs erheben. Ja, Gott allein sollt sie erheben, und jeglicher bleibe in seiner Pfarr, da er mehr findt dann in allen Wallkirchen, wenn sie gleich alle ein Wallkirchen wären. Hie findt man Tauf, Sakrament, Predigt und deinen Nähsten, wilchs großer Ding sein denn alle Heiligen im Himmel, denn sie alle sein durchs Wort Gottes und Sakrament geheiliget worden. Dieweil wir denn solch große Ding verachten, ist Gott in seinem zornigen Urteil gerecht, daß er verhängt dem Teufel[3], der uns hin und her fuhret, Wallfahrt aufricht, Kapellen und Kirchen anhebt, Heiligenerhebung zuricht und der Narrnwerk mehr, damit wir aus rechtem Glauben in neu, falsche Mißglauben fahren, gleich wie er vorzeiten tät dem Volk von Israel, das er von dem Tempel zu Jerusalem an unzählig Orter verfuhret, doch in Gottes Namen und gu-

1 ohne. – 2 Zulauf, Andrang. – 3 dem Teufel die Zügel hängen, d. h. freies Spiel läßt.

tem Schein der Heiligkeit, dawider alle Propheten predigten und drob gemartert worden. Aber itzt prediget niemand dawider, es sollten[1] ihn vielleicht Bischof, Papst, Pfaffen und Munch auch marteren[2]. Derart muß itzt auch Antonius zu Florenz und etlich mehr heilig und erhaben werden, auf daß ihre Heiligkeit zum Ruhm und Geld dienen mugen, die sonst allein zu Gottes Ehre und gutem Exempel hätt gedienet.

Und ob schon Heiligenerheben vorzeiten wäre gut gewesen, so ist's doch itzt nimmer gut, gleich wie viel ander Ding vorzeiten sein gut gewesen und doch nu ärgerlich und schädlich, als da sein Feirtag, Kirchenschatz und -zierden. Denn es ist offenbar, daß durch Heiligenerhebung nit Gottes Ehre noch der Christen Besserung, sondern Geld und Ruhm gesucht wird, daß ein Kirchen will etwas Besonders fur der ander sein und haben und ihr leid wäre, daß ein ander desgleichen hätte und ihr Vorteil gemein wäre. So gar hat man geistliche Guter zu Mißbrauch und Gewinst zeitlicher Guter verordenet in dieser ärgesten letzten Zeit, daß alles, was Gott selber ist, muß dem Geiz dienen. Auch so dienet solch Vorteil nur zur Zweierrei[3], Sekten und Hoffart, daß ein Kirch der andern ungleich, sich unternander verachten und erheben, so doch alle gottliche Guter allen gemein und gleich nur zur Einigkeit dienen sollen. Da hat der Papst auch Lust zu, dem leid wäre, daß alle Christen gleich und eines wären.

Hie horet her, daß man abtun sollt oder verachten oder je gemein machen aller Kirchen Freiheit, Bullen und was der Papst verkäuft zu Rom auf seinem Schindleich[4]. Denn so er Wittenberg, Halle, Venedig und zuvor seinem Rom verkäuft oder gibt Indulta, Privilei, Ablaß, Gnade, Vorteil, Facultates, warum gibt er's nit allen Kirchen ingemein? Ist er nit schuldig, allen Christen zu tun umsonst und Gottes willen alles, was er vermag, ja auch sein Blut fur sie zu vergie-

1 (denn) es könnten. – 2 zum Märtyrer machen. – 3 zu Zwiefachem. – 4 Schindanger.

ßen, so sag mir, warum gibt er oder verkäuft dieser Kirchen und der ander nit? Oder muß das verflucht Geld in Seiner Heiligkeit Augen so ein groß Unterscheid machen unter den Christen, die alle gleich Tauf, Wort, Glaub, Christum, Gott und alle Ding haben? Will man uns denn aller Ding mit sehenden Augen blind machen und mit reiner Vernunft toricht machen, daß wir solchen Geiz, Buberei und Spiegelfechten sollen anbeten? Er ist ein Hirte, ja, wo du Geld hast, und nit weiter! Und schämen sich dennoch nit solch Buberei, mit ihren Bullen uns hin und her fuhren. Es ist ihn' nur um das verflucht Geld zu tun und sonst nichts mehr.

So rat ich das, so solch Narrnwerk nit wird abetan, daß ein iglich frumm Christenmensch sein Augen auftu und laß sich mit den romischen Bullen, Siegel und der Gleißerei nit irren, bleib daheimen in seiner Kirchen und laß ihm sein Tauf, Evangeli, Glaub, Christum und Gott, der an allen Orten gleich ist, das beste sein und den Papst bleiben einen Blindenfuhrer der Blinden. Es kann dir widder Engel noch Papst soviel geben, als dir Gott in deiner Pfarr gibt, ja, er verfuhret dich von den gottlichen Gaben, die du umsonst hast, auf seine Gaben, die du käufen mußt, und gibt dir Blei ums Gold, Fell ums Fleisch, Schnur um den Beutel, Wachs ums Honig, Wort ums Gut, Buchstaben um den Geist, wie du fur Augen siehest und willt's dennoch nit merken: Sollt du auf seinem Pergamen und Wachs gen Himmel fahren, so wird dir der Wagen gar bald zubrechen und du in die Helle fallen, nit in Gottes Namen. Laß dir's nur ein gewiß Regel sein: Was du vom Papst käufen mußt, das ist nit gut noch von Gott, dann, was aus Gott ist, das wird nit allein umsonst geben, sondern alle Welt wird drum gestraft und verdammt, daß sie es nit hat wollt umsonst aufnehmen, als da ist das Evangeli und gottliche Werk. Solch Verfuhrerei haben wir verdienet um Gott, daß wir sein heiliges Wort, der Tauf Gnade, verachtet haben, wie Sankt Paulus sagt: Gott wird senden ein kräftige Irrung allen den', die die

Wahrheit nit haben aufgenommen zu ihrer Seligkeit, auf daß sie gläuben und folgen der Lugen und Bubereien, wie sie wirdig sein.

Zum XXI.: Es ist wohl der großten Not[1] eine, daß alle Bettelei abtan wurden in aller Christenheit. Es sollt je niemand unter den Christen betteln gahn. Es wäre auch ein leichte Ordnung drob zu machen, wenn wir den Mut und Ernst dazu täten, nämlich daß ein iglich Stadt ihr arm Leut versorgt und keinen fremden Bettler zuließe, sie hießen, wie sie wollten, es wären Wallbruder oder Bettelorden. Es kunnt je ein iglich Stadt die Ihren ernähren, und ob sie zu gering wäre, daß man auf den umliegenden Dorfen auch das Volk vermahnet, dazugeben, mussen sie doch sonst soviel Landlaufer und boser Buffen unter des Bettelns Namen ernähren, so kunnt man auch wissen, wilche wahrhaftig arm wären oder nit.

So mußte da sein ein Verweser oder Vormund, der alle die Armen kennet und, was ihn' not wäre, dem Rat oder Pfarrer ansagt oder wie das aufs beste mocht verordnet werden. Es geschieht meines Achten auf keinem Handel soviel Bubereien und Triegereien als auf dem Bettel, die do alle leichtlich wären zu vertreiben. Auch so geschieht dem gemeinen Volk Wehe durch so frei, gemein Betteln. Ich hab's uberlegt: Die funf oder sechs Bettelorden kommen des Jahres an einen Ort ein iglicher mehr dann sechs oder sieben Malen, dazu die gemeinen Betteler, Botschaften und Wallebruder, daß sich die Rechnung funden hat, wie ein Stadt bei sechzigmal ein Jahr geschätzt wird, ohn was der weltlichen Uberkeit gebuhr, Aufsätz und Schätzung geben wird und der romische Stuhel mit seiner War raubet und sie unnutzlich verzehren, daß mir's der großten Gotteswunder eines ist, wie wir doch bleiben mugen und ernähret werden.

Daß aber etlich meinen, es wurden mit der Weise die Armen nit wohl versorgt und nit so große steinen Häuser und

1 Notwendigkeiten.

Kloster gebauet, auch nit so reichlich, das glaub ich fast wohl. Ist's doch auch nit not: Wer arm will sein, sollt nit reich sein; will er aber reich sein, so greif er mit der Hand an den Pflug und such's ihm selbs aus der Erden. Es ist gnug, daß ziemlich[1] die Armen versorgt sein, dabei sie nit Hungers sterben noch erfrieren. Es fugt sich nit, daß einer aufs andern Ärbeit mußiggehe, reich sei und wohllebe bei eines andern Ubelleben, wie itzt der verkehret Mißbrauch gehet, dann Sankt Paul sagt: Wer nit ärbeitet, soll auch nit essen. Es ist niemand von der andern Guter zu leben von Gott verordnet denn allein den predigenden und regierenden Priestern, wie Sankt Paulus (1. Kor. 9) um ihrer geistlichen Ärbeit, wie auch Christus sagt zu den Aposteln: Ein iglicher Wirker ist wirdig seines Lohns.

Zum XXII.: Es ist auch zu besorgen, daß die viel Messen, so auf Stift und Kloster gestift sein, nit allein wenig nutz sein, sondern großen Zorn Gottes erwecken. Derhalben es nutzlich wäre, derselben nicht mehr stiften, sondern der gestiften viel abetun, seintemal man sieht, wie sie nur als Opfer und gute Werk gehalten werden, so sie doch Sakrament sein gleich wie die Tauf und Buß, wilch nit fur anderen, sondern allein dem, der sie empfähet, nutz sein. Aber nu ist es eingerissen, daß Meß fur Lebendig und Toten werden gehalten und alle Ding drauf gegrundt, darum ihr' auch soviel gestift wird und ein solch Wesen draus worden, wie wir sehen. Doch dies ist vielleicht noch zu frisch und ungehoret Ding, sonderlich denen, die durch solcher Messenabgang sorgen, es werd ihn' ihr Handwerk und Nahrung niedergelegt, muß ich weiter davon zu sagen sparen, bis daß wieder aufkumm rechter Verstand, was und wozu die Meß gut sei. Es ist leider nu viel Jahr lang ein Handwerk zeitlicher Nahrung draus worden, daß ich hinfurt wollt raten: ehe ein Hirte oder sonst Werkmann, ehe[2] ein Priester oder Munch werden, er wisse dann vorhin wohl, was Meßhalten sei.

1 geziemend. – 2 ehe … ehe: eher … als.

Ich rede aber hiemit nicht von den alten Stiften und Dumen[1], wilch ohn Zweifel darauf sein gestift, daß dieweil nit ein jeglich Kind vom Adel Erbsbesitzer und -regierer sein soll nach deutscher Nation Sitten, in denselben Stiften mocht versorgt werden und allda Gott frei dienen, studiern und gelehret Leut werden und machen. Ich rede von den neuen Stiften, die nur auf Gebet und Meßhalten gestift sein, durch wilcher Exempel auch die alten mit gleichem Gebet und Messen beschweret werden, daß dieselben kein' nutz sein oder gar wenig, wiewohl es auch von Gottes Gnaden kommt, daß sie zuletzt, wie sie wirdig sein, kummen auf die Hefen, das ist: auf der Choralsänger und Orgelgeschrei und faule, kalte Meß, damit nur die zeitlichen gestiften Zins erlanget und verzehret werden. Ach, solch Ding sollten Papst, Bischof, Doctores besehen und beschreiben[2], so seind sie, die es am meisten treiben, lassen's immer einhergahn, was nur Geld bringt, fuhret immer ein Blind den ander. Das macht der Geiz und das geistlich Recht.

Es mußt aber auch nit mehr sein, daß ein Person mehr denn eine Dumerei und Pfreund hätte und sich mäßiges Stands benugen ließe, daß neben ihm auch ein ander etwas haben mocht, auf daß abginge der' Entschuldigung, die do sagen, sie mussen zu ihres redlichen Stands Erhaltung mehr denn eine haben; man mocht redlichen Stand so groß messen, es wär ein ganz Land nit gnug zu seiner Enthaltung. So läuft der Geiz und heimliche Mißtrau zu Gott gar sicher daneben her, daß es oft wird fur Not des redlichen Stands anzogen, das lauter Geiz und Mißtrau ist.

Zum XXIII.: Die Bruderschaften, item Ablaß, Ablaßbrief, Butterbrief, Meßbrief, Dispensation und was des Dings gleich ist, nur alles ersäuft und umbracht, da ist nichts Gutes: Kann der Papst dispensiern mit dir in Butteressen, Meßhoren etc., so soll er's dem Pfarrer auch lassen kunnten[3], denn er's nit Macht hat zu nehmen. Ich rede auch von

1 Domen, Domstiften. – 2 ins Auge fassen und schriftlich rügen. – 3 zugestehen.

den Bruderschaften, darinnen man Ablaß, Meß und gute Werk austeilet. Lieber, du hast in der Tauf ein Bruderschaft mit Christo, allen Engeln, Heiligen und Christen auf Erden angefangen, halt dieselben und tu ihr' gnug, so hast du gnug Bruderschaften. Laß die andern gleißen, wie sie wollen, so sein sie gleich wie die Zahlpfennig gegen die Gulden. Wo aber ein solche[1] wäre, die Geld zusammengebe, arme Leut zu speisen oder sonst jemand zu helfen, die wäre gut und hätt ihr Ablaß und Verdienst im Himmel. Aber itzt sein es Kollation und Säuferei draus worden.

Zuvor sollt man verjagen aus deutschen Landen die päpstlichen Botschaften mit ihren Fakultäten, die sie uns um groß Geld verkaufen, das doch lauter Buberei ist, also da sein, daß sie Geld nehmen und machen unrecht Gut recht, losen auf die Eide, Gelubd und Bund, zureißen damit und lernen zureißen Treu und Glaub, unterenander zugesagt, sprechen, der Papst hab 's Gewalt. Das heißet sie der bose Geist reden, und verkäufen uns so teuflische Lehre, nehmen Geld drum, daß sie uns Sunden lehren und zur Helle fuhren.

Wenn kein ander boser Tuck wäre, der do beweret, daß der Papst der recht Endchrist sei, so wäre eben dieses Stuck gnugsam, das zu beweren. Horest du es, Papst, nit der Allerheiligst, sondern der Allersundigst, daß Gott deinen Stuhel vom Himmel aufs schierest[2] zerstore und in Abgrund der Hell senk, wer hat dir Gewalt geben, dich zu 'rheben uber deinen Gott, das zu brechen und losen, das er geboten hat, und die Christen, sonderlich deutsche Nation, die von edler Natur, beständig und treu in allen Historien gelobt sein, zu lehren unbeständig, meineidig, Verräter, Bosbicht, treulos sein? Gott hat geboten, man soll Eid und Treu halten auch den Feinden, und du unterwindest dich, solchs Gebot zu losen, setzest in deinen ketzrischen, endchristischen Dekretalen, du habst sein Macht, und leugt durch dein Hals und Feder der bos Satan, als er noch nie gelogen

1 Bruderschaft. – 2 baldigst.

hat, zwingst und dringst die Schrift nach deinem Mutwillen. Ach Christe, mein Herr, sieh 'erab, laß herbrechen deinen Jungsten Tag und zerstore des Teufels Nest zu Rom: Hie sitzt der Mensch, davon Paulus gesagt hat, der sich sall uber dich erheben und in deiner Kirchen sitzen, sich stellen als einen Gott, der Mensch der Sunden und Suhn der Verdammnis. Was ist päpstlich Gewalt anders, denn nur Sund und Bosheit lehren und mehren, nur Seelen zur Verdammnis fuhren unter deinem Namen und Schein?

Die Kinder von Israel mußten vorzeiten halten den Eid, den sie den Gabaoniten, ihren Feinden, unbewußt und betrogen tan hätten. Und der Kunig Zedechias mußt jämmerlich mit allem Volk verloren werden drum, daß er dem Kunig zu Babylonien seinen Eid brach. Und bei uns vor hundert Jahren der feine Kunig zu Polen und Ungern, Vladislaus, leider mit soviel feines Volks erschlagen ward vom Turken darum, daß durch päpstliche Botschaft und Kardinal er sich ließ verfuhren und den seligen, nutzlichen Vertrag und Eid, mit den Turken gemacht, zureiß. Der frumm Kaiser Sigmund hätt kein Gluck mehr nach dem Concilio Constantiensi, darinnen er brechen ließ die Buffen das Geleit, so Johanni Hus und Hieronymo geben war, und ist aller Jammer zwischen Behmen und uns daraus erfolget. Und zu unsern Zeiten, hilf Gott, was christlichs Bluts ist vergossen uber den Eid und Bund, den der Papst Julius zwischen dem Kaiser Maximilian und Kunig Ludwig von Frankreich macht und wieder zureiß! Wie mocht ich's alls erzählen, was die Päpst haben Jammer angericht mit solcher teuflischen Vermessenheit, Eid und Gelubd zwischen großen Herrn zureißen, daraus sie als ein Schimpf machen und Geld dazu nehmen. Ich hoff, der Jungst Tag sei fur der Tur, es kann und mag je nit ärger werden, denn es der romische Stuhel treibt. Gottes Gebot druckt er unter, sein Gebot erhebt er druber; ist das nit der Endchrist, so sag ein ander, wer er sein muge. Doch davon ein andermal mehr und besser.

Zum XXIV.: Es ist hoh Zeit, daß wir auch einmal ernstlich und mit Wahrheit der Behemen Sach furnehmen, sie mit uns und uns mit ihnen zu vereinigen, daß einmal aufhoren die greulichen Lästerung, Haß und Neid auf beider Seiten. Ich will meiner Torheit nach der erste mein Gutdunken furlegen mit Vorbehalt eins iglichen bessers Verstand. Zum ersten mussen wir wahrlich die Wahrheit bekennen und unser Rechtfertigen[1] lassen, den Behemen etwas zugeben[2]. Nämlich, daß Johannes Hus und Hieronymus von Prag zu Costnitz wider päpstlich, christlich, kaiserlich Geleit und Eid sein verbrannt, damit wider Gottes Gebot geschehen und die Behemen hoch zu Bitterkeit verursacht sein. Und wiewohl sie sollten vollkommen gewesen sein[3], solch schwere Unrecht und Gottes Ungehorsam von den Unsern gelitten zu haben, so sein sie doch nit schuldig gewesen, solchs zu billigen und als recht getan bekennen. Ja, sie sollten nach heutigstags drob lassen Leib und Leben, ehe sie bekennen sollten, daß recht sei, kaiserlich, päpstlich, christlich Geleit brechen, treulos dawider handeln. Darum, wiewohl es der Behemen Ungeduld ist, so ist's doch mehr des Papsts und der Seinen Schuld, all der Jammer, all der Irrtum und Seelenverderben, das seint demselben Concilio erfolget ist.

Ich will hie Johannis Hus' Artikel nit richten, noch sein Irrtum verfechten, wiewohl mein Verstand noch nichts Irriges bei ihm funden hat. Und ich's mag frohlich glauben, daß die nichts Gutes gericht noch redlich verdammt haben, die durch ihren treulosen Handel christlich Geleit und Gottes Gebot ubertreten, [daß sie] ohn Zweifel mehr vom bosen Geist denn vom Heiligen Geist besessen gewesen sein. Es wird niemand dran zweifeln, daß der Heilig Geist nit wider Gottes Gebot handelt, so ist niemand so unwissend, [daß er nicht wüßte,] daß Geleit- und Treubrechen sei wider Gottes Gebot, ob sie gleich dem Teufel selbs, schweig einem Ketzer wäre zugesagt, so ist auch offenbar, daß Jo-

1 Tadeln. – 2 zugestehen. – 3 vollkommen hätten sein sollen.

hanni Hus und den Behemen solch Geleit ist zugesagt und nit gehalten, sondern daruber er verbrennet. Ich will auch Johannem Hus [zu] keinen Heiligen noch Marterer machen, wie etlich Behemen tun, ob ich gleich bekenne, daß ihm Unrecht geschehen und sein Buch und Lehre unrecht verdammt ist, dann Gottes Gericht sein heimlich und erschrecklich, die niemand dann er selb allein offenbarn und ausdrucken soll. Das will ich nur sagen: Er sei ein Ketzer, wie bos er immer mocht sein, so hat man ihn mit Unrecht und wider Gott verbrennet und soll die Behemen nit dringen, solchs zu billigen, oder wir kummen sonst nimmermehr zur Einigkeit. Es muß uns die offentliche Wahrheit eines machen und nit die Eigensinnigkeit. Es hilft nit, daß sie zu der Zeit haben furgewendet, daß einem Ketzer sei nit zu halten das Geleit. Das ist ebensoviel gesagt: man soll Gottes Gebot nit halten, auf daß man Gottes Gebot halte. Es hat sie der Teufel toll und toricht gemacht, daß sie nit haben gesehen, was sie geredt oder getan haben. Geleithalten hat Gott geboten, das sollt man halten, ob gleich die Welt sollt untergehen, schweig dann ein Ketzer los werden. So sollt man die Ketzer mit Schriften, nit mit Feur uberwinden, wie die alten Väter tan haben. Wenn es Kunst wäre, mit Feur Ketzer uberwinden, so wären die Henker die gelehrtesten Doctores auf Erden, durften wir auch nit mehr studieren, sondern wilcher den andern mit Gewalt uberwund, mocht ihn verbrennen.

Zum andern, daß Kaiser und Fursten hineinschickten etlich frumm, verständig Bischof und Gelehreten (beileib keinen Kardinal noch päpstlich Botschaft noch Ketzermeister, denn das Volk[1] ist mehr dann zuviel ungelehret in christlichen Sachen, und suchen auch nit der Seelen Heil, sondern, wie des Papsts Heuchler alle tun, ihr eigen Gewalt, Nutz und Ehre. Sie sein auch die Häupter gewesen dieses Jammers zu Costnitz.), daß dieselben Geschickten sollten erkunden bei den Behemen, wie es um ihren Glauben stund,

1 gemeint sind die Kardinäle usw.

ob es muglich wäre, alle ihr Sekten in eine zu bringen. Hie soll sich der Papst um der Seelen willen ein Zeitlang seiner Uberkeit äußern und nach dem Statut des allerchristlichsten Concili Niceni den Behemen zulassen, einen Erzbischof zu Prag aus ihnen selbs zu 'rwählen, wilchen bestätige der Bischof zu Olmutz in Mähren oder der Bischof zu Gran in Ungern oder der Bischof von Gnesen in Polen oder der Bischof zu Magdeburg in Deutschen. Ist gnug, wenn er von diesen, einen oder zween, bestätiget wird, wie zu den Zeiten Sankt Cypriani geschah, und der Papst hat solchs keines zu wehren, wehret er es aber, so tut er als ein Wolf und Tyrann, und soll ihm niemand folgen und seinen Bannen mit einem Widerbannen zurucktreiben.

Doch ob man Sankt Peters Stuhel zu Ehren will solchs tun mit Wissen des Papsts, laß ich geschehen, soferne daß die Behemen nit einen Heller drum geben und sie der Papst nit ein Haarbreit verpflichte, unterwerf mit Eiden und Verbundnis seiner Tyranneien, wie er andern allen Bischofen wider Gott und Recht tut. Will er nit lassen ihm genugen an der Ehre, daß sein Gewissen drum gefragt wird, so laß man ihn mit seinen Eiden, Rechten, Gesetzen und Tyranneien ein gut Jahr haben und laß gnug sein an der Erwählung und das Blut aller Seelen, so in Fährlikeit bleiben, uber seinen Hals schreien[1], dann niemand soll Unrecht bewilligen, und ist gnug der Tyrannei die Ehre erboten. Wenn es je nit anders mag sein, kann noch wohl des gemeinen Volks Erwählung und Bewilligung einer tyrannischen Bestätigung gleich gelten, doch hoff ich, es soll nit Not haben. Es werden je zuletz etlich Romer oder frumm Bischof und Gelehreten päpstlich Tyrannei merken und wehren.

Ich will auch nit raten, daß man sie zwing, beidergestalt des Sakraments abzutun, dieweil dasselb nit unchristlich noch ketzerisch ist, sondern sie lassen bleiben, wo sie wollen, in derselben Weise, doch daß der neu Bischof drob sei[2], daß nit Uneinigkeit um solcher Weise sich erhebe, son-

1 d.h. wehklagen, bis es ihm den Hals kostet. – 2 darauf halte.

dern sie gutlich unterweis, daß keines nit Irrtum[1] sei, gleich wie nit Zwietracht machen soll, daß die Priester anderweit sich kleiden und bärden denn die Laien. Desselben gleichen, ob sie nit wollten romische geistliche Gesetz aufnehmen, soll man sie auch nit dringen, sondern zum ersten wahrnehmen, daß sie im Glauben und gottlicher Schrift recht wandeln, denn christenlicher Glaub und Stand mag wohl bestahn ohn des Papsts unträglichen Gesetzen, ja, er mag nit wohl bestahn, es sei denn der romischen Gesetz weniger oder keine. Wir sein in der Tauf frei worden und allein gottlichen Worten untertan, warum soll uns ein Mensch in seine Wort gefangennehmen? Wie Sankt Paulus sagt: Ihr seid frei worden, werdet je nit Knecht der Menschen. Das ist: der[jenigen], die mit Menschengesetzen regieren.

Wenn ich wußte, daß die Bigharden keinen Irrtum hätten im Sakrament des Altares, denn daß sie gläubten, es sei wahrhaftig Brot und Wein naturlich da, doch drunter wahrhaftig Fleisch und Blut Christi, wollt ich sie nit verwerfen, sondern unter den Bischof zu Prage lassen kummen, denn es ist nit ein Artikel des Glaubens, daß Brot und Wein nit wesenlich und naturlich sei im Sakrament, wilchs ein Wahn ist Sancti Thomae und des Papsts, sondern das ist ein Artikel des Glaubens, daß in dem naturlichen Brot und Wein wahrhaftig naturlich Fleisch und Blut Christi sei. So sollt man dulden beider Seiten Wahn, bis daß sie eines wurden, dieweil kein Fährlikeit dran liegt, du gläubst, daß Brot da sei oder nit, denn wir mussen vielerlei Weise und Orden leiden, die ohn Schaden des Glaubens sein; wo sie[2] aber anders gläubten, wollt ich sie lieber draußen wissen, doch sie unterweisen die Wahrheit.

Was mehr Irrtum und Zwiespaltigkeit in Behemen erfunden wurd, sollt man dulden, bis der Erzbischof wieder eingesessen, mit der Zeit den Haufen wieder zusammenbrächt in ein einträchtige Lehre. Es will furwahr nit mit Gewalt

1 keines irrtümlich. – 2 die Begharden.

noch mit Trotzen noch mit Eilen wieder versammlet werden, es muß Weile und Sanftmutigkeit hie sein. Mußte doch Christus so lang mit seinen Jungern umgahn und ihren Unglauben tragen, bis sie gläubten seiner Ufferständnis[1]. Wäre nur wieder ein ordenlicher Bischof und Regiment drinnen ohn romisch Tyranneien, ich hofft, es sollt schier besser werden.

Die zeitlichen Guter, die der Kirchen gewesen sein, sollten nit aufs strengest wieder fodert werden, sondern, dieweil wir Christen sein und ein iglicher dem andern schuldig ist zu helfen, haben wir wohl die Macht, um Einigkeit willen ihnen dieselben zu geben und lassen fur Gott und der Welt. Dann Christus sagt: Wo zween miteinander eines sein auf Erden, da bin ich in ihrem Mittel. Wollt Gott, wir täten auf beiden Seiten dazu, und mit bruderlicher Demut einer dem andern die Hand reichet, und nit auf unser Gewalt oder Recht uns stärkten, die Lieb ist mehr und notiger denn das Papsttum zu Rom, wilchs ohn Lieb und Lieb ohn Papsttum sein mag. Ich will hiemit das Meine dazu tan haben; hindert es der Papst oder die Seinen, sie werden Rechenschaft drum geben, daß sie wider die Lieb Gottes mehr das Ihr denn ihrs Nähsten gesucht haben. Es sollt der Papst sein Papsttum, alle sein Gut und Ehre verlieren, wo er ein Seel damit mocht erretten. Nu ließ er ehe die Welt untergahn, ehe er ein Haarbreit seiner vermessenen Gewalt ließ abbrechen, und will dennoch der Heiligst sein. Hiemit bin ich entschuldigt.

Zum XXV.: Die Universitäten dorften auch wohl einer guten, starken Reformation. Ich muß es sagen, es verdrieß, wen es will. Ist doch alles, was das Papsttum hat eingesetzt und ordiniert, nur gericht auf Sund und Irrtum zu mehren. Was sein die Universitäten, wo sie nit anders dann bisher verordnet, denn, wie das Buch Machabeorum sagt, Gymnasia Epheborum et Grece glorie, darinnen ein frei Leben gefuhret, wenig der Heiligen Schrift und christlicher Glaub

1 Auferstehung.

gelehret wird und allein der blind heidnischer Meister Aristoteles regiert, auch weiter denn[1] Christus? Hie wäre nu mein Rat, daß die Bucher Aristoteles', Physicorum, Metaphysice, de Anima, Ethicorum, wilchs bisher die besten gehalten, ganz wurden abtan mit allen andern, die von naturlichen Dingen sich ruhmen, so doch nichts drinnen mag gelehret werden, widder von naturlichen noch geistlichen Dingen, dazu seine Meinung niemand bisher verstanden und mit unnutzer Ärbeit, Studiern und Kost soviel edler Zeit und Seelen umsonst beladen gewesen sein. Ich darf's sagen, daß ein Topfer mehr Kunst hat von naturlichen Dingen, denn in denen Bucher geschrieben steht. Es tut mir wehe in meinem Herzen, daß der verdammter, hochmutiger, schalkhaftiger Heide mit seinen falschen Worten soviel der besten Christen verfuhret und narret hat. Gott hat uns also mit ihm plagt um unser Sund willen.

Lehret doch der elend Mensch in seinem besten Buch, de Anima, daß die Seel sterblich sei mit dem Korper, wiewohl viel mit vergebenen Worten ihn haben wollt erretten, als hätten wir nit die Heiligen Schrift, darinnen wir uberreichlich von allen Dingen gelehret werden, der' Aristoteles nit ein kleinsten Geruch je empfunden hat, dennoch hat der tote Heide uberwunden und des lebendigen Gottes Bucher verhindert und fast unterdruckt, daß, wenn ich solchen Jammer bedenk, nit anders achten mag, der bose Geist hab das Studiern hereinbracht. Desselben gleichen das Buch Ethicorum ärger denn kein Buch straks der Gnaden Gottes und christlichen Tugenden entgegen ist, das doch auch der besten eines wird gerechnet. Oh, nur weit mit solchen Buchern von allen Christen! Darf mir niemand auflegen, ich rede zuviel oder verwirf, das ich nit wisse. Lieber Freund, ich weiß wohl, was ich rede, Aristoteles ist mir so wohlbekannt als dir und deinesgleichen, ich hab ihn auch gelesen und gehoret mit mehrem Verstand dann Sankt Thomas oder Scotus, des ich mich ohn Hoffart ruhmen und, wo es

1 sogar weiter (regiert) als.

not ist, wohl beweisen kann. Ich acht nit, daß soviel hundert Jahr lang soviel hoher Verstand drinnen sich ärbeitet haben[1]. Solch Einreden fechten mich nimmer an, wie sie wohl etwan[2] tan haben, seintemal es am Tag ist, daß wohl mehr Irrtum mehr hundert Jahr in der Welt und Universitäten blieben sein.

Das mocht ich gerne leiden, daß Aristoteles' Bucher von der Logica, Rhetorica, Poetica behalten oder sie, in ein andere Kurzform bracht, nutzlich gelesen wurden, junge Leut zu uben wohl Reden und Predigen. Aber die Komment und Sekten[3] mußten abetan und gleich wie Ciceronis Rhetorica ohn Komment und Sekten, so auch Aristoteles' Logica einformig, ohn solch groß Komment gelesen werden. Aber itzt lehret man widder Reden noch Predigen draus, und ist ganz ein Disputation und Muderei[4] draus worden. Daneben hätt man nu die Sprachen Latinisch, Griech'sch und Hebräisch, die mathematice Disziplinen, Historien, wilchs ich befiehl Verständigern, und sich selb wohl geben wurd, so man mit Ernst nach einer Reformation trachtet. Und furwahr viel dran gelegen ist, dann hie soll die christlich Jugend und unser edlest Volk, darinnen die Christenheit bleibt[5], gelehret und bereitet werden. Darum ich's acht, daß kein päpstlicher noch kaiserlicher Werk mocht geschehen dann gute Reformation der Universitäten, wiederum kein teuflischer, ärger Wesen denn unreformierte Universitäten.

Die Ärzte laß ich ihr Fakultäten reformieren, die Juristen und Theologen nimm ich fur mich und sag zum ersten, daß es gut wäre, das geistlich Recht von dem ersten Buchstaben bis an den letzten wurd zu Grund ausgetilget, sonderlich die Dekretalen. Es ist uns ubrig gnug in der Biblien geschrieben, wie wir uns in allen Dingen halten sollen, so hindert solchs Studiern nur die Heiligen Schrift, auch das mehrer Teil eitel Geiz und Hoffart schmeckt, und ob schon viel Gutes drinnen wäre, sollt es dennoch billig untergehen

1 abgemüht hat. – 2 bisweilen. – 3 Auslegungen und Sondermeinungen. – 4 Wortgefecht und Zankerei. – 5 ihren Bestand hat.

darum, daß der Papst alle geistlich Recht in seines Herzen Kasten gefangen hat, daß hinfurt eitel unnutz Studiern und Betrug drinnen ist. Heut ist geistlich Recht nit das in den Buchern, sondern was in des Papsts und seiner Schmeichler Mutwill steht. Hast du eine Sach im geistlichen Recht grundet aufs allerbest, so hat der Papst druber Scrinium pectoris, darnach muß sich lenken alles Recht und die ganze Welt. Nu regieret dasselb Scrinium vielmal ein Bube und der Teufel selb und lässet sich preisen, der Heilig Geist regier es: So gaht man um mit dem armen Volk Christi, setzt ihm viel Recht und hält keines, zwingt ander zu halten oder mit Geld zu losen.

Dieweil denn der Papst und die Seinen selbst das ganz geistlich Recht aufgehaben, nit achten und sich nur noch ihrem eigen Mutwill halten uber alle Welt, sollen wir ihn' folgen und die Bucher auch verwerfen. Warum sollten wir vergebens drinnen studieren? So kunnten wir auch nimmermehr des Papsts Mutwill, wilchs nu geistlich Recht worden ist, auslernen. Ei, so fall es gar dahin in Gottes Namen, das ins Teufels Namen sich erhaben hat! Und sei kein Doktor Decretorum mehr auf Erden, sondern allein Doctores Scrinii Papalis, das sein: des Papsts Heuchler! Man sagt, daß kein feiner weltlich Regiment irgend sei dann bei dem Turken, der doch widder geistlich oder weltlich Recht hat, sondern allein seinen Alkoran. So mussen wir bekennen, daß nit schändlicher Regiment ist dann bei uns durch geistlich und weltlich Recht, daß kein Stand mehr gaht naturlicher Vernunft, schweig der Heiligen Schrift gemäß.

Das weltlich Recht, hilf Gott, wie ist das auch ein Wildnis worden, wiewohl es viel besser, kunstlicher, redlicher ist denn das geistlich, an wilchem uber den Namen nichts Gutes ist, so ist sein doch auch viel zuviel worden. Furwahr, vernunftige Regenten neben der Heiligen Schrift wären ubrig Recht gnug[1], wie Sankt Pauel (1. Kor. 6) sagt: Ist niemand unter euch, der do mug seines Nähsten Sach richten,

1 würden dem Recht gegenüber Genüge tun.

daß ihr fur heidnischen Gerichten musset hadern? Es dunkt mich gleich, daß Landrecht und Landsitten den kaiserlichen gemeinen Rechten werden furgezogen und die kaiserlichen nur zur Not braucht; und wollt Gott, daß, wie ein iglich Land seine eigen Art und Gaben hat, also auch mit eigenen kurzen Rechten regiert wurden, wie sie geregiert sein gewesen, ehe solch Recht sein erfunden, und noch ohn sie viel Land regiert werden. Die weitläuftigen und fern gesuchten Recht sein nur Beschwerung der Leut und mehr Hindernis den Forderung der Sachen. Doch ich hoff, es sei diese Sach schon von andern baß bedacht und angesehen, dann ich's mag anbringen.

Meine lieben Theologen haben sich aus der Muhe und Ärbeit gesetzt, lassen die Biblien wohl ruhen und lesen Sententias. Ich meinet, die Sententiae sollten der Anfang sein der jungen Theologen und die Biblia den Doctoribus bleiben, so ist's umkehret: die Biblien ist das erst, die fähret mit dem Bakkalariat dahin, und Sententiae sein das letzt, die bleiben mit dem Doktorat ewiglich, dazu mit solcher heiliger Pflicht, daß die Biblien mag wohl lesen, der nit Priester ist, aber Sententias muß ein Priester lesen, und kunnt wohl ein ehlich Mann Doktor sein in der Biblien, als ich sehe, aber gar nit in Sententiis. Was sollt uns Gluck widerfahren, wenn wir so verkehret handeln und die Biblien, das heilig Gotteswort, so enhintern[1] setzen? Dazu der Papst gebeut mit vielen gestrengen Worten, seine Gesetz in den Schulen und Gerichten zu lesen und brauchen. Aber das Evangelii wird wenig gedacht, also tut man auch, daß das Evangelium in Schulen und Gerichten wohl mußig unter der Bank im Staub liegt, auf daß des Papsts schädliche Gesetz nur allein regieren mugen.

So wir denn haben den Namen und Titel, daß wir Lehrer der Heiligen Schrift heißen, sollten wir wahrlich gezwungen sein dem Namen nach, die Heiligen Schrift und kein andere lehren, wiewohl auch der hochmutige, aufgeblasner

1 hintenan.

Titel zuviel ist, daß ein Mensch soll sich ruhmen und kronen lassen ein Lehrer der Heiligen Schrift, doch wäre es zu dulden, wenn das Werk den Namen bestätiget. Nu aber, so Sententias allein hirrschen, findt man mehr heidnische und menschliche Dunkel denn heilige, gewisse Lehre der Schrift in den Theologen. Wie wollen wir ihm nu tun? Ich weiß hie keinen andern Rat denn ein demutig Gebet zu Gott, das uns derselb Doctores Theologiae gebe: Doctores der Kunst, der Ärzenei, der Rechten, der Sententias mugen der Papst, Kaiser und Universitäten machen, aber sei nur gewiß, einen Doktorn der Heiligen Schrift wird dir niemand machen denn allein der Heilig Geist vom Himmel, wie Christus sagt (Joh. 6): Sie mussen alle von Gott selber gelehret sein. Nu fragt der Heilig Geist nit nach rot, braun Baretten oder was des Prangen ist, auch nit, ob einer jung oder alt, Lai oder Pfaff, Munch oder weltlich, Junfrau oder ehlich sei. Ja, er redt vorzeiten durch ein Eselin wider den Propheten, der drauf reit. Wollt Gott, wir wären sein wirdig, daß uns solch Doctores geben wurden, sie wären ja Laien oder Priester, ehlich oder Junfrauen, wiewohl man nu den Heiligen Geist zwingen will in den Papst, Bischof und Doctores, so doch kein Zeichen noch Schein ist, daß er bei ihnen sei.

Die Bucher mußt man auch wenigern und erlesen die besten, dann viel Bucher machen nit gelehret, viel Lesen auch nit, sondern gut Ding und oft lesen, wie wenig sein ist, das macht gelehret in der Schrift und frumm dazu. Ja, es sollten aller Heiligen Väter Schrift nur ein Zeitlang werden gelesen, dadurch in die Schrift [hineinzu]kummen. So lesen wir sie nur, daß wir darinnen bleiben und nimmer in die Schrift kummen, damit wir gleich denen sein, die die Wegezeichen ansehen und wandeln den Weg dennoch nimmer. Die lieben Väter haben uns wollen in die Schrift fuhren mit ihrem Schreiben, so fuhren wir uns damit 'eraus, so doch allein die Schrift unser Weingart ist, darinnen wir all sollten uns uben und ärbeiten.

Fur allen Dingen sollt in den hohen und niedern Schulen die furnehmst und gemeinest Lektion sein die Heilig Schrift und den jungen Knaben das Evangelii. Und wollt Gott, ein iglich Stadt hätt auch ein Maidschulen, darinnen des Tags die Maidlin ein Stund das Evangelium horeten, es wäre zu deutsch oder latinisch. Furwahr, die Schulen, Mann- und Frauenkloster sein vorzeiten drauf angefangen gar aus loblicher, christlicher Meinung, wie wir lesen von Sankt Agnes und mehr Heiligen, da wurden heilige Junfrauen und Marterer, und stund ganz wohl in der Christenheit. Aber nu ist nit mehr dann Beten und Singen draus worden. Sollt nit billig ein iglich Christenmensch bei seinen neun oder zehen Jahren wissen das ganz heilig Evangelium, da sein Namen und Leben innen steht? Lehret doch eine Spinnerin und Nähterinne ihr Tochter dasselb Handwerk in jungen Jahren. Aber nu wissen das Evangelium auch die großen, gelehreten Prälaten und Bischof selbs nit.

O wie ungleich fahren wir mit dem armen jungen Haufen, der uns befohlen ist, zu regiern und unterweisen! Und schwere Rechnung dafur muß geben werden, daß wir ihn' das Wort Gottes nit furlegen, geschieht ihnen, wie Jeremias sagt (Klagelieder 2): Mein Augen sein vor Weinen mud worden, mein Eingeweid ist erschrocken, mein Leber ist ausgeschutt auf die Erden um des Verderbens willen der Tochter meines Volks, da die Jungen und Kindlin verdorben auf allen Gassen der ganzen Stadt; sie sprochen zu ihren Muttern: Wo ist Brot und Wein? Und verschmachten als die Verwundten auf der Straßen der Stadt und gaben den Geist auf im Schoß ihrer Mutter. Diesen elenden Jammer sehen wir nit, wie itzt auch das jung Volk mitten in der Christenheit verschmacht und erbärmlich verdirbt, Gebrechens halben des Evangelii[1], das man mit ihnen immer treiben und uben sollt.

Wir sollten auch, wo die hohen Schulen fleißig wären in der Heiligen Schrift, nit dahin schicken idermann, wie itzt

1 weil sie das Evangelium nicht kennen.

geschieht, da man nur fragt nach der Menige und ein ider will einen Doktor haben, sondern allein die Allergeschicktesten, in den kleinen Schulen vor wohlerzogen, daruber ein Furst oder Rat einer Stadt so achthaben und nit zulassen, zu senden dann wohl Geschickte. Wo aber die Heilige Schrift nit regieret, da rat ich furwahr niemand, daß er sein Kind hintue. Es muß verderben alles, was nit Gottes Wort ohn Unterlaß treibt, darum sehen wir auch, was fur Volk wird und ist in den hohen Schulen. Ist niemand Schuld denn des Papsts, Bischof und Prälaten, den' solch des jungen Volks Nutz befohlen ist. Dann die hohen Schulen sollten erziehen eitel hochverständige Leut in der Schrift, die do mochten Bischof und Pfarrer werden, an der Spitze stehen wider die Ketzer und Teufel und aller Welt. Aber wo findt man das? Ich hab groß Sorg, die hohen Schulen sein große Pforten der Hellen, so sie nit emsiglich die Heilig Schrift uben und treiben ins junge Volk.

Zum XXVI.: Ich weiß wohl, daß der romische Haufe wird furwenden und hoch aufblasen, wie der Papst habe das Heilige Romische Reich von dem griech'schen Kaiser genummen und an die Deutschen bracht, fur wilch Ehre und Wohltat er billig Untertänigkeit, Dank und alles Gut an den Deutschen verdienet und erlanget haben soll. Derhalben sie vielleicht allerlei Furnehmen, sie zu reformieren, sich unterwinden werden, in den Wind zu schlahen und nichts lassen ansehen dann solchs Romischs Reichs Begabungen[1]. Aus diesem Grund haben sie bisher manchen teuren Kaiser so mutwillig und ubermutig verfolget und verdruckt, daß Jammer ist zu sagen, und mit derselben Behendigkeit sich selb zu Uberherrn gemacht aller weltlicher Gewalt und Uberkeit wider das heilig Evangeli, darum ich auch davon reden muß.

Es ist ohn Zweifel, daß das recht Romisch Reich, davon die Schrift der Propheten (4. Mos. 24) und Daniel verkundet haben, längest verstoret und ein End hat, wie Balaam

1 Verleihungen.

(4. Mos. 24) klar verkundigt hat, da er sprach: Es werden die Romer kummen und die Juden verstoren, und darnach werden sie auch untergehen. Und das ist geschehen durch die Getas, sonderlich aber, daß des Turken Reich ist angangen bei[1] tausend Jahren, und ist also mit der Zeit abegefallen Asia und Afrika, darnach Francia, Hispania, zuletzt Venedig aufkummen und nichts mehr zu Rom blieben von der vorigen Gewalt.

Da nu der Papst die Griechen und den Kaiser zu Konstantinopel, der erblich romischer Kaiser war, nit mocht nach seinem Mutwillen zwingen, hat er ein solchs Fundlin erdacht, ihn desselben Reichs und Namens berauben und den Deutschen, die zu der Zeit streitbar und gutes Geschrei reich waren, zuwenden, damit sie[2] des Romischen Reichs Gewalt unter sich brächten und [es] von ihren Händen zu Lehen ginge. Und ist auch also geschehen: dem Kaiser zu Konstantinopel ist's genummen und uns Deutschen der Nam und Titel desselben zugeschrieben, sein damit des Papsts Knecht wurden, und ist nu ein ander Romisch Reich, das der Papst hat auf die Deutschen bauet, denn jenes, das erst, ist langes, wie gsagt, untergangen.

Also hat nu der romisch Stuhel seinen Mutwillen: Rom eingenummen, den deutschen Kaiser 'eraustrieben und mit Eiden verpflicht, nit innen zu Rom zu wohnen. Sall romischer Kaiser sein und dennoch Rom nit innenhaben, darzu allezeit in 's Papsts und der Seinen Mutwillen hangen und weben, daß wir den Namen haben und sie das Land und Städt, denn sie allzeit unser Einfältigkeit mißbraucht haben zu ihrem Ubermut und Tyrannei, und heißen uns tolle Deutschen, die sich äffen und narren lassen, wie sie wollen.

Nu wohlan, Gott dem Herrn ist's ein klein Ding, Reich und Furstentum hin- und herwerfen. Er ist so mild derselben[3], daß er zuweilen einem bosen Buffen ein Kunigreich gibt und nimmt's einem Frummen, zuweilen durch Verräte-

1 begonnen hat vor etwa. – 2 der Papst und die Seinen. – 3 freigebig mit denselben.

rei boser, untreuer Menschen, zuweilen durch Erben, wie wir das lesen in dem Kunigreich Persenlands, Griechen und fast allen Reichen und Daniel 2 und 4 sagt: Er wohnet im Himmel, der uber alle Dinge hirrschet, und er allein ist, der die Kunigreich versetzt, hin- und herwirft und macht. Darum, wie niemand kann das fur groß achten, daß ihm ein Reich wird zuteilet, sonderlich so er ein Christen ist, so mugen wir Deutschen auch nit hochfahren, daß uns ein neu Romisch Reich ist zugewendet, denn es ist fur seinen Augen ein schlechte Gabe, die er den Alleruntuchtigsten das mehr Mal gibt, wie Daniel 4 sagt: Alle, die auf Erden wohnen, seind fur seinen Augen, als das nichts ist, und er hat Gewalt in allen Reichen der Menschen, sie zu geben, wilchem er will.

Wiewohl nu der Papst mit Gewalt und Unrecht das Romisch Reich oder des Romischen Reichs Namen hat dem rechten Kaiser geraubet und uns Deutschen zugewendet, so ist's doch gewiß, daß Gott die Papstbosheit hierinnen hat gebraucht, deutscher Nation ein solch Reich zu geben und noch Fall des ersten Romischen Reichs ein anders, das itzt steht, aufzurichten. Und wiewohl wir der Päpste Bosheit hierinnen nit Ursach geben noch ihre falsch Gesuch und Meinung verstanden[1], haben wir doch durch päpstliche Tucke und Schalkheit mit unzähligem Blutvergießen, mit Unterdruckung unser Freiheit, mit Zusatz und Raub aller unser Guter, sonderlich der Kirchen und Pfreunden, mit Dulden unsäglicher Triegerei und Schmach solch Reich leider allzu teur bezahlet. Wir haben des Reichs Namen, aber der Papst hat unser Gut, Ehre, Leib, Leben, Seele und alles, was wir haben; so soll man die Deutschen täuschen und mit Täuschen täuschen: das haben die Päpst gesucht, daß sie gerne Kaiser wären gewest, und do sie das nit haben mocht schicken, haben sie sich doch uber die Kaiser gesetzt.

Dieweil denn durch Gottes Geschick und boser Menschen Gesuch ohn unser Schuld das Reich uns geben ist,

1 falsches Verlangen und (ihre falsche) Absicht verstanden haben.

will ich nit raten, dasselb fahren zu lassen, sondern in Gottesforcht, solang es ihm gefällt, redlich regiern. Denn, wie gesagt, es liegt ihm nichts dran, wo ein Reich herkummt, er will's dennoch regiert haben. Haben's die Päpst unredlich andern genummen, so haben wir's doch nit unredlich gewunnen. Es ist uns durch boswillige Menschen aus Gottes Willen geben, denselben wir mehr ansehen denn der Päpste falsche Meinung, die sie darinnen gehabt, selbs Kaiser und mehr denn Kaiser zu sein und uns nur mit dem Namen äffen und spotten. Der Kunig zu Babylonien hatte sein Reich auch mit Rauben und Gewalt genummen, dennoch wollte Gott dasselb regieret haben durch den heiligen Fursten Daniel, Anania, Asaria, Misael: vielmehr will er von den christen' deutschen Fursten dieses Reich geregiert haben, es hab's der Papst gestohlen oder geraubt oder von neus angemacht[1]. Es ist alles Gottes Ordnung, wilch ehe ist geschehen, denn wir drum haben gewißt.

Derhalben mag sich der Papst und die Seinen nit ruhmen, daß sie deutscher Nation haben groß guttan mit Verleihen dieses Romischen Reiches: Zum ersten darum, daß sie nichts Gutes uns darinnen gonnet haben, sondern haben unser Einfältigkeit darin mißbraucht, ihren Ubermut wider den rechten romischen Kaiser zu Konstantinopel zu stärken, dem der Papst solchs genommen hat wider Gott und Recht, das er kein Gewalt hatte. Zum andern, daß der Papst dadurch nit uns, sondern ihm selbs das Kaisertum zueigen[2] gesucht hat, ihm zu unterwerfen all unser Gewalt, Freiheit, Gut, Leib und Seele und durch uns (wo es Gott nit hätt gewehret) alle Welt, wie das klärlich in seinem Dekretaln er selb erzählet und mit manchen bosen Tucken an vielen deutschen Kaisern versucht hat. Also sein wir Deutschen hubsch deutsch gelehret: da wir vermeinet, Herrn zu werden, sein wir der allerlistigesten Tyrannen Knecht worden, haben den Namen, Titel und Wappen des Kaisertums, aber den Schatz, Gewalt, Recht und Freiheit desselben hat der

1 neu angefangen. – 2 zuzueignen.

Papst; so frißt der Papst den Kern, so spielen wir mit den ledigen Schalen.

So helf uns Gott, der solch Reich (wie gesagt) uns durch listige Tyrannen hat zugeworfen und zu regieren befohlen, daß wir auch dem Namen, Titel und Wappen Folge tun und unser Freiheit erretten, die Romer einmal lassen sehen, was wir durch sie von Gott empfangen haben. Ruhmen sie sich, sie haben uns ein Kaisertum zugewendet, wohlan, so sei es also, laß ja sein, so geb der Papst her Rom und alles, was er hat vom Kaisertum, laß unser Land frei von seinen unträglichen Schätzen[1] und Schinden, geb wieder unser Freiheit, Gewalt, Gut, Ehre, Leib und Seele und laß ein Kaisertum sein, wie einem Kaisertum gebuhrt, auf daß seinen Worten und Furgeben gnug geschehe.

Will er aber das nit tun, was spiegelficht er denn mit seinen falschen, erdichten Worten und Gespuknissen? Ist sein nit gnug gewesen, durch soviel hundert Jahr die edle Nation so groblich mit der Nasen umzufuhren ohn alles Aufhoren? Es folget nit, daß der Papst sollt uber den Kaiser sein darum, daß er ihn kronet oder macht, dann der Prophet Sankt Samuel salbet und kronet den Konig Saul und David aus gottlichem Befehl und war doch ihn' untertan. Und der Prophet Nathan salbet den Kunig Salomon, war darum nit uber ihn gesetzt. Item: Sankt Eliseus ließ seiner Knecht einen salben den Kunig Jehu von Israel, dennocht blieben sie unter ihm gehorsam. Und ist noch nie geschehen in aller Welt, daß der uber den Kunig wäre, der ihn weihet oder kronet, dann allein durch den einigen Papst.

Nu lässet er sich selb drei Kardinäl kronen zum Papst, die unter ihm sein, und ist doch nicht deste weniger uber sie, warum sollt er denn wider sein eigen Exempel und aller Welt und Schrift Ubung und Lehre sich uber weltlichen Gewalt oder Kaisertum erheben, allein darum, daß er ihn kronet oder weihet? Es ist gnug, daß er uber ihn' ist in gottlichen Sachen, das ist: in Predigen, Lehren und Sakramentrei-

1 Besteuern.

chen, in wilchen auch ein iglicher Bischof und Pfarrer uber idermann ist, gleich wie Sankt Ambrosius in dem Stuhel uber den Kaiser Theodosius und der Prophet Nathan uber David und Samuel uber Saul. Darum laßt den deutschen Kaiser recht und frei Kaiser sein und seine Gewalt noch Schwert nit niederdrucken durch solch blind Furgeben päpstlicher Heuchler, als sollten sie, ausgezogen, uber das Schwert regieren in allen Dingen.

Zum XXVII.: Des sei gnug gesagt von den geistlichen Gebrechen, man wird und mag ihr' mehr finden, wo diese wurden recht angesehen; wollen auch der weltlichen eines Teils anzeigen. Zum ersten wäre hoch not ein gemein Gebot und Bewilligung deutscher Nation wider den uberschwenglichen Uberfluß und Kost der Kleidung, dadurch soviel Adel und reichs Volks verarmet. Hat doch Gott uns wie andern Landen gnug geben Wolle, Haar, Flachs und alles, das zur ziemlicher, ehrlicher Kleidung einem iglichen Stand redlich dienet, daß wir nit bedurften, so greulichen, großen Schatz fur Seiden, Sammet, Guldenstuck und was der ausländischen War ist, so geudisch verschutten. Ich acht, ob schon der Papst mit seiner unträglichen Schinderei uns Deutschen nit beraubet, hätten wir dennoch mehr dann zuviel an diesen heimlichen Räubern, den Seiden- und Sammetkrämern. So sehen wir, daß dadurch ein iglicher will dem andern gleich sein, und damit Hoffart und Neid unter uns, wie wir verdienen, erregt und gemehret wird, wilchs alles und viel mehr Jammer wohl nachblieb, so der Furwitz uns ließ an den Gutern, von Gott geben, dankbarlich benugen.

Desselben gleichen wäre auch not, wenigern Spezirei, das auch der großen Schiff eines ist, darinnen das Geld aus deutschen Landen gefuhret wird. Es wächst uns je von Gottes Gnaden mehr Essen und Trinken und so kostlich und gut als irgendeinem andern Land. Ich wirde hie vielleicht närrisch und unmuglich Ding furgeben, als wollt ich den großten Handel, Kaufmannschaft, niederlegen. Aber ich tue das Meine: wird's nit in der Gemeine gebessert, so besser sich selb, wer es tun will. Ich siehe nit viel guter Sitten, die je in ein Land kommen sein durch Kaufmannschaft, und Gott vorzeiten sein Volk von Israel darum von dem Meere wohnen ließ und nit viel Kaufmannschaft treiben.

Aber das großest Ungluck deutscher Nation ist gewißlich der Zinskauf; wo der nit wäre, mußt mancher sein Seiden, Sammet, Guldenstuck, Spezerei und allerlei Prangen wohl ungekauft lassen. Er ist nit viel uber hundert Jahr gestanden und hat schon fast alle Fursten, Stift, Städt, Adel und Erben in Armut, Jammer und Verderben bracht. Sollt er noch hundert Jahr stehen, so wäre es nit muglich, daß deutsch Land einen Pfennig behielte, wir mußten uns gewißlich untereinander fressen. Der Teufel hat ihn erdacht und der Papst Wehe getan mit seinem Bestätigen aller Welt. Darum bitt ich und ruf hie: Sehe ein iglicher seine eigen, seiner Kind und Erben Verderben an, das ihm nit fur der Tur, sondern schon im Haus rumort, und tu darzu Kaiser, Fursten, Herrn und Städt, daß der Kauf nur aufs schierst werde verdammt und hinfurt erwehret, unangesehen, ob der Papst und all sein Recht oder Unrecht dawider sei, es sein Lehen oder Stift drauf gegrundet. Es ist besser, ein Lehen in einer Stadt mit redlichen Erbgutern oder Zins gestift denn hundert auf den Zinskauf. Ja, ein Lehen auf dem Zinskauf ärger und schwerer ist dann zwänzig auf Erbgutern. Furwahr, es muß der Zinskauf ein Figur und Anzeigen sein, daß die Welt mit schweren Sunden dem Teufel verkauft sei, daß zugleich zeitlich und geistlich Gut uns muß gebrechen. Noch merken wir nichts!

Hie mußt man währlich auch den Fuggern und dergleichen Gesellschaften ein Zaum ins Maul legen. Wie ist's muglich, daß sollt gottlich und recht zugehen, daß bei eines Menschen Leben sollt auf einen Haufen so große, kuniglich Guter bracht werden? Ich weiß die Rechnung nit. Aber das verstehe ich nit, wie man mit hundert Gulden mag des Jahres erwerben zwänzig, ja ein Guld den andern, und das alles nit aus der Erden oder von dem Viehe, da das Gut nit in menschlicher Witz[1], sondern in Gottes Gebenedeiung stehet. Ich befiehl das den Weltverständigen. Ich als ein Theologus hab nit mehr dran zu strafen denn das bose, ärgerlich Ansehen, davon Sankt Paulus sagt: Hutet euch fur allen bosen Ansehen oder Schein. Das weiß ich wohl, daß viel gottlicher wäre, Ackerwerk mehren und Kaufmannschaft mindern. Und die viel besser tun, die der Schrift nach die Erden ärbeiten und ihr Nahrung draus suchen, wie zu uns und allen gesagt ist in Adam: Vermaledeiet sei die Erde, wenn du drinnen ärbeitest, sie soll dir Distel und Dornen tragen, und in dem Schweiß deines Angesichts sollt du essen dein Brot. Es ist noch viel Land, das nit umtrieben und geähret[2] ist.

Folget nach der Mißbrauch Fressens und Saufens, davon wir Deutschen als einem sondern Laster nit ein gut Geschrei haben in fremden Landen, wilchem mit Predigen hinfurt nimmer zu raten ist, so fast es eingerissen und uberhand genommen hat. Es wäre der Schad am Gut das geringst, wenn die folgende Laster, Mord, Ehbruch, Stehlen, Gottes Unehre und alle Untugend, nit folgeten. Es mag das weltlich Schwert hie etwas wehren, sonst wird's gehen, wie Christus sagt, daß der Jungst Tag wird kummen wie ein heimlicher Strick, wenn sie werden trinken und essen, freien und buhlen, bauen und pflanzen, kaufen und verkaufen, wie es dann itzt geht, so stark, daß ich furwahr hoff, der Jungst Tag sei fur der Tur, ob man es wohl am wenigsten gedenkt.

Zuletzt: Ist das nit ein jämmerlich Ding, daß wir Christen unter uns sollen halten freie, gemeine Frauenhäuser, so wir seind alle zur Keuschheit getauft? Ich weiß wohl, was etlich dazu sagen, und nit eines Volks Gewohnheit worden ist, auch schwerlich abzubringen, dazu besser ein solchs, dann ehlich und Junfrau-Personen oder noch ehrlicher zuschanden machen. Sollten aber hie nit gedenken weltlich und christlich Regiment, wie man demselben nit mit solcher

1 Verstand. – 2 beackert.

heidnischer Weis mocht furkummen? Hat das Volk von Israel mugen bestehen ohn solchen Unfug, wie sollt das Christenvolk nit mugen auch soviel tun? Ja, wie halten sich viel Städt, Märkt, Fleck und Dorfer ohn solche Häuser, warum sollten's groß Städt nit auch halten?

Ich will aber damit und andern oben angezeigten Stucken angesagt haben, wieviel guter Werk die weltlich Uberkeit tun mocht und was aller Uberkeit Amt sein sollt, dadurch ein iglicher lerne, wie schrecklich es sei, zu regiern und obenan sitzen. Was hulf's, daß ein Uberherr so heilig wäre fur sich selbs als Sankt Peter, wo er nit den Untertanen in diesen Stucken fleißig zu helfen gedenkt, wird ihn doch sein Uberkeit verdammen, dann Uberkeit ist schuldig, der Untertanen Bestes zu suchen. Wenn aber die Uberkeiten drauf dächt, wie man das junge Volk ehlich zusammenbrächt, wurd einem iglichen die Hoffnung ehlichs Stands fast wohl helfen, [zu er]tragen und wehren der Anfechtungen. Aber itzt gaht es, daß idermann zur Pfafferei und Muncherei gezogen wird, unter wilchen, ich besorg, der hunderst kein ander Ursach hat denn das Gesuch der Nahrung und Zweifel, im ehlichen Leben sich erhalten, drum sein sie zuvor wild gnug und wollen (wie man sagt) ausbuben, so sich's vielmehr hineinbubet, wie die Erfahrung weiset. Ich befind das Sprichwort wahrhaftig, daß Verzweifeln machet das mehrer Teil Munch und Pfaffen, drum gaht und staht es auch, wie wir sehen.

Ich will aber raten treulich, um vieler Sund, die groblich einreißen, zu meiden, daß widder Knab noch Maidlin sich zur Keuschheit oder geistlichem Leben verbinde vor dreißig Jahren. Es ist auch ein sondere Gnad, wie Sankt Pauel sagt. Darum: Wilchen Gott nit sonderlich dazu dringt, laß sein Geistlichwerden und Geloben anstehen. Ja, weiter sag ich: Wenn du Gott so wenig trauest, daß du dich nit mugest im ehlichen Stand ernähren und allein um desselben Mißtrauen willt geistlich werden, so bitt ich dich selb fur dein eigen Seele, du wolltest ja nit geistlich werden, sondern werde ehe ein Baur oder was du magest, dann wo einfältig Trau zu Gott sein muß, in zeitlicher Nahrung zu erlangen, da muß freilich zehenfältiges Trauen sein, in geistlichem Stande zu bleiben. Trauest du nit, daß dich Gott muge nähren zeitlich, wie willt du ihm trauen, daß er dich erhalte geistlich? Ach, der Unglaub und Mißtrau verderbet all Ding, fuhret uns in alle Jammer, wie wir in allen Ständen sehen. Es wäre wohl viel von dem elenden Wesen zu sagen, die Jugend hat niemand, der fur sie sorget. Es geht indes hin, wie es geht, und sein ihn' die Uberkeiten ebensoviel nutz, als wären sie nichts, so doch das sollt die furnehmst Sorg des Papsts, Bischof, Herrschaften und Concilia sein. Sie wollen fern und weit regieren und doch kein nutz sein. O wie seltsam Wildbret wird um dieser Sachen willen sein ein Herr und Uberer im Himmel, ob er schon Gott selb hundert Kirchen bauet und alle Toten aufweckt!

Das sei diesmal gnug: dann was der weltlichen Gewalt und dem Adel zu tun sei, hab ich meins Dunkens gnugsam gesagt im Buchlen „Von den guten Werken", dann sie leben auch und regieren, daß es wohl besser tugte, doch ist kein Gleichen weltlicher und geistlicher Mißbräuche, wie ich daselb anzeigt habe. Ich acht auch wohl, daß ich hoch gesungen hab, viel Dings furgeben, das unmuglich werd angesehen, viel Stuck zu scharf angriffen. Wie soll ich ihm aber tun? Ich bin es schuldig zu sagen, kunnt ich, so wollt ich auch also tun. Es ist mir lieber, die Welt zurne mit mir denn Gott; man wird mir je nit mehr denn das Leben kunnten nehmen. Ich hab bisher vielmal Fried angeboten meinen Widersachern, aber als ich sehe, Gott hat mich durch sie zwungen, das Maul immer weiter aufzutun und ihnen, weil sie unmußig sein[1], zu reden, bellen, schreien und schreiben gnug geben. Wohlan, ich weiß noch ein Liedlen von Rom und von ihnen; jucket sie das Ohr, ich will's ihn' auch singen und die Noten aufs hochst stimmen! Verstehst mich wohl, liebes Rom, was ich meine?

1 weil sie immer etwas zu tun haben müssen.

Auch hab ich mein Schreiben vielmal auf Erkenntnis und Verhor erboten,[1] das alles nit geholfen, wiewohl auch ich weiß: so mein Sach recht ist, daß sie auf Erden muß verdammt und allein von Christo im Himmel gerechtfertiget werden, denn das ist die ganz Schrift, daß der Christen und Christenheit Sach allein von Gott muß gericht werden, ist auch noch nie eine von Menschen auf Erden gerechtfertigt, sondern ist allzeit Widerpart zu groß und stark gewesen. Es ist auch mein allergroßte Sorg und Furcht, daß mein Sach mocht unverdammt bleiben, daran ich gewißlich erkennet, daß sie Gotte nach nit gefalle. Darum laß nur frisch einhergahn, es sei Papst, Bischof, Pfaff, Munch oder Gelehreten, sie sein das rechte Volk, die do sollen die Wahrheit verfolgen, wie sie allzeit tan haben. Gott geb uns allen einen christlichen Verstand und sonderlich dem christlichen Adel deutscher Nation einen rechten geistlichen Mut, der armen Kirchen das Beste zu tun. Amen.

1 Auch hab ich mich oftmals erboten, für mein Schreiben Rede und Antwort zu stehen.

Ein Sendbrief an den Papst Leo X.
Von der Freiheit eines Christenmenschen
1520

Dem Allerheiligsten in Gottvater, Leoni X., Papst zu Rom, alle Seligkeit in Christo Jesu unserm Herrn. Amen

Allerheiligster in Gottvater. Es zwingt mich der Handel und Streit, in wilche ich mit etlichen wusten Menschen dieser Zeit nu bis ins dritte Jahr kummen bin, zuweilen nach dir zu sehen und dein gedenken, ja, dieweil es dafurgehalten wird, du seiest die einige[1] Häuptsach dieses Streites, so kann ich's nit lassen, dein ohn Unterlaß zu gedenken. Dann wiewohl ich von etlichen deiner unchristlichen Schmeichler, wilch ohn alle Ursach auf mich erhetzet[2] sein, gedrungen bin, mich auf ein christlich frei Concilio von deinem Stuhel und Gericht in meiner Sach zu berufen, so hab ich doch meinen Müt[3] noch nie also von dir entfremdet, daß ich nit aus allen meinen Kräften dir und deinem romischen Stuhel das Beste allzeit gewunscht und mit fleißigem, herzlichem Gebet, soviel ich vermocht, bei Gott gesucht habe. Wahr ist es, daß ich die, so bisher mit der Hohe und Größe deines Namens und Gewalt zu bedräuen sich bemühet haben, gar fast[4] zu verachten und zu uberwinden furgenummen habe. Aber eines ist nu vorhanden, wilchs ich nit tar[5] verachten, wilchs auch die Ursach ist, daß ich abermal zu dir schreibe, und ist nämlich, daß ich vermerk, wie ich versprochen[6] und mir ubel ausgelegt werde, daß ich soll auch deiner Person nit verschonet haben.

1 einzige. – 2 erbittert. – 3 Gesinnung, Meinung. – 4 sehr. – 5 wage zu. – 6 verleumdet.

Ich will aber frei und offentlich das bekennen, daß mir nit anders bewußt ist, denn, sooft ich deiner Person habe gedacht, allzeit das Ehrlichst und Beste von dir gesagt habe. Und wo ich das irgend nit hätte tan, kunnt ich's selbs in keinen Weg loben und müßte meiner Kläger Urteil mit vollem Bekenntnis bekräftigen und wollt nit Liebers, dann solches meines Frevels und Bosheit das Widerspiel singen[1] und mein sträflich Wort widerrufen. Ich hab dich genennet ein Daniel zu Babylonen, und wie ich dein Unschuld so fleißig habe beschutzt wider deinen Schändler Silvestrum, mag ein iglicher, der es lieset, uberflussig[2] verstehen.

Es ist ja dein Gerucht[3] und deins gutes Lebens Namen in aller Welt berufen, durch viel Hochgelehrten herrlicher und besser gepreiset, denn daß es jemand mocht mit einiger List antasten, er sei ja wie groß er müge. Ich bin nit so närrisch, daß ich allein denen angreife, den idermann lobet, dazu hab ich allzeit die Weise gehabt und fortan haben will, auch die nit anzutasten, die sonst fur idermann ein bose Geschrei haben. Mir ist nit wohl mit der anderen Sunde, der ich wohl weiß, wie ich auch einen Balken in meinem Auge habe und freilich der erste nit sein kann, der den ersten Stein auf die Ehebrecherin werf.

Ich hab wohl scharf angegriffen, doch in der gemeinhin etlich unchristlich Lehre, und auf meine Widersacher beißig gewesen nit um ihres bosen Lebens, sondern um ihrer unchristlichen Lehre und Schutzs willen, wilchs mich so gar nichts bereuet, daß ich mir's auch in Sinn genummen hab, in solcher Emsigkeit und Schärf zu bleiben, unangesehen, wie mir dasselb etlich auslegen, so ich hie Christus' Exempel hab, der auch seine Widersacher aus scharfer Emsigkeit nennet „Schlangenkinder, Gleisner, Blinden, des Teufels Kinder" und Sankt Paulus den Magum heißet „ein Kind des Teufels" und „der voll Bosheit und Triegerei sei", und etlich falsch Apostel schilt er „Hunde, Betrieger und Gotteswort Verkehrer". Wenn die weichen, zarten Ohren solchs hätten

1 das Gegenteil verkünden. – 2 voll und ganz. – 3 Leumund.

gehöret, sollten sie auch wohl sagen, es wäre niemand so beißig und ungeduldig als St. Paulus. Und wer ist beißiger denn die Propheten? Aber zu unsern Zeiten sein unser Ohren so gar zart und weich worden durch die Menige[1] der schädlichen Schmeichler, daß, sobald wir nit in allen Dingen gelobt werden, schreien wir, man sei beißig. Und dieweil wir uns sonst der Wahrheit nit erwehren mügen, entschlahen[2] wir uns doch derselben durch erdichte Ursach der Beißigkeit, der Ungeduldigkeit und der Unbescheidenheit. Was soll aber das Salz, wenn es nit scharf beißet? Was soll die Schneide am Schwert, wenn sie nit scharf ist zu schneiden? Sagt doch der Prophet: Der Mann sei vermaledeiet, der Gottes Gebot obenhin[3] tut und zu seher verschonet.

Darum bitt ich, Heiliger Vater Leo, wollest diese meine Entschuldigung dir gefallen lassen und mich gewiß fur den halten, der wider deine Person nie nichts Boses habe furgenummen und der also gesinnet sei, der dir wunsche und gann[4] das Allerbeste, der auch keinen Hader noch Gezank mit jemand haben wolle um jemands boses Lebens, sondern allein um des gottlichen Wortes Wahrheit willen. In allen Dingen will ich idermann gerne weichen, das Wort Gottes will ich und mag auch nicht verlassen noch verlaugnen. Hat jemand einen andern Wahn[5] von mir oder meine Schrift anders verstanden, der irret und hat mich nit recht verstanden.

Das ist aber wahr: Ich hab frisch[6] angetastet den romischen Stuhel, den man nennet romischen Hof, wilchen auch du selbs, noch niemand auf Erden anders bekennen muß, denn daß er sei ärger und schändlicher denn je kein Sodoma, Gomorr oder Babylonien gewesen ist. Und soviel ich merk, so ist seiner Bosheit hinfurt widder[7] zu raten noch zu helfen. Es ist alles uberaus verzweifelt und grundlos da worden. Darum hat mich's verdrossen, daß man unter deinem Namen und der romischen Kirchen Schein das arm

1 Menge. – 2 entziehen. – 3 oberflächlich. – 4 gönne. – 5 Meinung. – 6 keck. – 7 weder.

Volk in aller Welt betrog und beschädigt; dawider hab ich mich gelegt und will mich auch noch legen, solang in mir mein christlicher Geist lebet. Nit, daß ich mich vermeß solcher unmüglicher Ding oder verhoffte, etwas auszurichten in der allergreulichsten romischen Sodoma und Babylonen, zuvor dieweil mir soviel wutender Schmeichler widerstreben, sondern, daß ich mich einen schuldigen Diener erkenne aller Christenmenschen, daher mir gebühret, ihn' zu raten und warnen, daß sie jedoch weniger Zahl[1] und mit geringern Schaden verderbet wurden von den romischen Verstorern.

Dann das ist dir selbs ie[2] nit verborgen, wie nu viel Jahr lang aus Rom in alle Welt nichts anders denn Verderben des Leibs, der Seelen, der Guter und aller bösen Stuck die allerschädlichsten Exempel gleich geschwemmet und eingerissen haben[3], wilchs alls offentlich am Tag idermann bewußt ist, dadurch die romisch Kirche, die vorzeiten die allerheiligest war, nu worden ist ein Mordgruben uber alle Mordgruben, ein Bubenhaus uber alle Bubenhäuser, ein Häupt und Reich aller Sund des Tods und Verdammnis, daß nit wohl zu denken ist, was mehr Bosheit hie müge zunehmen, wenn gleich der Endchrist[4] selbs käme.

Indes siehst du, Heiliger Vater Leo, wie ein Schaf unter den Wolfen und gleich wie Daniel unter den Lawen[5] und mit Ezechiel unter den Skorpion. Was kannst du einiger wider soviel wilder Wunder, und ob dir schon drei oder vier gelehrte, frumm Kardinal zufielen, was wäre das unter solchem Haufen? Ihr mußtet ehe durch Gift untergahen, ehe ihr furnehmet, der Sachen zu helfen. Es ist aus mit dem romischen Stuhel, Gottes Zorn hat ihn uberfallen ohn Aufhoren. Er ist feind den gemeinen Conciliis, er will sich nit unterweisen noch reformieren lassen und vermag doch nit sein wutends, unchristlichs Wesen nit hindern, damit er erfullet, das gesagt ist von seiner Mutter, der alten Babylonen

1 in geringerer Zahl. – 2 immer. – 3 immerfort eingeströmt und eingerissen sind. – 4 Antichrist. – 5 Löwen.

(Jer. 51): Wir haben viel geheilet an der Babylonen, noch ist sie nit gesund worden, wir wollen sie fahren lassen.

Es sollt wohl dein und der Kardinaln Werk sein, daß ihr diesem Jammer wehret, aber die Krankheit spott' der Ärzenei, Pferd und Wagen geben nicht[1] auf den Fuhrmann. Das ist die Ursach, warum es mir allzeit ist leid gewesen, du frummer Leo, daß du ein Papst worden bist in dieser Zeit, der du wohl wirdig wärest, zu bessern Zeiten Papst sein, der romischen Stuhel ist deiner und deinesgleichen nit wert, sondern der böse Geist sollt Papst sein, der auch gewißlich mehr denn du in der Babylonen regiert.

Oh, wollt Gott, daß du entledig von der Ehre (wie sie es nennen, dein allerschädlichsten Feind) etwan[2] von einer Pfrund oder deinem väterlichen Erb dich halten mochtest; furwahr, mit solcher Ehre sollt billig niemand denn Judas Scharioth und seinesgleichen, die Gott verstoßen hat, geehret sein. Denn sag mir, wozu bist du doch nutz in dem Papsttum, denn daß, je ärger und verzweifelter [einer] ist, je mehr und starker er deiner Gewalt und Titel mißbraucht, die Leut zu beschädigen an Gut und Seel, Sund und Schand zu mehren, den Glauben und Wahrheit zu dämpfen? O du allerunseligst Leo, der du sitzest in dem allerfährlichsten Stuhel, währlich, ich sag dir die Wahrheit, denn ich gann dir Gutes.

So St. Bernhard seinen Papst Eugenium klagt[3], da der romische Stuhel, wiewohl er schon auch zu derselben Zeit aufs ärgest ware, doch noch in guter Hoffnung des Bessernis[4] regiert. Wieviel mehr sollen wir dich klagen, dieweil in diesen dreihundert Jahren die Bosheit und das Verderben so unwiderstattlich hat zu uberhand genummen. Ist's nit wahr, daß unter dem weiten Himmel ist nichts Ärgers, Vergiftigers, Hässigers denn der romische Hof? Denn er weit ubertritt der Turken Untugend, daß es wahr ist, Rom sei vorzeiten gewest ein Pfort des Himmels und ist nu ein weit aufgesperreter Rache der Helle und leider ein solcher Ra-

1 achten nicht. – 2 vielleicht, bisweilen. – 3 beklagt. – 4 auf Besserung.

che, den durch Gottes Zorn niemand kann zusperren, und kein Rat mehr ubrig ist, denn so[1] wir mochten etlich warnen und erhalten, daß sie von dem romischen Rachen nit verschlunden worden.

Siehe da, mein Heiliger Vater, das ist die Ursach und Bewegung, warum ich so hart wider diesen pestilentischen Stuhel gestoßen habe, denn so gar hab ich mir nit furgenummen, wider deine Person zu wuten, daß ich auch gehoffet habe, ich wurd bei dir Gnad und Dank verdienen und fur dein Bestes gehandelt erkannt werden, so ich solchen deinen Kerker, ja, deine Helle nur frisch und scharf angriff, denn ich's acht, es wäre dir und vielen andern gut und selig alles, was alle vernunftige, gelehrte Männer wider die allerwusten Unordnung deines unchristlichen Hofs vermochten aufzubringen. Sie tun furwahr ein Werk, das du solltest tun, alle, die solchem Hof nur alles Leid und alles Ubel tun, sie ehren Christum alle, die den Hof aufs allermeist zuschanden machen. Kurzlich, sie sein alle gute Christen, die bose Romisch sein.

Ich will noch weiter reden. Es wäre mir auch dasselb nie in mein Herz kummen, daß ich wider den romischen Hof hätte rumoret oder etwas von ihm disputiert, denn dieweil ich sahe, daß ihm nit zu helfen, Kost und Mühe verloren ware, hab ich ihn veracht, ein Urlaubbrief[2] geschenkt und gesagt: „Ade, liebs Rom, stink furtan, was da stinkt, und bleib unrein fur und fur, was unrein ist". Hab mich also begeben in das stille, gerühte[3] Studieren der Heiligen Schrift, damit ich forderlich wäre denen, bei wilchen ich wohnet. Da ich nu hie nit unfruchtbarlich handelte, tät der bose Geist sein Augen auf und ward des gewahr, behend erweckt er mit einer unsinnigen Ehrgittigkeit[4] sein Diener Johannem Eccium, einen sonderlichen Feind Christi und der Wahrheit, gab ihm ein, daß er mich unversehens risse in ein Disputation und ergriffe bei einem Wortle, von dem Papsttum gesagt, das mir angefähr[5] emfallen war. Da warf

1 als daß. – 2 Scheidebrief. – 3 geruhige. – 4 Ehrsucht. – 5 von ungefähr.

sich auf der groß, ruhmrediger Held, spruhet und schnaubt, als hätt er mich schon gefangen, gab fur, er wollt zu Ehren Gott und Preis der heiligen romischen Kirchen alle Ding wagen und ausfuhren, blies sich auf und vermaß sich deiner Gewalt, wilch er dazu gebrauchen wollt, daß er der uberst Theologus in der Welt berufen wurd, des er auch gewiß wartet mehr denn des Papsttums, ließ sich dunken, es sollt ihm nit wenig dazu furträglich sein, wo er Doktor Luthern im Heerschild fuhret. Da ihm nu das mißlungen, will der Sophist unsinnig werden, denn er nu fühlet, wie durch sein Schuld allein des romischen Stuhels Schand und Schmach an mir sich eroffnet hat.

Laß mich hie, Heiliger Vater, meine Sach auch einmal fur dir handeln und dir deine rechte Feind verklagen. Es ist dir ohn Zweifel bewußt, wie mit mir gehandelt hab zu Augsburg der Kardinal St. Sixti, dein Legat, furwahr unbescheiden und unrichtig, ja, auch untreu, in wilches Hand ich um deinenwillen alle mein Sach also stellet, daß er Fried gebieten sollt, ich wollt der Sachen ein End lassen sein und stilleschweigen, so mein Widersacher auch still stunden, wilchs er leicht mit einem Wort hätt mocht ausrichten. Da jucket ihn der Kutzel zeitlichs Ruhms zu seher, verachtet mein Erbieten, unterstund sich, meine Widersacher zu rechtfertigen, ihn' nur länger Zaum lassen[1] und mir zu widerrufen gebieten, des er keinen Befehl hatte. Also ist's geschehen durch seinen mutwilligen Frevel, daß die Sach ist seint[2] viel ärger worden, die zu der Zeit an einem guten Ort war. Darum, was weiter darnach ist gefolgt, ist nit mein, sondern desselben Kardinals Schuld, der nit mir gonnen wollt, daß ich schweige, wie ich so hochlich bat. Was sollt ich da mehr tun?

Darnach ist kummen Herr Carol von Miltitz, auch deiner Heiligkeit Botschaft, wilcher, mit vieler Mühe hin und her reisend und allen Fleiß furwendend, die Sach wieder auf einen guten Ort zu bringen, davon sie der Kardinal hoch-

1 ihnen den Zaum nur länger (hängen) zu lassen. – 2 seitdem.

mutig und frevelig verstoßen hat, zuletzt durch Hülf des durchläuchtigsten, hochgebornen Kurfursten Herzog Friedrich zu Sachsen etc. zuwegen bracht, [sich] etlichmal mit mir zu besprechen.

Hie hab ich abermals mich lassen weisen und deinem Namen zu Ehren schweigen, die Sach dem Erzbischof zu Trier oder Bischof zu Numburg[1] verhören und scheiden[2] zu lassen verwilligt, wilchs also geschehen und bestellet. Da solchs in guter Hoffnung und Fried stund, fället einher dein größter rechter Feind, Johannes Eccius, mit seiner Disputation zu Leipzig, die er hat ihm furgenommen wider Doktor Karlstadt, und mit seinen wetterwendischen Worten findt er ein Fundlin[3] von dem Papsttum und kehret auf mich unversehens seine Fahnen und ganzes Heere, damit des furgenommen Frieds Furschlag ganz zustöret.

Indes wartet Herr Carolus, die Disputation ging für sich, Richter wurden erwählet, ist aber nichts ausgericht, wilchs mich nit wundert. Denn Eck mit seinen Lugen, Sendbriefen und heimlichen Praktiken die Sache also verbitteret, verwerret und zerschellet, daß, auf wilch Seit das Orteil gefallen wäre, ein größer Feur ohn Zweifel sich erzundet hätte, denn er sucht Ruhm und nit die Wahrheit. Also hab ich allzeit tan, was mir ist aufgelegt, und nichts nachgelassen, das mir zu tun gebührt hat. Ich bekenne, daß aus dieser Ursach nit ein klein Teil des romischen, unchristlichen Wesens ist an Tag kummen, aber was daran verschuldet, ist nit mein, sondern Eccii Schuld, wilcher einer Sach sich unterwunden, der er nit Manns gnug gewesen, durch sein Ehrsuchen die romische Laster in alle Welt zu Schanden gesetzt hat.

Dieser ist, Heiliger Vater Leo, dein und des romischen Stuhel Feind; von seinem einigen Exempel mag ein idermann lernen, daß kein schädlicher Feind sei wenn[4] ein Schmeichler. Was hat er mit seinem Schmeichlen angericht, denn nur solch Ungluck, das kein Künig hätt mügen zuwegen bringen. Es stinkt itzt übel des romischen Hofes Na-

1 Naumburg. – 2 richten. – 3 Finte, Kniff. – 4 als.

men in aller Welt. Die päpstliche Acht ist matt, die romische Unwissenheit hat ein bose Geschrei, wilcher keines wäre gehöret, so Eck Carolis und meinen Furschlag des Frieds nit hätt verruckt, wilchs er auch nu selbs empfindt und, wiewohl zu langsam und vergebens, unwillig ist über meine ausgangene Buchle; das sollt er vorhin bedacht haben, da er nach dem Ruhm wie ein mütiges, geiles Roß himmert[1] und nichts mehr denn das Seine mit deinem großen Nachteil suchet. Er meinete, der eitel Mann, ich wurd mich fur deinem Namen furchten, ihm Raum lassen und schweigen (denn der Kunst und Geschicklichkeit, halt ich, hab er sich nit vermessen). Nu, so er siehet, daß ich noch getrost bin und mich weiter hören lasse, kummt ihm die spate Reu seines Frevels und wird innen (so er anders innen wird), daß einer im Himmel ist, der den Hochmütigen widerstaht und die vermessene Geiste demütigt.

Da nu nichts durch die Disputation ward ausgericht denn nur größer Unehre romisches Stuhels, ist Herr Carolus zu den Vätern meins Ordens kummen, Rat begehret, die Sache zu schlichten und schweigen[2], als die denn auf allerwustest und fährlichst stund. Da sein etlich Tapfere von denselben zu mir gesandt, die, weil es nit zu vermüten, daß mit Gewalt gegen mir mug etwas geschafft werden, haben begehrt, daß ich doch wollte deine Person, Heiliger Vater, ehren und mit untertäniger Schrift dein und mein Unschuld entschuldigen, vermeinend, es sei die Sach noch nit im Abgrund verloren und verzweifelt, wo der Heilige Vater Leo wollte nach seiner angeborner, hochberuhmten Gütigkeit die Hand daran legen. Dieweil aber ich allzeit hab Fried angeboten und begehret, auf daß ich stillem und bessern Studiern warten[3] mocht, ist mir das ein liebe, fröhlich Botschaft gewesen, hab sie mit Dank aufgenommen und mich aufs willigst lenken lassen und fur ein sondere Gnad erkennet, so es also, wie wir hoffen, geschehen mocht. Denn ich auch aus keiner ander Ursach so mit starkem Müt, Worten und

1 wiehert. – 2 beizulegen und totzuschweigen. – 3 obliegen.

Schreiben gewebt[1] und gerumort hab, daß ich die niederlegt und stillet[2], die ich wohl sahe mir weit zu gering sein.

Also kumm ich nu, Heiliger Vater Leo, und zu deinen Fueßen liegend bitte, so es muglich ist, wollest deine Händ dran legen, den Schmeichlern, die des Frieds Feind sein und doch Fried furgeben, einen Zaum einlegen. Daß ich aber sollt widerrufen meine Lehre, da wird nichts aus, darf's ihm[3] auch niemand furnehmen, er wollt denn die Sach noch in ein großer Gewirre treiben, dazu mag ich nit leiden Regel oder Maße, die Schrift auszulegen, dieweil das Wort Gottes, das alle [Christen] Freiheit lehret, nit soll noch muß gefangen sein. Wo mir diese zwei Stuck bleiben, so soll mir sonst nichts aufgelegt werden, das ich nit mit allem Willen tun und leiden will. Ich bin dem Hader feind, will niemands anregen noch reizen, ich will aber auch ungereizet sein; werd ich aber gereizet, will ich, ob Gott will, nit sprachlos noch schriftlos sein. Es mag ie deine Heiligkeit mit leichten, kurzen Worten alle diese Haderei zu ihr nehmen[4] und austilgen und daneben Schweigen und Fried gebieten, wilchs ich allzeit zu hören ganz begierig bin gewesen.

Darum, mein Heiliger Vater, wolltest ie nit hören deine sußen Ohrensinger, die do sagen, du seiest nit ein lauter Mensch, sondern gemischt mit Gott[5], der alle Ding zu gebieten und zu fodern habe. Es wird nit so geschehen, du wirst's auch nit ausfuhren. Du bist ein Knecht aller Knecht Gottes und in einem fährlichern, elendern Stand denn kein Mensch auf Erden. Laß dich nit betriegen, die dir liegen und heucheln, du seiest ein Herr der Welt, die niemand wollen lassen Christen sein, er sei denn dir unterworfen, die do schwätzen, du habst Gewalt in den Himmel, in die Hell und ins Fegfeur, sie sein deine Feind und suchen deine Seele zu verderben. Wie Jesaja sagt: Mein liebs Volk, wilche dich loben und heben, die betriegen dich. Sie irren alle, die da sagen, du seiest uber das Concilium und ge-

1 mich geregt. – 2 zum Schweigen brächte. – 3 sich. – 4 vor sich nehmen (richten). – 5 nicht ein bloßer Mensch, sondern gottähnlich.

meine Christenheit. Sie irren, die dir allein Gewalt geben, die Schrift auszulegen. Sie suchen allesamt nit mehr, denn, wie sie unter deinem Namen ihr unchristliche Furnehmen in der Christenheit stärken mügen, wie denn der böse Geist leider durch viele deiner Vorfahren getan hat. Kurzlich[1], glaub nur niemand, die dich erheben, sondern allein denen, die dich demütigen, das ist Gottes Gericht, wie geschrieben steht: Er hat abgesetzt die Gewaltigen von ihren Stühelen und erhaben die Geringen.

Siehe, wie ungleich sein Christus und seine Statthalter, so sie doch alle wollen seine Statthalter sein und ich furwahr furcht, sie seien allzu wahrhaftig seine Statthalter. Denn ein Statthalter ist im Abwesen seines Herrn ein Statthalter. Wenn denn ein Papst im Abwesen Christi, der nit in seinem Herzen wohnet, regieret, ist derselb nit allzu wahrhaftig Christi Statthalter? Was mag aber denn ein solcher Haufe sein denn ein Sammlung ohn Christo? Was mag aber auch denn ein solcher Papst sein denn ein Endchrist und Abtgott? Wieviel besser täten die Apostel, die sich nur Knechte Christi, in ihn' wohnend[2], nit Statthalter des Abwesendes nenneten und sich nennen ließen.

Ich bin vielleicht unverschamt, daß ich ein solche größe Höhe zu lehren werde angesehen[3], von wilcher doch idermann soll gelehret werden, wie etlich deiner giftigen Schmeichler dich aufwerfen, daß alle Künig- und Richterthron von dir Urteil empfahen. Aber ich folge hierin St. Bernhard in seinem Buch zu dem Papst Eugenium, wilchs billig sollten alle Päpst auswendig künnten. Ich tue es ie nit der Meinung, dich zu lehren, sondern aus lauter treulicher Sorge und Pflicht, die idermann billig zwingt, auch in den Dingen fur unser Nähsten uns bekümmern, die doch sicher sein, und lässet uns nit acht haben auf Wirde oder Unwirde, so gar fleißig sie wahrnimmt des Nähsten Fahr und Ungefahr. Dieweil ich denn weiß, wie dein Hei-

1 kurz gesagt. – 2 des in ihnen wohnenden Christus. – 3 daß ich den Anschein errege, ich wollte eine solche Erhabenheit belehren.

ligkeit webt und schwebt zu Rom, das ist auf dem hochsten Meer, mit unzähligen Fährlikeiten auf allen Orten wütend und in solchem Jammer lebt und ärbeitet, daß dir auch wohl not ist des allergeringsten Christen Hulf, so hab ich's nit fur ungeschickt angesehen, daß ich deiner Majestät so lange vergesse, bis ich brüderlicher Liebe Pflicht ausricht. Ich mag nit schmeichlen in solcher ernster, fährlicher Sache, in wilcher so mich etlich nit wollen verstehen, wie ich dein Freund und mehr denn Untertan sei, so wird er sich wohl finden, der es versteht.

Am End, daß ich nit leer kumme fur dein Heiligkeit, so bring ich mit mir ein Buchle, unter deinem Namen ausgangen, zu einem guten Wunsch und Anfang des Frieds und guter Hoffnung, daraus dein Heiligkeit schmecken mag, mit was Geschäften ich gerne wollt und auch fruchtbarlich mocht umgahn, wenn mir's fur deinen unchristlichen Schmeichlern muglich wäre. Es ist ein klein Büchle, so das Papier wird angesehen, aber doch die ganz Summa eines christlichen Leben drinnen begriffen, so der Sinn verstanden wird. Ich bin arm, hab nit anders, damit ich mein Dienst erzeige, so darfst du auch nit mehr, denn mit geistlichen Gutern gebessert werden. Damit ich mich deiner Heiligkeit befiehle, die ihm behalt ewig Jesus Christus. Amen.

Zu Wittenberg, Sexta Septembris, 1520.

Von der Freiheit eines Christenmenschen

Dem fursichtigen[1] und weisen Herrn Hieronymo Mühlpfordt, Stadtvogt zu Zwickau, meinem besondern günstigen[2] Freund und Patron, embiete ich, genannt D. Martinus Luther, Augustiner, meine willige Dienst und alles Gutes.

Fursichtiger, weiser Herr und günstiger Freund, der wirdig Magister Johann Egran, Eur löblichen Stadt Prediger, hat mir hoch gepreiset Eur Lieb und Lust, so Ihr zu der Heiligen Schrift traget, wilch Ihr auch emslich bekennen und fur den Menschen zu preisen nit nachlasset. Derhalben er begehret, mich mit Euch bekennet zu machen, bin ich gar leichtlich willig und fröhlich des beredt[3], denn es mir ein sondere Freud ist, zu hören, wo die gottlich Wahrheit geliebt wird, der leider so viel und die am meisten, die sich ihres Titels aufwerfen[4], mit aller Gewalt und List widerstreben, wiewohl es also sein muß, daß an Christum, zu einem Ärgernis und Zeichen gesetzt, dem widersprochen werden muß, viel sich stoßen, fallen und auferstahen mussen. Darum hab ich, anzuheben[5] unser Kundschaft[6] und Freundschaft, dies Traktatel und Sermon Euch wollen zuschreiben im Deutschen, wilchs ich Latinisch dem Papst hab zugeschrieben, damit fur idermann meiner Lehre und Schreiben von dem Papsttum nit ein verweislich, als ich hoff, Ursach angezeigt[7]. Befiehl mich hiemit Euch und allsamt gottlichen Gnaden. Amen. Zu Wittenberg, 1520.

1 klugen. – 2 gunstvollen. – 3 dazu beredet (überredet). – 4 ihres Namens (des Namens der Wahrheit) rühmen. – 5 zu beginnen. – 6 Bekanntschaft. – 7 womit ich vor jedermann eine Ursache meiner Lehre und meines Schreibens vom Papsttum dargetan habe, die, wie ich hoffe, nicht tadelnswert ist.

Jesus

Zum ersten. Daß wir grundlich mügen erkennen, was ein Christenmensch sei und wie es getan sei um die Freiheit, die ihm Christus erworben und geben hat, davon St. Paulus viel schreibt, will ich setzen diese zween Beschluß:

Ein Christenmensch ist ein freier Herr über alle Ding und niemand untertan.

Ein Christenmensch ist ein dienstbar Knecht aller Ding und idermann untertan.

Diese zween Beschlüß seind klärlich[1] Sankt Paulus 1. Kor. 9: Ich bin frei in allen Dingen und hab mich eins idermann Knecht gemacht. Item Röm. 13: Ihr sollt niemand etwas verpflichtet sein, denn daß ihr euch untereinander liebet. Lieb aber, die ist dienstbar und untertan dem, das sie liebhat. Also auch von Christo (Gal. 4): Gott hat seinen Sohn ausgesandt, von einem Weib geboren, und dem Gesetz untertan gemacht.

Zum andern[2]: Diese zwo widerständige Rede der Freiheit und Dienstbarkeit zu vernehmen, sollen wir gedenken, daß ein iglich Christenmensch ist zweierlei Natur, geistlicher und leiblicher. Nach der Seelen wird er ein geistlich, neu, innerlich Mensch genennet, nach dem Fleisch und Blut wird er ein leiblich, alt und äußerlich Mensch genennet. Und um dieses Unterschiedes willen werden von ihm gesagt in der Schrift [zwei Dinge], die do stracks widernander sein, wie ich itzt gesagt, von der Freiheit und Dienstbarkeit.

Zum dritten: So nehmen wir fur uns den inwendigen, geistlichen Menschen, zu sehen, was dazu gehöre, daß er ein frumm, frei Christenmensch sei und heiße, so ist's offenbar, daß kein äußerlich Ding mag ihn frei noch frumm machen, wie es mag immer genennet werden, denn sein Frummkeit und Freiheit, wiederum[3] sein Bösheit und Gefängnis sein nit leiblich noch äußerlich. Was hilft's die Seelen, daß der Leib ungefangen, frisch und gesund ist, isset, trinkt, lebt, wie er will? Wiederum, was schadet das der See-

1 sind in klaren Worten dasselbe wie. – 2 zweiten. – 3 umgekehrt.

len, daß der Leib gefangen, krank und matt ist, hungert, dürstet und leidet, wie er nit gerne wollt? Dieser Ding reichet keines bis an die Seelen, sie zu befreien oder fahen, frumm oder böse zu machen.

Zum vierten: Also hilfet es die Seele nichts, ob der Leib heilige Kleider anlegt, wie die Priester und Geistlichen tun, auch nit, ob er in den Kirchen und heiligen Stätten sei, auch nit, ob er mit heiligen Dingen umgah, auch nit, ob er leiblich bete, faste, walle und alle gute Werk tue, die durch und in dem Leibe geschehen mochten ewiglich. Es muß noch alles etwas anders sein, daß der Seelen bringe und gebe Frummkeit und Freiheit. Denn alle diese obgenannten Stuck, Werk und Weisen mag auch an sich haben und üben ein böser Mensch, ein Gleisner und Heuchler, auch durch solch Wesen kein ander Volk denn eitel Gleisner werden. Wiederum schadet es der Seelen nichts, ob der Leib unheilige Kleider trägt, an unheiligen Örten ist, ißt, trinkt, wallet, betet nit und lässet alle die Werk onstehen[1], die die öbgenannten Gleisner tun.

Zum funften hat die Seele kein ander Ding, widder[2] in Himmel noch auf Erden, darinnen sie lebe, frumm, frei und Christen sei, denn das heilig Evangelii, das Wort Gottes, von Christo geprediget wie er selb sagt Joh. 11: Ich bin das Leben und Auferstehung, wer do glaubt in mich, der lebet ewiglich. Item 14: Ich bin der Weg, die Wahrheit und das Leben. Item Matth. 4: Der Mensch lebet nit allein von dem Brot, sondern von allen Worten, die do gehen von dem Mund Gottes. So mussen wir nu gewiß sein, daß die Seele kann alles Dings embehren, ohn[3] des Worts Gottes, und ohn das Wort Gottes ist ihr mit keinem Ding geholfen. Wo sie aber das Wort hat, so darf[4] sie auch keines andern Dings mehr, sondern sie hat in dem Wort Gnugde[5], Speis, Freud, Fried, Licht, Kunst, Gerechtigkeit, Wahrheit, Weisheit, Freiheit und alles Gut überschwenglich. Also lesen wir im Psalter, sonderlich im 119. Psalm, daß der Prophet nit mehr

1 anstehen, unterbleiben. – 2 weder. – 3 außer. – 4 bedarf. – 5 Genüge.

schreiet denn nach dem Gotteswort. Und in der Schrift die allerhochste Plag und Gottes Zorn gehalten wird, so er sein Wort von den Menschen nimmt, wiederum kein größer Gnade, wo er sein Wort hinsendet, wie Psalmus 107 steht: Er hat sein Wort ausgesandt, damit er ihn' hat geholfen. Und Christus um keins andern Amts willen, denn zu predigen das Wort Gottes, kummen ist. Auch alle Apostel, Bischof, Priester und ganzer geistlicher Stand allein um des Worts willen ist berufen und eingesetzt, wiewohl es nu leider anders gaht.

Zum sechsten: Fragest du aber: Wilchs ist denn das Wort, das solch große Gnad gibt, und wie soll ich's gebrauchen? Antwort: Es ist nit anders denn die Predigt, von Christo geschehen, wie das Evangelium innehält[1]. Wilche soll sein und ist also getan, daß du hörest deinen Gott zu dir reden, wie alle dein Leben und Werk nichts sein fur Gott, sondern müssest mit allen dem, das in dir ist, ewiglich verderben. Wilchs, so du recht glaubst, wie du schuldig bist, so mußt du an dir selber verzweifeln und bekennen, daß wahr sei der Spruch Hoseae (Hos. 13): O Israel, in dir ist nichts denn dein Verderben, allein aber in mir steht dein Hulf. Daß du aber aus dir und von dir, das ist aus deinem Verderben, kommen mügest, so setzt er dir fur seinen lieben Sohn Jesum Christum und lässet dir durch sein lebendigs, trostlichs Wort sagen: Du sollt in denselben festem Glauben dich ergeben und frisch in ihn vertrauen, so sollen dir um desselben Glaubens willen alle deine Sund vergeben, alle dein Verderben uberwunden sein und du gerecht, wahrhaftig, befriedet, frumm und alle Gebot erfullet sein, von allen Dingen frei sein. Wie St. Paulus sagt Röm. 1: Ein rechtfertiger Christen lebt nur von seinem Glauben. Und Röm. 10: Christus ist das Ende und Fülle aller Gebot denen, die in ihn glauben.

Zum siebenten: Drum sollt das billig aller Christen einigs[2] Werk und Übung sein, daß sie das Wort und Christum

1 sie enthält. – 2 einziges.

wohl in sich bildeten, solchen Glauben stetig ubeten und stärkten, denn kein ander Werk mag einen Christen machen. Wie Christus Joh. 6 zu den Juden sagt, da sie ihn fragten, was sie fur Werk tun sollten, daß sie gottlich und christlich Werk täten, sprach er: Das ist das einige gottliche Werk, daß ihr glaubt in denen, den Gott gesandt hat. Wilchen Gott der Vater allein auch darzu verordnet hat. Darum ist's gar ein uberschwenglich Reichtum ein rechter Glaub in Christo, denn er mit sich bringt alle Seligkeit und abnimmt alle Unseligkeit. Wie Mark. 16: Wer do glaubt und tauft ist, der wird selig. Wer nit glaubt, der wird verdammt. Darum der Prophet Jes. 10 den Reichtum desselben Glaubens ansah und sprach: Gott wird ein kurz Summa machen auf Erden, und die kurz Summa wird wie ein Sintflut einfließen[1] die Gerechtigkeit. Das ist: Der Glaub, darin kurzlich aller Gebot Erfullung steht, wird uberflussig rechtfertigen alle, die ihn haben, daß sie nichts mehr bedurfen, daß sie gerecht und frumm sein. Also sagt St. Pauel Röm. 10: Daß man von Herzen glaubt, das macht einen gerecht und frumm.

Zum achten: Wie gaht es aber zu, daß der Glaub allein mag frumm machen und ohn alle Werk so überschwenglich Reichtum geben, so doch soviel Gesetz, Gebot, Werk, Ständ und Weise uns furgeschrieben sein in der Schrift? Hie ist fleißig zu merken und ie mit Ernst zu behalten, daß allein der Glaub ohn alle Werk frumm, frei und selig machet, wie wir hernach mehr hören werden. Und ist zu wissen, daß die ganze Heilige Schrift wird in zweierlei Wort geteilet, wilche sein: Gebot oder Gesetz Gottes und Verheischen[2] oder Zusagunge. Die Gebot lehren und schreiben uns fur mancherlei gute Werk, aber damit sein sie noch nit geschehen. Sie weisen wohl, sie helfen aber nit, lehren, was man tun soll, geben aber kein Stärk darzu. Darum sein sie nur dazu geordnet, daß der Mensch drinnen sehe sein Unvermügen zu dem Guten und lerne an ihm selbs verzweifeln. Und darum heißen sie auch das Alte Testament und

1 einfließen machen, einflößen. – 2 Verheißen.

gehören alle ins Alte Testament, als: Das Gebot „Du sollt nit bös Begierd haben“ beweiset, daß wir allesamt Sunder sein und kein Mensch vermag zu sein ohn böse Begierde, er tue, was er will. Daraus er lernet an ihm selbs verzagen und anderswo zu suchen Hulf, daß er ohn böse Begierd sei und also das Gebot erfulle durch einen andern, das er aus ihm selb nit vermag: also sein auch alle andere Gebot uns unmuglich.

Zum neunten: Wenn nu der Mensch aus den Geboten sein Unvermügen gelernet und empfunden hat, daß ihm nu angst wird, wie er dem Gebot gnug tue, seintemal das Gebot muß erfullet sein oder er muß verdammt sein, so ist er recht gedemütigt und zunicht worden in seinen Augen, findet nichts in ihm, damit er müg frumm werden. Dann so kummt das ander Wort, die gottlich Verheischung und Zusagung, und spricht: Willt du alle Gebot erfullen, deiner bösen Begierde und Sund loswerden, wie die Gebot zwingen und fodern, siehe da, glaub in Christum, in wilchem ich dir zusag alle Gnad, Gerechtigkeit, Fried und Freiheit; glaubst du, so hast du, glaubst du nit, so hast du nit. Denn das dir unmuglich ist mit allen Werken der Gebot, der viel und doch kein Nutz sein mussen, das wird dir leicht und kurz durch den Glauben. Denn ich hab kurzlich in den Glauben gestellet alle Ding, daß, wer ihn hat, soll alle Ding haben und selig sein, wer ihn nit hat, soll nichts haben. Also geben die Zusagung Gottes, was die Gebot erfodern, und vollnbringen, was die Gebot heißen, auf daß es alles Gottes eigen sei, Gebot und Erfullung: Er heißet allein, er erfullet auch allein. Darum sein die Zusagung Gottes Wort des Neuen Testaments und gehoren auch ins Neue Testament.

Zum zehenten: Nu sein diese und alle Gotteswort heilig, wahrhaftig, gerecht, friedsam, frei und aller Güte voll, darum, wer ihn' mit einem rechten Glauben anhangt, des Seele wird mit ihm vereinigt so ganz und gar, daß alle Tugend des Worts auch eigen werden der Seelen und also durch den Glauben die Seele von dem Gotteswort heilig, gerecht, wahrhaftig, friedsam, frei und aller Güte voll, ein wahrhaftig Kind Gottes wird, wie Johann. 1 sagt: Er hat ihn' geben, daß sie mugen Kinder Gottes werden alle, die in seinem Namen glauben.

Hieraus leichtlich zu merken ist, warum der Glaub so viel vermag und daß keine gute Werk ihm gleich sein mugen. Denn kein gut Werk hanget an dem gottlichen Wort, wie der Glaub, kann auch nit in der Seelen sein, sondern allein das Wort und Glaube regieren in der Seelen. Wie das Wort ist, so wird auch die Seele von ihm, gleich als das Eisen wird glutrot wie das Feur aus der Vereinigung mit dem Feur. Also sehen wir, daß an dem Glauben ein Christenmensch gnug hat, darf keines Werks, daß er frumm sei; darf er denn keines Werks mehr, so ist er gewißlich embunden von allen Geboten und Gesetzen; ist er embunden, so ist er gewißlich frei. Das ist die christlich Freiheit, der einige Glaub, der do macht, nit daß wir müßiggahn oder übeltun mugen, sondern daß wir keines Werks bedurfen zur Frummkeit und Seligkeit zu erlangen, davon wir mehr hernach sagen wollen.

Zum eilften: Weiter ist's mit dem Glauben also getan, daß, wilcher dem andern glaubt, der glaubt ihm darum, daß er ihn fur einen frummen, wahrhaftigen Mann achtet, wilchs die größte Ehre ist, die ein Mensch dem andern tun kann, als wiederum die größte Schmach ist, so er ihn fur einen losen, lugenhaftigen, leichtfertigen Mann achtet. Also auch wenn die Seele Gottes Wort festiglich glaubt, so hält sie ihn fur wahrhaftig, frumm und gerecht, damit sie ihm tut die allergrößeste Ehre, die sie ihm tun kann, denn da gibt sie ihm recht, da lässet sie ihm Recht, da ehret sie seinen Namen und lässet mit ihr handeln, wie er will, denn sie zweifelt nit, er sei frumm, wahrhaftig in allen seinen Worten. Wiederum kann man Gott kein größere Unehre auftun, denn ihm nit glauben, damit die Seel ihn fur einen Untuchtigen, Lugenhaftigen, Leichtfertigen hält und, soviel an ihr ist, ihn verleugnet mit solchem Unglauben und ein Abgott ihres eigens Sinn im Herzen wider Gott aufricht, als wollt sie es besser wissen denn er. Wenn denn Gott siehet, daß ihm die Seel Wahrheit gibt und also ehret durch ihren Glauben, so ehret er sie wiederum und hält sie auch fur frumm und wahrhaftig, und sie ist auch frumm und wahrhaftig durch solchen Glauben, denn daß man Gott die Wahrheit und Frummkeit gebe, das ist Recht und Wahrheit und macht recht und wahrhaftig, dieweil es wahr ist und recht, daß Gotte die Wahrheit geben werd, wilchs die nit tun, die nit glauben und doch sich mit vielen guten Werken treiben und mühen.

Zum zwölften: Nit allein gibt der Glaub soviel, daß die Seel dem gottlichen Wort gleich wird aller Gnaden voll, frei und selig, sondern vereinigt auch die Seele mit Christo als eine Braut mit ihrem Bräut'gam. Aus wilcher Ehe folget, wie St. Paulus sagt, daß Christus und die Seel ein Leib werden, so werden auch beider Guter, Fall und Unfall[1], und alle Ding gemein, das, was Christus hat, das ist eigen der glaubigen Seele, was die Seele hat, wird eigen Christi. So hat Christus alle Güter und Seligkeit, die sein der Seelen eigen. So hat die Seel alle Untugend und Sund auf ihr, die werden Christi eigen. Hie hebt sich nu der fröhlich Wechsel und Streit: Dieweil Christus ist Gott und Mensch, wilcher noch nie gesundigt hat, und seine Frummkeit unüberwindlich, ewig und allmächtig ist, so er denn der glaubigen Seelen Sund durch ihren Brautring, das ist der Glaub, ihm selbs eigen macht und nit anders tut, denn als hätt er sie getan, so mussen die Sund in ihm verschlunden und ersäuft werden. Denn sein unüberwindlich Gerechtigkeit ist allen Sunden zu stark, also wird die Seele von allen ihren Sunden, lauterlich durch ihren Mahlschatz[2], das ist des Glaubens halben, ledig und frei und begabt mit der ewigen Gerechtigkeit ihrs Bräut'gams Christi. Ist nu das nit ein fröhliche Wirtschaft[3], da der reiche, edle, frummer

1 Gutes und Böses. – 2 Pfand bei der Verlobung und Vermählung. – 3 Hausstand.

Bräut'gam Christus das arm, verachte, böses Hürlein zur Ehe nimmt und sie entledigt von allem Übel, zieret mit allen Gütern? So ist's nit muglich, daß die Sund sie verdammne, denn sie[1] liegen nu auf Christo und sein in ihm verschlunden, so hat sie so ein reiche Gerechtigkeit in ihrem Bräut'gam, daß sie abermals wider alle Sund bestahn mag, ob sie schon auf ihr lägen. Davon sagt Paulus 1. Kor. 15: Gott sei Lob und Dank, der uns hat gegeben ein solch Überwindung in Christo Jesu, in wilcher verschlunden ist der Tod mit der Sund.

Zum dreizehenten: Hie siehst du aber[2], aus wilchem Grund dem Glauben soviel billig zugeschrieben wird, daß er alle Gebot erfullet und ohn alle andere Werk frumm macht. Denn du siehest hie, daß er das erste Gebot erfullet alleine, da geboten wird: Du sollt einen Gott ehren. Wenn du nu eitel gut Werk wärest bis auf die Fersen, so wärest du dennoch nit frumm und gebest Gott noch kein Ehre und also erfullest du das allererst Gebot nicht. Denn Gott mag nicht geehret werden, ihm werd dann Wahrheit und alles Gut zugeschrieben, wie er denn wahrlich ist. Das tun aber kein gute Werk, sondern allein der Glaube des Herzen.

Darum ist er allein die Gerechtigkeit des Menschen und aller Gebot Erfullung. Denn wer das erste Hauptgebot erfullet, der erfullet gewißlich und leichtlich auch alle ander Gebot. Die Werk aber sein tote Ding, kunnten nit ehren noch loben Gott, wiewohl sie mugen geschehen und lassen sich tun Gott zu Ehren und Lob. Aber wir suchen hie den, der nit getan wird als die Werk, sondern den Selbtäter und Werkmeister, der Gott ehret und die Werk tut. Das ist niemand dann der Glaub des Herzen, der ist das Haupt und ganzes Wesen der Frummkeit, darum es ein fährlich, finster Rede ist, wenn man lehret, die Gottesgebot mit Werken zu erfullen, so die Erfullung fur allen Werken durch den Glauben muß geschehen sein und die Werk folgen nach der Erfullung, wie wir hören werden.

1 die Sünden. – 2 abermals.

Zum vierzehenten: Weiter zu sehen, was wir in Christo haben und wie groß Gut sei ein rechter Glaube, ist zu wissen, daß fur und in dem Alten Testament Gott ihm auszog[1] und furbehielt alle erste männliche Geburt von Menschen und von Tieren. Und die erste Geburt war köstlich und hat zwei große Vorteil fur allen andern Kindern, nämlich die Hirrschaft und Priesterschaft oder Künigreich und Priestertum, also daß auf Erden das erste geborn Knäblin war ein Herr uber alle seine Brüder und ein Pfaff oder Papst fur Gott, durch wilche Figur bedeut ist Jesus Christus, der eigentlich dieselb erste männlich Geburt ist Gottesvaters von der Junfrauen Marie. Darum ist er ein Künig und Priester, doch geistlich, denn sein Reich ist nit irdnisch noch in irdenischen, sondern in geistlichen Gutern, als da sein Wahrheit, Weisheit, Fried, Freud, Seligkeit etc. Damit aber nit ausgezogen[2] ist zeitlich Gut, denn es ist ihm alle Ding unterworfen in Himmel, Erden und Helle, wiewohl man ihn nit sieht: das macht, daß er geistlich, unsichtlich regiert.

Also auch sein Priestertum steht nit in den äußerlichen Gebärden und Kleidern, wie wir bei den Menschen sehen, sondern es steht im Geist unsichtlich, also daß er fur Gottes Augen ohn Unterlaß fur die Seinen steht und sich selb opfert und alles tut, was ein frumm Priester tun soll. Er bittet fur uns, wie St. Paul Röm. 8 sagt, so lehret er uns inwendig im Herzen, wilchs sein zwei eigentliche, recht Amt eines Priesters, denn also bitten und lehren auch äußerlich, menschlich, zeitlich Priester.

Zum funfzehenten: Wie nu Christus die erste Geburt hat mit ihrer Ehre und Wirdigkeit, also teilet er sie mit allen seinen Christen, daß sie durch den Glauben mussen auch alle Künige und Priester sein mit Christo, wie St. Petrus sagt (1. Petr. 2): Ihr seid ein priesterlich Künigreich und ein küniglich Priestertum. Und das geht also zu, daß ein Christenmensch durch den Glauben so hoch erhaben wird uber alle Ding, daß er aller ein Herr wird geistlich, denn es kann ihm

1 sich ausnahm. – 2 ausgenommen.

kein Ding nit schaden zur Seligkeit, ja, es muß ihm alles untertan sein und helfen zur Seligkeit, wie St. Paulus lehret Röm. 8: Alle Ding müssen helfen den Auserwählten zu ihrem Besten. Es sei Leben, Sterben, Sund, Frummkeit, Gut und Böses, wie man es nennen kann. Item 1. Kor. 3: Alle Ding seind eur, es sei das Leben oder der Tod, gegenwärtig oder zukünftig etc. Nit, daß wir aller Ding leiblich mächtig sein, sie zu besitzen oder zu brauchen, wie die Menschen auf Erden, denn wir müssen sterben leiblich und mag niemand dem Tod entfliehen, so müssen wir auch viel andern Dingen unterliegen, wie wir in Christo und seinen Heiligen sehen. Denn dies ist ein geistliche Hirrschaft, die do regiert in der leiblichen Unterdruckung, das ist: Ich kann mich ohn allen Dingen bessern nach der Seelen, daß auch der Tod und Leiden müssen mir dienen und nützlich sein zur Seligkeit. Das ist gar ein hohe, ehrliche Wirdigkeit und ein recht allmächtige Hirrschaft, ein geistliche Künigreich, da kein Ding ist so gut, so böse, es muß mir dienen zugut, so ich glaube, und darf[1] sein doch nit, sondern mein Glaub ist mir gnugsam. Siehe, wie ist das ein köstlich Freiheit und Gewalt der Christen!

Zum sechzehenten: Uber das sein wir Priester, das ist noch viel mehr, denn Künig sein, darum, daß das Priestertum uns wirdig macht, fur Gott zu treten und fur andere zu bitten. Denn fur Gottes Augen zu stehn und bitten, gebührt niemand denn den Priestern. Also hat uns Christus erworben, daß wir mügen geistlich fureinander treten und bitten, wie ein Priester fur das Volk leiblich tritt und bittet. Wer aber nit glaubt in Christum, dem dienet kein Ding zugut, ist ein Knecht aller Ding, muß sich aller Ding ärgern, dazu ist sein Gebet nit angenehm, kummt auch nit fur Gottes Augen. Wer mag nu ausdenken die Ehre und Höhe eines Christenmenschen? Durch sein Künigreich ist er aller Ding mächtig, durch sein Priestertum ist er Gottes mächtig, denn Gott tut, was er bittet und will, wie do steht geschrie-

1 bedarf.

ben im Psalter: Gott tut den Willen der, die ihn furchten, und erhöret ihr Gebet. Zu wilchen Ehren er nur allein durch den Glauben und durch kein Werk kummt. Daraus man klar siehet, wie ein Christenmensch frei ist von allen Dingen und uber alle Ding, also daß er keiner guter Werk dazu bedarf, daß er frumm und selig sei, sondern der Glaub bringt's ihm alles uberflussig. Und wo er so töricht wäre und meinet, durch ein gut Werk frumm, frei, selig oder Christen werden, so verlür er den Glauben mit allen Dingen, gleich als der Hund, der ein Stuck Fleisch im Mund trug und nach dem Schemen im Wasser schnappt, damit Fleisch und Schem verlör.

Zum siebenzehnten: Fragest du: Was ist denn fur ein Unterscheid zwischen den Priestern und Laien in der Christenheit, so sie alle Priester sein? Antwort: Es ist dem Wortlin „Priester", „Pfaff", „Geistlich" und desgleichen Unrecht geschehen, daß sie von dem gemeinen Haufen sein gezogen auf den kleinen Haufen, den man itzt nennet geistlichen Stand. Die Heilige Schrift gibt keinen andern Unterscheid, denn daß sie die Gelehreten oder Geweiheten nennet Ministros, Servos, Oeconomos, das ist: Diener, Knecht, Schaffner, die do sollen den andern Christum, Glauben und christliche Freiheit predigen. Denn ob wir wohl alle gleich Priester sein, so kunnten wir doch nit alle dienen oder schaffen und predigen. Also sagt St. Paulus 1. Kor. 4: Wir wollen nichts mehr von den Leuten gehalten sein denn Christus Diener und Schaffner des Evangelii. Aber nu ist aus der Schäffnerei worden ein solch weltlich, äußerliche, prächtige, forchtsam[1] Hirrschaft und Gewalt, daß ihr die recht weltlich Macht in keinen Weg mag gleichen, gerad, als wären die Laien etwas anders denn Christenleut, damit hingenummen ist der ganz Verstand[2] christlicher Gnad, Freiheit, Glaubens und alles, was wir von Christo haben, und Christus selbs, haben dafur uberkummen[3] viel Menschen Gesetz und Werk, sein

1 furchtbar. – 2 Sinn. – 3 erhalten.

ganz Knecht worden der alleruntüchtigsten Leut auf Erden.

Zum achtzehenten: Aus dem allen lernen wir, daß es nit gnug sei gepredigt, wenn man Christus' Leben und Werk obenhin und nur als ein Histori und Chronikengeschicht predigt, schweig[1] denn, so man sein gar schweigt und das geistlich Recht oder ander Menschen Gesetz und Lehre predigt. Er ist[2] auch viel, [die] Christum also predigen und lesen, daß sie ein Mitleiden uber ihn haben, mit den Juden zurnen oder sonst mehr kindisch Weis drinnen uben. Aber er soll und muß also predigt sein, daß mir und dir der Glaub draus erwachs und erhalten wird, wilcher Glaub dadurch erwächst und erhalten wird, wenn mir gesagt wird, warum Christus kummen sei, wie man sein brauchen und nießen soll, was er mir bracht und geben hat; das geschieht, wo man recht auslegt die christlich Freiheit, die wir von ihm haben, und wie wir Künig und Priester sein, aller Ding mächtig und alles, was wir tun, das fur Gottes Augen angenehm und erhöret sei, wie ich bisher gesagt hab. Dann wo ein Herz also Christum höret, das muß fröhlich werden von ganzem Grund, Trost empfahen und süß werden gegen Christo, ihn wiederum liebzuhaben. Dahin es nimmermehr mit Gesetzen oder Werk kummen mag, denn wer will einem solchen Herzen Schaden tun oder erschrecken? Fällt die Sund und der Tod daher, so glaubt es, Christus' Frummkeit sei sein und sein Sund sein nimmer sein, sondern Christi, so muß die Sund verschwinden fur Christus' Frummkeit in dem Glauben, wie droben gesagt ist, und lernet mit dem Apostel dem Tod und Sund Trotz bieten und sagen: Wo ist nu, Tod, dein Sieg? Wo ist nu, Tod, dein Spieß? Dein Spieß ist die Sund. Aber Gott sei Lob und Dank, der uns hat geben den Sieg durch Jesum Christum unsern Herrn. Und der Tod ist ersäuft in seinem Sieg etc.

Zum neunzehenten: Das sei nu gnug gesagt von dem innerlichen Menschen, von seiner Freiheit und der Häuptge-

1 geschweige. – 2 Ihrer sind.

rechtigkeit, wilch keines Gesetzs noch guten Werks bedarf, ja, ihr schädlich ist, so jemand dadurch wollt rechtfertig zu werden sich vermessen. Nu kummen wir aufs ander Teil, auf den äußerlichen Menschen. Hie wollen wir antworten allen denen, die sich ärgern aus den vorigen Reden und pflegen zu sprechen: Ei, so denn der Glaub alle Ding ist und gilt allein gnugsam, frumm zu machen, warum sein denn die guten Werk geboten? So wollen wir guter Ding sein und nichts tun. Nein, lieber Mensch, nicht also. Es wär wohl also, wenn du allein ein innerlich Mensch wärest und ganz geistlich und innerlich worden, wilchs nit geschieht bis am Jüngsten Tag. Es ist und bleibt auf Erden nur ein Anheben und Zunehmen, wilchs wird in jener Welt vollnbracht. Daher heißet's der Apostel „primitias spiritus", das sein „die ersten Frücht des Geists", drum gehört hieher, das droben gesagt ist: Ein Christenmensch ist ein dienstbar Knecht und idermann untertan. Gleich: Wo er frei ist, darf er nichts tun, wo er Knecht ist, muß er allerlei tun. Wie das zugahe, wollen wir sehen.

Zum zwänzigsten: Obwohl der Mensch inwendig nach der Seelen durch den Glauben gnugsam rechtfertig ist und alles hat, was er haben soll, ohn daß derselb Glaub und Gnugde[1] muß immer zunehmen bis in jenes Leben, so bleibt er doch noch in diesem leiblichen Leben auf Erden und muß sein eigen Leib regiern und mit Leuten umgahen. Da heben sich nu die Werk an, hie muß er nit müßig gehn, da muß furwahr der Leib mit Fasten, Wachen, Ärbeiten und mit aller mäßiger Zucht getrieben und geübt sein, daß er dem innerlichen Menschen und dem Glauben gehorsam und gleichformig werde, nit hindere noch widerstreb, wie sein Art ist, wo er nit gezwungen wird, denn der innerliche Mensch ist mit Gott eines, fröhlich und lustig um Christus' willen, der ihm soviel tan hat, und steht alle sein Lust darin, daß er wiederum mocht Gott auch umsonst dienen in freier Lieb, so findt er in seinem Fleisch einen widerspenstigen

1 Befriedigung.

Willen, der will der Welt dienen und suchen, was ihn lustet[1]. Das mag der Glaub nit leiden und legt sich mit Lust an seinen Hals, ihn zu dämpfen und wehren. Wie St. Pauel sagt Röm. 7: Ich hab ein Lust in Gottes Willen nach meinem innern Menschen, so find ich einen andern Willen in meinem Fleisch, der will mich mit Sunden gefangennehmen. Item: Ich zuchtige meinen Leib und treib ihn zu Gehorsam, auf daß ich nit selbs verwerflich werde, der die andern lehren soll. Item Gal. 5: Alle, die Christum angehören, kreuzigen ihr Fleisch mit seinen bösen Lüsten.

Zum einundzwänzigsten: Aber dieselben Werk müssen nit geschehn in der Meinung, daß dadurch der Mensch frumm werd fur Gott, denn die falsch Meinung kann der Glaub nit leiden, der allein ist und sein muß die Frummkeit fur Gott, sondern nur in der Meinung, daß der Leib gehorsam werde und gereinigt von seinen bosen Lüsten und das Aug nur sehe auf die bosen Lüsten, sie auszutreiben. Denn dieweil die Seel durch den Glauben rein ist und Gott liebet, wollt sie gern, daß auch also alle Ding rein wären, zuvor ihr eigen Leib, und idermann Gott mit ihr liebt und lobt. So geschieht's, daß der Mensch seins eigen Leibs halben nit kann müßig gehn und muß viel guter Werk drober uben, daß er ihn zwinge, und doch die Werk nit das rechte Gut sein, davon er frumm und gerecht sei fur Gott, sondern tue sie aus freier Lieb umsonst, Gott zu gefallen, nichts darin anders gesucht noch angesehen, denn daß es Gott also gefället, wilchs Willen er gerne tät aufs allerbeste. Daraus denn ein iglicher kann selbs nehmen die Maß und Bescheidenheit, den Leib zu kasteien, denn er fastet, wachet, ärbeit, soviel er sieht dem Leib not sein, seinen Mutwillen zu dämpfen. Die andern aber, die do meinen, mit Werken frumm zu werden, haben kein Acht auf die Kasteiung, sondern sehen nur auf die Werk und meinen, wenn sie derselben nur viel und groß tun, so sei es wohltan und sie frumm würden, zuweilen zubrechen die Köpf und verderben ihr Leibe drü-

1 gelüstet.

ber. Das ist ein große Torheit und Unverstand christlichs Lebens und Glaubens, daß sie ohn Glauben durch Werk frumm und selig werden wollen.

Zum zweiundzwänzigsten: Daß wir des etlich Gleichnis geben, soll man die Werk eines Christenmenschen, der durch seinen Glauben und aus lautern Gnaden Gottes umsonst ist rechtfertig und selig worden, nit anders achten, denn wie die Werk Adam und Eve im Paradies gewesen wären. Davon 1. Mos. 2 steht geschrieben, daß Gott den geschaffenen Menschen setzt ins Paradies, daß er dasselb ärbeiten und huten sollt. Nu war Adam von Gott frumm und wohl geschaffen, ohn Sund, daß er durch sein Ärbeiten und Huten nit durft[1] frumm und rechtfertig werden, doch daß er nit müßig ging, gab ihm Gott zu schaffen, das Paradeis zu pflanzen, bauen und bewahren, wilchs wären eitel frei Werk gewesen, um keins Dings willen getan, denn allein Gott zu gefallen, und nit um Frummkeit zu erlangen, die er zuvor hätt, wilch uns auch allen naturlich wäre angeborn gewesen. Also auch eines glaubigen Menschen Werk, wilcher durch seinen Glauben ist wiederum ins Paradies gesetzt und von neuen geschaffen, darf keiner Werk, frumm zu werden, sondern: Daß er nit müßig gahe und seinen Leib ärbeit und bewahre, sein ihm solche freie Werk zu tun, allein Gott zu gefallen, befohlen.

Item gleich wie ein geweiheter Bischof, wenn der Kirchen weihet, fermelt[2] oder sonst seines Amts Werk ubet, so machen ihn dieselben Werk nit zu einem Bischof, ja, wenn er nit zuvor ein Bischof geweihet wäre, so tügte[3] derselben Werk keines und wäre eitel Narrnwerk. Also ein Christen, der, durch den Glauben geweihet, gute Werk tut, wird durch dieselben nit besser oder mehr geweihet (wilch nit denn des Glaubens Mehrung tut) zu einem Christen, ja, wenn er nit zuvor glaubet und Christen wäre, so gülten alle seine Werk nichts, sondern wären eitel närrisch, sträflich, verdammlich Sund.

1 nicht (erst) bedurfte. – 2 firmelt. – 3 taugte.

Zum dreiundzwänzigsten: Drum sein die zween Sprüch wahr: Gute, frumm Werk machen nimmermehr ein guten, frummen Mann, sondern ein gut, frumm Mann macht gute, frumm Werk. Böse Werk machen nimmermehr einen bösen Mann, sondern ein böser Mann macht böse Werk. Also daß allweg die Person zuvor muß gut und frumm sein vor allen guten Werken und gute Werk folgen und ausgahn von der frummen, guten Person. Gleich wie Christus sagt: Ein böser Baum trägt kein gute Frucht. Ein guter Baum trägt kein bose Frucht. Nu ist's offenbar, daß die Frucht tragen nit den Baum, so wachsen auch die Baum nit auf den Fruchten, sondern wiederum die Baum tragen die Frucht, und die Frucht wachsen auf den Baumen. Wie nu die Baum mussen ehe sein denn die Frucht und die Frucht machen nit die Baum, widder gute noch böse, sondern die Baum machen die Früchte, also muß der Mensch in der Person zuvor frumm oder böse sein, ehe er gute oder böse Werk tut. Und seine Werk machen ihn nit gut oder böse, sondern er macht gut oder böse Werk. Desgleichen sehen wir in allen Handwerken. Ein gut oder böse Haus macht keinen guten oder bösen Zimmermann, sondern ein guter oder boser Zimmermann macht ein bös oder gut Haus, kein Werk macht einen Meister, darnach das Werk ist, sondern wie der Meister ist, darnach ist sein Werk auch. Also sein die Werk des Menschen auch: Wie es mit ihm steht im Glauben oder Unglauben, darnach seind seine Werk gut oder böse, und nit wiederum, wie seine Werk stehn, darnach sei er frumm oder glaubig; die Werk, gleich wie sie nit glaubig machen, so machen sie auch nit frumm, aber der Glaub, gleich wie er frumm macht, so macht er auch gute Werk. So dann die Werk niemand frumm machen und der Mensch zuvor muß frumm sein, ehe er wirkt, so ist's offenbar, daß allein der Glaub aus lautern Gnaden durch Christum und sein Wort die Person gnugsam frumm und selig machet, und daß kein Werk, kein Gebot einem Christen not sei zur Seligkeit, sondern er frei ist von allen Geboten und aus lauterer Freiheit umsonst tut alls, was er tut, nichts damit gesucht seines Nutzs oder Seligkeit, denn er schon satt und selig ist durch seinen Glauben und Gottes Gnaden, sondern nur Gott darinnen gefallen.

Zum XXIV.: Wiederum dem, der ohn Glauben ist, ist kein gut Werk furderlich zur Frummkeit und Seligkeit. Wiederum kein bose Werk ihn bose und verdammt machen, sondern der Unglaub, der die Person und den Baum bös macht, der tut bose und verdammte Werk. Darum, wenn man frumm oder bose wird, hebet sich's nit an den Werken an, sondern an dem Glauben. Wie der weise Mann sagt: Anfang aller Sund ist von Gotte weichen und ihm nit trauen. Also lehret auch Christus, wie man nit an den Werken muß anheben, und sagt: Entweder macht den Baum gut und seine Fruchte gut oder macht den Baum bose und seine Früchte böse. Als sollt er sagen: Wer gute Frücht haben will, muß zuvor an dem Baum anheben und denselben gut setzen. Also wer do will gute Werk tun, muß nit an den Werken anheben, sondern an der Person, die die Werk tun soll. Die Person aber macht niemand gut denn allein der Glaub, und niemand macht sie bose denn allein der Unglaub. Das ist wohl wahr: Die Werk machen einen frumm oder bose fur den Menschen, das ist: sie zeigen äußerlich an, wer frumm oder bose sei, wie Christus sagt Matth. 7: Aus ihren Früchten sollet ihr sie erkennen. Aber das ist alles im Schein und äußerlich, wilchs ansehen irre macht viel Leut, die do schreiben und lehren, wie man gute Werk tun soll und frumm werden, so sie doch des Glaubens nimmer gedenken, gahn dahin und fuhret immer ein Blind den andern, martern sich mit vielen Werken und kummen doch nimmer zu der rechten Frummkeit, von wilchen Sankt Pauel sagt 2. Tim. 3: Sie haben einen Schein der Frummkeit, aber der Grund ist nit da, gehn hin und lernen immer und immer und kummen doch nimmer zur Erkenntnis der wahren Frummkeit. Wer nu mit denselben Blinden nit will irren, muß weiter sehen denn in die Werk, Gebot oder Lehre der Werk. Er muß in die Person sehen fur allen Dingen, wie die frumm werd. Die wird aber nit durch Gebot und Werk, sondern durch Gottes Wort, das ist durch seine Verheischung der Gnaden, und den Glauben frumm und selig, auf daß bestehe sein gottliche Ehre, daß er uns nit durch unser Werk, sondern durch sein gnädigs Wort umsonst und lauter Barmherzigkeit selig mache.

Zum XXV.: Aus diesem allen ist leichtlich zu verstehen, wie gute Werk zu verwerfen und nit zu verwerfen sein, und wie man alle Lehre verstahn soll, die do gute Werk lehren, dann wo der falsch Anhang[1] und die verkehrete Meinung drin ist, daß durch die Werk wir frumm und selig werden wollen, sein sie schon nit gut und ganz verdammlich, denn sie sein nit frei und schmähen die Gnad Gottes, die allein durch den Glauben frumm und selig macht, wilchs die Werk nit vermügen, und nehmen es ihn' doch fur zu tun und damit der Gnaden in ihr Werk und Ehre greifen. Drum verwerfen wir die gute Werk nit um ihrenwillen, sondern um desselben bosen Zusatzs und falscher, verkehrter Meinung willen, wilche macht, daß sie nur gut scheinen und sein doch nit gut, betriegen sich und idermann damit, gleich wie die reißend Wolf in Schafskleidern. Aber derselb bose Zusatz und verkehrete Meinung in den Werken ist unüberwindlich, wo der Glaub nit ist. Er muß sein in demselben Wirkheiligen[2], bis der Glaub kumm und verstöre ihn, die Natur vermag ihn von ihr selb nit austreiben, ja, auch nit erkennen, sondern sie hält ihn fur ein köstlich, selig Ding, drum werden ihr auch so viel dadurch verfuhret. Derhalben, ob's wohl gut ist, von Reuen, Beichten, Gnugtun schreiben und predigen, so man aber nit weiterfähret bis zum Glauben, sein es gewißlich eitel teufelische, verfuhrische Lehre. Man muß nit einerlei allein predigen, sondern alle beide Wort Gottes. Die Gebot soll man predigen, die Sunder zu erschrecken und ihr Sund zu offenbarn, daß sie Reue haben und sich bekehren. Aber da soll es nit bleiben,

1 Zusatz, Klausel. – 2 Werkheiligen.

man muß das ander Wort, die Zusagung der Gnaden, auch predigen, den Glauben zu lehren, ohn wilchen die Gebot, Reu und alles ander vergebens geschieht. Es sein wohl noch blieben Prediger, die Reu der Sund und Gnad predigen, aber sie streichen die Gebot und Zusagung Gottes nit aus[1], daß man lehre, woher und wie die Reu und Gnad kumme. Denn die Reu fleußt aus den Geboten, der Glaub aus den Zusagung Gottes, und also wird der Mensch durch den Glauben gottlicher Wort gerechtfertiget und erhaben, der durch die Furcht Gottes Gebotes gedemütiget und in sein Erkenntnis[2] kummen ist.

Zum XXVI.: Das sei von den Werken gesagt ingemein und die ein Christenmensch gegen seinem eigen Leibe üben soll. Nu wollen wir von mehr Werken sagen, die er gegen andere Menschen tut. Denn der Mensch lebt nit allein in seinem Leibe, sondern auch unter andern Menschen auf Erden. Darum kann er nit ohn Werk sein gegen dieselben, er muß ie mit ihn' zu reden und zu schaffen haben, wiewohl ihm derselben Werk keins not ist zur Frummkeit und Seligkeit. Drum soll seine Meinung in allen Werken frei und nur dahin gericht sein, daß er andern Leuten damit diene und nütz sei, nichts anders ihm furbilde[3], denn was den andern not ist, das heißet denn ein wahrhaftig Christenleben, und da geht der Glaub mit Lust und Lieb ins Werk, als St. Paulus lehret die Galatas. Denn zu den Philippern, do er sie gelehret hatte, wie sie alle Gnad und Gnugde hätten durch ihren Glauben in Christo, lehret er sie weiter und sagt: Ich vermahn euch alles Trosts, den ihr in Christo habt, und alles Trosts, den ihr habt von unser Liebe zu euch, und aller Gemeinschaft, die ihr habt mit allen geistlichen, frummen Christen, ihr wollt mein Herz erfreuen vollkömmlich und das damit, daß ihr hinfurt wollet eines Sinnes sein, einer gegen dem andern Lieb erzeigen, einer dem andern dienen und ein iglicher achthaben nit auf

1 sie heben … nicht hervor. – 2 zur Erkenntnis seiner selbst. – 3 sich vorstellte.

sich noch auf das Seine, sondern auf den andern und was demselben not sei. Siehe, da hat Paulus klärlich ein christenlich Leben dahin gestellet, daß alle Werk sollen gericht sein dem Nähsten zugut, dieweil ein iglicher fur sich selb gnug hat an seinen Glauben und alle andere Werk und Leben ihm ubrig sein, seinem Nähsten damit aus freier Lieb zu dienen. Darzu fuhret er ein Christum zu einem Exempel und sagt: Seid also gesinnet, wie ihr's seht in Christo. Wilcher, ob er wohl voll gottlicher Form ware und fur sich selb gnug hatte und ihm sein Leben, Wirken und Leiden nicht not ware, daß er damit frumm oder selig wurd. Dennoch hat er sich des alles geäußert und gebärdet wie ein Knecht, allerlei getan und gelitten, nichts angesehen denn unser Bestes, und also, ob er wohl frei ware, doch um unserwillen ein Knecht worden.

Zum XXVII.: Also soll ein Christenmensch wie Christus, sein Häupt, voll und satt ihm auch benugen[1] lassen an seinem Glauben, denselben immer mehren, wilcher sein Leben, Frummkeit und Seligkeit ist, der ihm gibt alles, was Christus und Gott hat, wie droben gesagt ist. Und St. Paul Gal. 2 spricht: Was ich noch in dem Korper lebe, das lebe ich in dem Glauben Christi, Gottes Sohn. Und ob er nu ganz frei ist, sich wiederum williglich einen Diener machen, seinem Nähsten zu helfen, mit ihm fahren und handeln, wie Gott mit ihm durch Christum handlet hat, und das alles umsonst, nichts darinnen suchen denn gottliches Wohlgefallen und also denken: Wohlan, mein Gott hat mir unwirdigen, verdammten Menschen ohn alle Verdienst, lauterlich umsonst und aus eitel Barmherzigkeit geben durch und in Christo vollen Reichtum aller Frummkeit und Seligkeit, daß ich hinfurt nichts mehr bedarf denn glauben, es sei also. Ei, so will ich solchem Vater, der mich mit seinen uberschwenglichen Gutern also uberschuttet hat, wiederum frei, fröhlich und umsonst tun, was ihm wohlgefället, und gegen meinem Nähsten auch werden ein Christen, wie

1 zufriedenstellen.

Christus mir worden ist, und nichts mehr tun, denn was ich nur sehe ihm not, nützlich und seliglich sei, dieweil ich doch durch meinen Glauben alles Dings in Christo gnug habe. Sieh, also fleußet aus dem Glauben die Lieb und Lust zu Gott und aus der Lieb ein frei, willig, frohlich Leben, dem Nähsten zu dienen umsonst. Denn zugleich wie unser Nähst Not leidet und unsers Ubrigen bedarf, also haben wir fur Gott Not gelitten und seiner Gnaden bedurft. Darum, wie uns Gott hat durch Christum umsonst geholfen, also sollen wir durch den Leib und seine Werk nit anders denn dem Nähsten helfen. Also sehen wir, wie ein hoch edles Leben sei um ein christlich Leben, das leider nu in aller Welt nit allein niederliegt, sondern auch nit mehr bekannt ist noch gepredigt wird.

Zum XXVIII.: Also lesen wir Luk. 2, daß die Junfrau Maria zur Kirchen ging nach den sechs Wochen und ließ sich reinigen nach dem Gesetz wie alle ander Weiber, so sie doch nit gleich mit ihn' unrein war noch schuldig derselben Reinigung, bedurft ihr' auch nit. Aber sie tät's aus freier Lieb, daß sie die andere Weiber nit verachtet, sondern mit dem Haufen bliebe. Also ließ St. Pauel St. Timotheum beschneiden, nit daß es not wäre, sondern daß er den schwachglaubigen Juden nit Ursach gebe zu bosen Gedanken, der doch wiederum Titum nit wollt lassen beschneiden, da man drauf dringen wollt, er mußt beschnitten sein und wäre not zur Seligkeit. Und Christus Matth. 17, da von seinen Jüngern ward die Zinspfennig gefodert, disputiert er mit St. Peter, ob nit Künigskinder frei wären, Zins zu geben. Und Sankt Peter ja sagt, hieß er ihn doch hingehen an das Meer und sprach: Auf daß wir sie nit ärgern, so gang hin, den ersten Fisch, du fähest, den nimm, und in seinem Maul wirst du finden einen Pfennig, den gib fur mich und dich. Das ist ein fein Exempel zu dieser Lehre, da Christus sich und die Seinen freie Künigskinder nennet, die keines Dings bedurfen und doch sich unterlässet[1] williglich, dienet und

1 fügt.

gibt den Zins. Wie viel nu das Werk Christo not war und dienet hat zu seiner Frummkeit oder Seligkeit, so viel[1] sein alle ander sein und seiner Christen Werk ihn' not zur Seligkeit, sondern sein alles frei Dienste zu Willen und Besserung der andern. Also sollten auch aller Priester, Klöster und Stift Werk getan sein, daß ein iglicher seines Stands und Ordens Werk allein darum tät, den andern zu willfahren und seinen Leib zu regieren, den andern Exempel zu geben, auch also zu tun, die auch bedurfen ihre Leib zu zwingen, doch allzeit fursehen, daß nit dadurch Frumm- und Seligwerden furgenommen werd, wilchs allein des Glaubens Vermügen ist. Auf die Weise gebeut auch St. Paul Röm. 13 und Tit. 3, daß sie sollen weltlicher Gewalt untertan und bereit sein, nit daß sie dadurch frumm werden sollen, sondern daß sie den andern und der Uberkeit damit frei dieneten und ihren Willen täten aus Lieb und Freiheit. Wer nu diesen Verstand hätte, der kunnt leichtlich sich richten in die unzähligen Geboten und Gesetzen des Papsts, der Bischof, der Klöster, der Stift, der Fursten und Herrn, die etlich tolle Prälaten also treiben, als wären sie not zur Seligkeit, und heißen es Gebot der Kirchen, wiewohl unrecht. Denn ein freier Christen spricht also: Ich will fasten, beten, dies und das tun, was geboten ist, nit daß ich's bedarf oder dadurch wollt frumm oder selig werden, sondern ich will's dem Papst, Bischof, der Gemein oder meinem Mitbruder, Herrn zu Willen, Exempel und Dienst tun und leiden, gleich wie mir Christus viel größer Ding zu Willen tan und gelitten hat, des ihm viel weniger not ware. Und ob schon die Tyrannen unrecht tun, solchs zu fodern, so schadet's mir doch nit, dieweil es nit wider Gott ist.

Zum XXIX.: Hieraus mag ein iglicher ein gewiß Urteil und Unterscheid nehmen unter allen Werken und Geboten, auch wilchs blind, tolle oder rechtsinnige Prälaten sein. Denn wilchs Werk nit dahinaus gericht ist, dem andern zu dienen oder seinen Willen zu leiden, sofern er nit zwing,

1 gemeint ist: wie wenig … so wenig.

wider Gott zu tun, so ist's nit ein gut christlich Werk. Daher kummt's, daß ich sorg, wenig Stift, Kirchen, Klöster, Altar, Meß, Testament christlich sein, dazu auch die Fasten und Gebet, etlichen Heiligen sonderlich getan. Denn ich furcht, daß in den allensamt ein iglicher nur das Seine sucht, vermeinend, damit sein Sund zu büßen und selig werden, wilchs alles kummt aus Unwissenheit des Glaubens und christlicher Freiheit. Und etlich blind Prälaten die Leut dahin treiben und solch Wesen preisen, mit Ablaß schmukken und den Glauben nimmermehr lehren. Ich rate dir aber: Willt du etwas stiften, beten, fasten, so tu es nit der Meinung, daß du wollest dir etwas Guts tun, sondern gib's dahin frei, daß andere Leut desselben genießen mugen, und tu es ihn' zugut, so bist du ein rechter Christen; was sollen dir dein Güter und gute Werk, die dir übrig sein, dein Leib zu regieren und versorgen, so du gnug hast am Glauben, darin dir Gott alle Ding geben hat? Siehe, also mussen Gottes Guter fließen aus einem in den andern und gemein werden, daß ein iglicher sich seines Nähsten also annehm, als wäre er's selb. Aus Christo fließen sie in uns, der sich unser hat angenommen in seinem Leben, als wäre er das gewesen, das wir sein. Aus uns sollen sie fließen in die, so ihr' bedurfen. Auch so gar, daß ich muß auch meinen Glauben und Gerechtigkeit fur meinen Nähsten setzen fur Gott, seine Sund zu decken, auf mich nehmen und nit anders tun, denn als wären sie mein eigen, eben wie Christus uns allen tan hat. Sieh, das ist die Natur der Liebe, wo sie wahrhaftig ist. Da ist sie aber wahrhaftig, wo der Glaub wahrhaftig ist. Darum gibt der heilig Apostel der Lieb zu eigen (1. Kor. 13), daß sie nit sucht das Ihre, sondern was des Nähsten ist.

Zum XXX.: Aus dem allen folget der Beschluß, daß ein Christenmensch lebt nit in ihm selb, sondern in Christo und seinem Nähsten, in Christo durch den Glauben, im Nähsten durch die Liebe: Durch den Glauben fähret er uber sich in Gott, aus Gott fähret er wieder unter sich durch die Liebe und bleibt doch immer in Gott und gottlicher Liebe. Gleich wie Christus sagt Joh.1: Ihr werdet noch sehen den Himmel offenstehn und die Engel auf- und absteigen uber den Suhn des Menschen. Siehe, das ist die rechte, geistliche, christliche Freiheit, die das Herz frei macht von allen Sunden, Gesetzen und Geboten, wilch alle andere Freiheit ubertrifft, wie der Himmel die Erden, wilch geb uns Gott recht zu verstehen und behalten. Amen.

Eine treue Vermahnung zu allen Christen, sich zu hüten vor Aufruhr und Empörung
1522

Jesus

Allen Christen, die diesen Brief lesen oder horen, geb Gott Gnad und Friede. Amen

Es ist von Gottes Gnaden in diesen Jahren das selige Licht der christlichen Wahrheit, durch Papst und die Seinen zuvor verdruckt, wieder aufgangen, dadurch ihre manchfältige schädliche und schändliche Verfuhrunge, allerlei Mißtat und Tyrannei offentlich an Tag bracht und zuschanden worden ist, daß es sich ansehen läßt, es werde gelangen[1] zu Aufruhr, und Pfaffen, Munich[2], Bischof, mit ganzem geistlichen Stand erschlagen und verjagt mochten werden, wu[3] sie nit ein ernstliche, merkliche Besserung selbs furwenden, denn der gemeine Mann, in Bewegung[4] und Verdrieß seiner Beschädigung am Gut, Leib und Seel erlitten, zu hoch versucht und uber alle Maß von ihn' aufs alleruntreulichst beschweret, hinfurt solchs nimmer leiden muge[5] noch wolle und dazu redliche Ursach habe, mit Flegeln und Kolben dreinzuschlagen, wie der Karsthans drauet.

Wiewohl nu ich nit ungerne hore, daß die Geistlichen in solcher Furcht und Sorge stehen, ob sie dadurch wollten in sich selb schlahen[6] und ihr wutende Tyrannei sänften[7], und wollt Gott, solch Schrecken und Furcht wäre noch großer, so dunkt mich doch, ich sei des gewiß, bin auch ohn alle

1 führen. – 2 Mönch. – 3 wo. – 4 Erwägung. – 5 könne. – 6 in sich gehen. – 7 mildern.

Sorge einiges[1] zukunftigen Aufruhres oder Entporunge, sonderlich der do durch und durch dringe und den ganzen Haufen uberfalle aus der Ursach, daß ich nit mag nach[2] soll zweifeln, Gott werde uber seinem Wort halten und viel ehe[3] lassen Himmel und Erden vergehen, ehe[4] ein einiger Tutel[5] oder Buchstab davon verfalle, wie er selbs sagt Matth. 5 und 24: Derhalben laß ich drauen und schrecken, wer da mag und will, auf daß erfullet werde die Schrift, die do sagt von solchen geistlichen Ubeltätern Ps. 36: Ihre Bosheit ist offenbar worden, daß man ihn' feind wird. Item Ps. 14: Sie furchten sich, da keine Furcht ist. Item Spr. 28: Die Gottlosen fliehen, ob sie schon niemand jaget. Und 3. Mos. 26: Es soll sie auch ein rauschend Blatt erschrecken. Und 5. Mos. 28: Gott wird dir geben ein erschrocken Herz, daß dein Leben wird fur dir weben[6]. Des Morgens wirst du sagen: Wollt Gott, ich uberlebet den Abend, des Abends wirst du sagen: Wollt Gott, ich uberlebt den Morgen. Solch Schrecken und Furcht gibt die Schrift allen Gottesfeinden zum Anfang ihrer Verdammnis. Darum ist's billig und gefället mir wohl, daß solch Plage anfähet[7], in den Papisten die gottliche Wahrheit verfolgen und verdammen. Es soll schier noch baß[8] beißen.

Und das ich mehr sage. Wenn ich zehen Leibe hätte und mocht bei Gott soviel Gnade erwerben, daß er sie mit diesem Fuchsschwanz des leiblichen Tods oder Aufruhres kasteiet, so wollt ich sie doch alle aus Herzengrund gerne darstrecken fur den elenden Haufen. Ach, Herr Gott, es ist nit ein solche linde Straf fur der Tur, es ist ein unsaglicher Ernst und Zorn, des kein Ende ist, uber sie schon angangen. Der Himmel ist eisern, die Erde eheren. Es hilft kein Bitten mehr. Der Zorn ist, wie St. Paulus von Juden sagt, uber sie kummen endlich[9]. Es ist nit um ein Aufruhr zu tun fur Gott. Wollt Gott, dieweil dem Haufen nit zu helfen ist, wir mochten doch etlich 'erausreißen und von dem greuli-

1 eines einzigen. – 2 noch. – 3 eher. – 4 bevor. – 5 Punkt. – 6 hin- und herschweben. – 7 anfängt. – 8 bald noch besser. – 9 endgültig.

chen Schlund und Rachen erretten. Die Schrift gibt dem Papst und den Seinen gar viel ein ander Ende [als] den leiblich Tod und Aufruhr. Dan. 8 spricht: Er soll ohn Hand zerknurset[1] werden. Das ist nit mit dem Schwert und leiblicher Gewalt. Und St. Paulus 2, Thess. 2 sagt von ihm also: Unser Herr Jesus wird ihn toten mit dem Geist seines Munds und wird ihn verstoren durch das Erleuchten seiner Zukunft. Die Maler malen auch also Christus auf dem Regenbogen, daß ihm ein Rute und Schwert aus dem Mund gehet, wilchs ist aus Jesaja 11 genommen. Da er spricht: Er wird schlahen die Erden mit der Stangen seins Munds, und mit dem Geist seiner Lippen wird er toten den Gottlosen. Daß aber die Maler ein bluhende Ruten malen, ist nit recht. Es sollt ein Stab oder Stangen sein, und beide, Stange und Schwert, allein uber die eine Seite gehen, uber die Verdammten. Item Ps. 10: Zerknurse den Arm des Gottlosen, ersuche[2] seine Bosheit, so wird sein gottlos Wesen schon nimmer bestehen.

Aus diesen Spruchen lernen wir, daß des Papsts endchristisch Regiment mit ihm wird diesermaßen verstoret werden, nämlich, daß durch das Wort Christi, wilchs ist der Geist, Stang und Schwert seines Mundes, wird seine Buberei, Triegerei, Schalkheit, Tyrannei, Verfuhrerei aufdeckt und fur aller Welt bloß, zuschanden werden, denn die Lugen und Verfuhrerei wird alleine damit verstoret, wenn sie offenbar und erkannt wird. Sobald die Lugen erkennet wird, darf[3] sie schon keines Schlags mehr, fällt und verschwindt von ihr selbs mit allen Schanden. Das meinet Ps. 10: Suche nur seine Bosheit, so ist sein gottlos Wesen schon dahin. Es darf nit mehr denn Suchen und Erkennen. Nu ist des Papsts Wesen mit seinen Stiften, Klostern, Hohen Schulen, Gesetzen und Lehren eitel Lugen, durch eitel Lugen aufbracht, hat auch die Welt nit anders, denn mit Schein und guter Gestalt[4] betrogen, verfuhret, unterdruckt, an Leib, Gut und Seel verderbt. Drum darf's nit mehr denn

1 zerknirscht. – 2 suche heim. – 3 bedarf. – 4 äußerlicher Heiligkeit.

nur Erkennen und Offenbarmachen, so fället es dahin mit Papst, Pfaffen, Munchen in aller Schand und Schmach. Denn kein Mensch ist so toll, der da folge und nit hasse die offenlichen Lugen und Falschheit. Wenn nun solch Offenbarung der päpstischen Buberei geschehen ist und der Geist des Munds Christi im Schwang gehet[1], daß der Papst mit seinen Lugen nichts mehr gilt und ganz veracht wird, alsdenn wird mit zuplatzen[2] und treffen[3] der Jungst Tag, und wie Paulus sagt, wird Christus den Papst vollend zustoren durch seine Zukunft[4].

In diesem Handel ist dies das allerfeinst, daß der Papst und die Seinen verstockt werden, solchs nit gläuben, sondern verlachen, auf daß sie erfullen den Spruch Pauli: Cum dixerint pax. Wenn sie werden sicher sein und sagen, es hat noch kein Not, so wird ihn' kommen schnell ihr Verderben. Auf daß nu die Papisten je[5] sich nit bessern und Gnade suchen, sollen sie dies nit glauben und sagen: Ja, der Jungst Tag ist noch fern. Bis daß sie im Augenblick, ehr sie sich versehen, im Grund des hellischen Feures liegen uber einem Haufen.

Als ich nu hab gesagt, dieweil ich gewiß bin aus diesen Spruchen, daß durch Menschenhand oder Aufruhr das Papsttum und geistlicher Stand nit wird verstoret, sondern seine Bosheit so greulich ist, daß ihr keine Straf genug ist, denn allein der gottliche Zorn selber ohn alles Mittel[6], hab ich noch nie mich bewegen lassen, denen zu wehren, die mit der Hand und Flegel drauen. Weiß wohl, daß ihn' nit wird dazu kommen, obgleich etliche wurden antastet, so wird's doch nit ein gemein Antasten werden. Sind doch zuvor wohl mehr Pfaffen ohn allen Rumor und Emporung erschlagen, da man sich noch fur ihren Bann furchtet und der Zorn Gottes noch nit war angangen. Aber nu er angangen ist und man sich nit mehr fur ihm furchtet, sollen sie sich furchten umsonst, gleich wie sie uns bis-

1 umgehet. – 2 hereinplatzen. – 3 eintreffen. – 4 Ankunft, Hinzukommen. – 5 jemals. – 6 ohne alle Vermittlung.

her vergeblich mit ihrem falschen Bann haben Furchten gemacht und in unser Furcht ein guten, hoffärtigen Willen gehabt.

Doch obwohl die Hand nit darzu kommen wird und derselbigen mir nit not ist zu wehren, so muß ich doch auch die Herzen ein wenig unterrichten. Und fur das erste laß ich die weltlich Oberkeit und Adel itzt anstehen[1], welche wohl sollten aus Pflicht ihrer ordenlicher Gewalt dazutun, ein iglicher Furst und Herr in seinem Land. Denn was durch ordenliche Gewalt geschieht, ist nit fur Aufruhr zu halten. Aber nu lassen sie es alles gehen, einer hindert den andern, etliche helfen und rechtfertigen dazu des Endchrists Sache. Gott wird sie wohl finden und ihn' geben nach dem, [wie] sie ihrer Gewalt und Oberkeit zu Rettung oder Verderben ihrer Untertan an Leib, Gut und Seel braucht haben. Aber dem gemeinen Mann ist sein Gemut zu stillen und zu sagen, daß er sich enthalte auch der Begierden und Wort, so zum Aufruhr sich lenken und zur Sach nichts furnehm ohn Befehl der Oberkeit oder Zutun der Gewalt. Dazu sollen ihn bewegen.

Zum ersten, daß, wie gesagt, es doch nit zur Tat kommen wird, und eitel vergebliche Wort und Gedanken sind, was dovon geredt und gedacht wird, denn wie gehort ist, Gott will und wird selber hie der Sträfer sein, und sie solcher leichter Straf ganz und gar nit wirdig sind. Auch so sehen wir, wie die Fursten und Herren so uneines und sich gar nichts dazu stellen, als wollten sie den Sachen helfen, wilchs alles von Gott verhänget und geschickt wird, auf daß er allein straf und seinen Zorn uber sie ausschutte, wiewohl Fursten und Herren, wie gesagt ist, domit nicht entschuldigt sind. Sie sollten das Ihre dazu tun und mit dem Schwert, das sie tragen, wehren, soviel sie mochten, ob sie Gottes Zorn doch einesteils zuvorkommen und lindern kunnten, gleich wie Moses (2.Mos.32) ließ dreitausend vom Volk erschlahen, auf daß Gottes Zorn vom Volk wendet

1 stehen, beiseite.

wurde, wie denn auch von Elia und Phinees die Schrift sagt. Nit, daß man itzt sollt die Pfaffen toten, wilchs ohn Not ist, sondern nur mit Worten verbieten und drob mit Gewalt halten, was sie treiben uber und wider das Evangelium. Man kann ihn' mit Worten und Briefen[1] mehr denn gnug tun, daß widder[2] Hauen noch Stechens bedarf.

Zum andern: Ob's gleich muglich wäre, daß ein Aufruhr wurde und Gott sie so gnädiglich wollt strafen, so ist doch die Weise kein Nutz, brengt auch nimmermehr die Besserung, die man damit sucht. Denn Aufruhr hat kein Vernunft und gehet gemeiniglich mehr uber die Unschuldigen, denn uber die Schuldigen. Darum ist auch kein Aufruhr recht, wie rechte Sach er immer haben mag. Und folget allezeit mehr Schadens denn Besserung daraus. Damit erfullet wird das Sprichwort: Aus Ubel wird Ärgers. Derhalben ist die Uberkeit und das Schwert eingesetzt, zu strafen die Bosen und zu schutzen die Frummen, daß Aufruhr verhutet werden, wie St. Paulus saget Röm. 13 und 1. Petr. 2. Aber wenn Herr omnes[3] aufstehet, der vermag solch Unterscheid der Bosen und Frummen widder treffen noch halten, schläget in den Haufen, wie es trifft, und kann nit ohn groß, greulich Unrecht zugehen. Darum hab acht auf die Uberkeit, solange die nit zugreift und befiehlet, so halt du stille mit Hand, Mund und Herz und nimm dich nichts an. Kannst du aber die Uberkeit bewegen, daß sie angreife und befehle, so magest du es tun, will sie nicht, so sollt du auch nit wollen. Fährest du aber fort, so bist du schon ungerecht und viel ärger denn das ander Teil. Ich halt und will's allezeit halten mit dem Teil, das Aufruhr leidet, wie ungerechte Sach es immer habe, und wider sein[4] dem Teil, das Aufruhr macht, wie rechte Sach es immer habe, darum, daß Aufruhr nit kann ohn unschuldig Blut oder Schaden ergehen.

Zum dritten: So ist Aufruhr von Gott verboten, da er sagt durch Mosen: Quod iustum est iuste exequaris. Was recht

1 Verschreibungen. – 2 weder. – 3 Herr Alles: der Pöbel. – 4 widerstehen.

ist, sollt du mit Recht ausfuhren. Item: Die Rach ist mein, ich will widergelten[1]. Daher kommt das wahre Sprichwort: Wer wiederschlägt, der ist unrecht. Item: Niemand kann sein eigen Richter sein. Nu ist Aufruhr nicht anders, denn selbs richten und rächen, das kann Gott nicht leiden, darum ist's nit muglich, daß Aufruhr nit sollt die Sach allezeit viel ärger machen, weil sie wider Gott und Gott nit mit ihr ist.

Zum vierten ist in dieser Sach der Aufruhr ein sonderlich, gewiß Eingeben des Teufels. Denn dieweil er siehet das helle Licht der Wahrheit, welches seine Gotzen, Papst und Papisten aufdeckt in aller Welt und er ihm in keinen Weg begegen kann, die Glänz[2] sind ihm in die Augen geschlagen, daß er verblendet, nit mehr denn liegen[3], lästern und das närrischt Ding furgeben kann, so gar[4], daß er auch vergißt Schein, Farbe und Gleißen, wie er bisher gewohnet[5] hat, furzuwenden, als das ausweisen die Lugenmäuler Papst, Eck, Emser und ihrgleichen in ihren Bullen und Schriften, fähret 'erzu und will Aufruhr anrichten durch die, so sich des Evangelii ruhmen. Domit er hoffet, unsere Lehre zu schimpfiern, als sei sie vom Teufel und nit aus Gott, wie etlich schon auf der Kanzel gloriern aus dem Spiel, das er zu Erfurt mit den Pfaffen anfing. Aber es soll ihm, ob[6] Gott will, nit gelingen. Wir mussen den Schimpf von ihm leiden, er soll aber dagegen auch etwas leiden, das ihn reichlich bezahle. Wilche meine Lehre recht lesen und verstehen, die machen nit Aufruhr, sie haben's nit von mir gelernet. Daß aber etlich solchs tun und sich unsers Namens ruhmen, was konnen wir dazu? Wieviel tun die Papisten unter dem Namen Christi, das nit allein Christus verboten hat, sondern auch Christum verstoret? Sollen wir unsern Chor so reinhalten, daß auch St. Peter nit strauchele unter uns, so doch unter den Papisten eitel Judas und Judas' Tuck sind und wollen dennoch ihr Lehre nit dem Teufel zugeeigent haben? Aber, wie ich sage, der Teufel sucht also

1 vergelten. – 2 Strahlen. – 3 lügen. – 4 ganz und gar. – 5 gepflegt. – 6 wenn.

Ursach, diese Lehre zu schmähen, wie er kann, kunnt er etwas Ärgers, so tät er's auch. Er ist matt worden, er muß herhalten[1], ob Gott will, weil er solch lahme, lose, faule Anschläg furnimmt. Es wird und soll ihm zum Aufruhr nit gedeihen, wie er gerne wollt.

Darum bitt ich, wer sich des christlichen Namens will ruhmen, der halt sich, wie St. Paulus sagt 2. Kor. 6, daß wir den Widersachern nit Ursach geben, zu lästern unsere Lehre. Denn wir sehen, wie die Papisten geschickt sind, daß sie den Balken in ihren Augen stehenlassen und mit ganzem Fleiß suchen und scharren, ob sie ein kleines Stecklein in unsern Augen finden mugen. Wir sollen ihn' nit aufrucken[2], daß sie fast nichts Guts bei ihn' haben. Aber wo unsereiner nit eitel Geist und Engel ist, so soll all unser Ding unrecht sein. Da freuen sie sich, da hupfen sie, da singen sie, als hätten sie ganz gewonnen. Darum sollen wir uns huten vor Ursach ihrer[3] Lästerung, der sie voll, voll, voll stecken, nit um ihrentwillen, denn sie mussen doch lästern und das Maul ubergehen lassen, des das Herz voll ist, sollten sie es auch mit Lugen ausrichten, wie wir sehen, das sie tun, sondern um des heiligen Evangelii willen, daß wir seine Schmach verwahren[4] und ihn' ihr Maul zustopfen (als St. Petrus lehret), daß sie mit keiner Wahrheit uns schänden mugen, soviel uns muglich ist. Denn was sie Boses von uns sagen mugen, ziehen sie sobald auf die Lehre, und muß also das heilig Wort Gottes unser Schand tragen, davon wir alle Ehre haben. Aber sie wollen ihre Lehre ungeschändt haben, ob sie eitel Schand wirken, das edle, zarte, rechtfertige[5] Volk.

Sprichst du aber: Was sollen wir denn tun, so die Uberkeit nicht anfahen will? Sollen wir's noch länger gedulden und ihren Mutwillen stärken? Antwort: Nein, du sollt der keines tun. Dreierlei sollt du dazu tun. Das erst: Du sollt erkennen dein Sund, wilche Gottes strenge Gerechtigkeit mit

1 stillehalten. – 2 vorhalten. – 3 vor dem Grund für ihre. – 4 abwehren. – 5 unschuldige.

solchem endchristischen Regiment geplaget hat, wie Sankt Paulus 2. Thess. 2 verkundiget. Gott wird ihn' zusenden irrige Lehre und Regiment, darum, daß sie die Liebe der Wahrheit nit angenommen haben, damit sie selig wurden. Es ist eitel unser Schuld alles, was der Papst mit den Seinen an unserm Gut, Leib und Seel tan hat. Darum mußt du zuvor die Sund bekennen und ablegen, ehe du der Straf und Plage willt los sein, sonst wirst du wider den Spieß treten, und der Stein, den du uber dich wirfest gen Himmel, wird dir auf den Kopf fallen. Das ander: Du sollt demutiglich bitten wider das päpstisch Regiment, wie da tut und lehret der neunte Psalm und spricht: Stand auf, Herr Gott, und erhebe deine Hand, vergiß nit deiner Armen. Warum lästert der Gottlos dich, Herr Gott, und spricht: Du fragest nicht darnach, du siehest ie und erkennest seine Muhe und Grimm, auf daß du sie ubergebest in deine Hände. Der Arme ist dir gelassen[1], dem Weisen wirst du helfen, zerknurse den Arm des Gottlosen, suche seine Bosheit, so wird sein gottlos Wesen nimmer sein etc.

Das dritte: Daß du deinen Mund lassest sein ein Mund des Geistes Christi, von dem St. Paulus droben saget: Unser Herre Jesus wird ihn toten mit dem Mund seines Geistes. Das tun wir, so wir getrost furtfahren, wie angefangen ist, des Papst und der Papisten Buberei und Triegerei unter die Leut treiben mit Reden und mit Schreiben, bis daß er in aller Welt bloß aufdeckt erkennet und zuschanden werde. Denn mit Worten muß man ihn zuvor toten, der Mund Christi muß es tun, damit wird er aus der Menschen Herzen gerissen und seine Lugen erkennet und verachtet. Wenn er aber aus den Herzen ist, daß sein Ding nit mehr gilt, so ist er schon verstoret. Hiemit kann man ihm baß raten, denn mit hundert Aufruhr. Mit Gewalt werden wir ihm nichts abbrechen[2], ja, mehr ihn stärken, wie es bisher vielen ergangen ist. Aber mit dem Licht der Wahrheit, wenn man ihn gegen Christo und seine Lehre, gegen das Evangelium hält,

1 ergeben. – 2 Abbruch tun.

da, da fällt er und wird zunicht ohn alle Muhe und Ärbeit. Sieh mein Tun an. Hab ich nit dem Papst, Bischofen, Pfaffen und Munchen allein mit dem Mund, ohn allen Schwertschlag mehr abbrochen, denn ihm bisher alle Kaiser und Könige und Fürsten mit alle ihr Gewalt haben abbrochen. Warum das? Darum, daß Daniel 8 sagt: Dieser König soll ohn Hand verstoret werden. Und St. Paulus: Er soll mit dem Mund Christi verstoret werden. Nu mag ich und ein iglicher, der Christus' Wort redet, frei sich ruhmen, daß sein Mund Christus' Mund sei. Ich bin ie[1] gewiß, daß mein Wort nit mein, sondern Christus' Wort sei, so muß mein Mund auch des sein, des Wort er redet.

Darum darfest du nit begehren einer leiblichen Aufruhr. Es hat Christus selbs schon eine angefangen mit seinem Mund, die dem Papst allzu schwere wird sein. Derselbige laß uns folgen und fortfahren. Es ist nit unser Werk, daß itzt geht in der Welt. Es ist nit muglich, daß ein Mensch sollt solch ein Wesen anfahen und fuhren. Es ist auch ohn mein Bedenken und Ratschlagen so ferne[2] kommen. Es soll auch ohn meinen Rat wohl hinausgehen, und die Pforten der Hellen sollen's nit hindern. Ein ander Mann ist's, der das Rädle treibt, den sehen die Papisten nit und geben's uns schuld. Sie sollen's aber gar schier innen werden. Der Teufel hat sich lange Zeit fur diesen Jahren gefurcht und den Braten von ferne gerochen, hat auch viel Prophezeien dawider lassen ausgehen, der etliche auf mich deuten, daß ich mich oft seiner großen Schalkheit verwunder. Er hätt mich auch oft gar gerne totet, itzt wollt er gerne, daß ein leiblich Aufruhr wurde, damit diese geistlich Aufruhr zuschanden und verhindert wurde. Es will aber und soll ihn nit helfen, ob Gott will. Er muß ohn Hand und allein mit dem Mund verstoret werden, da hilft nichts fur.

Siehe, nun treibe und hilf treiben das heilige Evangelium, lehre, rede, schreib und predige, wie Menschengesetz nichts sein, wehre und rat, daß niemand Pfaff, Munich,

1 immer. – 2 weit.

Nonne werde und wer drinnen ist, 'erausgehe, gib nit mehr Geld zu Bullen, Kerzen, Glocken, Tafeln[1], Kirchen, sondern sage, daß ein christlich Leben stehe im Glauben und Liebe, und laß uns das noch zwei Jahr treiben, so sollt du wohl sehen, wo Papst, Bischof, Kardinal, Pfaff, Munch, Nonne, Glocken, Turn[2], Meß, Vigilien, Kutten, Kappen, Platten, Regel, Statuten und das ganze Geschwurm und Gewurm päpstlichs Regements bleibe. Wie der Rauch soll es verschwinden! Lehren wir aber das nit und bringen solch Wahrheit nit unter die Leut, daß ihn' solch Ding aus dem Herzen genommen werde, so wird der Papst wohl fur uns bleiben, wenn wir gleich tausend Aufruhr wider ihn anfingen. Siehe, was hat's gewirkt allein dies einige Jahr, daß wir haben solche Wahrheit getrieben und geschrieben, wie ist den Papisten die Decke so kurz und schmal worden. Die Stationierer klagen, sie mussen schier Hungers sterben. Was will werden, wo solcher Mund Christi noch zwei Jahr mit seinem Geist dreschen wird? Solch Spiel wollt der Teufel mit leiblicher Aufruhr gerne hindern. Aber laßt uns weise sein, Gott danken fur sein heilig Wort und dieser seligen Aufruhr den Mund frisch dargeben.

Es ist offenbar worden der Papisten Unwissenheit. Es ist offenbar worden ihr Gleisnerei. Es ist offenbar worden ihr falsche Lugen in ihren Gesetzen und Orden[3]. Es ist offenbar worden ihr falsche Tyrannei des Bannes. Kurzum, es ist alles aufdeckt, damit sie bisher die Welt bezaubert, erschreckt und verfuhret haben. Man siehet, daß es eitel Gaukelwerk gewesen sei. Nichts mehr ist bei ihn', das man furcht, ohn allein noch ein kleiner Behelf[4] weltlicher Gewalt. Aber dieweil der Schein abe ist und mit lauter Gewalt sie sich schutzen mussen, ist's nit muglich, daß es lange muge bestehen. Auch, was dem Mund Christi uberbleibt, das wird seine Zukunft vertilgen, wie St. Paulus sagt. Darum laßt uns frisch anhalten[5], das Wort redlich eintreiben, die

1 Bildern. – 2 Turm. – 3 Ordnungen. – 4 Zuflucht zu. – 5 mutig fortfahren.

Menschengesetz austreiben. So totet Christus durch uns das Papsttum. Es singet schon: Eli, Eli, es ist troffen. Schier wird's heißen: Expiravit.

Aber hie in diesem Treiben muß ich abermal etlich vermahnen, die dem heiligen Evangelio einen großen Abfall und Nachreden machen. Es sind etlich, so sie ein Blatt oder zwei gelesen oder ein Predigt gehoret, rips, raps außerwischen[1] und nichts mehr tun denn uberfahren und versprechen[2] die andern mit ihrem Wesen, als [ob] die nit evangelisch seien, unangesehen, daß zuweilen schlecht, einfältige Leute sind, die wohl die Wahrheit lernten, so man sie ihn' sagete. Das hab ich auch niemand gelehret, und St. Paulus hat es hart verboten. Sie tun's nur darum, daß sie wollen etwas Neues wissen und gut lutherisch gesehen sein. Aber sie mißbrauchen des heiligen Evangelii zu ihrem Mutwillen. Damit wirst du das Evangelium nimmermehr in die Herzen treiben. Du wirst sie vielmehr abschrecken und mußt ein schwer Antwort geben, daß du sie also von der Wahrheit getrieben hast. Nit also, du Narr, hore und laß dir sagen, zum ersten bitt ich, man wollt meines Namen geschweigen und sich nit Lutherisch, sondern Christen heißen. Was ist Luther? Ist doch die Lehre nit mein. So bin ich auch fur niemand gekreuzigt. St. Paulus 1. Kor. 3 wollt nit leiden, daß die Christen sich sollten heißen Paulisch oder Petersch, sondern Christen. Wie käme denn ich armer, stinkender Madensack dazu, daß man die Kinder Christi sollt mit meinem heillosen Namen nennen? Nit also, lieben Freund, laßt uns tilgen die parteische Namen und Christen heißen, des Lehre wir haben. Die Papisten haben billig einen parteischen Namen, dieweil sie nit benuget[3] an Christus' Lehre und Namen, wollen auch päpstisch sein, so laßt sie päpstisch sein, der ihr Meister ist. Ich bin und will keines Meister sein. Ich habe mit der Gemeine die einige gemeine Lehre Christi, der allein unser Meister ist (Matth. 23).

1 blindlings dreinfahren. – 2 hochmütig abkanzeln. – 3 sich nicht begnügen.

Zum andern: Wenn du das Evangelium willt christlich handeln[1], so mußt du acht auf die Person haben, mit den' du redest. Die sind zweierlei: Zum ersten sind etlich verstockt, die nit horen wollen, dazu andere mit ihrem Lugenmaul verfuhren und vergiften, als da ist der Papst, Eck, Emser, etlich unsere Bischof, Pfaffen und Munch. Mit denselbigen sollt du nichts handeln, sondern dich halten des Spruchs Christi Matth. 7: Ihr sollt das Heiligtum nit geben den Hunden, noch die Perlen werfen fur die Säue, auf daß sie die nit mit Fußen treten und die Hund sich umkehren und euch zureißen. Laßt sie Hund und Säu bleiben. Es ist doch verloren. Item Salomon: Wo nit ist, der dir zuhoret, so sollt du dein Wort nit ausgießen. Wenn du aber siehest, daß dieselbigen Lugner ihr Lugen und Gift auch in andere Leut schenken, da sollt du sie getrost fur den Kopf stoßen und wider sie streiten, gleich wie Paul stieß den Elimam (Apostelgesch. 13) mit harten, scharfen Worten und Christus die Pharisäos nennet Ottergezichte. Das sallt du nit um ihrenwillen tun, denn sie horen nit, sondern um der willen, die sie vergiften. Also gebeut St. Paulus Tit. 1, er soll solch unnutze Plauderer und Seelverfuhrer härtiglich strafen.

Zum andern sind etliche, die solchs zuvor nit mehr gehort haben und wohl lernen mochten, so man's ihn' saget, oder sind so schwach, daß sie es nit leichtlich fassen mugen. Diese soll man nit uberpoltern noch uberrumpeln, sondern sie freundlich und sänft unterweisen, Grund und Ursach anzeigen. Wo sie es aber nit gleich fassen mugen, ein Zeitlang Geduld mit ihn' haben, dovon sagt St. Paulus Röm. 14: Den Schwachen im Glauben sollt ihr annehmen. Item St. Peter (1. Petr. 3): Ihr sollt allzeit bereit sein zur Antwort einem iglichen, der von euch begehrt Grund und Ursach euer Hoffnung, mit Sanftmutigkeit und Forcht. Da siehest du, daß mit Sänfte und Gottesfurcht wir sollen Unterricht[2] geben unsers Glaubens, so es imand[3] begehrt oder darf. Wenn du nu fur diesen Leuten deine große Kunst willt er-

1 behandeln, darlegen. – 2 Unterrichtung. – 3 jemand.

zeigen und so kurz herfähreest und gibst fur[1], wie sie nit recht beten, fasten, Meß haben, und willt Fleisch, Eier, dies und das essen auf den Freitag und sagest nit daneben mit Sanftmutigkeit und Furcht Ursach und Grund, so kann ein solch einfältig Herz dich nit anders achten, denn daß du ein stolzer, frecher, freveler Mensch seiest, als denn auch wahr ist, und meinet, man solle nit beten, nit guttun, Meß sei nichts und dergleichen, wilchs Irrtums und Anstoß du Ursach und schuldig bist, daher es denn kommet, daß sie ubel richten und reden dem heiligen Evangelio und meinen, man hab dich ungeheure Ding gelehret. Was hilft dich nu solch Beleidung[2] deines Nähisten und Hindernis des Evangelii? Du hast deinen Mutwillen gekuhlet, so sprechen sie: Ei, ich will in meinem Glauben bleiben, und sperren ihr Herz zu der rechten Wahrheit.

Wenn du aber mit Furcht und Sänftmutigkeit (wie St. Petrus lehret) Ursach zeigest und sprechest also: Lieber Mensch, Fasten, Eier, Fleisch, Fisch essen ist ein solch Ding, daß nit dran liegt die Seligkeit. Es mag wohl und ubel[3] geschehen und nachglassen werden. Allein der Glaube macht selig, etc., wie denn hiebei zu sagen ist. Also auch die Messe wäre wohl gut, wenn sie recht gehalten wurde etc. Mit der Weise kämen sie hinzu, horeten und lehreten[4] zuletzt, das du kannst. Aber nu du so frech bist, erhebest dich, daß du etwas wissest, das sie nit wissen, tust als der Pharisäus im Evangelio und lässest dir Ursach deines Ubermuts sein, daß sie nit auch dasselb wissen, was du weißest, fällest du in das Urteil St. Pauli Röm. 14: Iam non secundum caritatem ambulas, verachtest deinen Nähisten, dem du doch mit Furcht und Sänftmutigkeit dienen solltest. Merk ein Gleichnis: Wenn dein Bruder wäre mit einem Strick um den Hals fährlich gebunden von seinem Feind und du Narr wurdest zornig auf den Strick und Feind und liefest zu und rissest den Strick mit großem Ernst zu dir oder stechest mit einem Messer

1 wendest, stellst vor. – 2 Bekümmerung. – 3 zum Segen oder Unsegen. – 4 lernten.

darnach, da solltest du wohl deinen Bruder erwurgen oder erstechen und mehr Schaden tun denn der Strick und Feind. Wenn du aber ihm helfen willt, mußt du also tun, den Feind magst du hart genug strafen oder schlahen, aber mit dem Strick mußt du sänfte und mit Furchten umgehen, bis du ihn von seinem Hals bringest, daß du deinen Bruder nit erwurgest.

Also, die Lugner, die verstockte Tyrannen magst du wohl hart antasten und frei tun wider ihr Lehre und Werk, denn sie wollen nit horen. Aber die Einfältigen, die von ihnen mit Stricken solcher Lehre fährlich gebunden sind, mußt du gar viel anders handeln, mit Furcht und Sänfte die Menschenlehre auflosen, Grund und Ursach sagen und sie also mit der Zeit auch losmachen. Also tät St. Paulus, da er allen Juden zu Trotz nit wollt Titus lassen beschneiden und beschneidt doch Timotheum. Siehe, also mußt du die Hund und Säu anders denn die Menschen, die Wolf und Lewen anders denn die schwachen Schaf handeln, den Wolfen kannst du nit zu hart sein, den schwachen Schafen kannst du nit zu weich sein. Wir mussen uns doch itzt nit anders halten, denn als lebten wir unter den Heiden, weil wir unter den Papisten leben. Ja, sie sind wohl siebenfältige Heiden, darum sollen wir, wie St. Petrus lehret, ein guten Wandel fuhren unter den Heiden, daß sie uns nichts Ubels mugen nachsagen mit Wahrheit, wie sie gern wollten. Sie horen's gar gern, so du dich dieser Lehre ruhmest und den schwachen Herzen ärgerlich bist, auf daß sie die ganzen Lehre mugen [als] ärgerlich und schädlich beschreien, weil sie ihr sonst nichts mugen abbrechen und bekennen mussen, daß sie wahr sei. Gott geb uns allen, daß wir auch leben, wie wir lehren, und die Wort auch in die Tat bringen. Unser ist[1] viel, die da sagen: Herr, Herr, und loben die Lehre. Aber das Tun und Folgen will nit hernach. Das sein diesmal gnug zur neuen Vermahnung, fur Aufruhr und Ärgernis zu behuten, auf daß nit durch uns selbs das heilige Gotteswort verunheiligt werde. Amen.

1 sind.

An die Ratsherrn aller Städte deutsches Lands, daß sie christliche Schulen aufrichten und halten sollen
1524

An die Burgermeister und Ratherrn allerlei Städte in deutschen Landen. Martinus Luther

Gnad und Fried von Gott unserm Vater und Herrn Jesu Christo. Fürsichtigen[1], weisen lieben Herrn. Wiewohl ich, nu wohl drei Jahr verbannet und in die Acht getan, hätte sollen schweigen, wo ich Menschen Gebot mehr denn Gott gescheuet hätt, wie denn auch viel in deutschen Landen beide, groß und klein, mein Reden und Schreiben aus derselben Sach[2] noch immer verfolgen und viel Bluts drüber vergießen. Aber weil mir Gott den Mund aufgetan hat und mich heißen reden, dazu so kräftiglich bei mir stehet und meine Sache ohn meinen Rat und Tat soviel stärker macht und weiter ausbreit, soviel sie mehr toben, und sich gleich stellet, als lache und spotte er ihrs Tobens, wie der ander[3] Psalm sagt, an wilchem alleine merken mag, wer nicht verstockt ist, daß diese Sache muß Gottes eigen sein, sintemal sich die Art göttlichs Worts und Werks hie äuget[4], wilchs allzeit denn am meisten zunimmt, wenn man's auf höhest verfolget und dämpfen will.

Darum will ich reden (wie Jesajas sagt) und nicht schweigen, weil[5] ich lebe, bis daß Christus' Gerechtigkeit ausbreche wie ein Glanz und sein heilbertige[6] Gnad wie ein Lampe anzündet werde, und bitte nu euch alle, meine lieben Herrn und Fründe[7] wölltet diese meine Schrift und Ermahnung fründlich annehmen und zu Herzen fassen. Denn

1 kluge. – 2 Ursache. – 3 zweite. – 4 zeigt. – 5 solange. – 6 heilsame, heilträchtige. – 7 Freunde.

ich sei gleich an mir selber wie ich sei, so kann ich doch fur Gott mit rechtem Gewissen rühmen, daß ich darinnen nicht das Meine suche, wilchs ich viel baß möcht mit Stilleschweigen uberkommen[1], sondern meine es von Herzen treulich mit euch und ganzem deutschen Land, dahin mich Gott verordenet hat. Es gläube oder gläube nicht, wer do will. Und will euer Liebe das frei und getrost zugesagt und angesagt haben, daß, wo ihr mir hierin gehorchet, ohn Zweifel nicht mir, sondern Christon gehorchet. Und wer mir nicht gehorchet, nicht mich, sondern Christon veracht. Denn ich weiß ie[2] wohl und bin gewiß, was und wohin ich rede oder lehr, so wird's auch jedermann wohl selbs spüren, so er meine Lehre recht will ansehen.

Aufs erst erfahren wir jetzt in deutschen Landen durch und durch, wie man allenthalben die Schulen zergehen läßt, die hohen Schulen werden schwach, Klöster nehmen ab und will solichs Gras dürre werden und die Blume fällt dahin, wie Jesajas sagt, weil der Geist Gottes durch sein Wort drein webet[3] und scheinet so heiß drauf durch das Evangelion. Denn nu durch das Wort Gottes kund wird, wie solch Wesen unchristlich und nur auf den Bauch gericht sei. Ja, weil der fleischliche Haufe siehet, daß sie ihre Söhne, Töchter und Freunde nicht mehr sollen oder mügen in Klöster und Stift verstoßen und aus dem Hause und Gut weisen und auf fremde Güter setzen, will niemand meher lassen Kinder lehren noch studiern. Ja, sagen sie, was soll man lernen lassen, so nicht Pfaffen, Münich und Nonnen werden sollen? Man laß sie so mehr lehren[4], damit[5] sie sich ernähren.

Was aber solche Leut fur Andacht und im Sinn haben, zeuget gnugsam solch ihr eigen Bekenntnis[6]. Denn wo sie hätten nicht allein den Bauch und zeitliche Nahrung fur ihre Kinder gesucht in Klöstern und Stiften oder im geistlichen Stand und wäre ihr Ernst gewest, der Kinder Heil und

1 erreichen. – 2 immer, jederzeit. – 3 weht. – 4 vielmehr nur solches lernen. – 5 womit. – 6 Meinung.

Seligkeit zu suchen, so würden sie nicht so die Hände ablassen[1] und hinfallen[2] und sagen: Soll der geistliche Stand nichts sein, so wöllen wir auch das Lehren lassen anstehen[3] und nichts dazu tun. Sondern würden also sagen: Ist's wahr, wie das Evangelion lehret, daß solcher Stand unsern Kindern fährlich ist? Ach, Lieber, so lehret uns doch eine ander Weise, die Gott gefällig und unsern Kindern seliglich sei, denn wir wöllten ja gerne unsern lieben Kindern nicht allein den Bauch, sondern auch die Seel versorgen. Das werden freilich rechte christliche, treue Eltern von solchen Sachen reden.

Daß aber der böse Teufel sich also zur Sache stellet und gibet solchs ein den fleischlichen Weltherzen, die Kinder und das junge Volk so zu verlassen, ist nicht wunder, und wer will's ihn verdenken? Er ist ein Fürst und Gott der Welt. Daß er nu des sollt ein Gefallen tragen, daß ihm seine Nester, die Klöster und geistliche Rotten, verstöret werden durchs Evangelion, in wilchen er allermeist das junge Volk verderbet, an wilchem ihm gar viel, ja ganz und gar gelegen ist, wie ist's müglich? Wie sollt er das zugeben oder anregen, daß man jung Volk recht aufziehe? Ja, ein Narre wäre er, daß er in seinem Reich sollt das lassen und helfen aufrichten, dadurch es aufs allerschwindest müßte zu Boden gehen, wie denn geschehe, wo er das niedliche Bißlin, die liebe Jugend, verlöre und leiden mußte, daß sie mit seiner Köste[4] und Güter erhalten würden zu Gottes Dienst.

Darum hat er fast[5] weislich tan zu der Zeit, da die Christen ihre Kinder christlich aufzogen und lehren ließen. Es wollt ihm der junge Haufe zu gar entlaufen und in seinem Reich ein Unleidlichs[6] aufrichten. Da fuhr er zu und breitet seine Netze aus, richte soliche Klöster, Schulen und Stände an, daß es nicht müglich war, daß ihm ein Knabe hätt sollen entlaufen ohn sonderlich Gottes Wunder. Nu er aber siehet, daß diese Stricke durchs Gotteswort verraten werden,

1 sinken lassen. – 2 in Gleichgültigkeit verfallen. – 3 hintansetzen. – 4 Kosten, Aufwand. – 5 sehr. – 6 etwas Unerträgliches.

fähret er auf die ander Seiten und will nu gar nichts lassen lernen. Recht und weislich tut er abermal fur sein Reich zu erhalten, daß ihm der junge Haufe ja bleibe. Wenn er denselben hat, so wächst er unter ihm auf und bleibt sein, wer will ihm etwas nehmen? Er behält die Welt denn wohl mit Frieden innen[1]. Denn wo ihm soll ein Schaden geschehen, der da recht beiße, der muß durchs junge Volk geschehen, das in Gotteserkenntnis aufwächst und Gottes Wort ausbreitet und ander lehret.

Niemand, niemand gläubt, wilch ein schädlichs, teufelisch Furnehmen das sei und gehet doch so still daher, daß niemand merkt, und will[2] den Schaden getan haben, ehe man raten, wehren und helfen kann. Man furcht sich fur Türken und Kriegen und Wassern, denn da verstehet man, was Schaden und Frummen sei. Aber was hie der Teufel im Sinn hat, sehet niemand, furcht auch niemand, gehet still 'erein. So doch hie billig wäre, daß, wo man einen Gulden gebe, wider die Türken zu streiten, wenn sie uns gleich auf dem Halse lägen, hie hundert Gülden geben würden, ob man gleich nür einen Knaben kunnt damit auferziehen, daß ein rechter Christenmann würde. Sintemal ein recht Christenmensch besser ist und mehr Nutzs vermag denn alle Menschen auf Erden.

Derhalben bitt ich euch alle, meine lieben Herrn und Freunde, um Gottes willen und der armen Jugend willen, wöllet diese Sache nicht so geringe achten, wie viel tun, die nicht sehen, was der Weltfürst gedenkt. Denn es ist ein ernste, große Sache, da Christo und aller Welt viel an liegt, daß wir dem jungen Volk helfen und raten. Damit ist denn auch uns und allen geholfen und geraten. Und denkt, daß soliche stille, heimliche, tückische Anfechtunge des Teufels will mit großem christlichen Ernst gewehret sein. Lieben Herrn, muß man jährlich soviel wenden an Büchsen[3], Wege, Stege, Dämme und dergleichen unzähligen Stucke mehr, damit eine Stadt zeitlich Friede und Gemach[4] habe. Warum sollt

1 in unbestrittenem Besitz. – 2 wird wohl. – 3 Gewehre. – 4 Ruhe.

man nicht viel mehr, doch [zumindest] auch soviel wenden an die dürftige[1], arme Jugend, daß man einen geschickten Mann oder zween hielte zu Schulmeistern?

Auch soll sich ein iglicher Burger selbs das lassen bewegen, hat er bisher soviel Gelds und Guts an Ablaß, Messen, Vigilien, Stiften, Testament[2], Jahrtagen, Bettelmünchen, Bruderschaften, Wallfahrten und was des Geschwürms mehr ist, verlieren müssen und nu hinfurt von Gottes Gnaden solches Raubens und Gebens los ist, wöllt doch Gott zu Dank und zu Ehren hinfurt desselben ein Teil zur Schulen geben, die armen Kinder aufzuziehen, daß so herzlich wohl angelegt ist, so er doch hätte müßt wohl zehenmal soviel vergebens den obgenannten Räubern und noch mehr geben ewiglich, wo solch Licht des Evangelii nicht kommen wäre und ihn davon erlöset hätte, und erkenne doch, daß, wo sich das wehret, beschweret, sperret und zerret[3], das gewißlich der Teufel da sei, der sich nicht so sperret, daß man's zu Klöstern und Messen gab, ja, mit Haufen dahin treib. Denn er fuhlet, daß dies Werk nicht seines Dinges ist. So laßt nu dies die erste Ursach sein, alle lieben Herrn und Fründe, die euch bewegen soll, daß wir hierin dem Teufel widerstehen als dem allerschädlichsten heimlichen Feinde.

Die ander, daß, wie St. Paulus sagt 2. Kor. 6, wir die Gnade Gottes nicht vergeblich empfahen und die selige Zeit nicht versäumen. Denn Gott der Allmächtige hat furwahr uns Deutschen jetzt gnädiglich daheimen gesucht und ein recht gülden Jahr[4] aufgericht. Da haben wir jetzt die feinsten, gelehrtesten junge Gesellen und Männer, mit Sprachen und aller Kunst[5] geziert, weliche so wohl Nutz schaffen künnten, wo man ihr' brauchen wöllt, das junge Volk zu lehren. Ist's nicht fur Augen, daß man jetzt einen Knaben kann in dreien Jahren zurichten, daß er in seinem funfzehenten oder achtzehenten Jahr mehr kann, denn bisher alle hohen

1 bedürftige. – 2 Stiftungen. – 3 wo sich Hindernisse, Schwierigkeiten und Verzögerungen ergeben. – 4 Jubeljahr. – 5 Wissenschaft.

Schulen und Klöster gekunnt haben? Ja, was hat man gelernt in hohen Schulen und Klöstern bisher, denn nür Esel, Klötz und Bloch werden? Zwänzig, vierzig Jahr hat einer gelernt und hat noch[1] widder[2] Lateinisch noch Deutsch gewußt. Ich schweige das schändlich, lästerlich Leben, darinnen die edle Jugend so jämmerlich verderbt ist.

Wahr ist's, ehe ich wollt, daß hohe Schulen und Klöster blieben so, wie sie bisher gewesen sind, daß kein ander Weise, zu lehren und leben, sollt fur die Jugend gebraucht werden, wöllt ich ehe, daß kein Knabe nimmer nichts lernte und stumm wäre. Denn es ist mein ernste Meinung, Bitt und Begierde, daß diese Eselställe und Teufelsschulen entweder in Abgrund versünken oder zu christlichen Schulen verwandelt werden. Aber nu uns Gott so reichlich begnadet und solicher Leut die Menge geben hat, die das junge Volk fein lehren und ziehen mügen, wahrlich, so ist not, daß wir die Gnade Gottes nicht in Wind schlahen und lassen ihn nicht umsonst anklopfen. Er stehet fur der Tür, wohl uns, so wir ihm auftun. Er grüßet uns, selig, der ihm antwortet. Versehen wir's, daß er furuber gehet, wer will ihn wieder holen?

Laßt uns unsern vorigen Jammer ansehen und die Finsternis, darinnen wir gewest sind. Ich acht, daß deutsch Land noch nie so viel von Gottes Wort gehöret habe als itzt. Man spürt ie nichts in der Historien davon, lassen wir's denn so hingehen ohn Dank und Ehre, so ist's zu besorgen, wir werden noch greulicher Finsternis und Plage leiden. Lieben Deutschen, käuft, weil der Mark fur der Tür[3] ist, sammlet ein, weil es scheinet und gut Wetter ist, braucht Gottes Gnaden und Wort, weil es da ist. Denn das sollt ihr wissen, Gottes Wort und Gnade ist ein fahrender Platzregen, der nicht wiederkommt, wo er einmal gewesen ist. Er ist bei den Juden gewest, aber hin ist hin, sie haben nu nichts. Paulus bracht ihn in Griechenland, hin ist auch hin, nu haben sie den Türken. Rom und latinisch Land hat ihn

1 dennoch. – 2 weder. – 3 solange die Gelegenheit günstig.

auch gehabt, hin ist hin, sie haben nu den Papst. Und ihr Deutschen dürft nicht denken, daß ihr ihn ewig haben werdet, denn der Undank und Verachtung wird ihn nicht lassen bleiben. Drum greif zu und halt zu, wer greifen und halten kann, faule Hände müssen ein böses Jahr haben.

Die dritte ist wohl die allerhöhest, nämlich Gottes Gebot, der durch Mose so oft treibt und fodert, die Eltern sollen die Kinder lehren, das auch der 78. Psalm spricht: Wie hat er so hoch unsern Vätern geboten, den Kindern kundzutun und zu lehren Kindskind. Und das weiset auch aus das vierte Gebot Gottes, do er der Eltern Gehorsam den Kindern so hoch gebeut, daß man auch durchs Gericht töten soll ungehorsame Kinder. Und warum leben wir Alten anders, denn daß wir des jungen Volks warten, lehren und aufziehen? Es ist je nicht müglich, daß sich das tolle Volk sollt selbs lehren und halten. Darum hat sie uns Gott befohlen, die wir alt und erfahren sind[1], was ihn' gut ist, und wird gar schwerlich[2] Rechnung von uns fur dieselben fodern. Darum auch Mose befiehlt (5. Mos. 32) und spricht: Frage deinen Vater, der wird dir's sagen, die Alten, die werden dir's zeigen.

Wiewohl es Sunde und Schande ist, daß dahin mit uns kommen ist, daß wir allererst reizen und uns reizen sollen lassen, unsere Kinder und junges Volk zu ziehen und ihr Bestes denken, so doch dasselb uns die Natur selbs sollt treiben und auch der Heiden Exempel uns mannigfältig weisen. Es ist kein unvernünftig Tier, das seiner Jungen nicht wartet und lehret, was ihn' gebührt, ohn[3] der Strauß, da Gott von sagt Hiob 39, daß er gegen seine Jungen so hart ist, als wären sie nicht sein, und läßt seine Eier auf der Erden liegen. Und was hülf's, daß wir sonst alles hätten und täten und wären gleich eitel Heiligen, so wir das unterwegen lassen[4], darum wir allermeist leben, nämlich des jungen Volks pflegen? Ich acht auch, daß unter den

1 alt sind und wissen. – 2 schwere. – 3 außer. – 4 unterlassen.

äußerlichen Sunden die Welt fur Gott von keiner so hoch beschweret ist und so greuliche Strafe verdienet als eben von dieser, die wir an den Kindern tun, daß wir sie nicht ziehen.

Da ich jung war, fuhret man in der Schulen ein Sprichwort: Non minus est negligere scholarem, quam corrumpere virginem. Nicht geringer ist es, einen Schuler versäumen denn eine Jungfrau schwächen. Das sagt man darum, daß man die Schulmeister erschrecket, denn man wißte dazumal kein schwerer Sunde, denn Jungfrauen schänden. Aber, lieber Herr Gott, wie gar viel geringer ist's, Jungfrau oder Weiber schänden (wilchs doch als ein leibliche erkannte Sunde mag gebüßet werden) gegen dieser, da die edlen Seelen verlassen und geschändet werden, da[1] soliche Sunde auch[2] nicht geachtet noch erkennet und nimmer gebüßet wird? O wehe der Welt, immer und ewiglich. Da werden täglich Kinder geborn und wachsen bei uns daher und ist leider niemand, der sich des armen jungen Volks annehme und regiere, da läßt man's gehen, wie es gehet. Die Klöster und Stifte sollten's tun, so sind sie eben die, von denen Christus sagt: Wehe der Welt um der Ärgernisse willen, wer dieser Jungen einen ärgert, die an mich gläuben, dem wäre es besser, einen Mühlstein an den Hals gehängt und ins Meer gesenkt, da es am tiefesten ist. Es sind nür Kinderfresser und Verderber.

Ja, sprichst du, solchs alles ist den Eltern gesagt, was gehet das die Ratherrn und Oberkeit an? Ist recht geredt, ja wie, wenn die Eltern aber solchs nicht tun. Wer soll's denn tun? Soll's drum nachbleiben und die Kinder versäumet werden? Wo will sich da die Oberkeit und Rat entschuldigen, daß ihnen solchs nicht sollt gebühren? Daß es von den Eltern nicht geschieht, hat mancherlei Ursach.

Aufs erst sind etliche auch nicht so frumm und redlich[3], daß sie es täten, ob sie es gleich kunnten, sondern wie die Strauße härten[4] sie sich auch gegen ihre Jungen und lassen's

1 weil. – 2 sogar. – 3 rechtschaffen und pflichtbewußt. – 4 verhärten.

dabei bleiben, daß sie die Eier von sich geworfen und Kinder zeuget haben, nicht mehr tun sie dazu. Nu, diese Kinder sollen dennoch unter uns und bei uns leben in gemeiner Stadt. Wie will denn nu Vernunft und sonderlich christliche Liebe das leiden, daß sie ungezogen aufwachsen und den andern Kindern Gift und Schmeiße[1] seien, damit zuletzt ein ganze Stadt verderbe, wie es denn zu Sodom und Gomorra und Gaba und etlichen mehr Städten ergangen ist.

Aufs ander, so ist der größest Haufe der Eltern leider ungeschickt dazu und nicht weiß, wie man Kinder ziehen und lernen soll. Denn sie nichts selbs gelernet haben, ohn den Bauch versorgen, und gehören sonderliche Leut dazu, die Kinder wohl und recht lehren und ziehen sollen.

Aufs dritte, obgleich die Eltern geschickt wären und wöllten's gerne selbs tun, so haben sie fur andern Geschäften und Haushalten widder Zeit noch Raum dazu, also daß die Not zwinget, gemeine Zuchtmeister fur die Kinder zu halten, es wöllte denn ein iglicher fur sich selbs einen eigen halten, aber das würde dem gemeinen Mann zu schwere und würde abermal manch fein Knabe um Armuts willen versäumet. Dazu, so sterben viel Eltern und lassen Waisen hinter sich, und wie dieselben durch Furmunden versorgt werden, ob uns die Erfahrung zu wenig wäre, sollt uns das wohl zeigen, daß sich Gott selbs der Waisen Vater nennet als dere, die von idermann sonst verlassen sind. Auch sind etliche, die nicht Kinder haben, die nehmen sich auch drum nichts an[2].

Darum will's hie dem Rat und der Oberkeit gebühren, die allergrößesten Sorge und Fleiß aufs junge Volk zu haben. Denn weil der ganzen Stadt Gut, Ehr, Leib und Leben ihn' zu treuer Hand befohlen ist, so täten sie nicht redlich fur Gott und der Welt, wo sie der Stadt Gedeihen und Besserung nicht suchten mit allem Vermügen Tag und Nacht. Nu liegt einer Stadt Gedeihen nicht alleine darin, daß man

1 Geschmeiß. – 2 des Schulwesens nicht an.

große Schätze sammle, feste Mauren, schöne Häuser, viel Büchsen und Harnisch zeuge[1]. Ja, wo des viel ist und tolle Narren drüber kommen, ist soviel deste ärger und deste größer Schaden derselben Stadt. Sondern das ist einer Stadt bestes und allerreichest Gedeihen, Heil und Kraft, daß sie viel feiner, gelehrter, vernünftiger, ehrbar, wohlgezogener Burger hat. Die künnten darnach wohl Schätze und alles Gut sammlen, halten und recht brauchen.

Wie hat die Stadt Roma tan, die ihre Knaben also ließ ziehen, daß sie inwendig funfzehen, achtzehen, zwänzig Jahren aufs ausbündigst künnten Lateinisch und Griechisch und allerlei freie Künste (wie man sie nennet), darnach flugs in den Krieg und Regiment, da würden witzige[2], vernünftige und treffliche Leute aus, mit allerlei Kunst und Erfahrunge geschickt, daß, wenn man itzt alle Bischofe und alle Pfaffen und Müniche in deutschem Lande auf einen Haufen schmelzet, sollt man nicht soviel finden, als man da wohl in einem römischen Kriegsknecht fand. Darum ging auch ihr Ding vonstatten[3], da fand man Leute, die zu allerlei tüchtig und geschickt waren. Also hat's die Not allezeit erzwungen und erhalten in aller Welt, auch bei den Heiden, daß man Zuchtmeister und Schulmeister hat müssen haben, so man anders etwas Redlichs hat wöllen aus eim Volk machen. Daher ist auch das Wort Zuchtmeister in Sankt Paulo (Gal. 3) als aus dem gemeinen Brauch menschlichs Lebens genommen, da er spricht: Das Gesetze ist unser Zuchtmeister gewesen.

Weil denn eine Stadt soll und muß Leute haben und allenthalben der größte Gebreche, Mangel und Klage ist, daß [es] an Leuten feile[4], so muß man nicht harren, bis sie selbs wachsen, man wird sie auch widder aus Steinen hauen noch aus Holz schnitzen, so wird Gott nicht Wunder tun, solange man der Sachen durch ander seine dargetane Güter geraten[5] kann. Darum müssen wir dazutun und Mühe und Kost

1 erzeuge, herstelle. – 2 verständige. – 3 ging's bei ihnen auch vorwärts. – 4 fehle. – 5 dem Bedürfnis abhelfen.

dranwenden, sie selbst erziehen und machen. Denn wes ist die Schuld, daß es itzt in allen Städten so dünne siehet[1] von geschickten Leuten, ohn der Oberkeit, die das junge Volk hat lassen aufwachsen, wie das Holz im Wald wächset, und nicht zugesehen, wie man's lehre und ziehe? Darum ist's auch so unördig[2] gewachsen, daß zu keinem Bau, sondern nur ein unnütz Gehecke[3] und nur zum Feurwerk tüchtig ist.

Es muß doch weltlich Regiment bleiben, soll man denn zulassen, daß eitel Rülzen[4] und Knebel[5] regieren, so man's wohl bessern kann – ist ie ein wild, unvernünftiges Furnehmen! – so laß man ebensomehr[6] Säu und Wölfe zu Herrn machen und setzen uber die, so nicht denken wöllen, wie sie von Menschen regiert werden. So ist's auch ein unmenschliche Bosheit, so man nicht weiter denkt denn also: wir wöllen itzt regieren, was geht uns an, wie es denen gehen werde, die noch uns kommen. Nicht uber Menschen, sonder uber Säu und Hunde sollten soliche Leute regieren, die nicht mehr denn ihren Nutz oder Ehre im Regiment suchen. Wenn man gleich den höhesten Fleiß furwendet, daß man eitel feine, gelehrte, geschickte Leut erzöge, zu regieren, es würde dennoch Mühe und Sorge gnug haben, daß es wohl zuginge. Wie soll es denn zugehen, wenn man da gar nichts zutut?

Ja, sprichst du abermal, ob man gleich sollt und müßte Schulen haben, was ist uns aber nütze, lateinisch, griechisch und ebräisch Zungen und andere freie Künste zu lehren, künnten wir doch wohl deutsch die Bibel und Gottes Wort lehren, die uns gnugsam ist zur Seligkeit. Antwort: Ja, ich weiß leider wohl, daß wir Deutschen müssen immer Bestien und tolle Tier sein und bleiben, wie uns denn die umliegende Länder nennen und wir auch wohl verdienen. Mich wundert aber, warum wir nicht auch einmal sagen: was sollen uns Seiden, Wein, Würze und der fremden ausländi-

1 spärlich aussieht, mangelt an. – 2 unordentlich. – 3 Gestrüpp. – 4 Grobiane. – 5 Flegel. – 6 vielmehr.

schen Ware, so wir doch selbs Wein, Korn, Wolle, Flachs, Holz und Stein in deutschen Landen nicht allein die Fülle haben zur Nahrung, sondern auch die Kür[1] und Wahl zu Ehren und Schmuck? Die Künste und Sprachen, die uns ohn Schaden, ja, größer Schmuck, Nutz, Ehre und Frummen sind, beide, zur Heiligen Schrift zu verstehen und weltlich Regiment zu führen, wöllen wir verachten und der ausländischen Ware, die uns widder not noch nütze sind, dazu uns schinden bis auf den Grat[2], der wöllen wir nicht geraten[3]. Heißen das nicht billig deutsche Narren und Bestien?

Zwar[4], wenn kein anderer Nutz an den Sprachen wäre, sollt doch uns das billig erfreuen und anzünden, daß es so ein edle, feine Gabe Gottes ist, damit uns Deutschen Gott itzt so reichlich fast uber alle[5] Länder heimsucht und begnadet. Man siehet nicht viel, daß der Teufel dieselben hätte lassen durch die hohen Schulen und Klöster aufkommen. Ja, sie haben allzeit aufs höhest dawider getobet und auch noch toben, denn der Teufel roch den Braten wohl, wo die Sprachen 'erfurkämen, würde sein Reich ein Fach[6] gewinnen, das er nicht kunnte leicht wieder zustopfen. Weil er nu nicht hat mügen wehren, daß sie 'erfurkämen, denket er doch, sie nu also schmal zu halten, daß sie von ihn' selbs wieder sollen vergehen und fallen. Es ist ihm nicht ein lieber Gast damit ins Haus kommen. Drum will er ihn auch also speisen, daß er nicht lange solle bleiben. Diesen bösen Tuck[7] des Teufels sehen unser gar wenig, lieben Herren.

Darum, lieben Deutschen, laßt uns hie die Augen auftun, Gott danken fur das edel Kleinod und fest drob halten, daß uns nicht wieder entzuckt[8] werde und der Teufel nicht seinen Mutwillen büße[9]. Denn das konnen wir nicht leugen, daß, wiewohl das Evangelion allein durch den Heiligen Geist ist kommen und täglich kommt, so ist's doch durch

1 Auswahl. – 2 die Knochen. – 3 entbehren. – 4 wahrlich. – 5 vor allen. – 6 Fensteröffnung, Lücke. – 7 Tücke. – 8 entrissen. – 9 an uns auslasse.

Mittel[1] der Sprachen kommen und hat auch dadurch zugenommen, muß auch dadurch behalten werden. Denn gleich, als da Gott durch die Apostel wollt in alle Welt das Evangelion lassen kommen, gab er die Zungen dazu. Und hatte auch zuvor durch der Römer Regiment die griechische und lateinische Sprach so weit in alle Land ausgebreitet, auf daß sein Evangelion ie bald fern und weit Frucht brächte. Also hat er itzt auch getan. Niemand hat gewußt, warum Gott die Sprachen 'erfür ließ kommen, bis daß man nu allererst siehet, daß es um des Evangelio willen geschehen ist, wilchs er hernach hat wöllen offenbarn und dadurch des Endchrists Regiment aufdecken und zustören. Darum hat er auch Griechenland dem Türken geben, auf daß die Griechen verjagt und zustreuet, die griechische Sprach ausbrächten[2] und ein Anfang würden, auch andere Sprachen mit zu lernen.

So lieb nu als uns das Evangelion ist, so hart[3] laßt uns uber den Sprachen halten. Denn Gott hat seine Schrift nicht umsonst allein in zwo Sprachen schreiben lassen, das Alte Testament in die ebräische und das Neu in die griechische. Welche[4] nu Gott nicht veracht, sondern zu seinem Wort erwählet hat fur allen andern, sollen auch wir dieselben fur allen andern ehren. Denn St. Paulus rühmet das fur ein sonderliche Ehre und Vorteil der ebräischen Sprach, daß Gottes Wort drinnen geben ist, da er sprach Röm. 3: Was hat die Beschneidung Vorteils oder Nutzes? Fast viel, aufs erst, so sind ihn' Gottes Rede befohlen[5]. Das rühmet auch der König David Psalm 147: Er verkündigt sein Wort Jakob und seine Gebot und Rechte Israel. Er hat keinem Volk also getan noch seine Rechte ihnen offenbart. Daher auch die ebräische Sprach heilig heißet. Und Sankt Paulus Röm. 1 nennet sie die heilige Schrift, ohn Zweifel um des heiligen Worts Gottes willen, das drinnen verfasset ist. Also mag auch die griechische Sprach wohl heilig heißen, daß

1 Vermittlung. – 2 verbreiteten. – 3 eifrig. – 4 wenn sie. – 5 anbefohlen, anvertraut.

dieselb fur andern dazu erwählet ist, daß das Neue Testament drinnen geschrieben würde. Und aus derselben als aus eim Brunnen in andere Sprach durchs Dolmetschen geflossen und sie auch geheiliget hat.

Und laßt uns das gesagt sein, daß wir das Evangelion nicht wohl werden erhalten ohn die Sprachen. Die Sprachen sind die Scheiden, darin dies Messer des Geists stickt[1]. Sie sind der Schrein, darinnen man dies Kleinod trägt. Sie sind das Gefäß, darinnen man diesen Trank fasset. Sie sind die Kemnot[2], darinnen diese Speise liegt. Und wie das Evangelion selbs zeigt: Sie sind die Körbe, darinnen man diese Brot und Fische und Brocken behält[3]. Ja, wo wir's versehen, daß wir (da Gott fur sei) die Sprachen fahren lassen, so werden wir nicht allein das Evangelion verlieren, sondern wird auch endlich dahin geraten, daß wir widder lateinisch noch deutsch recht reden oder schreiben künnten. Des laßt uns das elend, greulich Exempel zur Beweisung und Warnung nehmen in den hohen Schulen und Klöstern, darinnen man nicht allein das Evangelion verlernt, sondern auch lateinische und deutsche Sprache verderbet hat, daß die elenden Leut schier zu lauter Bestien worden sind, widder deutsch noch lateinisch recht reden oder schreiben konnen und beinahend auch die natürliche Vernunft verloren haben.

Darum haben's die Apostel auch selbs fur nötig angesehen, daß sie das Neue Testament in die griechische Sprache fasseten und anbünden, ohn Zweifel, daß sie es uns daselbs sicher und gewiß verwahreten wie in einer heiligen Laden. Denn sie haben gesehen all dasjenige, das zukunftig war und nu also ergangen[4] ist, wo es allein in die Köpf gefasset würde[5], wie manche wilde, wüste Unordnung und Gemenge, so mancherlei Sinnen[6], Dunkel[7] und Lehren sich erheben würden in der Christenheit, wilchen in keinen Weg

1 steckt. – 2 Kemenate, Kammer. – 3 aufbewahrt. – 4 eingetroffen. – 5 dem Gedächtnis und mündlicher Tradition anvertraut. – 6 Gesinnungen. – 7 Meinungen.

zu wehren noch die Einfältigen zu schützen wären, wo nicht das Neue Testament gewiß in Schrift und Sprache gefasset wäre. Darum ist's gewiß, wo nicht die Sprachen bleiben, da muß zuletzt das Evangelion untergehen.

Das hat auch beweiset und zeigt noch an die Erfahrung. Denn so bald nach der Apostel Zeit, da die Sprachen aufhöreten, nahm auch das Evangelion und der Glaube und ganze Christenheit ie mehr und mehr ab, bis daß sie unter dem Papst gar versunken ist. Und ist, sinter Zeit[1] die Sprachen gefallen sind, nicht viel Besonders in der Christenheit ersehen[2], aber gar viel greulicher Greuel aus Unwissenheit der Sprachen geschehen. Also wiederum[3] weil itzt die Sprachen 'erfurkommen sind, bringen sie ein solich Licht mit sich und tun solch große Ding, daß sich alle Welt verwundert und muß bekennen, daß wir das Evangelion so lauter und rein haben, fast als die Apostel gehabt haben, und ganz in seine erste Reinigkeit kommen ist und gar viel reiner, denn es zur Zeit Sankt Hieronimi oder Augustini gewesen ist. Und Summa: Der Heilige Geist ist kein Narre, gehet auch nicht mit leichtfertigen, unnötigen Sachen um, der hat die Sprachen so nütz und not geacht in der Christenheit, daß er sie oftmals von Himmel mit sich bracht hat, wilchs uns alleine sollt gnugsam bewegen, dieselben mit Fleiß und Ehren zu suchen und nicht zu verachten, weil er sie nu selbs wieder auf Erden erweckt.

Ja, sprichst du, es sind viel Väter selig worden, haben auch gelehret ohn Sprachen. Das ist wahr. Wo rechenst du aber auch das hin, daß sie so oft in der Schrift gefeilt haben? Wie oft feilet Sankt Augustinus im Psalter und andern Auslegung, sowohl als Hilarius, ja, auch alle, die ohn die Sprachen sich der Schrift haben unterwunden auszulegen? Und ob sie gleich etwa[4] recht geredt haben, sind sie doch der Sachen nicht gewiß gewesen, ob dasselb recht an dem Ort stehe, da sie es hindeuten. Als daß ich des ein Exempel

1 seitdem. – 2 wahrgenommen worden. – 3 ebenso umgekehrt. – 4 irgendwo.

zeige: Recht ist's geredt, daß Christus Gottes Sohn ist. Aber wie spöttisch lautet es in den Ohren der Widersacher, da sie des Grund fuhreten[1] aus dem 110. Psalm: Tecum principium in die virtutis tue, so doch daselbs in der ebräischen Sprachen nichts von der Gottheit geschrieben steht. Wenn man aber also mit ungewissen Gründen und Feilsprüchen den Glauben schützet, ist's nicht ein Schmach und Spott der Christen bei den Widerfechtern, die der Sprach kündig sind? Und werden nür halsstarriger im Irrtum und halten unsern Glauben mit gutem Schein fur einen Menschentraum.

Wes ist nu die Schuld, daß unser Glaube so zuschanden wird? Nämlich, daß wir der Sprachen nicht wissen, und ist hie kein Hülfe, denn die Sprachen wissen. Ward nicht St. Hieronimus gezwungen, den Psalter von neuem zu verdolmetschen aus dem Ebräischen um des willen, daß, wo man mit den Juden aus unserem Psalter handelt[2], spotten sie unser, daß es nicht also stünde im Ebräischen, wie es die Unsern fuhreten? Nu sind aller alten Väter Auslegung, die ohn Sprachen die Schrift haben gehandelt (ob sie wohl nichts Unrechts lehren), doch dergestalt, daß sie fast oft ungewisse, unebene und unzeitige[3] Sprache fuhren und tappen wie ein Blinder an der Wand, daß sie gar oft des rechten Texts feilen und machen ihm eine Nasen nach ihrer Andacht[4], wie dem Vers droben angezeigt (Tecum principium etc.). Das auch St. Augustinus selbs muß bekennen, wie er schreibt de doctrina Christiana, daß einem christlichen Lehrer, der die Schrift soll auslegen, not sind uber die lateinische auch die griechische und ebräische Sprachen. Es ist sonst unmüglich, daß er nicht allenthalben anstoße, ja, noch Not und Ärbeit da ist, ob einer die Sprachen schon wohl kann.

Darum ist gar viel ein ander Ding um einen schlechten[5]

1 Grund, Beweis dafür anführten. – 2 auf Grund unseres Psalter verhandelt. – 3 unangemessene und unpassende. – 4 ihre Meinung in ihn hineintragen. – 5 schlichten, einfältigen.

Prediger des Glaubens und um einen Ausleger der Schrift oder, wie es St. Paulus nennet, einen Propheten. Ein schlechter Prediger (ist wahr) hat soviel heller Sprüch und Text durchs Dolmetschen[1], daß er Christum verstehen, lehren und heiliglich leben und andern predigen kann. Aber die Schrift auszulegen und zu handeln fur sich hin[2] und zu streiten wider die irrigen Einführer[3] der Schrift, ist er zu geringe, das lässet sich ohn Sprachen nicht tun. Nu muß man ie in der Christenheit soliche Propheten haben, die die Schrift treiben und auslegen und auch zum Streit tugen[4], und ist nicht gnug am heiligen Leben und recht Lehren. Darum sind die Sprachen stracks und aller Dinge[5] vonnöten in der Christenheit, gleich wie die Propheten oder Ausleger, ob's gleich nicht not ist noch sein muß, daß ein iglicher Christ oder Prediger sei ein solich Prophet, wie Sankt Paulus sagt 1. Kor. 12 und Eph. 4.

Daher kommt's, daß sint der Apostel Zeit die Schrift so finster ist blieben und nirgend gewisse, beständige Auslegunge drüber geschrieben sind. Denn auch die heiligen Väter (wie gesagt) oft gefeilt, und weil sie der Sprachen unwissend gewesen, sind sie gar selten eines, der fähret sonst, der fähret so. Sankt Bernhard ist ein Mann von großem Geist gewesen, daß ich ihn schier türst[6] uber alle Lehrer setzen, die berühmt sind, beide, alte und neue. Aber siehe, wie er mit der Schrift so oft (wiewohl geistlich) spielt und sie fuhret außer dem rechten Sinn. Derhalben haben auch die Sophisten gesagt, die Schrift sei finster, haben gemeinet, Gottes Wort sei von Art[7] so finster und rede so seltsam. Aber sie sehen nicht, daß aller Mangel liegt an den Sprachen, sonst wäre nicht Lichters[8] je geredt denn Gottes Wort, wo wir die Sprachen verstünden. Ein Türk muß mir wohl finster reden, wilchen doch ein türkisch Kind von sieben Jahren wohl vernimmt, dieweil ich die Sprache nicht kenne.

1 aus Übersetzungen. – 2 selbständig zu traktieren. – 3 Zitierer. – 4 taugen. – 5 unbedingt und durchaus. – 6 wage. – 7 von Natur. – 8 Klareres.

Darum ist das auch ein toll Fürnehmen gewesen, daß man die Schrift hat wöllen lernen durch der Väter Auslegen und viel Bücher und Glossen Lesen. Man sollt sich dafur auf die Sprachen geben[1] haben. Denn die lieben Väter, weil sie ohn Sprachen gewesen sind, haben sie zuweilen mit vielen Worten an einem Spruch geärbeitet und dennoch nür kaum hinnach geohmet[2] und halbe geraten, halb gefeilet. So läufest du demselben nach mit viel Mühe und künntest dieweil durch die Sprachen demselben viel baß solichen[3] raten, denn der, dem du folgest. Denn wie die Sonne gegen dem Schatten ist, so ist die Sprache gegen aller Väter Glossen. Weil denn nu den Christen gebührt, die Heiligen Schrift zu uben als ihr eigen einiges Buch, und ein Sunde und Schande ist, daß wir unser eigen Buch nicht wissen noch unsers Gottes Sprach und Wort nicht kennen, so ist's noch viel mehr Sunde und Schaden, daß wir nicht Sprachen lehren, sonderlich, so uns itzt Gott darbeut[4] und gibt Leute und Bücher und allerlei, was dazu dienet, und uns gleich dazu reizt und sein Buch gern wollt offen haben. Oh, wie froh sollten die lieben Väter gewesen sein, wenn sie hätten so kunnt zur Heiligen Schrift kommen und die Sprachen lehren, als wir künnten. Wie haben sie mit so großer Mühe und Fleiß kaum die Brocken erlanget, da wir mit halber, ja, schier ohn alle Ärbeit das ganze Brot gewinnen künnten. Oh, wie schändet[5] ihr Fleiß unser Faulheit. Ja, wie hart wird Gott auch rächen solchen unsern Unfleiß und Undankbarkeit.

Daher gehöret auch, daß St. Paulus 1. Kor. 14 will, daß in der Christenheit soll das Urteil sein uber allerlei Lehre, dazu aller Dinge vonnöten ist, die Sprache zu wissen. Denn der Prediger oder Lehrer mag wohl die Biblia durch und durch lesen, wie er will, er treffe oder feile, wenn niemand da ist, der da urteile, ob er's recht mache oder nicht. Soll man denn urteilen, so muß Kunst der Sprachen[6] da sein,

1 gelegt. – 2 danach gemessen. – 3 solches. – 4 darbietet. – 5 beschämt. – 6 Sprachwissenschaft.

sonst ist's verloren. Darum, obwohl der Glaube und das Evangelion durch schlechte Prediger mag ohn Sprachen predigt werden, so gehet es doch faul und schwach, und man wird's zuletzt müde und uberdrüssig und fället zu Boden. Aber wo die Sprachen sind, da gehet es frisch und stark und wird die Schrift durchtrieben[1] und findet sich der Glaube immer neu durch andere und aberandere Wort und Werk, daß der 29. Psalm solich Studiern in der Schrift vergleicht einer Jaged und spricht: Gott öffne den Hirsen die dicke Wälde. Und Psalm 1: Einem Baum, der immer grunet und immer frisch Wasser hat.

Es soll uns auch nicht irren[2], daß etliche sich des Geists rühmen und die Schrift geringe achten, etliche auch wie die Brüder Valdenses die Sprachen nicht nützlich achten. Aber, lieber Freund, Geist hin, Geist her, ich bin auch im Geist gewesen und habe auch Geist gesehen (wenn's je gelten soll, von eigenem Fleisch rühmen), vielleicht mehr, denn eben dieselbigen noch im Jahr[3] sehen werden, wie fast sie auch sich rühmen. Auch hat mein Geist sich etwas beweiset, so doch ihrer Geist im Winkel gar still ist und nicht viel mehr tut, denn seinen Ruhm aufwirft. Das weiß ich aber wohl, wie fast der Geist alles alleine tut, wäre ich doch allen Büschen zu ferne gewest[4], wo mir nicht die Sprachen geholfen und mich der Schrift sicher und gewiß gemacht hätten. Ich hätte auch wohl kunnt frumm[5] sein und in der Stille recht predigen, aber den Papst und die Sophisten mit dem ganzen endechristischen Regiment würde ich wohl haben lassen sein, was sie sind. Der Teufel achtet meinen Geist nicht so fast als meine Sprache und Feder in der Schrift. Denn mein Geist nimmt ihm nichts denn mich allein. Aber die Heiligen Schrift und Sprachen machen ihm die Welt zu enge und tut ihm Schaden in seim Reich.

So kann ich auch die Brüder Valdenses darinnen gar nichts loben, daß sie die Sprachen verachten. Denn ob sie

1 durchgearbeitet. – 2 irre machen. – 3 innerhalb eines Jahres. – 4 dem Ziel ferne geblieben. – 5 ehrbar.

gleich recht lehreten, so müssen sie doch gar oft des rechten Texts feilen und auch ungerüst und ungeschickt bleiben, zu fechten fur den Glauben, wider den Irrtum. Dazu ist ihr Ding so finster und auf eine eigen Weise[1] gezogen außer der Schriftweise, zu reden, daß ich besorge, es sei oder werde nicht lauter bleiben. Denn es gar fährlich ist, von Gottes Sachen anders reden oder mit andern Worten, denn Gott selbs braucht. Kürzlich[2] sie mügen bei ihn' selbs heilig leben und lehren. Aber weil sie ohn Sprache bleiben, wird ihn' mangeln müssen, das allen andern mangelt, nämlich, daß sie die Schrift gewiß und grundlich nicht handeln noch andern Völkern nützlich sein mügen. Weil sie aber das wohl künnten tun und nicht tun wöllen, mügen sie zusehen, wie es fur Gott zu verantworten sei.

Nu, das sei gesagt von Nutz und Not der Sprachen und christlichen Schulen fur das geistlich Wesen und zur Seelenheil. Nu laßt uns auch den Leib furnehmen und setzen[3], ob schon kein Seel noch Himmel oder Helle wäre, und sollten alleine das zeitlich Regiment ansehen nach der Welt, ob dasselb nicht dürfe[4] viel mehr guter Schulen und gelehrter Leute denn das geistliche. Denn bisher sich desselben die Sophisten so gar nichts haben angenommen und die Schulen so gar auf den geistlichen Stand gerichtet, daß gleich eine Schande gewesen ist, so ein Gelehrter ist ehlich worden und hat müssen hören sagen: Siehe, der wird weltlich und will nicht geistlich werden. Gerade, als wäre allein ihr geistlicher Stand Gott angenehm und der weltliche (wie sie ihn nennen) gar des Teufels und unchristlich, so doch dieweil fur Gott sie selbs des Teufels eigen werden und allein dieser arm Pöfel[5] (wie in der babylonischen Gefängnis dem Volk Israel geschah) im Land und rechten Stand ist blieben und die Besten und Obersten zum Teufel gen Babylon gefuhrt sind mit Platten und Kappen.

Nu, hie ist nicht not, zu sagen, wie das weltlich Regiment ein göttlich Ordnung und Stand ist (davon ich sonst soviel

1 subjektiv. – 2 kurz gesagt. – 3 annehmen. – 4 brauche. – 5 Pöbel.

gesagt hab, daß ich hoffe, es zweifel niemand dran), sondern ist zu handelen, wie man feine, geschickte Leut drein kriege. Und hie bieten uns die Heiden ein großen Trotz und Schmach an, die vorzeiten, sonderlich die Römer und Griechen, gar nichts gewußt haben, ob solicher Stand Gott gefiele aber[1] nicht, und haben doch mit solichem Ernst und Fleiß die jungen Knaben und Maidlin lassen lernen und aufziehen, daß sie dazu geschickt wurden, daß ich mich unser Christen schämen muß, wenn ich dran denke, und sonderlich unser Deutschen, die wir so gar Stöck und Tier sind und sagen türen[2]: Ja, was sollen die Schulen, so man nicht soll geistlich werden? Die wir doch wissen oder je wissen sollen, wie ein nötiges und nützes Ding es ist und Gott so angenehm, wo ein Fürst, Herr, Ratmann oder was regiern soll, gelehrt und geschickt ist, denselben Stand christlich zu fuhren.

Wenn nu gleich (wie ich gesagt habe) kein Seele wäre und man der Schulen und Sprachen gar nichts dürfte um der Schrift und Gottes willen, so wäre doch allein diese Ursach gnugsam, die allerbesten Schulen, beide, fur Knaben und Maidlin, an allen Orten aufzurichten, daß die Welt, auch ihren weltlichen Stand äußerlich zu halten, doch bedarf feiner geschickter Männer und Frauen, daß die Männer wohl regiern künnten Land und Leut, die Frauen wohl ziehen und halten künnten Haus, Kinder und Gesinde. Nu, soliche Männer müssen aus Knaben werden, und soliche Frauen müssen aus Maidlin werden. Darum ist's zu tun, daß man Knäblin und Maidlin dazu recht lehre und aufziehe. Nu hab ich droben gesagt, der gemein Mann tut hie nichts zu, kann's auch nicht, will's auch nicht, weiß auch nicht. Fürsten und Herrn sollten's tun, aber sie haben auf'm Schlitten zu fahren, zu trinken und in der Mummerei zu laufen und sind beladen mit hohen, merklichen Geschäften des Kellers, der Küchen und der Kammer. Und ob's etliche gern täten, müssen sie die andern scheuen, daß sie nicht fur

1 oder. – 2 zu sagen wagen.

Narren oder Ketzer gehalten werden. Darum will's euch, lieben Ratsherrn, alleine in der Hand bleiben, ihr habt auch Raum und Fug[1] dazu, besser denn Fürsten und Herrn.

Ja, sprichst du, ein iglicher mag seine Tochter und Söhne wohl selber lehren oder ie ziehen mit Zucht. Antwort: Ja, man siehet wohl, wie sich's lehret und zeucht. Und wenn die Zucht aufs höhest getrieben wird und wohl gerät, so kommt's nicht ferner[2], denn daß ein wenig ein eingezwungen und ehrbar Gebärde[3] da ist, sonst bleiben's gleichwohl eitel Holzböcke, die widder hievon noch davon wissen zu sagen, niemand widder raten noch helfen konnen. Wo man sie aber lehret und zöge in Schulen oder sonst, da gelehrte und züchtige Meister und Meisterin' wären, da die Sprachen und andere Künst und Historien lehreten, da würden sie hören die Geschichte und Sprüche aller Welt, wie es dieser Stadt, diesem Reich, diesem Fürsten, diesem Mann, diesem Weibe gangen wäre, und künnten also in kurzer Zeit gleich der ganzen Welt von Anbeginn Wesen, Leben, Rat und Anschläge, Gelingen und Ungelingen fur sich fassen wie in eim Spiegel, daraus sie denn ihren Sinn schikken[4] und sich in der Welt Lauft richten künnten mit Gottesfurcht, dazu witzig und klug werden aus denselben Historien, was zu suchen und zu meiden wäre in diesem äußerlichen Leben, und andern auch darnach raten und regiern. Die Zucht aber, die man daheime ohn solche Schulen furnimmt, die will uns weise machen durch eigen Erfahrung. Ehe das geschieht, so sind wir hundertmal tot und haben unser Leben lang alles unbedächtig gehandelt, denn zu eigener Erfahrung gehört viel Zeit.

Weil denn das junge Volk muß lecken[5] und springen oder ie was zu schaffen haben, da es Lust innen hat und ihm darin nicht zu wehren ist, auch nicht gut wäre, daß man's alles wehret, warum sollt man denn ihm nicht solche Schulen zurichten und solche Kunst furlegen? Sintemal es itzt von

1 Möglichkeit. – 2 weiter. – 3 äußerlicher Anstand. – 4 sich ihre Meinung bilden. – 5 hüpfen.

Gottes Gnaden alles also zugericht ist, daß die Kinder mit Lust und Spiel lehren kunnten, es seien Sprachen oder ander Künst oder Historien. Und ist itzt nicht mehr die Helle und das Fegfeur unser Schulen, da wir innen gemartert sind uber den Casualibus und Temporalibus[1], da wir doch nichts denn eitel nichts gelernt haben durch soviel Stäupen, Zittern, Angst und Jammer. Nimmt man so viel Zeit und Mühe, daß man die Kinder Spielen auf Karten, Singen und Tanzen lehret, warum nimmt man nicht auch so viel Zeit, daß man sie Lesen und ander Künst lehret, weil[2] sie jung und müßig, geschickt und lüstig dazu sind? Ich rede fur mich, wenn ich Kinder hätte und vermöcht's, sie müßten mir nicht alleine die Sprachen und Historien hören, sondern auch singen und die Musica mit der ganzen Mathematica lernen. Denn was ist dies alles denn eitel Kinderspiel, darinnen die Griechen ihre Kinder vorzeiten zogen, dadurch doch wunder geschickte Leut aus worden, zu allerlei hernach tüchtig. Ja, wie leid ist mir's itzt, daß ich nicht mehr Poeten und Historien gelesen habe und mich auch dieselben niemand gelernt hat. Habe dafur müßt lesen des Teufels Dreck, die Philosophos und Sophisten mit großer Kost[3], Ärbeit und Schaden, daß ich gnug habe dran auszufegen.

So sprichst du: Ja, wer kann seiner Kinder so embehren und alle zu Junkern ziehen? Sie müssen im Hause der Ärbeit warten etc. Antwort: Ist's doch auch nicht meine Meinung, daß man solche Schulen anrichte, wie sie bisher gewesen sind, da ein Knabe zwänzig oder dreißig Jahr hat uber dem Donat und Alexander gelernt und dennoch nichts gelernt. Es ist itzt ein ander Welt und gehet anders zu. Mein Meinung ist, daß man die Knaben des Tags ein Stund oder zwo lasse zu solcher Schule gehen und nichtsdesteweniger die ander Zeit im Hause schaffen, Handwerk lernen und wozu man sie haben will, daß beides miteinander gehe, weil[4] das Volk jung ist und gewarten[5] kann. Bringen sie

1 Deklinations- und Konjugationsübungen. – 2 solange. – 3 mit viel Kosten. – 4 solange. – 5 Fleiß darauf verwenden.

doch sonst wohl zehenmal soviel Zeit zu mit Käulichen[1] schießen, Ballspielen, Laufen und Rammeln.

Also kann ein Maidlin ja so viel Zeit haben, daß des Tages eine Stunde zur Schule gehe und dennoch seins Geschäfts im Hause wohl warte, verschläft's und vertanzet und verspielet es doch wohl mehr Zeit. Es feilet allein daran, daß man nicht Lust noch Ernst dazu hat, das junge Volk zu ziehen noch der Welt helfen und raten mit feinen Leuten. Der Teufel hat viel lieber grobe Blöche und unnütze Leut, daß den Menschen ja nicht zu wohl gehe auf Erden.

Wilche aber der Ausbund[2] darunter wäre, der man sich verhofft, daß geschickte Leut sollen werden zu Lehrer und Lehrerin, zu Prediger und andern geistlichen Ämtern, die soll man deste mehr und länger dabeilassen oder ganz daselbs verordenen, wie wir lesen von den heiligen Märterern, die St. Hagnes und Agata und Lucia und dergleichen aufzogen. Daher auch die Klöster und Stifte kommen sind, aber nu gar in einen andern verdammten Brauch verkehret. Und das will auch wohl not sein, denn der beschorne Haufe[3] nimmt fast ab, so sind sie auch das mehrer Teil untüchtig zu lehren und zu regieren, denn sie künnten nichts, ohn des Bauchs pflegen, wilchs man auch sie allein gelernt hat. So müssen wir ja Leut haben, die uns Gottes Wort und Sakrament reichen und Seelwarter[4] seien im Volk. Wo wöllen wir sie aber nehmen, so man die Schulen zergehen läßt und nicht andere, christlicher aufrichtet? Sintemal die Schulen, bisher gehalten, ob sie gleich nicht vergingen, doch nichts geben mügen denn eitel verlorne, schädliche Verführer.

Darum es hohe Not ist, nicht alleine der jungen Leut halben, sondern auch beider unser Stände, geistlich und weltlich, zu 'rhalten, daß man in dieser Sachen mit Ernst und in der Zeit dazutu, auf daß wir's nicht hintennach, wenn wir's versäumet haben, vielleicht müssen lassen, ob wir's denn gerne tun wollten, und umsonst den Reuling[5] uns mit Scha-

1 Käulchen, Kügelchen. – 2 die Elite. – 3 Mönchsstand. – 4 Seelsorger. – 5 die Reue.

den beißen lassen ewiglich. Denn Gott erbeut sich reichlich und reicht die Hand dar und gibt dazu, was dazu gehöret. Verachten wir's, so haben wir schon unser Urteil mit dem Volk Israel, da Jesajas von sagt: Ich habe meine Hand dargeboten den ganzen Tag dem ungläubigen Volk, das mir widerstrebt. Und Spr. 1: Ich habe meine Hand dargeboten, und niemand wollt's ansehen, ihr habt alle meinen Rat verachtet. Wohlan, so will ich euer auch lachen in euerm Verderben und spotten, wenn uber euch kommet euer Unglück etc. Da laßt uns fur hüten. Sehet an zum Exempel, wilch einen großen Fleiß der König Salomo hierinnen tan hat, wie er sich des jungen Volks angenommen, daß er unter seinen königlichen Geschäften auch ein Buch fur das junge Volk gemacht hat, das da heißt Proverbiorum. Und Christus selbs, wie zeucht er die jungen Kindlin zu sich! Wie fleißig befiehlet er sie uns und rühmet auch die Engel, die ihr' warten (Matth. am 18.), daß er uns anzeige, wie ein großer Dienst es ist, wo man das junge Volk wohl zeucht, wiederum, wie greulich er zürnet, so man sie ärgert[1] und so verderben läßt.

Darum, lieben Herrn, laßt euch das Werk anliegen, das Gott so hoch von euch fodert, das euer Amt schuldig ist, das der Jugend so not ist und des widder Welt noch Geist embehrn kann. Wir sind leider lang gnug im Finsternis verfaulet und verdorben. Wir sind allzu lange gnug deutsche Bestien gewesen. Laßt uns einmal auch der Vernunft brauchen, daß Gott merke die Dankbarkeit seiner Güter[2] und ander Lande sehen, daß wir auch Menschen und Leute sind, die etwas Nützlichs entweder von ihn' lernen oder sie lehren künnten, damit auch durch uns die Welt gebessert werde. Ich habe das Meine getan. Ich wollt ie deutschem Lande gerne geraten und geholfen haben, ob mich gleich etlich darüber werden verachten und solchen treuen Rat in Wind schlahen und Bessers wissen wöllen, das muß ich geschehen lassen. Ich weiß wohl, daß andere künnten besser

1 arg werden. – 2 für seine Wohltaten.

haben ausgericht, auch[1] weil sie schweigen, richt ich's aus, so gut als ich's kann. Es ist ie besser, dazu geredt, wie ungeschickt es auch sei, denn aller Dinge davon geschwiegen. Und bin der Hoffnung, Gott werde ie euer etliche erwekken, daß mein treuer Rat nicht gar in die Aschen falle, und werden ansehen nicht den, der es redt, sondern die Sach selbs bewegen und sich bewegen lassen.

Am letzten ist auch das wohl zu bedenken allen denjenigen, so Lieb und Lust haben, daß solche Schulen und Sprachen in deutschen Landen aufgericht und erhalten werden, daß man Fleiß und Koste nicht spare, gute Librareien oder Bücherhäuser, sonderlich in den großen Städten, die solichs wohl vermügen, zu verschaffen. Denn so das Evangelion und allerlei Kunst soll bleiben, muß es ie in Bücher und Schrift verfasset und angebunden sein, wie die Propheten und Apostel selbs getan haben, als ich droben gesagt habe. Und das nicht alleine darum, daß diejenigen, so uns geistlich und weltlich fürstehen sollen, zu lesen und studiern haben, sondern daß auch die guten Bücher behalten und nicht verloren werden samt der Kunst und Sprachen, so wir itzt von Gottes Gnaden haben. Hierinnen ist auch St. Paulus fleißig gewesen, da er Timotheo befiehlet, er solle anhalten am Lesen, und auch befiehlt, er solle das Pergamen, zu Troada gelassen, mit sich bringen.

Ja, solchs haben sich geflissen alle Königreiche, die etwas Sonderlichs gewesen sind, und zuvor das israelische Volk, unter wilchen solchs Werk Mose anfing der erste und hieß das Buch des Gesetzs in die Lade Gottes verwahren und tät's unter die Hand der Leviten, daß man bei denselben sollt holen Abschrift, wer es bedürfte, also daß er auch dem Könige gebeut, er solle von den Leviten solchs Buchs Abschrift nehmen, daß man wohl siehet, wie Gott das levitische Priestertum unter andern Geschäften auch dazu verordenet hat, daß sie der Bücher hüten und warten sollten. Nachdem hat diese Librarei gemehret und gebessert Josua,

1 und nur.

darnach Samuel, David, Salomo, Jesaja und so fortan viel mehr Könige und Propheten. Daher ist kommen die Heilige Schrift des Alten Testaments, wilche sonst nimmermehr wäre zusammenbracht oder blieben, wo Gott nicht hätte solchen Fleiß drauf heißen haben.

Dem Exempel nach haben auch die Stifte und Klöster vorzeiten Librareien angericht, wiewohl mit wenig guten Büchern. Und was es fur Schaden tan hat, daß man zu der Zeit nicht drob[1] gehalten hat, Bücher und gute Librareien zu verschaffen, da man Bücher und Leute genug dazu hatte, ist man darnach wohl gewahr worden, daß leider mit der Zeit dahingefallen ist alle Künst und Sprachen. Und anstatt rechtschaffener Bücher die tollen, unnützen, schädlichen Münichebücher, Catholicon, Florista, Graecista, Labyrinthus, Dormi secure und dergleichen Eselsmist vom Teufel eingefuhrt ist, daß damit die lateinische Sprache zu Boden ist gangen und nirgend kein geschickte Schule noch Lahre noch Weise zu studiern ist uberblieben. Und wie wir erfahren und gesehen haben, daß mit so viel Mühe und Ärbeit man die Sprachen und Kunst dennocht gar unvollkommen aus etlichen Brocken und Stucken alter Bücher, aus dem Staub und Würmern wieder 'erfürbracht hat und noch täglich dran sucht und ärbeit, gleich wie man in einer zustöreten Stadt in der Aschen nach den Schätzen und Kleinoden gräbt.

Darin ist uns auch recht geschehen und hat Gott unser Undankbarkeit recht wohl bezahlet, daß wir nicht bedachten, seine Wohltat und Vorrat schafften, da es Zeit war und wohl kunnten, damit wir gute Bücher und gelehrte Leut hätten behalten, ließen es so fahren, als ginge es uns nicht an. Tät er auch wiederum und ließ anstatt der Heiligen Schrift und guter Bücher den Aristotelem kommen mit unzähligen schädlichen Büchern, die uns nür immer weiter von der Biblien fuhreten. Dazu die Teufelslarven, die Müniche und der hohen Schulen Gespenst, die wir mit un-

1 darauf.

menschlichem Gut gestift und viel Doctores, Praedicatores, Magistros, Pfaffen und Müniche, das ist große, grobe, fette Esel, mit roten und braunen Baretten geschmuckt wie die Sau mit einer gülden Ketten und Perlen, erhalten[1] und auf uns selbs geladen haben, die uns nichts Guts lehreten, sondern nur immer mehr blinder und toller machten und dafür alle unser Gut fressen und sammleten nur des Drecks und Mistes ihrer unflätigen, giftigen Bücher alle Klöster, ja, alle Winkel voll, das greulich zu denken ist.

Ist's nicht ein elender Jammer bisher gewesen, daß ein Knabe hat müssen zwänzig Jahr oder länger studieren, allein daß er soviel böses Lateinisch hat gelernt, daß er mocht Pfaff werden und Meß lesen? Und wilchem es dahin kommen[2] ist, der ist selig gewest. Selig ist die Mutter gewest, die ein solch Kind getragen hat. Und ist doch ein armer, ungelehrter Mensch sein Leben lang blieben, der widder zu Glucken noch zu Eierlegen getügt[3] hat. Solche Lehrer und Meister haben wir müssen allenthalben haben, die selbs nichts gekunnt und nichts Guts noch Rechts haben mügen lehren, ja, auch die Weise nicht gewißt, wie man doch lernen und lehren sollte. Wes ist die Schuld? Es sind kein ander Bücher fürhanden gewest denn solche tolle Müniche- und Sophistenbücher. Was sollten denn anders draus werden denn eitel tolle Schuler und Lehrer, wie die Bücher waren, die sie lehreten. Ein Dohle hecket keine Tauben und ein Narr machet kein Klugen. Das ist der Lohn der Undankbarkeit, daß man nicht hat Fleiß an Librareien gewendet, sondern hat lassen die guten Bücher vergehen und die unnützen behalten.

Aber mein Rat ist nicht, daß man ohn Unterschied allerlei Bücher zuhauf raffe und nicht mehr gedenke denn nur auf die Menge und Haufen Bücher. Ich wollt die Wahl drunter haben, daß nicht not sei, aller Juristen Komment, aller Theologen Sententiarum und aller Philosophen Questiones und aller Müniche Sermones zu sammlen. Ja, ich wollt sol-

1 unterhalten. – 2 soweit gelungen. – 3 getaugt.

chen Mist ganz ausstoßen und mit rechtschaffenen Büchern meine Librarei versorgen und gelehrte Leut darüber zu Rat nehmen. Erstlich sollt die Heilige Schrift beide auf Lateinisch, Griechisch, Ebräisch und Deutsch und ob sie noch in mehr Sprachen wäre, drinnen sein. Darnach die besten Ausleger und die Ältesten beide Griechisch, Ebräisch und Lateinisch, wo ich sie finden künnte. Darnach solche Bücher, die zu den Sprachen zu lernen dienen, als die Poeten und Oratores, nicht angesehen, ob sie Heiden oder Christen wären, Griechisch oder Lateinisch. Denn aus solchen muß man die Grammatica lernen. Darnoch sollten sein die Bücher von den Freien Künsten und sonst von allen andern Künsten, zuletzt auch der Recht- und Ärzeneibücher, wiewohl auch hie unter den Kommenten einer guten Wahl not ist.

Mit den fürnehmsten aber sollten sein die Chroniken und Historien, waserlei[1] Sprachen man haben künnte, denn dieselben wunder nütz sind, der Welt Lauf zu erkennen und zu regieren, ja, auch Gottes Wunder und Werk zu sehen. Oh, wie manche feine Geschichte und Sprüche sollt man itzt haben, die in deutschen Landen geschehen und gangen sind, der wir itzt gar keins wissen. Das macht: Niemand ist da gewesen, der sie beschrieben oder, ob sie schon beschrieben gewest wären, niemand die Bücher gehalten[2] hat, darum man auch von uns Deutschen nichts weiß in andern Landen, und müssen aller Welt die deutschen Bestien heißen, die nichts mehr künnten denn Kriegen und Fressen und Saufen. Aber die Griechischen und Lateinischen, ja, auch die Ebräischen haben ihr Ding so gnau und fleißig beschrieben, daß, wo auch ein Weib oder Kind etwas Sonderlichs getan oder geredt hat, das muß alle Welt lesen und wissen, dieweil sind wir Deutschen noch immer Deutschen und wöllen Deutsche bleiben.

Weil uns denn itzt Gott so gnädiglich beraten hat mit aller Fülle, beide, der Kunst, gelehrter Leute und Bücher, so

1 welcherlei. – 2 erhalten, aufbewahrt.

ist's Zeit, daß wir ernten und einschneiden das Beste, das wir künnten, und Schätze sammlen, damit wir etwas behalten auf das Zukünftige von diesen gülden Jahren und nicht diese reiche Ernte versäumen. Denn es zu besorgen ist und itzt schon wieder anfähet, daß man immer neu und ander Bücher macht, daß zuletzt dahin komme, daß durch des Teufels Werk die guten Bücher, so itzt durch den Druck 'erfurbracht sind, wiederum unterdruckt werden und die losen, heillosen Bücher von unnützen und tollen Dingen wieder einreißen und alle Winkel füllen. Denn damit geht der Teufel gewißlich um, daß man sich wiederum mit eitel Catholicon, Floristen, Modernisten und des verdammten Münichen und Sophisten Mists tragen und martern müsse wie vorhin, und immer lernen und doch nimmer nichts erlernen.

Derhalben bitt ich euch, meine lieben Herrn, wöllet diese meine Treue und Fleiß bei euch lassen Frucht schaffen. Und ob etlich wären, die mich zu geringe dafur hielten, daß sie meins Rats sollten leben oder mich als den Verdammten von den Tyrannen verachten, die wollten doch das ansehen, daß ich nicht das meine, sondern allein des ganzen deutschen Lands Glück und Heil suche. Und ob ich schon ein Narr wäre und treffe doch was Guts, sollt's ie keinem Weisen ein Schande dunken, mir zu folgen. Und ob ich gleich ein Türke und Heide wäre, so man doch siehet, daß nicht mir daraus kann der Nutz kommen, sondern den Christen, sollen sie doch billig meinen Dienst nicht verachten. Es hat wohl ehemals ein Narr baß zu geraten denn ein ganzer Rat der Klugen. Mose mußte sich von Jethro lehren lassen. Hiemit befiehl ich euch alle Gottes Gnaden, der wöllt eur Herzen erweichen und anzünden, daß sie sich der armen, elenden, verlassenen Jugend mit Ernst annehmen und durch göttliche Hilfe ihn' raten und helfen zu seligem und christlichem Regiment deutsches Lands an Leib und Seel mit aller Fülle und Überfluß zu Lob und Ehren Gott dem Vater durch Jesum Christum unsern Heiland. Amen.

Von Kaufshandlung und Wucher
1524

Das heilig Evangelion, nachdem es an den Tag kommen ist, straft und zeigt allerlei Werk der Finsternis, wie die St. Paulus nennet Röm. 13. Denn es ist ein helles Licht, das aller Welt leucht und lehret, wie böse die Werk der Welt sind, und zeiget die rechte Werk, so man gegen Gott und den Nähisten uben soll. Daher auch etliche unter den Kaufleuten auferwacht und gewahr worden sind, daß unter ihrem Handel mancher böser Griff[1] und schädliche Finanze[2] im Brauch sind und zu besorgen ist, es gehe hie zu, wie der Ecclesiasticus sagt, daß Kaufleut schwerlich ohn Sunde sein mügen. Ja, ich acht, es treffe sie der Spruch St. Pauli 1. Tim. 6,10;9: Der Geiz ist eine Wurzel alles Ubels. Und abermal: Wilche reich wollen werden, die fallen dem Teufel in den Strick und in viel unnutze, schädliche Begierde, wilche die Leut versenken ins Verderben und Verdammnis.

Wiewohl ich aber denke, dies mein Schreiben werde fast umsonst sein, weil der Unfall[3] so weit eingerissen und aller Ding uberhand genommen hat in allen Landen, dazu diejenigen, so das Evangelion verstehen, selbst aus eigenem Gewissen wohl kunnten urteilen in solchen äußerlichen leichten Sachen, was billig und unbillig sei, bin ich doch ermahnet und gebeten, solche Finanze zu rühren[4] und etliche an den Tag zu bringen, ob je[5] der Haufe nicht recht wolle, daß doch etliche, wie wenig auch derselben sei, aus dem Schlund und Rachen des Geizs erlöset wurden. Denn es muß ja so sein, daß man noch etliche finde unter den

1 Kniff. – 2 Betrügereien. – 3 das Unheil. – 4 Betrugsgeschäfte anzugreifen. – 5 wenn auch.

Kaufleuten sowohl als unter ander Leuten, die Christo zugehoren und lieber wollten mit Gott arm denn mit dem Teufel reich sein, wie der 37. Psalm sagt: Es ist dem Gerechten besser ein Wenig denn große Guter der Gottlosen. Wohlan, um derselben willen mussen wir reden.

Das kann man aber nicht leugen[1], daß Käufen und Verkäufen ein notig Ding ist, des man nicht embehren und wohl christlich brauchen kann, sonderlich in den Dingen, die zur Not und Ehren dienen. Denn also haben auch die Patriarchen verkauft und gekauft Vieh, Wolle, Getreide, Butter, Milch und ander Gueter. Es sind Gotts Gaben, die er aus der Erden gibt und unter die Menschen teilet. Aber der ausländische Kaufshandel, der aus Kalikut und Indien und dergleichen War herbringt, als solch kostlich Seiden und Goldwerk und Wurze, die nur zur Pracht und keinem Nutz dienet und Land und Leuten das Geld aussäuget, sollt nicht zugelassen werden, wo wir ein Regiment und Fursten hätten. Doch hievon will ich itzt nicht schreiben, denn ich acht, es werde zuletzt, wenn wir nimmer Geld haben, von ihm selbst ablassen[2] mussen wie auch der Schmuck und Fraß. Es will doch sonst kein Schreiben noch Lehren helfen, bis uns die Not und Armut zwinge.

Gott hat uns Deutschen dahin geschlaudert, daß wir unser Gold und Silber mussen in fremde Länder stoßen, alle Welt reich machen und selbst Bettler bleiben. Engeland sollt wohl weniger Golds haben, wenn Deutschland ihm sein Tuch ließe, und der König von Portigal sollt auch weniger haben, wenn wir ihm seine Wurze ließen. Rechen du, wieviel Gelds eine Messe zu Frankfurt aus deutschem Land gefuhrt wird ohn Not und Ursache, so wirst du dich wundern, wie es zugehe, daß noch ein Heller in deutschen Landen sei. Frankfurt ist das Silber- und Goldloch, da durch aus deutschem Land fleußt, was nur quillet und wächst, gemunzt oder geschlagen wird bei uns. Wäre das Loch zugestopft, so durft[3] man itzt der Klage nicht horen, wie allent-

1 leugnen. – 2 von selbst aufhören. – 3 brauchte.

halben eitel Schuld und kein Geld, alle Land und Städte mit Zinsen beschweret und ausgewuchert sind. Aber laß gehen, es will doch also gehen! Wir Deutschen mussen Deutschen bleiben, wir lassen nicht ab, wir mussen denn.

Wir wollen hie von Mißbrauch und Sunden des Kaufhandels reden, so viel es das Gewissen betrifft. Wie es des Beutels Schaden trifft, lassen wir Fursten und Herrn fur sorgen, daß sie ihr Pflicht daran ausrichten.

Erstlich haben die Kaufleut unter sich ein gemeine Regel, das ist ihr Häuptspruch und Grund aller Finanzen, da sie sagen: Ich mag meine War so teur geben, als ich kann. Das halten sie fur ein Recht, da ist dem Geiz der Raum gemacht und der Hellen Tur und Fenster alle aufgetan. Was ist das anders gesagt, denn so viel: Ich frage nichts nach meinem Nähisten. Hätte ich nur meinen Gewinn und Geiz voll, was gehet mich's an, daß es zehen Schaden meinem Nähisten tät auf einmal. Da siehest du, wie dieser Spruch so stracks unverschamt nicht alleine wider die christliche Liebe, sondern auch wider das naturlich Gesetz fähret. Was sollt nu Guts im Kaufhandel sein? Was sollt ohn Sunde sein, wo solch Unrecht das Häuptstuck und Regel ist des ganzen Handels? Es kann damit der Kaufhandel nichts anders sein denn Rauben und Stehlen den andern ihr Gut.

Denn wo das Schalksauge und der Geizwanst hie gewahr wird, daß man seine War haben muß oder der Käufer arm ist und sein darf[1], da macht er's ihm nutz[2] und teur. Da siehet er nicht auf die Wirde[3] der War oder auf den Dienst seiner Muhe und Fahr[4], sondern schlecht auf die Not und Darbe[5] seines Nähisten, nicht, derselben zu helfen, sondern derselben zu seinem Genieß[6] zu brauchen, seine War zu steigern, die er sonst wohl ungesteigert ließe, wo des Nähisten Not nicht da wäre. Und muß also durch seinen Geiz die War so viel mehr gelten, so viel der Nähist großer Not leidet, daß des Nähisten Not gleich der War Schatz und

1 seiner bedarf. – 2 sich zunutze. – 3 den Wert. – 4 Gefahr. – 5 Bedürftigkeit. – 6 Nutzen.

Wirde sein muß. Sage mir, heißt das nicht unchristlich und unmenschlich gehandelt? Wird daselbst nicht des Armen Not ihm selbst mitunter verkauft? Denn weil er seiner Not halben die War deste teuer nehmen muß, ist's ebensoviel, als daß er muß seine Not erkäufen. Denn nicht die lauter War ihm verkauft wird, wie sie an ihr selbst ist, sondern mit dem Zusatz und Anhang, daß er derselbigen benotigt ist. Siehe, dieser und dergleichen Greuel muß folgen, wo dies Recht geht: Ich mag mein War so teur verkäufen, als ich kann.

Es sollt nicht so heißen: Ich mag meine War so teur geben, als ich kann oder will, sondern also: Ich mag meine War so teur geben, als ich soll oder als recht und billig ist. Denn dein Verkäufen soll nicht ein Werk sein, das frei in deiner Macht und Willen ohn alle Gesetz und Maß stehe, als wärest du ein Gott, der niemand verbunden wäre, sondern weil solch dein Verkäufen ein Werk ist, das du gegen deinem Nähisten ubest, soll es mit solchem Gesetz und Gewissen verfasset sein, daß du es ubest ohn Schaden und Nachteil deines Nähisten und viel mehr acht haben, daß du ihm nicht Schaden tust, denn wie du gewinnest. Ja, wo sind solche Kaufleut? Wie sollt der Kaufleut so wenig werden und der Kaufshandel abnehmen, wo sie dies böse Recht wurden bessern und auf christliche billige Weise bringen?

So fragest du denn: Ja, wie teur soll ich's denn geben? Wo treff ich das Recht und die Billigkeit, daß ich meinen Nähisten nicht ubersetze[1] oder ubernehme? Antwort: Das wird freilich mit keiner Schrift noch Rede nimmermehr verfasset[2] werden. Es hat's auch noch niemand furgenommen, ein igliche War zu setzen, steigern oder niedern[3]. Ursach ist die: Die War ist nicht alle gleich. So holet man eine ferner denn die ander, geht auf eine mehr Kost denn auf ein andere, daß es hie alles ungewiß ist und bleiben muß und nichts Gewisses mag gesetzt werden, so wenig als man eine

1 überteure. – 2 festgesetzt. – 3 (Preis) herabzusetzen.

einige[1] gewisse Stadt setzen[2] mag, da man sie alle herholet oder gewisse Kost stimmen[3], die draufgeht, sintemal es geschehen mag, daß einerlei War aus einerlei Stadt auf einerlei Straße heur mehr koste denn fur eim Jahr, daß vielleicht der Weg und Wetter böser ist oder sonst ein Zufall kommt, der zu mehrer Unkost dringt denn auf ein ander Zeit. Nu ist's aber billig und recht, daß ein Kaufmann an seiner War so viel gewinne, daß seine Kost bezahlet, seine Muhe, Ärbeit und Fahr belohnet werde. Muß doch ein Ackerknecht Futter und Lohn von seiner Ärbeit haben. Wer kann umsonst dienen oder ärbeiten? So spricht das Evangelion: Ein Ärbeiter ist seines Lohns wert.

Doch daß wir nicht gar dazu schweigen, wäre das die beste und sicherste Weise, daß weltliche Oberkeit hie vernunftige redliche Leute setzte und verordenete, die allerlei War uberschlugen[4] mit ihrer Koste und setzten darnach das Maß und Ziel, was sie gelten sollt, daß der Kaufmann kunnt zukommen und seine ziemliche Nahrung davon haben, wie man an etlichen Orten Wein, Fisch, Brot und desgleichen setzt. Aber wir Deutschen haben mehr zu tun, zu trinken und zu tanzen, daß wir solchs Regiments und Ordnung nicht kunnten gewarten. Weil denn diese Ordnung nicht zu hoffen ist, ist das der nähiste und beste Rat, daß man die War lasse gelten, wie sie der gemein Markt gibt und nimmt oder wie Lands Gewohnheit ist zu geben und zu nehmen. Denn hierinne mag man das Sprichwort gehen lassen: Tu wie ander Leute, so narrest du nicht. Was solcher Weise gewonnen wird, acht ich redlich und wohl gewonnen, sintemal hier die Fahr steht, daß sie zuweilen an der War und Kost verlieren mussen und sich nicht allzu reich gewinnen mügen.

Wo aber die War nicht gesetzt noch gäng und gäbe[5] ist und du sollt und mußt sie setzen zum ersten, wahrlich, hie kann man nicht anders lehren, man muß dir's auf dein Ge-

1 einzige. – 2 festsetzen. – 3 genaue Kosten bestimmen. – 4 abschätzen. – 5 abgeschätzt noch gängig bekannt.

wissen heimgeben, daß du zusehest und deinen Nähisten nicht ubernehmest und nicht den Geiz, sondern deine ziemliche Nahrunge suchest. Es haben etliche hie wollen Maß setzen, daß man müge an aller War die Hälfte gewinnen, etlich, daß man müge das dritte Teil gewinnen, etliche auch anders. Aber der ist keins gewiß noch sicher, es wäre denn von weltlicher Oberkeit und gemein Recht also verordenet. Was dieselbige hierin setzte, das wäre sicher. Darum mußt du dir fursetzen, nichts denn deine ziemliche Nahrunge zu suchen in solchem Handel, darnach Kost, Muhe, Ärbeit und Fahr rechen und uberschlahen und also denn die War selbst setzen, steigern oder niedern, daß du solcher Ärbeit und Muhe Lohn davon habest.

Ich will aber hie das Gewissen nicht so fährlich gefangen noch so enge gespannen[1] haben, als mußt man das Maß so treffen, daß nicht um einen Heller sollt feilen[2]. Denn das ist nicht müglich, daß du so eben[3] treffen solltest, wieviel du verdienet habest mit solcher Muhe und Ärbeit. Es ist gnug, daß du mit gutem Gewissen darnach trachtest, daß du gerne das rechte Maß treffest und doch des Handels Art ist, das nicht müglich ist zu tun. Es wird der Spruch des Weisen auch an dir wohl wahr bleiben: Ein Kaufmann mag schwerlich ohn Sund handeln und ein Kretzmar[4] wird schwerlich gerechten Mund behalten. Ob du nu ein wenig zuviel nehmest unwissend und ungerne, so laß dasselb ins Vaterunser fahren, da man betet: Vergib uns unsere Schuld. Ist doch keins Menschen Leben ohn Sunde. Ach so kommt's wohl wiederum[5], daß du fur deine Muhe etwa zu wenig nehmest, da laß in die Wette schlahen[6] und gegen ander aufheben, wo du zuviel genommen hast.

Als[7] wenn du einen Handel hättest, der des Jahrs auf hundert Gulden liefe[8] und du uber alle Koste und ziemlichen Lohn, den du fur deine Muhe, Ärbeit und Fahr dran gewunnest und nehmest, ungefährlich ein Gulden, zween

1 eingespannt. – 2 fehlen. – 3 genau. – 4 Krämer. – 5 umgekehrt vor. – 6 es wie ein Wetteinsatz sein. – 7 wenn. – 8 sich beliefe.

oder drei zuviel gewunnst, das heiß ich hie den Feil[1] im Handel, den man nicht wohl meiden kann, sonderlich so zu handeln ein Jahr lang. Darum sollt du dein Gewissen damit nicht beschweren, sondern als eine ander unuberwindliche Sunde, die uns allen anhangen, mit dem Vaterunser fur Gott bringen und ihm befehlen. Denn zu solchem Feil dringt dich die Not und Art des Werks, nicht der Mutwille und Geiz, denn ich rede hie von den gutherzigen und gottfurchtigen Menschen, die nicht gern Unrecht täten, gleich wie die ehliche Pflicht nicht ohn Sunde geschieht und doch Gott um der Not willen solchem Werk durch die Finger siehet, weil es nicht anders sein kann.

Wie hoch aber dein Lohn zu schätzen sei, den du an solchem Handel und Ärbeit gewinnen sollt, kannst du nicht besser rechen und abnehmen, denn daß du die Zeit und Größe der Ärbeit uberschlahest und nehmest ein Gleichnis von eim gemeinen Taglohner, der sonst etwa ärbeitet, und siehest, was derselb einen Tag verdienet. Darnach rechene, wieviel Tage du an der Ware zu holen und zu erwerben dich gemuhet und wie große Ärbeit und Fahr darinnen gestanden habst, denn große Ärbeit und viel Zeit soll auch deste größern und mehr Lohn haben. Näher und besser und gewisser kann man in dieser Sachen nicht reden noch lehren. Wem das nicht gefällt, der mach's besser. Mein Grund steht (wie gesagt ist) im Evangelio, daß ein Ärbeiter seins Lohns wert ist. Und Paulus auch spricht 1. Kor. 9: Wer des Viehes hut, soll der Milch genießen. Wer kann auf eigen Kost und Sold reisen? Hast du bessern Grund, gann[2] ich dir wohl.

Zum andern ist noch ein gemein Feil, wilcher nicht allein unter den Kaufleuten, sondern auch in aller Welt ein läuftige Gewohnheit ist, daß einer fur den andern Burge wird. Und wiewohl dasselbige Werk scheinet ohn Sunde und eine Tugend der Liebe zu sein, so verderbet es doch gemeiniglich viel Leute und bringet sie zu unuberwindlichem Scha-

1 Fehler. – 2 gönne.

den. Der König Salomo hat solchs manchfältig verboten und verworfen in seinen Sprüchen und spricht am 6. Kap.: Mein Kind, bist du fur deinen Nähisten Burge worden, so hast du deine Hand verhäftet, du bist verknupft mit der Rede deins Munds und gefangen mit der Rede deines Mundes. So tu doch, mein Kind, also und errette dich, denn du bist deinem Nähisten in die Hände kommen. Lauf, eile und treibe deinen Nähisten, laß deine Augen nicht schlafen, noch deine Augenlide schlummern! Errette dich wie ein Rehe von der Hand und wie ein Vogel aus der Hand des Vogelers. Item Kap. 20: Nimm dem sein Kleid, der fur einen andern Burge wird und pfände ihn um des Fremden willen. Item Kap. 22: Sei nicht bei denen, die ihre Hand verhäften und fur Schuld Burge werden. Und abermal am 27.: Nimm dem sein Kleid, der fur ein andern Burge wird und pfände ihn um des Fremden willen.

Siehe da, wie der weise Konig in der Heiligen Schrift so hart und heftig verbeut, fur andere Burge zu werden. Auch stimmet mit ihm das deutsche Sprichwort: Burgen soll man wurgen. Als sollt's sagen: Es geschieht dem Burgen recht, daß er gewurget wird und zahlen muß, denn er tut leichtfertig und törlich daran, daß er Burge wird, also daß solchs nach der Schrift beschlossen ist, daß niemand soll fur andere Burge werden, er vermüg es denn und sei volliges Willens, selbst schuldig zu sein und bezahlen. Nu scheinet es wunderlich, daß solch Werk böse sei und verworfen, denn daß es ein torlich Werk sei, haben gar viel selbst erfahren, die das Häuptkratzen davon kriegen haben. Was ist denn die Ursach, daß verworfen wird? Das wollen wir sehen.

Es ist Burge werden ein Werk, das eim Menschen zu hoch ist und nicht zugebührt und greift mit Vermessenheit in Gottes Werk. Denn erstlich, so verbeut die Schrift, man soll keinem Menschen trauen noch sich auf ihn verlassen, sondern alleine auf Gott, denn menschlich Natur ist falsch, eitel, lügenhaftig und ungewiß, wie die Schrift sagt und auch die Erfahrung täglich lehret. Wer aber Burge wird, der trauet einem Menschen und setzt sich mit Leib und Gut in die Fahr auf einen falschen, ungewissen Grund. Darum geschieht ihm recht, daß er falle und feile und in der Fahr verderbe. Zum andern so trauet er auch auf sich selbst und macht sich selbst zum Gott (denn warauf ein Mensch trauet und sich verläßt, das ist sein Gott). Nu er aber seins Leibs und Guts kein Augenblick sicher und gewiß ist als wenig[1] als des, fur den er Burge wird, sondern steht alles in Gottes Hand alleine, der nicht haben will, daß wir ins Kunftige ein Haarbreit Macht oder Recht haben und des kein Augenblick sicher und gewiß sein sollen, so tut er unchristlich, und geschieht ihm recht, weil er das versetzt[2] und zusagt, das nicht sein noch in seiner Macht, sondern in Gottes Händen alleine steht.

Also lesen wir 1. Mos. 43 und 44, wie der Erzvater Juda fur seinen Bruder Benjamin Burge ward gegen seinem Vater Jakob, daß er ihn wollt wiederbringen oder wollt selbst ewiglich schuldig sein. Aber Gott straft dieselbe Vermessenheit fein und ließ ihn sinken und feilen, daß der Benjamin nicht kunnt wiederbringen, bis er selbst sich fur ihn gab und dennoch aus Gnaden kaum los[3] ward. Und ihm geschah recht, denn solche Burge tun gerade, als dürften sie Gott nicht einmal drum grüßen oder denken, ob sie ihrs Leibs und Guts auch morgen gewiß seien und handlen so gar ohn Fürcht Gottes, als hätten sie das Leben und Gut von ihn selbst und wären's mächtig, wie lange sie wollten, wilchs nicht anders ist denn eine Frücht des Unglaubens, wie auch Jacobus in seiner Epistel solchs Kap. 4 fur einen Hochmut schilt und spricht: Wohlan, die ihr nu saget, heute oder morgen wollen wir ziehen in die oder die Stadt und da hantieren und gewinnen; die ihr nicht wisset, was morgen sein wird, denn was ist euer Leben? Ein Dampf ist's, der ein kleine Zeit währet und darnach vergeht. Dafur, das ihr sagen solltet, leben wir, und will's Gott, so wollen wir dies oder das tun. Nu aber rühmet ihr euch in eurem Hochmut.

1 ebenso wenig. – 2 als Pfand setzt. – 3 erlöst.

Auch hat Gott solch Vermessenheit des Kunftigen und Gottes Unachtung an mehr Orten verdammt, als Luk. 12, da der reiche Mann viel Getreide des Jahrs hatte, daß er seine Scheunen wollt abbrechen und größere bauen und seine Güter dahin tun und sprach zu seiner Seel: Liebe Seele, du hast viel Guts auf viel Jahr, iß und trink und sei guts Muts. Aber Gott sprach zu ihm: Du Narr! Diese Nacht wird man deine Seele von dir fodern, und wes wird's sein, das du gesammlet hast? So gehet's allen, die nicht in Gott reiche sind. Also antwortet er auch Apostelgesch. 1 den Jüngern: Es steht euch nicht zu, zu wissen Zeit und Stunde, die der Vater in seiner Gewalt hat. Und Spr. 27: Rühme dich nicht auf den morgend Tag, denn du weißt nicht, was sich noch heute begeben mag. Darum er auch im Vaterunser uns hat nicht mehr denn ums tägliche Brot heut zu geben heißen bitten, auf daß wir mit Fürchten leben und handlen sollen und wissen, daß wir keine Stunde sicher seien, widder[1] Lebens noch Guts, sondern alles aus seinen Händen gewarten und nehmen, wie denn tut ein rechter Glaube. Und zwar[2] wir sehen's auch täglich an vielen Gotteswerken, das also muß zugehen, wir tun's gerne oder ungerne.

Salomo hat fast sein ganzes Buch auf solche Lehre gericht, das Ecclesiastes heißt und zeigt an, wie allenthalben der Menschen Furnehmen und Vermessenheit so gar eitel und nichts denn Mühe und Ungluck ist, wo nicht Gott mit drein gezogen wird, daß man ihn furchte und laß ihm genügen an dem Gegenwärtigen und freu sich desselbigen. Denn Gott ist der sichern ungläubischen Vermessenheit feind, die sein vergisset. Darum handelt er dawider mit allen seinen Werken, läßt uns feilen und fallen, reißet Leib und Gut dahin, wenn wir's am wenigsten denken und kommt zu der Stunde, der wir uns gar nichts versehen, daß die Gottlosen, wie der Psalter sagt, ihr Leben nimmer zur Hälfte bringen, sondern allezeit unversehens und wenn sie erst recht anfahen wollen, dahinfahren und davon mussen, wie Hiob auch vielmal saget.

1 weder. – 2 wahrlich.

So sprichst du denn: Wie sollen denn die Leut miteinander handeln, so Burge werden nicht taug? So mußte mancher dahinten bleiben, der sonst wohl 'erfurkommen mag. Antwort: Es sind vier Weise, äußerlich Gut christlich mit andern zu handeln, wie ich mehr[1] gesagt habe. Die erste ist, daß man lasse nehmen und rauben unser Gut, wie Christus lehret Matth. 5: Wer dir den Mantel nimmt, dem laß auch den Rock und foder es nicht wieder von ihm. Diese Weise gilt nu nichts unter den Kaufleuten, man hat solchs auch nicht fur ein gemeine christliche Lehre gehalten noch gepredigt, sondern fur einen Rat und gute Meinunge fur die Geistlichen und Vollkommene, wilchs [diese] doch weniger halten denn kein Kaufmann. Aber rechte Christen halten's, denn sie wissen, daß ihr Vater im Himmel hat ihnen Matth. 6 gewißlich zugesagt, das täglich Brot heute zu geben. Und wo man also täte, wurde nicht allein so unzählige Mißbrauche in allen Handeln nachbleiben[2], sondern wurden gar viel nicht Kaufleut werden, weil Vernunft und menschlich Natur solche Fahr und Schaden aufs allerhohest fleucht und scheuet.

Die ander ist: Idermann geben umsonst, der es darf[3], wie Christus auch da selbst lehret. Dies ist auch ein hoch christlich Werk, darum es nicht viel gilt unter den Leuten und wurde auch beide, Kaufleute und Händel, weniger, wo man das sollt im Schwang haben, denn wer das tun soll, muß sich wahrlich an den Himmel halten und immerdar auf Gottes Hände und nicht auf seinen Vorrat oder Gut sehen, daß er wisse, Gott wolle und werde ihn ernähren, ob schon alle Winkel ledig[4] wären. Denn er weiß, daß wahr ist, wie er zu Josua sagt: Ich will dich nicht lassen noch die Hand abtun. Und wie man sagt: Gott hat mehr, denn er je vergab. Da gehort aber auch ein rechter Christen zu, das seltsame Tier auf Erden, Welt und Natur acht sein nicht.

Die dritte ist: Leihen oder Borgen, daß ich mein Gut hingebe und wiedernehme, so mir's wieder bracht wird, und

1 mehrfach. – 2 unterbleiben. – 3 bedarf. – 4 leer.

embehren muß, wo man's nicht wiederbringt. Denn Christus Luk. 6 selbst solchs Borgen also verfasset[1] und spricht: Ihr sollt leihen also, daß ihr nichts davon hoffet. Das ist: Ihr sollt frei dahin leihen und wagen, ob's euch wieder werde oder nicht. Wird's wieder, daß man's nehme, wird's nicht wieder, daß geschenkt sei. Daß also Geben und Borgen kein Unterscheid habe nach dem Evangelio denn diesen, daß Geben nichts wiedernimmt, Borgen aber wiedernimmt, wo es kommt, und doch waget, daß ein Geben sei. Denn wer also leihet, daß er's besser oder mehr wiedernehmen will, das ist ein offentlicher und verdammter Wucher, sintemal auch die noch nicht christlich handeln, die also borgen, daß sie wiederum eben dasselb fodern oder hoffen und nicht frei dahin wagen, ob's wiederkommt oder nicht.

Dies ist ja auch (als ich meine) ein hoch christlich und seltsam Werk, wo man der Welt Lauf ansiehet und wurde, wo es sollt in Brauch kommen, allerlei Handel gar gewaltiglich mindern und niederlegen. Denn diese drei Stuck das gar meisterlich halten[2], daß sie nicht aufs Kunftige sich vermessen noch auf Menschen oder sich selbs vertrauen, sondern hangen an Gott alleine und wird hie alles bar uberbezahlet und führet das Wort mit ein: Will's Gott, so geschehe's, wie Jacobus lehret. Denn hie handelt man mit Leuten als mit denen, die feilen mügen und ungewiß sind, und gibt bar uber umsonst oder waget, daß verloren sei, was man borget.

Hie wird man sagen: Wer mag denn selig werden? Und wo werden wir Christen finden? Ja, mit der Weise wurde kein Handel auf Erden bleiben, wurde eim iglichen das Seine genommen oder abgeborget werden und den bösen Faulfressigen[3] die Tür aufgetan, alles zu nehmen, zu betriegen und zu liegen, der die Welt voll ist. Antwort: Hab ich's doch gesagt, daß Christen seltsame Leute sind auf Erden. Darum ist in der Welt not ein strenge, hart weltlich Regiment, das die Bösen zwinge und dringe, nicht zu nehmen

1 definiert. – 2 enthalten. – 3 Schmarotzern.

noch zu rauben und wiederzugeben, was sie borgen, ob's gleich ein Christen nicht soll wiederfodern noch hoffen, auf daß die Welt nicht wüste werde, Friede untergehe und der Leut Handel und Gemeinschaft gar zunicht werde, wilchs alles wurde geschehen, wo man die Welt nach dem Evangelio regieren sollte und die Bösen nicht mit Gesetzen und Gewalt treiben und zwingen, zu tun und leiden, was recht ist. Darum muß man Straßen reinhalten, Friede in Städten schaffen und Recht in Landen handhaben und das Schwert frisch und getrost hauen lassen auf die Ubertreter, wie St. Paulus Röm. 13 lehret. Denn das will Gott haben, daß den Unchristen gesteuret werde, daß sie nicht Unrecht oder ohn Strafe Unrecht tun. Es darf niemand gedenken, daß die Welt ohn Blut regiert werde. Es soll und muß das weltlich Schwert rot und blutrustig sein, denn die Welt will und muß böse sein. So ist das Schwert Gottes Rute und Rache uber sie. Doch davon hab ich genug gesagt im Buchlin von der weltlichen Öberkeit.

So wäre nu das Borgen ein fein Ding, wo es unter den Christen geschehe. Da wurde ein iglicher gerne wiedergeben, was er geborget hätte, und der da geleihet hätte, wurde es gerne embehren, wo es jener nicht kunnte wiedergeben. Denn Christen sind Brüder und einer läßt den andern nicht. So ist auch keiner so faul und unverschamt, daß er ohn Ärbeit sich aufs andern Gut und Ärbeit verlasse und zehren wolle mit Müßiggang von eins andern Habe. Aber wo nicht Christen sind, da soll die weltliche Oberkeit treiben, daß der bezahle, was er geborget hat. Treibet sie nicht und ist säumig, soll der Christen leiden solchen Raub, wie Paulus 1. Kor. 6 spricht: Warum leidet ihr nicht viel mehr Unrecht? Den Unchristen aber laß man mahnen, fodern und tun, wie er will. Es liegt an ihm nichts, weil er ein Unchrist ist und achtet Christus' Lehre nicht.

Auch hast du noch ein Trostlin, daß du nicht schuldig bist zu leihen, denn alleine, das dir ubrig ist und zu deiner Notdurft kannst embehren, wie Christus vom Almosen spricht: Was euch ubrig ist, das gebt zu Almosen, so ist's euch alles rein. Wenn nu von dir so viel wollt geborget werden, daß, wo es nicht wieder wurde geben, du verderben mußtest und deine Notdurft des nicht embehren kunnt, da bist du nicht schuldig zu leihen, denn du bist am meisten und ersten schuldig, deinem Weib und Kind und Gesind die Notdurft zu schaffen und mußt ihn' dasselb nicht entwenden, das ihn' von dir gebührt. Darum ist das die beste Regel, wo dir das Borgen will zu groß sein, daß du eben so mehr[1] etwas gebest umsonst oder so viel leihest, als dich dunkt, daß du geben wolltest und wagen, ob's verloren sein musse. Denn Johannes der Täufer sprach nicht, wer einen Rock hat, der gebe denselben weg, sondern: Wer zween Röcke hat, der gebe einen dem, der keinen hat, und wer Speise hat, der tu auch also.

Die vierte Weise ist Käufen und Verkäufen und das mit Bargeld oder War mit War bezahlen. Wer nu diese Weise will brauchen, der schicke sich drein, daß er wisse sich auf kein Zukunftiges zu verlassen, sondern auf Gott alleine, und daß er musse mit Menschen umgehen, die feilen oder liegen werden gewißlich. Darum dies der nähiste Rat ist, daß, wer da verkäuft, nichts borge noch Bürgen annehme, sondern laß ihm bar uber bezahlen, will er aber leihen, daß er's mit den Christen tu, wo nicht, daß er's wage, daß verloren sei und nicht weiter leihe, denn er sonst geben wollte und sein Notdurft leiden mag, oder wo ihm weltlich Regiment und Ordnung nicht wieder dazu hilft, daß er's lasse verloren sein und huete sich, daß er fur niemand Burge werde, gebe viel lieber, was er vermag. Das mocht ein recht christlicher Kaufmann sein, den wurde Gott auch nicht lassen, weil er ihm also fein trauet und fröhlich mit seinem fährlichen[2] Nähisten wagt und handelt.

Wenn nu das Burgewerden in der Welt nicht wäre und das freie evangelisch Leihen im Schwang ginge und eitel Bargeld oder bereite[3] War in Kaufshändeln gingen, so wä-

1 also fortan. – 2 unzuverlässigen. – 3 bereitliegende.

ren die allergrößten, schädlichsten Fahr und Feil und Gebrechen in Kaufshändeln schön weg, und wäre leicht, mit allem Kaufmannschaft umzugehen, und mochten auch die andern sundlichen Gebrechen deste baß erwehret werden. Denn wo solch Burgewerden und sicher Leihen nicht wäre, mußte mancher hienieden bleiben und sich an mäßiger Nahrung lassen benügen, der sich sonst auf Borgen und Burgen verläßt und Tag und Nacht in die Höhe trachtet. Daher denn will idermann Kaufmann und reich werden. Daraus denn folgen mussen solch unzählige schwinde böse Griff und Tuck, die itzt unter den Kaufleuten zu Zoten gehen[1], daß ich schon dran verzweifelt habe, daß ganz sollt gebessert werden, sondern es hat sich also uberladen mit aller Bösheit und Triegerei, daß sich selbst die Länge nicht tragen kann und durch sich selbst in ihm selbst fallen muß.

Hiemit will ich kurzlich abgeweiset und Unterricht geben haben idermann in diesem großen, wüsten, weitläuftigem Handel des Kaufmannschaft. Denn wo man sollt lassen gehen und bleiben, daß ein iglicher seine War so teur verkäuft als er mocht und das Borgen und unfrei Leihen und Burgewerden recht wäre und doch Rat und Lehre geben, wie man christlich hierinne fahren und gut sicher Gewissen behalten sollte, das wäre ebensoviel, als wollt man raten und lehren, wie Unrecht sollt Recht sein, wie Böses soll gut sein und wie zugleich nach gottlicher Schrift und wider göttliche Schrift mocht gelebt und gehandelt werden. Denn diese drei Feile, daß ein iglicher das Seine gibt wie teur er will, item borgen und Burge werden, sind wie drei Bornquelle, daraus alle Greuel, Unrecht, List und Tuck so weit und breit fleußt, daß man nu dem Fließen nach trachten wollt zu wehren und wollt die Bornquell nicht stopfen, da ist Mühe und Ärbeit verloren.

Darum will ich allhie etliche solcher Tuck und böse Stuck, so ich selbs vermarkt und durch frumme gute Herzen mir sind angezeigt, erzählen, daran man spüren und

1 als harmlose Scherze gelten.

merken kunnte, wie diese meine oben geschrieben Grunde und Sprüche aufgericht werden und gehen mussen, soll anders den Gewissen in Kaufshändeln geraten und geholfen sein, auch daß man alle andere böse Stuck aus diesen erkennen und abmessen müge, die hie nicht erzählet werden. Denn wie sollt's müglich sein, daß man sie alle erzählete, sintemal durch die vorgesagten drei Bornquellen dem Geiz und der bösen, tuckischen, eigennutzigen Natur Tür und Fenster aufgetan, Luft und Raum gemacht, Urlaub[1] und Macht geben ist, allerlei List und Tuck frei zu uben und täglich mehr und mehr zu erdenken, daß es alles von Geiz stinkt, ja, im Geiz ersäuft und vertäuft[2] ist, wie mit einer großen Sintflut.

Aufs erst machen etliche kein Gewissen davon, daß sie ihr War auf Borgen und Zeit teurer verkäufen denn um Bargeld, ja, etlich wollen keine War verkäufen um Bargeld, sondern alles auf Zeit. Und das alles darum, daß sie ja viel Gelds dran gewinnen. Hie siehest du, daß dies Stuck gar groblich wider Gottes Wort, wider Vernunft und alle Billigkeit, aus lauter freiem Mütwillen des Geizs sundigt an seinem Nähisten, des Schaden er nicht acht, und raubt und stiehlet ihm das Seine und sücht nicht seine ziemliche Nahrung, sondern seinen Geiz und Gewinn alleine drinnen. Denn nach gottlichem Recht sollt er's nicht teurer borgen oder auf Zeit geben denn um Bargeld.

Item also ist auch das getan[3], daß etliche ihr Gut teurer verkäufen, denn es auf gemeinem Markt gilt und im Kauf gäng und gäbe ist und steigern also die War aus keiner Ursach, denn daß sie wissen, daß desselbigen Guts keins mehr im Lande ist oder in Kurz keins mehr kommen wird und man es haben musse. Das ist ein Schalkauge[4] des Geizs, das nur aufs Nähisten Notdurft siehet, nicht derselben zu helfen, sondern sich derselben zu bessern[5] und mit seines Nähisten Schaden reich werden. Das sind alles offentliche Diebe, Räuber und Wücherer.

1 Erlaubnis. – 2 untergetaucht. – 3 steht's auch damit. – 4 eine Arglist. – 5 mit derselben zu verbessern.

Item, daß etliche ein Gut oder War in eim Lande oder in einer Stadt ganz und gar aufkäufen, auf daß sie alleine solch Gut ganz und gar in ihrer Gewalt haben und darnach setzen, steigern und geben mugen, wie teur sie wollen oder konnen. Nu ist droben gesagt, daß die Regel falsch und unchristlich ist, daß jemand sein Gut so teur gibt, als er will und kann. Viel greulicher ist das, daß man darauf ein Gut alleine aufkäuft, wilchs auch die kaiserlichen und weltlichen Rechte verbieten und heißen's Monopolia. Das sind eigennützige Käufe, die in Landen und Städten gar nicht zu leiden sind, und Fursten und Herrn sollten solchs wehren und strafen, wenn sie ihr Amt wollten vollfuhren. Denn solche Kaufleut tun gerade, als wären die Kreaturen und Güter Gottes alleine fur sie geschaffen und geben und als möchten sie dieselben den andern nehmen und setzen nach ihrem Mutwillen.

Und ob jemand wollt anziehen Josephs Exempel (1. Mos. 41), wie der heilige Mann alles Korn im Lande einsammlet und darnach in der teuren Zeit dadurch erkauft alles Geld, Vieh, Land und Leute dem Konige in Ägypten, wilchs ie[1] scheinet, als sei es auch ein Monopolion oder Eigennutz gewest. Hierauf ist die Antwort, daß dieser Kauf und Handel Joseph kein Monopolion, sondern ein redlicher gemeiner Kauf gewest ist, wie er im Lande gewohnlich war, denn er wehret niemand, zur guten Zeit einzukäufen. Es war aber seine Weisheit von Gott geben, daß er des Konigs Korn, da es die sieben Jahr wohl geriet, einsammlet, da die andern nichts oder wenig einsammleten. Denn der Text spricht nicht, daß er alleine habe das Korn eingekauft, sondern habe es eingesammlet in Städten des Koniges. Haben das die andern nicht getan, der Schade sei ihr', wie der gemein Mann pflegt ohn Sorge zu zehren oder auch zuweilen nicht hat, daß er einsammle.

Wie wir auch noch sehen, daß, wo nicht Fürsten oder Städte sich mit Vorrat versehen, gemeinem Lande zugute,

1 immer.

da bleibt kein Vorrat oder gar wenig bei dem gemeinen Mann, der sich von eim Jahr ins ander nähret des jährlichen Einkommens. Und ist doch solch Einsammlen kein Eigennütz oder Monopolion, sondern ein recht gut christliche Fursichtigkeit fur die Gemeine und andern zugut. Denn es geschieht nicht also, daß sie alles alleine zu sich reißen wie diese Kaufleut, sondern von dem, das gemeiner Markt oder jährlich Einkommen idermann gemein trägt, sammlen sie den Schatz, davon andere nicht wollen oder mügen sammlen, sondern nur ihr täglich Enthaltung davon nehmen. Auch so meldet die Schrift nicht, daß Joseph drum habe das Korn eingesammlet, daß er's so teur gebe, als er wollt. Denn der Text klärlich spricht, er hab's getan nicht dem Geiz zugut, sondern daß Land und Leute nicht verdorben. Aber der Kaufgeiz gibt, so teur er will, und sucht seinen Nütz alleine, unangesehen, ob Land und Leute dadurch verderben.

Daß aber Joseph daruber hat alles Geld und Viehe, dazu allen Acker und Leute unter den Konig bracht, scheinet wohl nicht christlich getan, sintemal er den Durftigen sollt umsonst geben, wie das Evangelion und christliche Liebe lehret. Aber er hat recht und wohl getan, denn Joseph fuhret das weltlich Regiment an Koniges Statt. So habe ich nu oftmals gelehret, daß man die Welt nach dem Evangelio und christlicher Liebe nicht soll noch mag regieren, sondern nach strengen Gesetzen mit Schwert und Gewalt, darum, daß die Welt böse ist und widder[1] Evangelion noch Liebe annimmt, sondern nach ihrem Mutwillen tut und lebt, wo sie nicht mit Gewalt gezwungen wird. Sonst, wo man eitel Liebe sollt uben, da wurde idermann wollen essen, trinken, wohl leben von der andern Gut und niemand ärbeiten, ja, idermann wurde dem andern das Seine nehmen und wurde ein Wesen werden, daß niemand fur dem andern leben kunnte.

Darum hat Joseph recht getan, weil es Gott also schicket,

1 weder.

daß er um einen gleichen ziemlichen Kauf[1], den die Zeit gab, alles zu sich bracht und ließ weltlichem Recht nach das Volk im Zwang[2] bleiben und verkäufen sich und alles, was es hatte, denn in denselben Landen allzeit ein strenge Regiment gewesen ist und der Brauch, daß man Leute verkauft wie ander Gut. Daneben hat er ohn Zweifel als ein christen' frumm Mann keinen Armen lassen Hungers sterben, sondern, wie der Text sagt, nachdem er des Konigs weltlich Recht und Regiment hat erhalten, solch Korn dem Land und Leuten zugut und Nütz eingesammlet, verkauft und ausgetan. Darum ist das Exempel des treuen Josephs so fern von der Tat der untreuen, eigennützigen Kaufleuten, als Himmel und Erden voneinander sind. Das sei zum Auslauft[3] ungefährlich[4] geredt. Nu kommen wir wieder zu den Stucken.

Item, wenn etlich ihr Monopolia und eigennützige Käufe sonst nicht vermügen aufzurichten, weil andere da sind, die auch der gleichen War und Gut haben, fahren sie zu und geben ihr Gut so wohlfeil, daß die andern nicht mugen zukommen und zwingen sie damit dahin, daß sie entweder nicht mussen feilhaben oder mit ihrem Verderben[5] so wohlfeil geben als jene. Also kommen sie doch zum Monopolion. Diese Leut sind nicht wert, daß sie Menschen heißen oder unter Leuten wohnen, ja, sie sind nicht wert, daß man sie unterweisen oder ermahnen sollt, sintemal der Neid und Geiz so grob unverschamt hie ist, daß er auch mit seinem Schaden ander zu Schaden bringt, auf daß er ja alleine auf dem Platz sei. Recht tät hie weltliche Öberkeit, daß sie solchen nehmen alles, was sie hätten, und trieben sie zum Lande aus. Solche Stuck wären wohl nicht not zu erzählen, aber ich will sie darum mit eingemenget haben, daß man sehe, wilch große Büberei in Kaufshändelen sei und an den Tag komme fur idermann, wie es zugeht in der Welt, sich fur solchem fährlichen Stand wissen zu hueten.

1 angemessenen Kaufpreis. – 2 in der Zwangslage. – 3 zur Abschweifung. – 4 nebenbei. – 5 zu ihrem Schaden.

Item, das ist auch ein Feines, wenn einer eim andern verkäuft mit Worten im Sack die War, die er selbst nicht hat. Nämlich also: Es kommt ein fremder Kaufmann zu mir und fragt, ob ich solche oder solche War feilhabe, ich spreche ja und habe doch keine und verkäufe ihm doch dieselbige um 10 oder 11 Gulden, die man sonst um 9 oder näher[1] käuft, und sage ihm zu, uber zween oder drei Tage dieselbige zu uberreichen. Indes gehe ich hin und käufe solche War, da ich vorhin wohl wußte, ich wurde sie näher käufen, denn ich sie ihm gebe, und uberreiche ihm dieselbige, und er bezahlet mir sie und handele also mit seinem (des andern) eigen Geld und Gut, ohn alle Fahr, Mühe und Ärbeit und werde reich. Das heißt fein sich auf der Gassen ernähret durch fremd Geld und Gut, daß man nicht darf[2] uber Land oder Meer ziehen.

Item, das heißt auch, sich auf der Gassen näheren, wenn ein Kaufmann den Beutel voll Gelds hat und nicht mehr will mit seinen Gütern uber Land oder Meer Äbenteur stehen[3], sondern gewissen[4] Handel haben, so bleibt er immer in einer großen Kaufstadt. Und wo er einen Kaufmann weiß, der gedränget wird von seinen Leihern, daß er Geld muß haben zu zahlen und doch nicht hat, sondern noch gute War hat, so macht jener einen aus von seinen Wegen, der diesem die War abkäufen soll und beut ihm 8 Gulden, do es sonst gerne 10 gilt. Will derselbe nicht, so macht er einen andern aus, der ihm sechs oder sieben beut, daß der arm Mann sorgen muß, die Ware wolle abschlagen[5], und froh wird, daß er die acht nimmt, auf daß er Bargeld kriege und nicht allzu großen Schaden und Schande tragen musse. Auch geschieht's, daß solch benötigte[6] Kaufleut selbs solch Tyrannen ansüchen[7] und die War anbieten um Bargeld willen, daß sie bezahlen mügen. So halten sie denn hart[8], bis sie die War wohlfeil gnug kriegen, und darnach geben, wie sie wollen. Solche Finanzer heißt man die Gorgelstecher

1 weniger. – 2 braucht. – 3 bestehen. – 4 sicheren. – 5 im Preise sinken. – 6 geldbedürftige. – 7 aufsuchen. – 8 setzen sie ihm zu.

oder Kehlstecher, sind aber fur große, geschickte Leute gehalten.

Item, das ist auch ein Griff des Eigennützes, daß drei oder vier Kaufleut haben einerlei oder zweierlei War unter ihren Händen, wilche ander Leute nicht haben oder nicht feilhaben. Wenn sie nu merken, daß solche War will Geld gelten und alle Tage teurer wird von Kriegs wegen oder Unfalls halben, so rotten sie sich und geben den andern fur, wie solche War fast[1] gesucht werde und nicht viel sind, die dergleichen feilhaben. Sind aber etliche, die dergleichen haben, so mutzen[2] sie einen Fremden aus, den lassen sie alle solche War aufkäufen. Wenn sie denn dieselbigen War ganz in ihren Händen haben, machen sie einen Bund miteinander auf die Weise: Wir wollen diese War, weil keine mehr furhanden ist, so und so hoch aufs Geld halten, und welcher sie näher gibt, der soll so viel oder so viel verfallen sein[3].

Dies Stuck, höre ich, treiben die Engeländer Kaufleute am grobesten und meisten, wenn sie englische oder lündische[4] Tücher verkäufen. Denn man sagt, sie halten einen besondern Rat zu diesem Handel, wie ein Rat in einer Stadt. Und dem Rat mussen alle die Engeländer gehorchen, die englische oder lündische Tücher verkäufen, bei genannter[5] Strafe. Und durch solchen Rat wird bestimmt, wie teur sie ihre Tücher geben sollen und wilchen Tag oder Stunde sie sollen feilhaben oder nicht. Der Öberst in diesem Rat heißt der Koirtmeister[6] und ist nicht viel weniger gehalten denn ein Fürst. Da siehe, was der Geiz vermag und furnehmen tar[7].

Item ich muß das Stucklin auch melden. Ich verkäuf einem auf ein halb Jahr Pfeffer oder desgleichen und weiß, daß er denselben von Stund an muß wieder verkäufen, um Bargelds willen zu machen. So gehe ich selber hin oder richte es durch andere aus und laß ihm den Pfeffer um Bar-

1 sehr. – 2 putzen. – 3 Strafe zahlen. – 4 Londoner. – 5 bestimmter. – 6 (engl.) courtmaster. – 7 vorzunehmen wagt.

geld wieder abkäufen, doch also, was er mir auf ein halb Jahr hat um 12 Gulden abkauft, das käuf ich ihm abe um 8 und der gemeine Kauf ist 10 Gulden. Also käuf ich ihm um zween Gulden näher ab, denn der gemeine Markt gibt, und er hat mir um zween Gulden höher abkauft, denn der gemeine Markt gibt. So gewinne ich hinten und vorne, nür darum, daß er Geld kriege und Glauben halte[1], er mocht sonst mit Schanden bestehen, daß ihm niemand mehr borgete.

Welcher nu solche Finanze treibt oder treiben muß, wie denen geschieht, die mehr auf Borg käufen, denn sie bezahlen mügen, als wenn einer kaum zweihundert Gulden vermag und führet einen Handel auf funf- oder sechshundert Gulden. Wenn nu meine Schuldiger nicht zahlen, so kann ich auch nicht zahlen. So frißt der Unrat weiter ein und kommt ein Verlust auf die ander, je mehr ich diese Finanz treibe, bis ich merke, es wolle an Galgen, ich musse entlaufen oder im Torm sitzen. So schweige ich stille und gebe meinen Borgern gute Wort, ich wolle sie redlich bezahlen. Indes gehe ich hin und nehme noch so viel Güter auf Borg, als ich kann, und mache dieselbige zu Geld oder nehme sonst Geld auf Wechsel oder entleihe so viel, wie ich's bekommen kann. Wenn mir's denn am gelegensten ist oder meine Borger mir nicht Ruhe lassen, so sperre ich mein Haus zu, stehe auf und lauf davon, verstecke mich irgen in ein Kloster, da ich frei bin wie ein Dieb und Morder auf eim Kirchhofe. Da werden denn meine Borger froh, daß ich nicht gar aus dem Lande laufe und schelten mich quitt[2] den 2 oder 3 Pfennig aller meiner Schuld und daß ich das Hinterstellige[3] in 2 oder drei Jahren bezahlen soll. Des geben sie mir Brief und Siegel. So komm ich wieder in mein Haus und bin ein Kaufmann, der mit seinem Aufstehen und Laufen zwei- oder dreitausend Gulden gewonnen hat, die ich sonst in drei oder vier Jahren widder mit Rinnen[4]

1 Glaubwürdigkeit, Kredit behalte. – 2 sprechen mich frei von. – 3 den Rest. – 4 Rennen.

noch Traben hätte mügen erlangen. Oder, wo dies nicht helfen will, wo ich sehe, daß ich entlaufen muß, so ziehe ich an des Kaisers Hof oder zu seinen Statthältern. Do kann ich um ein- oder zweihundert Gulden ein Quinquernell kriegen, das ist kaiserlichen Brief und Siegel, daß ich mag 2 oder 3 Jahr frei sein, gehen und stehen fur alle meinen Borgern, darum, daß ich großen Schaden gelitten haben soll nach meinem Angeben, daß die Quinquernelle auch eine Nasen[1] habe, als ginge es göttlich und recht zu. Das heißen aber Bübenstucke.

Item ein ander Stucklin, das in den Gesellschaften gänge ist. Es legt ein Bürger sechs Jahr lang zu eim Kaufmann ein-, zweitausend Gulden, damit soll der Kaufmann handeln, gewinnen oder verlieren und dem Burger jährlich zweihundert Gulden gewisser Zinse davon geben. Was er aber daruber gewinnet, ist sein. Gewinnet er aber nichts, muß er doch die Zinse geben. Und der Burger tut dem Kaufmann großen Dienst daran, denn der Kaufmann meinet, mit zweitausend wohl dreihundert zu gewinnen. Wiederum tut der Kaufmann dem Burger einen großen Dienst daran, denn sein Geld mußte sonst stille liegen und kein Gewinn bringen. Wie dies gemeine Stucklin Unrecht sei und ein rechter Wucher hab ich im Sermon vom Wucher gnugsam erzählet.

Noch eines muß ich erzählen zum Exempel, wie das falsche Borgen und Leihen in Ungluck fuhret. Es sind etlich, wenn sie merken, daß der Kaufer ungewiß ist und seine Zeit nicht hält, die konnen sich selbs fein bezahlen auf die Weise: Ich richte einen fremden Kaufmann zu, daß er hingehe und jenem seine War abkäufe, es sei hundert Gulden oder desgleichen, und spriche: Wenn du seine War hast alle abkauft, so sage ihm Bargeld zu oder weise ihn auf einen gewissen Schuldiger. Und wenn du die War hast, so fuhre ihn zu mir als zu deinem Schuldiger und tu, als wußtest du nicht, daß er mir schuldig ist. So werde ich bezahlet und

1 ein Ansehen.

gebe ihm nichts. Das heißt finanzen[1] und den armen Mann in Grund verderben mit allen, den er vielleicht auch schuldig ist. Aber so soll es gehen, wo man unchristlich borget und leihet.

Item man hat auch gelernt, eine War oder Gut zu setzen oder zu legen, da es zunimmt, als Pfeffer, Ingber, Safran in feuchte Gewelb oder Keller, daß am Gewichte schwerer werde. Also auch wullen Gewand, Seiden, Marder, Zobeln in finstern Gewelben oder Kräme[2] feilzuhaben und die Luft verstopfen, wie der Brauch allenthalben ist, daß man schier zu einer iglicher War weiß, eine besondere Luft zu machen. Auch keine War ist, man weiß einen besondern Vorteil drauf, es sei mit Messen, Zählen, mit Ellenmaß oder Gewicht, und daß man ihr eine Farbe macht, die sie von ihr selbst nicht hat. Oder man legt das Hübste unten und oben und das Ärgeste mitten inne, also daß solche Triegerei kein Ende hat und kein Kaufmann dem andern weiter trauen tar, denn er siehet und greift.

Nu ist bei den Kaufleuten eine große Klage uber die Edelleut oder Räuber, wie sie mit großer Fahr mussen handeln und werden druber gefangen, geschlagen, geschätzt[3] und beraubt etc. Wenn sie aber solchs um der Gerechtigkeit willen litten, so wären freilich die Kaufleut heilige Leute, die solchs litten. Wiewohl es sein mag, daß etwa einem fur Gott Unrecht geschehe, das er der andern entgelten[4] muß, in wilcher Rotte er funden wird, und bezahlen, was ein ander gesundigt hat, aber weil solch groß Unrecht und unchristliche Dieberei und Räuberei uber die ganze Welt durch die Kaufleut auch selbst untereinander geschieht. Was ist's wunder, ob Gott schafft, daß solch groß Gut, mit Unrecht gewonnen, wiederum verloren oder geraubt wird und sie selbst dazu uber die Kopfe geschlagen oder gefangen werden? Gott muß ie das Recht handhaben, wie er sich einen rechten Richter rühmen läßt (Ps. 10).

Nicht daß ich damit die Straßenräuber oder Strauchdiebe

1 betrügen. – 2 Krambuden. – 3 besteuert. – 4 für die andern büßen.

will entschuldigt oder Urlaub geben haben, ihrer Räuberei zu treiben. Es ist der Landsfürsten Schuld, die ihre Straßen sollten reinhalten dem Bösen ebensowohl zugut als dem Frummen[1]. Und den Fürsten gebührt, solche unrechte Kaufshändel mit ordenlicher Gewalt zu strafen und zu wehren, daß ihr Untertanen nicht so schändlich von den Kaufleuten geschunden worden. Weil sie das nicht tun, so braucht Gott der Reuter und Räuber und straft durch sie das Unrecht an den Kaufleuten und mussen seine Teufel sein, gleich wie er Ägyptenland und alle Welt mit Teufeln plagt oder mit Feinden verderbet. Also stäupt er einen Buben mit dem andern, ohn[2] daß er dadurch zu verstehen gibt, daß die Reuter geringer Räuber sind denn die Kaufleut, sintemal die Kaufleut täglich die ganze Welt rauben, wo ein Reuter im Jahr einmal oder zwei einen oder zween beraubt.

Von den Gesellschaften[3] sollt ich wohl viel sagen, aber es ist alles grundlos und bodelos, mit eitel Geiz und Unrecht, daß nichts dran zu finden ist, das mit gutem Gewissen zu handeln sei. Denn wer ist so grob, der nicht siehet, wie die Gesellschaften nicht anders sind denn eitel rechte Monopolia, wilche auch die weltliche heidenische Rechte verbieten als ein offentlich schädlich Ding aller Welt, ich will des göttlichen Rechts und christlichs Gesetz schweigen. Denn sie haben alle War unter ihren Händen und machen's damit, wie sie wollen, und treiben ohn alle Scheu die obberührten Stuck, daß sie steigern oder niedrigen nach ihrem Gefallen und drucken und verderben alle geringe Kaufleute gleich wie der Hecht die kleine Fisch im Wasser, gerade als wären sie Herrn uber Gottes Kreaturen und frei von allen Gesetzen des Glaubens und der Liebe.

Daher kommt's, daß man in aller Welt muß die Würze so teur käufen, als sie wollen, und treiben den Wechsel[4]: Heur steigern sie den Ingber, uber ein Jahr den Safran oder wiederum[5], daß ie allezeit die Krümme in die Beuge komme

1 Rechtschaffenen. – 2 nur. – 3 Handelsgesellschaften. – 4 betreiben diese Abwechslung. – 5 und umgekehrt.

und keine Verlust, Schaden noch Fahr leiden durfen. Sondern verdirbt oder feilet[1] der Ingber, so erholen sie sich's am Safran und wiederum, auf daß sie ihres Gewinstes gewiß bleiben, wilchs widder die Art und Natur ist nicht allein der Kaufgueter, sondern aller zeitlicher Gueter, die Gott will unter die[2] Fahr und Unsicherheit haben. Aber sie haben's funden und troffen, daß sie durch fährliche, unsichere, zeitliche War sichern, gewissen und ewigen Gewinst treiben. Aber daruber muß gleichwohl alle Welt ganz ausgesogen werden und alles Geld in ihren Schlauch sinken und schwemmen.

Wie sollt das immer mügen göttlich und recht zugehen, daß ein Mann in so kürzer Zeit so reich werde, daß er Konige und Kaiser auskäufen mochte? Aber weil sie es dahin bracht haben, daß alle Welt in Fahr und Verlust muß handeln, heur gewinnen, uber ein Jahr verlieren, aber sie immer und ewiglich gewinnen und ihre Verlust mit ersteigertem Gewinn büßen[3] konnen, ist's nicht wunder, daß sie bald aller Welt Gut zu sich reißen, denn ein ewiger gewisser Pfennig ist ja besser denn ein zeitlicher ungewisser Gulde. Nu kaufschlagen[4] ie solche Gesellschaften mit eitel ewigen gewissen Gulden um unsere zeitliche ungewisse Pfennige. Und sollt noch Wunder sein, daß sie zu Konige und wir zu Bettler werden?

Konige und Fürsten sollten hie drein sehen und nach gestrengem Recht solchs wehren. Aber ich höre, sie haben Kopf und teil dran und geht nach dem Spruch Jes. 1: Deine Fürsten sind der Diebe Gesellen worden. Dieweil lassen sie Diebe hängen, die ein Gulden oder halben gestohlen haben, und hantieren[5] mit denen, die alle Welt berauben und stehlen sehrer denn alle ander, daß ja das Sprichwort wahr bleibe: Große Diebe hängen die kleinen Diebe. Und wie der römische Ratherr Cato sprach: Schlechte Diebe liegen in Tormen und Stocken, aber offentliche Diebe gehen in

1 mangelt. – 2 ausgesetzt der. – 3 wieder gutmachen. – 4 handeln. – 5 machen Geschäfte.

Gold und Seiden. Was wird aber zuletzt Gott dazu sagen? Er wird tun, wie er durch Hesekiel spricht, Fürsten und Kaufleut, einen Dieb mit dem andern ineinander schmelzen wie Blei und Erz, gleich als wenn eine Stadt ausbrennet, daß widder Fürsten noch Kaufleut mehr seien, als ich besorge, das schon fur der Tür sei. Wir gedenken uns doch nicht zu bessern, wie groß auch die Sund und Unrecht sei. So kann er auch Unrecht ungestraft nicht lassen.

Darum darf niemand fragen, wie er muge mit gütem Gewissen in den Gesellschaften sein. Kein ander Rat ist denn: Laß abe! Da wird nicht anders aus! Sollen die Gesellschaften bleiben, so musse Recht und Redlichkeit untergehen. Soll Recht und Redlichkeit bleiben, so mussen die Gesellschaften untergehen. Das Bette ist zu enge, spricht Jesajas, eins muß 'erausfallen, und die Decke ist zu schmal, kann beide nicht zudecken. Nu weiß ich wohl, daß mein Schreiben ubel gefallen wird und werden vielleicht alles in Wind schlahen und bleiben, wie sie sind. Aber ich bin doch entschuldigt und habe das Meine getan, auf daß man sehe, wenn Gott nu mit der Ruten kommen wird, wie redlich wir's verdienet haben. Hätte ich eine Seele damit unterricht und erlöset von dem Schlund, so hätte ich nicht umsonst geärbeitet, wiewohl ich hoffe, es sei durch sich selbst so hoch und schwer worden, wie ich droben auch gesagt hab, daß sich selbst nicht länger tragen wird und man zuletzt davon muß ablassen. Summa: Ein iglicher sehe auf sich. Mir zuliebe oder Dienst[1] darf niemand solchs lassen. Also darf's auch mir zu Trotz und Leide niemand annehmen noch behalten. Es gilt dir, nicht mir. Gott erleuchte uns und stärke uns mit seinen guten Willen zu tun. Amen.

Vom Wucher

Zum ersten ist zu wissen, daß zu unsern Zeiten (wilche der Apostel St. Paul verkundet hat, daß sie fährlich sein werden) der Geiz und Wucher nicht allein gewaltiglich in aller

1 zu Diensten.

Welt eingerissen, sondern auch sich unterstanden hat, etlich Schanddeckel zu suchen, darunter er fur billig geachtet, seine Bosheit frei mochte treiben. Und ist daruber fast dahin kommen, daß wir das heilig Evangelion fur[1] nicht achten. Derhalben es not ist einem iglichen Menschen in dieser fährlichen Zeit, sich wohl fursehen und in den Händeln zeitlicher Güter mit rechtem Unterscheid[2] wandeln, mit fleißigem Aufmerken des heiligen Evangelii Christi unsers Herrn.

Zum andern ist zu wissen, daß drei unterscheidliche Grad und Orden[3] sind, wohl und verdienstlich handeln mit den zeitlichen Gütern. Der erst: So uns jemand etwas zeitlicher Güter nimmt mit Gewalt, sollen wir's nicht allein leiden und fahren lassen, sondern auch bereit sein, so er mehr nehmen wollt, dasselb auch zu lassen. Davon sagt unser lieber Herr Jesus Christus Matth. 5: So jemand mit dir hadern will fur Gericht, daß er dir deinen Rock nehme, dem laß auch deinen Mantel darzu. Dies ist der hochst Grad in diesem Werk und ist nicht zu verstehen, als etlich meinen, man soll ihn den Mantel hinach[4] zum Rock werfen, sondern daß man den Mantel auch lasse fahren, nicht widerstrebe noch ungeduldig drob sei noch wiederhole. Denn er spricht nicht, gib ihm auch den Mantel, sondern laß ihm auch den Mantel, gleich wie Christus fur dem Bischof Annas, da er den Backenschlag empfing, hielt er den andern auch denselben wieder dar und bereit war, mehr zu leiden derselben Schläge. Ja, in seinem ganzen Leiden sehen wir, daß er nie kein böse Wort oder Tat bezahlet oder wiederholet, sondern allzeit bereit ist, mehr zu leiden.

Zum dritten: Das ist wohl wahr, daß er zu dem Knecht Malchus, der ihn schlug, sprach: Hab ich ubel geredt, so bewere[5] dasselb, hab ich aber wohl geredt, warum schlägst du mich? An diese Wort stoßen sich etlich auch der Gelehrten und meinen, Christus hab hie nicht den andern Backen dar-

1 fernerhin. – 2 richtigen Unterscheidungsvermögen. – 3 Ordnungen. – 4 hinterdrein. – 5 beweise.

gehalten, wie er gelehret hat. Aber sie sehen die Wort nicht recht an, denn Christus in diesen Worten dräuet nichts, rächet sich nicht, schlägt nicht wieder, wegert[1] auch nicht den andern Backen, ja, er richtet auch nicht, noch verdammt er den Malchus, sondern wie Petr. von ihm schreibt: Er hat nicht gedrauet noch Böses gedacht wieder zu gelten, sondern hat es auf Gott, den rechten Richter, gestellet, als sprech er: Hab ich recht geredt oder du mich recht schlägest, wird Gott wohl finden. Und du bist schuldig, das zu beweren, gleich wie Zacharias sprach, da sie ihn tot'ten: Videat dominus et iudicet. Gott wird das sehen und richten. Also tät er auch fur Pilato, da er sprach: Der mich dir ubergeben hat, der hat ein großere Sunde tan denn du. Denn das ist ein christliche brüderliche Treue, so du ihn erschrekkest und ihm sein Unrecht und Gottes Gericht furhältest, der dir unrecht tut, und bist ihm schuldig zu sagen also: Wohlan, du nimmst mir den Rock, dies und das. Tuest du recht daran, du wirst's mussen verantworten. Und das mußt du tun, nicht um deins Schadens willen furnehmlich, auch nicht ihn zu bedrauen, sondern ihn zu warnen und seins Verderbens zu erinnern. So er sich nicht dran kehret, so laß gehen, was gehen will und immer mehr nehmen. Siehe, so ist zu verstehen das Wort Christi, fur Annas Gericht gesprochen. Darnach folget, daß du auch mußt wie Christus am Kreuz fur ihn bitten und ihm wohl tun, der dir ubel tut, das wir itzt lassen anstehen bis zu seiner Zeit.

Zum vierten: Viel meinen, dieser erste Grad sei nicht geboten noch not, zu halten einem iglichen Christenmenschen, sondern sei ein gueter Rat den Vollkommen heimgeben[2], ob sie ihn wollen halten, gleich wie die Jungfrauschaft und Keuschheit geraten und nicht geboten ist. Darum achten sie fur billig, daß ein iglicher das Seine wiederhole, Gewalt mit Gewalt vertreibe, wie er mag und weiß. Und schmucken solch ihr Meinung mit hübschen Blumen, beweren die mit vielen kräftigen (als sie dunkt) Ursachen. Zum

1 verweigert. – 2 anheimgegeben.

ersten, daß auch etlich geistlich Recht (schweig das weltlich) sagen: Vim vi pellere iura sinunt. Das ist: Die Rechte geben's zu, daß man Gewalt mit Gewalt wehre. Daher zum andern kommt das gemeine Sprichwort von der Notwehre, daß dieselb unsträflich ist, was sie verwirkt[1]. Zum dritten führet man 'erzu etlich Exempel der Schrift, als Abraham, David und viel mehr, die wir lesen, wie sie ihre Feinde gestraft und bezahlet haben. Zum vierten ziehen sie an die Vernunft und sprechen: Solve istud. So das ein Gebot wäre, wurd den Böswilligen Urlaub geben, zu nehmen und stehlen. Zuletzt wurde niemand nichts behalten, ja, niemand seins Leibs sicher sein. Zum funften, daß ie alles fest bewahret sei, fuhren sie St. Augustins Spruch herein, der diese Wort Christi also auslegt, daß man den Mantel soll fahren lassen nach dem Rock secundum preparationem animi, das ist: Man soll darzu bereit sein im Herzen. Diese edle, klare Auslegung deuten und finstern[2] sie mit einer andern Glosse und setzen darzu, es sei nicht not, daß wir es zugeben äußerlich in der Tat, sei gnug, daß im Herzen innerlich wir bereit und geschickt[3] seien, solchs zu tun, als sollten wir etwas wollen tun, das wir doch nicht wollen tun, daß ja und nein sei ein Ding.

Zum funften: Siehe da, das sind die Meisterstuck, damit man bisher unsers lieben Herrn Jesu Christi Lehre und Exempel mit dem heiligen Evangelio allen seinen Martern und Heiligen hat umkehret, unbekannt gemacht und ganz unterdruckt, daß nu zur Zeit geistlich und weltlich Prälaten und Untertanen die besten Christen sind, die solchen Stukken folgen und wider Christus' Leben, Lehre und Evangelion streben. Daher kommt es, daß Hader, Gezänk, Richter, Notarien, Offizialen, Juristen und solchs edlen Gesinds soviel sind als die Fliegen im Sommer. Daher kommt soviel Krieg und Blutvergießen unter den Christen. Da muß man auch gen Rom hadern, denn daselbst ist viel Gelds die allergrößte Not[4]. Und in der Christenheit itzt das großest, heili-

1 verschuldet. – 2 verfinstern. – 3 gerüstet. – 4 das Bedürfnis nach Geld sehr groß.

gest, gemeinest Werk ist Rechten und Fechten. Das ist: Dem heiligen friedlichem Leben und Lehren Christi widerstreben und zuletzt das grausam Spiel dahin bracht ist, daß nicht allein um geringer Summa willen, drei oder vier Groschen, ein arm Christenmensche, den Gott mit seinem Blut erlöset, zitiert etwa uber viel Meilen, verbannet, verjagt wird von Weib, Kind und den Seinen, sondern auch die frischen Knaben das achten als gar wohlgetan und ein frohliche Stirn darzu tragen. So sollen fallen, die Gottes Gebot zu Spott machen, so soll Gott blenden und schänden, die sein heiliges lichtes Wort zur Finsternis machen, das heißt: Vim vi repellere licet und Secundum animi preparationem, den Mangel fahrenlassen. Denn also halten auch das Evangelion die Heiden, ja, die Wolf und alle unvernunftige Tiere und durften sein die Christen nicht mehr.

Zum sechsten: Derhalben will ich das Meine tun und so viel ich mag einen iden verwarnet haben, daß er sich nicht lasse irren, wie gelehrt, wie gewaltig, wie geistlich und wieviel derselben allsamt sind, die aus diesem Grad ein Rat gemacht haben und noch machen, es geschehe mit waserlei[1] Blumen und Farben[2] es mag. Es hilft kein Ausrede, es ist schlecht[3] ein Gebot, dem wir schuldig sind zu folgen, wie Christus und seine Heiligen in ihrem Leben uns dasselb bestätiget und furtragen haben. Gott achtet nicht, daß die Rechte, sie seien geistlich oder weltlich, zulassen, Gewalt mit Gewalt wehren. Auch ist's nicht Köstlichs, was die Recht zulassen. Lassen sie doch zu gemeine Frauenhäuser, die doch wider Gottes Gebot sind, lassen auch viel andere böse Stucke zu, die Gott verbeut. Sie mussen auch heimliche Sunde und Bösheit zulassen. Es ist gar ein klein Ding, was menschliche Recht gebieten und verbieten, schweige[4], das sie zulassen oder nicht strafen. Darum die Notwehre ist wohl fur dem menschlichen Recht unsträflich, aber fur Gott nicht verdienstlich. Hadern fur Gericht straft widder Papst

1 welcherlei. – 2 schönen Redensarten und Scheingründen. – 3 einfach. – 4 geschweige.

noch Kaiser, es straft aber Christus und seine Lehre. Daß aber etliche Väter im Alten Testament ihre Feind haben gestraft, ist nie geschehen aus ihrem Willköre oder ohn sonderlich Befehl Gottes, wilcher die Sunder straft zuweilen durch frumm und böse Engel und Menschen. Darum haben sie nicht darinne ihre Rach oder Güt[1] gesucht, sondern allein Gotte gehorsamlich gedienet, gleich wie Christus im Evangelio lehret, daß man um Gottes Gebots willen auch wider Vater und Mutter handeln soll, die er doch geboten hat zu ehren, und doch die Gebot nicht widernander sind, sondern das unter nach dem öbern regiert wird. Also auch, wenn dir Gott gebeut, dich zu rächnen oder verfechten[2], so sollt du es tun und nicht er.

Zum siebenten: Doch ist es wahr, daß Gott hat eingesetzt das weltliche Schwert, darzu auch die geistliche Gewalt der Kirchen und beiden Öberkeiten befohlen, die Böswilligen zu strafen und die Verdruckten[3] zu retten, wie Paulus Röm. 13 und viel Örtern lehret (Jes. 1 und Ps. 82). Aber das sollt also geschehen, daß niemand selbst Kläger wäre, sondern die andern in brüderliche Treu und Sorgfältigkeit fureinander ansagten der Öberkeit dieser Unschuld und jener Unrecht, daß also die Gewalt mit Fug und rechter Ordenung durch der andern Bezeugen zur Strafe griffe. Ja, der Leidende sollt bitten und wehren, daß man seine Sach nicht rechte, wiederum die andern nicht ablassen, bis das Ubel gestraft wurde. So ginge es freundlich, christlich und brüderlich zu und wurde mehr die Sunde denn der Schaden angesehen. Darum straft Paulus die Korinthern (1. Kor. 6), daß sie rechteten miteinander und nicht lieber Schaden und Betrug litten, wiewohl er ihrer Unvollkommenheit zuließ, daß sie Richter setzten die geringsten unter ihn'. Das tät er aber, sie zu beschämen, daß sie ihre Unvollkommenheit erkennten. Also muß man auch noch dulden, die um zeitlich Gut rechten und fechten, als die weichen, kindischen Christen, die man nicht hinwerfen muß um Hoffnung willen ihrer

1 Vorteil. – 2 rächen oder wehren. – 3 Unterdrückten.

Besserung, wie derselb Apostel an viel Örten lehret. Aber man soll ihn' sagen, daß dasselb nicht christlich noch verdienstlich wohltan sei, sondern ein menschlich und irdisch Werk, verhinderlich zur Seligkeit mehr denn forderlich.

Zum achten: Solch Gebot hat Christus darum geben, daß er in uns aufrichtet ein friedlich, rein und himmelisch Leben. Nu ist das nicht der Weg zum Friede, so idermann das Seine wiederfodert und nicht Unrechts leiden will, als die Blinden meinen, von den' am 14. Psalm steht: Sie wissen den Weg nicht zum Friede, wilcher allein im Leiden geht, wie auch die Heiden mit Vernunft und wir mit täglicher Erfahrung erkennen. Es muß ein Teil dem andern stillhalten und leiden, soll Friede bleiben, und ob man lange zänkt und hadert, muß es doch zuletzt aufhören mit vielen erlitten Schäden und Ubel, die nicht geschähen, so man im Anfang dies Gebot Christi gehalten und sich die Anfechtung (damit Gott uns versücht) nicht hätt lassen von dem Gebot treiben und uberwinden. Also ordenet es Gott, daß, wer nicht wenig will lassen fahren um seins Gebots willen, der muß viel oder gar[1] verlieren durch Hader und Krieg und ist billig, daß der den Richtern, Prokuratorn, Schreibern gebe ahn[2] allen Dank ins Teufels Dienst 20, 30, 40 Gulden, der seinen Nähisten nicht nachließ um Gottes Willen und ewiges Verdienst zehen oder sechs Gulden, auf daß er also verliere beide, zeitliche und ewige Gueter, der do mocht, so er Gott gehorsam wäre, gnug, zeitlich und ewiglich, haben. So soll es auch sein, daß große Herrn zuweilen ein ganz Land verkriegen[3] und groß Summen mit den Kriegsleuten umbringen um eines kleinen Nützs oder Freiheit willen. Das heißt der Welt verkehrete Weisheit, die mit gulden Netzen fischet, da die Kost größer ist denn der Gewinn und sind, die das Wenige gewinnen und das Viele vertun.

Zum neunten: Also auch wäre es unmüglich, daß wir mochten rein werden von der Anklebung der[4] zeitlichen

1 alles. – 2 ohne. – 3 durch Krieg verlieren. – 4 von dem Haften an den.

Güter, wenn Gott nicht verordenet, daß wir mit Unrecht beleidiget und dadurch geübt wurden, unser Herz abzuwenden von den zeitlichen falschen Gütern der Welt, dieselben mit Frieden fahren lassen und hoffen in die unsichtlichen ewigen Güter. Darum, wer das Seine wiederfodert und den Mantel nicht nach dem Rock auch fahren lässet, der widersteht seiner eigen Reinigkeit und Hoffnung zur ewigen Seligkeit, zu wilcher Gott ihn durch solch Gebot und Unrecht leiden will uben und treiben. Und ist nicht zu besorgen, ob uns schon alles genommen wurde, daß uns Gott verlasse und auch nicht zeitlich versorge, wie im 37. Psalm stehet: Ich bin jung gewesen und bin alt worden und habe nie gesehen, daß der Gerechte verlassen sei oder seine Kind nach Brot gehen. Als denn auch in Hiob beweiset ist, dem viel mehr geben ist hiernach, denn er hatte vorhin, ob es wohl ihm alles genommen ward. Denn kurzum, solch Gebot wollen uns lösen von der Welt und begierig machen des Himmels. Drum sollt man den treuen Rat Gottes friedlich und frohlich aufnehmen, denn wo er das nicht tät und uns nicht ließ Unrecht und Unfried widerfahren, mocht sich das menschlich Herz nicht erhalten, es verwickelt und verklebet sich zu tief in den zeitlichen Dingen, daraus denn folget Uberdruß und Unachtsamkeit der ewigen Güter im Himmel.

Zum zehenten: Das ist gesagt von dem ersten Grad, zu handlen in zeitlichen Gütern, der auch der furnehmest und großest ist und leider nicht allein der geringst, sondern auch zunicht worden, ganz unbekannt fur den Nebelen und Wolken menschlicher Rechten, Sitten und Gewohnheiten. Nu folget der ander Grad. Der ist, daß wir sollen geben frei umsonst idermann, der sein bedarf oder begehret. Davon sagt unser Herr Jesus Christus auch Matth. 5: Wer von dir bittet, dem gib. Und wiewohl dieser Grad viel geringer ist denn der erst, ist er doch schwer und bitter denen, die mehr schmecken die zeitlichen denn die ewigen Güter, denn sie haben nicht so viel Vertrauen in Gott, daß er sie ernähren müge oder wolle in diesem elenden Leben. Darum sorgen sie, sie sterben Hungers und verderben ganz, so sie nach Gottes Gebot sollten geben idermann, der sie bittet. Und wie mügen sie ihm trauen, daß er sie in Ewigkeit ernähre? Denn als Christus sagt: Wer Gott in einem Kleinen nicht vertrauet, der vertrauet ihm nimmermehr in einem Großen. Dennoch gehen sie hin und meinen, Gott solle sie ewig selig machen, achten's auch dafur, sie haben desselben zu ihm ein gut Vertrauen und wollen doch dieser seiner Gebot nicht achten, damit er sie uben und treiben will, daß sie lernen ihm vertrauen in zeitlichen und ewigen Dingen. Darum zu besorgen ist: Wer nicht will die Lehre hören und folgen, der wird der Gunst nimmer uberkommen, und wie sie in kleinen zeitlichen Gütern Gott nicht vertrauen, zuletzt auch mussen verzweifelen in den großen und ewigen.

Zum eilften: Dieser ander Grad ist so geringe, daß er auch dem schlechten, unvollkommen Volk der Jüden im Alten Testament geboten ist, wie 5. Mos. 15 geschrieben steht: Es werden allzeit arme Leute sein in deinem Land, drum gebiet ich dir, daß du deine Hand auftüst deinem armen und durftigen Brüder und gebest ihm. Darzu hat er ihn' dasselb so hart geboten, daß sie niemand mußten betteln lassen und spricht 5. Mos. 15: Es soll ie kein Betteler noch Darblöser[1] unter euch sein. So nu Gott das im Alten Testament hat geboten, wieviel mehr sollen wir Christen nicht allein darzu verbunden sein, daß wir keinen darben noch betteln lassen, sondern auch uber das den ersten Grad halten, bereit sein, alles fahrenzulassen, was man mit Gewalt uns nehmen will. Nu ist aber des Bettelens so viel, daß auch ein Ehre draus worden ist. Und nicht gnug dran, daß weltliche Menschen betteln, ist auch in der geistlichen Priesterstand als ein kostlich Ding getrieben. Ich will mit niemand drob fechten, ich acht's aber, es sollt billiger sein, daß in der Christenheit im Neuen Testament kein Bettelei wäre denn unter der Jüdenschaft im Alten Testament, und halt, die

1 ein Darbender.

geistlich und weltlich Öberkeit sollten in ihren Amt billig handeln, so sie alle Bettelsäck abtäten.

Zum zwelften: Diesem Grad stehen wider dreierlei Stuck oder Brauch unter den Menschen. Der erst ist, daß etliche wohl geben und schenken ihren Freunden, den Reichen und Gewaltigen, die sein nicht bedurfen, mit Vergessen der Durftigen. Und wenn sie also Gunst, Genieß[1] oder Freundschaft derselben erlangen oder von ihn' als frumm Leut gelobet werden, gehen sie hin sicher, in solchen der Menschen Lob, Ehre, Gunst oder Genieß benugt[2], sehen dieweil nicht drauf, wie gar viel besser wäre, sie täten solchs den Dürftigen, in wilchen sie Gottes Gunst, Lob und Ehre erlangeten. Von denen sagt Christus Luk. 14: Wenn du ein Mittags- oder Abendmahl machest, so sollt du nicht laden deine Freund noch deine Brüder noch deine Schwäger noch deine Nachbarn noch die Reichen, auf daß sie dich nicht wieder laden und nehmest damit deinen Lohn. Sondern wenn du ein Mahl machest, so lade die Armen, die Kranken, die Lahmen, die Blinden, so bist du selig, denn sie mügen's dir nicht vergelten. Es soll dir aber vergolten werden unter den Rechtfertigen[3], wenn sie von den Toten auferstehen. Und wiewohl diese Lehre so klar ist und gemein, daß idermann wohl siehet und weiß, es sollt also sein, noch[4] siehet man derselben nirgend ein Exempel mehr unter den Christen und ist doch des Ladens, Wohllebens, Essens, Trinkens, Gebens, Schenkens kein Maß noch Zahl und heißen dennoch alle frumm Leut und Christen. Damit nicht mehr ausgericht wird denn des Gebens dem Dürftigen vergessen. Oh, wie greulich Gericht wird uber dieselben sichere Geiste fallen, wenn am Jungsten Tage gefragt wird, wilchen sie geben und wohltan haben!

Zum dreizehenten: Der ander Brauch ist, daß man sich dies Geben wegert der Feinde oder Widersacher halben, denn die falsche Natur schwere dazu ist[5], daß sie denen

1 Nutzen. – 2 befriedigt. – 3 Gerechten. – 4 dennoch. – 5 sträubt sich dagegen.

wohltue, die ihr ubel tan haben. Aber es hilft nicht, das Gebot ist gemein fur alle Menschen gesagt: Gib, wer dich bittet. Und Luk. 6 klar ausgedruckt ist: Eim iglichen, der dich bittet, dem gib. Hie wird nicht ausgezogen[1] der Feind oder Widerpart, ja, mit eingezogen[2], als daselben der Herr sich verkläret und spricht: Wenn ihr allein die liebet, die euch lieben, was ist das fur ein Wohltat? Lieben doch die Bösen auch ihre Liebhaber. Und wenn ihr nur den wohltut, die euch lieben, was ist das fur ein Wohltat? Tun doch das auch die Bösen. Ihr aber sollt liebhaben eure Feinde, ihr sollt guttun, ihr sollt ihn' leihen und nichts davon gewarten. So wird euer Verdienst groß sein, und ihr werdet Kinder sein des Allerhöchsten, denn er ist gütig uber die Undankbarn und Bösen. Diese heilsame Gebot Christi sind auch also abgangen[3], daß man sie nicht allein nicht hält, sondern auch ein Rat draus macht, des man nicht nötlich schuldig sei zu halten, gleich wie den ersten Grad. Darzu haben geholfen die schädliche Lehrer, die do sagen, es sei nicht not, daß man Signa rancoris, das ist: die Zeichen und saure, ernste Gebärden ablege gegen dem Feinde, sondern sei genug, daß im Herzen ihm vergeben werde, und ziehen so das Gebot Christi von den äußerlichen Werken allein in die Gedanken, so er es doch selbst mit klaren Worten ins Werk ausstreckt[4], sagend: Ihr sollt wohltun (nicht allein wohl gedenken) euern Feinden. Also auch Paulus Röm. 12 mit dem Konig Salomo einhellig spricht: Hungert deinen Feind, so speise ihn, dürst' ihn, so tränk ihn. Denn damit wirst du auf sein Häupt sammlen feurige Kohlen. Das ist, du wirst ihn mit Wohltat uberladen, daß er mit Gut uberwunden dich zu lieben entzundet wird. Aus diesen falschen Lehren ist kommen das Sprichwort: Ich will's ihm vergeben, ich will's aber nicht vergessen. Oh, nicht also, lieber Christenmensch! Es muß vergeben und vergessen sein, wie du willt, daß Gott dir nicht allein vergebe und vergesse, sondern auch mehr denn furhin wohltue.

1 ausgenommen. – 2 einbezogen. – 3 verschwunden. – 4 aufs Handeln ausgedehnt.

Zum vierzehenten: Ist der dritte Brauch ein hübsche gleißende Farbe, die diesem Geben am allerschädlichsten ist, davon fährlich zu reden ist, denn es die trifft, die ander Leut lehren und regieren sollen, wilche das Volk sind, das von Anbeginn der Welt bis ans Ende allzeit die Wahrheit nicht mag hören noch leiden, daß andere hören. Es gehet nu also zu, daß sie den hohen Titel, der do heißt Almosen oder um Gottes Willen geben, treiben allein auf Kirchen, Klöster, Kapellen, Altar, Turn, Glocken, Orgeln, Tafeln[1], Bilder[2], silbern und gulden Kleinod und Gewand, darnach auf Meß, Vigilien singen, lesen, Testamentstiftung, Brüderschaften und dergleichen. Hie hat das Geben eingerissen, und da gehet nu der recht Strom her, da hat man ihn auch hingeleitet und haben wollt. Derhalben auch nicht wunder ist, daß auf der Seiten, do Christus sein Wort hinleitet, so durr und wüst ist, daß, wo man hundert Altar oder Vigilien hat, nicht einen findet, der einen Tisch voll armer Leut speiset oder sonst Armen Hausessen gebe. Was Christus geboten hat, das heißt nicht um Gottes Willen geben, sondern was Menschen haben erfunden. Was man lebendigen Gliedmaßen Christi den Durftigen gibt, das ist nicht[3] Almosen, sondern was man zu Stein, Holz und Farben gibt. Und ist dasselb Geben so köstlich und edel worden, daß Gott selber nicht gnug ist, dasselb zu vergelten, sondern muß zu Hulf haben Brief, Bullen, Pergamen, Blei, Blech, Schnür, klein und groß, Wachs, grün, gelb und weiß. Gleißt's nicht, so gilt's nicht. Und alles mit großer Kost um Gottes Willen erkauft aus Rom, daß ie solche große Werk mit Ablaß hie und dort uber[4] Gottes Lohn wohl belohnet werden. Aber daß man armen Dürftigen gibt nach Christus' Gebot, das elend Werk muß solcher prächtlicher Belohnung beraubt nur an Gottes Lohn ihm gnügen lassen. Derhalben es auch en hintern[5] und jenes 'erfur gesetzt wird und beide gegenander gar ungleich leuchten und scheinen. Darum muß auch nu

1 Gemälde. – 2 Statuen. – 3 gilt nicht als. – 4 über … hinaus. – 5 hintan.

St. Peter von Rom zu seiner Kirchenbau in der ganzen Welt betteln gehen und das Almosen um Gottes Willen mit großen Haufen sammlen und mit Ablaß teur und reichlich bezahlen. Und dasselb Werk ziemt ihm auch wohl und kann sein wohl gewarten[1], dieweil er tot ist, denn da er lebt', mußt er Christus' Gebot predigen und kunnt des Ablaß nicht gewarten. Demselben getreuen Hirten folgen seine Schäflein fleißig nach und mit Ablaß im Land irre fahren[2], daß, wo ein Kirchweih oder Jahrmarkt ist, sich dieselben Bettler sammlen wie die Fliegen im Sommer, die allesamt ein Liedlin predigen: Gebt zum neuen Bau, daß euch Gott vergelt und der heilig Herr St. Niklas. Darnach zum Bier oder Wein, auch um Gottes Willen, und die Kommissarien reich gemacht vom Ablaß, auch um Gottes Willen. Dürftigen zu geben nach Gottes Gebot sind widder Kommissarien noch Botschaften[3] not bei uns.

Zum funfzehenten: Was wollen wir hiezu sagen? Verwerfen wir diese Werk, so verbannt uns der Heilige Stuhl zu Rom und schelten uns die Hochgelehreten gar schwind fur Ketzer, denn es groß daran gelegen ist, wo der Geldstrom hingefuhret wird. Nu wir wollen nicht verwerfen, daß man ziemliche Kirchen baue und schmucke, der wir nicht embehren mügen und Gottesdienst billig aufs zierlichst[4] gehalten wird. Aber doch sollt ein Maß da sein und mehr geachtet werden, daß es reiniglich denn köstlich[5] wäre, was zu Gottes Dienst verordnet wird. Das ist aber zu Erbarmen und Klagen, daß wir durch solch Geplärre und Wesen werden von Gottes Gebot abkehret und allein auf die Ding gefuhret, die Gott nicht geboten hat und ahn wilche Gottes Gebot wohl kann gehalten werden. Es wäre gnug, daß man das weniger Teil gebe zu Kirchen und dergleichen und den rechten Strom gehen ließe zu dem Gebot Gottes, auf daß die Wohltat unter den Christen gegen den Armen größer und mehr leuchtet denn alle steinen und hülzen Kirchen.

1 sich seiner wohl annehmen. – 2 ziehen umher. – 3 Gesandte. – 4 feierlichst. – 5 anstatt üppig.

Und wenn wir's kecklich sagen sollen, so ist es ein lauter Triegerei, fährlich und verfuhrisch den Einfältigen, so man Bulle, Brief, Siegel, Fahnen und dergleichen aufhängt um der toten steinern Kirchen willen und tut dasselb nicht hundertmal mehr um der dürftigen lebendigen Christen willen. Drum Mensch, sehe dich fur, Gott wird dich nicht fragen am Sterben und Jungsten Tage, wieviel du zu Testamenten hinter dir lässest, ob du soviel oder soviel zu Kirchen geben hast, sondern wird also sagen: Ich bin hungerig gewesen und ihr hat mich nicht gespeiset, ich bin blöß gewesen und ihr hat mich nicht gekleidet. Die Wort laß dir, lieber Mensch, zu Herzen gehen, da wird's an liegen[1], ob du deinen Nähisten habst geben und wohltan. Hut dich fur Scheinen, Gleißen, Farben, die dich davon ziehen.

Zum sechzehenten: Solche unträgliche Läste und Aufsätz[2] abzutuen, sollten Papst, Bischofe, König, Fürsten und Herrn ärbeiten, daß entweder durch ihre eigen Befehl oder in einem gemeinen Concilio gesetzt wurde und verordent, daß ein iglich Stadt und Fleck ihre Kirchen baueten und ihre arme Leut selb versorgeten, daß der Bettel gar abeginge[3] oder je nicht also[4] zuginge, daß ein iglich Fleck seine Kirchen oder Armen in allen andern Städten erbettelt, wie itzt der unlustige[5] Brauch ist, und sollt den Heiligen Stuhl zu Rom mit seinen Bullen zufrieden lassen, der wohl anders zu schaffen hat, wo er seins Amts pflegen will, denn Bullen verkaufen und Kirchen bauen, der ihm auch keines not ist. Denn also hat Gott nämlich in seinem Gesetz auch ausgedruckt (5. Mos. 15): Es werden allzeit Armen sein in deiner Stadt. Daß er einer iglichen Stadt ihre Armen befohln hat und das Laufen hin und her[6] auf den Bettelsack, wie itzt zu Sankt Jakob und gen Rom geschieht, nicht haben will. Wiewohl aber ich geringer bin, denn daß ich Päpsten und allen Regenten der Welt Rat geben müge, in solchem

1 darauf wird's ankommen. – 2 unerträgliche Lasten und Auflagen. – 3 ganz verschwände. – 4 jemals nicht so. – 5 unerfreuliche. – 6 Vagabundieren.

Fall auch selb wohl acht, es werde nichts draus, dennoch muß man wissen, was gut und not wäre und die Öberkeit schuldig ist, zu gedenken und tun, was dem gemeinen Volk, das ihn befohln ist aufs best zu regieren, not sei.

Zum siebenzehenten: Hat man ein Stucklin funden, das meisterlich lehret, wie wir solch Gebot mügen umgehen und den Heiligen Geist betriegen, nämlich: es sei niemand schuldig, den Dürftigen zu geben, sie sind denn in der höchsten Not. Darzu haben sie ihn furbehalten, zu örtern und beschließen, was die höchste Not sei. Also lernen wir niemand geben noch helfen, bis daß sie Hunger sterben, erfrieren, verderben, fur Armut oder Schuld entlaufen[1]. Aber die schalkhaftige Glosse und verfuhrischer Zusatz legt man mit einem Wort nieder. Das laut also: Was du willt, das dir ein ander tu, das tu du auch. Niemand aber ist so närrisch, daß er ihm nicht ehr geben haben wollt, es gehe ihm denn itzt die Seel aus oder sei fur Schuld entlaufen und denn[2] helfen lasse, wenn's nimmer helfen mag. Wo es aber gilt zu Kirchen, Stift, Ablaß und andern Dingen, die Gott nicht geboten hat, da ist niemand so scharfsinnig noch so fleißig, auszurechnen, ob der Kirchen ehr zu geben sei, die Ziegel fallen denn vom Dach, die Balken verfaulen, das Gewelb fall ein, die Gnadbrief verwesen oder Ablaß verderbe. Das doch alles baß mocht warten denn die Dürftigen, sondern hie ist alle Stund die höchste Not, ob schon alle Kasten und Boden voll sind und alles wohl erbauet. Ja, hie muß man Schätz ahn Aufhören sammlen, nicht den Dürftigen auf Erden zu geben oder leihen, sondern dem heiligen Kreuz, Unser Lieben Frauen, dem heiligen Patron St. Peter, die im Himmel sind. Und das alles nicht mit schlechter Fursichtigkeit[3], auf daß, ob je der Jungst Tag nimmermehr käme, die Kirche versorgt bleibe uber hundert und aber hunderttausend Jahr, domit man zur Not einen Heiligen erheben oder Bischofsmäntel oder desgleichen ein Jahrmarkt[4] aus Rome

1 vor … Schulden auswandern. – 2 dann erst. – 3 geringer Vorsicht. – 4 eine ähnliche Jahrmarktsware.

käufen müge. Und furwahr acht ich die Römer fast große Narren, daß sie der Heiligenerhebung, Bischofsmäntel, Bullen und Brief nicht teurer verkäufen und mehr Gelds lösen, dieweil solch feiste deutsche Narren auf ihre Jahrmarkt kommen und sich selbst darzu nötigen, so doch furwahr kein Endechrist billiger solch Schätz der Erden erheben sollt denn der römisch bodenloser Sack, dahin sie auch alle gesammlet und verordenet werden. Es wäre mir auch leid im Herzen, daß solch verdammt Gut den Dürftigen entzogen, den es billig eigent, anders würd angelegt denn fur römische War. St. Ambrosius und Paulinus vorzeiten schmelzten die Killich[1] und alles, was die Kirchen hätten, und gaben's den Armen. Wende um das Blatt, so findest du, wie es itzt gehet. Und wohl dir, liebes Rom, ob schon den Deutschen gebrech am Geld, so haben sie doch Kilch, Monstranzen und Bilder gnug, die sind noch alle dein.

Zum achtzehenten: Nu kommen wir zu dem dritten Grad, die zeitliche Gueter zu handeln. Der erst, daß wir willig und gerne leihen oder borgen sollen ahn allen Aufsatz und Zinse. Davon sagt unser Herr Jesus Christus Matth. 5: Und wer von dir entleihen oder borgen will, von dem kehre dich nicht. Das ist: Versag es ihm nicht. Dieser Grad ist der allergeringste und ist auch im Alten Testament geboten, do Gott sagt 5. Mos. 15: So jemand aus deinen Brüdern in deiner Stadt arm wird, sollt du dein Herz nicht gegen ihm verhärten noch dein Hand zuhalten, sondern sollt sie auftuen und ihm leihen alles, wes er bedarf. Und diesen Grad haben sie lassen bleiben ein Gebot, denn alle Lehrer hie zusammenstimmen, das Leihen oder Borgen soll geschehen frei, ahn allen Aufsatz und Beschwerung, wiewohl vielleicht nicht alle eines sind, wilchen wir leihen sollen. Denn wie im vorigen Grad von dem Geben ist gesagt, also sind auch hie viel Menschen, die den Reichen oder gueten Freunden gerne leihen, mehr darum, daß sie Gunst suchen oder ihn verwandt sind, denn daß Gott geboten hat, und

1 Kelche.

sonderlich so der hohe Titel daher gehet, davon gesagt ist zü Gottes Dienst und um Gottes Willen etc. Denn dem heiligen Kreuz und Unser Lieben Frauen und dem heiligen Patron leihet idermann gerne, aber da Gottes Gebot hinweiset, da ist Mühe und Ärbeit, da will niemand leihen, es komme denn aber die höchste Not, daß Leihen nimmer nütz sei, wie droben gesagt ist.

Zum neunzehenten: Christus aber hat in seinem Gebot niemand ausgeschlossen, ja, er hat eingeschlossen allerlei Personen, auch die Feinde, da er spricht Luk. 6: Wenn ihr nur denen leihet, von wilchen ihr wartet, daß sie euch wiedergeben, was ist das fur eine Wohltat? Leihen doch die bösen Sunder einer dem andern, daß sie gleich desselben mugen wiederhaben. Item: Ihr sollt leihen und nichts dafur gewarten. Ist mir wohl bewußt, daß fast viel Doctores diese Wort dahin ziehen, als hätte Christus darin geboten, also zu leihen, daß niemand nichts aufsetzt oder Gewinst dran sucht, sondern freihin leihen soll. Die Meinung wohl nicht unrecht ist, denn wer also leihet, daß er aufsetzt, der leihet nicht, so verkäuft er auch nicht, darum muß es ein Wucher sein, dieweil Leihen von Art und Natur nicht anders ist, denn etwas fur einen andern darstrecken umsonst, mit Bedingen, dasselb oder des gleich Mäßigen[1] und nicht mehr uber Weil[2] wiederzunehmen. Aber so wir dem Wort Christi recht unter Augen sehen, so lehrt er nicht leihen ohn Aufsatz, denn das ist nicht not zu lehren, sintemal kein ander Leihen ist denn ohn Aufsatz, oder ist's mit Aufsatz, so ist's nicht Leihen. Er will, daß wir leihen sollen nicht allein den Freunden, Reichen und da wir geneigt hin sind, die uns wiederum mugen in dem oder in einem andern leihen oder wohltuen, sondern auch denen, die dasselb nicht vermügen oder nicht wollen, als den Dürftigen und Feinden, gleich wie er Lieben und Geben lehret, also auch Leihen, daß es alles ahn Gesuch[3] und ahn Eigennütz geschehe, wilchs nicht geschieht, wir tuen es denn den Feinden und Dürfti-

1 des gleichen Maßes. – 2 nach einiger Zeit. – 3 ohne Selbstsucht.

gen. Denn sein ganze Rede gehen dahin, daß er uns will lehren, idermann wohltun. Das ist, nicht allein denen, die uns wohltun, sondern auch die uns ubeltun oder nicht wieder mügen wohltuen. Das meinet er, wenn er sagt: Ihr sollt leihen und nichts davon gewarten. Das ist: Ihr sollt leihen denen, die euch nicht wieder leihen mugen oder wollen. Wer aber leihet, der gewartet je wieder dasselben, das er leihet, und sollt er nichts gewarten, wie sie es verstehen, so wäre es gegeben und nicht geliehen, dieweil es denn so gering ist, das einer dem andern leihet, der ihm freundlich, reich oder sonst im gleichen wieder nutzlich sein mag, daß auch die Sunder, die nicht Christen sind, dasselb tun, so sollen die Christen mehr tun und denen leihen, die dasselb nicht tun, das ist, den Durftigen und Feinden. Und da fällt abermal zu Boden die Lehre, die do sagt, man sei nicht schuldig, Signa rancoris abzulegen, wie droben gesagt ist. Und ob sie wohl von dem Leihen Recht sagen, so machen sie doch ein Rat aus diesem Gebot und lehren uns, wir sind nicht schuldig, den Feinden zu leihen noch den Dürftigen, sie sind denn in der höchsten Not. Da hut dich fur.

Zum zwänzigsten: Daraus folget, daß die allesamt Wücherer sind, die Wein, Korn, Geld und was des ist, ihrem Nähisten also leihen, daß sie ubers Jahr oder benannte Zeit dieselben zu Zinsen verpflichten oder doch beschweren und uberladen, daß sie mehr oder ein anders wiedergeben mussen, das besser ist, denn sie geborget haben. Und daß diese Menschen selbs greifen[1] mügen, wie unrecht sie tuen, wiewohl es leider gemein worden ist, setzen wir fur ihr Augen dreierlei Gesetz. Zum ersten dies gegenwärtig Evangelion, das gebeut, wir sollen leihen. Nu ist leihen nicht leihen, es geschehe denn ohn allen Aufsatz und einigen Furteil, wie gesagt ist. Und wiewohl der tückisch Geiz unterweilen ihm selb eine Farb anstreicht, als nehme er das Ubrige fur ein Geschenk, so hilft's doch nicht, so das Ge-

1 begreifen.

schenk ein Ursach ist des Leihen, oder so der Borger lieber nicht schenk, wo er mocht frei borgen. Und besondern ist das Geschenk verdächtig, so der Borger dem Leiher oder der Dürftige dem Habenden schenkt. Denn es naturlich nicht zu vermuten ist, daß der Dürftige aus freiem Willen dem Habenden schenke, sondern die Not dringt ihn. Zum andern ist das wider das naturlich Gesetz, wilchs auch der Herr Luk. 6 und Matth. 6 anzeigt: Was ihr wollt, das euch die Leute tuen sollen, das tuet auch ihn'. Nu ist ohn allen Zweifel niemand, der do wollt, daß ihm Roggen auf Korn[1], böse Münze auf gute, böse War auf gute War geleihen wurde. Ja, viel ehr wollt ein ider, daß ihm gute War auf böse oder ie gleich gute ohn Aufsatz geliehen wurde. Darum ist's klar, daß solche Leiher wider die Natur handeln, tödlich sundigen, Wücherer sind und ihres Nähisten Schaden suchen in ihren Gewinst, das sie doch nicht wiederum wollten leiden von andern und also ungleich handeln mit ihrem Nähisten. Zum dritten ist's auch wider das Alt und Neu Gesetz, das do gebeut, du sollt deinen Nähisten lieben als dich selbst. Aber solche Leiher lieben sich allein, suchen das Ihr allein oder lieben und suchen, noch meinen nicht mit solchen Treuen[2] ihren Nähisten als sich selbst.

Zum einundzwänzigsten: Darum wäre nicht Richtigers noch kurzer Unterweisung in diesem und allen Händeln zeitlichs Guts, denn daß ein iglich Mensch, so er mit seinem Nähisten soll handeln, ihm fursetzt diese Gebot: Was du willt, das dir ein ander tät, das tue du ihm auch und liebe deinen Nähisten als dich selbst. Daneben bedächt, was er wollt von ihm selber haben, wenn er an seins Nähisten Statt wäre, so wurde sich's alles selbs lehren und finden. Da wurde man keiner Rechtbücher noch Richt[3] noch Klage dürfen, ja, alle Sachen wurden schnell bericht[4] und schlecht[5]. Denn eins iglichen Herz und Gewissen wurde ihm sagen, wie er wollt mit ihm gleich gehandelt, nachgelas-

1 hochwertiges Getreide. – 2 sind nicht ebenso treulich gesinnt gegen. – 3 Gericht. – 4 entschieden. – 5 geschlichtet.

sen, geben und vergeben haben[1]. Draus er denn mußt schließen, er soll einem iglichen andern auch so tun. Aber dieweil wir dieselbigen Gebot aus den Augen setzen und allein den Handel und sein Gewinst oder Schaden ansehen, so mussen wir so unzählig viel Bücher, Recht, Richt, Hader, Blut und allen Jammer haben, und also nach Ubertretung Gottes Gebot folgen muß auch Zerstörung Gottes Reichs, das do ist Fried und Einigkeit in brüderlicher Lieb und Treu. Doch gehen solch frevel Menschen dahin, beten zuweilen und fasten, geben zuweilen Almosen und sind hie in diesem Stuck, da die Seligkeit anliegt[2], ganz unachtsam und unsicher, als treffe sie dies Gebot gar nichts, ahn wilch sie doch nicht mugen selig werden, ob sie gleich alle andere Werk täten aller Heiligen.

Zum zweiundzwänzigsten: Hie bewegen etliche zween Widerspruch[3]. Der erst ist: Wenn es also getan ist ums Leihen, so verlore ich das Interesse, das ist der Nutz, den sie dieweil mochten schaffen mit der verliehene War. Der ander ist: Das groß Exempel, das allenthalben in der Welt Sitte worden ist, auf Gewinst zu leihen, und sonderlich, dieweil die Gelehrten, Priester, Geistlichen und Kirchen also tun, angesehen, daß der Kirchen geistlicher Guter und Gottesdienst Besserung darinne gesucht wird. Anders wären itzt gar wenig Christen in der Welt und wurde idermann schwer sein[4] zu leihen.

Antwort: Dies alles ist nichts geredet. Aufs erst mußt du doch das Interesse und die Nützung verlieren, wenn dir's genommen wird oder du jemand gibest umsonst, warum willt du denn in dem Leihen das suchen und behalten? Denn wer sich Gebens und Leihens erwägt, der muß sich des Interesse zuvor erwägen oder wird widder Geben noch Leihen heißen. Aufs ander: Es sei Sitte oder Unsitte, so ist es nicht christlich noch gottlich noch naturlich und hilft kein Exempel dawider, denn es stehet geschrieben: Du sollt

1 daß mit ihm entsprechend gehandelt, ihm nachgelassen … würde. – 2 wovon … abhängt. – 3 Einwände. – 4 sich sträuben.

nicht folgen dem Haufen, Böses zu tun, sondern Gott und seine Gebot uber alle Ding ehren. Daß aber die Geistlichen und Kirchen das tun, ist soviel ärger, denn geistliche Güter und Kirchen haben nicht Gewalt noch Freiheit, Gottes Gebot zu reißen[1], den Nähisten berauben, Wucher treiben und Unrecht uben, wird auch Gottesdienst damit nicht gebessert, sondern verderbet, denn Gottes Gebot halten, das heißt Gottesdienst bessern. Kirchengüter mugen auch wohl böse Büffen[2] bessern. Und wenn die ganze Welt, mit solchem Aufsatz zu leihen, einen Brauch hätte, sollten doch die Kirchen und Geistlichen dawider handeln und, je geistlicher ihre Guter wären, je christlicher nach dem Gebot Christi leihen, geben und fahrenlassen. Und wer anders tuet, der tuet's nicht der Kirchen noch geistlichen Gütern zur Besserung, sondern seinem wuchersuchtigem Geiz, der sich schmücket unter solchen guten Namen. Drum ist auch nicht wunder, daß wenig Christen sind. Denn hie siehet man, wilche rechter, güter Werk sich uben, obwohl viel sich blenden und betriegen mit ihren eigen erlesenen[3] guten Werken, die ihn' Gott nicht geboten hat. So aber jemand aus diesem allen sich beschweret[4], zu leihen seinem Nähisten, ist's ein Zeichen seins großen Unglaubens, daß er veracht die trostliche Zusagung Christi, do er sagt: Wenn wir leihen und geben, so sind wir Kinder des Allerhöchsten und unser Lohn groß. Und solcher tröstlicher Verheißung ist nicht wirdig, der sie nicht gläubt, noch darnach sich mit den Werken richtet.

Das ander Teil vom Wucher

Zum ersten: Unter diesen dreien Graden sind nu ander Grade und Weise, die zeitliche Güter zu handeln, als Kaufen, Erben, Bescheiden[5] und dergleichen, die mit weltlichem und geistlichem Recht verfasset sind, durch wilche

1 vernichten. – 2 Buben. – 3 selbsterwählten. – 4 beschwert findet. – 5 Zuweisen.

niemand besser noch ärger wird fur Gott. Denn das ist kein christlich Verdienst, so du etwas kaufest, erblich besitzest oder sonst redlicherweise uberkommest, sintemal auch die Heiden, Turken und Jüden dermaßen frumm sein mugen.

Aber christlicher Handel und wohl Brauch[1] zeitlicher Güter stehet in den dreien obgesagten Graden oder Weisen: Geben umsonst, Leihen ahn Aufsatz und mit Fried fahren lassen, was mit Gewalt genommen wird. Itzt lassen wir anstehen[2] alle andere Weise und nehmen fur uns den Kauf, nämlich den Zinskauf, darum, daß im selben ein hubscher Schein und Gleißen ist, wie man ahn Sund ander Leut beschweren und ahn Sorge oder Mühe reich werden müge. Denn in den andern Händeln[3] ist idermann selbst offenbar[4], wo er zu teur, falsch War, falsch Erb, falsch Gut gibt oder besitzt. Aber dies behend[5] und neu erfunden Geschäft macht sich gar oft einen frummen und getreuen Schutzherrn des verdammten Geizs und Wucher.

Zum andern: Wiewohl derselb Zinskauf nu ist bestätiget als ein ziemlicher Kauf und zugelassener Handel, so ist er doch hässig und feindselig[6] aus vielen Ursachen. Zum ersten daß er ein neues, behendes erfunden Ding ist, sonderlich in dieser letzten fährlichen Zeit, da kein Guts mehr erfunden wird und aller Menschen Sinn und Gedanken zaumlos nur auf Gut, Ehr und Wollust trachten und wir bei den Alten dieses Kaufs kein Exempel lesen und Paulus diese Zeit auch beschreibt, die viel neuer böser Stuck erfinden werde. Zum andern, daß, wie sie selb mussen bekennen, wie billig er sei, so hab er doch ein böse Ansehen und ärgerliche Gestalt, und St. Paulus gebeut, man soll meiden alle böse, ärgerliche Gestalt, ob sie auch sonst ahn ihn selbst billig und ziemlich wäre. Ab omni specie mala abstinete vos (1. Thess. 5): Für aller bösen Gestalt hütet euch. Nu ist in diesem Kauf allzeit des Kaufers oder Zinsherrn Vorteil grö-

1 guter, rechter Gebrauch. – 2 beiseite. – 3 Geschäften. – 4 stellt sich jedermann selbst bloß, an den Pranger. – 5 schlaue. – 6 zu hassen und zu verabscheuen.

ßer, besser und idermann gefälliger angesehen denn des Verkaufers oder Zinsmanns, des Anzeichen ist[1], daß man noch nie drob gehandelt hat des Verkäufers, sondern allein des Käufers halben. Denn eins ider Gewissen befurchtet, es mocht nicht billig sein, Zins zu käufen, so doch niemand dran zweifelt, daß ein ider das Seine vergebe oder verkäufe, wie fährlich[2] er wollt. So gar nahe und fährlich gehet dieser Kaufshandel an das Gewissen.

Zum dritten: Daß es schwerlich mag sein, daß derselb Kauf, ob er auch ohn Wucher geschehe, nicht wider das naturlich und der christlichen Liebe Gesetz geschehe. Denn zu vermuten ist, daß der Käufer nimmer oder gar selten seines Nähisten, des Verkäufers, Besserung und Vorteil in diesem Kauf mehr oder so viel suche und begehre, als sein eigene, sonderlich, so der Käufer reicher und solchs Kaufs nicht notdürftig ist, so doch das naturlich Gesetz sagt: Was wir uns wollen und gonnen, sollen wir auch unserem Nähisten wollen und gonnen. Und der Liebe Art ist, wie 1. Kor. 13 St. Paulus sagt, daß sie nicht ihren eigen Genieß noch Vorteil, sondern der andern suchet. Wer will aber gläuben, daß in diesem Handel idermann Zins käufe (er sei denn gar notdürftig) zu gleicher Besserung und Vorteil seines Nähisten, des Verkäufers, als seiner eigen, so es doch zu besorgen ist, der Käufer wollt nicht gerne an des Verkäufers Statt sein, wie in andern Käufen.

Zum vierten muß das idermann bekennen, daß dieser Kauf, er sei Wucher oder nicht, so tuet er doch ebendasselb Werk, das der Wucher tuet, das ist, daß er alle Land, Städt, Herrn, Volk beschweret, aussäugt und in Verderben bringt, wie wir das sehen offentlich in vielen Städten und Furstentumen, wilchs kein Wucher hätt mocht vollenbrengen. Nu hat der Herr gelehret, nicht die Frücht aus den Baumen, sondern die Baume aus den Früchten zu erkennen. So ist mir's unmüglich, daß ich dich soll achten einen süßen Feigenbaum, wenn du nicht anders denn scharfe Dorn trägst.

1 wofür der Beweis darin liegt. – 2 mit wie großem Risiko.

Und will sich mit mir nicht reimen, daß der Zinskauf solcherweise billig sei, davon Land und Leut verderben.

Zum funften: Wohlan, laßt uns dichten, träumen oder mit Gewalt denken, dieser Kauf sei dermaßen billig, wie er itzt gehet. Dennoch ist er wirdig, daß Papst, Bischof, Kaiser, Fürsten und idermann darzu tue, daß er aufgehaben werde und iglicher schuldig, der ihm wehren mag, daß er's tue um seiner bösen verdammten Frucht willen, die die ganze Welt beschweren und verderben.

Zum sechsten: Darum ist's nicht gnug, daß dieser Kauf durch geistlich Recht errettet sei vom Wucher, denn er ist darum nicht los[1] oder sicher vom Geiz und eigennütziger Liebe, und aus dem geistlichen Gesetz man findet, daß er nicht zur Liebe, sondern zum Eigennütz gezogen wird. Gleich wie das Geld auf dem Spiel gewonnen, ist auch nicht Wucher, dennoch ist's nicht ohn eigennutzige seins Selbstliebe und ohn Sunde gewonnen. Und der gemeinen Frauen Lohn ist auch nicht Wucher, doch mit Sunden verdienet, und das Gut, mit Fluchen, Schweren oder Versprechen[2] erworben, ist auch nicht Wucher, aber doch mit Sunden erworben. Derhalben ich nicht mag schließen, daß die Zinskäufer recht und billig handeln, die sein nicht bedurfen, ja, ich frei sage und warne, daß die Reichen, die dieses Kaufs nicht anders brauchen, denn nur zu mehren ihre Zinse und Guter, unangesehen, daß andere dadurch beschweret werden, in großer Fahr stehen, und acht's auch nicht, daß er denselben sei zugelassen, wie etliche geizigen Blasen[3] tun, die auf benannte Tage[4] Zinse aufheben[5] und frisch wiederum dasselb auch auf Zinse treiben[6], daß immer ein Zins den andern treibe, wie das Wasser die Möhlrad, wilchs so ein offener und unverschamter Geiz ist, daß kein Mensch, wie grob[7] er sei, nicht leugnen kann. Dennoch hält man das alles fur billig. Und wenn kein ander Ursach wäre, diesen Zinskauf zu achten als einen Wucher oder je als einen un-

1 freigesprochen. – 2 Verleumden. – 3 aufgeblasene Menschen. – 4 zu bestimmten Terminen. – 5 erheben. – 6 zinsbar anlegen. – 7 dumm.

rechten Handel, sonderlich in diesem Fall, so wäre doch diese Sache gnugsam, daß er solchen offenbarlichen unverschamten Geiz deckt und sicher handeln läßt. Denn was aus Gott ist, das wehret den Sunden und allem Bösen. Aber dieser Handel gibt frei dem Geiz seinen Willen, drum muß er aus Gott nicht sein, wie er itzt im Brauch gehet.

Zum siebenten: Nu wollen wir sehen den Grund, durch wilchen dieser zarter Handel wird gebilligt. Es ist ein Wortlin, das heißt auf latein Interesse. Das edle, teur, zarte Wortlin gibt auf deutsch soviel: Wenn ich hundert Gulden habe, damit ich mocht im Handel durch meine Mühe und Sorge ein Jahr lang funf, sechs oder mehr Gulden erwerben. Die tue ich von mir zu einem andern auf ein fruchtbar Gut, daß nicht ich, sondern er mag also damit handeln auf demselben. Drum nimm ich von ihm funf Gulden, die ich hätt mocht erwerben, und also verkäuft er mir die Zinse, funf Gulden fur hundert, und bin ich Käufer und er Verkäufer. Hie spricht man nu, der Zinskauf sei billig, dieweil ich hätt vielleicht mehr mocht gewinnen jährlich mit denselben Gulden, und das Interesse sei recht und gnugsam[1]. Das alles hat so ein hübschen Schein, daß es auf keinen Ort jemand tadeln mag. Aber das ist auch wahr, daß ein solch Interesse nicht müglich ist auf Erden zu haben, darum, daß ein ander Interesse ist gegen das, wilchs ist also getan[2]. Wenn ich hundert Gulden habe und damit gewerben soll, mag mir hunderterlei Fahr begegen, daß ich nichts gewinne, ja, noch viermal soviel verliere dazu, eben um desselben Gelds willen, oder fur Krankheit nicht werben[3] mag, oder keine War noch Gut furhanden ist und der Fäll unzählig viel, wie wir sehen, daß der Verderben, Verlust, Schaden mehr sind denn des Gewinnen. Also ist das Interesse des Verlieren wohl so groß oder großer denn das Interesse des Gewinstes.

Zum achten: Wo nue[4] der Zins wurde kauft auf das erste Interesse allein, damit solch Fahr und Mühe ausbleiben und nimmermehr kommen mag, daß er mehr verliere, denn er

1 angemessen. – 2 beschaffen. – 3 erwerben. – 4 nämlich.

anlegt, und also das Geld, gerad als mocht es alles und allzeit ohn das ander Interesse sein, anlegt, so ist's klar, daß der Kauf auf nichts gegrundet ist, dieweil ein solchs Interesse nicht mag sein, noch erfunden werden. Denn in solchem Kauf findet er allzeit War furhanden und mag handeln stillsitzend, krank, Kind, Weib oder wie untuchtig er sei, der keins nicht sein mag im Handel und Erwerben mit bloßem Geld. Derhalben die auf solch Interesse allein sehen und handeln, sind ärger denn Wücherer, ja, sie kaufen das erst Interesse durch das ander Interesse und gewinnen eben damit, damit ander Leut verlieren. Wiederum dieweil nicht müglich ist, das ander Interesse zu verfassen, wirden und gleich achten[1], denn es nicht in Menschen Gewalt stehet, so sehe ich nicht, wie der Kauf bestehen muge. Denn wer wollt nicht lieber hundert Gulden auf Zins legen, denn damit handeln, dieweil er im Handel mocht verlieren ein Jahr zwänzig Gulden, mit der Summen[2] dazu, und im Kauf nicht mehr denn funf mag verlieren, mit behaltener Summen dazu. Uber das im Handel mußt oft sein Geld stilliegen, der War oder seines Leibs halben, das im Kauf ohn Unterlaß gehet[3] und wirbt.

Was ist denn wunder, daß einer aller Welt Gut zu sich bringe, der do Bereitschaft der War und täglich Sicherheit, weniger Fahr mit Behut der Hauptsummen zuvor[4] hat umsonst? Es mußt nicht klein zutragen die Zeit[5] dem, der die War allzeit uberkommen mag, gleich wie sie nicht wenig abträgt dem, der nicht kann der War loswerden oder uberkommen. Drum muß es gar ein ungleich Ding sein, Geld auf Zinsen und Geld im Handel, und eines gegen dem andern nicht mag geachtet[6] werden, denn Geld auf Zinsen hat einen Grund, der ohn Unterlaß wächst und trägt aus der Erden ohn Sorge der Verlust an der Hauptsummen. Aber Geld im Handel hat nichts Gewisses, darum ist hie kein In-

1 zahlenmäßig zu fixieren, abzuschätzen und zu vergleichen. – 2 dem Kapitel. – 3 tätig ist. – 4 Sicherung des Kapitals im voraus. – 5 nicht wenig Gewinn bringen die betreffende Zeit lang. – 6 verglichen.

teresse, denn zufällig darauf nichts zu bauen ist. Hie werden sie vielleicht sagen, dieweil sie legen Geld auf die Gründe[1], so sei da ein Interesse des Verlierens neben dem Interesse des Gewinstes, denn darnach der Grund bleibt oder nicht, so bleibt oder fällt auch der Zins. Dies ist alles wahr, davon wir drunten weiter hören werden. Aber das bleibt gleichwohl, daß ein Geld, das man auf einen Grund mag legen, gar viel zunimmt an dem ersten Interesse und abnimmt an dem andern Interesse gegen dem Geld, das im Handel webt[2], denn wie droben gesagt, viel mehr Fahr sind im Handel denn auf einem Grund, dieweil denn nicht mit einem iglichen Geld man Gründ uberkommen mag, so kann man auch nicht Zins um ein iglichs Geld käufen. Darum ist's nicht gnug gesagt, mit soviel Gelds mocht ich soviel Zins auf einem Grund käufen, darum nehme ich billig soviel Zins dafur und laß einen andern fur den Grund sorgen. Denn mit der Weise will man einem iglichen Geld einen baren[3] Grund zurechnen, das doch nicht müglich ist und draus groß Beschwerung der Land und Leut folgen muß.

Zum neunten: Drum ist nicht wunder, daß die Zinsjunkeren so schwind fur andern Leuten reich werden, denn dieweil die andern mit ihrem Geld im Handel bleiben, sind sie beiden Interesse unterworfen. Aber die Zinsjunkern, mit solchem Fundle[4] heben sie sich aus[5] dem andern Interesse und kommen in das erst, und da muß ihn' viel Fahr abgehen und Sicherheit zugehen. Darum sollt nicht gestattet werden, daß man Zinse käuft mit bloßem Geld, unangezeigt und unbestimmt den Grund der Zinse, in Sonderheit, wie itzt der Brauch ist unter den großen Kaufleuten, und fahren dahin[6], legen das Geld auf einen Grund ingemein und unernannt[7], denn dadurch geben sie der Natur und Art des Gelds, das doch nur sein Gluck und Zufall ist[8]. Es ist nicht die Natur des Gelds, daß es einen Grund käufe, son-

1 Grundstücke. – 2 tätig ist. – 3 im Wert genau entsprechenden. – 4 Finte, List. – 5 machen sich frei von. – 6 fort. – 7 im allgemeinen und ohne ihn zu nennen. – 8 als glücklicher Zufall bei ihm geschehen kann.

dern es mag zufällig ein Grund feil werden auf Zinse, da etlich Geld zu nutze sei, das geschieht aber nicht allem Grund, auch nicht allem Geld. Darum soll man den Grund nennen und eigentlich[1] bestimmen. Wenn das geschäh, so wurde wohl offenbar werden, wieviel Gelds mußt zinslos in dem Handel oder Kasten bleiben, das itzt Zinse treibt und doch kein ander Fuge noch Farbe[2] hat, denn daß man in einer gemeinhin sagt: Ich mocht soviel Zinse dafur käufen auf einem Grunde und das soll Interesse heißen. Ja, Lieber, mein Geld mocht meinem Nachbaurn sein Haus abkäufen, so es aber ihm nicht feil ist, gilt das Mugen mein Gelds mit seinem Interesse nichts. Also ist nicht alles Gelds Gluck, daß es Zinse käufe auf einen Grund. Und wollen doch auf alles, was genützet mag werden, Zinse käufen, das sind Wücherer, Diebe und Räuber, denn sie verkäufen des Gelds Gluck, das nicht ihr ist, noch in ihrer Gewalt. Ja, sprichst du: Es mag Zinse auf einen Grund käufen. Antwort: Es tut's aber noch nicht und kann's vielleicht nimmermehr tun. Hans mag ein Greten nehmen, er hat sie aber noch nicht, so ist er auch noch nicht ehelich. Dein Geld mag Zinse käufen, das ist die Hälft geschehen. Es liegt aber an andern: Das Jawort und die ander Hälfte. So nimm ich nicht halb fur ganz. Doch wollen itzt die reiche Kaufleut ihrs Geldes Gluck und dasselb eitel ohn Ungluck, darzu andere Leut Willen und Mut[3] verkäufen, on wilchen es leit[4], ob sie verkäufen wollen. Das heißt die dreizehenten Bärnhaut verkauft.

Zum zehenten: Weiter sage ich: Ist nicht genug, daß der Grund bar da sei und ernennet[5] werde, sondern soll klärlich, Stuck bei Stuck angezeigt und das Geld und Zinse drauf geweiset werden, als nämlich das Haus, der Garte, die Wiese, der Teich, das Viehe und alles noch frei, unverkauft und unbeschweret, und nicht der blinden Kuhe spielen insgemein oder ganz auf Haufen[6] das Gut beschweren. Denn wo das nicht geschieht, da muß eine Stadt oder arm Mann

1 genau. – 2 Recht noch Schein. – 3 Absicht. – 4 an welchen es liegt. – 5 genannt. – 6 als Ganzes.

im Sack verkauft werden und durch den blinden Kauf in Grund verderben, wie wir sehen itzt in vielen großen Städten und Herrschaften geschehen. Ursach ist: Denn es mag einer Stadt abgehen ihr Handel, Burger weniger werden, Häuser verbrennen, Äcker, Wiesen und alle Grunde vergehen und einem iglichen Hauswirt sein Gut und Viehe weniger werden, Kinder mehr werden, oder sonst mit Unfall[1] beladen werden, und schleichen[2] also die Güter dahin und bleibt doch der blinde Kauf, der auf den ganzen Haufen in der Gemein gemacht ist. Also muß das arm, wenige nachbleibende Gut tragen des ganzen vorigen vollbertigen[3] Haufens Burd und Kost. Das mag und muß nimmermehr recht sein. Da ist der Kaufer seiner Zinse gewiß und nicht in der Fahr, wilchs wider die Natur eins iglichen Kaufs ist, wilchs nicht geschehe, wo ausdruckt wurde die Stuck bei Stuck, sondern der Zins bliebe, fuhre, webt und schwebt gleich mit seinen Grunden, wie recht ist.

Zum eilften: Und dies ist die einige Enthaltung[4] dieses Kaufs, daß er nicht ein Wucher sei und mehr tut denn alle Interesse, daß der Zinsjunker sein Zins habe in aller Fahr und ihre ungewiß sei als[5] aller andern seiner Gutern. Denn der Zinsmann mit seinem Gut ist unterworfen Gottes Gewalt, dem Sterben, Kranken, Wasser, Feur, Luften, Hagel, Donner, Regen, Wolfen, Tieren und böser Menschen mannigfältig Beschädigung. Diese Fahr allesamt sollen den Zinsherrn betreffen, denn auf solchem und nicht auf andern Gründ stehen seine Zinse. Es gebührt ihm auch nicht ehr Zinse fur sein Geld, es sei denn, daß der Zinsmann oder Verkäufer des Gutes eigentlich bestimmt und seiner Ärbeit frei, gesund und ohn Hindernis brauchen muge. Das beweret sich aus der Vernunft, Natur und allen Rechten, die da einträchtiglich sagen, daß die Fahr des verkauften Dings stehe bei dem Käufer, denn der Verkäufer ist nicht schuldig, dem Käufer seine Ware zu behüten. Also, wo ich

1 Unglück. – 2 schwinden. – 3 vollwertigen. – 4 einzige Rechtfertigung. – 5 ebenso wie.

Zinse auf einem benannten Grund kauf, so kauf ich nicht den Grund, sondern die Ärbeit und Mühe des Zinsmanns auf dem Grund, damit er mir meine Zinse bringe. Darum stehet bei mir alle die Fahr, die solch Ärbeit des Zinsmanns hindern mügen, soferne sie ohn sein Schuld und Versäumnis geschieht, es sei durch die Elementen, Tieren, Menschen, Krankheiten, oder wie es genennt und kommen mag, darinne der Zinsmann so groß Interesse hat als der Zinsherre. Also, wo ihm nach getanem Fleiß sein Ärbeit nicht gelinget, soll er und mag sagen zu seinem Zinsherrn frei: Dies Jahr bin ich dir nichts schuldig, denn ich hab dir mein Ärbeit und Mühe, Zins zu bringen, auf dem und dem Gut verkauft, das ist mir nicht geraten, der Schad ist dein und nicht mein, denn willt du ein Interesse mit haben zu gewinnen, mußt du auch ein Interesse mit haben zu verlieren, wie das fodert die Art eins iglichen Kaufs. Und wilche Zinsherrn das nicht leiden wollen, die sind also frumm als Räuber und Mörder und reißen aus dem Armen sein Gut und Nahrunge. Weh ihnen!

Zum zwelften: Daraus aber folget, daß der blinde Zinskauf, der nicht auf bar benannte Stuck und Stuck eins Grunds, sondern in der gemeinhin auf viel Güter in einen Haufen gezogen gemacht ist, Unrecht ist. Denn dieweil man nicht kann anzeigen, auf wilchen Stucken er stehe, so hat er auch keine Fahr und nimmt immer hin, es gebrech hie oder dort, und will seiner Zinse gewiß sein. So sagst du vielleicht: Wenn das ist, wer will denn Zinse käufen? Antwort: Siehe da, ich wisset wohl, wo die Natur sollt recht tuen, sie wurde sich rumpfen[1]. Da bricht's 'erfur, daß im Zinskauf wird nur Sicherheit, Geiz und Wucher gesucht.

Oh, wieviel Städte, Land, Leut mussen zinsen, den man längest wäre schuldig gewesen, Geld nachzugeben[2]. Denn wo diese Fahr nicht ist im Zinskauf, da ist kurzum eitel Wucher. Nu gehen sie daher und stiften Kirchen, Klöster, Altar, dies und das, und ist des Zinskäufens noch Maß

1 weigern. – 2 zu erlassen.

Ende, gleich, als wäre es müglich, daß alle Jahr Güter, Person, Gluck, Frucht, Ärbeit gleich wären, es geratet wie gleich oder ungleich, so mussen die Zinse gleich fur sich gehen. Sollten da nicht Land und Leut verderben? Mich wundert, daß bei solchem unmeßlichem Wucher die Welt noch stehet. Also hat sich die Welt gebessert. Was vorzeiten hieß Leihen, das ist darnach in einen Zinskauf verwandelt.

Zum dreizehenten: Derselb Zinskauf geschieht etwan[1], daß man denen abkäuft, die wohl dürften[2], daß man ihn leihete oder gebe. So taug er doch zu Grund gar nichts, denn Gottes Gebot stehet im Wege und will, daß den Durftigen geholfen werde mit Leihen und Geben. Zum andermal geschieht er, daß Käufer und Verkäufer beider Teil des Ihren bedürfen, derhalben noch leihen noch geben vermügen, sondern sich mit des Kaufs Wechsel behelfen mussen. Wenn nu das geschieht ahn Ubertretung des geistlichen Gesetzs, daß man aufs Hundert 4, 5, 6 Gulden gibt, läßt sich's tragen. Doch soll allzeit die Gottesforcht sorgfältig[3] sein, daß sie mehr förchte, sie nehme zuviel, denn zuwenig, daß der Geiz nicht neben der Sicherheit des ziemlichen Kaufs einreiße. Je weniger aufs Hundert, je göttlicher und christlicher der Kauf ist.

Das ist aber meines Werks nicht, anzuzeigen, wo man funf, vier oder sechs aufs Hundert geben soll. Ich laß es bleiben bei dem Urteil der Rechten, wo der Grund so gut und reich ist, daß man da sechs nehmen müge. Aber meins Dunkens acht ich's: So wir Christus' Gebot halten wollten in den ersten dreien Graden, sollt der Zinskauf nicht so gemein oder not sein, es wäre denn im großen, merklichen[4] Summen und tappern[5] Gütern. Er reißt aber ein in die Groschen und Pfennig und ubet sich hienieden in gar geringen Summen, die man leichtlich mit Geben oder Leihen ausrichtet[6] nach Christus' Gebot, und will doch nicht Geiz genennt sein.

1 bisweilen. – 2 bedürfen. – 3 besorgt. – 4 bedeutenden. – 5 ansehnlichen. – 6 unterbringt.

Zum vierzehenten: Nu findt man etlich, die nicht allein in geringen Gütern, sondern auch zuviel nehmen, sieben, acht, neun, zehen aufs Hundert. Das sollten die Gewaltigen einsehen: Hie wird das arm, gemein Volk heimlich ausgesogen und schwerlich[1] unterdruckt. Darum geschieht auch, daß solch Räuber und Wucherer (wie die Tyrannen und Räuber wirdig sind), vielmals unnaturlich sterben und des gehenden[2] Tods verfallen oder sonst schrecklich umkommen. Denn Gott ist ein Richter fur die Armen, Dürftigen, als er vielmal im Alten Gesetz sagt.

Hie fahrn sie denn daher und sagen: Die Kirchen und Geistlichen tuen das und haben's macht, dieweil solchs Geld zu Gottes Dienst gelangt. Furwahr hat man kein andere Sach, den Wucher zu rechtfertigen, so ist er nie ubeler geschulten, denn er will ie die unschuldige Kirche und Geistlichheit mit ihm zum Teufel fuhren und in die Sunde ziehen. Tue den Namen der Kirchen ab und sprich: Es tue der wuchersuchtige Geiz oder der Faulenzer alter Adam, der nicht gerne ärbeitet, um sein Brot zu erwerben, daß er seinem Müßiggang unter der Kirchen Namen einen Dekkel[3] mache.

Was gottesdienst du mir?[4] Das heißt Gott gedienet, sein, Gebot gehalten, daß man niemand stehle, nehme, ubersätze[5] und desgleichen, sondern gebe und leihe den Dürftigen. Solch wahrhaftig Gottesdienste willt du zureißen[6], auf daß du Kirchen bauest, Altar stiftest und lesen und singen läßt, [Dinge,] der dir Gott keins geboten hat, und also mit deinem Gottesdienst den rechten Gottesdienst zunichte machest. Lasse den Gottesdienst furgehen, den er geboten hat und komme denn hernach mit dem, den du erwählet hast. Und wie ich droben gesagt habe: Wenn alle Welt zehen aufs Hundert nehme, so sollten doch die geistliche Stifte das gestrengeste Recht halten und mit Furchten vier oder funf nehmen, denn sie sollen leuchten und gut Exem-

1 schwer. – 2 eilenden, schnellen. – 3 ein Mäntelchen. – 4 Was für einen Gottesdienst verrichtest du da?. – 5 übervorteile. – 6 zerstören.

pel geben den Weltlichen. So kehren sie es um, wollen Freiheit haben, Gottes Gebot und Dienst zu lassen, Ubel zu tun und Wucher zu treiben. Willt du Gott dienen nach deiner Weise, so diene ihm ohn Schaden deines Nähisten und mit Gottes Geboten Erfullung, denn er spricht Jes. am 61.: Ich bin ein Gott, der das Gericht liebhat und bin feind dem Opfer, das do geraubt ist. Auch spricht der weise Mann: Gib ein Almosen von dem, das dein ist. Solche Ubersätze aber sind gestohlen deinem Nähisten wider Gottes Gebot.

Zum funfzehenten: Furcht man aber, daß den Kirchen und Stiften abgehe, so die Meinung soll fur sich gehen[1], sage ich: Es ist besser, aus zehen Stiftung ein gottliche gemacht, denn viel behalten wider Gottes Gebot. Was hülf dich der Gottesdienst, den du hörest, er sei wider Gott sein Gebot und seinen Dienst? Du wirst einem Gott nicht mit zweien widerspenstigen[2] Diensten dienen, auch nicht zween Herren dienen.

Auch sind etliche so schlecht Einfältige, daß sie solchen Zinse ohn Grund und Unterpfand verkäufen oder ie mehr verkäufen, denn der Grund trägt, da merklich Verderben herkommt. Und ist die Materi fast fährlich und weitläuftig, das schwerlich davon gnugsam mag gesagt werden. Das Beste wäre, daß man sich zu dem Evangelio ländete[3], nähete[4] und sich ubete in christlichen Händeln mit Gütern, wie gesagt ist.

Auch ist ein fährlich Gesuche in diesem Kauf, des, ich besorge, niemand oder fast wenig Käufer ohn sind. Der ist, daß sie wollen ihrer Zinse und Guts gewiß und sicher sein und darum Geld von sich tun, daß bei ihn' nicht in der Fahr bleibe und viel lieber ihn' ist, daß ander Leut damit ärbeiten und in der Gefahr stehen, daß sie dieweil müßig und faul sein mügen und doch also reich bleiben oder werden. Ist das nicht Wucher, so ist er ihm fast ähnlich. Kurzlich, es ist wider Gott, denn wo du Vorteil an deinem Nähisten su-

1 durchdringen. – 2 sich widersprechenden. – 3 wendete. – 4 näherte.

chest, den du nicht auch wolltest an dir ihm lassen, da ist die Liebe aus und das naturlich Gesetz zurissen. Nu sorge ich, daß man in Zinsekäufen gar wenig acht, wie es dem Nähisten gedeihe, wenn nur unser Zinse und Gut sicher ist, das man doch in keinen Weg nicht suchen soll und ist gewiß ein Anzeigen des Geiz oder Faulheit, wiewohl der Kauf draus nicht ärger wird, so ist es doch Sunde fur Gott.

Aber da hinten in Sachsen um Luneborg und Holstein, da macht man's recht grob, daß nicht wunder ist, ob einer den andern fresse. Da nimmt man aufs Hundert nicht alleine 9, 10 oder wieviel man immer mag, sondern haben auch ein besonders Stucklin daran gehänget, nämlich: Soll mir einer tausend Gulden tun auf Zinse, so muß ich anstatt bars Gelds soviel Pferde, Kuhe, Speck, Korn etc. nehmen, das er sonst vielleicht nicht mag loswerden oder nicht so teur verkäufen, daß mir kaumet der Summen die Hälft, als funfhundert Gulden, bars Gelds wird und muß doch fur tausend Gulden zinsen, ob mir schon die War und Vieh nichts nutze oder kaum auf einhundert oder zwei- Gulden mag zutragen. Ei, das sind freilich nicht Straßenräuber noch Stuhlräuber[1], sondern Hausräuber und Hoferäuber. Was soll man dazu sagen? Es sind nicht Leute, sondern Wolfe und unvernunftige Tier, die nicht gläuben, daß ein Gott sei.

Summa: Allem solchem Wucher und unrechten Zinsen ist kein besser Rat, denn daß man dem Gesetze und Exempel Mosi folgte und brächt alle Zinse wiederum in die Ordenung, daß man den Zehenten oder darnach die Not fodert, den Neunten oder Achten oder Sechsten nehme, verkäufte, stifte und gebe. So bliebe es alles fein gleich und stunde alles in Gottes Gnaden und Segen. Denn wo der Zehenten ein Jahr wohl geriete, so truge er viel dem Zinsherrn, geriete er ubel, so trüge er wenig und mußte also der Zinsherr die Fahr und Gluck ebensowohl tragen als der Zinsmann, und mußten beide Gott in die Hände sehen[2]. Da kunnte man keine benannte Summa des Zinses setzen, wäre

1 Thronräuber. – 2 walten lassen.

auch nicht Not, sondern bliebe immer ungewiß, wieviel der Zehenten tragen wurde, und wäre doch der Zehenten gewiß.

Darum ist der Zehent der allerfeinste Zinse und von Anbeginn der Welt in Ubung gewest und im Alten Gesetz gepreiset und bestätiget als der, nach göttlichem und naturlichem Recht der allerbilligst ist. Darnach hin, wo der Zehente nicht reichen wollt noch gnug wäre, kunnt man den Neunten nehmen und verkäufen oder setzen und stiften, darnach's ein Land oder Haus vermocht. Denn Joseph setzt oder fand's also von alters her gesetzt und gebraucht in Ägypten, den Funften zu nehmen. Denn hie bleibt noch immerdar das göttlich billig Recht, daß der Zinsherr in der Fahr stehet. Gerät's wohl, so ist der Funfte gut, gerät's ubel, so ist er deste geringer, wie es Gott gibt, und hat kein bestimmte gewisse Summa.

Nu aber der Zinskauf auf bestimmten gewissen Summen stehet, alle Jahr gleich zu reichen, es gerate oder gerate nicht, so muß wohl Land und Leute verderben, denn er nimmt und käuft ungleiche Jahr fur gleiche Jahr, und arme Jahr fur reiche Jahr. Ja, er käuft Gottes Segen, noch nicht gegeben, fur einen gegebenen. Das kann und mag nimmermehr recht sein, denn damit säugt einer dem andern Schweiß und Blut aus. Darum ist's kein Wunder, daß in diesen kurzen Jahren, solange dieser Zinskauf im Brauch gewest ist, nämlich bei hundert Jahren, alle Fürstentum und Land verarmet und versetzt und verdorben sind.

Wäre aber der Kauf oder Zinse nicht auf Getreide gestift, sondern auf Häuser oder Raum, da man mit der Hand wirbt und gewinnet, kunnt man abermal nach dem Gesetz Mosi solchen Kauf meistern[1], daß man das Halljahr in solchen Sachen hielte und nichts ewiglich verkäufte. Denn ich achte, weil dieser Handel so unordig[2] gehet, kunnt man kein besser Exempel und Gesetze nehmen denn Gottes Gesetze, damit er sein Volk versehen und regiert hat. Er ist ja wohl

1 berichtigen. – 2 ordnungswidrig.

so weise, als Menschenvernunft sein kann, und durften[1] uns nicht schämen, ob man der Jüden Gesetz hierin hielte und folgete, weil es nutzlich und gut ist.

Hierinnen sollten nu Kaiser, Könige, Fursten und Herrn wachen und ihr Land und Leute ansehen, daß sie hulfen und rieten von dem greulichen Schlund des Wuchers, so hätten sie es auch deste besser. Das sollten die Reichstage handeln als der allernotigesten Sachen eine. So lassen sie solchs liegen und dienen dieweil des Papsts Tyrannei, Land und Leut je länger, je mehr zu beschweren, bis daß sie mal auch zu Scheitern gehen[1] mussen, daß sie das Land nimmer ertragen, sondern ausspeien musse. Gott gebe ihn' sein Licht und Gnade. Amen.

1 brauchten. – 2 untergehen.

Ein Brief an die Fürsten zu Sachsen von dem aufruhrischen Geist Martinus Luther

Den durchläuchtigsten hochgebornen Fürsten und Herrn, Herrn Friederich, des Röm. Reichs Kürfürst, und Johanns, Herzogen zu Sachsen, Landgrafen in Thüringen und Markgrafen zu Meißen, meinen gnädigsten Herrn

Gnad und Fried in Christo Jesu unserm Heiland. Das Glück hatt allwege das heilig Gotteswort, wenn's aufgeht, daß sich der Satan dawider setzt mit aller seiner Macht, erstlich mit der Faust und freveler Gewalt. Wo das nicht helfen will, greift er's mit falscher Zungen, mit irrigen Geistern und Lehrern an, auf daß, wo er's mit Gewalt nicht kann dämpfen, doch mit List und Lügen unterdrücke. Also tät er im Anfang, da das Evangelion zum ersten in die Welt kam, greif er's gewaltiglich an durch die Juden und Heiden, vergoß viel Bluts und macht die Christenheit voll Märterer. Da das nicht helfen wollt, warf er falsche Propheten und irrige Geister auf und macht die Welt voll Ketzer und Sekten bis auf den Papst, der es gar mit eitel Sekten und Ketzerei, als dem letzten und mächtigsten Antichrist gebührt, zu Boden gestoßen hat.

Also muß es itzt auch gehen, daß man ja sehe, wie es das rechtschaffen Wort Gottes sei, weil es geht, wie es allzeit gangen ist. Da greift es der Papst, Kaiser, Könige und Fürsten mit der Faust an und wöllen's mit Gewalt dämpfen, verdammen, verlästern und verfolgen's unverhört und unerkannt als die Unsinnigen. Aber es stehet das Urteil und unser Trotz schon langst gefället Ps. 2: Warum toben die Heiden, und die Völker dichten[1] so unnütz? Die Könige auf Erden lehnen sich auf, und die Fürsten ratschlahen miteinander wider den Herrn und seinen Gesalbten. Aber der im Himmel wohnet, spottet ihr', und der Herr lachet ihr'. Denn wird er mit ihn' reden im Zorn und sie schrecken im Grimm. So wird es gewißlich auch unsern tobenden Fürsten gehen, und sie wöllen's auch so haben. Denn sie wöllen widder[2] sehen noch hören, Gott hat sie verblendt und verstockt, daß sie sollen anlaufen[3] und zu Scheitern gehen. Sie sind gnugsam gewarnet.

Dies alles siehet der Satan wohl und merkt, daß solchs Toben nicht wird durchdringen. Ja, er spüret und fühlet, daß (wie Gottes Wort Art ist) je mehr man's druckt, je weiter es läuft und zunimmt. Drum fähet er's nu auch an mit falschen Geistern und Sekten, und wir müssen uns des erwägen und ja nicht irren lassen, denn es muß also sein, wie Paulus sagt zun Korinthern: Es müssen Sekten sein, auf daß die, so bewährt sind, offenbar werden. Also, nachdem der ausgetrieben Satan itzt ein Jahr oder drei ist umhergelaufen durch dürre Stätte und Ruhe gesucht und nicht gefunden, hat er sich in E. F. G.[4] Fürstentum niedergetan und zu Allstedt ein Nest gemacht und denkt, unter unserm Friede, Schirm und Schutz wider uns zu fechten. Denn Herzog Georgen Fürstentum, wiewohl es in der Nähe liegt, ist solchem unerschrockenem und unuberwindlichem Geist (wie sie sich rühmen) allzu guetig und sanft, daß sie solchen kühnen Mut und Trotz nicht mügen daselbs beweisen. Darum er auch greulich schreiet und klagt, er müsse viel leiden, so doch sie bisher niemand widder mit Faust noch Mund noch Feder hat angetast. Und träumen ihn'[5] selbs ein groß Kreuz, das sie leiden. So gar leichtfertig und ohn Ursach muß der Satan liegen[6], er kann doch ja sich nicht bergen.

Nu ist mir das eine sondere Freude, daß nicht die Unsern solch Wesen anfahen. Und sie auch selbs wöllen gerühmet

1 ersinnen, sich einbilden. – 2 weder. – 3 den Kopf einrennen. – 4 Euer Fürstlichen Gnaden. – 5 sich. – 6 lügen.

sein, daß sie unsers Teils nicht sind, nichts von uns gelehrt noch empfangen haben, sondern vom Himmel kommen sie und hören Gott selbst mit ihn' reden wie mit den Engeln, und ist ein schlecht[1] Ding, daß man zu Wittemberg den Glauben und Liebe und Kreuz Christi lehret. Gottes Stimm (sagen sie) mußt du selbst hören und Gottes Werk in dir leiden und fühlen, wie schwer dein Pfund ist. Es ist nichts mit der Schrift: Ja, Bibel, Bubel, Babel etc. Wenn wir solche Wort von ihnen redeten, so wäre ihr Kreuz und Leiden (acht ich) teurer denn Christus' Leiden, würden's auch höher und mehr preisen, also gerne wollt der arme Geist Leiden und Kreuz von ihm gerühmet haben. Und mügen doch nicht leiden, daß man ein wenig an ihrer himmelischen Stimm und Gottes Werk Zweifel oder Bedenk nehme, sondern wöllen's stracks mit Gewalt gegläubt haben, ohn Bedenken, daß ich hochmütigern, stolzern heiligen Geist (wo er's wäre) widder gelesen noch gehoret habe.

Doch itzt ist nicht Zeit noch Raum, ihre Lehre zu urteilen, wilche ich vorhin zweimal wohl erkannt und geurteilt habe und, wo es not sein würd, noch wohl urteilen kann und will von Gottes Gnaden. Ich hab diesen Brief an E.F.G. allein aus der Ursach geschrieben, daß ich vernommen und auch aus ihrer Schrift verstanden habe, als wollt derselb Geist die Sache nicht im Wort lassen bleiben, sondern gedenke, sich mit der Faust drein zu begeben und wölle sich mit Gewalt setzen wider die Oberkeit und stracks daher eine leibliche Aufruhr anrichten. Hie läßt der Satan den Schalk kicken[2], das ist zuviel an Tag geben. Was sollt der Geist wohl anfahen, wenn er des Pöfels[3] Anhang gewünne? Ich hab's zwar vorhin auch von demselben Geist allhie zu Wittemberg gehort, daß er meinet, man müsse die Sache mit dem Schwert vollführen. Da dacht ich wohl, es wollt dahinaus, daß sie gedächten, weltliche Oberkeit zu stürmen und selbst Herr in der Welt zu sein. So doch Christus fur Pilato das verneinet und spricht, sein Reich sei nicht von

1 einfach. – 2 lebendig werden, erwachen. – 3 Pöbel.

dieser Welt und auch die Jüngern lehret, sie sollten nicht sein wie weltliche Fürsten.

Wiewohl ich mich nu versehe, E. F. G. werden sich hierinnen baß wissen zu halten, denn ich raten kann, so gebührt mir doch untertäniges Fleiß, auch das Meine dazu zu tun und E. F. G. untertäniglich zu bitten und ermahnen, hierinnen ein ernstlich Einsehen zu haben und aus Schuld und Pflicht ordenlicher Gewalt solchen Unfug zu wehren und den Aufruhr zuverkommen[1]. Denn E. F. G. haben des gut wissen, daß ihr Gewalt und weltliche Hirrschaft von Gott darum gegeben und befohlen ist, daß sie den Friede handhaben sollen und die Unrühigen strafen, wie St. Paulus lehret Röm. 13. Darum, E. F. G., hie nicht zu schlafen noch zu säumen ist, denn Gott wird's fodern und Antwort haben wöllen um solch hinlässigen[2] Brauch und Ernst des befohlen Schwerts. So würde es auch fur den Leuten und der Welt nicht zu entschuldigen sein, daß E. F. G. aufrührische und frevele Fäuste dulden und leiden sollten.

Ob sie aber würden furgeben (wie sie denn mit prächtigen Worten pflegen), der Geist treibe sie, man müsse es zu Werk bringen und mit der Faust dreingreifen, da antworte ich also: Erstlich, es muß freilich ein schlechter Geist sein, der seine Frucht nicht anderst beweisen kann denn mit Kirchen- und Klöster-Zubrechen und Heiligen-Verbrennen, wilchs auch wohl tun künnten die allerärgesten Buben auf Erden, sonderlich wo sie sicher sind und ohn Widerstand. Da hielt ich aber mehr von, wenn der Geist zu Allstedt gen Dresen[3] oder Berlin oder Ingolstadt führe und stürmet und breche daselbs Klöster und verbrennte Heiligen. Zum andern, daß sie den Geist rühmen, gilt nicht, denn wir haben hie St. Johanns Spruch, man solle die Geister zuvor prüfen, ob sie aus Gotte sind. Nu ist dieser Geist noch nicht geprüfet, sondern fähret zu mit Ungestüm und rumort nach seinem Mutwillen. Wäre er gut, er würde sich zuvor prüfen und demütiglich urteilen lassen, wie Christus' Geist tut.

1 zuvorkommen. – 2 nachlässigen, fahrlässigen. – 3 Dresden.

Das wäre eine feine Frucht des Geists, dadurch man ihn prüfen künnt, wenn er nicht so zu Winkel kröche und das Licht scheuet, sondern offentlich fur den Feinden und Widersachern müßte stehen, bekennen und Antwort geben. Aber der Geist zu Allstedt meidet solchs wie der Teufel das Kreuz und treibt doch dieweil in seim Nest die allerunerschröckeneste Wort, als wäre er drei heiliger Geiste voll, daß auch solcher ungeschickter Ruhm fein meldet, wer der Geist sei. Denn also erbeut er sich in seiner Schrift, er wölle offentlich fur einer ungefährlichen Gemeine, aber nicht im Winkel fur zweien oder dreien stehen und antworten und Leib und Seel aufs allerfreiest erboten haben etc.

Lieber, sage mir, wer ist der mutige und trotzige heiliger Geist, der sich selbst so enge spännet und will nicht, denn fur einer ungefährlichen Gemeine stehen? Item, er will nicht im Winkel fur zweien oder dreien Antwort geben? Was ist das fur ein Geist, der sich fur zweien oder dreien furchtet und ein gefährliche Gemeine nicht leiden kann? Ich will dir's sagen: Er reucht den Braten, er ist einmal oder zwei fur mir zu Wittemberg in meinem Kloster auf die Nasen geschlagen, drum grauet ihm fur der Suppen und will nicht stehen, denn da die Seinen sind, die ja sagen zu seinen treffenlichen Worten. Wenn ich (der so gar ohn Geist ist und kein himmlische Stimm höret) mich hätte solcher Wort lassen hören gegen meine Papisten, wie sollten sie „gewunnen“ schreien und mir das Maul stopfen.

Ich kann mich mit solchen hohen Worten nicht rühmen noch trotzen. Ich bin ein armer, elender Mensch und hab meine Sache nicht so trefflich angefangen, sondern mit großem Zittern und Furcht (wie St. Paulus auch bekennet von sich selber 1. Kor. 3, der doch auch wohl hätte wißt, von himmlischer Stimm zu rühmen). Wie demütiglich greif ich den Papst zuerst an, wie flehet ich, wie sucht ich, als meine erste Schrift ausweisen. Dennoch hab ich in solchem armen Geist das tan, das dieser Weltfressergeist noch nicht versucht, sondern bisher gar ritterlich und männlich gescheuet und geflohen hat und sich auch solchs Scheuens gar ehrlich rühmet als einer ritterlichen und hohen Geists Tat.

Denn ich bin zu Leipzig gestanden, zu disputieren fur der allergefährlichsten Gemeine. Ich bin zu Augsburg ohn Geleit fur meinem höchsten Feind erschienen. Ich bin zu Worms fur dem Kaiser und ganzen Reich gestanden, ob ich wohl zuvor wußte, daß mir das Geleit gebrochen war und wilde, seltsame[1] Tück und List auf mich gericht waren. Wie schwach und arm ich da war, so stund doch mein Herz derzeit also: Wenn ich gewußt hätte, daß soviel Teufel auf mich gezielet hätten als Ziegel auf den Dächern waren zu Worms, wäre ich dennoch eingeritten und hatte noch nichts von himmlischer Stimm und Gottes Pfunden und Werken noch von dem Allstedtischen Geist je etwas gehöret. Item ich habe mußt in Winkeln einem, zweien, dreien stehen, wer, wo und wie man hat gewollt. Mein blöder und armer Geist hat müssen frei stehen als eine Feldblume und keine Zeit, Person, Stätt, Weise oder Maß stimmen[2], hat müssen idermann bereit und urbütig[3] sein zur Antwort, wie St. Petrus lehret.

Und dieser Geist, der so hoch uber uns ist als die Sonne uber der Erden, der uns kaume fur Würmlin ansiehet, stimmt ihm selbs eitel ungefährliche, freundliche und sicher Urteiler und Hörer und will nicht zweien oder dreien in sondern Orten zur Antwort stehen. Er fühlet etwas, das er nicht gerne fühlet, und meinet uns mit aufgeblasenen Worten zu schrecken. Wohlan, wir vermügen nichts, denn was uns Christus gibt. Will uns der lassen, so schreckt uns wohl ein rauschend Blatt. Will er uns aber halten, so soll der Geist seines hohen Rühmes wohl innen werden. Und erbiete mich hiemit E. F. G., ist's not, so will ich an den Tag geben, wie es zwischen mir und diesem Geist in meinem Stüblin ergangen ist. Daraus E. F. G. und alle Welt spüren und greifen soll, daß dieser Geist gewiß ein lügenhaftiger Teufel ist und dennoch ein schlechter Teufel. Ich hab wohl

1 seltene. – 2 bestimmen. – 3 erbötig.

einen ärgern gegen mir gehabt, auch noch täglich habe. Denn die Geister, die *so* mit stolzen Worten pochen und poltern, die tun's nicht, sondern die heimlich schleichen und den Schaden tun, ehe man sie höret.

Solchs hab ich darum müssen erzählen, daß E. F. G. sich nicht scheuen noch säumen fur diesem Geist und mit ernstlichem Befehl dazutun, daß sie die Faust innenhalten und ihr Klöster- und Kirchen-Brechen und Heiligen-Brennen lassen anstehen, sondern wöllen sie ihren Geist beweisen, daß sie das tun, wie sich's gebührt, und lassen sich zuvor versuchen, es sei fur uns oder fur den Papisten. Denn sie halten (Gott Lob) uns doch fur ärger Feinde denn die Papisten, wiewohl sie unsers Siegs gebrauchen und genießen, nehmen Weiber und lassen päpstliche Gesetz nach[1], das sie doch nicht erstritten haben, und hat ihr Blut nicht drob in der Fahr standen. Sondern ich hab's mußt mit meinem Leib und Leben bisher dar[2] gewagt erlangen. Ich muß mich doch rühmen, gleichwie St. Paulus auch mußte, wiewohl es eine Torheit ist und ich's lieber ließe, wenn ich künnte, fur den Lügengeistern.

Sagen sie abermal, wie sie pflegen, daß ihrer Geist sei zu hoch und unser zu geringe und müge ihr Ding von uns nicht erkannt werden, antworte ich: St. Peter wußte auch wohl, daß sein und aller Christen Geist höher war denn der Heiden und Juden, noch[3] gebeut er, wir sollen idermann sanftmütiglich zu antworten urbütig und bereit sein. Christus wußte auch, daß sein Geist höher war denn der Juden, noch ließ er sich 'erunter und bot sich zu Recht[4] und sprach: Wer zeihet mich einer Sünde unter euch? Und fur Hannas: Hab ich ubel geredt, so gib Zeugnis davon etc. Ich weiß auch und bin's gewiß von Gottes Gnaden, daß ich in der Schrift gelehrter bin denn alle Sophisten und Papisten. Aber fur dem Hohmut hat mich Gott noch bisher gnädiglich behut und wird mich auch behueten, daß ich mich sollt

1 lassen von päpstlichen Gesetzen ab. – 2 bis jetzt. – 3 dennoch. – 4 erbot sich zu gerichtlichem Austrag des Streites.

wegern[1], Antwort zu geben und mich hören zu lassen fur dem allergeringsten Juden oder Heiden oder wer es wäre.

Auch, warum lassen sie selbst ihr Ding schriftlich ausgehen, so sie fur zween oder dreien noch in einer gefährlichen Gemeine nicht stehen wöllen? Oder meinen sie, daß ihre Schrift fur eitel ungefährliche Gemeine und nicht fur zween oder drei besonders komme? Ja, es wundert mich, wie sie ihrs Geists so vergessen und wöllen die Leut nu mündlich und schriftlich lehren, so sie doch rühmen, es müsse ein iglicher Gottes Stimm selbs hören, und spotten unser, daß wir Gottes Wort mündlich und schriftlich führen, als das nichts wert noch nütze sei, und haben gar ein viel höher, köstlicher Amt denn die Apostel und Propheten und Christus selbs, wilche alle haben Gottes Wort mündlich oder schriftlich gefuhrt und nie nichts gesagt von der himmlischen göttlichen Stimm, die wir hören müßten. Also gaukelt dieser Schwimelgeist[2], daß er selbst nicht siehet, was er sagt.

Ich weiß aber, daß wir, so das Evangelion haben und kennen, ob wir gleich arme Sünder sind, den rechten Geist, oder wie Paulus sagt: Primitias spiritus, das Erstling des Geists haben, ob wir schon die Fülle des Geists nicht haben. So ist ja kein ander denn derselbige einige[3] Geist, der seine Gaben wunderlich austeilet. Wir wissen ie[4], was Glaub und Liebe und Kreuz ist, und ist kein höher Ding auf Erden zu wissen denn Glaub und Liebe. Daraus wir ja auch wissen und urteilen künnten, wilche Lehre recht oder unrecht, dem Glauben gemäß oder nicht sei, wie wir denn auch diesen Lügengeist kennen und urteilen, daß er das im Sinn hat. Er will die Schrift und das mündlich Gotteswort aufheben und die Sakrament der Tauf und Altars austilgen und uns hinein in den Geist führen, da wir mit eigen Werken und freiem Willen Gott versuchen und seins Werks warten sollen und Gott Zeit, Stätt und Maß setzen, wenn er mit uns wirken wölle. Denn solch greulich Vermessenheit

1 weigern. – 2 Schwindelgeist. – 3 einzige. – 4 immer.

weiset ihr Schrift aus, das sie auch mit ausgedruckten Worten wider das Evangelion St. Markus schreiben, nämlich also contra Marcum ultimo cap., als habe St. Markus unrecht von der Taufe geschrieben. Und da sie St. Johannes nicht so türen[1] ins Maul schlahen wie St. Markus: Wer nicht anderweit geborn wird aus dem Geist und Wasser (Joh. 3) etc., deuten sie das Wort „Wasser" weiß nicht wohin und verwerfen schlechts[2] die leibliche Taufe im Wasser.

Gern möcht ich aber wissen, weil der Geist nicht ohn Früchte ist und ihrer Geist so viel höher ist denn unser, ob er auch höher Früchte trage denn unser. Ja, er muß wahrlich ander und besser Früchte tragen denn unser, weil er besser und höher ist. So lehren wir ja und bekennen, daß unser Geist, den wir predigen und lehren, bringe die Früchte, von St. Paul. Gal. 5 erzählet, als Liebe, Freude, Fried, Geduld, Gütigkeit, Trau[3], Sanftmut und Mäßigkeit. Und wie er Röm. 8 sagt, daß er töte die Werk des Fleischs und kreuzige mit Christo den alten Adam samt seinen Lüsten (Gal.5). Und Summa: Die Früchte unsers Geists ist Erfüllung der Zehen Gebot Gottes. So muß nu gewißlich der Allstedtische Geist, der unsern Geist nichts will sein lassen, etwas Höhers tragen denn Liebe und Glauben, Fried, Geduld etc., so doch St. Paulus die Liebe fur die höhesten Frucht erzählet (1. Kor. 13), und muß viel Bessers tun, denn Gott geboten hat. Das wollt ich gerne wissen, was das wäre, sintemal wir wissen, daß der Geist durch Christum erworben allein dazu geben wird, daß wir Gottes Gebot erfüllen, wie Paulus sagt Röm. 8.

Wöllen sie aber sagen, wir leben nicht, wie wir lehren, und haben solchen Geist nicht, der solche Früchte bringt. Solchs möcht ich wohl leiden, das sie sagten, denn dabei künnt man greiflich spüren, daß nicht ein guter Geist ist, der aus ihnen redet. Wir bekennen das selbst und ist nicht not, solchs durch himmlische Stimm und höhern Geist zu holen, daß wir leider nicht alles tun, was wir sollten. Ja,

1 wagen. – 2 schlechthin. – 3 Aufrichtigkeit.

St. Paulus (Gal. 5) meinet, es geschehe nimmermehr alles, weil Geist und Fleisch beieinander und widernander sind auf Erden. So spüre ich auch noch keine sondere Frucht des Allstedtischen Geists, ohn[1] daß er mit der Faust schlahen will und Holz und Stein brechen, Liebe, Fried, Geduld, Gütigkeit und Sanftmut haben sie noch bisher gespart, zu beweisen, auf daß des Geists Früchte nicht zu gemein werden. Ich kann aber von Gottes Gnaden viel Frücht des Geists bei den Unsern anzeigen und wollt auch noch wohl meine Person allein, die die geringst und sündlichst ist, entgegensetzen allen Früchten des ganzen Allstedtischen Geists, wenn's Rühmens gelten sollt, wie hoch er auch mein Leben tadelt.

Aber daß man jemands Lehre um des gebrechlichen Lebens willen tadelt, das ist nicht der Heilige Geist. Denn der Heilige Geist tadelt falsche Lehre und duldet die Schwachen im Glauben und Leben, wie Röm. 14 und 15. Paulus und an allen Orten lehret. Mich ficht auch nicht an, daß der Allstedtische Geist so unfruchtbar ist, aber daß er so leugt und andere Lehre will aufrichten. Ich hätte mit den Papisten auch wenig zu tun, wenn sie nur recht lehreten, ihr böses Leben[2] würde nicht großen Schaden tun. Weil denn dieser Geist dahinaus will, daß er sich an unserm kranken Leben ärgert und so frech urteilet die Lehre ums Lebens willen, so hat er gnugsam beweiset, wer er sei. Denn der Geist Christi richtet niemand, der recht lehret und duldet und trägt und hilft den', die noch nicht recht leben und verachtet nicht also die armen Sünder, wie dieser pharisäischer Geist tut.

Nu, das trifft die Lehre an, die wird sich mit der Zeit wohl finden. Itzt sei das die Summa, gnädigesten Herrn, daß E. F. G. soll nicht wehren dem Amt des Worts. Man lasse sie nur getrost und frisch predigen, was sie konnen und wider wen sie wöllen. Denn wie ich gesagt habe, es müssen Sekten sein, und das Wort Gottes muß zu Felde lie-

1 außer. – 2 Lebenswandel.

gen und kämpfen, daher auch die Evangelisten heißen Heerscharen (Ps. 67) und Christus ein Heerkönig in den Propheten. Ist ihr Geist recht, so wird er sich fur uns nicht furchten und wohl bleiben. Ist unser recht, so wird er sich fur ihn' auch nicht, noch fur jemand fürchten. Man lasse die Geister aufeinanderplatzen und treffen. Werden etlich in des verführet, wohlan, so gehet's nach rechtem Kriegslauft. Wo ein Streit und Schlacht ist, da müssen etlich fallen und wund werden. Wer aber redlich ficht, wird gekrönet werden.

Wo sie aber wöllen mehr tun denn mit dem Wort fechten, wöllen auch brechen und schlahen mit der Faust, da sollen E. F. G. zugreifen, es seien wir oder sie, und stracks das Land verboten und gesagt: Wir wöllen gerne leiden und zusehen, daß ihr mit dem Wort fechtet, daß die rechte Lehre bewährt werde, aber die Faust haltet stille, denn das ist unser Amt, oder hebt euch zum Lande aus. Denn wir, die das Wort Gottes führen, sollen nicht mit der Faust streiten. Es ist ein geistlich Streit, der die Herzen und Seele dem Teufel abgewinnet. Und ist auch also durch Daniel geschrieben, daß der Antichrist soll ohn Hand zerstöret werden. So spricht auch Jes. 11, daß Christus in seim Reich werde streiten mit dem Geist seins Munds und mit der Ruten seiner Lippen. Predigen und Leiden ist unser Amt, nicht aber mit Fäusten schlahen und sich wehren. Also haben auch Christus und seine Apostel keine Kirchen zubrochen noch Bilder zuhauen, sondern die Herzen gewonnen mit Gottes Wort, darnach sind Kirchen und Bilder selbs gefallen.

Also sollen wir auch tun. Zuerst die Herzen von den Klöstern und Geisterei reißen. Wenn die nu davon sind, daß Kirchen und Klöster wüst liegen, so laß man denn die Landherren damit machen, was sie wöllen. Was gehet uns Holz und Stein an, wenn wir die Herzen weg haben? Siehe, wie ich tu. Ich hab noch nie keinen Stein antastet und gar nichts gebrochen noch gebrannt an Klöstern. Noch werden durch mein Wort itzt an viel Orten die Klöster ledig[1], auch unter

1 verlassen.

den Fürsten, die dem Evangelio wider sind. Hätte ich's mit dem Sturm angriffen wie diese Propheten, so wären die Herzen gefangen blieben in aller Welt, und ich hätte irgend an einem einigen Ort Stein und Holz eingebrochen. Wem wäre das nütz gewesen? Ruhm und Ehre mag man damit suchen, der Seelen Heil suchet man wahrlich nicht damit. Es meinen etlich, ich habe dem Papst ohn alle Faust mehr Schaden tan, denn ein mächtiger König tun möchte. Weil aber diese Propheten gern etwas Sonderlichs und Bessers wöllten machen und konnen doch nicht, lassen sie die Seelen zu 'rlösen anstehen und greifen Holz und Stein an. Das soll das neu wunderlich Werk sein des hohen Geists.

Ob sie aber hie wollten furwenden, im Gesetz Mose sei geboten den Juden, alle Götzen zubrechen und Altar der Abgötter auszurotten. Antwort: Sie wissen selbs wohl, daß Gott durch einerlei Wort und Glauben, durch mancherlei Heiligen mancherlei Werk von Anbeginn getan hat. Und die Epistel zun Ebräern solchs auch auslegt und spricht, wir sollen dem Glauben solcher Heiligen folgen, denn wir konnen nicht aller Heiligen Werk folgen. Daß nu die Juden Altar und Götzen zubrochen, hatten sie zu der Zeit ein gewiß Gebot Gottes zu demselben Werk, wilchs wir zu dieser Zeit nicht haben. Denn da Abraham seinen Sohn opferte, hat er Gottes gewiß Gebot dazu, und täten doch darnach alle Unrecht, die dem Werk nach ihre Kinder opferten. Es gilt nicht nachohmen[1] in den Werken, sonst müßten wir uns auch lassen beschneiden und alle judische Werk tun.

Ja, wenn das recht wäre, daß wir Christen sollten Kirchen brechen und so stürmen wie die Juden, so wollt auch hernach folgen, daß wir müßten leiblich töten alle Unchristen, gleich wie den Juden geboten war, die Kananiter und Amoriter zu töten so hart als die Bilder zubrechen. Hiemit würde der Allstedtisch Geist nichts mehr zu tun gewinnen denn Blut vergießen. Und wilche nicht seine himmlische Stimm höreten, mußten alle von ihm erwürget werden, daß

1 nachahmen.

die Ärgernis nicht blieben im Volk Gottes, wilche viel größer sind an den lebendigen Unchristen denn an den hülzen und steinern Bilde. Dazu war solch Gebot den Juden geben als dem Volk, das durch Wunder Gottes bewert war, das gewiß Gottes Volk war und dennoch mit ordenlicher Gewalt und Oberkeit solchs tät und nicht sich eine Rotte aussondert. Aber dieser Geist hat noch nicht beweiset, daß da Gottes Volk sei mit einigem Wunder, dazu rottet er sich selbs, als sei er allein Gottes Volk, und fähret zu ohn ordenlich Gewalt, von Gott verordenet, und ohn Gottes Gebot, und will seinem Geist gegläubt haben.

Ärgernis wegtun muß durchs Wort Gottes geschehen. Denn obgleich alle äußerliche Ärgernis zubrochen und abgetan wären, so hilft's nichts, wenn die Herzen nicht vom Unglauben zum rechten Glauben bracht werden. Denn ein ungläubig Herz findet immer neu Ärgernis, wie unter den Juden auch geschah, daß sie zehen Abgott aufrichten, da sie vorhin einen zubrochen hatten. Drum muß im Neuen Testament die rechte Weise furgenommen werden, den Teufel und Ärgernis zu vertreiben, nämlich das Wort Gottes, und damit die Herzen abwenden, so fällt von ihm selbs wohl Teufel und aller seiner Pracht und Gewalt.

Hiebei will ich's diesmal lassen bleiben und E. F. G. untertäniglich gebeten haben, daß sie mit Ernst zu solchem Stürmen und Schwürmen[1] tun, auf daß alleine mit dem Wort Gottes in diesen Sachen gehandelt werde, wie den Christen gebührt, und Ursach der Aufruhr, dazu sonst Herr omnes[2] mehr denn zuviel geneigt ist, verhuetet werde. Denn es sind nicht Christen, die uber das Wort auch mit Fäusten dran wöllen und nicht vielmehr alles zu leiden bereit sind, wenn sie sich gleich zehen Heiliger Geist voll und abervoll berühmten. Gottes Barmherzigkeit wollt E. F. G. ewiglich stärken und behueten.

E. F. G.

untertäniger Martinus Luther

1 Schwärmen. – 2 Herr Alles: der Pöbel.

Wider die räuberischen und mörderischen Rotten der Bauern
1525

Wider die stürmenden Bauren. Martinus Luther

Im vorigen Buchlin turste[1] ich die Bauren nicht urteilen, weil sie sich zu Recht und besser Unterricht erboten[2], wie denn Christus gebeut, man solle nicht urteilen, Matth. 7. Aber ehe denn ich mich umsiehe, fahren sie furt und greifen mit der Faust drein mit Vergessen ihrs Erbietens, rauben und toben und tun wie die rasenden Hunde. Dabei man nu wohl siehet, was sie in ihrem falschen Sinn gehabt haben und daß eitel erlogen Ding sei gewesen, was sie unter dem Namen des Evangeli in den zwelf Artikeln haben furgewendet. Kurzum, eitel Teufelswerk treiben sie. Und in Sonderheit ist's der Erzteufel, der zu Möhlhusen regiert und nichts denn Raub, Mord, Blutvergießen anricht, wie denn Christus Joh. 8 von ihm sagt, daß er sei ein Morder von Anbeginn. Nu, denn sich solche Baurn und elende Leute verfuhren lassen und anders tun, denn sie geredt haben, muß ich auch anders von ihnen schreiben und erstlich ihre Sunde fur ihre Augen stellen, wie Gott Jesaja und Hesekiel befehlt, ob sich etlich erkennen[3] wollten und darnach der weltlichen Oberkeit Gewissen, wie sie sich hierinnen halten sollen, unterrichten[4].

Dreierlei greuliche Sunden wider Gott und Menschen laden diese Baurn auf sich, daran sie den Tod verdienet haben an Leibe und Seele mannigfältiglich: Zum ersten, daß

1 wagte. – 2 darboten. – 3 als schuldig bekennen. – 4 Kenntnis … geben.

sie ihrer Oberkeit treu und hulde[1] geschworen haben, untertänig und gehorsam zu sein, wie solchs Gott gebeut, da er spricht: Gebt dem Kaiser, was des Kaisers ist. Und Röm. 13: Idermann sei der Oberkeit untertan etc. Weil sie aber diesen Gehorsam brechen mutwilliglich und mit Frevel und dazu sich wider ihre Herren setzen, haben sie damit verwirkt Leib und Seel, als die treulose, meineidige, lugenhaftigen, ungehorsamen Buben und Bosewicht pflegen zu tun, darum auch St. Paulus Röm. 13 ein solch Urteil uber sie fället: Wilche der Gewalt widerstreben, die werden ein Gericht uber sich uberkommen. Wilcher Spruch auch die Baurn endlich treffen wird, es geschehe kurz oder lange, denn Gott will Treu und Pflicht gehalten haben.

Zum andern, daß sie Aufruhr anrichten, rauben und plundern mit Frevel Kloster und Schlosser, die nicht ihr sind, damit sie als die offentlichen Straßenräuber und Morder alleine wohl zwiefältig den Tod an Leib und Seele verschulden. Auch ein aufruhrischer Mensch, den man des bezeugen[2] kann, schon in Gotts und kaiserlicher Acht ist, daß, wer am ersten kann und mag, denselben erwurgen recht und wohl tut. Denn uber einen offentlichen Aufruhrigen ist ein iglicher Mensch beide, Oberrichter und Scharfrichter, gleich, als wenn ein Feur angehet: Wer am ersten kann leschen, der ist der Best. Denn Aufruhr ist nicht ein schlechter[3] Mord, sondern wie ein groß Feur, das ein Land anzundet und verwustet. Also bringt Aufruhr mit sich ein Land voll Mords, Blutvergießen und macht Witwen und Waisen und verstoret alles wie das allergroßest Ungluck. Drum soll hie zuschmeißen[4], wurgen und stechen, heimlich oder offentlich, wer da kann, und gedenken, daß nicht Giftigers, Schädlichers, Teufelischers sein kann denn ein aufruhrischer Mensch, gleich als wenn man einen tollen Hund totschlahen muß: Schlägst du nicht, so schlägt er dich und ein ganz Land mit dir.

Zum dritten, daß sie solche schreckliche, greuliche Sunde

1 gehorsam. – 2 überführen. – 3 einfacher. – 4 erschlagen.

mit dem Evangelio decken, nennen sich christliche Bruder, nehmen Eid und Hulde und zwingen die Leute zu solchen Greueln mit ihnen zu halten, damit sie die allergroßten Gotteslästerer und Schänder seines heiligen Namen werden, und ehren und dienen also dem Teufel unter dem Schein des Evangelii. Daran sie wohl zehenmal den Tod verdienen an Leib und Seele, daß ich häßlicher Sunde nie gehoret habe. Und achte auch, daß der Teufel den Jungsten Tag fuhle, daß er solch unerhorte Stuck furnimmt, als sollt er sagen, es ist das letzte, darum soll es das ärgste sein, und will die Grundsuppe ruhren und den Boden gar ausstoßen, Gott wölle ihm wehren. Da siehe, wilch ein mächtiger Fürst der Teufel ist, wie er die Welt in Händen hat und ineinandermengen kann, der so bald so viel tausend Baurn fangen, verfuhren, verblenden, verstocken und empören kann und mit ihn' machen, was sein allerwütigester Grimm furnimmt.

Es hilft auch die Baurn nicht, daß sie furgeben, 1. Mos. 1 und 2, seien alle Ding frei und gemeine geschaffen, und daß wir alle gleich getauft sind, denn im Neuen Testament hält[1] und gilt Moses nicht, sondern da steht unser Meister Christus und wirft uns mit Leib und Gut unter den Kaiser und weltlich Recht, da er spricht: Gebt dem Kaiser, was des Kaisers ist. So spricht auch Paulus Röm. 12 zu allen getauften Christen: Idermann sei der Gewalt untertan. Und Petrus: Seid untertan aller menschlicher Ordnung. Dieser Lehre Christi sind wir schuldig zu geleben[2], wie der Vater vom Himmel gebeut und sagt: Dies ist mein lieber Sohn, den höret. Denn die Taufe macht nicht Leib und Gut frei, sondern die Seelen. Auch macht das Evangelion nicht die Güter gemein, ohn alleine, wilche solchs williglich von ihn' selbs tun wöllen, wie die Aposteln und Jünger Apostelgesch. 4 täten, wilche nicht die fremden Güter Pilatis und Herodis gemein zu sein foderten[3], wie unser unsinnige Bauren toben, sonder ihr eigen Güter. Aber unser Bauren

1 hält (nicht) stand. – 2 nachzuleben. – 3 welche nicht forderten, daß die fremden Güter wie die des Pilatus und Herodes gemein sein sollten.

wöllen der andern fremden Guter gemein haben und ihr eigen fur sich behalten. Das sind mir feine Christen! Ich mein, daß kein Teufel mehr in der Helle sei, sondern allzumal in die Baurn sind gefahren. Es ist uberaus und uber alle Maße das Wueten.

Weil denn nu die Bauren auf sich laden[1] beide, Gott und Menschen, und so manchfältiglich schon des Tods an Leib und Seele schuldig sind und keins Rechten gestehen noch warten[2], sondern immerfort toben, muß ich hie die weltliche Oberkeit unterrichten, wie sie hierin mit gutem Gewissen fahren sollen. Erstlich: Der Oberkeit, so da kann und will ohn vorgehend Erbieten[3] zum Recht und Billigkeit solche Baurn schlahen und strafen, will ich nicht wehren, ob sie gleich das Evangelion nicht leidet. Denn sie hat des gut Recht, sintemal die Baurn nu nicht mehr um das Evangelion fechten, sondern sind offentlich worden treulose, meineidige, ungehorsame, aufrührische Mörder, Räuber, Gottslästerer, wilche auch heidenische Oberkeit zu strafen Recht und Macht hat, ja, dazu schuldig ist, solche Buben zu strafen. Denn darum trägt sie das Schwert und ist Gotts Dienerin uber den, so Ubels tut (Röm. 13).

Aber die Oberkeit, so christlich ist und das Evangelion leidet, derhalben auch die Bauren keinen Schein[4] wider sie haben, soll hie mit Furchten handeln und zum ersten die Sachen Gott heimgeben[5] und bekennen, daß wir solchs wohl verdienet haben, dazu besorgen, daß Gott vielleicht den Teufel also errege zu gemeiner Strafe deutschs Lands, darnach demutiglich bitten wider den Teufel um Hülfe. Denn wir fechten hie nicht alleine wider Blut und Fleisch, sondern wider die geistlichen Bösewicht in der Luft, wilche mit Gebet mussen angriffen werden. Wenn nu das Herze so gegen Gott gerichtet ist, daß man seinen göttlichen Willen läßt walten, ob er uns wölle oder nicht wölle zu Fürsten

1 gegen sich aufbringen. – 2 keinem Schiedsgericht sich stellen noch es abwarten. – 3 Anerbieten (zu Vergleichsverhandlungen). – 4 Schein (des Rechts). – 5 anheimstellen.

und Herren haben, soll man sich gegen die tolle Bauren zum Uberfluß (ob sie es wohl nicht wert sind) zu Recht und Gleichem[1] erbieten, darnach, wo das nicht helfen will, flugs zum Schwert greifen.

Denn ein Fürst und Herr muß hie denken, wie er Gottes Amtmann und seins Zorns Diener ist (Röm. 13), dem das Schwert uber solche Buben befohlen ist und sich ebenso hoch fur Gott versundigt, wo er nicht straft und wehret und sein Amt nicht vollfuhret, als wenn einer mördet, dem das Schwert nicht befohlen ist. Denn wo er kann und straft nicht, es sei durch Mord oder Blutvergießen, so ist er schuldig an allem Mord und Ubel, das solche Buben begehen, als der, da mutwilliglich durch Nachlassen[2] seins göttlichen Befehls zuläßt, solchen Buben ihre Bosheit zu uben, so er's wohl wehren kann und schuldig ist. Darum ist hie nicht zu schlafen. Es gilt auch nicht hie Geduld oder Barmherzigkeit. Es ist des Schwerts und Zorns Zeit hie und nicht der Gnaden Zeit.

So soll nu die Oberkeit hie getrost fortdringen und mit gutem Gewissen dreinschlahen, weil[3] sie eine Ader regen kann. Denn hie ist das Vorteil, daß die Bauren böse Gewissen und unrechte Sachen haben, und wilcher Baur darüber erschlagen wird, mit Leib und Seele verluren und ewig des Teufels ist. Aber die Oberkeit hat ein gut Gewissen und rechte Sachen und kann zu Gott also sagen mit aller Sicherheit des Herzens: Siehe, mein Gott, du hast mich zum Fursten oder Herren gesetzt, daran ich nicht kann zweifeln, und hast mir das Schwert befohlen uber die Ubeltäter (Röm. 13). Es ist dein Wort und mag nicht liegen[4], so muß ich solchs Amt bei Verlust deiner Gnaden ausrichten, so ist's auch offentlich, daß diese Bauren vielfaltig fur dir und fur der Welt den Tod verdienet und mir zu strafen befohlen. Willt du nu mich durch sie lassen töten und mir die Oberkeit wieder nehmen und untergehen lassen, wohlan, so geschehe dein Wille. So sterbe ich doch und gehe unter

1 Vergleichsverhandlungen. – 2 Nichtachtung. – 3 solange. – 4 lügen.

in deinem göttlichen Befehl und Wort und werde erfunden im Gehorsam deines Befehls und meines Amts. Drum will ich strafen und schlahen, solange ich eine Ader regen kann. Du wirst's wohl richten und machen.

Also kann's denn geschehen, daß, wer auf der Oberkeit Seiten erschlagen wird, ein rechter Märterer fur Gott sei, so er mit solchem Gewissen streit, wie gesagt ist, denn er geht in göttlichem Wort und Gehorsam. Wiederum, was auf der Bauren Seiten umkommt, ein ewiger Hellebrand ist, denn er fuhret das Schwert wider Gotts Wort und Gehorsam und ist ein Teufels Glied. Und ob's gleich geschehe, daß die Bauren oblegen[1] (da Gott fur sei!), denn Gott sind alle Ding muglich, und wir nicht wissen, ob er vielleicht zum Vorlauft[2] des Jüngsten Tags, wilcher nicht ferne sein will, wölle durch den Teufel alle Ordnung und Oberkeit zerstören und die Welt in einen wusten Haufen werfen, so sterben doch sicher[3] und gehen zu Scheitern[4] mit gutem Gewissen, die in ihrem Schwertamt[5] funden werden und lassen dem Teufel das weltlich Reich und nehmen dafur das ewige Reich. Sölch wunderliche Zeiten sind itzt, daß ein Fürst den Himmel mit Blutvergießen verdienen kann baß denn andere mit Beten.

Am Ende ist noch eine Sache, die billig soll die Oberkeit bewegen. Denn die Bauren lassen ihn' nicht benugen[6], daß sie des Teufels sind, sondern zwingen und dringen viel frummer Leute, die es ungerne tun, zu ihrem teufelischen Bunde und machen dieselbigen also teilhaftig aller ihrer Bosheit und Verdammnis. Denn wer mit ihn' bewilliget[7], der fährt auch mit ihn' zum Teufel und ist schuldig aller Ubeltat, die sie begehen. Und müssen's doch tun, weil sie so schwachs Glaubens sind, daß sie nicht widerstehen. Denn hundert Töde sollt ein frummer Christ leiden, ehe er ein Haarbreit in der Bauren Sache bewilliget. Oh, viel Märterer künnten itzt werden durch die blutdürstigen Bauren

1 siegen. – 2 Vorspiel. – 3 in Frieden. – 4 gehen unter. – 5 Richteramt. – 6 sich nicht zufriedenstellen. – 7 einwilligt, sich ihnen anschließt.

und Mordpropheten. Nu solcher Gefangener unter den Baurn sollten sich die Oberkeit erbarmen. Und wenn sie sonst keine Sache hätten, das Schwert getrost wider die Bauren gehen zu lassen und selbs Leib und Gut dranzusetzen, so wäre doch diese uberig groß gnug, daß man solche Seele, die durch die Bauren zu solchem teuflischen Verbundnis gezwungen und ohn ihren Willen mit ihnen so greulich sundigen und verdammt müssen werden, errettet und hulfe. Denn solche Seelen sind recht im Fegefeur, ja, in der Hellen und Teufels Banden.

Drum, lieben Herren, loset[1] hie, rettet hie, helft hie! Erbarmet euch der armen Leute! Steche, schlahe, würge hie, wer da kann! Bleibst du druber tot, wohl dir! Seliglichern Tod kannst du nimmermehr uberkommen, denn du stirbst in Gehorsam göttlichs Worts und Befehls (Röm. am 13.) und im Dienst der Liebe, deinen Nähisten zu 'retten aus der Hellen und Teufels Banden. So bitte ich nu: Fliehe von den Bauren, wer da kann, als vom Teufel selbs! Die aber nicht fliehen, bitte ich, Gott wöllte sie erleuchten und bekehren. Wilche aber nicht zu bekehren sind, da gebe Gott, daß sie kein Gluck noch Gelingen haben mussen. Hie spreche ein iglicher frummer Christ Amen. Denn das Gebet ist recht und gut und gefället Gott wohl. Das weiß ich. Dunkt das jemand zu hart, der denke, daß unträglich ist Aufruhr, und alle Stünde der Welt Verstörung zu warten sei.

1 erlöset.

Sendbrief vom Dolmetschen
1530

Wenzeslaus Linck allen Christglaubigen

Gottes Gnad und Barmherzigkeit. Der weise Salomon spricht Spr. 11: Wer Korn inn'hält[1], dem fluchen die Leute. Aber Segen kommt uber den, so es verkauft. Welcher Spruch eigentlich zu verstehen ist von allem, das zu gemeinem Nutze oder Tröste der Christenheit dienen kann. Darum schilt auch der Herr im Evangelio den untreuen Knecht einen faulen Schalk, daß er sein Geld in die Erden vergraben und verborgen hatte. Solchen Fluch des Herren und der ganzen Gemein zu vermeiden, hab ich diesen Sendbrief, der mir durch einen guten Freund zuhanden kommen, nit wissen zu verhalten[2], sonder offentlich in Druck geben. Dann dieweil der Verdolmetschunge halben Altes und Neues Testaments viel Rede sich zutragen, nämlich die Feinde der Wahrheit furgeben, sam[3] wäre der Text an vielen Orten geändert oder auch verfälschet, dadurch viel einfältige Christen, auch untern Gelehrten, so der hebräischen und gräkischen[4] Sprache nit kundig, Entsatzunge[5] oder Scheu gewinnen. Ist gütlich zu verhoffen, daß aufs minste[6] zum Teil hiemit den Gottlosen ihr Lästern verhindert und den Frommen ihr Skrupel benommen sollen werden, vielleicht auch verursachet, daß etwas mehrers auf solche Fragstuck oder Materi geschrieben werde. Bitt derhalben einen jeden Liebhaber der Wahrheit, wölle ihm solich Werk im besten lassen entpfohlen sein und Gott

1 zurückhält. – 2 nicht zurückhalten wollen. – 3 als. – 4 griechischen. – 5 Verwunderung. – 6 wenigstens.

treulich bitten um rechten Verstand, der göttlichen Schrift zu Besserung und Meherung gmeiner Christenheit. Amen.

Zu Nürnberg am 15. Septembris Anno 1530

Dem ehrbarn und fursichtigen[1] N., meinem günstigen[2]
Herrn und Freunde

Gnad und Friede in Christo. Ehrbär, fursichtiger, lieber Herr und Freund, ich hab Euer Schrift entpfangen mit den zwo Questionen oder Fragen, darin Ihr meines Berichts begehrt. Erstlich: Warum ich zun Römern am dritten Kapitel die Wort St. Pauli: Arbitramur hominem iustificari ex fide absque operibus, also verdeutscht habe: Wir halten, daß der Mensch gerecht werde ohn des Gesetzs Werk, allein durch den Glauben. Und zeigt daneben an, wie die Papisten sich uber die Maßen unnütze machen[3], weil im Text Pauli nicht stehet das Wort „sola" (allein), und sei solcher Zusatz von mir nicht zu leiden in Gottes Worten etc. Zum andern: Ob auch die verstorben Heiligen fur uns bitten, weil wir lesen, daß ja die Engel fur uns bitten etc. Auf die ersten Frage (wo es euch gelustet) mügt ihr euern Papisten von meinetwegen antworten also:

Zum ersten: Wenn ich, D. Luther, mich hätte mügen des versehen, daß die Papisten alle auf einen Haufen so geschickt wären, daß sie ein Kapitel in der Schrift künnten recht und wohl verdeutschen, so wollt ich furwahr mich der Demut haben finden lassen und sie um Hilf und Beistand gebeten, das Neue Testament zu verdeutschen. Aber dieweil ich gewüßt und noch vor Augen siehe, daß ihr' keiner recht weiß, wie man dolmetschen oder deutsch reden soll, hab ich sie und mich solcher Mühe uberhaben. Das merkt man aber wohl, daß sie aus meinem Dolmetschen und Deutsch lernen deutsch reden und schreiben und stehlen mir also meine Sprache, davon sie zuvor wenig gewißt, dan-

1 klugen. – 2 gunstvollen. – 3 ereifern.

ken mir aber nicht dafur, sondern brauchen sie viel lieber wider mich. Aber ich gann[1] es ihn' wohl, denn es tut mir doch sanft[2], daß ich auch meine undankbare Jünger, dazu meine Feinde, reden gelehrt habe.

Zum andern mügt Ihr sagen, daß ich das Neue Testament verdeutscht habe, auf mein bestes Vermügen und auf mein Gewissen, habe damit niemand gezwungen, daß er's lese, sondern freigelassen und allein zu Dienst getan denen, die es nicht besser machen können, ist niemand verboten, ein bessers zu machen. Wer's nicht lesen will, der laß es liegen, ich bitte und feire niemand drum. Es ist mein Testament und mein Dolmetschung und soll mein bleiben und sein. Hab ich drinnen etwa gefeilet[3] (das mir doch nicht bewüßt und freilich ungern einen Buchstaben mütwilliglich wollt unrecht verdolmetschen), darüber will ich die Papisten nicht zu Richter leiden, denn sie haben zur Zeit zu lange Ohren dazu, und ihr icka, icka[4] ist zu schwach, mein Verdolmetschen zu urteilen. Ich weiß wohl, und sie wissen's weniger denn des Müllners Tier, was fur Kunst, Fleiß, Vernunft, Verstand zum guten Dolmetscher gehöret, denn sie haben's nicht versücht.

Es heißt, wer am Wege bauet, der hat viel Meister. Also gehet mir's auch. Diejenigen, die noch nie haben recht reden können, schweige denn dolmetschen, die sind allzumal meine Meister, und ich muß ihr aller Junger sein. Und wenn ich sie hätte sollen fragen, wie man die ersten zwei Wort Matth. 1 ‚Liber generationis' sollte verdeutschen, so hätte ihr keiner gewißt, gack dazu zu sagen. Und urteilen mir nu das ganze Werk, die feinen Gesellen. Also ging es St. Hieronimo auch, da er die Biblia dolmetscht, da war alle Welt sein Meister. Er allein war es, der nichts kunnte, und urteileten dem guten Mann sein Werk diejenigen, so ihm nicht gnug gewest wären, daß sie ihm die Schuh hätten sollen wischen. Darum gehöret große Geduld dazu, so jemand

1 gönne. – 2 schmeichelt mir doch. – 3 einmal fehlgegriffen. – 4 Eselsgeschrei.

etwas offentlich Guts tun will, denn die Welt will Meister Klüglin bleiben und muß immer das Roß unter dem Schwanz zäumen, alles meistern und selbs nichts können, das ist ihr Art, davon sie nicht lassen kann.

Ich wollt noch gern den Papisten ansehen, der sich 'erfur tät und etwa eine Epistel St. Pauli oder einen Propheten verdeutschet so fern[1], daß er des Lüthers Deutsch und Dolmetschen nicht dazu gebraucht. Da sollt man sehen ein fein, schön, loblich Deutsch oder Dolmetschen, denn wir haben ja gesehen den Sudler zu Dresen, der mein Neu Testament gemeistert hat (Ich will seinen Namen in meinen Büchern nicht mehr nennen. So hat er auch nun seinen Richter und ist sonst[2] wohl bekannt.), der bekennet, daß mein Deutsch suße und gut sei, und sahe wohl, daß er's nicht besser machen kunnt, und wollt es doch zuschanden machen, fuhr zu und nahm fur sich mein Neu Testament, fast von Wort zu Wort, wie ich's gemacht hab, und tät meine Vorrede, Gloß und Namen davon, schreib seinen Namen, Vorrede und Gloß dazu, verkauft also mein Neu Testament unter seinem Namen. Wann[3], lieben Kinder, wie geschah mir da so wehe, da sein Landsfurst mit einer greulichen Vorrede verdammt und verbot, des Luthers Neu Testament zu lesen, doch daneben gebot, des Sudelers Neu Testament zu lesen, welchs doch ebendasselbig ist, das der Luther gemacht hat.

Und das nicht jemand hie denke, ich liege[4], so nimm beide Testament fur dich, des Luthers und des Sudelers, halt sie gegeneinander, so wirst du sehen, wer in allen beiden der Dolmetscher sei. Denn was er in wenig Orten geflickt und geändert hat (wiewohl mir's nicht alles gefället), so kann ich's doch wohl leiden und schadet mir sonderlich nichts, soviel es den Text betrifft. Darum ich auch nie dawider hab wöllen schreiben, sondern hab der großen Weisheit müssen lachen, daß man mein Neu Testament so greulich gelästert, verdammt, verboten hat, weil es unter meinem

1 weit – 2 sowieso schon. – 3 ei! – 4 lüge.

Namen ist ausgangen, aber doch müssen lesen, weil es unter eines andern Namen ist ausgangen. Wiewohl, was das fur ein Tugend sei, einem andern sein Buch lästern und schänden, darnach dasselbige stehlen und unter eigenem Namen dennoch auslassen gehen und also durch fremde, verlästerte Ärbeit eigen Lob und Namen süchen, das laß ich seinen Richter finden. Mir ist indes gnug und bin froh, daß meine Ärbeit (wie St. Paulus auch rühmet) muß auch durch meine Feinde gefödert und des Luthers Buch ohn Luthers Namen unter seiner Feinde Namen gelesen werden. Wie künnt ich mich baß rächen?

Und daß ich wieder zur Sachen komme. Wann Eur Papist sich viel unnütze machen will mit dem Wort „sola" (allein), so sagt ihm flugs also: Doktor Martinus Luther will's also haben und spricht, Papist und Esel sei ein Ding. Sic volo, sic iubeo, sit pro ratione voluntas. Denn wir wöllen nicht der Papisten Schuler noch Jünger, sondern ihre Meister und Richter sein, wöllen auch einmal stolziern und pochen mit den Eselsköpfen[1], und wie Paulus wider seine tollen Heiligen sich rühmet, so will ich mich auch wider diese meine Esel rühmen. Sie sind Doctores? Ich auch. Sie sind gelehrt? Ich auch. Sie sind Prediger? Ich auch. Sie sind Theologi? Ich auch. Sie sind Disputatores? Ich auch. Sie sind Philosophi? Ich auch. Sie sind Dialectici? Ich auch. Sie sind Legenten? Ich auch. Sie schreiben Bücher? Ich auch.

Und will weiter rühmen. Ich kann Psalmen und Propheten auslegen. Das künnen sie nicht. Ich kann dolmetschen. Das können sie nicht. Ich kann die Heiligen Schrift lesen. Das können sie nicht. Ich kann biten[2]. Das können sie nicht. Und daß ich herunterkomme[3]: Ich kann ihr eigen Dialectica und Philosophia baß denn sie selbs allesamt. Und weiß dazu furwahr, daß ihr' keiner ihren Aristotelem verstehet. Und ist einer unter ihn' allen, der ein Prooemium[4] oder Kapitel im Aristotele recht verstehet, so will ich mich lassen

1 hochmütig prahlen. – 2 beten. – 3 zu geringeren Dingen übergehe. – 4 Vorrede.

prellen. Ich rede itzt nicht zuviel, denn ich bin durch ihre Kunst[1] alle erzogen und erfahren von Jugend auf, weiß fast[2] wohl, wie tief und weit sie ist. So wissen sie auch wohl, daß ich's alles weiß und kann, was sie können. Noch[3] handeln die heillosen Leute gegen mir, als wäre ich ein Gast in ihrer Kunst, der allererst heut morgen kommen wäre und noch nie weder gesehen noch gehört hätte, was sie lehren oder können. So gar herrlich prangen sie herein[4] mit ihrer Kunst und lehren mich, was ich vor zwänzig Jahren an den Schuhen zurissen habe, daß ich auch mit jener Metzen auf all ihr Plärren und Schreien singen muß. Ich hab's fur sieben Jahren gewißt, daß Hufnägel Eisen sind.

Das sei auf Eur erste Frag geantwortet, und bitte Euch, wöllet solchen Eseln ja nicht anders, noch mehr antworten auf ihr unnütze Geplärre vom Wort sola, denn also viel: Luther will's so haben und spricht, er sei ein Doktor uber alle Doktor im ganzen Papsttum, da soll's bei bleiben. Ich will sie hinfurt schlecht[5] verachten und veracht haben, solange sie solche Leute (ich wollt sagen) Esel sind. Denn es sind solche unverschämte Tropfen unter ihn', die auch ihr eigen, der Sophisten Kunst, nie gelernt haben, wie Doktor Schmidt und Doktor Rotzlöffel und seinegleichen, und legen sich gleichwohl wider mich in dieser Sachen, die nicht allein uber die Sophisterei, sondern auch (wie Sankt Paulus sagt) uber aller Welt Weisheit und Vernunft ist. Zwar[6], es durft ein Esel nicht viel singen, man kennet ihn sonst wohl bei den Ohren.

Euch aber und den Unsern will ich anzeigen, warum ich das Wort (sola) hab wöllen brauchen, wiewohl Röm. 3 nicht sola, sondern solum oder tantum von mir gebraucht ist. Also fein sehen die Esel meinen Text an. Aber doch hab ich's sonst anderswo sola fide gebraucht und will auch beide, solum und sola, haben. Ich hab mich des geflissen im Dolmetschen, daß ich rein und klar Deutsch geben möchte.

1 Wissenschaft. – 2 sehr. – 3 dennoch. – 4 hoffärtig prahlen sie. – 5 einfach. – 6 wahrlich.

Und ist uns wohl oft begegnet, daß wir vierzehen Tage, drei, vier Wochen haben ein einiges[1] Wort gesücht und gefragt, haben's dennoch zuweilen nicht funden. Im Hiob ärbeiten wir also, M. Philipps, Aurogallus und ich, daß wir in vier Tagen zuweilen kaum drei Zeilen kunnten fertigen. Lieber, nu es verdeutscht und bereit ist, kann's ein jeder lesen und meistern. Lauft einer itzt mit den Augen durch drei, vier Blätter und stoßt nicht einmal an, wird aber nicht gewahr, welche Wacken[2] und Klötze da gelegen sind, da er itzt uber hingehet wie uber ein gehofelt[3] Brett, da wir haben müssen schwitzen und uns ängsten, ehe denn wir solche Wacken und Klotze aus dem Wege räumeten, auf daß man künnte so fein dahergehen. Es ist gut Pflugen, wenn der Acker gereinigt ist. Aber den Wald und die Stöcke ausrotten[4] und den Acker zu richten, da will niemand an. Es ist bei der Welt kein Dank zu verdienen, kann doch Gott selbs mit der Sonnen, ja, mit Himmel und Erden noch mit seines eigen Sohns Tod keinen Dank verdienen, sie sei und bleibt Welt des Teufels Namen, weil sie ja nicht anders will.

Also habe ich hie Röm. 3 fast wohl gewißt, daß im lateinischen und griekischen Text das Wort (solum) nicht stehet und hätten mich solchs die Papisten nicht dürfen[5] lehren. Wahr ist's. Diese vier Buchstaben *sola* stehen nicht drinnen, welche Buchstaben die Eselsköpf ansehen wie die Kuhe ein neu Tor, sehen aber nicht, daß gleichwohl die Meinung des Text in sich hat, und wo man's will klar und gewaltiglich[6] verdeutschen, so gehoret es hinein, denn ich habe deutsch, nicht lateinisch noch griekisch reden wöllen, da ich deutsch zu reden im Dolmetschen furgenommen hatte. Das ist aber die Art unser deutschen Sprache, wenn sie ein Rede begibt[7] von zweien Dingen, der man eins bekennet und das ander verneinet, so braucht man des Worts (solum) „allein" neben dem Wort „nicht" oder „kein", als wenn man sagt: Der Baur

1 einziges. – 2 Feldsteine. – 3 gehobeltes. – 4 Wurzelstöcke roden. – 5 brauchen. – 6 eindringlich. – 7 Erwähnung tut.

bringt allein Korn und kein Geld. Nein, ich hab wahrlich itzt nicht Geld, sondern allein Korn. Ich hab allein gessen und noch nicht getrunken. Hast du allein geschrieben und nicht uberlesen? Und dergleichen unzählige Weise in täglichen Brauch.

In diesen Reden allen, ob's gleich die lateinische oder griechische Sprach nicht tut, so tut's doch die deutsche und ist ihr Art, daß sie das Wort „allein" hinzusetzt, auf daß das Wort „nicht" oder „kein" deste volliger und deutlicher sei. Denn wiewohl ich auch sage: Der Baur bringt Korn und kein Geld, so laut doch das Wort (kein Geld) nicht so vollig und deutlich, als wenn ich sage: Der Baur bringt allein Korn und kein Geld. Und hilft hie das Wort „allein" dem Wort „kein" soviel, daß es ein vollige deutsche, klare Rede wird, denn man muß nicht die Buchstaben in der lateinischen Sprachen fragen, wie man soll deutsch reden, wie diese Esel tun, sondern man muß die Mutter im Hause, die Kinder auf der Gassen, den gemeinen Mann auf dem Markt drum fragen und denselbigen auf das Maul sehen, wie sie reden, und darnach dolmetschen, so verstehen sie es denn und merken, daß man deutsch mit ihn' redet.

Als wenn Christus spricht: Ex abundantia cordis os loquitur. Wenn ich den Eseln soll folgen, die werden mir die Buchstaben furlegen und also dolmetschen: Aus dem Uberfluß des Herzen redet der Mund. Sage mir, ist das deutsch geredt? Welcher Deutscher verstehet solchs? Was ist Uberfluß des Herzen fur ein Ding? Das kann kein Deutscher sagen, er wollt denn sagen, es sei, daß einer allzu ein groß Herz habe oder zuviel Herzes habe, wiewohl das auch noch nicht recht ist, denn Uberfluß des Herzen ist kein Deutsch, so wenig als das Deutsch ist: Uberfluß des Hauses, Uberfluß des Kachelofens, Uberfluß der Bank. Sondern also redet die Mutter im Haus und der gemeine Mann: Wes das Herz voll ist, des gehet der Mund uber. Das heißt gut deutsch geredt, des ich mich geflissen[1] und leider nicht allwege erreicht

1 befleißigt.

noch troffen habe, denn die lateinischen Buchstaben hindern aus der Maßen sehr, gut deutsch zu reden.

Also, wenn der Verräter Judas sagt Matth. 26: Ut quid perditio hec? und Mark. 14: Ut quid perditio ista ungenti facta est? Folge ich den Eseln und Buchstabilisten, so muß ich's also verdeutschen: Warum ist diese Verlierung der Salben geschehen? Was ist aber das fur Deutsch? Welcher Deutscher redet also: Verlierung der Salben ist geschehen? Und wenn er's wohl verstehet, so denkt er, die Salbe sei verloren und musse sie etwa wiedersuchen, wiewohl das auch noch dunkel und ungewiß lautet. Wenn nu das gut Deutsch ist, warum treten sie nicht 'erfur und machen uns ein solch fein, hubsch, neu, deutsch Testament und lassen des Luthers Testament liegen? Ich meine ja, sie sollten ihre Kunst an den Tag bringen. Aber der deutsche Mann redet also: Ut quid etc. Was soll doch solcher Unrat[1], oder was soll doch solcher Schade? Nein, es ist schade um die Salbe. Das ist gut Deutsch, daraus man verstehet, daß Magdalene mit der verschutten Salben sei unrätlich[2] umgangen und habe Schaden getan, das war Judas' Meinung, denn er gedacht, bessern Rat[3] damit zu schaffen.

Item, da der Engel Mariam grüßet und spricht: Gegrüßet seist du, Maria voll Gnaden, der Herr mit dir. Wohlan, so ist's bisher schlecht den lateinischen Buchstaben nach verdeutschet. Sage mir aber, ob solchs auch gut Deutsch sei? Wo redet der deutsch Mann also: Du bist voll Gnaden? Und welcher Deutscher verstehet, was gsagt sei, voll Gnaden? Er muß denken an ein Faß voll Bier oder Beutel voll Geldes, darum hab ich's verdeutscht: Du Holdselige. Damit doch ein Deutscher dester meher hinzu kann denken, was der Engel meinet mit seinem Gruß. Aber hie wöllen die Papisten toll werden uber mich, daß ich den engelischen Gruß verderbet habe. Wiewohl ich dennoch damit nicht das beste Deutsch habe troffen. Und hätte ich das beste Deutsch hie

1 solche Verschwendung. – 2 verschwenderisch. – 3 bessere Verwendung.

sollen nehmen und den Gruß also verdeutschen: Gott gruße dich, du liebe Maria (denn soviel will der Engel sagen, und so wurde er geredt haben, wann er hätte wollen sie deutsch grußen), ich halt, sie sollten sich wohl selbs erhängt haben fur großer Andacht zu der lieben Maria, daß ich den Gruß so zunichte gemacht hätte.

Aber was frage ich darnach? Sie toben oder rasen, ich will nicht wehren, daß sie verdeutschen, was sie wöllen, ich will aber auch verdeutschen, nicht wie sie wöllen, sonder wie ich will. Wer es nicht haben will, der laß mir's stehen und halt seine Meisterschaft bei sich, denn ich will ihr weder sehen, noch hören, sie dorfen[1] fur mein Dolmetschen nicht Antwort geben[2] noch Rechenschaft tun. Das hörest du wohl, ich will sagen: du holdselige Maria, du liebe Maria, und laß sie sagen: du voll Gnaden Maria. Wer Deutsch kann, der weiß wohl, welch ein herzlich, fein Wort das ist: die liebe Maria, der lieb Gott, der liebe Kaiser, der liebe Fürst, der lieb Mann, das liebe Kind. Und ich weiß nicht, ob man das Wort „liebe" auch so herzlich und gnugsam in lateinischer oder andern Sprachen reden müg, daß also dringe und klinge ins Herz, durch alle Sinne, wie es tut in unser Sprache.

Denn ich halt St. Lukas als ein Meister in hebräischer und gräkischer Sprache, hab das hebräisch Wort, so der Engel gebraucht, wöllen mit dem gräkischen kecharitomeni treffen und deutlich geben. Und denk mir, der Engel Gabriel habe mit Maria geredt, wie er mit Daniel redet und nennet ihn Hamudoth und Isch Hamudoth, vir desideriorum, das ist: du lieber Daniel. Denn das ist Gabrielis Weise zu reden, wie wir im Daniel sehen. Wenn ich nu den Buchstaben nach aus der Esel Kunst sollt des Engels Wort verdeutschen, mußte ich also sagen: Daniel, du Mann der Begierungen, oder Daniel, du Mann der Lüste. Oh, das wäre schon Deutsch. Ein Deutscher horet wohl, daß Mann, Lüste oder Begierunge deutsche Wort sind, wiewohl es nicht eitel

1 brauchen. – 2 die Verantwortung zu übernehmen.

reine deutsche Wort sind, sondern Lust und Begier wären wohl besser. Aber wenn sie so zusammengefasset werden: du Mann der Begierungen, so weiß kein Deutscher, was gesagt ist, denkt, daß Daniel vielleicht voll böser Lust stecke. Das hieße denn fein gedolmetscht. Darum muß ich hie die Buchstaben fahren lassen und forschen, wie der deutsche Mann solchs redet, welchs der ebräische Mann Isch Hamudoth redet. So finde ich, daß der deutsche Mann also spricht: Du lieber Daniel, du liebe Maria oder du holdselige Mad[1], du niedliche Jungfrau, du zartes Weib und dergleichen. Denn wer dolmetschen will, muß große Vorrat von Worten haben, daß er die wohl könne haben, wo eins an allen Orten nicht lauten will.

Und was soll ich viel und lange sagen von Dolmetschen? Sollt ich aller meiner Wort Ursachen und Gedanken[2] anzeigen, ich müßte wohl ein Jahr dran zu schreiben haben. Was Dolmetschen fur Kunst und Ärbeit sei, das hab ich wohl erfahren, darum will ich keinen Papstesel noch Maulesel, die nichts versucht haben, hierin zum Richter oder Tadeler leiden. Wer mein Dolmetschen nicht will, der laß es anstehen. Der Teufel danke ihm, wer's ungerne hat oder ohn meinen Willen und Wissen meistert. Soll's gemeistert werden, so will ich's selber tun. Wo ich's selber nicht tu, da lasse man mir mein Dolmetschen mit Frieden und mache ein iglicher, was er will, fur sich selbs und habe ihm ein gut Jahr[3].

Das kann ich mit gutem Gewissen zeugen, daß ich meine höchste Treu und Fleiß drinnen erzeigt und nie kein falsche Gedanken gehabt habe, denn ich habe keinen Heller dafur genommen noch gesücht noch damit gewonnen, so hab ich meine Ehre drinnen nicht gemeinet[4], das weiß Gott, mein Herr, sondern hab's zu Dienst getan den lieben Christen und zu Ehren einem, der droben sitzet, der mir

1 Maid. – 2 die meiner Übersetzung zugrunde liegenden Erwägungen. – 3 lasse sich's wohl gehen. – 4 auch habe ich nicht meine Ehre dabei gesucht.

alle Stunde soviel Guts tut, daß, wenn ich tausendmal soviel und fleißig gedolmetscht, dennoch nicht eine Stunde verdienet hätte zu leben oder ein gesund Auge zu haben. Es ist alles seiner Gnaden und Barmherzigkeit, was ich bin und habe, ja, es ist seines teuren Bluts und sauren Schweißes, darum soll's auch (ob Gott will) alles ihm zu Ehren dienen mit Freuden und von Herzen. Lästern mich die Sudeler und Papstesel, wohlan, so loben mich die frummen Christen samt ihrem Herrn Christo. Und bin allzu reichlich belohnet, wo mich nur ein einiger Christ fur einen treuen Ärbeiter erkennet. Ich frag nach Papsteseln nichts, sie sind nicht wert, daß sie meine Ärbeit sollen erkennen, und sollt mir im Grund meins Herzens leid sein, daß sie mich lobeten. Ihr Lästern ist mein höhester Ruhm und Ehr. Ich will doch ein Doktor, ja, auch ein ausbündiger[1] Doktor sein, und sie sollen mir den Namen nicht nehmen bis an den Jüngsten Tag, das weiß ich furwahr.

Doch hab ich wiederum[2] nicht allzu frei die Buchstaben lassen fahren, sondern mit großen Sorgen samt meinen Gehülfen drauf gesehen, daß, wo etwa an einem Ort gelegen ist[3], hab ich's nach den Buchstaben behalten und bin nicht so frei davon gangen, als Joh. 6, da Christus spricht: Diesen hat Gott der Vater versiegelt. Da wäre wohl besser Deutsch gewest: Diesen hat Gott der Vater gezeichent, oder: Diesen meinet Gott der Vater. Aber ich habe ehe wöllen der deutschen Sprache abbrechen, denn von dem Wort weichen. Ah, es ist Dolmetschen ja nicht eines iglichen Kunst, wie die tollen Heiligen meinen. Es gehöret dazu ein recht frumm, treu, fleißig, forchtsam, christlich gelehret, erfahrn, geübet Herz. Darum halt ich, daß kein falsch Christ noch Rottengeist treulich dolmetschen könne, wie das wohl scheinet in den Propheten zu Worms verdeutschet, darin doch wahrlich großer Fleiß geschehen und meinem Deutschen fast nachgangen[4] ist. Aber es sind Jüden dabei gewest,

1 ausgezeichneter. – 2 umgekehrt. – 3 wo es an einer Stelle darauf ankommt. – 4 sehr nahegekommen.

die Christo nicht große Hulde erzeigt haben, sonst wäre Kunst und Fleiß genug da.

Das sei vom Dolmetschen und Art der Sprachen gesagt. Aber nu hab ich nicht allein der Sprachen Art vertrauet und gefolget, daß ich Röm. 3 „solum" (allein) hab hinzugesetzt, sonder der Text und die Meinung St. Pauli fodern und erzwingen's mit Gewalt, denn er handelt ja daselbs das Hauptstück christlicher Lehre, nämlich, daß wir durch den Glauben an Christum ohn alle Werk des Gesetzs gerecht werden, und schneidt alle Werk so rein abe, daß er auch spricht: des Gesetzes (das doch Gottes Gesetz und Wort ist) Werk nicht helfen zur Gerechtigkeit. Und setzt zum Exempel Abraham, daß derselbige sei so gar ohn Werk gerecht worden, daß auch das höhest Werk, das dazumal neu geboten ward von Gott fur und uber allen andern Gesetzen und Werken, nämlich die Beschneidung, ihm nicht geholfen hab zur Gerechtigkeit, sonder sei ohn die Beschneidung und ohn alle Werk gerecht worden durch den Glauben, wie er spricht Kap. 4. Ist Abraham durch Werk gerecht worden, so mag er sich rühmen, aber nicht fur Gott. Wo man aber alle Werk so rein abschneidt, und da muß ja die Meinung sein, daß allein der Glaube gerecht mache. Und wer deutlich und durre[1] von solchem Abschneiden der Werk reden will, der muß sagen: Allein der Glaube und nicht die Werk machen uns gerecht. Das zwinget die Sache selbs neben der Sprachen Art.

Ja, sprechen sie, es laut ärgerlich, und die Leute lernen daraus verstehen, daß sie keine gute Werk tun dürfen. Lieber, was soll man sagen? Ist's nicht viel ärgerlicher, daß St. Pauls selbs nicht sagt, allein der Glaube, sondern schuttet's wohl gröber 'eraus und stoßet dem Faß den Boden aus und spricht: Ohn des Gesetzs Werk. Und Gal. 1: Nicht durch die Werk des Gesetzes. Und des viel mehr an andern Orten, denn das Wort „allein der Glaube" möcht noch eine Gloß finden, aber das Wort „ohn Werk des Gesetzs" ist so

1 unverhüllt.

grob, ärgerlich, schändlich, daß man mit keiner Glossen helfen kann. Wieviel mehr möchten hieraus die Leute lernen, kein gute Werk tun, da sie hören mit so durren, starken Worten von den Werken selbs predigen (kein Werk; ohn Werk; nicht durch Werk). Ist nu das nicht ärgerlich, daß man „ohn Werk"; „kein Werk"; „nicht durch Werk" predigt, was sollt's denn ärgerlich sein, so man dies (allein der Glaube) predigt?

Und das noch ärgerlicher ist, St. Paulus verwürft nicht schlechte, gemeine Werk, sonder des Gesetzes selbs. Daraus möchte wohl jemand sich noch mehr ärgern und sagen, das Gesetz sei verdammt und verflucht fur Gott, und man solle eitel Boses tun, wie die täten Röm. 3: Laßt uns Böses tun, auf daß es gut werde, wie auch ein Rottengeist zu unser Zeit anfing. Sollt man um solcher Ärgernis willen St. Paulus' Wort verlaugnen oder nicht frisch und frei vom Glauben reden? Lieber, eben St. Paulus und wir wöllen solch Ärgernis haben und lehren um keiner ander Ursachen willen so stark wider die Werk und treiben[1] allein auf den Glauben, daß die Leute sollen sich ärgern, stoßen und fallen, damit sie mugen lernen und wissen, daß sie durch ihr gute Werk nit frumm werden, sondern allein durch Christus' Tod und Auferstehen. Können sie nu durch gute Werk des Gesetzes nicht frumm werden, wieviel weniger werden sie frumm werden durch böse Werk und ohn Gesetz. Darum folget es nicht[2]: Gute Werk helfen nicht, darum helfen böse Werk. Gleich als nicht fein folgt: Die Sonne kann dem Blinden nicht helfen, daß er sehe, darum muß ihm die Nacht und Finsternis helfen, daß er sehe.

Mich wundert aber, daß man sich in dieser offentlichen Sachen so mag sperren. Sage mir doch, ob Christus' Tod und Auferstehen unser Werk sei, das wir tun, oder nicht? Es ist ja nit unser Werk noch einiges[3] Gesetzes Werk. Nu macht uns ja allein Christus' Tod und Auferstehen frei von Sunden und frumm, wie Paulus sagt Röm. 4: Er ist gestor-

1 drängen. – 2 ist es keine rechte Schlußfolgerung. – 3 irgendeines.

ben um unser Sunde willen und auferstanden um unser Gerechtigkeit willen. Weiter sage mir: Welchs ist das Werk, damit wir Christus' Tod und Auferstehen fassen und halten? Es muß ja kein äußerlich Werk, sondern allein der ewige Glaube im Herzen sein, derselbige allein, ja gar allein und ohn alle Werk fasset solchen Tod und Auferstehen, wo es gepredigt wird durchs Evangelion. Was ist's denn nu, daß man so tobet und wütet, ketzert und brennet, so die Sach im Grund selbs klärlich daliegt und beweiset, daß allein der Glaube Christus' Tod und Auferstehen fasse ohn alle Werk und derselbige Tod und Auferstehen sei unser Leben und Gerechtigkeit. So es denn an ihm selbs offentlich[1] also ist, daß allein der Glaube uns solch Leben und Gerechtigkeit bringet, fasset und gibt, warum soll man denn nicht auch also reden? Es ist nit Ketzerei, daß der Glaube allein Christus fasset und das Leben gibt. Aber Ketzerei muß es sein, wer solchs sagt oder redet. Sind sie nit toll, töricht und unsinnig? Die Sachen bekennen sie fur Recht und strafen doch die Rede von derselbigen Sache fur Unrecht, keinerlei zugleich muß beide Recht und Unrecht sein[2].

Auch bin ich's nicht allein noch der erste, der da sagt, allein der Glaube mach gerecht. Es hat fur mir Ambrosius, Aug. und viel andere gesagt. Und wer St. Paulus lesen und verstehen soll, der muß wohl so sagen und kann nit anders. Seine Wort sind zu stark und leiden kein, ja, gar kein Werk. Ist's kein Werk, so muß der Glaube allein sein. Oh, wie sollt es so gar ein feine, besserliche[3], unärgerliche Lehre sein, wenn die Leute lernten, daß sie neben dem Glauben auch durch Werk frumm möchten werden. Das wär soviel gesagt, daß nicht allein Christus' Tod unser Sunde wegnehme, sondern unsere Werk täten auch etwas dazu, das hieß Christus' Tod fein geehret, daß unser Werk ihm hulfen, und könnten das auch tun, das er tut, auf daß wir ihm gleich gut und stark wären. Es ist der Teufel, der das Blut Christi nicht kann ungeschändet lassen.

1 offenbar. – 2 nichts darf zugleich Recht und Unrecht sein. – 3 bessere.

Weil nu die Sache im Grunde selbs fordert, daß man sage, allein der Glaub macht gerecht, und unser deutschen Sprachen Art, die solchs auch lernt, also auszusprechen[1], habe dazu der Heiligen Väter Exempel und zwinget auch die Fahr[2] die Leute, daß sie nit an den Werken hangenbleiben und des Glaubens feilen[3] und Christus verlieren, sonderlich zu dieser Zeit, da sie so lang her der Werk gewohnet und mit Macht[4] davon zu reißen sind, so ist's nit allein recht, sondern auch hoch vonnöten, daß man aufs allerdeutlichst und volligst 'eraus sage: Allein der Glaube ohn Werk macht frumm. Und reuet mich, daß ich nit auch dazugesetzt habe alle und aller, also: ohn alle Werk aller Gesetz, daß es voll und rund 'eraus gesprochen wäre. Darum soll's in meinem Neuen Testament bleiben, und sollten alle Papstesel toll und töricht werden, so sollen sie mir's nicht 'erausbringen. Das sei jetzt davon gnug, weiter will ich (so Gott Gnade gibt) davon reden im Buchlin De iustificatione.

Auf die andern Frage, ob die verstorben Heiligen fur uns bitten, darauf will ich jetzt kürzlich antworten, denn ich gedenk einen Sermon von den lieben Engeln auszulassen, darin ich dies Stück weiter (will's Gott) handeln werde. Erstlich wisset ihr, daß im Papsttum nicht allein das gelehret ist, daß die Heiligen im Himmel fur uns bitten, welchs wir doch nicht wissen können, weil die Schrift uns solchs nicht sagt, sondern auch daß man die Heiligen zu Götter gemacht hat, daß sie unser Patron haben müssen sein, die wir anrüfen sollen, etlich auch, die nie gewest sind, und einem iglichen Heiligen sonderliche Kraft und Macht zugeeigent, einem uber Feur, diesen uber Wasser, diesen uber Pestilenz, Fieber und allerlei Plage, daß Gott selbs hat gar müßig sein müssen und die Heiligen lassen an seiner Statt wirken und schaffen. Diesen Greuel fühlen die Papisten jetzt wohl und ziehen heimlich die Pfeifen ein, putzen und schmükken sich nu mit dem Furbitt der Heiligen. Aber dies will ich

1 ausdrücken. – 2 Gefahr. – 3 den Glauben verfehlen. – 4 Gewalt.

itzt aufschieben. Aber, was gilt's, ob ich's vergessen[1] und solchs Putzen und Schmücken also ungebüßet hingehen lassen werde.

Zum andern wisset ihr, daß Gott mit keinem Wort geboten hat, weder Engel noch Heiligen um Furbitt anzurüfen. Habt auch in der Schrift des kein Exempel, denn man findet, daß die lieben Engel mit den Vätern und Propheten geredt haben, aber nie keiner ist von ihnen um Furbitt gebeten worden, daß auch der Erzvater Jakob seinen Kampfengel nicht um Furbitt bat, sondern nahm allein den Segen von ihm. Man findet aber wohl das Widerspiel[2] in Apokalypsi, daß der Engel sich nicht wollt lassen anbeten von Joanne, und findet sich also, daß Heiligendienst sei ein lauter Menschentand und ein eigen Fündlin[3] außer Gottes Wort und der Schrift.

Weil uns aber in Gottes Dienst nichts gebührt furzunehmen ohn Gottes Befehl, und wer es furnimmt, das ist ein Gottesversuchung, darum ist's nicht zu raten noch zu leiden, daß man die verstorben Heiligen um Furbitt anrüfe oder anrüfen lehre, sonder soll's vielmehr verdammen und meiden lehren. Derhalben ich auch nicht dazu raten und mein Gewissen mit fremder Missetat nicht beschweren will. Es ist mir selber aus der Maßen saur worden, daß ich mich von den Heiligen gerissen habe, denn ich uber alle Maße tief drinnen gesteckt und ersoffen gewest bin. Aber das Licht des Evangelii ist nu so helle am Tag, daß hinfurt niemand entschuldigt ist, wo er im Finsternis bleibt. Wir wissen fast[4] alle wohl, was wir tun sollen.

Uber das, so ist's an ihm selbs ein fährlicher, ärgerlicher Dienst, daß die Leute gewohnen[5] gar leicht, sich von Christo zu wenden, und lernen bald, mehr Zuversicht auf die Heiligen denn auf Christo selbs zu setzen. Denn es ist die Natur ohn das allzu sehr geneigt, von Gott und Christo zu fliehen und auf Menschen zu trauen, ja, es wird aus der Ma-

1 Was gilt die Wette, daß ich's nicht vergesse. – 2 Gegenteil. – 3 Erfindung, Spitzfindigkeit. – 4 sicherlich. – 5 sich gewöhnen.

ßen schwer, daß man lerne auf Gott und Christus trauen, wie wir doch gelobt haben und schuldig sind. Darum ist solch Ärgernis nicht zu dulden, damit die schwachen und fleischlichen Leute ein Abgötterei anrichten wider das erste Gebot und wider unser Taufe. Man treibe nur getrost die Zuversicht und Vertrauen von den Heiligen zu Christo, beide mit Lehren und Uben, es hat dennoch Mühe und Hindernis gnug, daß man zu ihm kommt und Recht ergreift. Man darf den Teufel nicht uber die Tür malen, er findet sich wohl selbs.

Zuletzt sind wir ja gewiß, daß Gott nicht drum zurnet, und sind wohl sicher, ob wir die Heiligen nicht um Furbitt anrüfen, weil er's nirgend geboten hat, denn er spricht, daß er sei ein Eiferer, der die Missetat heimsucht an denen, die sein Gebot nicht halten. Hie aber ist kein Gebot, darum auch kein Zorn zu furchten. Weil denn hie auf dieser Seiten Sicherheit ist und dort große Fahr und Ärgernis wider Gottes Wort, warum wollten wir uns denn aus der Sicherheit begeben in die Fahr, da wir kein Gotteswort haben, das uns in der Not halten, trösten oder erretten kann? Denn es stehet geschrieben: Wer sich gern in die Fahr gibt, der wird drinnen umkommen. Auch spricht Gottes Gebot: Du sollt deinen Herrn nicht versuchen.

Ja, sprechen sie, damit verdammst du die ganzen Christenheit, die allenthalben solchs bisher gehalten hat. Antwort: Ich weiß fast wohl, daß die Pfaffen und Münich solchen Deckel[1] ihrer Greuel suchen und wöllen auf die Christenheit schieben, was sie verwahrloset haben, auf daß, wenn wir sagen, die Christenheit irre nicht, so sollen wir auch sagen, daß sie auch nicht irren, und also kein Lügen, auch Irrtum an ihn' müge gestraft werden, weil es die Christenheit so hält. Also ist denn keine Wallfahrt (wie offenbärlich der Teufel da sei), kein Ablaß (wie grob die Lügen sei) unrecht, kurzum, eitel Heiligkeit ist da. Darum sollt ihr hiezu so sagen: Wir handeln itzt nicht, wer verdammt oder

1 solche Bemäntelung.

nicht verdammt sei. Diese fremde Sache mengen sie daher, daß sie uns von unser Sache fuhren. Wir handeln itzt von Gottes Wort, was die Christenheit sei oder tu, das gehöret auf ein ander Ort. Hie fragt man, was Gottes Wort sei oder nit. Was Gottes Wort nit ist, das macht auch keine Christenheit.

Wir lesen zur Zeit Eliä, des Propheten, daß offentlich kein Gottes Wort noch Gottes Dienst war im ganzen Volk Israel, wie er spricht: Herr, sie haben deine Propheten getöt' und deine Altar umgegraben und bin ich gar alleine. Hie wird der König Ahab und andere auch gesagt haben: Elia, mit solcher Rede verdammst du das ganz Volk Gottes. Aber Gott hatte gleichwohl siebentausend behalten. Wie? Meinst du nit, daß Gott unter dem Papsttum itzt auch habe können die Seinen erhalten, obgleich die Pfaffen und Münche in der Christenheit eitel Teufelslehrer gewest und in die Hell gefahren sind? Es sind gar viel Kinder und junges Volk gestorben in Christo, denn Christus hat mit Gewalt unter seinem Widerchrist die Taufe, dazu den bloßen Text des Evangelii auf der Kanzel und das Vaterunser und den Glauben erhalten, damit er gar viel seiner Christen und also seine Christenheit erhalten und den Teufelslehrern nicht davon gesagt.

Und ob die Christen gleich haben etlich Stücke der päpstlichen Greuel getan, so haben die Papstesel damit noch nicht beweiset, daß die lieben Christen solchs gern getan haben, viel weniger ist damit beweiset, daß die Christen recht getan haben. Christen können wohl irren und sundigen allesamt, Gott aber hat sie allesamt lehren Beten um Vergebung der Sunden im Vaterunser und hat ihr solch Sunde, die sie haben mussen ungern, unwissend und von dem Widerchrist gezwungen tun, wohl wissen zu vergeben, und dennoch Pfaffen und München nichts davon sagen. Aber das kann man wohl beweisen, daß in aller Welt immer ein groß, heimlich Mummeln[1] und Klagen gewest ist wider

1 Murren.

die Geistlichen, als gingen sie mit der Christenheit nicht recht um. Und die Papstesel haben auch solchem Mummeln mit Feur und Schwert trefflich widerstanden bis auf diese Zeit daher. Solch Mummeln beweiset wohl, wie gern die Christen solch Greuel gesehen, und wie recht man daran getan habe. Ja, lieben Päpstesel, kommet nu her und saget, es sei der Christenheit Lehre, was ihr erstunken, erlogen und als die Böswichter und Verräter der lieben Christenheit mit Gewalt aufgedrungen und als die Erzmörder viel Christen drüber ermördet habt. Zeugen doch alle Buchstaben in allen Papsts Gesetzen, daß nichts aus Willen und Rat der Christenheit jemals sei gelehrt, sonder eitel districte precipiendo mandamus ist da, das ist ihr Heiliger Geist gewest. Solch Tyrannei hat die Christenheit müssen leiden, damit[1] ihr das Sakrament geraubt und ohn ihr Schuld so in Gefängnis gehalten ist. Und die Esel wollten solch unleidlich Tyrannei ihrs Frevels uns itzt fur ein willige Tat und Exempel der Christenheit verkaufen und sich so fein putzen. Aber es will itzt zu lang werden. Es sei dasmal gnug auf die Frage, ein andermal mehr, und haltet mir meine lange Schrift zugut. Christus unser Herr sei mit uns allen. Amen.

Ex Eremo octava Septembris, 1530

Martinus Luther, Eur guter Freund.

Dem ehrbarn und fursichtigen N., meinem günstigen Herrn und Freunde.

1 womit.

Etliche Fabeln aus Äsopo, von D. M. L.[1] verdeutscht, samt einer schönen Vorrede von rechtem Nutz und Brauch desselben Buchs, jedermann, wes Standes er auch ist, lüstig und dienslich[2] zu lesen

Anno 1530

Dies Buch von den Fabeln oder Märlin ist ein hochberühmt Buch gewesen bei den Allergelehrtesten auf Erden, sonderlich unter den Heiden. Wiewohl auch noch itzund die Wahrheit zu sagen, von äußerlichem Leben in der Welt zu reden, wüßte ich außer der Heiligen Schrift nicht viel Bücher, die diesem uberlegen sein sollten, so man Nutz, Kunst und Weisheit und nicht hochbedächtig[3] Geschrei wollt ansehen. Denn man darin unter schlechten[4] Worten und einfältigen Fabeln die allerfeineste Lehre, Warnung und Unterricht findet (wer sie zu brauchen weiß), wie man sich im Haushalten, in und gegen der Oberkeit und Untertanen schicken soll, auf daß man klüglich und friedlich unter den bösen Leuten in der falschen, argen Welt leben müge.

Daß man's aber dem Äsopo zuschreibet, ist meins Achtens ein Gedicht[5], und vielleicht nie kein Mensch auf Erden Äsopus geheißen, sondern ich halte, es sei etwa durch viel weiser Leute Zutun mit der Zeit Stück nach Stück zuhaufen bracht und endlich etwa durch einen Gelehrten in solche Ordnung gestellt, wie itzt in deutscher Sprach etliche möchten die Fabel und Sprüche, so bei uns im Brauch sind, sammlen und darnach jemand ordentlich in ein Buch fassen. Denn solche feine Fabeln in diesem Buch vermöcht

1 Dr. Martin Luther. – 2 nützlich. – 3 naseweises. – 4 einfachen. – 5 Erdichtung.

itzt alle Welt nicht, schweig[1] denn ein Mensch, erfinden. Drum ist gläublicher, daß etliche dieser Fabeln fast[2] alt, etliche noch älter, etliche aber neu gewesen sind zu der Zeit, da dies Büchlin gesammlet ist, wie denn solche Fabeln pflegen von Jahr zu Jahr zu wachsen und sich zu mehren, darnach einer von seinen Vorfahren und Eltern höret und sammlet.

Und Quintilianus, der große, scharfe Meister, uber Bücher zu urteilen, hält's auch dafür, daß nicht Äsopus, sondern der Allergelehrtesten einer in griechischer Sprach, als Hesiodus oder desgleichen, dieses Buchs Meister[3] sei, denn es dünkt ihn, wie auch billig, unmüglich sein, daß solcher Tolpel, wie man Äsopum malet und beschreibet, sollte solch Witz und Kunst vermügen, die in diesem Buch und Fabeln funden wird, und bleibt also dies Buch eines unbekannten und unbenannten Meisters. Und zwar[4], es lobet und preiset sich selbs höher denn es keines Meisters Name preisen könnte.

Doch mögen die, so den Äsopum zum Meister erdichtet haben und sein Leben dermaßen gestellet, vielleicht Ursach gnug gehabt haben, nämlich, daß sie als die weisen Leute solch Buch um gemeines Nutzes willen gerne hätten jedermann gemein gemacht[5] (denn wir sehen, daß die jungen Kindern und jungen Leute mit Fabeln und Märlin leichtlich bewegt) und also mit Lust und Liebe zur Kunst und Weisheit geführt würden, welche Lust und Liebe deste größer wird, wenn ein Äsopus oder dergleichen Larva oder Fastnachtputz[6] fürgestellet wird, der solche Kunst ausrede oder fürbringe, daß sie deste mehr drauf merken und gleich mit Lachen annehmen und behalten. Nicht allein aber die Kinder, sondern auch die großen Fürsten und Herrn kann man nicht baß betriegen zur Wahrheit und zu ihrem Nutz, denn daß man ihnen lasse die Narren die Wahrheit sagen, dieselbigen können sie leiden und hören, sonst wöllen oder kön-

1 geschweige. – 2 sehr. – 3 Verfasser. – 4 wahrlich. – 5 zum Allgemeingut gemacht. – 6 Gespenst oder Popanz.

nen sie von keinem Weisen die Wahrheit leiden. Ja, alle Welt hasset die Wahrheit, wenn sie einen trifft.

Darum haben solche weise, hohe Leute die Fabeln erdicht und lassen ein Tier mit dem andern reden, als sollten sie sagen: Wohlan, es will niemand die Wahrheit hören noch leiden, und man kann doch der Wahrheit nicht embehren. So wöllen wir sie schmücken[1] und unter einer lüstigen Lügenfarbe und lieblichen Fabeln kleiden, und weil man sie nicht will hören durch Menschenmund, daß man sie doch höre durch Tierer- und Bestienmund. So geschieht's denn, wenn man die Fabeln lieset, daß ein Tier dem andern, ein Wolf dem andern die Wahrheit sagt, ja, zuweilen der gemalete Wolf oder Bär oder Lewe im Buch dem rechten, zweifüßigen Wolf oder Lewe einen guten Text heimlich lieset, den ihm sonst kein Prediger, Freund noch Feind lesen dürfte. Also auch ein gemalter Fuchs im Buch, so man die Fabeln lieset, soll wohl einen Fuchs uber Tisch also ansprechen, daß ihm der Schweiß möchte ausbrechen und sollte wohl den Äsopum gern wöllen erstechen oder verbrennen. Wie denn der Dichter des Äsopi anzeigt, daß auch Äsopus um der Wahrheit willen ertötet sei und ihn nicht geholfen hat, daß er in Fabeln weise, als ein Narr, dazu ein erdichter Äsopus, solche Wahrheit die Tier hat reden lassen, denn die Wahrheit ist das unleidlichste Ding auf Erden.

Aus der Ursachen haben wir uns dies Buch fürgenommen, zu fegen[2] und ihm ein wenig besser Gestalt zu geben, denn es bisher gehabt, allermeist um der Jugend willen, daß sie solche feine Lehre und Warnung unter der lieblichen Gestalt der Fabeln, gleich wie in einer Mummerei oder Spiel deste lieber lerne und fester behalte. Denn wir gesehen haben, welch ein ungeschickt Buch aus dem Äsopo gemacht haben, die den deutschen Äsopum, der fürhanden ist, an Tag geben haben, welche wohl wert wären einer großen Strafe, als die nicht allein solch fein, nützlich Buch zu-

1 bemänteln. – 2 reinigen.

schanden und unnütz gemacht, sondern auch viel Zusatz aus ihrem Kopf hinzugetan, wiewohl das noch zu leiden wäre. Darüber so schändliche, unzüchtige Bubenstück darein gemischt, daß kein züchtig, fromm Mensch leiden, zuvor kein jung Mensch ohne Schaden lesen oder hören kann, gerad, als hätten sie ein Buch in das gemein Frauenhaus oder sonst unter lose Buben gemacht, denn sie nicht den Nutz und Kunst in den Fabeln gesucht, sondern allein ein Kurzweil und Gelächter daraus gemacht, gerade, als hätten die hochweisen Leute ihren treuen, großen Fleiß dahin gericht, daß solche leichtfertige Leute sollten ein Geschwätz und Narrenwerk aus ihrer Weisheit machen. Es sind Säu und bleiben Säu, für die man ja nicht sollt Perlen werfen.

Darum, so bitten wir alle fromme Herzen, wöllen denselbigen deutschen schändlichen Äsopum ausrotten und diesen an sein Statt gebrauchen. Man kann dennoch wohl fröhlich sein und solcher Fabel eine des Abends uber Tisch mit Kindern und Gesind nützlich und lüstiglich handeln[1], daß man nicht darf[2] so schambar[3] und unvernünftig sein wie in den unzüchtigen Tabernen und Wirtshäusern, denn wir Fleiß getan haben, eitel feine, reine, nützliche Fabeln in ein Buch zu bringen, dazu die Legend Äsopi.

Was sonst nutz- und nicht schädliche Fabeln sind, wöllen wir mit der Zeit auch, so Gott will, läutern und fegen, damit es ein lustiger und lieblicher, doch ehrbarlicher und züchtiger und nützlicher Äsopus werde, des man ohne Sünde lachen und gebrauchen könnte, Kinder und Gesind zu warnen und unterweisen auf ihr zukünftiges Leben und Wandel. Daher er denn von Anfang erdichtet[4] und gemacht ist.

Und daß ich ein Exempel gebe, der Fabeln wohl zu gebrauchen: Wenn ein Hausvater uber Tisch will Kurzweil haben, die nützlich ist, kann er sein Weib, Kind, Gesind fragen: Was bedeut diese oder diese Fabel? Und beide, sie und

1 behandeln. – 2 braucht. – 3 anstößig, unanständig. – 4 wozu er ursprünglich verfaßt.

sich, darin üben. Als die fünfte Fabel vom Hund mit dem Stück Fleisch im Maul bedeutet: Wenn einem Knecht oder Magd zu wohl ist und will's bessern[1], so gehet's ihm wie dem Hund, daß sie das Gute verlieren und jenes Bessere nicht kriegen. Item: Wenn sich ein Knecht an den andern hängt und sich verführen läßt, daß ihm gehe wie dem Frosch, an der Maus gebunden, in der dritten Fabel, die der Weihe alle beide fraß. Und so fortan in den andern Fabeln, mit Lieb, mit Leid, mit Dräuen und Locken, wie man vermag. Ohne das wir müssen das Unser bei ihnen tun.

I. Torheit

Vom Hahn und Perlen

Ein Hahn scharret auf der Misten und fand eine köstliche Perlen. Als er dieselbigen im Kot so liegen sahe, sprach er: „Siehe, du feines Dinglin, liegst du hie so jämmerlich. Wenn dich ein Kaufmann fünde, der würde dein froh, und du würdest zu großen Ehren kommen. Aber du bist mir und ich dir kein Nütze. Ich nehme ein Körnlin oder Würmlin und ließ eim alle Perlen. Magst bleiben, wie du liegst."

Lehre

Diese Fabel lehret, daß dies Büchlin bei Bauren und groben Leuten unwert ist, wie denn alle Kunst und Weisheit bei denselbigen veracht ist, wie man spricht: Kunst gehet nach Brot. Sie warnet aber, daß man die Lehre nicht verachten soll.

II. Haß

Vom Wolf und Lämmlin

Ein Wolf und Lämmlin kamen ongefähr beide an einen Bach zu trinken. Der Wolf trank oben am Bach, das Lämmlin aber fern unten. Da der Wolf des Lämmlins gewahr ward, lief er zu ihm und sprach: „Warum trübest du mir das

1 seine Lage verbessern.

Wasser, daß ich nicht trinken kann?" Das Lämmlin antwortet: „Wie kann ich dir 's Wasser trüben, trinkest du doch uber mir und möchtest es mir wohl trüben?" Der Wolf sprach: „Wie? Fluchst du mir noch dazu?" Das Lämmlin antwortet: „Ich fluche dir nicht." Der Wolf sprach: „Ja, dein Vater tät mir für sechs Monden auch ein solchs. Du willt dich vätern[1]." Das Lämmlin antwortet: „Bin ich doch dazumal nicht geborn gewest, wie soll ich meins Vaters entgelten?" Der Wolf sprach: „So hast du mir aber mein Wiesen und Äcker abgenaget und verderbet." Das Lämmlin antwortet: „Wie ist das müglich, hab ich doch noch keine Zähne!" – „Ei", sprach der Wolf, „und wenn du gleich viel ausreden und schwätzen kannst, will ich dennoch heint nicht ungefressen[2] bleiben." Und würget also das unschüldig Lämmlin und fraß es.

Lehre

Der Welt Lauf ist: Wer frumm[3] sein will, der muß leiden, sollt man eine Sache vom alten Zaun brechen[4], denn Gewalt gehet für Recht. Wenn man dem Hunde zu will[5], so hat er das Leder gefressen. Wenn der Wolf will, so ist das Lamm [im] Unrecht.

III. Untreu

Vom Frosch und der Maus

Eine Maus wäre gern uber ein Wasser gewest und kunnte nicht und bat einen Frosch um Rat und Hülfe. Der Frosch war ein Schalk und sprach zur Maus: „Binde deinen Fuß an meinen Fuß, so will ich schwimmen und dich hinüberziehen." Da sie aber aufs Wasser kamen, tauchet der Frosch hinuntern und wollt die Maus erträнken. Indem aber die Maus sich wehret und ärbeitet[6], fleuget ein Weihe daher und erhaschet die Maus, zeucht den Frosch auch mit heraus und frisset sie beide.

1 dem Vater nachschlagen. – 2 heute nicht nüchtern. – 3 rechtschaffen. – 4 den ersten, besten Vorwand nehmen. – 5 an den Kragen will. – 6 sich müht.

Lehre

Siehe dich für, mit wem du handelst. Die Welt ist falsch und Untreu voll. Denn welcher Freund den andern vermag, der steckt ihn in Sack. Doch schlägt Untreu allzeit ihren eigen Herrn, wie dem Frosch hie geschieht.

IV. Neid

Vom Hunde und Schaf

Der Hund sprach ein Schaf für Gericht an um Brot, das er ihm geliehen hätte. Da aber das Schaf leugnet, berief sich der Hunde auf Zeugen, die mußte man zulassen. Der erste Zeuge war der Wolf, der sprach: „Ich weiß, daß der Hund dem Schaf Brot geliehen hat." Der Weihe sprach: „Ich bin dabei gewest." Der Geir sprach zum Schaf: „Wie tarst[1] du das so unverschamt leugnen?" Also verlor das Schaf seine Sache und mußte mit Schaden zur uneben Zeit seine Wolle angreifen, damit es das Brot bezahlet, das es nicht schüldig worden war.

Lehre

Hüt dich vor bösen Nachbarn oder schicke dich auf Geduld, willt du bei Leuten wohnen, denn es gönnet niemand dem andern was Guts. Das ist der Welt Lauf.

V. Geiz

Vom Hunde im Wasser

Es lief ein Hund durch einen Wasserstrom und hatte ein Stück Fleisch im Maule. Als er aber den Schemen[2] vom Fleisch im Wasser siehet, wähnet er, es wäre auch Fleisch und schnappet gierig darnach. Da er aber das Maul auftät, emfiel ihm das Stück Fleisch, und das Wasser führet's weg. Also verlor er beide, das Fleisch und Schemen.

1 wagst. – 2 Spiegelbild.

Lehre

Man soll sich benügen lassen an dem, das Gott gibt. Wem das Wenige verschmahet[1], dem wird das Größer nicht. Wer zuviel haben will, der behält zuletzt nichts. Mancher verleuret das Gewisse uber dem Ungewissen.

VI. Frevel. Gewalt

Es gesellеten sich ein Rind, Ziegen und Schaf zum Lewen und zogen miteinander auf die Jaged in einen Forst. Da sie nu einen Hirs[2] gefangen und in vier Teil gleich geteilet hatten, sprach der Lewe: „Ihr wisset, daß ein Teil mein ist als eurs Gesellen. Das ander gebührt mir als eim Könige unter den Tieren. Das dritte will ich haben darum, daß ich stärker bin und mehr darnach gelaufen und geärbeitet habe denn ihr alle drei. Wer aber das vierte haben will, der muß mir's mit Gewalt nehmen." Also mußten die drei für ihre Mühe das Nachsehen und den Schaden zu Lohn haben.

Lehre

Fahre nicht hoch! Halt dich zu deinesgleichen. Dulcis inexpertis cultura potentis amici. Es ist mit Herrn nicht gut Kirschen essen, sie werfen einen mit den Stielen. Ulpia L.: Si non fuerint. Das ist ein Gesellschaft mit dem Lewen, wo einer allein den Genieß, der ander allein den Schaden hat.

VII. Diese Fabel ist auf ein ander Weise also gestellet:

Ein Lewe, Fuchs und Esel jagten miteinander und fingen einen Hirs. Da hieß der Lewe den Esel das Wildbret teilen. Der Esel macht drei Teil. Des ward der Lewe zornig und reiß dem Esel die Haut uber den Kopf, daß er blutrüstig[3] dastund und hieß den Fuchs das Wildbret teilen. Der Fuchs

1 zu gering dünkt. – 2 Hirsch. – 3 blutrünstig.

stieß die drei Teil zusammen und gab sie dem Lewen gar[1]. Des lachet der Lewe und sprach: „Wer hat dich so lehren teilen?“ Der Fuchs zeiget auf den Esel und sprach: „Der Doktor da im roten Barett.“

Diese Fabel lehret zwei Stücke.

Das erste: Herrn wollen Vorteil haben, und man soll mit Herrn nicht Kirschen essen, sie werfen einen mit den Stielen. Das ander: Felix quem faciunt aliena pericula cautum. Das ist ein weiser Mann, der sich an eines andern Unfall bessern kann.

VIII. Vom Diebe

Es freiet einsmals ein Dieb, und seine Nachbarn waren fröhlich auf seiner Hochzeit, denn sie hoffeten, er würde hinfurt fromm werden. Da kam ein klüger Mann dazu, und als er sie so in Freuden sahe, sprach er: „Sehet zu, seid nicht allzu fröhlich. Die Sonn wollt auch einmal freien. Des erschrak alle Welt und ward so ungeduldig, daß sie auch in den Himmel fluchet und schalt. Es fragt Jupiter aus dem Himmel, was das Fluchen bedeutet. Da sprach alle Welt: ‚Wir haben itzt ein einige[2] Sonne, und die tut uns mit ihrer Hitze soviel zuleide, daß wir schier alle verderben. Was will werden, wenn die Sonne mehr Sonnen zeugen wird?‘“

Diese Fabel zeigt der Welt:

Man darf den Teufel uber die Tür nicht malen.
Gris schlägt gern nach Gramen[3].
Ein Dieb zeugt den andern.
Hilf fromme Leute mehren,
Der Bösen ist sonst[4] zuviel.

1 ganz und gar. – 2 einzige. – 3 ein graues Pferd erzeugt wieder ein graues; Art läßt nicht von Art. – 4 sowieso schon.

Mancher Schalk wird durch fromme Leute gefördert, der darnach seinesgleichen an sich zeucht, Landen und Leuten sehr schädlich ist. Darum siehe dich für, wem du raten oder helfen sollt. An fremden Kindern und Hunden (spricht man) ist das Brot verloren.

IX. Vom Kranich und Wolfe

Da der Wolf einsmals ein Schaf geiziglich fraß, bleib ihm ein Bein[1] im Halse uberzwerch stecken, davon er große Not und Angst hatte, und erbot sich, groß Lohn und Geschenk zu geben, wer ihm hülfe. Da kam der Kranich und stieß seinen langen Kragen[2] dem Wolf in den Rachen und zog das Bein 'eraus. Da er aber das verheißen Lohn fodert, sprach der Wolf: „Willt du noch Lohn? Danke du Gott, daß ich dir den Hals nicht abgebissen habe. Du solltest mir schenken[3], daß du lebendig aus meinem Rachen kommen bist."

Diese Fabel zeigt:

Wer den Leuten in der Welt will wohltun, der muß sich erwägen, Undank zu verdienen. Die Welt lohnet nicht anders denn mit Undank, wie man spricht. Wer einen vom Galgen erlöset, dem hilft derselbige gern dran.

X. Vom Hund und der Hündin

Ein schwangere Hündin bat mit demütigen Worten einen Hund, daß er ihr wollt sein Häuslin gönnen, bis sie geworfen hätte. Das tat der Hund gerne. Da nu die jungen Hündlin erwuchsen, begehrt der Hund sein Häuslin wieder, aber die Hündin wollte nicht. Zuletzt dräuet ihr der Hund und hieß sie das Häuslin räumen. Da ward die Hündin zornig und sprach: „Bist du böse, so beiß uns hinaus."

1 Knochen. – 2 Hals. – 3 danken.

Diese Fabel zeigt:

Wenn die Laus in Grind kommet, so macht sie sich beschissen. Siehe, wie du des Bösen loswerdest, wenn's Uberhand kriegt. Der Teufel ist gut zu Gast zu bitten, aber man kann sein nicht wohl loswerden.

[XI.] Von D. Mogenhofer

Es begegenet einmal ein Schinder dem großen Doktor N. Mogenhofer, grußet ihn und sprach: „Gott ehre das Handwerk, lieber Freund." Der Doktor sprach: „Wie bist du meines oder ich deines Handwerks?" Der Schinder sprach: „Ihr seid ein Jurist und ich ein Schinder. So schinde ich tote Hünde, und Ihr schindet lebendige Leute."

Grobe, unvernünftige Leute soll man verachten und ihn' nicht antworten.

XII. Vom Esel und Lewen

Der Esel ward auch einmal baurkündig[1], und als er einem Löwen begegnet, grüßet er ihn höhnisch und sprach: „Ich grüße dich, Bruder." Den Lewen verdroß der höhnische Gruß, dacht aber bei sich selbs: Was soll ich mich an dem Schelmen rächen, ich schelte oder zureiße ihn, so lege ich kein Ehre ein. Ich will den Narren lassen fahren.

Lehre

Hoc scio pro certo, quod si cum stercore certo
Vinco vel vincor semper ego maculor.

Wer mit eim Dreck rammelt[2], er gewinne oder verliere, so gehet er beschissen davon.

1 stolz wie ein Bauer. – 2 zusammengerät.

XIII.

Ein Stadtmaus ging spazieren und kam zu einer Feldmaus, die tät ihr gütlich mit Eicheln, Gersten, Nüssen und womit sie kunnt. Aber die Stadtmaus sprach: „Du bist eine arme Maus, was willt du hie in Armut leben. Komme mit mir, ich will dir und mir gnug schaffen von allerlei köstlicher Speise." Die Feldmaus zog mit ihr hin in ein herrlich schön Haus, darin die Stadtmaus wohnet, und gingen in die Kemnoten[1]. Da war vollauf von Brot, Fleisch, Speck, Würste, Käse und alles. Da sprach die Stadtmaus: „Nu iß und sei guter Ding, solcher Speise hab ich täglich uberflüssig."

Indes kömmt der Kellner[2] und rumpelt mit den Schlüsseln an der Tür. Die Mäuse erschraken und liefen davon. Die Stadtmaus fand bald ihr Loch, aber die Feldmaus wüßte nirgend hin, lief die Wand auf und abe und hatte sich ihres Lebens erwägen[3].

Da der Kellner wieder hinaus war, sprach die Stadtmaus: „Es hat nu kein Not, laß uns guter Ding sein." Die Feldmaus antwortet: „Du hast gut sagen, du wußtest dein Loch fein zu treffen, dieweil bin ich schier für Angst gestorben. Ich will dir sagen, was die Meinung ist: Bleibe du eine reiche Stadtmaus und friß Würste und Speck. Ich will ein armes Feldmäuslin bleiben und mein Eicheln essen. Du bist kein Augenblick sicher für dem Kellner, für den Katzen, für soviel Mäusefallen, und ist dir das ganze Haus feind. Solchs alles bin ich frei und sicher in meinem armen Feldlöchlin."

In großen Wassern fähet man große Fische, aber in kleinen Wassern fähet man gute Fischlin. Wer reich ist, hat viel Neider, Sorge, Fahr[4].

1 Speisekammer. – 2 Kellermeister. – 3 ihr Leben aufgegeben. – 4 Gefahr.

XIV.

Vom Raben und Fuchse

Ein Rab hatte einen Käse gestohlen und satzte sich auf einen hohen Baum und wollte zehren. Als[1] er aber seiner Art nach nicht schweigen kann, wenn er isset, höret ihn ein Fuchs uber dem Käse käcken[2] und lief zu und sprach: „O Rab, nu hab ich mein Lebtag nicht schöner Vogel gesehen von Federn und Gestalt, denn du bist. Und wenn du auch so eine schöne Stimme hättest zu singen, so sollt man dich zum Könige krönen uber alle Vögel."

Den Raben kützelt solch Lob und Schmeicheln, fing an, wollt sein schönen Gesang hören lassen, und als er den Schnabel auftät, emfiel ihm der Käse, den nahm der Fuchs behend, fraß ihn und lachet des törichten Rabens.

Hüt dich, wenn der Fuchs den Raben lobt, hüt dich für Schmeichlern, so schinden und schaben etc.

1 da. – 2 krächzen.

Das Hohelied Salomo

I.

Er küsse mich mit dem Kusse seines Mundes, denn deine Brüste sind lieblicher denn Wein. Daß man deine gute Salbe rieche, dein Name ist ein ausgeschütte Salbe, darum lieben dich die Mägde.

Zeuch mich dir nach, so laufen wir. Der König führet mich in seine Kammer, wir freuen uns und sind fröhlich uber dir. Wir gedenken an deine Brüste mehr denn an den Wein. Die Frommen lieben dich.

Ich bin schwarz, aber gar lieblich, ihr Töchter Jerusalem, wie die Hütten Kedar, wie die Teppiche Salomo. Sehet mich nicht an, daß ich so schwarz bin, denn die Sonne hat mich so verbrannt. Meiner Mutter Kinder zürnen mit mir, man hat mich zur Hüterin der Weinberge gesetzt, aber meinen Weinberg, den ich hatte, habe ich nicht behütet.

Sage mir an, du, den meine Seele liebet, wo du weidest, wo du ruhest im Mittage? Daß ich nicht hin und her gehen müsse bei den Herden deiner Gesellen.

Kennest du dich nicht, du Schöneste unter den Weibern, so gehe hinaus auf die Fußstapfen der Schafe und weide deine Böcke bei den Hirtenhäusern.

Ich gleiche[1] dich, meine Freundin, meinem reisigen Zeuge[2] an den Wagen Pharao. Deine Backen stehen lieblich in den Spangen und dein Hals in den Ketten. Wir wöllen dir güldene Spangen machen mit silbern Böcklin[3].

Da der König sich herwandte, gab mein Narde seinen Ruch. Mein Freund ist mir ein Büschel Myrrhen, das zwi-

1 vergleiche. – 2 meiner Reiterschar. – 3 Buckeln, Erhöhungen.

schen meinen Brüsten hanget. Mein Freund ist mir ein Trauben Copher in den Weingarten zu Engeddi.

Siehe, meine Freundin, du bist schöne; schöne bist du, deine Augen sind wie Taubenaugen. Siehe, mein Freund, du bist schön und lieblich. Unser Bette grünet, unser Häuserbalken sind Zedern, unser Latten sind Zypressen.

II.

Ich bin ein Blumen zu Saron und ein Rose im Tal. Wie eine Rose unter den Dörnen, so ist mein Freundin unter den Töchtern. Wie ein Apfelbaum unter den wilden Bäumen, so ist mein Freund unter den Söhnen. Ich sitze unter dem Schatten, des ich begehre, und seine Frucht ist meiner Kehle süße.

Er führet mich in den Weinkeller, und die Liebe ist sein Panier uber mir. Er erquicket mich mit Blumen und labet mich mit Äpfeln, denn ich bin krank fur Liebe. Seine Linke liegt unter meinem Häupte, und seine Rechte herzet mich.

Ich beschwere euch, ihr Töchter Jerusalem, bei den Rehen oder bei den Hinden auf dem Felde, daß ihr meine Freundin nicht aufweckt noch reget, bis daß ihr selbst gefällt.

Da ist die Stimme meins Freunds! Siehe, er kommt und hüpfet auf den Bergen und springet auf den Hügeln. Mein Freund ist gleich einem Rehe oder jungen Hirs[1]. Siehe, er stehet hinter unser Wand und siehet durchs Fenster und gucket durchs Gitter.

Mein Freund antwortet und spricht zu mir: Stehe auf, meine Freundin, meine Schöne, und komm her! Denn siehe, der Winter ist vergangen, der Regen ist weg und dahin, die Blumen sind 'erfürkommen im Lande, der Lenz ist 'erbeikommen, und die Torteltaube läßt sich hören in unserm Lande. Der Feigenbaum hat Knoten gewonnen, die Weinstöcke haben Augen gewonnen und geben ihren

1 Hirsch.

Ruch. Stehe auf, meine Freundin, und komm, meine Schöne, komm her! Meine Taube in den Felslöchern, in den Steinritzen, zeige mir deine Gestalt, laß mich hören deine Stimm, denn deine Stimm ist süße und deine Gestalt lieblich.

Fahet uns die Füchse, die kleinen Füchse, die die Weinberge verderben, denn unsere Weinberge haben Augen gewonnen. Mein Freund ist mein und ich bin sein, der unter den Rosen weidet, bis der Tag kühle werde und der Schatten weiche. Kehre um, werde wie ein Rehe, mein Freund, oder wie ein junger Hirs auf den Scheidebergen.

III.

Ich sucht des Nachts in meinem Bette, den meine Seele liebet. Ich sucht, aber ich fand ihn nicht. Ich will aufstehen und in der Stadt umgehen auf den Gassen und Straßen und suchen, den meine Seele liebet. Ich sucht, aber ich fand ihn nicht. Es funden mich die Wächter, die in der Stadt umgehen. Habt ihr nicht gesehen, den meine Seele liebet? Da ich ein wenig fur ihnen uber[1] kam, da fand ich, den meine Seele liebet. Ich halt ihn und will ihn nicht lassen, bis ich ihn bringe in meiner Mutter Haus, in meiner Mutter Kammer.

Ich beschwere euch, ihr Töchter zu Jerusalem, bei den Rehen oder Hinden auf dem Felde, daß ihr meine Freundin nicht aufweckt noch reget, bis daß ihr selbs gefället.

Wer ist die, die 'eraufgehet aus der Wüsten wie ein gerader Rauch, wie ein Geräuch von Myrrhen, Weihrauch und allerlei Pulver eins Apothekers?

Siehe, um das Bette Salomo her stehen sechzig Starken aus den Starken in Israel. Sie halten alle Schwerter und sind geschickt zu streiten. Ein iglicher hat sein Schwert an seiner Hüften um der Furcht willen in der Nacht.

Der König Salomo ließ ihm eine Sänfte machen von Holz aus Libanon. Derselben Säulen waren silbern, die Decke

1 vorüber.

gülden, der Sitz purpern, der Boden mitten inne war lieblich gepflastert um der Töchter willen zu Jerusalem.

Gehet 'eraus und schauet an, ihr Töchter Zion, den König Salomo in der Krone, damit ihn seine Mutter gekrönet hat am Tage seiner Hochzeit und am Tage der Freuden seines Herzens.

IV.

Siehe, meine Freundin, du bist schön, siehe, schön bist du. Deine Augen sind wie Taubenaugen zwischen deinen Zöpfen. Dein Haar ist wie die Ziegenherd, die beschoren sind auf dem Berge Gilead. Deine Zähne sind wie die Herde mit beschnitten Wolle, die aus der Schwemme kommen, die allzumal Zwilling tragen, und ist keine unter ihnen unfruchtbar. Deine Lippen sind wie eine rosinfarbe Schnur und deine Rede lieblich. Deine Wangen sind wie der Ritz am Granatapfel zwischen deinen Zöpfen. Dein Hals ist wie der Turm David mit Brustwehr gebauet, daran tausend Schilde hangen und allerlei Waffen der Starken. Deine zwo Brüste sind wie zwei junge Rehezwillinge, die unter den Rosen weiden, bis der Tag kühle werde und der Schatten weiche. Ich will zum Myrrhenberge gehen und zum Weihrauchhügel.

Du bist aller Ding schöne, meine Freundin, und ist kein Flecken an dir. Komm, meine Braut vom Libanon, komm vom Libanon, gehe 'erein, tritt her von der Höhe Amana, von der Höhe Senir und Hermon, von den Wohnungen der Lewen, von den Bergen der Leoparden. Du hast mir das Herz genommen, meine Schwester, liebe Braut, mit deiner Augen einem und mit deiner Halsketten eine.

Wie schön sind deine Brüste, meine Schwester, liebe Braut. Deine Brüste sind lieblicher denn Wein, und der Geruch deiner Salben ubertrifft alle Würze. Deine Lippen, meine Braut, sind wie triefender Honigseim. Honig und Milch ist unter deiner Zungen, und deiner Kleider Geruch ist wie der Geruch Libanon.

Meine Schwester, liebe Braut, du bist ein verschlossen Garten, ein verschlossen Quelle, ein versiegelter Born. Dein Gewächs ist wie ein Lustgarte von Granatäpfeln, mit edlen Früchten, Zipern mit Narden, Narden mit Safran, Kalmus und Cynamen[1] mit allerlei Bäumen des Weihrauchs, Myrrhen und Aloes mit allen besten Würzen, wie ein Gartenbrunn, wie ein Born lebendiger Wasser, die von Libano fließen.

Stehe auf, Nordwind, und komm, Sudwind, und webe[2] durch meinen Garten, daß seine Würze triefen!

V.

Mein Freund komme in seinen Garten und esse seiner edlen Früchten. Ich komm, meine Schwester, liebe Braut, in meinen Garten. Ich habe meine Myrrhen samt meinen Würzen abgebrochen. Ich hab meins Seims samt meinem Honige gessen, ich hab meins Weins samt meiner Milch getrunken. Esset, meine Lieben, und trinket, meine Freunde, und werdet trunken!

Ich schlaf, aber mein Herz wacht. Da ist die Stimm meins Freundes, der anklopfet. Tu mir auf, liebe Freundin, meine Schwester, meine Taube, meine Fromme, denn mein Häupt ist voll Taues und meine Locken voll Nachtstropfen. Ich habe meinen Rock ausgezogen, wie soll ich ihn wieder anziehen? Ich habe meine Füße gewaschen, wie soll ich sie wieder besudeln?

Aber mein Freund steckt seine Hand durchs Loch, und mein Leib erzittert dafür. Da stund ich auf, daß ich meinem Freund auftät. Meine Hände troffen mit Myrrhen, und Myrrhen liefen uber meine Finger an dem Riegel am Schloß. Und da ich meim Freund aufgetan hatte, war er weg und hingegangen.

Da ging meine Seele ’eraus nach seinem Wort.[3] Ich sucht ihn, aber ich fand ihn nicht. Ich rief, aber er antwortet mir nicht. Es funden mich die Hüter, die in der Stadt umgehen,

1 Zimt. – 2 wehe. – 3 Meine Seele war außer sich, als er redete.

die schlugen mich wund. Die Hüter auf der Mauren nahmen mir meinen Schleier. Ich beschwere euch, ihr Töchter Jerusalem, findet ihr meinen Freund, so saget ihm, daß ich fur Liebe krank liege.

Was ist dein Freund fur andern Freunden, o du Schönst unter den Weibern? Was ist dein Freund fur andern Freunden, daß du uns so beschworen hast? Mein Freund ist weiß und rot, auserkoren unter viel Tausend. Sein Häupt ist das feinest Gold. Seine Locken sind kraus, schwarz wie ein Rabe. Seine Augen sind wie Taubenaugen an den Wasserbächen, mit Milch gewaschen, und stehen in der Fülle. Seine Backen sind wie die wachsende Wurzgärtlin der Apotheker. Seine Lippen sind wie Rosen, die mit fließender Myrrhen triefen. Seine Hände sind wie güldene Ringe voll Türkisen. Sein Leib ist wie ein rein Elfenbein mit Saphiren geschmückt. Seine Beine sind wie Marmelsäulen, gegründet auf gülden Füßen. Seine Gestalt ist wie Libanon, auserwählt wie Zedern. Seine Kehle ist süße und ganz lieblich. Ein solcher ist mein Freund, mein Freund ist ein solcher, ihr Töchter Jerusalem.

VI.

Wo ist denn dein Freund hingegangen, o du Schönest unter den Weibern? Wo hat sich dein Freund hingewandt? So wöllen wir mit dir ihn suchen. Mein Freund ist hinabgegangen in seinen Garten, zu den Wurzgärtlin, daß er sich weide unter den Garten und Rosen breche. Mein Freund ist mein, und ich bin sein, der unter den Rosen sich weidet.

Du bist schön, meine Freundin, wie Thirza, lieblich wie Jerusalem, schrecklich wie Heerspitzen. (Wende deine Augen von mir, denn sie machen mich brünstig.) Deine Haar sind wie ein Herd Ziegen, die auf dem Berge Gilead geschoren sind. Deine Zähne sind wie ein Herd Schaf, die aus der Schwemme kommen, die allzumal Zwilling tragen, und ist keine unfruchtbar unter ihnen. Deine Wangen sind wie ein Ritz am Granatapfel zwischen deinen Zöpfen.

Sechzig ist der Königinnen und achzig der Kebsweiber, und der Jungfrauen ist kein Zahl. Aber eine ist meine Taube, mein Fromme, eine ist ihrer Mutter die Liebste und die Auserwählete ihrer Mutter. Da sie die Töchter sahen, preiseten sie dieselbige selig, die Königinnen und Kebsweiber lobeten sie. Wer ist, die 'erfürbricht wie die Morgenröte, schön wie der Mond, auserwählet wie die Sonne, schrecklich wie die Heerspitzen?

Ich bin hinab in den Nußgarten gegangen, zu schauen die Sträuchlin am Bach, zu schauen, ob der Weinstock blühet, ob die Granatäpfel grüneten. Meine Seele wußt's nicht, daß er mich zum Wagen Ammi Nadib gesetzt hätte.

Kehre wieder, kehre wieder, o Sulamith! Kehre wieder, kehre wieder, daß wir dich schauen! Was sehet ihr an Sulamith? Den Reigen zu Mahanaim.

VII.

Wie schön ist dein Gang in den Schuhen, du Fürstentochter. Deine Lenden stehen gleich aneinander wie zwo Spangen, die des Meisters Hand gemacht hat. Dein Nabel ist wie ein runder Becher, dem nimmer Getränk mangelt. Dein Bauch ist wie ein Weizenhaufe, umsteckt mit Rosen. Deine zwo Brüste sind wie zwei junge Rehezwillinge. Dein Hals ist wie ein elfenbeinen Turm. Deine Augen sind wie die Teiche zu Hesbon am Tor Bathrabbim. Deine Nase ist wie der Turm auf Libanon, der gegen Damaskon siehet. Dein Häupt stehet auf dir wie Karmelus. Dein Haar auf deinem Häupt ist wie die Purpur des Königs in Falten gebunden.

Wie schön und wie lieblich bist du, du Liebe, in Wollüsten. Deine Läng ist gleich einem Palmbaum und deine Brüste den Weintrauben. Ich sprach: Ich muß auf den Palmbaum steigen und seine Zweige ergreifen. Laß deine Brüste sein wie Trauben am Weinstock und deiner Nasenruch wie Äpfel und deine Kehle wie guter Wein, der meinem

Freunde glatt eingehe, und rede von Fernigem[1]. Mein Freund ist mein, und er hält sich auch zu mir.

Komm, mein Freund, laß uns aufs Feld hinausgehen und auf den Dorfen bleiben. Daß wir frühe aufstehen zu den Weinbergen, daß wir sehen, ob der Weinstock blühet und Augen gewonnen habe, ob die Granatäpfelbäum ausgeschlagen sind, da will ich dir meine Brüste geben. Die Lilien geben den Ruch, und fur unser Tür sind allerlei edle Früchte. Mein Freund, ich hab dir beide, heurige und fernige, behalten.

VIII.

O daß ich dich, mein Bruder, der du meiner Mutter Brüste saugest, draußen fünde und dich küssen müßte, daß mich niemand höhnete. Ich wollt dich führen und in meiner Mutter Haus bringen, da du mich lehren solltest. Da wollt ich dich tränken mit gemachtem Wein und mit dem Most meiner Granatäpfel. Seine Linke liegt unter meinem Häupt, und seine Rechte herzet mich.

Ich beschwere euch, Töchter Jerusalem, daß ihr meine Liebe nicht aufweckt noch reget, bis daß ihr selbs gefället. Wer ist die, die 'erauffähret von der Wüsten und lehnet sich auf ihren Freund? Unter dem Apfelbaum weckt ich dich, da deine Mutter dich geboren hatte, da mit dir gelegen ist, die dich gezeuget hat.

Setze mich wie ein Siegel auf dein Herz und wie ein Siegel auf deinen Arm, denn Liebe ist stark wie der Tod, und Eifer ist fest wie die Helle, ihr Glut ist feurig und ein Flamme des Herrn. Daß auch viel Wasser nicht mügen die Liebe ausleschen, noch die Ströme sie ersäufen! Wenn einer alles Gut in seinem Hause um die Liebe geben wollt, so gülte es alles nichts.

Unser Schwester ist klein und hat keine Brüste. Was sollen wir unser Schwester tun, wenn man sie nu soll anreden? Ist sie eine Maure, so wöllen wir silbern Bollwerk drauf

1 Vorjährigem.

bauen. Ist sie eine Tür, so wöllen wir sie festigen mit Zedernbohlen. Ich bin eine Maur, und meine Brüste sind wie die Türne. Da bin ich worden fur seinen Augen, als die Frieden findet.

Salomo hat einen Weinberg zu Baal Hamon. Er gab den Weinberg den Hütern, daß ein iglicher fur seine Früchte brächte tausend Silberlinge. Mein Weinberg ist fur mir, dir Salomo gebühren tausend, aber den Hütern zweihundert samt seinen Früchten.

Die du wohnest in den Garten, laß mich deine Stimme hören, die Gesellschaften merken drauf. Fleuch, mein Freund, und sei gleich eim Rehe oder jungen Hirsen auf den Würzbergen.

Ende des Hohenlieds Salomo.

Geistliche Lieder

Vorrede Martini Luther

Daß geistliche Lieder singen gut und Gott angenehme sei, acht ich, sei keinem Christen verborgen, dieweil idermann nicht allein das Exempel der Propheten und Könige im Alten Testament (die mit Singen und Klingen, mit Dichten und allerlei Saitenspiel Gott gelobt haben), sondern auch solcher Brauch sonderlich mit Psalmen gemeiner Christenheit von Anfang kund ist. Ja, auch St. Paulus solchs (1. Kor. 14) einsetzt und zu den Kolossern gebeut, von Herzen dem Herrn singen geistliche Lieder und Psalmen, auf daß dadurch Gottes Wort und christliche Lehre auf allerlei Weise getrieben und geübt werden.

Demnach hab ich auch samt etlichen andern, zum guten Anfang und Ursach zu geben denen, die es besser vermügen, etliche geistliche Lieder zusammenbracht, das heilige Evangelion, so itzt von Gottes Gnaden wieder aufgangen ist, zu treiben und in Schwang zu bringen, daß wir auch uns möchten rühmen, wie Moses in seim Gesang tut (2. Mos. 15), daß Christus unser Lob und Gesang sei und nichts wissen sollen zu singen noch zu sagen denn Jesum Christum, unsern Heiland, wie Paulus sagt (1. Kor. 2).

Und sind dazu auch in vier Stimme bracht, nicht aus anderer Ursach, denn daß ich gerne wollte, die Jugend, die doch sonst soll und muß in der Musica und andern rechten Künsten erzogen werden, etwas hätte, damit sie der Buhllieder und fleischlichen Gesänge loswürde und an derselben Statt etwas Heilsames lernete und also das Guete mit Lust, wie den Jungen gebührt, einginge. Auch daß ich nicht der Meinung bin, daß durchs Evangelion sollten alle Künste zu Boden geschlagen werden und vergehen, wie etliche Abergeistlichen furgeben, sondern ich wollt alle Künste, sonderlich die Musica, gerne sehen im Dienst des, der sie geben und geschaffen hat. Bitte derhalben, ein iglicher frummer Christ wollt solchs ihm[1] lassen gefallen und, wo ihm Gott mehr oder desgleichen verleihet, helfen fodern[2]. Es ist sonst leider alle Welt all zu las[3] und zu vergessen[4], die arme Jugend zu ziehen und lehren, daß man nicht allererst darf auch Ursach dazu geben. Gott geb uns seine Gnade. Amen.

Nu bitten wir den Heiligen Geist
Um den rechten Glauben allermeist,
Daß er uns behute an unserm Ende,
Wenn wir heimfahrn aus diesem Elende.
Kyrioleis.[5]

Du wertes Licht, gib uns deinen Schein,
Lern uns Jesum Christ kennen allein,
Daß wir an ihm bleiben, dem treuen Heiland,
Der uns bracht hat zum rechten Vaterland.
Kyrioleis.

Du suße Lieb, schenk uns deine Gunst,
Laß uns empfinden der Liebe Brunst,
Daß wir uns von Herzen einander lieben
Und im Friede auf einem Sinn bleiben.
Kyrioleis.

Du hochster Troster in aller Not
Hilf, daß wir nicht furchten Schand noch Tod,
Daß in uns die Sinnen nicht verzagen,
Wenn der Feind wird das Leben[6] verklagen.
Kyrioleis.

---

1 sich. – 2 fördern. – 3 lose. – 4 vergeßlich. – 5 Herr, erbarm dich. – 6 uns auf Verlust des Lebens.

Mitten wir im Leben sind
Mit dem Tod umfangen.
Wen suchen wir, der Hulfe tu,
Daß wir Gnad erlangen?
Das bist du, Herr, alleine.
Uns reuet unser Missetat,
Die dich, Herr, erzurnet hat.
Heiliger Herre Gott,
Heiliger starker Gott,
Heiliger barmherziger Heiland,
Du ewiger Gott.
Laß uns nicht versinken in des bittern Todes Not.
  Kyrieleison.

Mitten in dem Tod anficht
Uns der Hellenrachen.
Wer will uns aus solcher Not
Frei und ledig machen?
Das tust du, Herr, alleine.
Es jammert dein Barmherzigkeit
Unser Klag und großes Leid.
Heiliger Herre Gott,
Heiliger starker Gott,
Heiliger barmherziger Heiland,
Du ewiger Gott.
Laß uns nicht verzagen fur der tiefen Hellenglut.
  Kyrieleison.

Mitten in der Hellenangst
Unser Sund uns treiben.
Wo solln wir denn fliehen hin,
Da wir mugen[1] bleiben?
Zu dir, Herr Christ, alleine.
Vergossen ist dein teures Blut,
Da gnug fur die Sunde tut.

1 können.

Heiliger Herre Gott,
Heiliger starker Gott,
Heiliger barmherziger Heiland,
Du ewiger Gott.
Laß uns nicht entfallen von des rechten Glaubens Trost.
Kyrieleison.

Aus tiefer Not schrei ich zu dir.
Herr Gott erhor mein Rufen.
Dein gnädig Ohren kehr zu mir
Und meiner Bitt sie offen.
Denn so du willt das sehen an,
Was Sund und Unrecht ist getan,
Wer kann, Herr, fur dir bleiben?

Bei dir gilt nichts denn Gnad und Gonst,
Die Sunden zu vergeben.
Es ist doch unser Tun umsonst
Auch in dem besten Leben.
Fur dir niemand sich ruhmen kann.
Des[1] muß dich furchten idermann
Und deiner Gnaden leben.

Darum auf Gott will hoffen ich,
Auf mein Verdienst nicht bauen.
Auf ihn mein Herz soll lassen sich
Und seiner Güte trauen,
Die mir zusagt sein wertes Wort.
Das ist mein Trost und treuer Hort.
Des will ich allzeit harren.

Und ob es währt bis in die Nacht
Und wieder an den Morgen,

1 deshalb.

Doch soll mein Herz an Gottes Macht
Verzweifeln nicht noch sorgen.
So tu Israel rechter Art,
Der aus dem Geist erzeuget ward
Und seines Gotts erharre.

Ob bei uns ist der Sunden viel,
Bei Gott ist viel mehr Gnaden.
Sein Hand zu helfen hat kein Ziel[1],
Wie groß auch sei der Schaden.
Er ist allein der gute Hirt,
Der Israel erlosen wird
Aus seinen Sunden allen.

Ein neues Lied wir heben an,
Des walt Gott, unser Herre.
Zu singen, was Gott hat getan,
Zu seinem Lob und Ehre.
Zu Brüssel in dem Niederland
Wohl durch zween junge Knaben
Hat er sein Wunder macht bekannt,
Die er mit seinen Gaben
So reichlich hat gezieret.

Der erst recht wohl Johannes heißt,
So reich an Gottes Hulden,
Sein Bruder Henrich, nach dem Geist
Ein rechter Christ ohn Schulden,
Von dieser Welt gescheiden sind.
Sie han[2] die Kron erworben.
Recht wie die frummen Gotteskind
Fur sein Wort sind gestorben.
Sein Märtrer sind sie worden.

1 Ende. – 2 haben.

Der alte Feind sie fangen ließ,
Erschreckt sie lang mit Dräuen.
Das Wort Gotts er sie leugen[1] hieß.
Mit List auch wollt sie toben[2].
Von Löwen der Sophisten viel,
Mit ihrer Kunst verloren,
Versammlet er zu diesem Spiel.
Der Geist sie macht zu Toren,
Sie kunnten nichts gewinnen.

Sie sungen suß, sie sungen saur,
Versuchten manche Listen.
Die Knaben stunden wie ein Maur,
Verachten die Sophisten.
Den alten Feind das sehr verdroß,
Daß er war uberwunden
Von solchen Jungen, er, so groß.
Er ward voll Zorn. Von Stunden
Gedacht sie zu verbrennen.

Sie raubten ihn' das Klosterkleid,
Die Weih sie ihn' auch nahmen.
Die Knaben waren des bereit,
Sie sprachen frohlich Amen.
Sie dankten ihrem Vater Gott,
Daß sie los sollten werden
Des Teufels Larvenspiel und Spott,
Darin durch falsche Bärden[3]
Die Welt er gar betreuget.

Das schickt Gott durch sein Gnad also,
Daß sie recht Priester worden,
Sich selbst ihm mußten opfern do
Und gehn im Christenorden,
Der Welt ganz abgestorben sein,

1 verleugnen. – 2 verrückt machen. – 3 Gebärden.

Die Heuchelei ablegen,
Zu Himmel kommen frei und rein,
Die Moncherei ausfegen
Und Menschentand hie lassen.

Man schreib ihn' fur ein Brieflin klein,
Das hieß man sie selbst lesen.
Die Stuck, sie zeigten alle drein,
Was ihr Glaub war gewesen.
Der hochste Irrtum dieser war:
Man muß allein Gott glauben.
Der Mensch leugt und treugt immerdar,
Dem soll man nichts vertrauen.
Des mußten sie verbrennen.

Zwei große Feur sie zundten an,
Die Knaben sie herbrachten.
Es nahm groß Wunder idermann,
Daß sie solch Pein verachten.
Mit Freuden sie sich gaben drein,
Mit Gottes Lob und Singen.
Der Mut ward den Sophisten klein
Fur diesen neuen Dingen,
Da sich Gott ließ so merken.

Der Schimpf sie nu gereuen hat,
Sie wollten's gern schon machen.
Sie turn[1] nicht ruhmen sich der Tat,
Sie bergen fast die Sachen.
Die Schand im Herzen beißet sie
Und klagen's ihrn Genossen.
Doch kann der Geist nicht schweigen hie
Des Habels Blut vergossen.
Es muß den Kain melden.

1 wagten.

Die Aschen will nicht lassen ab,
Sie stäubt in allen Landen.
Die hilft kein Bach, Loch, Grub noch Grab,
Sie macht den Feind zuschanden.
Die er im Leben durch den Mord
Zu schweigen hat gedrungen,
Die muß er tot an allem Ort,
Mit aller Stimm und Zungen
Gar frohlich lassen singen.

Noch lassen sie ihr Lugen nicht,
Den großen Mord zu schmucken.
Sie geben fur ein falsch Gedicht[1],
Ihr Gewissen tut sie drucken.
Die Heil'gen Gotts auch nach dem Tod
Von ihn' gelästert werden.
Sie sagen, in der letzten Not
Die Knaben noch auf Erden
Sich sollen haben umkehret.

Die laß man liegen[2] immer hin,
Sie haben 's kleinen Frommen.
Wir sollen danken Gott darin.
Sein Wort ist wieder kommen.
Der Sommer ist hart fur der Tur,
Der Winter ist vergangen,
Die zarten Blumen gehn 'erfur.
Der das hat angefangen,
Der wird es wohl vollenden.

Ach Gott, von Himmel siehe darein
Und laß dich das erbarmen.
Wie wenig sind der Heiligen dein,
Verlassen sind wir Armen.

1 Erdichtung. – 2 lügen.

Dein Wort man läßt nicht haben wahr,
Der Glaub ist auch verloschen gar
Bei allen Menschenkindern.

Sie lehren eitel falsche List,
Was Eigenwitz erfindet.
Ihr Herz nicht eines Sinnes ist
In Gottes Wort gegrundet.
Der wählet dies, der ander das.
Sie trennen uns ohn alle Maß
Und gleißen schon von außen.

Gott wollt ausrotten alle Lahr,
Die falschen Schein uns lehren.
Dazu ihr Zung stolz offenbar
Spricht Trotz: wer will's uns wehren?
Wir haben Recht und Macht allein,
Was wir setzen, das gilt gmein.
Wer ist, der uns sollt meistern?

Darum spricht Gott: ich muß auf sein,
Die Armen sind verstoret,
Ihr Seufzen dringt zu mir 'erein.
Ich hab ihr Klag erhoret.
Mein heilsam Wort soll auf den Plan,
Getrost und frisch sie greifen an
Und sein die Kraft der Armen.

Das Silber durchs Feur siebenmal
Bewährt wird lauter funden.
Am Gottes Wort man warten sall
Desgleichen alle Stunden.
Es will durchs Kreuz beweret sein.
Da wird sein Kraft erkannt und schein
Und leucht stark in die Lande.

Das wollst du Gott bewahren rein
Fur diesem argen Geschlechte.
Und laß uns dir befohlen sein,
Daß sich's in uns nit flechte[1].
Der gottlos Hauf sich umher find,
Wo diese lose Leute sind
In deinem Volk erhaben.

Nu freut euch, lieben Christengmein,
Und laßt uns frohlich springen,
Daß wir getrost und all in ein
Mit Lust und Liebe singen,
Was Gott an uns gewendet hat
Und seine suße Wunder tat.
Gar teur hat er's erworben.

Dem Teufel ich gefangen lag,
Im Tod war ich verloren.
Mein Sund mich quälet Nacht und Tag,
Darin ich war geboren.
Ich fiel auch immer tiefer drein.
Es war kein Guts am Leben mein.
Die Sund hat mich besessen.

Mein gute Werk, die golten nicht.
Es war mit ihn' verdorben.
Der frei Will hasset Gotts Gericht,
Er war zum Gut erstorben.
Die Angst mich zu verzweifeln treib,
Daß nichts denn Sterben bei mir bleib.
Zur Hellen mußt ich sinken.

Da jammert Gott in Ewigkeit
Mein Elend uber Maßen.

1 mit uns nicht verflechte.

Er dacht an sein Barmherzigkeit,
Er wollt mir helfen lassen.
Er wandt zu mir das Vaterherz.
Es war bei ihm furwahr kein Scherz.
Er ließ sein Bestes kosten.

Er sprach zu seinem lieben Sohn:
Die Zeit ist hie zu 'rbarmen.
Fahr hin, meins Herzens werte Kron,
Und sei das Heil dem Armen
Und hilf ihm aus der Sunden Not.
Erwurg fur ihn den bittern Tod
Und laß ihn mit dir leben.

Der Sohn dem Vater gehorsam ward.
Er kam zu mir auf Erden
Von einer Jungfrau rein und zart.
Er sollt mein Bruder werden.
Gar heimlich fuhrt er sein Gewalt.
Er ging in meiner armen Gstalt.
Den Teufel wollt er fangen.

Er sprach zu mir: halt dich an mich.
Es soll dir itzt gelingen.
Ich geb mich selber ganz fur dich.
Da will ich fur dich ringen.
Denn ich bin dein und du bist mein,
Und wo ich bleib, da sollt du sein.
Uns soll der Feind nicht scheiden.

Vergießen wird er mir mein Blut,
Dazu mein Leben rauben.
Das leide ich alls dir zugut.
Das halt mit festem Glauben.
Den Tod verschlingt das Leben mein.
Mein Unschuld trägt die Sunde dein.
Da bist du selig worden.

Gen Himmel zu dem Vater mein
Fahr ich von diesem Leben.
Da will ich sein der Meister dein.
Den Geist will ich dir geben,
Der dich im Trubnis trosten soll
Und lernen mich erkennen wohl
Und in der Wahrheit leiten.

Was ich getan hab und gelehrt,
Das sollt du tun und lehren,
Damit das Reich Gotts werd gemehrt
Zu Lob und seinen Ehren.
Und hut dich fur der Menschen Satz[1].
Davon verdirbt der edle Schatz.
Das laß ich dir zu Letze[2].

Mensch, willt du leben seliglich
Und bei Gott bleiben ewiglich,
Sollt du halten die Zehn Gebot,
Die uns gebeut unser Gott.
  Kyrioleis.

Dein Gott allein und Herr bin ich.
Kein ander Gott soll irren dich.
Trauen soll mir das Herze dein,
Mein eigen Reich sollt du sein.
  Kyrioleis.

Du sollt mein Namen ehren schon
Und in der Not mich rufen an.
Du sollt heil'gen den Sabbattag,
Daß ich in dir wirken mag.
  Kyrioleis.

1 Satzung. – 2 zum Abschied.

Dem Vater und der Mutter dein
Sollt du nach mir gehorsam sein,
Niemand toten noch zornig sein
Und deine Ehe halten rein.
Kyrioleis.

Du sollt eim andern stehlen nicht,
Auf niemand Falsches zeugen icht[1],
Deines nächsten Weib nicht begehrn
Und all seins Guts gern embehrn.
Kyrioleis.

Christum wir sollen loben schon,
Der reinen Magd Marien Sohn,
So weit die liebe Sonne leucht
Und an aller Welt Ende reicht.

Der selig Schepfer aller Ding
Zog an eins Knechts Leib gering,
Daß er das Fleisch durch Fleisch erworb
Und sein Geschepf nicht alls verdorb.

Die gottlich Gnad von Himmel groß
Sich in die keusche Mutter goß.
Ein Maidlin trug ein heimlich Pfand,
Das der Natur war unbekannt[2].

Das zuchtig Haus des Herzen zart
Gar bald ein Tempel Gottes ward.
Die kein Mann ruhret noch erkannt,
Von Gotts Wort sie man schwanger fand.

Die edle Mutter hat geborn,
Den Gabriel verhieß zuvorn,

1 irgend etwas. – 2 außerhalb der Gesetze der Natur.

Den Sankt Johanns mit Springen zeigt,
Da er noch lag in Mutterleib.

Er lag im Heu mit Armut groß.
Die Krippen hart ihn nicht verdroß.
Es ward ein kleine Milch sein Speis,
Der nie kein Voglin hungern ließ.

Des Himmels Chor sich freuen drob,
Und die Engel singen Gott Lob.
Den armen Hirten wird vermeldt
Der Hirt und Schepfer aller Welt.

Lob, Ehr und Dank sei dir gesagt,
Christ, geborn von der reinen Magd.
Mit Vater und dem Heil'gen Geist
Von nu an bis in Ewigkeit.

Gelobet seist du, Jesu Christ,
Daß du Mensch geboren bist
Von einer Jungfrau. Das ist wahr.
Des freuet sich der Engel Schar.
  Kyrioleis.

Des ewigen Vaters einig Kind
Itz man in der Krippen findt.
In unser armes Fleisch und Blut
Verkleidet sich das ewig Gut.
  Kyrioleis.

Den aller Welt Kreis nie beschloß,
Der liegt in Maria Schoß.
Er ist ein Kindlin worden klein,
Der alle Ding erhält allein.
  Kyrioleis.

Das ewig Licht geht da herein,
Gibt der Welt ein neuen Schein.
Es leucht wohl mitten in der Nacht
Und uns des Lichtes Kinder macht.
  Kyrioleis.

Der Sohn des Vaters Gott von Art
Ein Gast in der Werlet[1] ward
Und fuhrt uns aus dem Jammertal.
Er macht uns Erben in seim Saal.
  Kyrioleis.

Er ist auf Erden kommen arm,
Daß er unser sich erbarm
Und in dem Himmel machet reich
Und seinen lieben Engeln gleich.
  Kyrioleis.

Das hat er alles uns getan,
Sein groß Lieb zu zeigen an.
Des freu sich alle Christenheit
Und dank ihm des in Ewigkeit.
  Kyrioleis.

Wohl dem, der in Gottes Furchte steht
Und auf seinem Wege geht.
Dein eigen Hand dich nähren soll,
So lebst du recht und geht dir wohl.

Dein Weib wird in deim Hause sein
Wie ein Reben voll Trauben fein
Und dein Kinder um deinen Tisch
Wie Olpflanzen gesund und frisch.

Sieh, so reich Segen hangt dem an,
Wo in Gottes Furcht lebt ein Mann.

1 Welt.

Von ihm läßt der alt Fluch und Zorn,
Den Menschenkindern angeborn.

Aus Zion wird Gott segen dich,
Daß du wirst schauen stetiglich
Das Gluck der Stadt Jerusalem
Fur Gott in Gnaden angenehm.

Fristen wird er das Leben dein
Und mit Gute stets bei dir sein,
Daß du sehen wirst Kindeskind
Und daß Israel Friede find.

Gott der Vater wohn uns bei
Und laß uns nicht verderben,
Mach uns aller Sunden frei
Und helf uns selig sterben.
Für dem Teufel uns bewahr,
Halt uns bei festem Glauben
Und auf dich laß uns bauen,
Aus Herzemgrund vertrauen,
Dir uns lassen[1] ganz und gar,
Mit allen rechten Christen
Entfliehen Teufels Listen,
Mit Waffen Gotts uns fristen.
Amen. Amen. Das sei wahr,
So singen wir Alleluja.

Jesus Christus wohn uns bei
Und laß uns nicht etc.

Heilig Geist, der wohn uns bei
Und laß uns nicht etc.

---

1 anvertrauen.

Wir gläuben all an einen Gott,
Schepfer Himmels und der Erden,
Der sich zum Vater geben hat,
Daß wir seine Kinder werden.
Er will uns allzeit ernähren,
Leib und Seel auch wohl bewahren.
Allem Unfall will er wehren,
Kein Leid soll uns widerfahren.
Er sorget fur uns, hüt' und wacht.
Es steht alles in seiner Macht.

Wir gläuben auch an Jesum Christ,
Seinen Sohn und unsern Herren,
Der ewig bei dem Vater ist,
Gleicher Gott von Macht und Ehren.
Von Maria der Jungfrauen
Ist ein wahrer Mensch geboren
Durch den Heiligen Geist im Glauben
Für uns, die wir warn verloren,
Am Kreuz gestorben und vom Tod
Wieder auferstanden durch Gott.

Wir gläuben an den Heil'gen Geist,
Gott mit Vater und dem Sohne,
Der aller Blöden Tröster heißt
Und mit Gaben zieret schone,
Die ganz Christenheit auf Erden
Hält in einem Sinn gar eben.
Hie all Sund vergeben werden,
Das Fleisch soll auch wieder leben.
Nach diesem Elend ist bereit
Uns ein Leben in Ewigkeit.

Ein feste Burg ist unser Gott,
Ein gute Wehr und Waffen.

Er hilft uns frei aus aller Not,
Die uns itzt hat betroffen.
Der alt böse Feind
Mit Ernst er's itzt meint,
Groß Macht und viel List
Sein grausam Rüstung ist.
Auf Erd ist nicht seinsgleichen.

Mit unser Macht ist nichts getan.
Wir sind gar bald verloren.
Es streit fur uns der rechte Mann,
Den Gott hat selbs erkoren.
Fragst du, wer der ist?
Er heißt Jesu Christ,
Der Herr Zebaoth,
Und ist kein ander Gott.
Das Feld muß er behalten.

Und wenn die Welt voll Teufel wär
Und wollt uns gar verschlingen,
So fürchten wir uns nicht zu sehr.
Es soll uns doch gelingen.
Der Fürst dieser Welt,
Wie saur er sich stellt,
Tut er uns doch nicht.
Das macht: er ist gericht.
Ein Wörtlin kann ihn fällen.

Das Wort sie sollen lassen stahn
Und kein Dank dazu haben[1].
Er ist bei uns wohl auf dem Plan
Mit seinem Geist und Gaben.
Nehmen sie den Leib,
Gut, Ehr, Kind und Weib,
Laß fahren dahin!

1 keinen Gedanken hinzusetzen.

Sie haben's kein Gewinn.
Das Reich muß uns doch bleiben.

Verleih uns Frieden gnädiglich,
Herr Gott, zu unsern Zeiten.
Es ist ja denn kein ander nicht,
Der für uns künnte streiten,
Denn du, unser Gott, alleine.

Gott, gib Fried in deinem Lande,
Glück und Heil zu allem Stande.
Herr Gott, himmelischer Vater, der du heiligen Mut, guten Rat und rechte Werke schaffest, gib deinen Dienern Friede, welchen die Welt nicht kann geben, auf daß unsere Herzen an deinen Geboten hangen und wir unser Zeit durch deinen Schutz stille und sicher fur Feinden leben durch Jesu Christ, deinen Sohn, unsern Herren. Amen.

Herr Gott, dich loben wir!
Herr Gott, wir danken dir.
Dich, Vater in Ewigkeit,
Ehrt die Welt weit und breit,
All Engel und Himmelsheer
Und was dienet deiner Ehr.
Auch Cherubin und Seraphin
Singet immer mit hoher Stimm:
Heilig ist unser Gott.
Heilig ist unser Gott.
Heilig ist unser Gott,
Der Herre Zebaoth.

Dein göttlich Macht und Herrlichkeit
Gehet uber Himmel und Erden weit.
Der heiligen zwelf Boten Zahl

Und die lieben Propheten all,
Die teuren Martrer allzumal
Loben dich, Herr, mit großem Schall.
Die ganze werte Christenheit
Ruhmt dich auf Erden allezeit,
Dich, Gott Vater im höchsten Thron,
Deinen rechten und einigen Sohn,
Den Heiligen Geist und Tröster wert
Mit rechtem Dienst sie lobt und ehrt.

Du König der Ehren, Jesu Christ,
Gott Vaters ewiger Sohn du bist.
Der Jungfrau Leib nicht hast verschmächt,
Zu 'rlösen das menschlich Geschlecht.
Du hast dem Tod zerstört seine Macht
Und all Christen zum Himmel bracht.
Du sitzt zur Rechten Gottes gleich
Mit aller Ehr ins Vaters Reich.
Ein Richter du zukunftig bist
Alles, das tot und lebend ist.
Nu hilf uns Herr, den Dienern dein,
Die mit deim teurn Blut erlöset sein.

Laß uns im Himmel haben teil
Mit den Heiligen in ewigem Heil.
Hilf deinem Volk, Herr Jesu Christ,
Und segen, das dein Erbteil ist.
Wart und pfleg ihr' zu aller Zeit
Und heb sie hoch in Ewigkeit.
Täglich, Herr Gott, wir loben dich
Und ehrn deinen Namen stetiglich.
Behüt uns heut, o treuer Gott,
Für aller Sund und Missetat.
Sei uns gnädig, o Herre Gott,
Sei uns gnädig in aller Not!
Zeig uns deine Barmherzigkeit,

Wie unser Hoffen zu dir steht.
Auf dich hoffen wir, lieber Herr.
In Schanden laß uns nimmermehr.
Amen.

Vom Himmel hoch, da komm ich her.
Ich bring euch gute neue Mär.
Der guten Mähr bring ich so viel,
Davon ich singen und sagen will.

Euch ist ein Kindlin heut geborn,
Von einer Jungfrau auserkorn,
Ein Kindelein so zart und fein.
Das soll eur Freud und Wonne sein.

Es ist der Herr Christ, unser Gott.
Der will euch führn aus aller Not.
Er will eur Heiland selber sein,
Von allen Sunden machen rein.

Er bringt euch alle Seligkeit,
Die Gott der Vater hat bereit,
Daß ihr mit uns im Himmelreich
Sollt leben nu und ewiglich.

So merket nu das Zeichen recht,
Die Krippen, Windelin so schlecht.
Da findet ihr das Kind gelegt,
Das alle Welt erhellt und trägt.

Des laßt uns alle fröhlich sein
Und mit den Hirten gehn hinein,
Zu sehn, was Gott uns hat beschert
Mit seinem lieben Sohn verehrt.

Merk auf, mein Herz, und siehe dort hin.
Wes liegt doch in dem Krippelin?

Wes ist das schöne Kindelin?
Es ist das liebe Jesulin.

Bis[1] willekomm, du edler Gast!
Den Sunder nicht verschmähet hast
Und kommst ins Elend[2] her zu mir.
Wie soll ich immer danken dir?

Ach Herr, du Schöpfer aller Ding,
Wie bist du worden so gering,
Daß du da liegst auf dürrem Gras,
Davon ein Rind und Esel aß.

Und wär die Welt vielmal so weit
Von Edelstein und Gold bereit,
So wär sie doch dir viel zu klein,
Zu sein ein enges Wiegelein.

Der Sammet und die Seiden dein,
Das ist grob Heu und Windelein,
Darauf du König so groß und reich
Herprangst, als wär's dein Himmelreich.

Das hat also gefallen dir,
Die Wahrheit anzuzeigen mir,
Wie aller Welt Macht, Ehr und Gut
Für dir nichts gilt, nichts hilft noch tut.

Ach mein herzliebes Jesulin,
Mach dir ein rein sanft Bettelin,
Zu ruhen in meins Herzen Schrein,
Daß ich nimmer vergesse dein.

Davon ich allzeit fröhlich sei,
Zu springen, singen immer frei

1 sei. – 2 in die Fremde.

Das rechte Susannine schon,
Mit Herzenlust den süßen Ton.

Lob, Ehr sei Gott im höchsten Thron,
Der uns schenkt seinen ein'gen[1] Sohn.
Des freuen sich der Engel Schar
Und singen uns solch neues Jahr.

Was furchst du, Feind Herodes, sehr,
Daß uns geborn kommt Christ der Herr?
Er sucht kein sterblich Königreich,
Der zu uns bringt sein Himmelreich.

Dem Stern die Weisen folgen nach.
Solch Licht zum rechten Licht sie bracht.
Sie zeigen mit den Gaben drei:
Dies Kind Gott, Mensch und König sei.

Die Tauf im Jordan an sich nahm
Das himmelische Gotteslamm.
Dadurch, der nie kein Sünde tat,
Von Sünden uns gewaschen hat.

Ein Wunderwerk da neu geschah:
Sechs steinern Krüge man da sah
Voll Wassers, das verlor sein Art.
Roter Wein durch sein Wort draus ward.

Lob, Ehr und Dank sei dir gesagt,
Christ geborn von der reinen Magd.
Mit Vater und dem Heil'gen Geist
Von nu an bis in Ewigkeit.
Amen.

---

1 einzigen.

Von Himmel kam der Engel Schar,
Erschein den Hirten offenbar.
Sie sagten ihn': Ein Kindlein zart,
Das liegt dort in der Krippen hart

Zu Bethlehem in Davids Stadt,
Wie Micha das verkündet hat.
Es ist der Herre Jesus Christ,
Der euer aller Heiland ist.

Des sollt ihr billig fröhlich sein,
Daß Gott mit euch ist worden ein[1].
Er ist geborn eur Fleisch und Blut.
Eur Bruder ist das ewig Gut.

Was kann euch tun die Sünd und Tod!
Ihr habt mit euch den wahren Gott.
Lasset zürnen Teufel und die Hell!
Gotts Sohn ist worden eur Gesell.

Er will und kann euch lassen nicht,
Setzt ihr auf ihn eur Zuversicht.
Es mögen euch viel fechten an
Dem sei Trotz, der's nicht lassen kann.

Zuletzt müßt ihr doch haben recht.
Ihr seid nu worden Gotts Geschlecht.
Des danket Gott in Ewigkeit,
Gedüldig, fröhlich allezeit.
Amen.

Erhalt uns Herr bei deinem Wort
Und steur des Papsts und Türken Mord,
Die Jesum Christum deinen Sohn
Wollten stürzen von deinem Thron.

1 eins.

Beweis dein Macht, Herr Jesu Christ,
Der du Herr aller Herren bist!
Beschirm dein arme Christenheit,
Daß sie dich lob in Ewigkeit.

Gott, Heiliger Geist, du Tröster werd!
Gib deinem Volk einrlei Sinn auf Erd,
Stehe bei uns in der letzten Not,
G'leit uns ins Leben aus dem Tod.

Wider Hans Worst

1541

Es hat der von Brunsvig[1] zu Wolfenbuttel itzt abermal ein Lästerschrift lassen ausgehen, darin er an meines Gnädigsten Herrn, des Kurfursten zu Sachsen, Ehren seinen Grind und Gnatz[2] zu reiben furgenommen, auch mich zweimal angetastet und gelocket. Erstlich, da er schreibt, ich hab meinen Gnädigsten Herrn Hans Worst genennet, darnach die ganze Häuptsache des Glaubens angreift, der ich mich muß bekennen der furnehmesten Lehrer einen zu dieser Zeit. Da flucht, lästert, plärret, zerret, schreiet und speiet er also, daß, wenn solche Wort mündlich von ihm gehöret würden, so würde jedermann mit Ketten und Stangen zulaufen, als zu einem, der mit einer Legion Teufel (wie der im Evangelio) besessen wäre, daß man ihn binden und fangen mußte. Wiewohl ich aber den unflätigen Mann nicht wert achte, daß ich ihm einen Buchstaben antworten wollte, doch weil er's nicht allein ist, will ich den Unsern etwas zu reden geben.

Fur mich zwar zu reden, hab ich's sehr gerne, daß solcher Art Bücher wider mich geschrieben werden, denn es tut mir nicht allein im Herzen, sondern auch in der Kniekehle und Fersen sanft, wenn ich merke, daß durch mich armen, elenden Menschen Gott der Herr, beide, die hellischen und weltlichen Fürsten, also erbittert und unsinnig macht, daß sie fur Bosheit sich zureißen[3] und zubersten wollen, und ich dieweil unter des Glaubens und Vaterunsers Schatten sitze und lache der Teufel und seiner Schuppen[4] in ihrem

1 Braunschweig. – 2 Schorf. – 3 zerreißen. – 4 Anhänger.

großen Zorn Plärren und Zerren. Damit sie doch nichts ausrichten, ohn[1] daß sie ihre Sache täglich ärger und meine (das ist Gottes) Sache fordern und besser machen. Und wenn sie es könnten leiden oder verstehen, wollt ich ihnen darfur gedankt haben und bitten, daß sie ohn Unterlaß solche Bücher wider mich schrieben, solch Zerren und Plärren trieben samt allen Teufeln in der Hellen. Wie künnt ich sie besser plagen, denn davon werde ich jung und frisch, stark und fröhlich.

Denn solche Bücher alle, wenn derselben soviel tausend wären, als der zu Wolfenbüttel Lügen und Untugend an sich hat und alle Tage und Stunde soviel geschrieben würden, sind sie doch leichtlich zu verantworten[2] mit einem Wortlin, das heißt Teufel, du leugest, wie denn der hohmutige Bettler Dokt. Luther in seinem Liedlin stölzlich und verdrießlich[3] singet, ein Wörtlin kann ihn fällen. Derhalben, weil der Teufel in seinem Heinzen zu Wolfenbüttel so zornig ist und die Lügen so genau[4] sucht, daß er an mir auch mit dem Wort Hans Worst will Ritter werden, gedenke ich nicht viel noch besonders seinem verdammten gefangenen Heinzen zu antworten, als der nicht wirdig bei mir geacht, daß ich an ihn denken wollt, sondern will demselben seine Ehre lassen suchen, wie er kann, denn er soll wohl tausend Jahr suchen, ehe er ein kleines Haarlin davon finden wird. Von Hans Worst will ich erstlich ein wenig sagen.

Wie gar gern von Grund aller seiner Kräften der Teufel leuget, zeiget er hie auch damit an, daß er so aus der Maßen genau[5] durch seinen Heinzen zu Wolfenbüttel zu liegen[6] sucht, da ich wahrlich gemeinet und mich nicht versehen hätte, daß der hohmütige Geist sollte solche lächerliche, kindische Ursache zu liegen süchen, so er wohl andere Ursachen hat, ohn daß es muß sein, wie man spricht. Wer gern lachet, der kutzelt sich selbs, also auch, wer gern leuget, der

1 außer. – 2 auf solche Bücher ist leicht zu entgegnen. – 3 stolz und trotzig. – 4 jede Gelegenheit zum Lügen. – 5 übermäßig eifrig. – 6 lügen.

muß auch liegen, wenn er die Wahrheit sagt, wie Chrysippus sagt. Denn du zorniges Geistlin weißest wohl, dein besessener Heinz auch samt euren Dichtern und Schreibern, daß dies Wort Hans Worst nicht mein ist noch von mir erfunden, sondern von andern Leuten gebraucht wider die groben Tolpel, so klug sein wollen, doch ungereimt und ungeschickt zur Sachen reden und tun. Also hab ich's auch oft gebraucht, sonderlich und allermeist in der Predigt. Und weiß mich nicht zu erinnern in meinem Gewissen, daß ich jemals eine Person insonderheit gemeinet hätte, weder Feind noch Freund, sondern wie die Sachen sich zugetragen[1], so hab ich's gebraucht. Denn es sollte mich nicht Hehl haben[2], zu bekennen, wo ich mir bewußt wäre, welche Person ich gemeinet hätte, wenn's gleich dein Heinz von Wolfenbuttel selbs wäre mit allem seinem Anhang, ich wollt's zu recht fur euch allen von Gottes Gnaden wohl verteidigen.

Aus dem folget nu, weil du und dein Heinz so unverschamt lieget und die Lügen so genau suchet, daß auch durch ganz eur Buch in größern Sachen nichts denn eitel Lügen sein wird, wie unser Herr spricht: Wer im Geringen untreu ist, der ist auch im Großen untreu. Wer sich kleiner unnötiger Lügen nicht enthalten kann, wie kann sich der aller ander großen Lügen enthalten? Ja, weil dein Heinz und du solche grobe Tolpel seid, daß ihr gemeinet, solcher fauler, lahmer Zote[3] sollte in diesen Sachen mir Schaden tun oder euch Glimpf[4] bringen, so seid ihr beide die rechten Hans Worst, Tolpel, Knebel und Rülze[5], und will hiemit euch beiden geantwort haben, daß ihr alle beide, Vater und Sohn, seid verzweifelte, ehrlose, verlogene Böswichter, da ihr sagt, ich habe meinen Gnädigesten Herrn Hans Worst genennet. Keiner Antwort darf's mehr auf solche wörstliche Kunst. Wohl meinen etliche, ihr haltet M. G. H.[6] darum fur

1 wie's die Gelegenheit mit sich brachte. – 2 ich würde nicht verheimlichen. – 3 dummer Witz. – 4 Vorteil. – 5 Bengel und Flegel. – 6 meinen gnädigen Herrn.

Hans Worst, daß er von Gottes (dem ihr feind seid) Gaben stark, fett und volligs Leibes ist. Aber meinet, was ihr wollet, so tut in die Bruch[1] und hänget sie an den Hals und machet davon euch ein Gallreden[2] und fresset ihr groben Esel und Säue.

Das sei von Hans Worst geredt. Was aber mehr in seinem Lästerbuch von Geleit und Landfriede etc. gehandelt wird, das gehet mich itzt nicht an und ist zuvor beide durch M.G. Herrn und den Landgrafen also verantwortet, daß Hans Worst von Wolfenbuttel vergeblich seine Ehre suchen und retten wird, wie alle vernunftige Leute zeugen und die Schrifte gewaltiglich beweisen, daß hinfurt niemand kann wider ihn ein ehrenrührige (wie sie reden) Schrift stellen, und wenn die Schrift so lang wäre, daß sie zur Welt hinaus reichet, kunnt sie doch nichts von seinen Ehren ruhren. Was nichts ist, kann man nicht ruhren. Daß Heinz von Wolfenbuttel wunschen möcht, er kunnte bei diesen Ehren bleiben, daß er Hans Worst möcht bleiben und heißen, denn ich's auch nicht ihm zu Ehren tu, daß ich ihn Hans Worst heiße, sondern aus lauter Gnaden und Barmherzigkeit, der er nicht wert ist.

Zum dritten: Da er nu uber sich häuet[3] und die Häuptsache angreift und M. G. H. Ketzer, abtrünnig, aufruhrisch, Monstrum, Nabal, Kain und dergleichen ohn Maße lästert, darin ich und wir alle müssen mit verstanden werden, antworte ich abermal wie droben, daß ich fur meine Person nichts Liebers dem besessen Hans Worst wünschen wollt (nicht zu seinem noch einiges[4] Menschen Verderben, als damit mir nichts geholfen noch der Sachen geraten), denn daß er mit den Seinen müßte ohn Unterlaß solche Bücher schreiben und ich dieweil still und fröhlich sitzen und zusehen, wie vergeblich der Teufel mit seinen Hansen, Heinzen, Würsten und Kaldaunen sich ängsteten, marterten und zuzerreten und zuplärreten[5], damit doch nichtes bei uns

1 Hose. – 2 Gallerte, Schleckerbissen. – 3 sich zuviel zumutet. – 4 irgendeines. – 5 mit Jammern und Klagen sich aufrieben.

denn ein Gelächter anrichten und bei den Ihren die Sache nur ärger machten. Ja, ich wollt, daß sie solche Bücher müßten auch mündlich reden, so würden die Leute mit Ketten und Stangen zulaufen (wie droben gesagt) und aus Mitleiden als die Besessenen binden und fangen, oder wo die Leute nicht zuliefen, würden zuletzt vielleicht aus Gottes Eingeben Ochsen und Schwein mit Hörnern und Füßen sie zu Tod treten.

Denn auf alle solche Lästerwort, weil es arme, nackete, bloße Lästerwort sind, ohn Grund und Ursachen dahergeplärret und auch nicht ein einiger Artikel vermeldet[1], so läßt man sie sich heisch[2] oder zu Tod schreien und antwortet dieweil mit einem geringen, leichten Wörtlin: Teufel, du leugest, Hans Worst, wie leugest du, o Heinz Wolfenbüttel, welch ein unverschamter Lugener bist du, speiest viel und nennest nichts, lästerst und beweisest nichts. Die Kunst kann auch ein Angsterzhure auf der Gassen, wo sie eine ehrliche Jungfrau balget, säcket, huret und bubet[3], da sie doch aller Dinge keinen Grund noch Ursache, sondern wohl das Widerspiel[4] weiß, sich selbs feindselig und die Jungfrau den Leuten lieb und wert macht, und einer solchen Angsthuren sollt's nicht saur werden, ein solch Buch zu reden, wie Hans Worst hie von Wolfenbüttel geschrieben hat.

Wenn aber der Teufel und sein Hans Worst könnten also schreiben oder sagen, aus der und dieser Ursachen ist der Kurfürst ein Ketzer, ein Abtrünniger etc., so wäre er nicht ein Hans Worst und man könnte als denn zur Sachen antworten. Aber das ist nicht allein Hans Worst und seinem Vater, sondern auch dem Papst, aller Welt und allen Teufeln zu hoch und unmüglich. Haben's nu zwänzig Jahr versucht und je länger, je weiter gefeilet[5]. Das sei den elenden Heinzen und Hansen Worst in diesem Stücke geantwortet, die nichts mehr können, denn wie die bösen Huren bloße Scheltwort speien. Denn wo sie etwas mehr künnten, wür-

1 ein einziger Punkt bestimmt angegeben. – 2 heiser. – 3 Balg, Sack, Hure, Bübin schimpft. – 4 Gegenteil. – 5 fehlgegriffen.

den sie dasselb zuweilen mit untermengen und nicht bloß, ledige[1], vergebliche Lästerung schreien.

Aber ingemein allen Teufeln, Papisten und ihrem Anhang antworten wir uber das, so wir itzt getan, nämlich, daß sie in solchen Büchern und Reden, wie sich Teufeln und Teufels Gesinde gebührt, unverschämt liegen. Das zuvor längest fur uns alle der Heilige Geist geantwortet hat Spr. 26: Wie ein Vogel dahinfähret und ein Schwalbe davonfleuget, also trifft ein unverdienter Fluch nicht. Hie lehret Salomo, daß wir die Lästerwort oder Flüche, so unverdienet und ohn Grund oder Ursache uns widerfaren, sollen nichts achten, denn sie fahren furuber und treffen nichts. Sölchs beweisen alle Historien und Exempel. Wo sind die Lästerung Arii und aller Ketzer wider die Kirchen? Wo sind dieser Zeit Lästerer, Emser, Ecke, Rotzleffel, Wetzel, ihr Bücher sind dahin und zunicht wurden, Gottes Wort aber bleibt ewig.

Noch viel herrlicher urteilet und tröstet uns hierin der Herr selbs Matth. 5: Selig seid ihr, wenn euch die Menschen lästern, verfolgen und reden allerlei Ärgestes wider euch um meinetwillen und liegen. Seid fröhlich und freuet euch, eur Lohn ist groß im Himmel. Ohn Zweifel wiederum erschreckt und trauret ihr Lügener und Lästerer wider Christum und die Seinen, eur Verdammnis ist groß in der Hellen.

Hie haben wir das rechte Urteil und Gebot, daß wir fröhlich sein sollen, wenn wir gelästert werden um Christus' willen, und sollen getrost sagen, daß sie liegen. Nu können alle Teufel samt aller Welt nichts anders sagen, denn daß wir nicht um Mord, Ehebruch oder ander Untugend so schändlich zuketzert[2] und gelästert werden, stehet auch der keins in Heinzen Buch, und trotz daß sie die nennen, sondern um des Evangelium willen. Denn sie selbs zu Augsburg auf dem Reichstage bekannt haben, daß unser Confessio sei mit der Heiligen Schrift nicht umzustoßen. Und

1 leere. – 2 geketzert.

ihrer Fürsten ein Teils haben gesagt von ihren Theologen: Wie fein verteidigen uns unsere Theologen. Sie bekennen, daß jener Sache in der Schrift, unsere nicht in der Schrift gegründet sei, als denn auch wahr ist, und noch heutigs Tages sie uns darum verdammen, daß wir nicht uber und außer der Schrift die Concilia, Väter und Dekret ihrer Kirchen wöllen annehmen.

Wohlan, da stehet unser Grund und Trotz, und sind nicht (wie Hans Worsts) ledige, bloße Wort, die Biblia und Gottes Wort und ihr eigen Zeugnis stehet bei uns. Bei ihnen stehet etwas anders denn Gottes Wort, nämlich der Menschen Wort, die wir nicht haben wöllen, sind auch aufs höhest verboten von Christo selbs und den Aposteln Matth. 15: Sie dienen mir vergeblich mit Menschen Lehre. Gal. 1: Wer ein ander Evangelium predigt, wäre es auch ein Engel vom Himmel, so sei er verflucht. Dies sind (sage ich) nicht unsere bloße, nackete Lästerwort, wie des Teufels zu Wolfenbüttel, wie Schmids, Rotzleffels und ihrsgleichen.

Hieraus siehet man der Wahrzeichen eines, wer und wo die rechte heilige Kirche sei, nämlich, daß sie soll und muß schändlich belogen, unschüldiglich gelästert, greulich geschmäht und verspeiet werden von des Teufels Mäulern und den unsinnigen Heinzen. Es heißt Improperium Christi portantes, da wird nicht anders aus, wöllen wir anders rechte Christen sein.

Sankt Paulus spricht zu uns: Laßt euch nicht erschrecken von den Widersachern, welchs ist ein Zeichen ihnen der Verdammnis, euch aber der Seligkeit und dasselbige von Gott. Denn euch ist gegeben, um Christus' willen zu tun, daß ihr nicht allein an ihn gläubet, sondern auch um seinenwillen leidet, und habt denselbigen Kampf, welchen ihr an mir gesehen habt und nu von mir höret. Sollen wir nu gelästert werden, so muß es ja jemand tun, und Sankt Peter oder Sankt Johannes werden's nicht tun, noch kein Christ, noch kein vernünftiger Heide. So müssen's freilich tun solche wahnsinnige, besessene Heinzen Wolfenbüttel,

Schmid, Rotzleffel, Ecke, Müntzer, Wiedertäufer, Papst, Kardinal, Teufel und seine Mutter und ander Teufelsmäuler im Papsttum. Solch schön Amt und Werk gehört solchen Heiligen in der allerheiligsten Kirchen des Papsts.

Laß nu hergehen Lästerbücher und Lästerung, Regen und Schneien. Hie stehet's, daß wir sollen des uns freuen, als des allergewissesten Zeichen, daß wir die selige, rechte Kirche sind, wiederum, daß Christus und St. Paulus unser Lästerer urteilen und heißen sie Lügener und verdammte Gottesfeinde. Was wöllen wir mehr haben? Wie künnten sie uns höher Ehre tun, größer Freude geben und stärkern Trost machen, denn daß sie uns ohn alle Ursache allein um Christus' willen aus teufelischem und mördlichem Haß (wie Christus hie urteilet) lästern, als die unverschamten, verdammten Lügener unsern Glauben stärken und unser Seligkeit uns gewiß machen, sich selbs verdammen und verfluchen. Darum hab ich droben gesagt, es sei nicht allein leichtlich zu antworten auf ihre Lästerbücher, sondern auch tröstlich zu hören, daß sie uns lästern, und je bitterer und heftiger sie lästern, je besser sie es machen nicht mit ihnen, sondern mit uns. Denn mit ihnen machen sie es also, daß sie es nicht ärger machen künnten. Sie treiben sich selbs in Gottesgericht und wollen von ihm verdammt sein als Diebe und Mörder seines Schafstalls, das ist seiner Kirchen (wie itzt gesagt), welchs ich ihnen noch niemand[1] fur meine Person gönne, denn sie sind mir zuviel nütze mit ihrem Lästern.

Nu aber des Heinzen Worsts Buch, entweder von allen Teufeln und Papisten gemacht oder doch allen wohlgefället (welchs gleichviel ist Röm. 1 faciens et consentiens), so uberaus giftig, bitter und böse ist, halt ich's fur das feinest Buch, das die Teufel und Papisten in viel Jahren gemacht haben. Denn Christus als der Herr uber Segen und Fluchen kann solche Kunst, daß er des Balaams Fluch in Segen verwandelt, wie Psalm 109: Fluchen sie, so segenest du. Und

1 weder ihnen noch sonst jemand.

Matth. 5: Seid fröhlich, wenn euch die Leute fluchen. Derhalben die Wahrheit zu reden, künnte der Hans Worst mit allen seinen Teufeln und Papisten M. G. H. Kurfürsten zu Sachsen und uns fur Gott keine größere Ehre getan haben in diesem Stück, da er uns schilt Ketzer, Abtrünnige etc., denn daß er mit solchem Lästern und Fluchen unserm Herrn Christo Ursache gibt, uns zu segenen und trösten, wiederum aber sie zu verfluchen und zu verdammen als Lügener, Diebe und Mörder wider Gott und seine heilige Kirche, daß, wo Heinz spricht, der Kurfürst sei ein Ketzer, nichts anders fur Christo gilt denn soviel: Du Heinz bist mit deinem Papsttum ein verdammter Lügener und Bösewicht.

Das wollten sie haben. Nu verstehe, was das gesagt ist Psalm 37: Der Gottlosen Schwert wird in ihr eigen Herz gehen. Wohl hat Heinzens Lästerbuch bei ihnen den Verstand[1], daß es ein scharf Schwert sei wider den Kurfürsten und uns, das uns auffressen solle im Augenblick, aber nach dem rechten Verstand Christi (wie itzt gesagt) ist das die Meinung: Sein Lästerbuch ist ein scharf Schwert, daß dem Heinzen samt seinen Teufeln und Papisten selbs durch ihr Herz gehet, uns aber nicht ein Haar krümmet. Ob er's itzt nicht fühlet wie ein Unsinniger, soll er's doch bald hernach fühlen. Willt du nu eine Glosse bei ein iglich Lästerwort in Heinzes Buch haben, so schreib dabei: Hie sticht Hans Worst fur Gott sich selbs und alle Papisten durch ihr eigen Herz und segenet und ehret damit aufs höhest den Kurfürsten zu Sachsen und die heilige christliche Kirche.

Und der barmherzige Gott behüte meinen G. Herrn (ja alle vernünftige Menschen), daß sie ja nimmermehr etwas tun noch reden, das dem Heinzen und seinen Gesellen gefalle oder gut dünke, denn auch das, da er M. G. H. einen Trunkenbold und Nabal schilt, tut er nicht darum, daß er dem Laster feind sei, sondern der Person und Kreatur Gottes ist er gram und ist ihm leid, daß er nicht Laster an ihm findet soviel, als er gern wollte, damit er seinen teufelischen

1 Sinn; gilt als.

Haß mit Lästern und Schelten büßen[1] künnt, denn er den Splitter gern zu Balken und seine Balken zu Splitter machen wollt. Das merkt man daran, wo er nicht kann Laster finden, da sucht er sie und nimmt fur sich die christlichen und fürstlichen Tugend, lästert sie und wollt sie gern zu Lastern machen mit Lügen wider sein eigen Gewissen und kann nicht. Das ist die Art der Kinder des Teufels, der darum Diabolus, Kalumniator, das ist Teufel oder Lästerer, heißt.

Denn der Teufel ihr Gott und Vater ist auch nicht darum den Menschen gram, daß sie Sünde und Laster haben, sondern der Kreaturn Gottes und Gott selbs und hat Lust dran, daß er sie mag dadurch zu Schanden machen, lästern, verklagen und verdammen, wie er zu Schanden worden ist. Darum, wo er sie nicht kann zu Sünden bringen oder Sünde bei ihnen finden, ist's ihm gar bitter leid, verdreußt ihn, daß sie fromm sind, fähret zu und greift das Gute und die Tugend an, schändet und lästert und wollt's gern zu Sünden machen, das doch nicht Sünde ist, wie die Schrift von ihm allenthalben sagt. Findet er aber etwa eine Sünde, da lachet er in die Faust und ist ihm lieb, mühet sich, wie er sie groß und greulich mache, daß man wohl sagen mag, Heinzen Buch sei ein rechte Kopei und Formular, aus des Teufels Kanzelei genommen. Fromme Leute, wo sie Sunde an jemand finden, ist's ihn' leid um die Menschen, sind der Sunde feind, wollten lieber, sie wäre nicht geschehen, das sind Gotteskinder, die strafen das öffentliche[2] Böse aus Mitleiden, oder wo sie[3] nicht wollen hören und zu Teufel werden, lassen sie sie fahren und urteilen[4] sie zur Helle oder geben sie dem Teufel.

Auf daß wir aber nicht die Zeit gar zubringen mit des Heinzen Teufelsdreck, sondern auch etwas Nützlichs und Besserlichs dem Leser furlegen, nicht um Heinzes willen oder die ihn aufsetzen[5], denn sie sind suo iuditio condemnati aures habent et non audiunt, wollen wir die Sache selbs

1 befriedigen. – 2 offenbare. – 3 die Bösewichter. – 4 verdammen. – 5 verleiten.

fur uns nehmen, nämlich, warum uns die Papisten durch ihren Heinzen Ketzer schelten. Und ist diese, daß sie furgeben, wir sind von der heiligen Kirchen gefallen und haben eine andere, neue Kirchen angericht. Hierauf ist zu antworten. Weil sie sich selbs rühmen, sie seien die Kirche, sind sie schuldig, dasselb zu beweisen. Wenn sie das mit einigem Grund (begehr nicht viel Gründe) beweisen, so wollen wir uns gefangen geben, kommen und sagen: Peccavimus miserere nostri. Wo sie es aber nicht können beweisen, so müssen sie bekennen (sie tun's gern oder ungern), daß sie nicht die Kirche sind und wir nicht Ketzer sein mügen, daß wir von der nichtigen Kirchen fallen. Ja, weil da kein Mittel ist, so müssen wir die Kirche Christi und sie des Teufels Kirche sein oder wiederum. Darum liegt's gar an dem Punkt, daß man beweise, welchs die rechte Kirche sei.

Solange die Beweisung nicht da ist, so ist's vergeblich, daß sich ein Teil der Kirche rühmet und das ander Teil Ketzer schilt, ein Teil muß falsch und unrecht sein. Denn es sind zweierlei Kirchen von der Welt an bis zu Ende, die St. Augustinus Kain und Abel nennet. Und der Herr Christus gebeut uns, daß wir nicht die falsche Kirche annehmen sollen und unterscheidet selbs zwo Kirchen, eine rechte und falsche, Matth. 7: Hütet euch fur den falschen Propheten, die zu euch kommen in Schafskleidern etc. Wo Propheten sind, da sind Kirchen, darin sie lehren. Sind die Propheten falsch, so sie sind die Kirchen auch falsch, die den Propheten gläuben und folgen. Nu haben wir bis daher noch nie können von den Papisten erlangen, daß sie beweisen wollten, warum sie doch die rechte Kirche seien, sondern stehen auf dem Spruch Matth. 18, man soll die Kirche hören oder müsse verloren sein, so doch Christus daselbs nicht sagt, wer, wo oder was die Kirche sei, sondern wo sie ist, da soll man sie hören. Das bekennen und sagen wir auch, aber wir fragen, wo und wer die Kirche Christi sei, non de nomine, nicht vom Namen, sondern vom Wesen fragen wir.

Gleich, als wenn ich einen Trunkenen, Halbschlafenden oder einen Narren fragt: Lieber, sage mir, wer oder wo ist die Kirche? Und er mir zu zehen Malen nichts anders drauf antwortet, denn also: Man soll die Kirche hören. Wie soll ich doch die Kirche hören, so ich nicht weiß, wer und wo sie ist? Ja, sagen sie, wir Papisten sind blieben in der alten, vorigen Kirchen sint[1] der Apostel Zeiten her, darum sind wir die Rechten, aus der alten Kirchen kommen und bis daher blieben, ihr aber seid von uns gefallen und eine neue Kirchen worden wider uns. Antwort: Wie aber, wenn ich beweiset, daß wir bei der rechten, alten Kirchen blieben, ja, daß wir die rechte, alte Kirche sind, ihr aber von uns, das ist von der alten Kirchen, abtrünnig worden, ein neue Kirchen angericht habt wider die alte Kirche? Das laß uns hören.

Erstlich wird das niemand leugnen können, daß wir sowohl als die Papisten herkommen aus der heiligen Taufe und Christen aus derselben genennet sind. Nu ist die Taufe nicht ein Neues noch zu dieser Zeit von uns erfunden, sondern es ist ebendieselbige alte Taufe, die Christus eingesetzt, darin die Apostel und erste Kirche und alle Christen hernach bis daher getauft sind. Haben wir nu dieselbige Taufe, die ersten alten (und wie im Symbolo stehet catholice, das ist der ganzen christlichen) Kirchen und sind eben in derselben getauft, so gehören wir gewißlich in dieselbe alte und ganze christliche Kirche, die mit uns gleich und wir mit ihr gleich aus einerlei Taufe herkommen, und ist der Taufe halben kein Unterscheid. Die Taufe aber ist das fürnehmest und erste Sakrament, ohn welche die andern alle nichts sind, wie sie bekennen müssen. Darum können uns die Papisten nicht mit Wahrheit eine andere oder neue Kirche schelten oder ketzern[2], weil wir der alten Taufe Kinder sind, sowohl als die Apostel selbs und die ganze Christenheit (Eph. 4) einerlei Taufe.

Zum andern wird das niemand leugnen, daß wir das heilige Sakrament des Altars haben, gleich und eben[3], wie es

1 seit. – 2 verketzern, für Ketzer erklären. – 3 völlig und genau so.

Christus selbs eingesetzt und die Apostel hernach und die ganze Christenheit gebraucht haben, und essen und trinken also mit der alten und ganzen Christenheit von einerlei Tisch und empfahen mit ihnen dasselb einerlei alte Sakrament und haben darin nichts Neues noch anders gemacht, derhalben wir mit ihnen einerlei Kirchen, oder wie Sankt Paulus 1. Kor. 10, einerlei Leib, einerlei Brot sind, die wir von einerlei Brot essen und einerlei Kelch trinken. Darum uns die Papisten nicht konnen Ketzer oder neu Kirchen schelten, sie müssen zuvor Christum, die Aposteln und die ganze Christenheit Ketzer schelten, wie sie denn auch in Wahrheit tun. Denn wir sind mit der alten Kirchen einerlei Kirchen in einerlei Sakrament.

Zum dritten kann das niemand leugnen, daß wir die rechten, alten Schlüssel haben und sie nicht anders brauchen, denn zu binden und zu lösen die Sünde, so wider Gottes Gebot geschehen, wie sie Christus eingesetzt, die Apostel und ganze Christenheit gebraucht hat bis daher. Haben also einerlei Schlüssel und Brauch mit der alten Kirchen, darum wir eben dieselbe alte Kirche oder je[1] drinnen sind. Denn wir machen keine neue Schlüssel, machen nicht neue Gesetze, schließen damit auch nicht Könige und Herrn aus und in ihre weltliche Herrschaften, sondern allein die Sünder aus und in das Himmelreich, gleich wie die alte Kirche getan hat aus Befehl des Herrn, daß uns die Papisten abermal fälschlich anliegen, ja, die alten Kirchen, Aposteln und Christum selbs in uns ketzern und lästern.

Zum vierten kann das niemand leugnen, daß wir das Predigtamt und Gottes Wort rein und reichlich haben, fleißig lehren und treiben ohn allen Zusatz neur, eigener, menschlicher Lehre, gleich wie es Christus befohlen, die Apostel und ganze Christenheit getan. Wir erdichten nichts Neues, sondern halten und bleiben bei dem alten Gotteswort, wie es die alte Kirche gehabt. Darum sind wir mit derselben die rechte, alte Kirche, als einerlei Kirche, die einerlei Gottes-

1 doch wenigstens.

wort lehret und gläubet. Darum lästern die Papisten abermal Christum selbs, die Apostel und ganze Christenheit, wenn sie uns Neue[1] und Ketzer schelten, denn sie finden nichts bei uns denn allein das Alte der alten Kirchen, daß wir derselben gleich und mit ihr einerlei Kirchen sind.

Zum fünften kann das niemand leugnen, daß wir der Apostel Symbolon, den alten Glauben der alten Kirchen, aller Ding gleich mit ihr halten, gläuben, singen, bekennen, nichts Neues drinnen machen noch zusetzen. Damit wir in die alten Kirchen gehören und einerlei mit ihr sind. Darum läßt uns dies Stück auch nicht von den Papisten mit Wahrheit[2] gescholten werden als Ketzer oder neue Kirche. Denn wer mit der alten Kirche gleich gläubt und gleich hält, der ist von der alten Kirchen.

Zum sechsten kann das niemand leugnen, daß wir mit der alten Kirchen ein gleich Gebet, dasselb Vaterunser haben, kein neues noch anders erdichten, dieselben Psalmen singen, mit einträchtigem Munde und Herzen Gott loben und danken, gleich wie es Christus gelehret, die Apostel und alte Kirche selbs gebraucht und uns dem Exempel nach zu tun befohlen. Und die Papisten hiefür abermal uns nicht konnen ketzern noch neue Kirchen schelten, sie müssen Christum zuvor selbs schelten, samt seiner lieben, alten Kirchen etc.

Zum siebenten kann niemand leugnen, daß wir mit der alten Kirchen lehren und halten, man solle die weltlichen Herrschaft ehren und nicht verfluchen noch zwingen, dem Papst die Füße zu küssen. Sölchs haben wir auch nicht aufs neu erdichtet, sondern St. Petrus (2. Petr. 2) verflucht die, so sölchs neu erfinden und künftig tun würden. Und St. Paul. (Röm. 13) stehet bei uns und die alte und ganze Christenheit, daß wir hierin auch nicht neue Ding sein oder heißen mügen, wie die Papisten Gott selbs in uns lästern, sondern sind und gehören in die alte heilige apostolische Kirche als

1 Neuerer. – 2 läßt dieser Umstand auch nicht zu, daß wir von den Papisten mit Recht.

die rechten Kinder und Glieder derselben. Denn wir unser Oberkeit, es sei Kaiser oder Fürsten, allzeit aufs treulichst gehorsam zu sein gelehret, selbs auch also getan und herzlich für sie gebetet.

Zum achten kann niemand leugnen, daß wir den Ehestand loben und preisen als ein göttliche, gesegnet und wohlgefällig Geschepfe und Ordnung zur Leibsfrucht und wider die fleischliche Unzucht und haben den nicht aufs neu von uns erdichtet, auch nicht den Brauch desselben aus uns aufs neu erdacht, viel weniger als neue Lehrer verboten, sondern gleich wie den Gott von Anbeginn geschaffen, Christus bestätigt, die Apostel und alte Kirche geehret und gelehret haben. In derselben alten Regel und Gottesordnung sind wir blieben und damit der alten Kirchen ähnlich, ja ebenderselben rechte, artige[1] Glieder sind, daß man hie siehet, wie die Papisten abermal fälschlich uns Neuerung auflegen.

Zum neunten kann niemand leugnen, daß wir ebendasselb Leiden (wie Sankt Petrus sagt), das unsere Brüder in der Welt haben, da verfolget man uns an allen Örtern, da erwürget, ertränkt, erhenket und legt uns alle Plag an um des Worts willen, und gehet uns gleich wie der alten Kirchen, und sind in dem derselben uber die Maße gleich, daß wir wohl mügen sagen, wir sind die alte, rechte Kirche oder je ihr Mitgenossen und gleiche Gesellen im Leiden, denn wir sölchs nicht erdichten aufs neue, sondern fühlen's wohl. Ja, wir sind (wie dieselbe alte Kirche auch) dem Herrn Christo selbs am Kreuze gleich. Da stehet fur dem Kreuze Hannas und Kaiphas samt den Priestern und lästern den Herrn dazu, uber daß sie ihn gekreuzigt haben, gleich wie uns der Papst, Kardinäl und Münche verurteilt, verdammt, ermordet und unser Blut vergossen haben und lästern uns noch dazu. Da stehen die Kriegsleute, das ist der weltlichen Herrschaft zum Teil, und lästern uns auch, dazu auch der Schalk, der linke Schächer, Heinz Wolfbüttel, samt den Sei-

1 echte.

nen, den Gott schon verurteilt in Banden zur Hellen gehenkt hat, muß sein Lästern auch dazutun, daß dies Stück als ein alt Zeichen der alten Kirchen reichlich an uns gesehen wird.

Zum zehenten kann niemand leugnen, daß wir nicht wiederum auch Blut vergießen, morden, henken und uns rächen, wie wir oft wohl hätten tun und noch künnten, sondern wie Christus, die Apostel und alte Kirche getan, dulden wir, vermahnen und fur sie bitten, auch öffentlich in der Kirchen, in den Litanien und Predigen, aller Dinge, wie Christus unser Herr getan und gelehret, die alte Kirche auch also, daß wir hierin auch alle des alten Wesens der alten Kirchen uns halten.

Weil nu die Papisten wissen, daß wir in allen solchen Stücken und was der mehr sind, der alten Kirchen gleich sind und mit Wahrheit die alte Kirche heißen mügen (denn sölche Stücke nicht neue sind noch von uns erfunden), ist's Wunder, warum sie uns so unverschamt dürfen beliegen und verdammen, als die von der Kirchen gefallen und ein neue Kirche angerichtet haben, so sie doch nichts Neues an uns finden mügen, das nicht in der alten und rechten Kirchen zu der Aposteln Zeiten gehalten sei, daß ich furwahr achte, dies sei die Zeit, davon Dan. 7 sagt: Der Alte, antiquus dierum, satzt sich, nachdem das kleine Horn ausgelästert hatte und das Gericht gehalten. Denn die vorige, alte Kirche leuchtet wieder herfür (wie die Sonne nach den Wolken, hinter welchen doch dieselbe Sonne war, aber nicht helle), und das Lästerhorn will untergehen und alles ein Ende werden, wie da selbs stehet, und das Werk sich zeigt, davon hie nicht Zeit zu handeln.

Aber jemand möcht sagen, es feilet noch an einem, nämlich am Fasten, denn ihr Ketzer fastet nicht (sprechen sie). Ah, Herr Gott, ist ein Stück an uns von der alten Kirchen, so ist's leider die Fasten. Ist ein Stück an den Papisten von der neuen Kirchen, so ist's, daß sie nicht fasten und im Sause leben auch auf den Fasttagen ehe denn auf den Feirtagen. Ja, wir fasten nicht allein, sondern leiden (mit St. Paulo) Hunger, welchs wir wohl an unsern armen Pfarrherrn, ihren Weiblin und Kindlin täglich sehen und andern viel Armen, den' der Hunger aus den Augen siehet, kaum das Brot und Wasser haben und dazu fingernacket gehen, kein Eigens haben. Der Baur und Bürger gibt nicht, der Adel nimmt, daß unser wenig sind, die etwas haben und doch nicht allen helfen können. Da sollten Stift und Klöster zu dienen, so geizen die andern[1], muß also Lazarus Hungers sterben. Des lachen die Papisten, aber damit zeugen sie, daß wir die alte Kirche, die von den Teufelskindern den Spott zum Schaden leiden.

Hiemit haben wir nu beweiset, daß wir die rechte, alte Kirche sind, mit der ganzen heiligen christlichen Kirchen ein Körper und eine Gemeine der Heiligen. Beweiset nu auch, ihr Papisten, daß ihr die rechte, alte Kirche oder ihr gleich seid. Aber das künnt ihr nicht tun, sondern ich will beweisen, daß ihr die neue, falsche Kirche seid, die immer von der alten, rechten Kirchen abtrünnig des Teufels Hure und Schule wird.

Erstlich bleibt ihr nicht bei der ersten alten Taufe, denn ihr habt euch aufs neue viel andere Taufe erdichtet und lehret, die erste Taufe sei durch Sünde hernach verloren, man müsse gnugtun durch eigen Werk, sonderlich durch Klösterei werde man so rein, als ginge einer aus der Taufe Christi, daher ihr die Welt voll Kirchen und Klöster gemacht.

Und dies Stücke, die Satisfactio, Gnugtuung, ist der Anfang und Ursprung, Tür und Eingang zu allen Greueln im Papsttum, gleich wie in der Kirche die Taufe der Anfang und Eingang ist zu allen Gnaden und Vergebung der Sünden. Denn wo die Taufe nicht ist, da hilft Sakrament, Schlüssel und alles nichts. Wo die Gnugtuung nicht entstanden wäre, so wäre Ablaß, Wallfahrt, Brüderschaft, Messe, Fegfeur, Klösterei, Stifte und das mehrer Teil aller Greuel nicht erfunden und das Papsttum nicht so dick und

1 aber die andern geben nichts.

fett wurden. Darum haben sie dieselbe wohl eine Taufe in ihrer Kirchen genennet, die viel Taufen, Sakrament und Vergebung der Sünden, ja, auch hohe Heiligkeit gewirkt hat. Das ist sie, die Eigengerechtigkeit, die Werkheiligkeit, davon wir viel geschrieben. Wer hat euch befohlen, oder wo steht's geschrieben? Wo findet ihr in der alten Kirchen, daß ihr solche neue Taufe und Heiligkeit erdichten müget? Wer ist hie Ketzer, abtrünnig und neue Kirche?

Zum andern habt ihr das Ablaß in alle Welt getrieben als eine Taufe, ja, als eine Sintflut, das Sünde abwasche, daß kein Winkel ist in der Welt, da eur Ablaß nicht hin verkauft oder gegeben ist, alle Welt voll Siegel und Briefe. Wer hat euch befohlen? Oder wo stehet's geschrieben? Wo findet ihr's in der alten Kirchen, daß ihr solche neue Taufe und Abwaschung der Sünden müget stiften? Wer ist hie die ketzerische neue Kirche? Seid ihr's nicht, die Hurnkirche des Teufels?

Zum dritten habt ihr das Weihwasser und Salz nicht allein in alle Kirchen, sondern auch in alle Winkel getrieben als eine Abwaschung (oder Taufe) der Sünden, auch große Zäuberei darin gelehret, wie Distin. 3 Aquam sale beweiset. Wer hat euch befohlen? Wo stehet's geschrieben? Wo findet ihr's in der alten Kirchen oder Einsetzung der Aposteln? Wer ist hie die neue, abtrünnige Kirche?

Zum vierten habt ihr Wallfahrten gestiftet, zu verdienen Ablaß oder Vergebung der Sünden, welchs, weil es ohn Schlüsselamt geschieht, durch eigen Verdienst, ist's auch eine neue, andere Taufe oder Abwaschung der Sünden. Wer hat euch befohlen? Wo stehet's geschrieben? Wo findet ihr's in der alten Kirchen, daß ihr solch neue Vergebung oder Taufe sollet stiften? Wer ist hie die neue, abtrünnige Kirche?

Zum fünften habt ihr Brüderschaften gestiftet ohn Zahl, so viel, daß ihr auch alle Welt voll Siegel und Briefe gemacht, alles zu Ablaß und Vergebung der Sünde und zu Verdienst, welchs allein der heilige Taufe und Sakrament

Amt ist. Wer hat euch befohlen? Wo stehet's geschrieben? Wo findet ihr's in der alten Kirchen, daß ihr solche neue Vergebung oder Verdienst stiften müget? Und wer kann's erzählen, wie mancherlei neue Weise ihr aufs neue erdichtet habt, die Sünde zu vergeben um Geld oder um eigen Verdienst? Wer ist hie die neue Kirche mit neuen Lehren und Sakramenten, davon weder Christus, Apostel, Schrift noch die alte Kirche ichtes[1] gewußt haben?

Zum sechsten: Wer will erzählen alle die greulichen Neuerung, die ihr erdichtet habt in dem hochwirdigen heiligen Sakrament des Leibs und Bluts Christi. Wer hat euch befohlen? Wo stehet's geschrieben? Wo findet ihr's in der alten Kirchen, daß ihr erstlich dies Sakrament der ganzen Kirchen nehmen und rauben müget und allein die eine Gestalt lassen und das Ganze allein den Priestern zueigen[2]? Zum andern: dazu auch dieselbige einige Gestalt nicht den Glauben zu lehren und mehren, sondern in ein Werk des Gehorsams [gegenüber] der Kirchen zu verkehren. Zum dritten das ganze Sakrament (wo es anders als denn ein Sakrament ist) nicht zum Gedächtnis Christi von ihm öffentlich zu predigen und ihm fur sein Leiden zu danken, sondern zu einem Pfaffenopfer und Eigenverdienst eines bösen Buben den andern zu verkäufen und ins Fegfeuer den Seelen mit zuteilen und für alle zeitliche Not wie einen heidenischen Götzendienst, ja, wie einen schändlichen Krämpelmarkt auf das allergreulichst und lästerlichst verwandelt, damit Christus' Gedächtnis (dazu er's doch gestiftet) geschweiget und ausgetilget habt. Und wenn ihr sonst so eine reine Kirche wäret, als der Apostel selbs und noch viel reiner, so macht euch doch dies einige, greuliche, schreckliche Stücke, welchs ihr aus des Teufels Rat aufs neue erdichtet habt, zur neuen, abtrünnigen, ketzerischen Kirchen, ja, zur Erzhuren des Teufels und zur hellischen Schulen. Denn es ist dies Stücke so verzweifelt, grundlos, böse, daß es in diesem Leben keine Zunge aus-

1 irgend etwas. – 2 zueignen.

reden, kein Herz begreifen kann, bis daß der Jüngste Tag erscheine.

Leset, sammlet, klaubet alle das Böse zusammen, so der Teufel mit euch allen wider uns erdichten kann, und lieget tausendmal soviel dazu, dennoch wird's nicht ein klein Splitterlin werden gegen diesem Balken, daran nicht einer, sondern ohn Zweifel alle Teufel und alle ärgesten Buben in sechshundert Jahren gezimmert haben. Das ist der rechten Stücke eins, das Christus einen Greuel heißt in heiliger Stätte. Darum nicht allein wir von euch sollen und müssen fliehen als von dem größten Zorn Gottes, sondern Himmel und Erden entsetzt und scheuet sich fur solcher Mordgruben. Denn dies Stück läßt nicht allein keine Kirche bleiben, sondern macht das ärgeste Stankgemach des Teufels draus, das auf Erden ist. Der Türke, Tatern[1], Jüden sind weit nirgend so eine böse Mördergruben als die päpstliche Kirche in diesem Stücke, denn sie verleugnen allein Christum und kehren den Rücken gegen ihm. Aber diese nehmen ihn hierin fur sich, verspeien, verspotten, lästern, besudeln und martern ihn und spielen ein viel greulicher Passion mit ihm, weder[2] ihm leiblich von Jüden geschah. Ja, gehet nu hin, rühmet euch die heilige Kirche, von der wir gefallen sind. Der Teufel bleibe bei euch in solcher Kirchen und alle, die so Heinzen sein wöllen. Gott behut uns dafur, wie er denn uns gnädiglich herausgerissen hat. Dafur ihm Lob und Dank sei in Ewigkeit.

Zum siebenten: Wer hat euch befohlen, diese Neuigkeit zu machen, daß ihr neue Schlüssel, ja, zween falsche Dietriche geschmiedet habet, damit ihr nicht Sünde vergebt noch behaltet, wie die alten Schlüssel tun bei uns und in der ganzen alten Kirchen. Sondern stiftet aufs neue Sünde und Mord, da sonst keine sind, in eur neuen, abtrünnigen, mörderischen Kirchen damit, daß ihr mit unträglichen, unzähligen Gesetzen die christlichen Gewissen fahet und bindet, schreckt und tötet in Essen, Trinken, Kleidern, Stätten, Ta-

1 Tataren. – 2 als.

gen und dergleichen äußerlichen Dingen, die Christus frei geboten[1] (Kol. 2) und die alte Kirche also gehalten ohn alle Sünde und Fahr. Dazu Könige und Fürsten absetzt, als wäret ihr Gott selbs. Wer ist hie abtrünnig und neue Kirche? Der Teufel bleibe in diesem gottslästerlichem, mörderischem, sündlichem, verderblichem Stücke bei euch. Der bleibt auch bei euch. Wir sind wieder zur alten Kirchen kommen. Gott Lob und Dank.

Zum achten: Wer hat euch befohlen, uber der alten Kirchen Weise und wider Christus' Befehl anders zu predigen, denn er befohlen hat Matth. 28: Gehet hin und lehret sie halten, was ich euch befohlen habe. Spricht nicht, was euch recht und gut dünkt. Joh. 14: Der Heilige Geist wird euch alles lehren und erinnern, was ich euch gesagt. Ihr aber habt alle Kirchen und Schulen so voll eurs Drecks, das ist Menschenlehre und Lügen, geschmissen[2] und eurs Köckens[3] so voll gespeiet, daß (wie Jesajas sagt) kein Raum da mehr ist. Und wollt noch[4] die Kirche gerühmet sein. Und dies Stück ist neben der Winkelmesse auch der ärgesten Greuel einer, des Schaden und Plage nicht auszugründen noch zu zählen ist. Damit ihr eine neue Kirche dem Teufel gebauet und demselben damit gedienet, daß es ist eitel Seelmörderei worden und der rechte Kinderfresser Molech, der nicht die Seelen (wie jener Molech) der Kinder selig werden läßt, ob sie leiblich verbrannt wurden, sondern wiederum den Leib eine kleine Zeit lebendig läßt und die Seel verbrannt ewiglich. Ich kann fur Schrecken nicht viel an den Jammer der unzähligen falschen, abgöttischen, mörderischen Lehren im Papsttum, das ist in eur neuen, schönen Kirchen, gedenken.

Zum neunten: Wer hat euch befohlen, diese frevelige Neuerung zu machen in der Kirchen, die ein geistlich Reich ist, daß ihr ein leiblich Häupt setzt und nennet es den Allerheiligsten, so doch kein ander Häupt sein kann denn ein geistlichs, welchs ist Christus? Dies ist der dritte

1 betreffs deren Christus geboten hat, daß darin Freiheit walten sollte. – 2 geschissen. – 3 mit eurem Gespei. – 4 dennoch als.

ärgeste Greuel in eur allerheiligsten, ja, allerhellischten neuen Kirchen. Denn die alte Kirche weiß nichts davon, ist bei ihrem Häupt blieben, gleich wie wir. Daß es aber des Teufels eigen Geschäft ist und kommen sollte um der Sünden willen, das weiß sie und hat's verkündigt klärlich 2. Thess. 2: Der Mensch der Sünden und Kind der Verderbnis wird sich setzen in den Tempel Gottes und sich stellen, als sei er Gott, denn er läßt sich auch von euch nennen irdischen Gott. So hat auch Daniel gesagt, er würde die alte Kirche und Gott seiner Väter verachten und einen andern neuen Gott und neue Kirchen (die ihm seinen neuen Gott helfen stärken) stiften. Wer hat nu eine neue, abtrünnige Kirche? Haben's die Alten und wir, so bei dem alten, rechten Häupt blieben sind und den neuen Teufelskopf fliehen und meiden? Oder sind's die, so den neuen Teufelskopf anbeten, die Füße küssen, von seinen zween Fingern sich segenen lassen, seine Lehre uber das Wort Gottes heben und das alte, rechte Häupt nicht mit einem Kniebeugen ehren, auch wohl nimmer an ihn gedenken und seins Segens, den er mit seinem ganzen Leib und Blut uns erworben, nicht achten? Aber dieser Greuel ist zu greulich, greulich, daß wenig davon reden nichts hilft und doch recht davon reden keiner Engel Zungen gnug ist. Was Gottes eigen Mund Greuel nennet, das muß ein größer Greuel sein, denn alle Zungen reden können.

Zum zehenten: Wer hat euch befohlen, diese neue Abgötterei aufzurichten, daß ihr Heiligen Dienst stiftet, Heiligen kanonisiert, Fasteltage und Feirtage setzt, sie zu ehren, gleich als wären sie Gott selbs, daß man auf ihr Verdienst sich verlassen und vertröstet mehr denn auf Christum selbs und auf alle sein Blut und Verdienst, welchen ihr zum Richter uns furgebildet habt, den wir durch seiner Mutter und aller Heiligen Verdienst und Furbitt samt unserm Heiligendienst versühnen und Gnade erwerben müßten, daß eur Kirche in diesem Stücke nichts anders ist worden denn der Heiden Kirchen, die Jovem, Junonem, Venerem, Dianam und andere verstorbene Menschen anbeteten. Und wie die Römer ein Pantheon in ihrer Stadt Rom, also habt ihr auch ein Pantheon in der Kirchen gebauet, das ist aller Teufel Kirchen. Das werdet ihr nicht finden in der Apostelschrift noch in der junge Kirchen hernach, die vorzeiten auch der Heiligenbilder nicht leiden wollt und viel Bluts drüber vergossen ist, schweige, daß sie sollten die Heiligen anbeten oder anrufen, das allein Gott gebühret.

Zum eilften: Wer hat euch befohlen, diese Neuerung zu machen, daß ihr den Ehestand verdammt, lästert und verurteilet ihn unrein und untüchtig zu Gottes Dienst? Habt ihr das von den Aposteln oder von der ersten, alte Kirchen? Ja freilich, denn St. Paulus sagt 1. Tim. 4, daß ihr künftig kommen würdet, die sich vom Glauben und alten Kirchen abtrennen und verlaufen[1] würden als eine rechte Teufelshure, die würde vom Teufel solche Lehre empfahen und predigen wider den Ehestand und doch selbs in falscher Heuchelkeuschheit, das ist in allerlei Unzucht, leben. Diese Neuerung sehen wir mit ihren edlen Früchten, daß euch die Erden nicht länger tragen will und Gott mit seinem Gericht angefangen, dreinzugreifen und solche neue heilige Kirche zu weihen zum hellischen Feur hinein. Und wird sich nicht abwenden lassen, das wissen wir, Gott Lob.

Zum zwelften: Wer hat euch befohlen, solche Neuerung zu machen, daß ihr mit dem weltlichen Schwert regiert und krieget und das am meisten braucht, unschüldig Blut zu vergießen? Habt ihr's gesehen, ihr scharfsichtigen Fledermäuse, daß die Apostel oder alte Kirche mit Schwert die Welt bezwungen oder mit Krieg die Kirchen gemehret haben? Wo kommt ihr denn her, die ihr euch rühmet Erben aus der alten Kirchen und uns die neuen, abtrünnigen Kirchen scheltet, die wir's mit der alten Kirchen halten und aus derselben herkommen, ihr aber aus der verlaufenen Teufelshuren, eur neuen, mörderischen Lügenkirchen herkommt.

1 umhertreiben, vagabundieren.

Es sind noch viel mehr der neuen Stücke als Fegfeur, Heiltum[1], Kirchen weihen und des Geschwürms[2] ganze Drecket und Dreckental[3] und sonst unzählige Bücher voll von eitel neuen Fündlin[4], da die alte Kirche nichts von gewußt noch die Apostel. Denn wer kann die Menge dieses Sands oder Dreckes, ja Gift und Teufels Lügen alle erzählen? An diesen sei es diesmal gnug, zu beweisen, wie schändlich die Papisten durch ihre Heinzen liegen, wenn sie uns die neuen, abtrünnige, ketzerische Kirchen schelten, sondern solch ihr verlipt[5] Schwert durch ihr selbs Herz gehet und sich erfindet, daß sie die alte Kirche und ihren alten Bräut'gam als ein Erzteufelshure verlassen, abtrünnig worden und nicht allein ketzerisch (denn das Wort ist zu geringe und zu ehrlich solcher Schandbübin), sondern die widerchristische und Gottes widerige, ja, die sich uber Gott erhebt (wie ihr Bräut'gam im Himmel auch tun wollt), des Teufels letzte und schändlichste Braut ist. Wir aber, weil wir alle solche Teufelei und Neuerei meiden und fliehen und wieder zu der alten Kirchen, der Jungfrauen und reinen Braut Christi halten, sind wir gewißlich die rechte, alte Kirche ohn alle Hurerei und Neuerei, die bis auf uns daher blieben und wir aus derselben kommen, ja wiederum aufs neu von ihr geborn sind wie die Galater von St. Paulo. Denn wir sind weiland auch der hellischen Huren, des Papsts neuen Kirchen, im Hintern gesteckt, mit ganzem Ernst, daß uns leid ist, so viel Zeit und Mühe in dem Loche schändlich zubracht. Aber Gott Lob und Dank, der uns von der roten Lästerhuren erlöset hat.

Wenn doch solche Neuerei im Papsttum schlecht[6] Neuerei wäre oder sein künnte, so wären sie noch etlicher Maße um Friedes willen zu leiden, gleich wie einer seinen neuen Rock trägt oder leidet. Aber nu klebt diese teufelische Gift und hellischer Mord dran, daß es Gebot der Kirchen, heiliger Gottesdienst, gut Leben, geistlich Wesen heißen muß,

1 Reliquien. – 2 Unsinns. – 3 Dekrete und Dekretale. – 4 Spitzfindigkeiten. – 5 vergiftet. – 6 gewöhnliche.

darin man Gnade und Leben (so man's hält) oder Zorn und Tod (so man's nicht hält) verdienet. Das heißt aus Lügen Wahrheit, aus Teufel Gott, aus Helle Himmel machen und wiederum. Darum ist des Papsts Kirche voller Lügen, Teufel, Abgötterei, Helle, Mord und alles Unglück, daß es wimmelt. Und ist hie Zeit, zu hören die Stimme des Engels (Offb. 18): Gehet heraus von Babylon, mein Volk, daß ihr nicht teilhaftig werdet ihrer Sünden, daß ihr nicht empfahet etwas von ihrer Plagen, denn ihre Sünde reichen bis in den Himmel etc.

Vorzeiten, da die Maler das Jüngste Gerichte maleten, bildeten sie die Hellen einen großen Drachenkopf mit sehr weitem Rachen. Darinnen mitten in der Glut stunden der Papst, Kardinäl, Bischofe, Pfaffen, Münche, Kaiser, Könige, Fürsten, allerlei Mann und Weiber, doch kein jung Kind. Ich wüßte furwahr nicht, wie man sollt oder künnte des Papsts Kirchen feiner, kürzer und deutlicher malen oder beschreiben. Denn gewiß ist sie der Hellenschlund, der zuvorderst den Papst selbs und alle Welt verschlinget in Abgrund der Helle durch des Teufels Rachen, das ist durch ihr teufelisch Predigen und Lehren. Es muß nicht ein alber[1] Mensch erdichtet haben, vielleicht aus Jesaja 5, da er spricht: Die Helle hat ihre Seele weit aufgesperret und den Rachen ohn alle Maße aufgetan, daß hinunterfahren beide, ihre Herrlichen und Pöbel, beide, ihr Reichen und Fröhlichen. Ist's aber plumps[2] oder scherzens also geraten, so ist's ein sehr wohl geraten Bilde, dem einfältigen Mann die päpstliche Kirche furzustellen, dafur sich zu hüten und davon zu fliehen, die alles verschlungen hat, ohn die jungen getauften Kinder, davon hernach weiter.

Hie werden und mögen sie sagen: Warum schiltest du uns also schändlich als neue, abtrünnige Kirchen, so wir doch auch die Taufe, Sakrament, Schlüssel, Symbolon und Evangelium haben, sowohl als die alte Kirche, von der wir herkommen sind, und du selbst droben bekannt hast, daß

1 einfältiger. – 2 von ungefähr, durch bloßen Zufall.

wir sowohl als ihr aus der alte Kirchen herkommen. Antworte ich: Es ist wahr, ich bekenne, daß die Kirche, darin ihr sitzt, von der alten Kirchen herkommt, sowohl als wir, und ebendieselbige Taufe hat, auch die Sakrament, Schlüssel und Text der Biblien und des Evangelien. Will euch noch höher loben und bekennen, daß wir aus der Kirchen unter euch (nicht von euch) alles empfangen haben. Was wollt ihr mehr? Sind wir nicht fromm gnug? Wollt ihr uns nu nicht hinfurt ungeketzert lassen? Wir wissen euch fur keine Türken noch Jüden zu halten (wie droben gesagt), die außer der Kirchen sind, sondern wir sagen, ihr bleibt nicht dabei und werdet die verlaufene, abtrünnige, hürische Kirchen (wie es die Propheten pflegen zu nennen), die nicht bleibt in der Kirchen, daraus sie geborn und erzogen ist, lauft aus derselben Kirchen und von dem rechten Mann oder Bräut'gam (wie Hosea sagt von dem Volk Israel) zum Teufel Baal, Molech, Astaroth. Verstehet ihr das nicht? Ich will's euch sagen.

Ihr werdet alle gewißlich getauft in der rechten Taufe der alten Kirchen wie wir sonderlich in der Kindheit. Und was also getauft lebt und stirbt bis in das siebent oder acht Jahr, ehe denn es die Hurenkirche des Papsts verstehet, ist gewißlich selig worden und wird selig. Daran zweifelen wir nicht. Aber wenn es groß wird und eur Lügenpredigt von eur teufelischen Neuerei höret, gläubt und folget, so wird's zur Teufelshuren mit euch und fället ab von seiner Taufe und Bräut'gam, wie mir mit andern geschehen, bauet und trauet auf seine Werk, wie ihr Hurentreiber in eurn Hurnhäusern und Teufelskirchen predigt, so es doch getauft ist, zu trauen und zu bauen auf seinen einigen, lieben Bräut'gam und Herrn Jesum Christum, der sich selbs fur uns gegeben hat. Und gehet gleich, als wenn ein frommer Gesell ein armes, junges, bettelisch, leibeigen Maidlin auferzöge zur künftigen Braut und sich mit ihr verlobete und sie sich fein keusch hielte, bis sie mannbar würde, als denn verkehrete sie die Augen, sehe andere Gesellen an, die ihr baß gefielen, ließ sich bereden, würde brünstig auf dieselben, verließe ihren herzlieben, treuen Bräut'gam, der sie erlöset, ernähret, erzogen, gekleidet, geschmückt und schon[1] gehalten hätte und ließe sich von jedermann zur Huren machen. Diese Hure, so zuvor eine reine Jungfrau und liebe Braut war, ist eine abtrünnige, verlaufene Ehehure, eine Haushure, eine Betthure, eine Schlüsselhure, die im Hause Fraue ist, Schlüssel, Bette, Küchen, Keller und alles hat in ihrem Befehl, so böse, dagegen die gemeinen, freien Huren, Buschhuren, Feldhuren, Landhuren, Heerhuren, schier heilig sind, denn diese ist die rechte Erzhure und eigentlich eine Teufelshure.

Von solcher Huren sagt Hosea und gar viel gröblicher und schier zu gröblich der Prophet Hes. Kap. 23. Das mügt ihr lesen, so ihr wissen wollt, was fur eine Hure eur Kirchen ist, denn eine solche Hure meine ich, wenn ich euch eine abtrünnige, verlaufene Hure schelte, die ihr in der Kindheit rechte Christen getauft auf den lieben Herrn, etliche Jahr gelebt wie die alte Kirche, darnach, wenn ihr groß worden und zur Vernunft kommen (wie ich selbs mit allen andern auch getan), sehet und höret ihr die schöne Zeremonien der päpstlichen Kirchen, dazu den Genieß[2], Ehre und Gewalt, die drinnen gleißen, ja, die prächtige Heiligkeit und großen Gottesdienst, und fur geplauderts Himmelreich vergesset ihr eurs christlichen Glaubens, Taufe und Sakrament, werdet der Lenae, der Erzhuren fleißige Schülerin und junge Hürlin (wie die Komedien sagen), bis ihr alte Huren wiederum junge Hürlin machet und so fortan des Papsts, ja des Teufels Kirche mehret und viel von den rechten Jungfräulin Christi, so aus der Taufe geborn, immerfort auch zu Erzhuren machet. Solchs, halt ich, sei deutsch geredt, daß ihr und jedermann verstehen kann, was wir meinen. Denn ob ihr solch Neuerei bei euch fur Scherz haltet, die ihr keinen Gott habt noch achtet, so ist's doch fur Gott schrecklich, greulich Abgötterei, Mord, Helle und alles Unglück,

1 schön. – 2 Nutzen.

das Gott nicht leiden kann, daß er darum die Erzhure ewiglich verdammen will.

Davon weissagt auch St. Petrus, da er von euch solchen neuen Propheten und Kirchen redet (2. Petr. 2): Sie reden prächtige Wort, da nichts hinter ist, und reizen durch unzüchtigs Leben zur weltlichen Lust diejenigen, so recht entrunnen waren und nu in Irrtum wandeln müssen, verheißen ihnen Freiheit, Vergebung und Ablaß, so sie selbs Knechte der Verdammnis sind. Item: Sie waren dem Unflat der Welt entflohen durch die Erkenntnis des Herrn und Heilands Jesu Christi und werden wiederum in dieselbigen geflochten und uberwunden, wird also das letzte ärger mit ihnen, denn das erste war. Es wäre ihnen besser, daß sie den Weg der Gerechtigkeit nicht erkennet hätten, denn daß sie ihn erkennet haben und sich wiederum kehren von dem heiligen Gebot, das ihnen gegeben ist. Es ist ihnen widerfahren das wahrhaftige Sprichwort: Der Hund hat ausgespeiet und frisset's wiederum, die Sau ist in der Schwemme gewaschen und walzet sich wieder im Kot. Das seid ihr, so bin ich auch gewest. Da habt ihr eure neue, abtrünnige, verlaufene Kirchen deutsch gnug beschrieben und klar gnug fur die Augen gemalet.

Denn wir bekennen nicht allein, daß ihr mit uns aus der rechten Kirchen kommen seid und mit uns in der Taufe geschwemmet und gewaschen seid durch das Blut unsers Herrn und Heilands Jesu Christi, wie St. Petrus hie sagt, sondern sagen, daß ihr auch in der Kirchen seid und bleibt. Jawohl, daß ihr drinnen sitzet und regiert, wie St. Paulus (2. Thess. 2) weissagt, daß der verfluchte Endechrist im Tempel Gottes (nicht im Kuhestall) sitzen wird etc. Aber von der Kirchen oder Gelieder der Kirchen seid ihr nicht mehr, sondern in solcher heiligen Kirchen Gottes richtet ihr auf solche eur neuen, abtrünnigen Kirchen Teufelshurhaus und unzählige Hurerei und Abgötterei oder Neuerei, dadurch ihr die getauften und erlöseten Seelen mit euch verführet und durch den hellischen Rachen in Abgrund der

Hellen verschlinget mit unzähligen Haufen, mit schrecklichem Jammer und Herzenleid aller der', so solchs mit geistlichen Augen sehen und erkennen.

Gott aber ist's, der durch seine wünderbarliche allmächtige Macht bei euch unter so viel Greueln und Teufelshurerei dennoch die jungen Kinder durch die Taufe erhält und etliche Alte, aber gar wenig, die an ihrem Ende wiederum zu Christo sich gehalten haben, der ich denn viel selbs gekannt habe, daß doch die rechte alte Kirche mit ihrer Taufe und Gottes Wort unter euch bleibt und eur Gott, der Teufel, durch so viel neuer Abgötterei mit alle eur teufelischen Hurerei sie nicht hat können ganz und gar vertilgen. Gleich wie er zur Zeit Elia, da alles (wiewohl es alles Gottes Volk, das ist die heilige Kirche, hieß und den Gott, der sie aus Ägypten geführt, rühmeten) voll und eitel Baal, Abgötterei und Hurerei im ganzen Land war, daß Gott nicht einen Altar behalten hätte, dennoch siebentausend Mann ubrigblieben von allen den vielen Tausenden, da die größesten und besten unter waren und zum Teufel fuhren. Und in der Wüsten unter Mose alle sterben, ohn die zween, Josua und Caleph. Gottes Werk heißet: Consummans et abbrevians. Daß er etliche wenig aus Gnaden erhält, wenn der ganze Haufe im Zorn untergehet, davon St. Paulus Röm. 10 reichlich redet.

Also hat auch Daniel 12 lange zuvor geweissagt, daß unter dem Endechrist sollt eine Zeit des Zorns sein und solche Trübsal, als nie gewest ist auf Erden. Und Sankt Paulus in der andern zun Thess. 2, der seine Weissagung aus Daniel daselbs nimmt, spricht auch: Gott werde erzürnen und kräftige Irrtum lassen kommen, darum, daß man die Wahrheit mit Liebe nicht angenommen hat zur Seligkeit. Lieber laß uns unser, das ist der Christenheit, Historien ansehen. Unter Constantio, dem Sohn Constantini, war der Zorn Gottes so groß, daß die Ketzer Ariani alle Kirchen in der Welt innehatten, bis auf zwo, und waren doch dazumal die Bischofe, auch die Arianer selbs, gelehrte, fromme, ehrbare, fleißige Leute fur der Welt. Was sollt denn sein unter dem Papsttum, da kein Bischof sein Amt kann noch ubet, epikurisch und säuisch leben, da muß es doch gar der Teufel sein. Darum die papistischen Heinzen und heinzische Papisten viel weniger verstehen, was Kirche oder Gott sei, weder[1] eine Kuhe oder Sau verstehet. Es ist ein hoch, tief verborgen Ding, die Kirche, daß sie niemand kennen noch sehen mag, sondern allein an der Taufe, Sakrament und Wort fassen und gläuben muß. Menschenlehre, Zeremonien, Platten[2], lange Röck, Bischofhut und das ganz päpstlich Gepränge führet nur weit davon in die Helle hinein, schweige, daß es die Kirchen anzeigen sollt, denn zur Kirchen gehörn auch nackete Kinder, Mann, Weib, Baur, Bürger, die doch weder Platten, Bischofshut noch Messegewand anhaben.

Hie möchten die Papisten vielleicht begehrn, ja, sie wöllen's mit Gewalt haben, daß man solche neue Artikel ihrer neuen Kirchen solle neben den alten Artikeln der alten Kirchen halten oder dulden. Wo nicht, so wöllen sie uns Ketzer und tot haben. Denn der Papstesel ist solch ein grober Esel, daß er nicht kann noch will lernen unterscheiden zwischen Gottes Wort und Menschenlehre, sondern hält's beides gleich. Das beweisen sie damit, daß sie nu oft mit uns eine Vergleichung oder Vertrag fürgenommen, sich gestellt, als wollten sie etwas nachgeben, wir sollten auch etwas nachgeben und also beide zusammen eintreffen (wiewohl auch dasselb noch nie ihr Ernst gewest und uns nur abzureißen und zu trennen gemeinet). Dennoch siehet man darin soviel, wie sie sich uber Gott als die endechristischen Lästerer gesetzt haben, denken, die Lehre solle so lange recht sein, solange sie wöllen. Wenn sie nicht mehr wollen, solle sie nicht mehr recht sein, denn sie wöllen die Macht haben, etwas davon nachzugeben oder nicht, und wie sie es geben oder nicht, sollen wir's annehmen. Muten uns eine solche lästerliche Unkeuschheit an, unverschamt, ohn allen Schein, ganz offenbar, damit sie sich selber dargeben, daß sie kei-

1 als. – 2 Tonsuren.

nen behenden Teufel mehr haben, der sie reitet, wie vor etlichen hundert Jahren, sondern den greiflichen Tölpel, groben Teufel, der fur Bosheit sich nicht mehr schmücken könne.

Denn weil sie sich erbieten nachzugeben, und desgleichen von uns begehren, zeugen sie, daß ihnen gleichviel gilt Gottes Wort und Menschen Lehre. Lieber, Gottes Wort nachzugeben oder ändern, stehet bei Gott selbs nicht. Denn er kann sich selbs nicht leugnen noch ändern, und sein Wort bleibt ewig. Wer es aber ändern oder nachlassen soll, der muß eine höhere Macht haben, weder[1] Gott selbs hat, denn er auch Mose Gesetz nicht hätte geändert, wo er's nicht zuvor durch sein Wort verheißen hätte zu ändern. Des unterstehet sich auch niemand denn der Endechrist, wie Daniel 11 und St. Paul. sagen, der sich uber Gott erhebt, nämlich das Papsttum. Was soll man nu mit solchen Leuten, ja, mit solchen groben Heinzen und großen Eseln handeln, die da meinen, Gottes Wort sei ein Rohr, das der Wind hin und her webt, des sie mächtig seien, oder (das sie viel mehr meinen) es sei ein Zahlpfennig, der nach ihrem verdammten Frevel müsse gelten, darnach sie ihn auf den Linien heben oder legen. Also fein verstehen sie, was die Kirche sei, ja, eben damit uberweisen[2], daß sie Gott und sein Wort hoch verachten, dazu sich uber Gott setzen und seine Kirche nicht sein können. Und der grobe Filz, Rulz[3] und Tölpel, der Esel aller Esel zu Wolfenbüttel, schreiet daher sein Eselgeschrei, urteilt und ketzert, so er doch nimmermehr lernen kann, wenn er hundert Jahr studiert und seine Meister im ganzen Papsttum höret, was Kirche sei oder Ketzer, was ein Christ oder Abtrünniger sei. Der Verstand[4] ist ihnen zu hoch. Was aber Mordbrennen sei, das künnte er seine Meister, auch den Papst selbs wohl lehren.

Die heilige christliche Kirche (ich rede itzt mit den Unsern, denn bei dem Papstesel oder bei den Heinzen, Klötzen und Steinen ist kein Vernunft, Sehen noch Hören) ist

1 als. – 2 beweisen sie. – 3 Bengel, Flegel. – 4 diese Verständnis.

nicht ein Rohr noch Zahlpfennig. Nein, sie wankt nicht und gibt nicht nach wie die Teufelshure, die päpstliche Kirche, die wie eine Ehebrecherin meinet, sie müsse nicht festehalten bei ihrem Ehemanne, sondern müge wohl wanken, nachgeben, zulassen, wie es der Hurenjäger haben will, sondern sie ist (spricht St. Paulus) ein Pfeiler und Grundfest der Wahrheit. Sie stehet feste (spricht er), ist ein Grundfeste und fester Grund, dazu nicht ein falscher oder Lügengrund, sondern ein Grund der Wahrheit, leuget und treuget nicht, gehet nicht mit Lügen um. Was aber wankelt und zweifelt, das kann nicht Wahrheit sein. Und wozu wäre nutz oder not in der Welt eine Kirche Gottes, wenn sie wollte wanken und ungewiß sein in ihren Worten oder alle Tage was Neues setzen, itzt das geben, itzt das nehmen? Ja, wozu wäre ein solcher Gott nütze, der uns also wollt Wanken und Zweifeln lehren, wie der Papisten Theologia lehret, man müsse zweifeln an der Gnade. Davon sonst gnug ist geschrieben. Denn wo sonst die Papisten in allen Sachen hätten gewonnen, sind sie doch in diesem Häuptstück verloren, da sie lehren, daß man zweifeln müsse an Gottes Gnaden, wo wir nicht zuvor wirdig gnug sind durch unser eigen Gnugtun oder Verdienst und Furbitt der Heiligen. Da sind ihre Bücher, Briefe und Siegel, Klöster, Stift und auch noch ihre itzige Platten und Messen.

Weil sie aber dies Stück lehren, daß sie auf ihren Werken und Zweifel stehen, wie sie nicht anders können, so ist's gewiß, daß sie des Teufels Kirche sein müssen, denn es sind und können nicht mehr Wege sein denn diese zween: einer, der auf Gottes Gnaden sich verläßt, der ander, so auf unser Verdienst und Werk bauet. Der erste ist der alten Kirchen und aller Patriarchen, Propheten und Apostel Weg, wie die Schrift zeuget. Der ander ist des Papsts und seiner Kirchen. Das kann niemand, auch die Heinzen und alle Teufel selbs nicht leugnen. Da stehet (wie oft gesagt) Zeugnis, Bücher, Bullen, Siegel, Briefe, Stifte, Klöster, daß man's aller Welt beweisen kann.

Und da stehet St. Petrus (Apostelgesch. 4): Es ist kein ander Namen gegeben, dadurch wir mügen selig werden, ohn allein Jesus Christus. Dagegen spricht Papst Heinz zu Rom: Nicht also, sondern sind viel andere Namen, da die Leute durch müssen selig werden, sonderlich mein Name, darnach alle, die ich will, St. Franciscus, Dominicus und alle eigene Werk, die mir Geld tragen, Könige und Kaiser zun Füßen legen. Hie ist Heiligkeit und Seligkeit, Christus ist nicht mehr not noch nütze etc.

Aber daß wir wieder kommen zu unser Sachen, daß die Kirche Christi nicht liege noch triege, müssen sie selbs ohn ihren Dank bekennen[1], wo wollten sie sonst bleiben? Sie müssen selbs sagen, sie sei ein Fels (Matth. 16), dawider der Hellen Pforten nichts vermügen, oder wie St. Paulus solchs glossiert: Ein Pfeiler und Grund der Wahrheit. Solchs (sage ich) danken wir ihnen, nichts, daß sie es bekennen. So sagt auch der Kinderglaube, daß es sei eine heilige christliche Kirche. Und St. Paulus 1. Kor. 3: Der Tempel Gottes ist heilig, der seid ihr. Wer aber den Tempel Gottes verderbet, den wird Gott verderben.

Darum kann und mag die heilige Kirche keine Lügen noch falsche Lehre leiden, sondern muß eitel heilig, wahrhaftigs, das ist allein Gottes Wort lehren. Und wo sie eine Lügen lehret, ist sie schön abgöttisch und des Teufels Hurenkirche. Was half's die Könige Israel, daß sie rühmeten, sie dieneten dem Gott Israel, der sie aus Ägypten geführet hatte, damit nenneten und meineten sie den rechten Gott ihrer Väter, hielten auch das ganze Gesetze Mosi. Aber weil sie daneben auch die Kälber oder Baal ehreten oder je damit aus menschlicher Andacht neu, eigen Gottesdienst stiften, dem rechten Gott zu Ehren, so war es alles verloren, denn dawider stund Gottes Verbot: Du sollt keinen andern Gott neben mir haben. Und Mose (5. Mos. 4 und 12) hart[2] verboten hatte, sie sollten nichts Neues noch anders, nicht Eigens fürnehmen, und sprach: Was ich dir gebiete, das

1 ohne daß man's ihnen erst zu danken brauchte. – 2 streng.

sollt du tun. Du sollt nichts davon noch dazu tun. Item: Du sollt weder zur Linken noch zur Rechten davon weichen, das ist: weder besser noch ärger machen, weder nachlassen noch ändern. Daher wir in den Propheten allenthalben lesen, wie sie die Könige, Priester und Volk strafen, daß sie immer neue Wege erfinden und nicht auf dem Wege und einiger[1] Bahn blieben.

Denn was neben abtritt[2] von dem Wort Gottes (das allein der Weg ist), wie er spricht: Ich bin der Weg, die Wahrheit und das Leben, es gleiße, wie gut und schöne es kann, so ist's gewißlich Irrtum, Lügen und der Tod, denn es ist ohn Gottes Wort, das ist, ohn Weg, Wahrheit und Leben. Und was dürften wir des Worts, wenn wir ohn dasselbige uns selbs künnten Wege finden? Denn das Wort ist allein das Licht unser Füße und Schein unser Wege, welchs leucht im finstern Ort dieser Welt, wie St. Petrus sagt. Wer dasselb nicht stets und fleißig in den Augen hält, wo kann der anders hingehen denn ins Finsternis, so das Licht drum da ist im Finsternis, daß wir uns darnach richten sollen im Finsternis.

Nu laßt uns die neuen Stücke alle nacheinander ansehen, die in der neuen Kirchen des Papsts aufkommen sind, so finden wir, daß sie alle ohn Gottes Wort, das ist, ohn Weg, Wahrheit und Leben sind, allein aus menschlicher Andacht oder Gutdünken oder des Papsts Bosheit erdichtet. Darum, wie die Kirche des Papsts ist voll Ablaß, Eigenverdiensts, Bruderschaften, Heiligendienst, Müncherei, Messen, Gnugtun und dergleichen droben erzähleten Stücken als Gottesdienst, ist sie damit voll Irrtum, Lügen, Abgötterei, Unglaubens, Mords und Summa aller Teufelkirchen. Denn sie können nicht sagen, daß solche Stücke Gottes Wort lehret. Nu sie aber bekennen müssen, daß die heilige christliche Kirche müsse heilig und ein Grund der Wahrheit sein, ohn Irrtum und Lügen (Quia ecclesia non potest errare.), so müssen sie zugleich bekennen, daß sie solche heilige Kirche nicht sind noch sein können, weil sie voll solcher greu-

1 der einen rechten. – 2 abweicht.

licher Irrtum, Lügen und Abgötterei sind, sondern seien die rechte verlaufene, abtrünnige, schändliche Hure des Teufels, dem sie in solchen greulichen Lügen folget und dienet.

Möcht aber ein Gutherziger (wie man's nennet) sagen, was schadet's denn, daß man Gottes Wort hielte und ließe daneben diese Stücke alle oder je etliche, so leidlich wären, auch gleich wohl bleiben. Antworte ich, es mügen gutherzige Leute heißen, sie sind aber irreherzige und verführetherzige Leute, denn du hörest, daß nicht sein kann, neben Gottes Wort etwas anders lehren, neben Gott einem andern dienen, neben dem Licht im Finsternis von Gott gestellet ein anders anzünden. Es ist gewißlich ein Irrewisch und Irrtum, wenn's gleich ein einiges Stück wäre, denn die Kirche soll und kann nicht Lügen noch Irrtum lehren, auch nicht in einigem Stück. Lehret sie eine Lügen, so ist's ganz falsch. Wie Christus spricht Luk. 11: Schaue drauf, daß nicht das Licht in der Finsternis sei. Wenn nu dein Leib ganz Licht ist, daß es kein Stück vom Finsternis hat, so wird er ganz Licht sein. Das heißt, es muß ganz Licht und kein Stück Finsternis da sein. Eitel Gottes Wort oder Wahrheit und kein Irrtum noch Lügen muß die Kirche lehren. Und wie künnte es auch anders sein? Weil Gottes Mund der Kirchen Mund ist und wiederum, Gott kann ja nicht liegen, also die Kirche auch nicht.

Wohl ist's wahr, nach dem Leben zu reden[1], ist die heilige Kirche nicht ohn Sünde, wie sie im Vaterunser bekennet: Vergib uns unser Schuld. Und Joh.: So wir sagen, daß wir nicht Sünde haben, so liegen wir und machen Gott zum Lügener, der uns alle zumal Sünder schilt (Röm. 3, Ps. 14 und 51). Aber die Lehre muß[2] nicht Sünde noch sträflich sein und gehöret nicht ins Vaterunser, da wir sagen: Vergib uns unser Schuld. Denn sie nicht unsers Tuns, sondern Gottes selbs eigen Wort ist, der nicht sündigen noch Un-

1 redet man mit Rücksicht auf den Lebenswandel (der Glieder der Kirche). – 2 darf.

recht tun kann. Denn ein Prediger muß nicht das Vaterunser beten noch Vergebung der Sünden süchen, wenn er gepredigt hat (wo er ein rechter Prediger ist), sondern muß mit Jeremia sagen und rühmen: Herr, du weißest, das, was aus meinem Munde gangen ist, das ist recht und dir gefällig. Ja, mit St. Paulo allen Aposteln und Propheten trötzlich sagen: Haec dixit Dominus. Das hat Gott selbs gesagt. Et iterum: Ich bin ein Apostel und Prophet Jesu Christi gewest in dieser Predigt. Hie ist nicht not, ja, nicht gut, Vergebung der Sünde zu bitten, als wäre es Unrecht gelehret, denn es ist Gottes und nicht mein Wort, das mir Gott nicht vergeben soll noch kann, sondern bestätigen, loben, krönen und sagen, du hast recht gelehret, denn ich hab durch dich geredt, und das Wort ist mein. Wer solchs nicht rühmen kann von seiner Predigt, der lasse das Predigen anstehen[1], denn es leugt gewißlich und lästert Gott.

Wenn das Wort sollt Sünde oder Unrecht sein, wonach wollt oder künnte sich das Leben richten? Da würde gewißlich ein Blinder den andern leiten und beide in die Gruben fallen. Wenn die Bleischnur[2] oder Winkeleisen falsch oder krumm sollt sein, was wollt oder künnte der Meister darnach ärbeiten? Da würde eine Krümme die ander machen ohn Ende und Maße. Also auch hie kann das Leben wohl Sünde und Unrecht sein, ja, ist leider allzu unrecht, aber die Lehre muß schnurrecht[3] und gewiß ohn alle Sünde sein. Darum muß in der Kirchen nichts denn allein das gewisse, rein und einig Gotteswort gepredigt werden. Wo das feilet[4], so ist's nicht mehr die Kirche , sondern des Teufels Schule. Gleich wie ein fromme Ehefraue (wie die Propheten solchs Beispiels immer brauchen) muß nichts mehr hören denn ihres Mannes Wort im Hause und zu Bette. Höret sie eines andern Wort, der nicht in des Mannes Bette gehöret, ist sie gewißlich eine Hure.

Das ist nu alles dahin[5] geredt, daß die Kirche muß allein

1 unterlasse. – 2 Richtschnur. – 3 schnurgerade. – 4 davon abgegangen wird. – 5 mit Bezug darauf.

Gottes Wort lehren und des gewiß sein, dadurch sie der Grund und Pfeiler der Wahrheit und auf den Felsen gebauet, heilig und unsträflich heißt, das ist, wie man recht und wohl sagt, die Kirche kann nicht irren, denn Gottes Wort, welchs sie lehret, kann nicht irren. Was aber anders gelehret oder zweifel ist, ob's Gottes Wort sei, das kann nicht der Kirchen Lehre sein, sondern muß des Teufels Lehre, Lügen und Abgötterei sein, denn der Teufel kann nicht sagen (weil er ein Lügener und Vater der Lügen ist): Dies sagt Gott. Sondern wie Christus Joh. 8 spricht: Ex propriis. Von und aus sich selbs muß er reden, das ist liegen. Also müssen auch alle seine Kinder ohn Gottes Wort aus sich selbs reden, (das ist) liegen.

Nu siehe, mein lieber Freund, welch ein wünderlich Ding das ist. Wir, so gewißlich Gottes Wort lehren, sind so schwach und fur großer Demut so blöde, daß wir nicht gern uns rühmen, wir seien Gottes Kirchen, Zeugen, Diener, Prediger und Gott rede durch uns etc., so wir's doch gewißlich sind, weil wir sein Wort gewißlich haben und lehren. Solche Blödigkeit kömmt daher, daß wir's ernstlich gläuben, Gottes Wort sei so ein herrlich majestätisch Ding, des wir uns allzu unwirdig erkennen, daß durch uns solch groß Ding sollt geredt und getan werden, die wir noch im Fleisch und Blut leben. Aber unser Widerpart, Teufel, Papisten, Rotten[1] und alle Welt, die sind freidig[2] und unverschrocken, türen[3] kecklich heraus, sagen fur großer Heiligkeit: Hie ist Gott, wir sind Gottes Kirche, Diener, Propheten und Apostel. Gleich wie alle falsche Propheten allezeit getan, also daß auch Heinz Worst tar sich einen christlichen Fürsten rühmen, aber Demut und Furcht in Gottes Wort ist allezeit das rechte Zeichen der rechten heiligen Kirchen gewest, Turst[4] und Frevel in menschlicher Andacht das rechte Zeichen der Teufel gewest, wie man auch in des Papsts Drekketen greiflich merken muß.

Dies ist geredt von der Lehre, welche muß rein und lau-

1 Aufrührer. – 2 kühn. – 3 wagen. – 4 Keckheit.

ter sein, nämlich das liebe, selige, heilige und einige Wort Gottes ohn allen Zusatz. Aber das Leben, so sich täglich nach der Lehre richten, reinigen und heiligen soll, ist noch nicht ganz rein oder heilig, dieweil dieser Madensack Fleisch und Blut lebet. Doch weil er ist im Werk[1] der Reinigung oder Heiligung und immerfort sich heilen läßt durch den Samaritan und nicht sich weiter mehr und mehr in Unreinigkeit verderbet, wird's ihm gnädiglich um des Worts willen, dadurch er sich heilen und reinigen läßt, zugut gehalten, geschenkt und vergeben und muß rein heißen. Denn dadurch wird die heilige christliche Kirche keine Hure noch unheilig, weil sie am Wort (das ihr Heiligtum ist) rein und feste hält und bleibt. Ihr seid rein (spricht Christus Joh. 15) nicht um eur willen, sondern um des Worts willen, das ich zu euch geredt habe.

Denn die Heiligkeit des Worts und Reinigkeit der Lehre ist also mächtig und gewiß, daß, ob auch Judas, Kaiphas, Pilatus, Papst, Heinze und der Teufel selbs dasselb predigete oder recht täufete (ohn Zusatz, rein und recht), dennoch das rechte, reine Wort, die rechte heilige Taufe empfangen würde, wie denn immer müssen Heuchler und falsche Christen in der Kirchen und ein Judas unter den Aposteln sein. Wiederum ist die Unreinigkeit der Lehre, so nicht oder ohn Gottes Wort ist, so vergift böse Ding, daß, wenn's auch St. Petrus, ja ein Engel vom Himmel predigt, dennoch verflucht ist (Gal. 1). Darum falsche Lehrer und Täufer oder falscher Sakramentmeister können nicht sein noch bleiben in der Kirchen, wie er Ps. 1 sagt, denn dieselben tun nicht allein wider das Leben, welchs die Kirche leiden muß, sonderlich wo es heimlich ist, sondern auch wider die Lehre, welche öffentlich leuchten und scheinen muß, das Leben darnach zu richten. Solchs hat man von Anfang gelehret, wie St. Joh. sagt: Aus uns sind sie, aber nicht von uns, und: In ecclesia sunt, sed non de ecclesia. Item: Numero sed non merito und dergleichen. Daraus man hat diese Unterscheid,

1 Prozeß.

es seien nicht alle Christen, die sich stellen, als wären sie Christen. Aber wenn's kömmt, daß man der Lehre uneins wird, da scheidet's sich voneinander und findet sich, wer die rechten Christen sind, nämlich die Gottes Wort haben rein und fein.

Das sei diesmal gesagt von der rechten Kirchen, davon viel zu sagen ist. Wöllen sie weiter hören, wer sie sind, so mügen sie ihren Heinzen weiter lassen von der Sachen schreiben, weil sie keinen Bessern wissen, denn er ist ein trefflicher Mann, in der Heiligen Schrift fertig, behende und läuftig[1] wie eine Kuhe auf dem Nußbaum oder eine Sau auf der Harfen, der solche große Sachen wohl führen kann, wie ihr denken künnt, ja, wenn es Liegens, Lästerns und Fluchens sollt gelten. Sind auch zwar nicht wert, daß sie einen Bessern haben sollten. Es ist Viehe und Stall, sprach der Teufel und treib seiner Mutter eine Fliegen in den Hintern.

Wo nu die Papisten werden oder können beweisen, daß sie die rechte heilige Kirche sind und der obgezählten neuen Hurenkirchen Artikel und Fündlin keine nicht gelehret noch haben oder unser Artikel nicht der rechten alten Kirchen Artikeln sind, als die wir nicht erfunden noch erdichtet, so müssen wir wohl bekennen, daß wir Ketzer und abtrünnig sind. Wo sie das nicht beweisen, so müssen sie wiederum auch bekennen, daß sie die rechte Teufels Hurekirche sind, die von Christo ihrem Herrn verlaufen[2], sich den Teufel durch neue und andere Lehre hat lassen zuschanden machen. Solchs acht ich, sollt gewiß sein, wenn auch Jüden und Heiden oder was noch menschliche Vernunft hat, zwischen uns urteilen sollten.

Sind sie nicht die Kirchen, sondern des Teufels Hure, die nicht an Christo blieben ist, so ist's gründlich und gewaltiglich beschlossen, daß sie nicht sollen die Kirchengüter innenhaben, viel weniger diesen Zank (damit sie bisher Kaiser und Reich bemühen) erregen, daß man sie bei uns solle

1 geschickt, klug und bewandert. – 2 untreu geworden.

wieder einsetzen und die Güter restituiern, denn das ist eben, als wenn die Teufel von den Engeln begehrten, man solle sie wieder in den Himmel setzen, so sie doch wissen und bekennen, daß sie nicht Gottes Engel blieben, sondern Gottes Feind worden, die in das hellische Feur gehören. Oder daß ich von Menschen rede, ist's eben, als wenn ein Dieb oder Mörder wollt wiederfordern das Geld und Gut, so er gestohlen und geraubt, ihm aber abgejagt und nu im Gericht läge oder den rechten Erben wiedergeben wäre, wo nicht, so dräuete er, ein Heinz Mordbrenner zu werden.

Weil aber auf Erden in dieser Sachen kein Richter ist, denn sie sind Part[1] worden, so vorhin die[2] obersten Richter sich selbs gemacht und gilt ihr Urteil nichts nach allem Rechten und je so wenig als unser Urteil, die wir das ander Part sind, bei ihnen gilt, müssen wir's so lassen gehen und des rechten Richters erharren. Sonst, wo ein Richter auf Erden in dieser Sachen wäre, würde sich dies Urteil finden, daß sie (jenes Part) nicht allein keine Restitution billig zu fodern hätten, sondern wert wären, daß man sie zur Welt aus jagt und täte ihnen wie der König Jehu den Baaliten und wie der König Josia den Priestern zu Samaria und Bethel. Denn sie sind (wie droben beweiset) für Gott nach der Heiligen Schrift Urteil die rechte Mordgrube und Teufelshure. Daraus folget, daß sie die Kirchen, das ist der armen Christenheit Güter (als die Erzkirchenräuber und Gottesdiebe) zu sich gerissen, mit Frevel innenhalten, dafür noch zu ihrem Schaden verfolgen, sie an Leib und Ehre, zeitlich und ewiglich verderben.

Denn das kann wohl ein Kind von sieben Jahren, ja, wohl ein grober Narr an den Fingern zählen und rechnen, wiewohl der grobe Papstesel samt seinen verdammten Heinzen nichts verstehen können, daß die löblichen vorigen Kaiser, Fürsten, Herrn und fromme Leute ohn Zweifel nicht gemeinet noch willens gewest sind, ihre Güter zu geben, damit eitel Teufelshuren oder Abgötterei zu stiften, zu

1 Partei. – 2 die vorher zu.

schmücken und zu ehren, viel weniger, daß sie damit Seelmörder, Kirchenräuber, Heinzen und Mordbrenner erziehen oder unterhalten wöllten, sondern die lieben Kirchen und Schulen, das ist das heilige Gotteswort, Predigamt und andere Kirchendienst, Theologen, Pfarrherr, Prediger, daneben auch arme Leute, Witwen, Waisen und Kranken zu unterhalten Gott zu Lob und Ehre.

Denn es heißen nicht Hurengüter, Mördergüter, Gotteslästerer, Heinzen Mordbrenner noch Teufelsgüter, sondern der Kirchen Güter, welche doch itzt nicht allein von den geistlichen Teufelshuren in der päpstlichen Mordgruben aufs allerschändlichst durch Simonei und allerlei Laster gekauft, verkauft, gestohlen, geraubt und vertan werden, sondern auch von den leiblichen Huren und Buben aufs allerunverschamtest verprasset und verpranget werden, viel ärger, weder[1] es zu Sodoma und Gomorra geschah, daß sie nicht einem armen Priester, Schüler noch armen Menschen einen Heller zur Steure[2] geben. Denn sie auch nicht wert sind, so ein gering Guts zu tun, sondern dafür als die verrüchten Epikurer beide, Gott selbs und seines Worts und seiner Kirchen, spotten und verlachen. Ja, das ist die schöne heilige Kirche, die noch türen sich heilig rühmen, der Kirchen Güter für ihr eigen achten und Restitution fordern. Aber er soll nicht lange ausbleiben, der solchen verzweifelten, mutwilligen Spöttern und wütrichen Mördern die rechte Restitution geben wird.

Aber indes wir keinen Richter haben auf Erden, so wöllen wir uber das, daß wir Gottes, des höhesten Richters, Urteil haben in seiner Heiligen Schrift, auch ihr selbs, der Papisten eigen Urteil und Zeugnis, dieweil für uns wider sie brauchen. Denn also hat Herzog George unseliger Gedächtnis gesagt, er wisse fast wohl, daß viel Missebräuche sind in der Kirchen eingerissen, aber daß ein einzeler Mönch aus einem Loche solche Reformation sollt fürnehmen, sei nicht zu leiden. Wohlan, der bekennet (ohn Zweifel er nicht allein),

1 als. – 2 Beisteuer.

daß eur Kirche voll Mißbräuche ist, das heißt soviel, es ist nicht die reine, rechte Kirche, denn die soll heilig und rein sein, ohn allen Zusatz, schweige denn ohn alle Mißbräuche, wie der Glaube sagt: Ich gläube eine heilige christliche Kirche.

So habt ihr eurs Parts allesamt auf dem Reichstage zu Augsburg den Kaiser gebeten, er wöllte bei dem Papst schaffen, daß er kein Ablaß mehr in deutsche Land schikken solle, weil es verachtet sei. Hie bekennet ihr selbs, daß das Ablaß ein veracht Ding sei, das heißt ein Mißbrauch und Abgötterei, denn wo ihr's fur recht und gut hieltet, als einen reinen Gottesdienst, könntet ihr's mit gutem Gewissen nicht verachten noch abzuschaffen bitten. Da zeuget eur Gewissen durch eur eigen Wort, daß eur Kirche ein Götzenhaus und unreine sei, die mit falschem, nichtigem, betrieglichen Ablaß dem Teufel und nicht Gott gedienet habe und noch diene.

Zum dritten hat da selbs der Kardinal zu Menz gesagt: Was wöllen wir viel disputiern, sie haben einen Artikel, welchen wir wissen und nicht leugnen können, daß er recht sei, nämlich den Ehestand. Noch[1] können wir denselben nicht annehmen. Und ob's der von Menz nimmermehr sagte, so seid ihr's numehr selbs so uberwunden[2], daß eur viel, so die Besten sein wöllen, solchs öffentlich bekennen. Nu sage mir, meinst du, es sei eine geringe Teufelshure, die solchen schrecklichen Artikel (das ist Götzen) in ihrer Kirchen gesetzt, gestiftet, gelehret, geehret, gehalten hat, daß man Gottes Geschepfewerk, Ordnung und Segen solle verdammt, verflucht und fur die großeste Sünde halten? Was Böses künnte der Teufel, Gottes Feind, selbs stiften, wenn er Gott zuwider etwas stiften wollt? Wie hat eur Kirche bei solchem Greuel können heilig sein, wenn ihr gleich alle eitel keusche Jungfrauen gelebt und doch solchen Götzen gedienet hättet? Denn Gott hatte es euch verboten als eine Lehre des Teufels (2. Tim. 4). Und was fur Furcht und Hei-

1 dennoch. – 2 überführt.

ligkeit solcher Abgott und sein Götzendienst gewirkt hat in eur Kirchen, das müßt ihr selbs klagen, denn da ist Rom, die Stifte, ganz geistlicher Stand, die zeugen, ja, ihr Sünde hat Himmel und Erden mit Schanden und Blutgeschrei erfüllet. Wo ist hie eur heilige Kirche, die mit solchem Greuel so greulich zur Huren gemacht ist durch den Teufel?

Und was habt ihr selbs getan, daß ihr itzt ein Concilium begehrt, itzt verheißen, itzt verzogen[1], itzt versagt? Ist eur Kirche heilig, wie furcht sie sich denn fur einem Concilio? Was darf sie Reformierens oder Concilii? Darf sie eins Conciliums, wie ist sie heilig? Wolltet ihr eur Heiligkeit auch reformieren? Wir fur uns haben nie keins Concilium begehrt, unser Kirchen zu reformiern. Denn Gott, der Heilige Geist, hat durch sein heiliges Wort unser Kirche längest geheiliget, ja viel mehr, alle päpstliche Hurerei und Abgötterei ausgefegt, daß wir alles (Gott Lob) rein und heilig haben, das Wort rein, die Taufe rein, das Sakrament rein, die Schlüssel rein und alles, was zur rechten Kirchen gehöret, haben wir heilig und rein, ohn allen menschlicher Lehre Zusatz und Unflat. Das Leben (wie droben gesagt) gehet nicht völlig hernach, wie wir gern sehen und wöllten, darüber die Propheten und Apostel selbs auch klagen, denn das gehöret dorthin, da wir den Engeln gleich sein werden.

Aber wir begehren eins Conciliums darum, daß unsere Kirchen verhöret und unser Lehre frei ans Licht kommen möchte, damit eur Hurerei im Papsttum erkannt, verdammt und jedermann, der dadurch verführet, zu der rechten heiligen Kirchen mit uns und samt uns bekehret und gemehret möcht werden. Aber da habt ihr und eur Gott, der Teufel, nicht den Schnuppen[2], sondern ihr Fledermäuse, Maulwörfe, Uhuen, Nachtraben und Nachteulen, die ihr das Licht nicht leiden künnt, wehret mit aller Macht und mit aller Schalkheit, daß uns ja nicht dazu[3] komme, daß die Wahrheit im Licht verhöret und gehandelt werde. Doch

1 hinausgeschoben. – 2 riecht ihr den Braten und seid auf der Hut. – 3 es mit uns ja nicht soweit.

fähret Gott auch immer fort und bringt das Licht je mehr ihr wehret, je mehr 'erfür, daß ihr's zuletzt doch werdet mit allen Schanden und Schaden leiden müssen. Und was solch eur feldflüchtigs, verzagts, verzweifelts Licht scheuen, uns schrecken oder euch trötzig machen könne, das laßt euch eur Gewissen und eigens Herz sagen.

Weil ihr nu, sage ich, selbs bekennet und bekennen müsset, welche ein unflätige Kirche ihr habt, nicht rede ich itzt vom Leben, sondern von der Lehre, daß ihr soviel greuliche Lügen und falsche Lehre habt, dazu nicht lassen wollt, so müsset ihr folgend auch bekennen, daß ihr nicht die heilige, sondern des Teufels Kirche seid, sonderlich die, so drüber halten[1] und dazu zwingen. Denn dieselbigen beten wissentlich den Teufel an in seinen Lügen, weil sie bekennen, daß es unrechte Artikel sind. Sölchs tut ihr aber oben vom Papst herab bis auf den untersten Priester und Mönch. Das ist der rechte Kern, der beste Haufe, welchen ihr furnehmlich eur Kirche heißt, ohn was dazu eurs Anhangs ist von weltlichen Ständen. Denn denen, so solchs leid ist, die gehören nicht in eur Teufels Hurnkirche, sondern in unsere, das ist in die alten, rechten, heiligen Kirche.

Weiter, weil wir solche eur eigen Zeugnis und Urteil haben, so künnt ihr uns nicht Ketzer noch Abtrünnige schelten, sondern müßt uns recht geben als der rechten Kirchen, die solch eur bekannte Greuel und unrechte Artikel verlassen, wiederum euch selbs als die rechte Teufelskirchen, weil ihr von euch selbs bekannte Greuel und unrechte Artikel verteidingt, haltet und dazu zwinget, bekennen, daß ihr der Kirchen Güter nicht zu fodern habt, als ein Spolium wiederzugeben[2], sondern daß ihr die Güter, so ihr noch habt, schüldig seid, als die Gottesdiebe und Kirchenräuber zu verlassen und der rechten Kirchen zu restituiern und einzuräumen[3]. Und wenn ihr noch so eine unverschamte Hurstirn hättet, wie die Propheten reden, die sich nicht

1 wachen. – 2 daß sie euch als ein Raub zurückgegeben werden sollten. – 3 aufzugeben.

schämen kann, müßt ihr dennoch hierin selbs sagen, daß solchs Urteil recht sei. Denn auch Holz, Stein, Dreck und Mist würden zuletzt wider euch schreien, weil da kein anders sein kann, denn daß eine verzweifelte Hure nicht kann eine fromme, züchtige Jungfrau sein. Darum soll sie auch keine Kirche sein, keine Kirche regiern, keine Kirchengüter haben. Das ist die Summa davon.

Daß Heinze weiter den Kurfürsten, das ist uns alle, aufrührisch schilt, ist auch gleichergestalt zu verantworten, nämlich, daß er sich selbs in die Backen hauet und leuget[1] als ein schändliches Lügenmaul, oder vielmehr, wie droben aus dem 37. Psalm gesagt, sticht er sich selbs mit seinem Schwert durch sein Herz. Wiewohl ich aber weiß, daß er sein Leben lang noch nie gewußt noch jemals erfahren habe, was Gehorsam oder Ungehorsam sei, derhalben auch nicht wissen kann, was Aufruhr oder Landfriede sei, wie das seine Schrifte und ganzes Leben weisen, doch wenn er's gleich wüßte, wie böse Ding es sei, so ist er dennoch so voller Teufel, daß er's gleichwohl selbs turst tun und andere damit beliegen. Aber Gott zu Dienst und dem heinzischen Teufel zu Verdrieß bekennen wir diese Wahrheit, daß unsere Fürsten und Herrn dem Kaiser allezeit von Herzen und treulich gehorsam gewest sind, wie das ganze Reich öffentlich muß zeugen. Denn wo sie berufen sind, auf Reichstage oder zu Felde, sind sie die ersten gewest, daß du Worst-Teufel zumal ein grobe Worst bist, wider solch, des Reichs, Zeugnis so schändlich zu liegen.

Meinet aber dein Heinze, daß unser Fürsten nicht gehorchen den kaiserlichen Edikten, darin unser Kirchen und Lehre verdammt sind, da rühmen wir und danken Gott, der uns gnädiglich erhalten hat, daß wir nicht mit euch in solchem verdammten Gehorsam erfunden werden, denn da stehet Gott, der's uns verbeut und spricht: Gebt dem Kaiser, was des Kaisers ist, und Gotte, was Gottes ist. Und Psalm 115: Er hat den Himmel dem Herrn gegeben, aber

1 Lügen straft.

das Erdreich den Menschenkindern. Der Himmel oder Himmelreich gehet nicht zu Lehen vom Kaiser, und Gott kann nicht des Kaisers Lehenmann sein, sondern der Kaiser soll und muß Gottes Lehenmann heißen, und wie Sirach auch sagt: Gott hat in den Ländern Herrschaften verordent, aber in Israel ist er selbs der Herr. Gott will allein und selbs in der Kirchen lehren und regiern. Solch Regiment hat er nie von sich oder aus der Hand gegeben. Wie der 60. Psalm zeuget, Gott redet in seinem Heiligtum.

Darum müsset ihr Papisten solch Stücke des Gehorsams mit Gotte selbs, nicht mit uns ausfechten und uns zuvor sicher und gewiß machen, daß wir (wie ihr tut) dem Kaiser mügen geben, was Gottes ist. Sonst tun wir's nicht, sondern nehmen eur Lästern und Lügen zu großen Freuden an, damit ihr uns Zeugnis gebet und bekennet, daß wir nicht Gott das Seine nehmen und dem Kaiser geben, und helft uns also mit eur giftigen Lügen, diese Wahrheit rühmen, daß wir nicht in eurem verfluchten Gehorsam leben. Denn Gott hat dem Kaiser, ja, allen Engeln und Kreaturn verboten, daß sie in seinem Himmelreich, das ist in der Kirchen, sollen kein ander Wort lehren, wie St. Paulus (Gal. 1) einen schrecklichen Donnerschlag tut und spricht: Wenn ein Engel vom Himmel ein anders lehret, weder[1] ihr empfangen habt, der sei verflucht. Nu haben wir droben etliche Stück der unzähligen neuen, andere Lehre erzählet (das ist, wie es hie St. Paulus nennet, Anathemata, Verfluchung, Verdammung, Vermaledeiung), damit eur päpstliche neue Hurn- und Teufelskirche erfüllet ist. Darum kann uns der Kaiser noch keine Kreatur zu solchem verfluchten Gehorsam zwingen, ja, er soll sich selbs mit uns davon halten, will er nicht durch St. Paulus' Donneraxt in Grund der Hellen verflucht und zeschlagen werden.

Gott hat dem Kaiser gnug befohlen, mehr weder er kann ausrichten. Nämlich das Erdreich, das ist Leib und Gut, da hat sein Amt ein Ende, greift er darüber auch in Gottes

1 als.

Reich, so raubet er Gotte das Seine. Das heißt Sakrilegium, Gottesdieberei, oder wie es St. Paulus (Phil. 2) nennet, Rapinam divinitatis. Wenn einer will Gott gleich sein, das er nicht sein kann, das muß er rauben wollen, denn gegeben kann's ihm nicht werden. Es ist hiezu allein ein einiger Erbe, der hat's nicht geraubet noch rauben wollen (wie der Teufel im Himmel und Adam im Paradies täten), sondern ist ihm vom Vater in Ewigkeit gegeben und angeborn von Natur. Die nu den frommen Kaiser Carol hiezu reizen oder unter seinem Siegel solchs tun, das sind ebenso fromme Tierlin als die Schlange im Paradies. Der Kaiser soll unter Gott bleiben und seines gemessen Befehls (als wohl als alle Kreaturn) warten, denn Gott will allhie, das ist in der Kirchen, allein reden und keinen andern leiden.

Gleich (daß ich's deutlich gebe) als ein Ehemann oder Bräut'gam kann wohl mancherlei Amt im Hause bestellen, mag einen Knecht Kaiser, den andern König heißen und befehlen alle seine Güter, diesem den Acker, jenem den Weinberg, Vieh, Fisch, Kleider, Geld und Gut, aber in der Kammer oder im Brautbette, da lasse sich kein Knecht finden, er heiße Kaiser oder König, denn das ist der Tod (spricht Salomo Proverbio). Hieher gehört allein der Bräut'gam, und hie soll die Braut kein Wort hören noch wissen, ohn allein ihres Bräut'gams, wie Johannes der Täufer spricht: Wer die Braut hat, der ist der Bräut'gam. Also kann und will Gott in der Kirchen kein andern neben sich leiden, da soll man nichts denn allein ihn selbs und sein Wort hören oder solle eine Hure und nicht seine Braut sein.

Hieraus kann man nu wohl verstehen, was ihr Heinzen und Heinzlinge machet, wenn ihr uns Aufruhrer scheltet, daß wir nicht mit euch den kaiserlichen Edikten gehorchen. Nämlich das macht ihr: Ihr bekennet, daß wir die Braut Christi dem Herrn Christo rein und sein Brautbette rein lassen, als die getreuen, gehorsamen Joseph dienen heraußen sonst in unsern befohlen Ämtern. Wiederum daß ihr als die brünstigen Hurntreiber und Ehebrecher, das ist verdammte

Gottesräuber oder Himmelaufruhrer, dem Herrn in seine Brautkammer brechen und ihm seine Braut zur Huren machen wollt. Aber er schlägt euch mit Blindheit wie die Sodomiter, daß ihr die Tur nicht findet, läßt euch dafur finden eursgleichen, Huren und Ehebrecher, die euch gehorchen und mit euch zum Teufel fahren. Und Summa, wie gesagt: Fechtet's zuvor aus mit Gott, daß wir mugen etwas anders hören und lehren in der Kirchen weder[1] Gottes Wort, item, daß euer oberzählete neue Stucke Gottes Wort seien und daß ihr die heilige Kirche seid, so sollt ihr recht haben und wir wollen gern gehorsam sein. Was ist's doch nutze, daß ihr das Konsequenz so hart schreiet[2] und laßt das Antezedens stehen[3]? Ist doch der Krieg nicht ums Konsequenz, wie ihr unsinnigen Narren schreiet, sondern um das Antezedens: Ponatur ecclesia certo, et obedientia sequetur necessario, econtra non posita ecclesia, nulla sequitur obedientia, ex natura relativorum. Ist anders noch ein Funk Dialecticae in euch?

Das sei diesmal von der Kirchen gesagt wider das Lästermaul der Papisten. Ein ander kann's wohl besser und ich, so ich lebe, wohl mehr machen. Darnach fähret Heinz Mordbrenner fort und schändet auch unser Leben und dasselbe mancherlei Weise. Zeugt meinen G. Herrn und den Landgrafen an mit vielen großen Schmachworten, der er doch keins beweiset, wie der Lugner Art ist. Ich hab aber droben bekannt und muß leider bekennen: Ob wir wohl die reine Lehre göttlichs Worts und eine feine, reine heilige Kirchen haben, wie sie zur Zeit der Apostel gewest, in allen Stukken, so zur Seligkeit nutz und not sind, so sind wir doch nicht heiliger noch besser denn Jerusalem, die heilige Gottes eigen Stadt, darin soviel böser Leute mit unter waren, doch allezeit das Wort Gottes durch die Propheten rein erhalten ward.

Also ist bei uns auch Fleisch und Blut, ja, der Teufel unter Hiobs Kindern, der Baur ist wild, Burger geizet, Adel

1 als. – 2 den Folgesatz so sehr betont. – 3 den Vordersatz außer acht.

kratzt. Wir schreien und schelten getrost durchs Wort Gottes und wehren, was und soviel wir konnen (Gott Lob), nicht ohn Frucht. Denn was von Baur, Burger, Adel, Herrn etc. sich lehren läßt und horet, das ist (Gott Lob) uberaus gut und tut mehr, denn man begehret, etliche mehr, denn sie vermügen, ob ihr' wenig sind, da liegt nicht an[1]. Gott kann um eines Mannes willen einem ganzen Lande helfen, wie durch den Naaman Syrum und dergleichen. Summa: Es darf des Lebens[2] halben kein Disputierns, denn wir bekennen gern und frei, daß wir nicht so heilig sind, als wir sollen. Allein daß wir solch Vorteil haben, daß uns die Heinzen nicht mit gutem Gewissen weder fur Gott noch der Welt tadeln können, sie seien denn zuvor frömmer, weder[3] wir sind. Sonst hat sie Christus schon verdammt, da er spricht: Du Heuchler, zeuch zuvor den Balken aus deinen Augen. Sollen sie aber den Balken zuvor herausziehen und beweisen, daß sie frömmer sind weder wir, so sind wir wohl ewiglich sicher, denn wir nicht wider sie allein vom Splitter (so das Leben betrifft), sondern auch von den großen Balken (so die Lehre betrifft) zu tun haben, wie droben erzählet. Und wir lachen nicht dazu, daß Böses bei uns geschieht, wie sie tun in ihrer Kirchen, als Salomo sagt Spr. 2: Sie freuen sich, Böses zu tun, und sind fröhlich in ihrem verkehreten Wesen, wollen's dazu mit Feur und Schwert verteidigen.

Ach, was darf's viel Wort? Uber welchen so großer Zorn Gottes kommen ist, daß er muß seinen Gott und Herrn schänden und verfluchen (wie Jesajas 8 von den Jüden sagt), der wird freilich nichts ungeschändet noch unverflucht lassen, was Gott schafft, tut oder redet. Denn solcher Mensch ist gewißlich zum Teufel worden. Nu ist es gewiß, daß die Heinzen bekennen müssen, daß wir Gottes Wort lehren und unser Kirche nichts anders lehret, denn was Gott befohlen hat. Das ist am Tage und kann weder Heinze noch Teufel leugnen. Dennoch lästern und fluchen sie solche Kirche und Lehre, schelten uns Ketzer und Aufrührer

1 darauf kommt's nicht an. – 2 Lebenswandel. – 3 als.

etc., welchs nichts anders sein kann, denn Gott selbs (des solche Lehre und Kirche ist) ketzern, lästern und verfluchen. Muß nu Gott selbs und sein heiliges Wort also geschändet werden von solchen Teufeln, was sollten sie unserm Leben und Werken nicht tun. Setzet Gott sich selbs, sein Wort und Lehre in die Schmach solcher Heinzen[1], so mugen wir viel mehr unser Leben hineinsetzen, das doch sonst nicht ganz heilig ist.

Doch ein wenig zu antworten um der Unsern willen (denn Heinz Teufel zu Wolfenbüttel nicht wert ist, daß ein fromm Mensch seinen unverschamten Lügen antworten oder sich darum bekummern sollte), will ich auf eins oder zwei antworten, so kurz ich kann. Erstlich, da er schreibet, diesen Lärmen (so durch Luther erregt) hab Herzog Friederich angericht darum, daß er nicht gern gesehen, daß dieser Bischof Albrecht sei Bischof zu Magdeburg worden etc. Da muß ich den löblichen, frommen Fürsten entschüldigen und sagen, daß nicht allein Heinz, sondern auch Mainz (aus dem solche Lügen wohl an mehr Ört kommen) hierin liegen als die verzweifelten Bösewichter, des sei Zeuge ihr eigen Gewissen. Denn soviel ich zu der Zeit erfahren habe, hat Herzog Friederich mit allem Fleiß dazu geholfen, daß der itzige Bischof zu Magdeburg Bischof wurde. Denn dazumal war kein Herzog zu Sachsen furhanden, deshalben Herzog Friederich hätte mügen praktiziern[2], denselben Bischof zu machen.

Aber dem sei, wie es wolle, das weiß ich zu sagen, so ich zur Locha[3] einmal gehöret (denn ich seine Stimm mein Leben lang nie gehöret noch sein Angesicht gesehen, ohn[4] zu Wormes auf dem Reichstage), daß derselbe fromme Herzog Friederich den Bischof Albrecht so gelobet hat und sich sein so gefreuet, als der ein tröstlicher[5] Fürst dem Reich sein würde, daß nur viel gewest ist[6]. Denn da er wieder von Zerbist kam, daselbs eine Handelung geschah zwischen

1 der Schmähung durch solche Heinze aus. – 2 intrigieren. – 3 in Lochau. – 4 außer. – 5 erfreulicher. – 6 daß es nur so gefleckt hat.

dem von Lunenburg und Braunswig nach der Schlacht, darin Heinz das Hasenpanier ergriffen und mit Fersen hinter sich gehauen hatte (denn da waren nicht arme wehrlose Köche und Boten, die sich unversehens erstechen lassen wollten), da nu (sag ich) Herzog Friederich daselbs als ein Vicarius des Reichs nach Absterben Maximilianus neben dem Bischof Albrecht gehandelt hatte und heimkam, hatte er solchen Gefallen und Hoffnung zu dem Bischofe, daß er dies fröhliche Wort hat gesagt: Laßt mir den Mann mausen[1], er wird's tun. Aber nicht lange hernach, da er das Kräutlin erkennen lernte, hat er also gesagt bei den Seinen: Nu hat mich mein Leben lang kein Mensch also beschissen als der Pfaff. Denn es verdroß ihn ubel, daß er den Pfaffen so gelobt und doch gefeilet[2] hatte.

Und ich mag das auch sagen, daß mir kein Herr, auch meine eigen Gnädigsten Herrn Kurfürsten zu Sachsen nicht so gnädig allzeit geantwortet und soviel zugut gehalten haben als eben der Bischof Albrecht. Ich dachte furwahr, er wäre ein Engel. Er hat den rechten Meister Teufel, der sich so schön putzen kann und doch darunter uns lutherische Buben schalt und was er wider diese Lehre vermocht zu tun, nicht unterlassen hat. Ich meine ja, ich sei auch beschissen in meinem hohen Vertrauen auf solchen bösen Menschen. Wohlan, hin ist hin. Er soll und muß auch dahin. Mein Herr Christus ist fur ihm blieben, ich auch.

Weil er aber nicht wissen will, wer diesen lutherischen Lärmen (wie er's nennet) hat angericht, will ich's hiemit öffentlich sagen, nicht seinem Heinzen noch ihm selbs, denn er weiß es viel baß weder[3] ich selbs. Es geschah im Jahr, da man 17 schreib, daß ein Predigermünch mit Namen Johannes Tetzel, ein großer Clamant[4], welchen zuvor Herzog Friederich hatte zu Innsbruck vom Sacke erlöset, denn Maximilian hatte ihn zu ersäufen geurteilt in der Inn (kannst wohl denken um seiner großen Tugend willen), und Herzog Friederich ließ ihn des erinnern, da er uns Wittember-

1 sich mausern. – 2 sich getäuscht. – 3 als. – 4 Schreier, Schreihals.

ger also anfing zu lästern. Er bekannte es auch frei. Derselbige Tetzel führet nu das Ablaß umher und verkauft Gnade ums Geld, so teur oder wohlfeil er aus allen Kräften vermocht. Zu der Zeit war ich Prediger allhie im Kloster und ein junger Doktor, neulich aus der Esse kommen[1], hitzig und lüstig in der Heiligen Schrift.

Als nu viel Volks von Wittemberg lief dem Ablaß nach gen Jüterbog und Zerbest etc. und ich (so wahr mich mein Herr Christus erlöset hat) nicht wußte, was das Ablaß wäre, wie es denn kein Mensch nicht wußte, fing ich säuberlich[2] an zu predigen, man könnte wohl Bessers tun, das gewisser wäre, weder[3] Ablaß lösen. Solche Predigt hatte ich auch zuvor getan hie auf 'm Schlosse wider das Ablaß und bei Herzog Friederich damit schlechte Gnade verdienet, denn er sein Stift auch sehr liebhatte. Nu, daß ich zur rechten Ursachen des lutherischen Lärmens komme, ließ ich alles also gehen, wie es ging. Indes kömmt fur mich, wie der Tetzel hätte geprediget greulich schreckliche Artikel, der ich diesmal etliche will nennen. Nämlich:

Er hätte solche Gnade und Gewalt vom Papst. Wenn einer gleich die heilige Jungfrau Maria, Gottes Mutter, hätte geschwächt oder geschwängert, so künnte er's vergeben, wo derselb in den Kasten legt, was sich gebührt.

Item: Das rote Ablaßkreuz mit des Papsts Wappen, in den Kirchen aufgericht, wäre ebenso kräftig als das Kreuz Christi.

Item: Wenn St. Peter itzt hie wäre, hätte er nicht größer Gnade noch Gewalt, weder er hätte.

Item: Er wollte im Himmel mit St. Peter nicht beuten[4], denn er hätte mit Ablaß mehr Seelen erlöset weder St. Peter mit seinem Predigen.

Item: Wenn einer Geld in den Kasten legt fur eine Seele im Fegfeuer, sobald der Pfennig auf den Boden fiel und klünge, so führe die Seele heraus gen Himmel.

Item: Die Ablaßgnade wäre eben die Gnade, dadurch der Mensch mit Gott versühnet wird.

1 frisch geschmiedet. – 2 vorsichtig. – 3 als. – 4 tauschen.

Item: Es wäre nicht not, Reu noch Leide oder Buße für die Sünde zu haben, wenn einer das Ablaß oder die Ablaßbriefe kaufet (ich sollt sagen löset) und verkauft auch künftige Sünde. Und des Dings treib er greulich viel, und war alles ums Geld zu tun.

Ich wußte aber zu der Zeit nicht, wem solch Geld sollte. Da ging ein Büchlin aus gar herrlich unter des Bischofs zu Magdeburg Wappen, darin solcher Artikel etliche den Questorn[1] geboten würden zu predigen. Da kam's 'erfür, daß Bischof Albrecht diesen Tetzel gedinget hatte, weil er ein großer Clamant war. Denn er war zu Mainz Bischof erwählet mit solchem Pakt, daß er zu Rom das Pallium[2] selbs sollt käufen (lösen sage ich). Denn es waren zu Mainz neulich drei Bischof, Berthold, Jacobus und Uriel, kurz nacheinander gestorben, daß dem Bistum vielleicht schwer war, so oft und kurz aufeinander das Pallium zu käufen, welchs gestehet[3], wie man sagt, 26000, etliche sagen 30000 Gülden. Denn so teur kann der Allerheiligst Vater zu Rom Flachsfaden (der sonst kaum sechs Pfennig wert ist) verkäufen.

Da erfand nu der Bischof dies Fündlin und gedacht, das Pallium den Foggern[4] zu bezahlen (denn die hatten das Geld fürgestreckt) mit des gemeinen Manns Beutel. Und schickt diesen großen Beuteldrescher in die Länder. Der drasch auch weidlich drauf, daß es mit Haufen begonnst in die Kasten zu fallen, zu springen, zu klingen. Er vergaß aber sein selbs daneben nicht. Es hatte dazu der Papst dennoch die Hand mit im Sode[5] behalten, daß die Hälft sollt gefallen zu dem Gebäu St. Peterskirchen zu Rom. Also gingen die Gesellen hinan mit Freuden und großer Hoffnung, unter die Beutel zu schlahen und zu dreschen. Solchs, sage ich, wußte ich dazumal nicht.

Da schreib ich einen Brief mit den Propositionibus an den Bischof zu Magdeburg, vermahnet und bat, er wollte dem Tetzel Einhalt tun und solch ungeschickt Ding zu pre-

1 Ablaßkrämern. – 2 die geweihte Binde des Erzbischofs. – 3 kostet. – 4 Fuggern. – 5 in der Brühe.

digen wehren, es möcht ein Unlust draus entstehen. Solchs gebührte ihm als einem Erzbischofe. Denselben Brief kann ich noch auflegen[1]. Aber mir ward kein Antwort. Desgleichen schreib ich auch auf dem Bischof zu Brandenburg als Ordinario, an dem ich sehr einen gnädigen Bischof hatte. Darauf er mir antwortet, ich griffe der Kirchen Gewalt an und würde mir selbs Mühe machen. Er riete mir, ich ließe davon. Ich kann wohl denken, daß sie alle beide gedacht haben, der Papst würde mir, solchem elenden Bettler, viel zu mächtig sein.

Also gingen meine Propositiones aus wider des Tetzels Artikel, wie man im Gedrückten wohl sehen mag. Dieselbigen liefen schier in vierzehen Tagen durch ganz Deutschland, denn alle Welt klagt uber das Ablaß, sonderlich uber Tetzels Artikel. Und weil alle Bischofe und Doctores stillschwiegen und niemand der Katzen die Schellen anbinden wollte (denn die Ketzermeister, Predigerordens hatten alle Welt mit dem Feur in die Furcht gejagt und Tetzel selbs auch etliche Priester, so wider seine freche Predigt gemuckt hatten, eingetrieben[2]), da ward der Luther ein Doktor gerühmet, daß doch einmal einer kommen wäre, der dreingriffe. Der Ruhm war mir nicht lieb, denn (wie gesagt) ich wußte selbs nicht, was das Ablaß wäre, und das Lied wollte meiner Stimme zu hoch werden[3].

Dies ist der erste, rechte, grundliche Anfang des lutherischen Lärmens, den nicht Herzog Friedreich, sondern der Bischof zu Mainz durch seinen Beuteldrescher oder Beutelschneider Tetzel, ja, viel mehr durch desselben lästerliche Predigt (wie gehöret), den Leuten ihr Geld zu stehlen und zu rauben, sein Pallium und Pracht zu erkäufen angefangen hat und er doch, von mir vermahnet, dem Tetzel nicht wehren wollt, sondern viel hoher das Geld, so er unter des Ablaß Schein gestohlen hatte, noch stahl und weiter stehlen wollt, weder[4] die Wahrheit und Seelenheil geachtet

1 vorlegen. – 2 in die Enge getrieben. – 3 die Sache wollte mir über den Kopf wachsen. – 4 als.

hat. Und solcher unverschamter Pfaff, der solchs alles wohl weiß, will das dem löblichen verstorbenen Fürsten auflegen, schmeißt und schmeicht[1] solche seine Lügen in seine Heinzen unverschamt, ist nu den Lästerheinzen, den Schandmainzen, den weibischen Memmen, den verzagten Schelmen und ihrer ganzen verdammten Rotten ein Lärmen oder Unlust draus kommen. Das mügen sie dem Bischof zu Mainz danken, der hat's durch seinen verfluchten, diebischen Geiz und durch seinen gotteslästerlichen Tetzel, den er geschickt und verteidingt, angefangen. Und wo gleich der Luther nicht hätte des Tetzels lästerliche Predigt angriffen, so war es dennoch zu der Zeit an dem und also ubermacht[2], daß Stein und Holz hätten müssen dawider schreien, daraus nicht so ein säuberlicher lutherischer, sondern ein teufelischer, greulicher Lärmen worden wäre, denn sie sind bis daher unter unserm Schutz und Schirm, das ist unter Gottes Wort, sicher gewest, wenn sie die Wahrheit bekennen möchten. Die Rottengeister hätten sie sonst wohl Mores gelehret.

Der ander Anfang dieses Lärmens ist der Heiligst Vater Papst Leo mit seinem unzeitigen[3] Bann. Dazu holfen Doktor Sau und alle Papisten, auch etlich grobe Esel, da idermann wollt Ritter an mir werden, schrieben und schrien wider mich, was nur Feder regen kunnte. Ich aber hoffete, der Papst sollte mich schützen, denn ich hatte meine Disputation also verwahret und gewappent mit Schrift und päpstlichen Drecketen, daß ich sicher war, der Papst würde den Tetzel verdammen und mich segenen, schreib ihm auch zu die Resolution mit einer demütigen Schrift, und gefiel solch mein Buch auch vielen Kardinalen und Bischofen sehr wohl. Denn ich dazumal besser päpstisch war, weder[4] Mainz und Heinz selbs je gewest sind noch werden mügen, und die päpstlichen Drecketen klärlich dastunden, daß die Questores die Seelen nicht aus dem Fegfeur mit Ablaß lösen künnten. Aber da ich des Segens wartet aus Rom, da

1 schmeichelt. – 2 übertrieben. – 3 unangebrachten. – 4 als.

kam Blitz und Donner uber mich. Ich mußte das Schaf sein, das dem Wolfe das Wasser betrübt hatte. Tetzel ging frei aus, ich mußt mich fressen lassen.

Dazu gingen sie mit mir Armen so fein päpstisch um, daß ich zu Rom wohl 16 Tage verdammt war, ehe die Zitation mir zukam. Aber da der Kardinal Cajetanus auf dem Reichstage zu Augsburg kommen war, erlanget Doktor Staupitz, daß derselb gute Fürste, Herzog Friedreich, selbs zum Kardinal ging und erwarb[1], daß mich der Kardinal hören wollt. Also kam ich gen Augsburg zum Kardinal. Derselb stellet sich freundlich. Aber nach vielen Händeln erbot ich mich, hinfort zu schweigen, sofern mein Widerteil[2] auch schweigen müßte. Da ich das nicht erlangen kunnte, appelliert ich vom Papst zum Concilio und zog davon. Also ist die Sache hinfort auch auf die Reichstage kommen und oft gehandelt, davon itzt nicht zu schreiben, denn die Historien ist zu lang. Indes ging's mit Schreiben widernander aufs heftigst, bis es nu dahin kommen ist, daß sie das Licht unverschamt scheuen, ja, viel Dings selbs itzt lehren, das sie zuvor verdammt, dazu nichts zu lehren hätten, wenn unser Bücher täten[3].

Ist nur ein Lärmen hieraus kommen, der ihnen weh tut. Des müssen sie ihnen selbs danken[4]. Warum haben sie die Sachen so unvernünftig und ungeschickt getrieben wider alle Recht, Wahrheit, Schrift und ihr eigen Drecketen? Sie dürfen's keinem andern schuld geben denn ihnen selbs. Wir wöllen's ihres Klagens in die Faust lachen und ihr' zum Schaden spotten und uns trösten, daß ihr Stündlin kommen sei. Denn sie auch noch heutigestags nicht aufhören, als die verblendten, verstockten, unsinnigen Narren die Sache also zu handeln, als wollten sie mutwilliglich zugrund gehen. Gottes Zorn ist uber sie kommen, wie sie verdienet haben.

Denn nu es (Gott Lob) an Tag kommen ist, wie das Ablaß eine Teufelslügen ist, tun sie doch keine Buße, denken

1 erwirkte. – 2 Gegenpartei. – 3 nicht vorhanden wären. – 4 sich selbst zuschreiben.

sich auch nicht zu bessern noch zu reformieren, sondern mit dem blinden, bloßen Wort Kirche wollen sie alle ihre Greuel verteidigen. Und wenn sie sonst kein Böses getan hätten, so wäre allein das Ablaß gnug dazu, darum sie Gott ins hellische Feur verdammt und sie alle Menschen zur Welt aus jagt. Denke doch, du lieber Christ, erstlich, wie der Papst, Kardinal, Bischofe und alle Geistlichen die Welt mit verlogen Ablaß erfüllet und betrogen haben. Zum andern, daß sie es die Gnade Gottes lästerlich genennet haben, so es doch nichts ist noch sein kann, denn Remissio satisfactionis, id est nihil. Denn man nu weiß, daß Satisfactio nichts ist. Zum dritten, daß sie es als eine Gnade Gottes mit greulicher Simonei und Schariotherei um Geld verkauft haben, so Gottes Gnade umsonst muß gegeben werden. Zum vierten, daß sie dadurch der ganzen Welt Geld und Gut schändlich gestohlen und genommen haben. Und das alles unter Gottes Namen. Zum fünften: Das Allerärgest ist, daß sie solcher lästerlichen Lügen zur schrecklichen Abgötterei gebraucht haben. Denn vieltausend Seelen, so sich drauf verlassen, als wäre es Gottes Gnade, und drauf gestorben, durch solche Seelmörder verloren sind, denn wer auf Lügen trauet und bauet, ist des Teufels Diener.

Solche Seelen schreien ewiglich Zeter uber das Papsttum, die sie schüldig sind, Gotte wiederzubringen. So sind sie auch schüldig, alle das Geld und Gut, so sie damit gestohlen, wiederzugeben, auch Gotte zuvorderst seine Ehre wiederzu'rstatten, die sie ihm durchs Ablaß schändlich geraubt haben. Wenn wöllen sie das tun? Ja, wenn bekömmern sie sich drum? Aber doch, wo sie es nicht tun werden, mit was Schein[1] wöllen sie eine christliche Kirche heißen und die Kirchengüter besitzen oder fodern? Soll das ein Kirche heißen, die voller Ablaß, das ist voller Teufelslügen, Abgötterei, Simonei, Ischariotherei, Dieberei, Seelmörderei, ist, wie itzt gesagt ist? Wohlan, wöllen sie nicht, so müssen sie. Er ist stark gnug, der's ihnen wird abmahnen[2], zum wenigsten

1 Schein des Rechts. – 2 austreiben.

mit dem ewigen hellischen Feur. Indes sollen sie keine Kirche, sondern des Teufels Schule sein und heißen, und wenn gleich alle Heinzen und Mainzen toll und töricht drüber würden.

Item, da der Teufel Heinz den Kurfürsten einen Trunkenbold, Nabal etc. lästert und, als wäre er selbs ein nüchtern Christ, die Schrift führet[1]: Sauft euch nicht voll Weins, daraus ein unordig Wesen folget. Wiewohl mir's ubel anstehet, meinen Herrn zu loben, denn der heinzische Teufel kann wohl darauf sagen: Des Brot ich esse, des Lied ich sünge. Doch kann ich's dem Teufel auch nicht so lassen gut sein, ich muß ihm sagen, wie er seiner Art nach leuget, auch wenn er gleich die Wahrheit sagt. Und erstlich kann ich das nicht ganz entschüldigen, daß mein Gnädigster Herr zuzeiten uber[2] Tisch, sonderlich mit Gästen, einen Trunk zu viel tut, das wir auch nicht gern sehen, wiewohl sein Leib eines großen Trunks mächtig ist fur andern[3]. Aber das wird Heinz nicht beweisen, sondern muß liegen, daß er ein Trunkenbold sei oder unordig Wesen da folge. Es muß Heinz, Mainz und alle Teufel bekennen (wie leid es ihnen auch ist), daß der Kurfürst ein groß Fürstentum zu regiern, viel Sachen zu handeln, dazu mit der Religion und des Reichs neben andern Sachen uberschüttet, daß da wenig Muße noch Ruhe ubrig, sondern Ärbeit uber Ärbeit ist, wie das am Tage und das ganze Reich weiß. Zu solchen hohen, großen, vielen, wichtigen, täglichen und unabläßlichen Sachen ist freilich kein Trunkenbold nütze noch geschickt, wie das wohl ein Kind und Narr verstehen kann, ohn daß es das giftige Lügenmaul zu Wolfenbüttel nicht verstehen kann, wie ihn denn Gott gestraft hat, daß er keine Wahrheit, Tugend noch Ehre verstehen kann, sondern ist ubergeben dem Teufel, alles zu liegen, ja, alles Böses zu tun, alles Gutes zu verstören.

So ist auch da (Gott Lob) ein züchtigs, ehrlichs Leben und Wandel, ein wahrhaftiger Mund, ein milde[4] Hand, Kirchen, Schulen, Armen zu helfen, ein ernstes, beständigs,

1 zitiert. – 2 bei. – 3 mehr als andere. – 4 freigebige.

treues Herz, Gottes Wort zu ehren, die Bösen zu strafen, die Frommen zu schützen, Fried und gut Regiment zu halten. Und ist der Ehestand so rein und löblich, daß es ein schön Exempel kann sein allen Fürsten, Herren und jedermann, ein christlich still Frauenzimmer, das einem Kloster (wie man zu rühmen pflegt) gleich ist, da höret man täglich Gottes Wort, gehet zur Predigt, betet und lobet Gott. Will nicht sagen, wieviel der Kurfürst selbs lieset und schreibet alle Tage. Hörest du es, Teufel Heinz und Heinz Teufel? Solchs christlichs, fürstlichs, ehrlichs Leben wirst du nicht können ein unordig oder Trunkenbolds Wesen schelten, du wolltest es denn tun mit der Zungen, damit du Gott selbs und Menschen schändest und lästerst. Denn ausgenommen den Trunk uber Tische wirst du nichts finden anders denn eitel große Gaben Gottes und allerlei Tugend eins löblichen, christlichen Fürsten, auch eines keuschen, züchtigen Ehemannes. Die Früchte zeugen vom Baum. Nu muß man leiden, ob etwa an einem schönen Leibe eine Warzen oder Grindlin sei, wo man's nicht kann wenden, als man gern wollte.

Dagegen, wenn du solchs hörest, Lieber, was sagt dir dein Herz (hast du anders ein Herz) von deinem nüchtern, heiligen, keuschen ordlichem Wesen, das du führest? Denn du weißest, daß alle Welt von dir weiß, wie du deine löbliche Fürstin hältest, nicht allein als ein voller, toller Filz und Trunkenbold, sondern als ein unsinniger, wütiger Tyrann, der sich nicht voll Weins, sondern voll Teufel gefressen und gesoffen habe, täglich und alle Stunde, wie Judas im Abendmahl. Denn du speiest auch eitel Teufel aus deinem ganzen Leibe in alle deinem Werken und Wesen, mit Gottes Lästern, Fluchen, Liegen, Ehebrechen, Wüeten, Schinden, Morden, Mordbrennen etc., daß man deinesgleichen in keiner Historien findet (wie hernach). Dazu kannst du dein schändliche Hurerei, ja Ehebruch nicht vollbringen, mußt's mit göttlichs Namens Schmach und Schande tun und die arme Metzen als verstorben mit deinem heiligen Gottesdienst, Messe und Vigilien lassen verbergen. Das hast du von deinem Gesellen zu Mainz gelernt, der auch seine Hurerei und Ehebrecherei unter dem Schein des Heiligentums treiben mußte, doch kannst du wohl von dir selb solche Tugend erdenken. Furwahr, ihr seid ordenliche Leute, die ihr fein wisset, von Trunkenheit und unordigen Wesen zu predigen.

Wie gleich bist du nu dem Kurfürsten, an dem alle Tügend scheinen[1], ohn[2] daß ein Splitter, der Trunk uber Tische, dich (der du sonst voller Teufel bist und nicht einiges, armes[3] Tügendlin an dir hast) muß zum nüchtern, heiligen, christlichen Mann machen. Hiemit will ich das Hofeleben nicht entschüldigt haben, das sie selbs ein Säuleben heißen. Es ist leider dieser Hof nicht allein, sondern ganz Deutschland mit dem Saufenlaster geplagt. Wir predigen, schreien und predigen dawider. Es hilft leider wenig. Es ist ein böse alt Herkommen in deutschem Lande, wie der Römer Cornelius schreibt, hat bisher zugenommen, nimmt noch weiter zu. Da sollten Kaiser, Könige, Fürsten, Adel zutun, daß ihm gesteuret würde. Dazu will's noch ärger werden (ohn Zweifel zur Strafe), daß nu auch welsche Sitten sich in deutschen Landen beginnen zu pflanzen[4] durch die verdammten Kardinäl und Heinzen, daß zu besorgen, deutsch Land sei gewest[5], davon itzt nicht Zeit zu reden.

Und woher hat das Reich Unruhe? Nicht vom Kurfürsten, der still und gehorsam ist, sondern von dir (samt deinen Teufelsgenossen), der du mit Wüeten, Toben, Mordbrennen all Unglück im Reich anrichtest und deine eigen Untertanen auffrissest, nichts anders Tag und Nacht denkest, denn Mord und alles Unglück anzurichten. Das heißt bei dir Ruhe und ordenlich, nüchtern Wesen. Wer dir hierin nicht gleich will sein, der muß aufrührisch, unrühig, unordig, trunken heißen. Ja, so tut dein Vater auch. Weil Gott nicht wollt im Himmel tun, was er wollt, fuhr er zu und

1 erglänzen. – 2 außer. – 3 kein einziges, armseliges. – 4 einzuwurzeln. – 5 mit Deutschland sei es aus.

wollt Gott nicht lassen Gott sein, will's auch noch nicht tun. So tust du auch, du schönes Ebenbild deines engelischen (hellischen) Vaters.

Von den Kirchengütern hab ich droben gesagt, so hat der Kurfürst (Gott Lob), was derselben furhanden, ganz christlich angelegt und noch tut, als an Kirchen, Schulen, Armen etc. Und dürfte derselben wohl mehr in solchen großen Unkosten, so uber ihn gehet[1]. Aber Heinz, das heilige, gehorsame Kind der heiligen Kirchen, hat das Bistum Hildesheim gefressen, fresse wohl gern Magdeburg und Halberstadt dazu und gebe nicht einen Heller einem armen Menschen, schweige, daß er Schulen und Kirchen helfen sollt. Aber er hat eine köstliche Entschüldigung: Die Kirchen und Schulen sind ketzerisch, er aber ein christlicher, heiliger Mann. Darum mag er fressen, was er kann, wiewohl seine Kirche selbs drum zürnet, und geben itzt für, sie wöllen's ihm abbannen[2]. Aber ob's ernst oder Spiegelfechten sei, dafur will ich nicht sorgen. Lasse die Buben unternander machen, was sie machen. Es ist alles eitel Lügen und Mord, was der Teufel tut.

Vom Landgrafen, den er zweiweibig, wiedertäuferisch, selbs auch wiedergetauft schilt, doch mit solchen kardinälischen, wetterwendischen Meuchelworten, daß, wo es zum Beweisen sollt kommen, er frei könnte seine Zunge wiederum lenken und sagen, er hätte es nicht beschlossen[3], daß so sei, sondern einen Argwohn gehabt, denn er ist ein Meuchler, Lügener, Zweizungiger und leuget, meuchelt, zweizunget alles, was er redet und tut, davon (sage ich) will ich nicht viel diesmal reden. Der Landgraf ist Manns gnug, hat auch gelehrte Leute bei sich. In Hessen weiß ich von einer Landgräfin, die da ist und soll heißen Frau und Mutter in Hessen, wird auch keine andere mügen junge Landgrafen tragen und säugen. Ich meine die Herzogin, Herzog Georgen zu Sachsen Tochter. Daß aber ihr Fürsten zum

1 bei den großen Kosten, die seine Mittel übersteigen. – 2 durch Bannandrohung wieder abnötigen. – 3 behauptet.

Teil den Holzweg gehet, da habt ihr's leider dahin bracht mit eurem bösen Exempel, das schier der Baur nicht mehr will fur Sünde halten und habt uns zu tun gemacht, daß wir mit aller Mühe schwerlich den Ehestand fur löblich und ehrlich erhalten, ja wieder anrichten können.

Aber von Anfang hat nie keiner den Ehestand lästerlicher geschändet denn Heinz von Wolfenbüttel, der heilige, nüchtern Mann, als der seine schändliche, unbußfertige, verstockte Ehebrecherei unter dem schrecklichen Urteil und Zorn Gottes (nämlich dem Tod, der alle Menschen frißt, daß uns auch allein Gottes Sohn davon hat müssen helfen) schmücket und berget[1], dazu unter seinem Gottesdienst, Messe und Vigilien, machet also ein Hehlekäpplin, ja, eine Narrenkappe, beide aus Gott und dem christlichen Glauben, als wäre der Tod, Auferstehen und ewigs Leben ein Scherz und Gäucherei[2] und Gott wäre nicht gnugsam damit geschändet, daß sein Verbot vom Ehebruch veracht wird, sondern muß dazu noch als ein Schanddeckel verspottet werden, daß nicht wunder wäre, ob Gott ein Land drum versinken ließe wie Sodom und Gomorra. Und solcher Gotteslästerer und Spötter tar noch andere löbliche Fürsten richten und schmähen. Der Türke (sagt man) hat wohl uber hundert Frauen, noch[3] ist sein Wesen[4] nicht so mit Gottes Namen und Werk als mit einer Narrenkappen geschändet wie dieses Heinzen.

Vom Wiedertäufen laß ich die Bücher dem giftigen Maul antworten, darin man lesen kann, was der Landgraf neben dem Kurfürsten wider die tollen Leute zu Münster getan haben, kann er darüber ein Wiedertäufer werden und heißen, so kann er auch wohl ein Ärgers und Größers werden und heißen. Und was sollt bei solchen bösen Mäulern nicht werden auch der heiligst Mensch auf Erden, wenn unser Lehre, die sie selbs bekennen müssen, daß es Gottes Wort sei, Ketzerei, Ungehorsam, Aufruhr und alle böse Namen leiden muß. Denn weil sie zu Teufeln worden sind, wollten

1 bemäntelt und verbirgt. – 2 Fopperei. – 3 dennoch. – 4 Treiben.

sie alles ihnen gleich auch gern zu Teufeln machen. Aber damit machen sie unser Sache (wie droben gesagt) nichts ärger und ihre Sache nichts besser.

Und daß ich auch zum Ende komme, achte ich fur mich, daß Heinze Teufel darum solche böse, lästerliche Lügenbücher furgenommen hab zu schreiben, er weiß, daß er bei aller Welt viel schändlicher Namen hat und stinket wie ein Teufelsdreck, in deutschen Land geschmissen[1], wollt er vielleicht gern, daß er nicht alleine fur andern so scheußlich stünke, sondern auch andere, löbliche Fürsten bestänkern, ob man seines Stanks damit ein wenig vergessen möcht oder doch nicht sein Stank allein alle Nasen füllen müßte, zuvor aus[2], weil dies Jahr der Mordbrenner Geschrei gar uber ihn Zeter schreiet. Denn solch Zetergeschrei zu uberschreien mit leisen Worten, das will's nicht tun. Darum muß er sich also zu zerren und plärren[3], mit Fluchen, Lästern, Liegen, Wüeten und Toben, ob's helfen wollt. Aber es hilft nicht! Heinz, du schreiest vergeblich, und wenn du wittern und donnern kunntest wie Gott selbs. Dies groß unschüldig Blut zu Eimbeck[4] und anderswo, durch deinen Mordbrand vergossen, schreiet gen Himmel so stark, daß dich's samt deinen Gesellen gar bald (ob Gott will) in Abgrund der Hellen schreien soll, wird auch nicht ehr aufhören.

Daß du aber das Maul wolltest wischen[5], es seien Bosewichter und Schälke, die solchs von dir, deinen Ehren zu nahe, sagen, ist in dem wohl recht geredt und gebest ihnen deinen eigen rechten Namen. Denn darum sind sie geschmäucht mit Feur, daß sie solche Bösewichter und Schälke gewest, die ihrem Häupt und Erzmordbrenner gedienet haben. Und der Henker, der sie gerichtet, hat damit dir furgemalet, was du verdienet hättest, wenn man dir sollt dein Recht tun. Wohlan, du mußt denken, es sei ebenso mehr in die Helle gerannt als getrabet. Du hast's doch dahin

1 geschissen. – 2 besonders. – 3 anstrengen (mit) Heulen und Schreien. – 4 Einbeck. – 5 dich herausreden.

gesetzt, daß du Gottes und Menschen Feind bleiben willt, und wo du Gott ermorden künntest, so würdest du sein ja so wenig schonen als der Menschen, wie dein Wort zeuget, da Herzog George gestorben war: Ei, nu wollt ich lieber, daß Gott im Himmel gestorben wäre. Davon itzt nicht alles, denn es ist zu greulich zu hören, dasselb auszustreichen[1]. Du hast dir sonst[2] ewigs Gedächtnis gnug gestift, daß man Judas, Herodes, Nero und aller Welt Bösewichter gegen dir schier wird heiligsprechen müssen.

Denn obwohl Nero auch Rom ansteckt', tät er's dennoch offenbar[3] und woget's als ein Mann, wie es zuletzt gehen wurde. Und die andern Mordbrenner stecken Briefe[4], zeigen ihren Namen, warnen ihre Feinde, wogen auch, daß sie dem Henker in die Hände kommen. Aber dieser verzagter Schelm und feldflüchtige Memme tut's alles meuchlings. Er wäre besser ein Frauenhut[5], der nichts tun sollt, denn wie ein Eunuchus, das ist ein Frauenhut, stehen in einer Narrenkappen mit einem Fliegenwedel und der Frauen hüten, und des davon sie Frauen heißen (wie es die groben Deutschen nennen). Ich hab's von feinen Kriegsleuten gehört, wie ein verzagter Schelm er sei, ist auch noch nie keines freidigen[6] Manns Tat von ihm erhöret, sondern was er getan hat, das hat er heimlich oder meuchlings aufs Leugnen getan, oder gegen die, so ubermenget oder ubermannet[7]. Seinesgleichen oder einen Mann läßt er wohl zufrieden. Das beweiset er nicht allein mit seinem lästerlichen Meuchelehebruch, sondern auch mit diesem jämmerlichen Meuchelmordbrand, ohn[8] was der Stück noch mehr sind.

Denn also sagen alle Bücher: Wer ein Meuchler ist, der ist verzagt und schlägt keinen Mann redlich, wie der Kaiser Mauritius von seinem Mörder Focas. Si est timidus est homicida. Ein freidiger Mann schämet sich, etwas meuchlings oder gegen seinem ungleichen, wehrlosen Menschen furzu-

1 ausführlich zu schildern. – 2 sowieso. – 3 offenkundig. – 4 nageln Drohbriefe an. – 5 Frauenwächter. – 6 kühnen. – 7 durch Übermacht überwältigt. – 8 außer.

nehmen, das doch dieses Heinzen hochste Tugend ist. Und ich halt, daß diesen Meuchelmordbrenner eine zornige Katze sollt aus dem Felde jagen, wo er alleine wäre. Darnach, wenn solche Thrasones[1] ihre Meuchelei begangen, werfen sie den Rüssel auf und sind kühne Eisenfresser, mit Schweren und Martern, Gott und Menschen lästern und schänden, und ist ihre Freidigkeit im Maul mit schändlichen Worten. Denn kannst denken, welch ein mannhaftiger Achilles der muß sein, der Gott (den er fur nichts hält) im Himmel den Tod wünschen und fluchen kann, oder wo da etliche Hundert in der Schlacht bleiben, da er aus[2] kecklich geflohen ist, hernach mit solchen Worten ein Held und teuer Ritter wird. Ha, solcher Leute zeucht man viel auf mit einem Kübel voll Milch, oder wenn er sie hinan[3] geführt, aller Landsknechte Mutter ist noch nicht gestorben. Item Gott mit uns, der Teufel hole die andern und dergleichen. Welcher Christ, ja, welche Vernunft vernimmt nicht, was fur ein Herz da sei, aus dem solche Wort kommen? Ist's nicht wahr, das ich droben gesagt hab, er hab sich voll Teufel gefressen und gesoffen und speiet also eitel Teufel aus seinem hellischen Rachen?

Von Nerone schreibt Suetonius: Da einmal bei ihm stund auch ein ungeheurer Unmensch und sprach: Ich wollt, daß nach meinem Tod die Welt im Feur verdörbe, da antwortet Nero: Ja, ich wollt, es geschehe, weil[4] ich lebe. Dieser Nero ist dennoch so kühne und mannlich, daß er mit andern will des Verderben warten. Unser verzagter Frauenhut wünscht wohl, daß der Teufel alle andere hole, aber er will die Flucht[5] behalten und seines Lebens sparen als ein kühner Held, der mit Worten auch Gott kann totschlahen, schweige denn alle Menschen. Aber es ist die letzte Stunde da, wie wir Christen wissen, darin das Papsttum mit seinen Geliedern soll, wie Daniel und Paulus sagen, das greulichst Exempel des göttlichen Zorns sein und der rechte, endliche

1 Prahlhänse. – 2 aus der er. – 3 ins Feld. – 4 während. – 5 Möglichkeit der Flucht.

Greuel, den kein Gewalt auf Erden, auch die heilige Kirche selbs nicht, sondern der Herr Christus selbs mit dem Geist seines Mundes töten und mit seiner Zukunft[1] zustören soll. Darum muß auch solcher endlicher Greuel den schändlichsten Menschen zum Diener haben, den die Sonne beschienen hat. Denn in solche Kirche gehöret solcher Kirchner und solcher Heilige. Und wir wissen (Gott Lob) wohl, wem Heinz mit seinem Meuchelmordbrennen dienet und wo das Geld herkömmt. Aber dagegen wöllen wir keck und unverzagt sein, als die wir wissen, wem sie es tun, das ist dem rechten Mann. Laß sie nur getrost anlaufen und eilen zu ihrem Verdammnis, wie St. Petrus sagt. Es soll solch Mordbrennen nicht allein dem Heinzen heimkommen[2], das weiß ich furwahr (denn der ist nicht wert, daß man sich damit bekümmere). Und wir wöllen einmal sehen, daß dies unser Weinen und Trauren verwandelt sei in eine Freude, der sie nicht so lachen sollen, wie sie itzt lachen. Was gilt's?

Es verläßt sich der Heinz und sie alle darauf, daß der Papst uns verdammt hat und der Kaiser auch Edikt wider uns gestellet, darum sie niemand könne tadeln noch urteilen, weil sie Papst und Kaiser gehorsam sein, mügen also tun, was sie wöllen, uns zuleid. Das ist die Bruch[3] von Spinnweb gemacht (wie es Jesajas nennet), damit sie geschmuckt sind als jener, der sich nacket mit einem Netze anzog, daß man seine Schame nicht sehen sollt. Aber die Bruch ist nu oft von uns zurissen. Doch weil sie toll und töricht sind, wollen wir sie itzt abermal zureißen, nicht um der Heinzen willen, die nichts verstehen, meinen nichts anders, ihr Spinnweb sei ein gülden Stück, ja, ein Kurisch[4], Harnisch, sondern die Unsern zu trösten und (welch's nicht wissen) zu unterrichten.

Man spricht auf deutsch: Das Recht ist allzeit ein fromm Mann, der Richter ist oft ein Schalk. Und ich gedenke, da Herzog Friederich einmal eine Klagezettel kriegt von einer

1 Wiederkunft. – 2 vergolten werden. – 3 Hose. – 4 Küraß (Brustharnisch).

armen Frauen, darin sie bat, sein kurfürstliche Gnade wollte ihr helfen zu dem rechten Recht, daß der gute Fürst sehr guter Ding drüber war, daß die Frau zweierlei Recht anzeigt, so er doch nichts wußte von einem unrechten Recht, verstund's aber bald, daß es war geredt soviel: der Richter wäre ein Schalk. Und, o Herr Gott, wenn dies Leben so selig wäre, daß der Richter so fromm wäre als das Recht, so dürften wir keiner Juristen, ja wohl keiner Herren, weder König noch Kaiser. Aber man frage die Juristen drum, was sie fur Ursache haben, daß ihre Bücher so klagen uber die hohen und niedrigen Richter, daß sie müssen dasein, helfen und wehren, was und womit sie können. Ja, frage die Fürsten und Herrn selbs drüm, was sie doch machen, wenn sie ihre Amtleute absetzen und strafen, ist doch das Amt recht und fromm? Und warum haben die Fürsten vorzeiten etliche Kaiser abgesetzt, so doch das kaiserliche Amt von Gott ist und heißt (wie billig) das Heilige Römische Reich um Gottes willen, der heilig ist und solchs geordent, und alle Fürsten ihren Stand rühmen von Gottes Gnaden, das ist heilig.

Ja, warum heißt man der Huren Leib Gottes Kreatur, so sie ein böse Hure ist und alle fromme Weiber sie scheuen, die doch keine besser Kreatur sind des Leibs halben, und der Exempel ist alle Kreatur voll. Alles darum: Quod est differentia inter rem et personam. Das ist soviel gesagt: Res illa: Das Recht ist allzeit ein fromm Mann, aber Persona: der Richter ist oft ein Schalk. Daß nu die Heinzen trotzen darauf, daß Papst und Kaiser, das ist die Personen, uns verdammt haben und nicht das Recht, darum haben wir verloren und sie gewonnen. Das ist eine solche Dialectica, darum man die Knaben von zehen Jahren stäupet in der Schulen, und heißt auch bei ihren Sophisten: A baculo ad angulum. Und daß ich's deutsch rede, ob's die Papstesel auch verstehen könnten: Die Frau ist schön, darum ist sie keine Hure. Heinz ist ein Fürst, darum ist er kein Ehebrecher, Mörder noch Mordbrenner. Kaiphas ist ein Hoherpriester, darum kreuzigt er Christum nicht. Judas ist ein Apostel, darum ist er kein Verräter. Lieber, wie soll man solche Leute nennen, die also reden? Sind sie nicht toll und töricht?

Und dies rede ich noch alles von dem Wesen hienieden auf Erden, nämlich, daß Recht und Richter, Res und Persona, nicht fur ein Ding, sonder unterscheiden und nicht ineinandergemenget soll sein. Also daß man nicht sehen noch achten soll, was der Richter, sondern was das Recht tut, wie auch der Heide Seneca sagt: Non quis, sed quid dicatur attende. Und die ganze Schrift verbeut, Person anzusehen. Sie haben aus unsern Büchern gelernet, daß man die Oberkeit und Herrschaften soll ehren, das ziehen sie dahin[1]: Was die Person Heinz tut, soll man ehren, so wir doch allein das Amt und Recht gemeinet und verstanden haben. Und zu Wahrzeichen viel Fürsten und Herren (wie auch noch) gestraft haben, daß sie ihre Amt nicht tun, so mengen sie es so schändlich und meinen, alles, was die Person will und denkt, das sei der Oberkeit oder Amts Werk, gleich wie auch Herzog George sich selbs und viel mit sich betrog, daß er auch in Religionsachen möcht gebieten, was er wollt, und die Untertanen wären's schüldig zu halten. Das ist eben des Papsts Meinung und Regiment.

Aber dagegen stehen die Zehen Gebot Gottes, die werfen unter sich[2] nicht allein Kaiser und Könige, sondern auch Propheten, Apostel und alle Kreatur und zwingen sie, zu tun, was Recht ist nach ihrem Amt, und läßt ihnen nicht zu, was sie gelüstet nach ihrer Person. Lieber Gott, ist die Welt noch so blind, nachdem solch Licht so reichlich durch den Katechismus offenbart ist. Was hilft doch unser Predigen, wenn man dies Stück noch nicht lernen will oder kann. Wenn das soll Recht sein, was die Person, so im Amt sitzt, will und tut, so ist's gar aus und regiern eitel Heinzen und Teufel und ist Gott und sein Gebot schlecht[3] tot und nichts.

1 beziehen sie darauf. – 2 unterwerfen, fordern Gehorsam von. – 3 schlechterdings.

Also tät Albrecht, der Henker zum Gebichstein, auch, da er Hans Schenitz ermordet. Er wollt der Richter selbs und das Recht selbs sein, und Gott mußte nichts und tot sein.

Und daß wir gröblich mit Groben davon reden, so ist auf Erden mehr denn das kaiserlich Recht (dadurch ich will das ganz Gericht weltlicher Oberkeit und was die Juristen lehren, verstanden haben). Denn der Kaiser soll und muß herunter in die andern Tafel, ins vierte Gebot, höher kann er nicht (der Teufel führet ihn denn), dazu, wie gesagt, ist er auch der andern Tafel ganz unterworfen und schüldig, zu halten, was Gott in derselben gebeut, sowohl als[1] der geringst Mensch auf Erden. Aber in der ersten Tafel hat er doch so gar nichts zu tun (sowohl als kein Engel noch Kreatur), daß er auch nichts anders vermag denn sich fürchten und zittern fur Gott, seinem Namen und seinem Wort, schweige denn, daß er hierin was ändern sollt. Denn hie regiert Gott allein, und wiewohl er in der andern Tafel auch nicht Macht hat, die Gebot zu ändern, so kann er dennoch die Leib und Güter (so ihm unterworfen) regiern, damit sie nach denselben Geboten und nicht dawider gebraucht, wie Vater und Mutter im Hause auch Macht haben.

Wenn nu die Heinzen schreien, der Papst und Kaiser haben's also geboten, den' soll man gehorsam sein, ist das die Antwort: Ausgenommen die Zehen Gebot und Evangelium Gottes, welchen der Papst und Kaiser neben uns sollen selbs auch gehorsam und unterworfen sein. Tun sie das nicht, so stehet[2] das Sprichwort: Der Richter ist ein Schalk, dem gehorche der Teufel und seine Heinzen. Wir wöllen dem frommen Mann, dem Rechte, gehorchen. Drehet euch, wie ihr wöllet, so müßt ihr zuletzt zum Recht. Die Person wird euch nichts helfen, wenn euch das Recht verdammt, und wenn ihr hunderttausend Kaiser und Päpste fur euch hättet. Denn welchen das Recht verurteilt und verdammt einen Schalk und Mordbrenner, den kann der Kaiser und Papst nicht frommsprechen, und hülfe ihn nichts, ob er ihm

1 ebenso wie. – 2 besteht zu Recht.

die Kaiserkron aufsetzt, denn es wäre doch die spinnewebige Bruch, das ist der Richter ohn Recht.

Nu aber dies Jahr der Heinze durch Gottes Gericht ist offenbart und verkläret[1] ein Erzmeuchelmörder und Bluthund, desgleichen nie erhöret ist unter der Sonnen, und der Papst, Kaiser, Kammergericht nicht können oder wöllen ihn auch also verklären, hilft ihn nichts, Gottes Gericht gehet uber alles, tritt Papst und Kaiser mit Füßen. Das ist aber Gottes offenbart Gericht, daß nicht einer, sondern viel in der Urgicht[2] bekannt und darauf als auf den höhesten Eid ihren Tod genommen, als ein ewig Gericht Gottes, daß der Angstbösewicht und Meuchelmordbrenner, der zu Wolfenbüttel, den Mordbrand habe angericht. Aus diesem Urteil und Gericht wird dich kein Schreien, Zerren noch Plärren, Fluchen noch Lästern, Ehebruch noch Verzagen, Kaiser noch Papst, Teufel noch Engel erretten können, wenn sie dich gleich zum Heiligen kanonisierten. Denn da stehet Gottes Wort und Urteil, das spricht: Zweien oder dreien Zeugen (viel mehr der letzten Not so vieler[3]) soll und muß man gläuben, will man anders Gott selbs gläuben. Wenn einer allein da wäre oder in einem Gericht oder wäre wie zu Metz vom Henker ubermartert[4], so hätte man wohl mügen feilen, doch nicht lange. Aber hie sind viele, den man gläuben muß als Gotte selbs, der es heißt gläuben als ein wahrhaftig Urteil, und vieler Herrschaften Gerichte, die man muß fur Recht und von Gott verordente Gerichte halten, daß sie recht getan haben und jene recht auf dich bekannt[5] haben.

Da stickest du, mit Ketten göttlichs Gerichts und Banden zur Hellen gefangen, wie alle Teufel auch. Laß dir nu Herzog Georgen, deinen Abgott, und den zu Mainz, deinen Heiligen Geist, helfen und raten. Oder lust[6] dich's, so

1 erklärt zum. – 2 Aussage. – 3 und noch viel mehr den von so vielen angesichts des Todes gemachten Aussagen. – 4 durch die Folter zu unwahren Aussagen getrieben. – 5 richtig gegen dich ausgesagt. – 6 gelüstet.

komm wieder und nimm alle Speier und Schreier zu dir, auf daß ihr's gut machet. Wo du es nicht verstehen kannst, will ich's doch, ob Gott will, dem zu Mainz und andern mit ihm also sagen, daß er's verstehen muß. Denn er ist nicht so eine Worst noch unsinniger Narr wie Heinze. Er weiß wohl, was er tun sollte, wenn er die Gnade hätte und künnte dem Reich mehr Nutzs tun (welchs Herzog Friederich auch gemarkt), denn du verzweifelter Meuchler, Frauenhut und verzagter Schelm Schaden getan hast. Aber er soll's nicht wert sein, und muß mir leid sein, mein treue, herzigs Gebet, das ich so ernstlich und oft fur den heillosen Pfaffen, ihn zu bekehren, verloren habe, wie Samuel an seinem Saul.

Und du schändlicher Heinz läßt dich nicht allein zu solchem jämmerlichen Mordbrand, sondern auch solche Bücher zu schreiben brauchen und zu lästern solche hohe Sachen von Kirchen, Ketzern, Glauben, Unglauben, Aufruhr, Gehorsam, da beide, sie selbs und du auch, weißest, daß du ein unverständiger Narr hiezu bist und uns selbs, so Tag und Nacht, soviel Jahr damit umgangen, dennoch hoch[1] bleibt. Du solltest nicht ehe ein Buch schreiben, du hättest denn ein Forz von einer alten Sau gehöret. Da solltest du dein Maul gegen aufsperren und sagen: Dank habe, du schöne Nachtigall, da höre ich einen Text, der ist fur mich. Halt fest, Rüdem[2], das wird gut, in ein Buch zu drücken, nirgend denn zu Wolfenbüttel wider die Schriftler[3] und den Kurfürsten. Oh, wie sollen sie die Nasen dafür zuhalten und werden müssen bekennen, daß Heinz Potzenhut[4] auch ein Schreiber sei worden. Ja, so solltest du Bücher schreiben, die künntest du verstehen.

Zuletzt bitte ich erstlich alle fromme Christen und ehrbare Herzen, die dies lesen oder hören, wöllten das mit Ernst wohl merken, daß Gott der Herr (wie gehört) durch so viel Urgicht und Gericht diesen Heinzen verdammt hat als einen Mörder, Bluthund, Erzmeuchelmörder zum helli-

1 schwer verständlich. – 2 Hund. – 3 Tintenkleckser. – 4 Popanz.

schen Feur, wo er hie nicht geschmäucht kann werden, daß ein jedermann Gott diesen Dienst tue, rühme und preise solch göttlich Gericht, wo er kann, öffentlich und sonderlich speie auf die Erden, Gott zu Ehren, wo er Heinzen siehet, oder halte die Ohren zu, wo er ihn höret nennen, gleich wie er wollt gegen dem Teufel selbs tun. Und sonderlich ihr Pfarrherr und Prediger, lasset eur Stimm getrost hierin schallen und wisset, daß wir solchs schüldig sind zu tun Autoritate divina und Gott einen Dienst dran tun. Denn man soll und muß Gottes Gericht und Werk preisen und rühmen, wie die Psalmen uns lehren. Denn hie hat sich Gott uber Heinzen offenbart wie uber Pharao in Ägypten, daß wir gewiß sind, es sei sein Gericht und Werk. Und ihr Prediger tut das dazu, daß ihr dem Volk sagt, wie mit solchem Gericht nicht allein Heinz, sondern Papst, Kardinal, Bischof, Pfaffen, Münch und ihr ganz Körper[1] von Gott gemeint sei. Denn Heinz ist ihr aller Diener hierin, wie er sich in seinen Büchern ihrer Kirchen und Gehorsam rühmet (ob wir's wohl ohn das wissen). Und gleichs Urteil sind verdammt alle, die ihm dienen, es sei Speier, Drücker, Adel und wer er sei, so drein gewilligt oder Gefallen dran haben. Hie ist nicht Papsts noch Kaisers Bann, sondern Gottes Bann, wie uber den Teufel selbs.

Auch müssen wir solch Gericht und Gottes Werk unser Not halben ausschreien und rühmen, auf daß uns Gott nicht auch (weil wir's wissen und dazu schweigen wollten) solch groß Blut und Jammer zurechene, so bei uns geschehen durch solche vermaledeite Bluthunde und Meuchelmordbrenner, heinzische Papisten und päpstische Heinzen. Gedenkt, wie ernstlich Gott in Mose gebot und den Toten, so auf dem Felde funden ward, von den nähesten Städten wollt gefodert und gereinigt haben[2]. Wo wollten wir bleiben, weil er selbs durch sein öffentlich Gericht und Werk uns meldet und mit Fingern zeiget die greulichen Mörder

1 Anhang. – 2 daß sie sich von dem Verdacht, ihn ermordet zu haben, reinigten.

Heinzen und ihre Gesellen. Es sollt uns wohl die Erde verschlingen oder der Türke fressen, wo wir solch groß Blut und Mord nicht mit ernstem, großem Zetergeschrei von uns weiseten auf den Heinzen, auf den es Gott fur unsern Augen weiset und uns versücht, ob wir schreien oder mit Schweigen uns teilhaftig[1] machen wöllen.

Sie sind vorhin allezeit große Bluthunde gewest und haben viel ermordet, bis sie Gott in ihrem Heinzen recht offenbart und verurteilet hat. Denn zuvor haben sie es getan als Richter, da Gott stillgeschwiegen. Aber nu tun sie es als Meuchelmordbrenner, da sie nicht Richter, sondern Part[2] und Feinde nu dem Richter unter die Hand von Gott verurteilet sind. Also soll Gott seine Feinde schänden, die ohn Aufhören gelästert und gemordet haben, auch wider ihr Gewissen.

Zum andern bitte ich, unsere Fürsten und Herren wollten hinfurt weniger Sorge und Mühe haben, sondern fröhlicher Geduld schepfen, als die nu sehen, wie Gott selbs dreingreift und unser Gebet erhöret, dem Papsttum will sein Recht tun in Kürz (wie das Evangelium sagt). Denn dieser Heinz soll ihnen mit diesem Mordbrand den rechten Dienst getan und sie ihm den rechten Lohn gegeben haben. Es stehet Gottes Urteil da öffentlich, der die Mordbrenner, Heinzens Diener, uber alle unser Sorge und Fleiß hat ins Gericht bracht und wie Heinz und Papst verdienet, sie verurteilet. Des sei Gott gelobt, der keinen Mord ungerochen und der seinen Gebet nicht veracht läßt sein. Die verzagten Potzenhüte wollten's heimlich tun. So hat's Gott an die Sonne bracht, daß sie müssen erstummen. Sein göttlich Gnade wollt fortfahren und sein angefangen Werk vollenden. Dem sei Lob und Ehre in Ewigkeit. Amen.

Hieher gehöret nu der vierundsechzigst Psalm, den wir predigen und singen sollen Gott zu Lob und Ehren wider solche meuchelmördische Heinzen, denn da siehest du sie

1 mitschuldig. – 2 Partei.

so eben gemalet[1], als hätte David von diesen letzten Heinzen fursätzlich wollen predigen.

Der 64. Psalm

Hore, Gott, meine Stimme in meiner Klage,
Behüte mein Leben fur dem grausamen Feinde.
Verbirge mich fur der Sammlung der Bösen,
Für dem Haufen der Ubeltäter,
Welche ihre Zungen schärfen wie ein Schwert,
Die mit ihren giftigen Worten zielen wie mit Pfeilen,
Daß sie heimlich schießen den Frommen.
Plötzlich schießen sie auf ihn, ohn alle Scheu.
Sie sind kühne mit ihren bösen Anschlägen
Und sagen, wie sie Stricke legen wöllen,
Und sprechen: Wer kann sie sehen?
Sie erdichten Schalkheit und halten's heimlich,
Sind verschlagen und haben geschwinde[2] Ränke.
Aber Gott wird sie plötzlich schießen,
Daß ihnen wehe tun wird.
Ihr eigen Zungen wird sie fällen,
Daß ihr' spotten wird, wer sie siehet.
Und alle Menschen, die es sehen, werden sagen:
Das hat Gott getan. Und merken, daß sein Werk sei.
Die Gerechten werden sich des Herrn freuen
Und auf ihn trauen.
Und alle fromme Herzen werden sich des rühmen.

Die Heinzen haben viel Jahr her mit Herzog Georgen mancherlei Ränke gesucht und heimliche Praktiken[3] gemacht wider uns, bis sie zuletzt haben kühne und frech ohn Gottesscheu und -furcht losgedrückt und plötzlich mit dem Mordbrand geschossen. Und meineten, solche Stricke und Ränke sollt niemand sehen. Als denn niemand sehen kunnte solch Meuchelei. Denn die Heinzen dachten: Der

1 so genau dargestellt. – 2 tückische. – 3 Intrigen.

Kaiser tut uns nichts, das Kammergericht viel weniger, der Papst, dem wir dienen, würde es auch nicht leiden. Wer will uns denn tun? Hie ist auf Erden kein höher Gericht uber uns. So ist Gott gestorben, von Heinzen zu Tod geflucht. Darum laßt uns plötzlich schießen, brennen und morden, doch meuchling, so haben wir zweierlei Vorteil: Sie konnen uns nicht schuld geben noch uns verklagen. Ob sie es gleich klagen könnten, so ist der Richter der Heiligst Vater Papst fur uns. Und sind also fröhlich und sicher.

Was dacht aber dieweil der verstorbene und von Heinzen zu Tod gefluchter Gott? Der ander Psalm sagt, er habe gelacht und solcher Meuchelmordbrenner gespottet. So sagt dieser Psalm, er habe gedacht, auch plötzlich sie zu schießen und durch ihre eigen Zungen zu fällen, daß sie fur aller Welt zu Spott und Schanden sollten werden. Denn da er sahe, daß kein Richter da war, nahm er sich selbs des Amts an und richtet auf viel Kammergericht, zu Wittemberg, in der Mark, Eimbeck, Nordhusen und hin und wider. Als nu kein Kläger, Juristen noch Zeugen da waren, spielet er des Kurzen[1] und ließ ein schleunig Recht gehen. Die Mordbrenner mußten uber sich selbs Kläger, Juristen und Zeugen sein und ihr eigen Wort selbs reden. Also fället sie Gott durch ihre eigen Zungen und sprach: In ore duorum et iterum – Aus deinem Munde bist du verdammt.

Denn was fragt Gott nach Papst, Kaiser, Könige, Kammergericht, Juristen? Wollen sie nicht sprechen, so mügen sie schweigen. Wollen sie nicht fort mit ihrem Prozeß, so mügen sie dahinten bleiben. Er ist ein großer Herr, der aus Erden und Steinen kann Menschen, wiederum aus Menschen kann Stein und Erden machen. Er kann Narren klug und Kluge zu Narren machen. Also hat er hie in dem Kerker hin und wieder kaiserliche Kammergericht gemacht und hat jenes zu Speir lassen sitzen und das Nachsehen haben. Und ist das allerfeinest, daß beide, Papst, Kaiser und Kammergericht, müssen solche Gerichte fur kaiserliche Gerichte

1 machte er kurzen Prozeß.

halten, denn es sind weltlicher Fürsten und Herren Gerichte, die vom Kaiser (aber alles oben her von Gott) zu Lehen kommen[1]. Also ist doch Heinze durch päpstlich, kaiserlich Kammergerichte (des er sicher zu sein vermeinet) verurteilt und verdammt. Denn trotz ihrem Halse[2], daß sie solche Gerichte anders denn kaiserlich, ja, göttliche Gerichte schelten. Ob die Mittelgerichte nichts haben getan, so haben's die Hohen Gerichte Gottes und die Untergerichte des Kaisers getan.

Das sind die Wunderwerk Gottes, die dieser Psalm rühmet und rühmen heißt, daß er die Heinzen Mordbrenner plötzlich geschossen und durch ihre eigen Zunge gefället hat. Denn ebendieselben Zungen, die zuvor heimlich miteinander geratschlagt und den Meuchelmordbrand beschlossen, haben sie selbs besagt[3], verklagt, verurteilt und ins Feur gefället und den Häuptschalk ihren Häuptmann offenbart und vermeldet, daß er ebendasselb Feur verdienet und numehr fur der Welt mit keinen Ehren kann ein Fürst heißen, sondern durch Gottes Urteil ein Erzmeuchelmordbrenner gesprochen ist und gehalten soll werden.

Und daß ich auch mich des verwahre, da im Psalm stehet, sie sind kühne und ohn Scheu, und ich zuvor gesagt, daß Heinz ein verzagter Schelm sei, möcht er oder die Seinen ihrer Esels Dialectica hie brauchen und furgeben, der Psalm wäre wider mich und lügenstrafet meine Wort, weil er sagt, sie seien kühne. Darauf sage ich noch wie vor: Kein Meuchler ist ein Mann, und kein Mann ist ein Meuchler, sondern wer da meuchelt, der ist gewiß ein feldflüchtiger Heinz und verzagter Frauenhut, wie das alle Historien zeugen. Denn sie stehen oder begegen[4] nicht, wo es Fahr hat oder nicht sicher sind, daß da keine Gegenwehre sein kann oder will. Aber wo sie gewiß sind, daß man sich nicht wehren kann, oder wo sie es ubermannet haben[5], da sind sie kühne, doch nichts Guts, sondern nur Schaden zu tun.

1 gegeben werden. – 2 trotz ihres Geschreis. – 3 beschuldigt. – 4 treten entgegen. – 5 in der Mehrzahl sind.

Als daß ich Exempel gebe: Die Schrift gibt[1] den Gottlosen allenthalben, daß sie kühne sind wider Gott und fürchten Gott nicht, denn Gott schläft und verbirgt sich, ja, er ist in den Seinen aller Ding schwach, als von Heinzen zu Tod geflucht. Da sind sie denn sehr kühne und jagen den leidenden und flüchtigen gestorbenen Gott, denn sie fühlen keine Straf, Widerstand noch Zorn Gottes, wie Pharao war kühne im Roten Meer wider den Gott Israel und sprach: Ich weiß von keinem Gott. Und jaget ihm nach bis mitten ins Meer. Aber da sich Gott nur wendet und sich umsahe, da schmissen sie in die Schuh[2] und ins Meer und schrien: Laßt uns fliehen, Gott streitet wider uns. Also halt ich[3], daß Meuchelheinze nicht so kühne wäre, daß er einem Baurn türst einen Zaun anblasen, wenn er wüßte, daß ein Flegel hinter der Tür stünde. Er würde die Fersen gar mannlich aufheben, als schneiet es mit Flegeln hinter ihm her. Aber Gott kann er wohl fluchen im Himmel, denn er ist sicher, daß kein Gott sei, der sich wehren könne oder wölle, acht dieweil nichts des Stündlins, das kommen wird.

Wohlan, sie sind verstockt, verblendt, dem Zorn Gottes ubergeben. Wir müssen dem Zorn Raum geben und Gottes Gericht lassen gehen, wollen auch nicht mehr fur ihre Sünde bitten (wie uns Sankt Johannes lehret), sondern von ihnen und wider sie, Gott zu Lobe und Dank, singen das Judaslied, auf Heinzen also gedeut:

Ah, du arger Heinze,
Was hast du getan,
Daß du viel frommer Menschen
Durchs Feur hast morden lan.
Des wirst du in der Helle
Leiden große Pein,
Luzibers Geselle
Mußt du ewig sein.
Kyrieleison.

1 spricht zu. – 2 schissen sie in die Hosen. – 3 ebenso denke ich.

Ah, verlorn Papisten,
Was habt ihr getan,
Daß ihr die rechten Christen
Nicht kunntet leben lan!
Des habt ihr die großen Schande,
Die ewig bleiben soll.
Sie gehet durch alle Lande,
Und sollt ihr werden toll.
Kyrieleison.

Wenn ich dies Liedlin einmal vollmache[1], will ich dem zu Mainz seine Leisen[2] auch finden.

Laß sie nu fahren und hoffen, weil sie der Kaiser, Papst, Kammergericht noch nicht verdammt, wollen sie sicher sein. Hie ist Gottes offenbar Gericht, das heißt Papst, Kaiser, und alle schweigen. Sollt Christus nicht ehe Recht gesprochen noch Judas mit seinen Jüden verdammt sein, es hätte es denn Pilatus, Herodes und das priesterlich Hohe Gericht zu Jerusalem getan, so müßte Christus noch am Kreuze hangen und Judas wäre vielleicht längest Hoherpriester worden. Aber da Christum niemand wollt Recht sprechen, sondern die Richter selbs ihn verdammten, mußte es der Vater selbs tun.

Also mügen die Prediger, wenn sie das Volk lehren, wohl vermahnen, daß sie Gotte fürchten und auch heimlich keinen Mord noch böse Tat fürnehmen, denn Gott siehet's und bleibt nicht außen, sondern wenn man's zu grob macht und unbußfertiglich noch fur Recht verteïdigen will, so kömmt er gewiß und kommt wohl. Und mügen also diese Meuchelmordbrenner neben Heinzen und Juda wohl zum Exempel furbilden[3], denn es heißt: Nihil opertum quod non reveletur. Deo sit laus et gloria in saecula saeculorum. Qui facit misericordiam et iuditium iniuriam patientibus. Amen.

1 vollende. – 2 Melodie. – 3 als abschreckendes Beispiel vor Augen stellen.

ANMERKUNGEN

Ein Sermon vom ehelichen Stand

Diese Schrift beruht auf einer Predigt, die Luther am 16. Januar 1519 gehalten hatte. Sie war nachgeschrieben und ohne Wissen Luthers gedruckt worden. Luther wandte sich gegen Entstellungen in dieser Veröffentlichung und gab die korrigierte Rede im Mai 1519 in Druck.

8 *der weise Mann* – Gemeint ist Salomo aus dem Alten Testament, Sprüche Salomos 19, 14.

9 *allein daß [es] mit böser Lust nach dem Fall vermischt ist* – nur daß es nach dem Sündenfall mit böser, sündhafter Lust und Begierde vermischt, also nicht mehr rein ist.

10 *widder Christus noch die Aposteln Keuschheit gebieten wollen* – Luther bezieht sich auf das Neue Testament, Matth. 19 und 1. Kor. 7.

… *ein Sakrament ist* – Von dieser Auffassung rückt Luther später ab. Er hält mit Berufung auf die Bibel nur zwei Sakramente aufrecht: Taufe und Abendmahl.

13 *Sankt Jakob* – Santiago de Compostela, berühmter Wallfahrtsort in Spanien mit dem angeblichen Grab des Apostels Jacobus, des Schutzheiligen Spaniens.

An den christlichen Adel deutscher Nation von des christlichen Standes Besserung

Die Schrift erschien im August 1520. Die Zusätze der zweiten Auflage von 1520 sind in den Text mit aufgenommen.

15 *Amsdorf* – Nikolaus von Amsdorf aus Torgau (1483–1561), Freund Luthers, Professor der Theologie und Kanonikus in Wittenberg; Superintendent in Magdeburg, evangelischer Bischof von Naumburg. Er wirkte bei der Bibelübersetzung mit.

17 *jungs edles Blut* – Gemeint ist Karl V., Kaiser von 1519 bis 1556.

17 *Friedrich I.* – Friedrich I. von Hohenstaufen, genannt Barbarossa (um 1125–1190), seit 1152 deutscher König, behauptete die Ansprüche der weltlichen Macht gegen die Päpste.
der ander – Friedrich II. von Hohenstaufen (1194–1250), seit 1212 deutscher Kaiser.
Julium II. – Giuliano della Rovere (1443–1513), seit 1503 Papst Julius II., war mit kriegerischen Mitteln auf die Stärkung der weltlichen Macht des Papsttums bedacht.

19 *Mauren Jericho* – Bei der Eroberung Jerichos stürzten die Stadtmauern beim Blasen der Posaunen wie durch ein Wunder ein (Altes Testament, Josua 6, 20).

20 *Sankt Augustin* – Aurelius Augustinus (354–430), Bischof von Hippo Regia (Nordafrika); bedeutender Kirchenlehrer. Auf der Grundlage seiner Lehren wurde im 11. Jahrhundert der Augustinerorden gegründet, dem Luther angehört hatte.
Ambrosius – Lateinischer Kirchenlehrer (340–397), Bischof von Mailand, trug entscheidend zur Ausbildung des Kirchengesanges bei, angeblich Verfasser des Ambrosianischen Lobgesangs „Te Deum laudamus".
Cyprianus – Thascius Cäcilius Cyprianus (um 210–258), Kirchenvater, Bischof von Karthago, forderte die Gleichberechtigung aller Bischöfe.

21 *Characteres indelebiles* – (lat.) unvergängliche Zeichen. Nach der katholischen Lehre verleiht die Ordination (Priesterweihe) eine durch nichts wieder auszulöschende geistige Beschaffenheit (character indelebilis).

24 *Sankt Gregorius* – Gregor I., genannt der Große (um 540–604), Papst seit 590.

26 *... die Schlussel nit allein Sankt Petro* – Die Schlüsselgewalt ist die höchste geistliche Gewalt, die nach katholischer Lehre vom Papst als Nachfolger Petri ausgeübt wird. Nach evangelischer Auffassung liegt diese Gewalt bei der Gemeinde der Gläubigen.
darzu die Schlussel nit ... geordnet sein – dazu ist die Schlüsselgewalt nicht für Lehre oder Herrschaft, sondern allein dazu eingerichtet, die Sünde zu binden oder zu lösen.

27 *... Abraham seine Sarah horen* – Abraham mußte dem Willen seiner Frau Sarah gehorchen und die Magd Hagar mit ihrem Sohn vertreiben, obwohl er dies ungern tat, damit Isaak allein erben konnte (Altes Testament, 1. Mos. 21).
Eselinne Balaam – Bileams Eselin wich dem Engel aus, den Bileam nicht sah; als er sie dafür schlug, sprach sie zu ihm (Altes Testament, 4. Mos. 22, 28).

28 *Conciliabulum* – (lat.) falsches Konzil.

28 *Concilium Nicenum* – (lat.) Konzil von Nikäa, von Konstantin I. 325 einberufen, um den Arianischen Streit zu beenden. Arius stellte die Gottnatur von Jesus in Frage. Seine Lehre wurde verworfen und die Lehre von der Trinität bestätigt, nach der Gott zugleich Vater, Sohn und Heiliger Geist ist.
Constantinus – Konstantin I., genannt der Große (um 280–337), seit 306 römischer Kaiser. Er stellte das Christentum den anderen Religionen gleich und ließ sich vor seinem Tode taufen. Damit wurde das Christentum Staatsreligion.
31 *Pilato* – Pontius Pilatus, von 26 bis 36 römischer Statthalter in Palästina. Unter ihm wurde der Prozeß gegen Jesus geführt.
32 *Prälaturn* – Amtsbezirke von Prälaten.
33 *dreißig oder vierzig Kardinäl* – Anspielung darauf, daß Papst Leo X. am 1. Juli 1517 einunddreißig Kardinäle auf einmal ernannt hatte.
Munchenberg – Gemeint ist wahrscheinlich der Michaelsberg bei Bamberg.
Babylonien – Babylon galt als Sündenpfuhl.
34 *Annaten* – Abgaben eines Geistlichen an den Papst für die Verleihung einer Pfründe.
36 *Dignitäten* – Hohe Würden.
Papstmonat – Auf Grund des Wiener Konkordats (1448) durfte der Papst in den sechs ungeraden Monaten eines Jahres über alle frei werdenden Pfründe verfügen.
37 *der des Papst oder Kardinäl Gesind ist* – der zum Hofstaat des Papstes oder der Kardinäle gehört.
38 *Sodoma und Gomorren* – Die Städte Sodom und Gomorra wurden von Gott wegen des ausschweifenden Lebens ihrer Bewohner mit Feuer und Schwefel vernichtet (Altes Testament, 1. Mos. 19, 24).
Pallium – Schmale, weißwollene, mit schwarzen Kreuzen bestickte Schulterbinde. Für dieses Zeichen päpstlicher Bestätigung waren hohe Abgaben zu leisten.
Bischof zu Straßburg – Der Bischof Wilhelm von Honstein konnte seine Absicht, Mißstände in seinem Stift zu beseitigen, nicht verwirklichen.
39 *Präbende* – Das Einkommen eines Kanonikus aus dem Vermögen eines Stiftes, dann das kirchliche Amt selbst. Von Präbende leitet sich das Lehnwort Pfründe ab.
Kapitel – Körperschaft von Geistlichen an einem Dom.
Kommende – Überlassung von Einkünften aus dem Kirchenvermögen an eine Person, die das Kirchenamt nicht versieht.
40 *Incompatibilia* – (lat.) Unvereinbare Ämter, die nicht eine Person innehaben darf.

40 *Unio* – (lat.) Vereinigung.
Incorporatio – (lat.) Einverleihung.
Datario – Vorsteher der Behörde in Rom, die die päpstlichen Entscheidungen aufsetzt, datiert und gegen bestimmte Taxen kanzleimäßig ausfertigt.
Kortisanen – Kurtisan, Höfling am päpstlichen Hof.

41 *Simonei* – Vergabe geistlicher Würden und Gnaden um Geld oder Geldeswert, genannt nach dem Magier Simon, der den Aposteln die Mitteilung des Heiligen Geistes abkaufen wollte (Neues Testament, Apostelgesch. 8, 18).

43 *Compositiones* – (lat.) Gebühren, um Dispens zu erlangen.
Confusiones – (lat.) Verwirrungen (des Gewissens).

44 *Butterbrief* – Bescheinigungen, die von den Fastengeboten befreien.
Confessionalibus – (lat.) Beichtbriefe, die von der Beachtung gewisser kirchlicher Vorschriften entbinden, besonders das Fasten erlassen.
Campoflore und Belvidere – Campo di Fiore, der damalige Verkehrs- und Marktmittelpunkt Roms, und der päpstliche Palast Belvedere waren unter Leo X. bevorzugte Plätze für öffentliche Festlichkeiten.

45 *geistlich Recht* – Im 2. Teil des Dekretes „Filiis vel nepotibus“ (den Söhnen oder Enkeln) ist bestimmt, daß die Erben eines Kirchengründers das Recht haben sollen, die weltliche Gewalt um Schutz anzurufen, sobald das Legat nicht mehr in dessen Sinne verwendet wird.

46 *Adjutorien* – Mithelfer, prätendierte Nachfolger in Pfründen.
Reservation – Vorbehalt.
Gratiis exspectativis – (lat.) Zusagen auf noch nicht zurückgefallene Pfründen.

47 *Exemption* – Befreiung von den vorgeordneten Gewalten.
Hominem peccati – (lat.) einen Menschen der Sünde.

48 *Offiziäl* – Vertreter der geistlichen Rechtsgewalt.

49 *Signaturas gratiae ... iustitiae* – (lat.) Päpstliche Behörden für Gnadenerlasse und Rechtssachen.
aufs Kontentiern – zum Vergleich.

50 *Reservatio pectoralis* – (lat.) Vorbehalt des Papstes, verliehene Ämter abzuerkennen und anderen zu verleihen.
Casus reservati – (lat.) Vorbehaltene Fälle; Vergehen, für die nur vom Papst selbst oder mit besonderer päpstlichen Ermächtigung Absolution gewährt werden konnte. Sie waren in der Bulle „In coena Domini“ verzeichnet, die alljährlich am Gründonnerstag verkündet wurde.

51 *diesem letzten romischen Concilio* – Dem 5. Laterankonzil (1512 bis 1517).

52 *Significasti* – (lat.) Das 4. Kapitel des 6. Titels im 1. Buch der Dekretalen Gregors IX. Es betrifft den Gehorsamseid der Bischöfe.

Investitur – Einsetzung eines Bischofs oder Abtes in die Nutzung der mit seinem Lehen verbundenen Einkünfte und Befugnisse.

Solite – (lat.) Das 6. Kapitel des 33. Titels im 1. Buch der Dekretalen Gregors IX.

wie ich das anzeigt hab im Latein – In der Schrift „Resolutio Lutheriana super propositione XIII. de potestate papae" (1520, Die lutherische Resolution über die Bekanntmachung 13 von der Macht des Papstes).

53 *„Antichrist"* – Luthers Schrift „Wider die Bulle des Endchrist".

Pastoralis – (lat.) Das 2. Kapitel des 11. Titels im 2. Buch der Dekretalen Clemens' V.

De donatione Constantini – (lat.) Die angebliche Schenkung Konstantins I. an Papst Sylvester I. Lorenzo Valla hatte sie um 1440 als Fälschung nachgewiesen. Hutten gab die Schrift Vallas 1517 neu heraus. Luther lernte sie 1520 kennen.

55 *Sankt Paul und Barnabas* – Paulus hatte in Lystra einen Lahmen geheilt, wurde wegen des Wunders zusammen mit dem Apostel Barnabas als Gott verehrt, wies dies jedoch zurück (Neues Testament, Apostelgesch. 14).

55/56 *Derselben groß ärgerlichen Hoffart ... sich unterstehet zu sein* – Zusatz der zweiten Auflage.

57 *gulden Jahren* – Die seit 1300 eingerichteten Jubiläumsjahre der Kirche, mit besonderen Ablässen verbunden, lockten zahllose Pilger nach Rom.

58 *Sankt Franciscus* – Franz von Assisi (1181/82–1226), Vertreter eines asketischen Christentums, Begründer des ersten Bettelordens, der Franziskaner.

Dominicus – Domingo de Guzman (1170–1221), bischöflicher Sekretär in Osma, Stifter des Dominikanerordens, der zur Bekämpfung der als „Ketzer" verschrienen Albigenser in Südfrankreich gedacht war. 1232/33 übernahm der Orden die Inquisition und wurde dadurch zum gefürchtetsten und einflußreichsten Orden des Mittelalters.

Augustinus – Vgl. Anm. zu S. 20.

61 *Sankt Agnes* – Heilige, Märtyrerin in Rom unter dem römischen Kaiser Diokletian (um 300).

Sankt Hieronimus – Sophronius Eusebius Hieronymus (um 347 bis 420), lateinischer Kirchenlehrer, übersetzte die Bibel ins

Lateinische. Diese Übersetzung, die sogenannte Vulgata, ist die von der katholischen Kirche autorisierte Fassung der Bibel.

63 *quantum fragilitas humana permittit* – (lat.) soweit die menschliche Gebrechlichkeit es gestattet.

id est: non promitto castitatem – (lat.) das heißt: ich verspreche keine Keuschheit.

fragilitas humana non permittit caste vivere – (lat.) die menschliche Gebrechlichkeit gestattet nicht, keusch zu bleiben.

angelica fortitudo et celestis virtus – (lat.) engelhafte Stärke und himmlische Tugend.

64 *sag das fur mein Hofrecht frei* – sage das mit dem Recht des Hofnarren frei heraus.

65 *Impedimenta* – (lat.) Kanonische Ehehindernisse.

66 *Irregulares* – (lat.) Geistliche, die sich der Ordensregel nicht fügen und deshalb mit Ausstoßung aus dem Orden rechnen müssen.

67 *heb sie nit in den Himmel, in Gottes Gericht!* – Erhebe die menschlichen Satzungen nicht in den Himmel als gleichwertig mit Gottes Gericht!

Seelmessen – Auf Stiftung oder Vermächtnis beruhende Gedenktage, an denen Seelenmessen gelesen wurden. Die Festfreude artete dabei vielfach aus.

68 *vorhin im Sermon* – Luthers „Sermon vom Bann" (1519).

Suspension – Zeitweiliger Entzug kirchlicher Befugnisse.

Aggravation – Erschwerung kirchlicher Strafen.

Reaggravation – Verschärfte Erschwerung.

Deposition – Absetzung.

69 *Sankt Ottilien* – Odilia, Heilig (gest. um 720), soll als Blindgeborene bei der Taufe sehend geworden sein; ihr Gedenktag ist der 13. Dezember.

Sankt Barbaren – Barbara, Heilige, Märtyrerin, soll um 240 von ihrem Vater wegen ihres Glaubens enthauptet worden sein; ihr Gedenktag ist der 4. Dezember.

70 *Gevatterschaften* – Patenschaften. Sie galten als geistliche Verwandtschaft und somit als Ehehindernis.

Meßbrief – Anteilscheine an bestellten Messen.

Confessionalia – (lat.) Beichtvaterprivilegien.

71 *Welsnacht ... Regensburg* – Stätten der Wunderverehrung. In Wilsnack in der Priegnitz und in Sternberg in Mecklenburg wurden angeblich blutende Hostien, in Trier der angebliche Rock Christi verehrt, in Grimmenthal bei Meiningen und Regensburg sollten Krankenheilungen durch Wunder erfolgt sein.

72 *Geldkutzen* – Geldkauz. Der Kauz wurde als Lockvogel bei der Jagd verwendet; hier übertragen als Mittel, Geld zu gewinnen.
73 *Antonius von Florenz* – Generalvikar des Dominikanerordens, gest. 1459 als Erzbischof von Florenz, heiliggesprochen 1523.
Indulta – (lat.) Gnadenerlasse zur Erlangung bestimmter Vorteile.
Facultates – (lat.) Ermächtigungen.
74 *Blei ... Buchstaben um den Geist* – Den Doppelsinn dieser Wendungen deutet „Pergament und Wachs" zusammenfassend an: unter dem Blei kann auch das Bleisiegel der päpstlichen Urkunden verstanden werden, unter dem Fell das Pergament, unter der Schnur die Hanf- oder Seidenschnur, die das gerollte Pergament zusammenhält, unter dem Wachs das Wachssiegel, unter Wort und Buchstaben der Inhalt päpstlicher Bullen.
75 *Botschaften* – Sogenannte Stationarier, reisende Kleriker oder Bettelmönche, die Amulette u. ä. verkauften.
77 *Bruderschaften* – Laienvereinigungen unter kirchlicher Aufsicht, die dem Ansammeln sogenannter guter Werke dienen sollten.
78 *päpstliche Botschaften mit ihren Fakultäten* – Päpstliche Gesandte und Kommissare mit Vollmachten zur Dispenserteilung.
Dekretalen – Päpstliche Entscheidungen über strittige Fragen der kirchlichen Disziplin, die kirchenrechtlich verbindlich waren. Luther bestritt ihre Rechtsverbindlichkeit seit den Verhandlungen 1518 mit Cajetan (vgl. Anm. zu S. 108).
79 *Gabaoniten* – Die Gibeoniter überlisteten Josua, daß er sie als Knecht annahm und Freundschaft schwor, obwohl er sie hatte vernichten wollen (Altes Testament, Josua 9).
Zedechias – Zedekia wurde von Nebukadnezar als König von Jerusalem eingesetzt, als die Juden in die babylonische Gefangenschaft gingen. Zedekia lehnte sich aber gegen ihn auf, wurde besiegt und geblendet nach Babylon geführt (Altes Testament, 2. Kön. 24 und 25).
Vladislaus – Wladyslaw III. erlag in der Schlacht von Warna 1444 den Türken. Dabei fand auch der Kardinal Cesarini den Tod.
Hus und Hieronymo – Jan Hus (1370–1415) wurde, nachdem seine Lehre vom Konzil verdammt worden war, am 6. Juli 1415 in Konstanz verbrannt, obwohl ihm Kaiser Sigismund freies Geleit zugesichert hatte. Am 30. Mai 1416 erlitt sein Mitstreiter Hieronymus von Prag den gleichen Tod.
Papst Julius – Vgl. Anm. zu S. 17. Julius verbündete sich in der Liga von Cambrai 1508 zunächst mit dem Reich, Frankreich

und Spanien gegen Venedig, vertrieb aber dann 1511 mit Hilfe Venedigs, Spaniens, Englands und des Reichs die Franzosen aus Italien.

80 *... Vorbehalt eins iglichen bessers Verstand* – Ich will nach meiner geringen Einsicht als erster meine Meinung darlegen mit Vorbehalt einer jeglichen besseren Einsicht, d. h. ohne mich als unbelehrbar ansehen zu wollen.

82 *Concilii Niceni* – Vgl. Anm. zu S. 28.

Sankt Cypriani – Vgl. Anm. zu S. 20.

ein gut Jahr haben – Ironischer Glückwunsch, als Verwünschung gemeint.

83 *Bigharden* – Begharden, Laienbrüder, nach ihrem Stifter Lambert le Beghe in Lüttich genannt. Luther meint hier die Böhmischen Brüder.

Sancti Thomae – Thomas von Aquino (1225–1274), Begründer des Thomismus, einer Hauptrichtung der scholastischen Theologie.

84 *Gymnasia Epheborum et Grece glorie* – (lat.) Spielhäuser junger Gesellen und griechischen Ruhms.

85 *Physicorum, Metaphysice, de Anima, Ethicorum* – (lat.) Titel der Aristotelischen Schriften über Physik, Metaphysik, Seelenlehre und Ethik.

Scotus – Johannes Duns Scotus (1266–1308), aus Schottland stammender franziskanischer Scholastiker, der vor allem in Paris lehrte. Er setzte sich u. a. kritisch mit Thomas von Aquino auseinander.

87 *Scrinium pectoris* – (lat.) Herzensschrein. Der Ausdruck wurde von Papst Bonifatius VIII. (gest. 1303) geprägt.

Doktor Decretorum – Akademischer Grad der Lehrer des kanonischen Rechts.

Alkoran – Koran, Religionsbuch der Mohammedaner.

88 *Sententias* – (lat.) Die dogmatischen Lehrsätze und ihre Erläuterungen durch die Scholastiker.

91/96 *Zum XXVI. Ich weiß wohl ... Schwert regierten in allen Dingen* – Zusatz der zweiten Auflage.

93 *mit Täuschen täuschen* – Wortspiel: So soll man die Deutschen täuschen (irreführen, zum Narren haben), und zwar mit Gaukelstückchen täuschen.

94 *hubsch deutsch* – hübsch klug auf deutsche Art (spottend gemeint).

96 *Ambrosius* – Bischof von Mailand (gest. 397), soll den Kaiser Theodosius zu öffentlicher Kirchenbuße gezwungen haben, als er in Thessalonich (Saloniki) Aufständische hatte niedermetzeln lassen.

97 *Zinskauf* – Geldleihe gegen Zinsen.

100 *Das sei diesmal ganz ... angezeigt habe* – Zusatz der zweiten Auflage.

Ein Sendbrief an den Papst Leo X.
Von der Freiheit eines Christenmenschen

Auf Anregung Karl von Miltitz' richteten Staupitz, Linck und andere Brüder des Augustinerordens an Luther Anfang September 1520 das Ersuchen, an den Papst einen versöhnlichen Brief zu schreiben, um noch einen friedlichen Ausgleich des Streits zu ermöglichen. Obwohl inzwischen die Bannandrohungsbulle veröffentlicht worden war, wiederholte Miltitz die Aufforderung am 12. Oktober an Luther und veranlaßte ihn, den Brief auf den 6. September zurückzudatieren. Luther folgte der Aufforderung und schrieb den Brief zugleich mit der Schrift „Von der Freiheit eines Christenmenschen". Die deutschen und lateinischen Fassungen entstanden nebeneinander, im Druck erschienen jedoch zunächst die deutschen Fassungen Anfang November.

102 *Leoni X.* – Giovanni de Medici (1475–1521), zweiter Sohn Lorenzos des Prächtigen, unter dem Namen Leo X. von 1513 bis 1521 Papst.

103 *genennet ein Daniel zu Babylonen* – In der Erwiderung auf den Dialog des Silvester Prierias (1456–1523), „De potestate papae" (Über die Macht des Papstes).

105 *Daniel unter den Lawen* – Daniel wurde in einen Löwenzwinger geworfen, als er gegen das Gebot des Königs Darius weiter seinen Gott anbetete, blieb aber unversehrt (Altes Testament, Daniel 6).
Ezechiel unter den Skorpion – Hesekiel ging als Prophet zu den von Gott abgefallenen Israeliten und lebte bei ihnen wie unter Skorpionen (Altes Testament, Hesekiel 2, 6).

106 *Judas Scharioth* – Der Jünger Ischarioth verriet Jesus für dreißig Silberlinge an die Hohenpriester.
St. Bernhard – Bernhard von Clairvaux (1091–1153), erster Abt des Zisterzienserklosters Clairvaux, Kreuzzugsprediger, 1174 heiliggesprochen.

107 *Johannem Eccium* – Johann Eck (1486–1543), Professor der Theologie in Ingolstadt; disputierte 1519 mit Luther in Leipzig, brachte 1520 die Bannandrohungsbulle von Rom nach Deutschland.

108 *Kardinal St. Sixti* – Jakob Cajetanus, eigentlich de Vio (1469 bis 1534), Dominikanergeneral, 1517 Kardinal, 1518 päpstlicher Legat auf dem Reichstag zu Augsburg.

108 *von Miltitz* – Karl von Miltitz (1490–1529), päpstlicher Diplomat, Domherr in Mainz, Trier und Meißen.

112 *Fahr und Ungefahr* – Im lateinischen Text: periculis et commodis, Gefahren und Vorteile.

114 *Hieronymo Mühlpfordt* – Hermann Mühlpfordt (gest. 1534). Stadtvogt von Zwickau, später Bürgermeister. Die Widmung an Mühlpfordt stellte Luther seiner Schrift voran, nachdem der Sendbrief an Leo X. zunächst als Einzeldruck ausgeliefert worden war.

Johann Egran – Der Zwickauer Prediger Johannes Egranus hatte Luther Anfang November 1520 besucht und ihm Hermann Mühlpfordt als einen gut evangelisch gesinnten Mann gerühmt. Als Vertreter für Egranus kam wenig später Thomas Müntzer nach Zwickau.

125 *als der Hund, der ein Stuck Fleisch* – Anspielung auf die Äsopische Fabel, die Luther auch in seine Bearbeitung aufgenommen hat (vgl. S. 292).

131 *der weise Mann* – Gemeint sind die Sprüche Salomos im Alten Testament.

Eine treue Vermahnung zu allen Christen, sich zu hüten vor Aufruhr und Empörung

Geschrieben auf der Wartburg nach Luthers heimlichem Besuch in Wittenberg Mitte Dezember 1521, erschienen wahrscheinlich im Januar 1522.

139 *Karsthans* – Bezeichnung für den mit dem Karst (der Hacke) schwer arbeitenden Bauern. Anfang 1521 erschien ein Dialog „Karsthans“ (vermutlich von dem Humanisten Joachim Vadianus), dem im gleichen Jahre der Dialog „Neu-Karsthans“ folgte, in dem zum Krieg gegen die Pfaffen aufgefordert wird.

142 *Cum dixerint pax ...* – (lat.) „Denn wenn sie werden sagen: Es ist Friede, es hat keine Gefahr, so wird sie das Verderben schnell überfallen gleich wie der Schmerz ein schwangeres Weib und werden nicht entfliehen.“ (Neues Testament, 1. Thess. 5, 3.)

144 *Elia* – Elia ließ die Baalspropheten töten, nachdem er das Volk für sich gewonnen hatte (Altes Testament, 1. Kön. 18, 40).

Phinees – Pinehas tötete einen Israeliten, der mit der Moabiterin zusammenlebte und den Baal verehrte; daraufhin endeten die Plagen Israels (Altes Testament, 4. Mos. 25, 7).

145 *Eck* – Vgl. Anm. zu S. 107.
Emser – Hieronymus Emser (1478–1527), Sekretär Herzog Georgs von Sachsen, seit der Leipziger Disputation Gegner Luthers, gab 1527 eine Bibelübersetzung heraus, mit der sich Luther im „Sendbrief vom Dolmetschen" auseinandersetzt.
149 *Stationierer* – Bettelmönche in Städten, in denen sie keine Klöster besaßen.
150 *exspiravit* – (lat.) Er ist gestorben.
152 *Iam non secundum caritatem ambulas* – (lat.) Denn du wandelst nicht mehr gemäß der Liebe.

An die Ratsherrn aller Städte deutsches Lands, daß sie christliche Schulen aufrichten und halten sollen

In dieser Schrift führt Luther einige Gedanken der Schrift „An den christlichen Adel" weiter aus. Sie erschien Ende Januar oder Anfang Februar 1524.

158 *Jahrtagen* – Seelenmessen an Jahresgedenktagen.
163 *freie Künste* – In der spätgriechischen Antike diejenigen Kenntnisse und Fertigkeiten, die man eines freien Mannes für würdig erachtete. Seit etwa 400 bis ins Spätmittelalter verstand man darunter Grammatik, Arithmetik, Geometrie (Trivium) und Musik, Astronomie, Dialektik und Rhetorik (Quadrivium).
168 *Sankt Hieronimi* – Vgl. Anm. zu S. 61.
Augustini – Vgl. Anm. zu S. 20.
Hilarius – Lateinischer Kirchenvater, Heiliger (um 315–367), Bischof von Pictavium (Potiers, Westfrankreich).
169 *Tecum principium in die virtutis tue* – (lat.) Falsche Übersetzung durch Mißverständnis des ersten hebräischen Textwortes: Mit dir der Anfang am Tage deines Glanzes. Richtige Übersetzung: Dein Volk wird dir opfern am Tage deines Glanzes (Altes Testament, Ps. 110, 3).
de doctrina Christiana – (lat.) über die christliche Lehre.
170 *Sankt Bernhard* – Vgl. Anm. zu S. 106.
172 *daß etliche sich des Geists rühmen* – Gemeint sind Müntzer und Karlstadt.
Brüder Valdenses – Anhänger einer religiösen Laienbewegung in Südfrankreich und Oberitalien, die mit ihren asketischen Idealen in Gegensatz zur Kirche gerieten und 1184 mit dem Bann belegt wurden. Gegen ihr Weiterbestehen als Geheimor-

ganisation wurde im 13. Jahrhundert die Inquisition eingerichtet. – Hier meint Luther die Böhmischen Brüder, eine Religionsgemeinschaft, die aus den Anhängern des Reformators Hus, den Hussiten, hervorgegangen ist.

176 *Donat* – Aelius Donatus (4. Jahrhundert), lateinischer Grammatiker in Rom, Lehrer des Hieronymus. Seine Grammatiken (Ars grammatica und Ars minor) waren Lehrbücher des mittelalterlichen Lateinunterrichts.

Alexander – Alexander de Villa Dei (um 1170 – um 1250), französischer Lehrer und Grammatiker; seine in Hexametern geschriebene Grammatik „Doctrinale puerorum" (1199) war neben dem Donat das beliebteste Lehrbuch des Lateinischen in den Schulen des Mittelalters.

177 *St. Hagnes* – Die heilige Agnes; vgl. Anm. zu S. 61.

Agata – Agatha, Heilige aus Catania, gest. 251 im Gefängnis.

Lucia – Heilige, Märtyrerin aus Syracus, von ihrem Verlobten als Christin angezeigt und 303 hingerichtet.

180 *Catholicon* – Ein 1286 vom Predigermönch Johann Jannensis verfaßtes lateinisches Wörterbuch.

Florista – Ludolf von Luchow, Kanonikus in Hildesheim, verfaßte ein lateinisches Gedicht über die Syntax (1317).

Graecista – Eberhard von Bethune, angeblicher Verfasser eines grammatisch-lexikalischen Sammelwerkes Labyrinthus, eines Gedichtes, das wahrscheinlich um 1220 entstanden ist.

Dormi secure – (lat.) Titel einer Predigtsammlung von Johann von Werden (Mitte des 15. Jahrhunderts).

181 *Komment* – Kommentare.

Sententiarum – (lat.) Die zahlreichen Kommentare zu dem gleichnamigen Werk des Petrus Lombardus (gest. 1160).

Questiones – (lat.) Fragen.

Sermones – (lat.) Predigten.

182 *Oratores* – (lat.) Redner.

183 *Modernisten* – Nominalisten, scholastische philosophische Schule (nach „via moderna"), die die Meinung vertrat, daß die Begriffe nicht mit den Dingen identisch, sondern nur Namen für sie sind. Diese Auffassung wurde besonders durch Wilhelm von Ockham (um 1290–1349) vertreten.

Von Kaufshandlung und Wucher

In dieser Schrift, deren erster Teil im Juni 1524 entstand, nimmt Luther ausführlich Stellung zum Handel und den Anfängen der kapitalistischen Geldwirtschaft. Der zweite Teil ist bis auf den Schluß im wesentlichen identisch mit dem Anfang 1520 erschienenen großen „Sermon vom Wucher". In der vorliegenden Form erschien die Streitschrift im September 1524.

184 *Ecclesiasticus* – Name des „Buches Jesus Sirach" in der Vulgata. „Ein Kaufmann kann sich schwer hüten vor Unrecht und ein Krämer vor Sünden." (Apokryphen, Sir. 26, 28.)
185 *Kalikut* – Kozhikode, Hafenstadt im indischen Staat Kerala.
193 *Ecclesiastes* – Name des Buches „Der Prediger Salomo" in der Vulgata.
196 *Buchlin von der weltlichen Öberkeit* – Luthers Schrift „Von weltlicher Obrigkeit", 1523.
200 *Monopolia* – Privilegien, bestimmte Waren allein verkaufen zu dürfen.
206 *Quinquernell* – Quinquennale, Schutzbrief auf fünf Jahre.
209 *Cato* – Marcus Porcius Censorius, Cato der Ältere (234–149 v. u. Z.), konservativer römischer Staatsmann, Prosaschriftsteller, Anhänger eines strengen Tugendideals; forderte die Vernichtung Karthagos, das durch Handel Reichtum und Macht gewann und Rom zu überflügeln drohte. Rentabilität der sich entfaltenden Sklavenwirtschaft auf den Latifundien war sein wirtschaftliches Ziel.
211 *Bischof Annas* – Hannas, Schwiegervater des Hohenpriesters Kaiphas, verhörte Jesus nach seiner Gefangennahme (Neues Testament, Joh. 18, 23).
212 *Zacharias* – Sacharja wurde mit Billigung des Königs Joas gesteinigt, als er gegen den Götzendienst der Juden auftrat (Altes Testament, 2. Chron. 24).
Videat dominus et iudicet – (lat.) „Der Herr wird's sehen und heimsuchen" (Altes Testament, 2. Chron. 24, 22).
213 *Solve istud* – (lat.) Löse dieses da (von der Schuld).
St. Augustin – Vgl. Anm. zu S. 20.
Offizialen – Vertreter der geistlichen Rechtsgewalt.
214 *Vim vi repellere licet* – (lat.) Es ist erlaubt, Gewalt mit Gewalt zu vertreiben.
Secundum animi preparationem – (lat.) Nach der Vorbereitung im Inneren, bereit sein im Herzen.
221 *Blei* – Vgl. Anm. zu S. 74.
222 *St. Niklas* – Nikolaus, einer der Hauptheiligen der griechischen, später der römischen Kirche, verschmolzen aus den historischen Persönlichkeiten eines Bischofs Nikolaus von Myra in Lykien (gest. um 350) und eines Abtes Nikolaus von Sion, später Bischof von Pinara (gest. 564).
225 *St. Ambrosius* – Vgl. Anm. zu S. 20 und 96.

Paulinus – Paulinus von Nola (353–431), Heiliger, Bischof von Nola, Dichter christlicher Hymnen.

231 *Ab omni specie mala abstinete vos* – (lat.) Enthaltet euch allen bösen Scheins (Neues Testament, 1. Thess. 5, 22).

242 *Auch ist ein fährlich Gesuche in diesem Kauf, des, ich besorge, niemand oder fast wenig Käufer ohn sind* – Auch ist ein gefährliches Streben in diesem Zinsgeschäft, von dem, wie ich fürchte, niemand oder doch nur sehr wenige Geldleiher frei sind.

244 *Halljahr* – Jubeljahr, nach dem Alten Testament 3. Mos. 25, Name für jedes fünfzigste Jahr, in dem Schulderlaß und Pfandrückgabe und Freigabe der Sklaven geboten war.

Ein Brief an die Fürsten zu Sachsen von dem aufruhrischen Geist

Dieser Brief ist Luthers Reaktion auf die Kenntnisnahme von Müntzers „Fürstenpredigt", die der Schösser Hans Zeys an Spalatin zur Begutachtung geschickt hatte und die dieser an Luther weitergab. Vermutlich ist er Ende Juli 1524 geschrieben und gedruckt worden. Müntzer antwortete darauf in seiner „Hochverursachten Schutzrede".

247 *der ausgetrieben Satan* – Thomas Müntzer.

249 *Kirchen- und Klöster-Zubrechen* – Anspielung auf die Zerstörung der Wallfahrtskapelle zu Malderbach in der Nähe von Allstedt am 7. April 1524, in der sich ein „wundertätiges" Marienbild befand.

Geist zu Allstedt – Müntzer.

252 *Hannas* – Vgl. Anm. zu S. 211.

254 *contra Marcum ultimo cap.* – (lat.) gegen das letzte Kapitel des Markusevangeliums (Neues Testament, Mark. 16, 16).

256 *durch Daniel geschrieben* – Luther deutet hier das 2. Kapitel Daniels im Alten Testament programmatisch anders als Müntzer in der „Fürstenpredigt".

257 *im Gesetz Mose sei geboten den Juden* – Luther vertritt hier und im folgenden die Meinung, daß die Gesetze einer gewissen Entwicklung unterworfen sind und daß das Neue Testament im Falle widersprüchlicher Aussagen die Gesetze des Alten Testaments aufhebt, während Müntzer die ganze Bibel gleichartig als ein Beispielbuch für die Offenbarung des Geistes ansieht.

Wider die räuberischen und mörderischen Rotten der Bauern

Nachdem Luther noch im April 1525 eine „Ermahnung zum Frieden auf die 12 Artikel der Bauernschaft in Schwaben“ verfaßte, in der er Bauern und Obrigkeit zur Einsicht zu bringen suchte, freilich den Bauern die Rechtmäßigkeit ihrer Forderungen bis auf die, ihre Pfarrer selbst zu wählen, bestritt, bezieht er in dieser Anfang Mai 1525 verfaßten Schrift einen Standpunkt, nach dem die Unterordnung unter die Obrigkeit noch vor dem Kampf um das Evangelium rangiert. Beide Schriften erschienen gemeinsam Anfang Mai 1525.

259 *Erzteufel, der zu Möhlhusen regiert* – Müntzer.

261 *Pilatis* – Pontius Pilatus, römischer Statthalter von Judäa 26 bis 36.
Herodis – Herodes, Name jüdischer Könige, die im 1. Jahrhundert in Judäa unter römischer Oberherrschaft regierten. Hier Herodes Antipas, von 4 bis 40 Tetrarch von Galiläa und Peräa, der Johannes den Täufer hinrichten und Jesus verhören ließ.

Sendbrief vom Dolmetschen

Da Luther als Geächteter nicht am Reichstag von Augsburg 1530 teilnehmen konnte, den Verhandlungen aber näher sein wollte, hielt er sich auf der Feste Coburg auf, um von dort aus leichter mit seinem Rat wirken zu können. Während dieser Zeit faßte er die Erfahrungen seiner Übersetzungstätigkeit zusammen. Am 12. September 1530 schickte er den Sendbrief an Wenzeslaus Linck, der den Druck veranlaßte.

266 *Wenzeslaus Linck* – Prior des Wittenberger Augustinerklosters, später Prediger in Altenburg und Nürnberg (1483–1547).
im Evangelio – Neues Testament. Matth. 25, 26ff.

267 *Dem ehrbarn und fursichtigen* N. – Vermutlich schriftstellerische Fiktion Luthers.
stehlen mir also meine Sprache – Hieronymus Emser (1478–1527), mit dem sich Luther hier vor allem auseinandersetzt, hatte in Luthers Bibelübersetzung eine Vielzahl „ketzerischer“ Irrtümer nachweisen wollen, aber Luthers Text als Grundlage einer gereinigten Bibelübersetzung benutzt, die 1527 erschien.

268 *Liber generationis* – (lat.) Geschlechterregister.

268 *St. Hieronimo* – Vgl. Anm. zu S. 61.
269 *Sudler von Dresen* – Emser, der als Sekretär Herzog Georgs von Sachsen in Dresden lebte.
Landsfurst mit einer greulichen Vorrede – Georg schrieb die Vorrede zu Emsers Bibelübersetzung.
270 *Sic volo, sic iubeo, sit pro ratione voluntas* – (lat.) So will ich's, so befehle ich's, statt des Grundes stehe der Wille (Juvenal, Satire 6, Vers 223).
Legentes – (lat.) Lesende, Dozenten.
271 *Doktor Schmidt* – Johannes Fabri (Heigerlin) (1478–1541), Sohn eines Schmiedes, Dominikaner, Gegner Luthers, zuletzt Bischof in Wien.
Doktor Rotzlöffel – Johann Cochläus (1479–1552), Kanonikus in Mainz, Hofkaplan Georgs von Sachsen und Domherr in Breslau.
272 *Im Hiob* – Bei der Übersetzung des Buches Hiob im Alten Testament.
M. Philipps – Magister Philipp Melanchthon, eigentlich Schwarzerd (1497–1560), Humanist des Wittenberger Kreises, Hauptmitarbeiter Luthers in theologischen und Übersetzungsfragen. Als Organisator und Gestalter des Unterrichts an den protestantischen Universitäten und Lateinschulen erhielt er den Ehrennamen „Praeceptor Germaniae" (Lehrer Deutschlands).
Aurogallus – Matthäus Aurogallus, eigentlich Goldhahn (gest. 1543), Professor für Hebräisch an der Universität Wittenberg.
273 *Ex abundantia cordis os loquitur* – (lat.) Stelle des Neuen Testamentes, Matth. 12, 34.
274 *Verräter Judas sagt* – Neues Testament, Matth. 26, 8 und Mark. 14, 4.
Gegrüßet seist du ... – Neues Testament, Luk. 1, 28.
277 *Propheten zu Worms* – Übersetzung von Ludwig Hätzer und Hans Denck, 1527 in Worms erschienen bei Peter Schöffer.
280 *Ambrosius* – Vgl. Anm. zu S. 20.
281 *De iustificatione* – (lat.) Über die Rechtfertigung. Diese Schrift liegt nur in Entwürfen vor.
Sermon von den lieben Engeln – Rede, am 29. September 1530 auf der Feste Coburg gehalten (gedruckt 1531). Auf die Heiligenverehrung geht Luther darin nicht ein.
282 *Apokalypsi* – Neues Testament, Offenbarung Johannes.
284 *zur Zeit Eliä, des Propheten* – Zur Zeit des Propheten Elias (Altes Testament, 1. Kön. 19, 10).
285 *districte precipiendo mandamus* – (lat.) Genau und vorschriftsmäßig verfügen wir. Häufige Wendung in päpstlichen Erlassen.

285 *Ex Eremo octava Septembris* – (lat.) Aus der Einsamkeit, am 8. September.

Etliche Fabeln aus Äsopo

Die Überarbeitung der Fabeln auf der Grundlage der Prosaübersetzung von Heinrich Steinhöwel (zwischen 1475 und 1480 in Ulm erschienen) nahm Luther während seines Aufenthalts auf der Feste Coburg 1530 vor. Die Arbeit blieb Fragment und wurde erst 1557 gedruckt.

286 *Äsopus* – Aisopos (6. Jahrhundert v. u. Z.), griechischer Fabeldichter. Er soll aus Phrygien stammen, Sklave gewesen und freigelassen worden sein. Sein Name steht für Fabelsammlungen verschiedener Herkunft. Diese Einsicht deutet sich bei Luther schon an.

287 *Quintilianus* – Marcus Fabius Quintilianus (um 35 – um 95), Verfasser des grundlegenden lateinischen Lehrbuches der Beredsamkeit „Institutio oratoria".

Hesiodus – Hesiod (8./7. Jahrhundert v. u. Z.), griechischer Dichter, verfaßte ein Gedicht über die Entstehung der Götterwelt und ein Gedicht über den Landbau.

288 *um der Wahrheit willen ertötet sei* – 1327 soll Maximus Planides eine legendäre Lebensbeschreibung des Äsop aus Konstantinopel nach Italien gebracht haben, der zufolge der Dichter durch Sturz vom Felsen in Delphi getötet worden sein soll.

den deutschen Äsopum – Die Übersetzung von Heinrich Steinhöwel (1412–1483).

293 *Dulcis in expertis cultura potentis amici* – (lat.) Die Gunst eines mächtigen Freundes ist nur den Unerfahrenen reizvoll (Horaz, Briefe I 18, 86/87).

Ulpia. L. – Ulpiani lex (lat. das Gesetz des Ulpianus). Das Werk des römischen Juristen Domitius Ulpianus (170–228) ist meist durch Bruchstücke in Justinians „Pandekten" (Gesetzessammlungen) überliefert.

Si non fuerint – (lat.) Wenn sie nicht gewesen wären.

296 *D. Mogenhofer* – Johann Mogenhofer, Doktor beider Rechte, seit 1508 Propst im Kollegialstift und Universitätslehrer in Wittenberg.

Das Hohelied Salomo

Das Hohelied Salomo ist eine Sammlung israelischer Liebes- und Hochzeitslieder, die von der Legende König Salomo zugeschrieben wurden. Dadurch fanden sie Aufnahme in die Bibel. Die eindeutig weltliche Aussage wurde schon in vorchristlicher Zeit allegorisch auf die Liebe Gottes gedeutet. Luther übersetzte das Hohelied zusammen mit den übrigen Büchern Salomos zuerst 1524. Um die Ergebnisse der gemeinschaftlichen Weiterarbeit an der Bibelübersetzung durch Luther und seine Wittenberger Mitarbeiter Melanchthon und Aurogallus zu veranschaulichen, wurde unserem Abdruck der Text der letzten von Luther noch durchgesehenen Bibelgesamtausgabe von 1545 zugrunde gelegt. Er spiegelt auch den von Luther erreichten Stand bei der Herausbildung der deutschen Nationalsprache.

299 *Kedar* – Sohn Ismaëls (Altes Testament, 1. Mos. 25, 15), legendärer Stammvater der Kedar, eines arabischen Nomadenstammes.
Narde – Nardostachys, indische Narde, Pflanze, aus deren wohlriechender Wurzel Salben und Öle bereitet wurden.
Myrrhen – Gummiharz von Commiphoraarten, tropischer Baumarten, das Myrrhenöl enthält. Von Luther offenbar verwechselt mit Myrrhis, Myrrhenherbel oder wildem Anis, einer Arzneipflanze mit starkem Duft, oder mit Myrte, die der Aphrodite heilig war.

300 *Copher* – Zypergras, an dessen Wurzeln verdickte süße Knollen wachsen.
Engeddi – Quelle und Ort am Westufer des Toten Meeres.
Saron – Küstenebene im nördlichen Palästina, im Frühjahr von vielen Blumen bedeckt, darunter einer Anemonenart, die hier als Rose bezeichnet wird.

302 *Gilead* – Landschaft östlich des Jordans.
Hermon – Dschel esch Schech, der südwestliche Teil des Antilibanongebirges in Syrien.

305 *Hesbon* – Heute Hesban, Stadt im südlichen Ostjordanland.
Karmelus – Gebirgszug in Nordpalästina.

Geistliche Lieder

Die erste Sammlung geistlicher Lieder Luthers erschien 1524 in mehreren Drucken. Die hier abgedruckte Vorrede zum Wittenberger Chorgesangbuch ist auch von vielen außerhalb Wittenbergs entstandenen Gesangbüchern übernommen worden. Die Auswahl ist nach der Reihenfolge der ersten Drucke, wie sie Friedrich Klippgen angibt, geordnet. Die Überschriften, die in den Einzeldrucken in verschiedenen Fassungen erscheinen, wurden fortgelassen, da nur in wenigen Fällen der Titel nachweislich von Luther selbst stammt.

309 *Nu bitten wir den Heiligen Geist* – Nach einem Pfingstlied von Berthold von Regensburg (um 1210–1272), Franziskanermönch, bedeutender Prediger, vor 1524 entstanden.

310 *Mitten wir im Leben sind* – Freie Nachdichtung der „Antiphona de morte. Media vita in morte sumus", die fälschlich dem Notker I., Balbulus (840–910), Mönch im Kloster Sankt Gallen, zugeschrieben wurde; 1523 entstanden.

311 *Aus tiefer Not schrei ich zu dir* – Umdichtung des 130. Psalms; vermutlich 1524 entstanden.

312 *Ein neues Lied wir heben an* – „Ein neu Lied von den zween Märterern Christi zu Brussel, von den Sophisten zu Löwen verbrannt." Am 1. Juli 1523 wurden die beiden Antwerpener Augustiner Henricus Vos und Johannes von der Esschen auf dem Marktplatz in Brüssel öffentlich verbrannt. Sie waren die ersten Opfer der Inquisition, die Karl V. in den Niederlanden eingeführt hatte. Luther preist die Standhaftigkeit und benutzt dazu die Form eines Zeitungsliedes; 1523 geschrieben.

313 *Sophisten* – Hier: die Inquisitionsrichter.

314 *Habel* – Abel, der älteste Sohn Adams, den sein Bruder Kain aus Neid erschlug.

315 *Ach Gott, von Himmel siehe darein* – Freie Nachdichtung des 12. Psalms; eines der frühesten Lieder Luthers, um 1523 entstanden.

317 *Nu freut euch, lieben Christengmein* – „Ein Christenlichs Lied Doctoris Martini Luthers, die unaussprechliche Gnaden Gottes und des rechten Glaubens begreifend"; um 1523 entstanden.

318 *Denn ich bin dein und du bist mein* – Alte Eheformel, in der Mystik auf die Gottesverbindung übertragen.

319 *Mensch, willt du leben seliglich* – „Die zehen Gebot aufs kürzste. Martinus Luther". Katechismuslied; entstanden 1524.

320 *Christum wir sollen loben schon* – Nachdichtung eines lateinischen Hymnus „In nativitate Domini. A solis ortus cardine" (Auf die Geburt des Herrn); entstanden etwa 1524.
Den Gabriel verhieß zuvorn – Der Erzengel Gabriel verkündete Maria, daß sie den Gottessohn gebären werde (Neues Testament, Luk. 1, 26ff.).

321 *Den Sankt Johanns mit Springen zeigt* – „Und es begab sich, als Elisabeth den Gruß Marias hörte, hüpfte das Kind in ihrem Leibe." (Neues Testament, Luk. 1, 41.)

Gelobet seist du, Jesu Christ – „Ein Lobgesang von der Geburt Christi". Erste Strophe auf der Grundlage eines schon im 14. Jahrhundert bezeugten Weihnachtsliedes; 1523 als Einzeldruck erschienen.

322 *Wohl dem, der in Gottes Furchte steht* – Nachdichtung des 128. Psalms; entstanden um 1524.

323 *Gott der Vater wohn uns bei* – Trinitätslied. Entstanden 1524, angeregt durch ein mittelalterliches Gebetslied an Maria und alle Heiligen.

324 *Wir gläuben all an einen Gott* – Nachdichtung und Weiterführung eines alten Hymnus aus dem 14. Jahrhundert; entstanden 1524 als Gemeindelied.

Ein feste Burg ist unser Gott – Freie Nachdichtung des 46. Psalms; zuerst 1529 belegt. Die Entstehungszeit wird ohne überzeugenden Nachweis von der Forschung verschieden angenommen; 1521 (Wormser Reichstag), 1524 (Brief an die Fürsten zu Sachsen), 1527 oder 1529 (Türkengefahr).

325 *Herr Zebaoth* – Herr der Heerscharen.

326 *Verleih uns Frieden gnädiglich* – Nachdichtung der anonymen lateinischen „Antiphona pro pace. Da pacem domine"; 1531 erschienen.

Herr Gott, dich loben wir – Nachdichtung des sogen. Ambrosianischen Lobgesangs „Te Deum laudamus"; 1529 erschienen.

328 *Vom Himmel hoch* – „Ein Kinderlied auf die Weihnacht Christi." In Anlehnung an ein altes Volkslied vor Weihnachten 1534 gedichtet, 1535 erschienen.

330 *Susaninne* – Anfang eines alten Wiegenliedes.

Was furchst du, Feind Herodes, sehr – Nach einem lateinischen Hymnus „In die Epiphanie Domini" am 12. Dezember 1541 geschrieben.

Herodes – Vgl. Anm. zu S. 261.

Die Tauf im Jordan – Vollzogen durch Johannes den Täufer (Neues Testament, Mark. 1).

Sechs steinern Krüge – Die Verwandlung von Wasser in Wein auf der Hochzeit zu Kana (Neues Testament, Joh. 2).

331 *Von Himmel kam der Engel Schar* – „Ein ander Christlied". Vermutlich Weihnachten 1542 gedichtet; 1543 erschienen.

Erhalt uns Herr bei deinem Wort – „Ein Kinderlied, zu singen wider die zween Erzfeinde Christi und seiner heiligen Kirchen, den Papst und die Türken." 1543 erschienen, vermutlich früher entstanden.

Wider Hans Worst

In dem Streit zwischen dem Kurfürsten Johann Friedrich von Sachsen und dem Landgrafen Philipp von Hessen einerseits und dem Herzog Heinrich von Braunschweig-Wolfenbüttel andererseits, der seit dem Frühjahr 1538 in zahlreichen Streitschriften ausgetragen wurde, veranlaßte die Bemerkung Heinrichs in seiner „Dublica wider des Kurfürsten zu Sachsen andern Abdruck“ (1540), „Martinus Luther, sein lieber Andächtiger“, habe den Kurfürsten von Sachsen, „Hans Worst nennet“, Luther zu heftigem Eingreifen. Er schrieb seine Erwiderung, die zugleich eine Zusammenfassung seiner Lehre und seine Darstellung vom Verlauf der Reformation gibt, im März 1541.

333 *wie der im Evangelio* – Jesus trieb aus einem Besessenen den bösen Geist aus, der auf die Frage nach seinem Namen antwortete: „Legion heiße ich, denn unser sind sehr viele.“ (Neues Testament, Mark. 5, 9).

335 *Chrysippus* – Chrysippos (um 280 – um 206 v. u. Z.), griechischer Philosoph, systematisierte die Lehren der Stoa, einer griechischen Philosophenschule.

ganz eur Buch – Heinrichs Schrift „Duplica wider des Kurfürsten zu Sachsen andern Abdruck“.

336 *Geleit und Landfriede* – Herzog Heinrich hatte dem Kurfürsten von Sachsen und dem Landgrafen von Hessen versagt, freies Geleit auf seinem Gebiet zuzusichern, als sie im März 1538 zum Fürstentag nach Braunschweig reisten. Als Philipp dennoch diese Route benutzte, wurde er bei Wolfenbüttel beschossen. Diese Verweigerung des freien Geleits und der Bruch des Landfriedens wird mehrfach in den Beschwerdeschriften der Fürsten aufgegriffen.

Nabal – Nabal verweigerte David ein Gastmahl. Sein Weib Abigail flehte David für die Unfreundlichkeit ihres Mannes um Verzeihung an und sagte von ihm: „... er ist ein Narr, wie sein Name heißt, und Narrheit ist bei ihm.“ (Altes Testament, 1. Samuel 25, 25).

Kain – Sohn Adams, der seinen Bruder Abel erschlug (1. Mos. 4, 8).

338 *Arii* – Der Presbyter Arius (um 280–336) bestritt die Gottnatur Christi. Seine Lehre wurde auf dem Konzil zu Nikäa 325 verdammt.

Emser – Vgl. Anm. zu S. 267.

Rotzleffel – Vgl. Anm. zu S. 270.

Wetzel – Georg Witzel (gest. 1573), lutherischer Pfarrer.

339 *Concilia, Väter und Dekret* – Die Beschlüsse der Konzilien, Lehren der Kirchenväter und Dekretalen der Päpste galten in der katholischen Kirche als gleichrangig neben der Bibel. Luther bekräftigt hier seinen Standpunkt, daß die Bibel einzige Autorität in Glaubensfragen sei.

Improperium Christi portantes – (lat.) Diejenigen, die die Vorwürfe, gegen Christus gerichtet, auf sich nehmen. Die Improperien sind Bestandteil der katholischen Karfreitagsliturgie.

340 *faciens et consentiens* – (lat.) handelnd und übereinstimmend. Bezieht sich auf Neues Testament, Röm. 1, 30–32: „Verleumder, Gottesverächter, Frevler, hoffärtig, ruhmredig, Schädliche, den Eltern ungehorsam, Unvernünftige, Treulose, Lieblose, unversöhnlich, unbarmherzig. Sie wissen Gottes Gerechtigkeit, daß, die solches tun, des Todes würdig sind, und tun es nicht allein, sondern haben auch Gefallen an denen, die es tun."

Balaams Fluch – Bileams Fluch gegen Jakob wurde zweimal in Segen verwandelt (Altes Testament, 4. Mos. 23, 7ff.).

341 *Nabal* – Vgl. Anm. zu S. 336.

342 *suo iuditio condemnati aures habent et non audiunt* – (lat.) Diejenigen, die durch ihr eigenes Urteil verdammt sind, haben Ohren und können nicht hören.

Peccavimus miserere nostri – (lat.) Wir haben gesündigt, erbarme dich unser.

344 *im Symbolo* – im apostolischen Glaubensbekenntnis.

Sakrament des Altars – Abendmahl.

345 *Schlüssel* – Vgl. Anm. zu S. 26.

347 *Hannas und Kaiphas* – Vgl. Anm. zu S. 211.

der linke Schächer – Gemeint ist einer der Verbrecher, die zugleich mit Jesus gekreuzigt wurden. Er forderte Jesus auf, sich und ihm zu helfen, wenn er der Messias sei (Neues Testament, Luk. 23, 39).

348 *antiquus dierum* – (lat.) Anspielung auf Daniels Traum von den Weltreichen und dem ewigen Reich des Menschensohns.

349 *Lazarus* – Der arme Mann im Gleichnis vom Armen und Reichen (Neues Testament, Luk. 16, 19ff.), Schutzheiliger der Kranken.

350 *Distin. 3 Aquam sale* – Päpstliche Dekretalie, die mit den Worten „Aquam sale" (lat.: Das Wasser durch Salz ...) beginnt.

353 *Winkelmesse* – Katholische Privatmesse.

Molech – Moloch, semitischer Gott, dem Menschen geopfert wurden.

354 *Jovem, Junonem, Venerem, Dianam* – Die römischen Götter Jupiter, Juno, Venus, Diana.

355 *viel Bluts drüber vergossen ist* – Anspielung auf den Streit um die Bilderverehrung. Im 4. Jahrhundert bestand ein Verbot der Bilderverehrung im weströmischen Reich. Im 8. Jahrhundert gab es einen Bilderstreit in Byzanz, in dem sich aber die Bilderverehrung durchsetzte.

358 *Baal* – Semitischer Berg- oder Stadtgott.

Astaroth – Astarte, vorderasiatische Muttergöttin, Herrin der Tiere.

359 *der Lenae* – Lena, Name einer Kupplerin in der römischen Literatur.

361 *zur Zeit Elia* – Elias, der Verteidiger des Jahvekults gegen die Verehrung des tyrischen Baal (Altes Testament, 1. Kön. 17–21).

Consummans et abbrevians – (lat.) vollendend und verkürzend.

Constantio, dem Sohn Constantini – Constantius II. (317–361) römischer Kaiser. Er begünstigte die Arianer (vgl. Anm. zu S. 338).

365 *Franciscus, Dominicus* – Vgl. Anm. zu S. 58. Die beiden Namen stehen hier für den Gedanken der Werkheiligkeit.

die Kälber oder Baal ehreten – Während Moses auf dem Berg Sinai von Jahve die Gesetze erfährt, kehrt sich das Volk vom Glauben an diesem ab und betet ein goldenes Kalb an (Altes Testament, 2. Mos. 32, 4).

366 *Quia ecclesia non potest errare* – (lat.) Weil die Kirche nicht irren kann.

368 *Haec dixit Dominus* – (lat.) Dies hat der Herr gesprochen.

Et iterum – (lat.) Und wiederum.

369 *Ex propriis* – (lat.) Aus Eigenem.

370 *dieweil dieser Madensack Fleisch und Blut lebet* – solange dieses Fleisch, das einst die Würmer fressen sollen, lebt.

Samaritan – Samariter, von den Juden verachteter Volksstamm. Der Selbstgerechtigkeit der Pharisäer setzt Jesus sein Gleichnis vom armen Samariter entgegen, der selbstlos hilft, wo der Pharisäer hochmütig vorübergeht (Neues Testament, Luk. 10, 34).

falscher Sakramentmeister – Zwinglianer, die nach Luthers Meinung die Abendmahlslehre verfälschen (vgl. Einleitung S. XVI).

In ecclesia sunt, sed non de ecclesia – (lat.) Sie sind in der Kirche, aber nicht von der Kirche.

Item: Numero sed non merito – (lat.) Gleichfalls: nach der Zahl, nicht nach Verdienst.

373 *Simonei* – Ämterkauf (vgl. Anm. zu S. 41).

Sodoma und Gomorra – Vgl. Anm. zu S. 38.

373 *Epikurer* – Anhänger der Philosophie des griechischen materialistischen Philosophen Epikur (341–271 v. u. Z.). Der Epikureismus wurde durch die kirchliche Polemik fälschlich zum Inbegriff eines unmoralischen und ausschweifenden Lebens gestempelt.
Restitution – Rückerstattung, Rückgabe.
Herzog George – Herzog Georg von Sachsen (1471–1539), seit der Leipziger Disputation heftiger Gegner Luthers.
374 *zu Augsburg* – 1530. Für die Verhandlungen dieses Reichstags verfaßte Melanchthon die „Augsburger Konfession" (vgl. Einleitung, S. XXXIX).
377 *kaiserliche Edikte* – Auf dem Reichstag von Worms 1521 wurde Luthers Lehre verworfen. Mehrfache Versuche, diese Verfügung durchzusetzen, scheiterten jedoch am Widerstand der protestantischen Fürsten.
379 *Rapinam divinitatis* – (lat.) Raub der Göttlichkeit.
Salomo Proverbio – (lat.) in den Sprüchen Salomos des Alten Testaments.
380 *Ponatur ecclesia certo, ... ex natura relativorum* – (lat.) Wenn die Kirche gefestigt ist, folgt der Gehorsam mit Notwendigkeit. Ist im Gegenteil die Kirche nicht begründet, so folgt kein Gehorsam. Aus der Natur der Sache ergeben sich Relativitäten.
381 *Naaman Syrum* – Der Feldhauptmann Naeman von Syrien, den Elisa von Aussatz heilte (Altes Testament, 2. Kön. 5).
382 *Bischof Albrecht* – Albrecht von Hohenzollern (vgl. Einleitung S. XI).
Denn dazumal ... machen – Damals war kein sächsischer Prinz da, um dessentwillen Kurfürst Friedrich hätte intrigieren können, denselben zum Bischof zu machen.
383 *Hasenpanier ergriffen* – In dem Gefecht auf der Soltauer Heide (28. 6. 1519) war Heinrich geflohen.
Vicarius des Reichs – Als Haupt des Kurfürsten amtierte Friedrich von Sachsen nach dem Tode Maximilians bis zur Kaiserwahl als Reichsvikar.
385 *Propositionibus* – (lat.) den Vorhaltungen, Einwänden gegen den Ablaßhandel.
386 *Ordinario* – Vorgesetzter.
387 *Doktor Sau* – Johannes Eck (vgl. Anm. zu S. 107).
388 *Cajetanus* – Vgl. Anm. zu S. 108.
Staupitz – Johann Staupitz (gest. 1524), Luthers Ordensvorgesetzter. Er förderte ihn zunächst, folgte ihm aber ab 1518 nicht mehr.
389 *Remissio satisfactionis, id est nihil* – (lat.) Erlaß der Genugtuung, das ist nichts.

389 *Schariotherei* – Verrat für Geld, von Judas Ischarioth abgeleitet, der Jesus für 30 Silberlinge verriet (Neues Testament, Matth. 26).

391 *Metzen* – Eva von Trott, Heinrichs Mätresse.

392 *Römer Cornelius* – Cornelius Tacitus (50–116), römischer Geschichtsschreiber, gemeint ist das 22. Kapitel seiner Schrift „De Germania".

393 *Hildesheim* – Im Vertrag von Quedlinburg 1523 hatten die Herzöge von Braunschweig den größten Teil des Hochstifts Hildesheim unter sich verteilt.

vom Landgrafen – Philipp von Hessen lebte mit Duldung Luthers in Doppelehe.

394 *die tollen Leute zu Münster* – Gemeint ist die Wiedertäuferrepublik in Münster, die 1536 unter maßgeblicher Teilnahme Philipps von Hessen von den Fürsten niedergeworfen wurde. Johann von Leiden und andere Führer der Wiedertäufer wurden hingerichtet.

396 *Mauritius* – Byzantinischer Kaiser (539–602).

Focas – Gegenkaiser, der Mauritius, nachdem dieser kapituliert hatte, mit seinen Söhnen und Anhängern ermorden ließ.

Si est timidus est homicida – (lat.) Wer furchtsam ist, ist ein (Selbst-)Mörder.

397 *Thrasones* – Thraso, ein Prahlhans in der Komödie „Der Eunuch" des römischen Komödiendichters Publius Terentius Afer (um 195–159 v. u. Z.).

Suetonius – Gajus Suetonius Tranquillus (um 70 – um 150), römischer Philologe und Geschichtsschreiber, verfaßte eine Biographiensammlung römischer Kaiser.

399 *Quod est differentia inter rem et personam* – (lat.) Was ist der Unterschied zwischen Sache und Person.

Res illa – (lat.) Die Sache ist die.

A baculo ad angulum – (lat.) vom Stock zum Winkel.

400 *Seneca* – Lucius Annaeus Seneca (um 5 v. u. Z. – 65 u. Z.), römischer Dichter und Philosoph.

Non quis, sed quid dicatur attende – (lat.) Nicht auf denjenigen, der etwas sagt, sondern auf dasjenige, was gesagt wird, richte deine Aufmerksamkeit.

403 *Samuel an seinen Saul* – Samuel konnte durch seine Gebete Saul nicht zur Gottesfurcht bewegen und wandte sich schließlich von ihm ab (Altes Testament, 1. Samuel 15, 35).

404 *Pharao in Ägypten* – Moses beschwor zehn Plagen über Ägypten, um den Auszug seines Volkes zu erzwingen (Altes Testament, 2. Mos. 7–12).

407 *Kammergericht* – Höchste fürstliche Landesgerichte.

407 *In ore duorum et iterum* – (lat.) Im Munde der zwei und zum zweiten Male.

410 *Nibil opertum ... patientibus* – (lat.) Es ist nichts verborgen, das nicht offenbar werde (Neues Testament, Matth. 10, 26). Gott sei Lob und Ruhm in alle Ewigkeit, der Barmherzigkeit übt und Gerechtigkeit schafft und Gericht allen, die Unrecht leiden (Altes Testament, Ps. 103, 4 u. 6).

Bibelabkürzungen

Apostelgesch. – Apostelgeschichte des Lukas
Chron. – Buch der Chronika
Dan. – Daniel
Eph. – Brief des Paulus an die Epheser
Gal. – Brief des Paulus an die Galater
Hes. – Hesekiel
Hos. – Hosea
Jer. – Jeremia
Jes. – Jesaja
Joh. – Evangelium des Johannes
Jos. – Buch Josua
Kol. – Brief des Paulus an die Kolosser
Kön. – Buch der Könige
Kor. – Brief des Paulus an die Korinther
Luk. – Evangelium des Lukas
Mal. – Maleachi
Mark. – Evangelium des Markus
Matth. – Evangelium des Matthäus
Mos. – Buch Mose
Offb. – Offenbarung des Johannes
Petr. – Brief des Petrus
Phil. – Brief des Paulus an die Philipper
Pred. – Prediger Salomo
Ps. – Psalm
Röm. – Brief des Paulus an die Römer
Sam. – Buch Samuel
Sir. – Buch Jesus Sirach
Spr. (Sal.) – Sprüche Salomos
Thess. – Brief des Paulus an die Thessalonicher
Tim. – Brief des Paulus an Timotheus
Tit. – Brief des Paulus an Titus
Weish. – Weisheit Salomos

Zur Textgestaltung

Den Texten dieser Ausgabe liegen, wenn nicht ausdrücklich anders vermerkt, die Erstausgaben zugrunde.

Der originalgetreue Abdruck der historischen Editionen würde das Verständnis der Texte sehr erschweren, deshalb wurde eine Textgestalt gewählt, die einerseits möglichst lautgetreu ist, andererseits vom heutigen Schriftbild nicht zu sehr abweicht. Eine bessere Lesbarkeit konnte nur durch einen Kompromiß, durch weitestgehende Beibehaltung des alten Vokalismus und entschiedene Modernisierung des Konsonantismus, erreicht werden.

Die Beibehaltung des alten Vokalismus hat zur Folge, daß Übergangsformen vom Mittelhochdeutschen zum Neuhochdeutschen im Frühneuhochdeutschen nebeneinander stehenblieben, so Umlaut und Nichtumlaut (Guter – Güter), uneinheitlicher Lautwechsel von u – o (Suhn – Sohn), von ü – ö (mügen – mögen, Munich – Münch – Mönch), von a – o (sall – soll), von ü – i (Hülfe – Hilfe, Küssen – Kissen), von i – ü (wirdig – würdig), von e – ö (Helle – Hölle) sowie kontrahierte und unkontrahierte Formen (gnug, zehen). Die alten e-Laute sind in ihrer neuhochdeutschen Entsprechung wiedergegeben (Stedt – Städt, effen – äffen), ebenso alte Längen (nennen – nehmen, inen – ihnen). Die vokalisch vollen Vor- und Nachsilben wurden auf Grund unterschiedlicher Formen im Original, wobei die Tendenz zur neuhochdeutschen Form geht, modernisiert (Gottis – Gottes, Vornunfft – Vernunft, Gefancnus – Gefangnis).

Dem heutigen Stand angeglichen sind Schreibungen ohne lautliche Funktion, so z. B. Häufungen von Konsonantenzeichen beseitigt (alszo – also, Schrifft – Schrift), b nach m weggelassen (darumb – darum) und v, w für u durch u bzw. u für v oder f durch v oder f ersetzt (vnuersucht – unversucht, beuestiget – befestiget).

Der Konsonantismus ist einheitlich dem neuhochdeutschen Lautstand angeglichen (Ausnahmen bilden adder für oder und widder für weder): Auf die Auslautverhärtung der Medien b, d, g wurde ebenso verzichtet (blint – blind, mac – mag, Diep – Dieb) wie auf die häufigen ch-Schreibungen für auslautendes oder vor Konsonanten stehendes neuhochdeutsches h oder g (geschiecht –

geschieht, zoch – zog), auf oberdeutsches p, k und t für neuhochdeutsches b, g und d (pin – bin, trucken – drucken, krichisch – griechisch) und auf die Nasal- oder Liquiderweichung nd und ld (kunde – konnte für nhd. konnte, wolde – wollte); Zeichen für hiattilgende Gleitlaute wurden beseitigt oder dem Neuhochdeutschen entsprechend durch h ersetzt (provezeijen – prophezeien, rugen – ruhen). Bei dem sich vom Mittelhochdeutschen zum Frühneuhochdeutschen vollziehenden Grammatischen Wechsel von s–r wurde der leichteren Verständlichkeit willen die hochdeutsche Form gewählt (was – war).

Die Verschmelzung des Personalpronomens der zweiten Person Singular mit der vorausgehenden Verbform und ähnliche Assimilationserscheinungen (hastu – hast du) und Abkürzungen (dẽ – den, deñ – denn, sund' – sunder für nhd. sondern, Meinũg – Meinung, etwz – etwas) sind aufgelöst.

Beibehalten wurden alte Flexionsformen, darunter der oberdeutsche Einheitsplural des Verbs auf -ent (habent für nhd. haben).

Modernisiert wurden Groß-, Klein-, Getrennt- und Zusammenschreibung. Vereinzelt sind Ergänzungen des Bearbeiters in eckigen Klammern im Text eingefügt.

Nicht ohne weiteres verständliche Laut- und Flexionsformen, Wörter und Wendungen, deren Bedeutung sich geändert haben, werden in Fußnoten erklärt. Erläuterungen umfangreicherer Satzteile, Übersetzungen, Namen und historische Zusammenhänge werden in den Einzelanmerkungen am Schluß eines jeden Bandes geboten.

Für die Anmerkungen zu den Müntzer-Texten wurden die Fußnoten der textkritischen Ausgabe von Carl Hinrichs, Halle 1950, dankbar genutzt.

INHALTSVERZEICHNIS

BIBLIOTHEK DEUTSCHER KLASSIKER

BDK

Die „Bibliothek deutscher Klassiker" ist eine Volksbibliothek der in unserer Zeit lebendigen und weiterwirkenden Literatur deutscher Sprache vom Zeitalter des Bauernkrieges bis zum Ende des neunzehnten Jahrhunderts. Sie bietet einem weiten Leserkreis die bedeutenden Werke unseres literarischen Erbes in Auswahlausgaben auf wissenschaftlicher Grundlage.

Die Werke der großen Dichter und Schriftsteller sollen Liebe und Verständnis für die schöne Literatur wecken und ein fortschrittliches, humanistisches Welt- und Geschichtsbild vermitteln.

Die „Bibliothek deutscher Klassiker" wird von den Nationalen Forschungs- und Gedenkstätten der klassischen deutschen Literatur in Weimar herausgegeben.

Die Ausgaben erscheinen seit 1955 in zwangloser Folge.

Die „Bibliothek deutscher Klassiker" umfaßt folgende Ausgaben (in Klammern die Anzahl der Bände):

Volksbücher (3) · Schwänke (1) · Hans Sachs (2)
Hutten/Müntzer/Luther (2)

Gryphius (1) · Grimmelshausen (4) · Chr. Reuter (1)

Günther (1) · Klopstock (1) · Winckelmann (1) · Lessing (5)
Wieland (4) · Herder (5) · Lenz (1) · Klinger (2) · Bürger (1)
Schubart (1) · Voß (1) · Lichtenberg (1) · Moritz (2)
Bräker (1) · Goethe (12) · Schiller (5) · Jean Paul (2)
Forster (2) · Hölderlin (2)

Seume (2) · Kleist (2) · Hebel (1) · Novalis (1) · Arnim (1)
Brentano · Friedrich Schlegel (2) · E. T. A. Hoffmann (3)
Chamisso (1) · Hauff (2) · Tieck (2) · Eichendorff (1) · Grillparzer (3)
Raimund (1) · Börne (2) · Grabbe (2) · Büchner (1)
Droste-Hülshoff (1) · Lenau (1) · Gotthelf (2) · Mörike (1)
Heine (5) · Weerth (2) · Nestroy (2) · Freiligrath (1) · Herwegh (1)
Hebbel (3) · Stifter (4) · Fritz Reuter (3) · Keller (5) · Storm (2)
Anzengruber (2) · Ebner-Eschenbach (1) · C. F. Meyer (2)
Raabe (5) · Fontane (5)

Briefe: Lessing (1) · Herder (1) · Goethe (3) · Schiller (2)
Heine (1) · Keller (1) · Fontane (2)

BIBLIOTHEK DEUTSCHER KLASSIKER

HUTTEN · MÜNTZER · LUTHER

BIBLIOTHEK DEUTSCHER KLASSIKER

BDK

HERAUSGEGEBEN VON DEN
NATIONALEN FORSCHUNGS- UND GEDENKSTÄTTEN
DER KLASSISCHEN DEUTSCHEN LITERATUR
IN WEIMAR

HUTTEN · MÜNTZER
LUTHER

WERKE IN ZWEI BÄNDEN

ERSTER BAND

Hutten · Müntzer

Aufbau-Verlag Berlin und Weimar
1989

Ausgewählt und eingeleitet von Siegfried Streller

Textrevision von Christa Streller

5. Auflage 1989

Einbandgestaltung Horst Erich Wolter
Lichtsatz INTERDRUCK Graphischer Großbetrieb Leipzig – III/18/97
Druck und Binden LVZ-Druckerei „Hermann Duncker" – III/18/138
Printed in the German Democratic Republic
Lizenznummer 301. 120/152/89
Bestellnummer 610 590 8
I/II 01000

Hutten, Werke 1–2 BDK
ISBN 3-351-00714-0

EINLEITUNG

Die Epoche der frühbürgerlichen Revolution, in der Luther, Hutten und Müntzer lebten und wirkten, wurde von Engels als „die größte progressive Umwälzung" bezeichnet, „die die Menschheit bis dahin erlebt hatte, eine Zeit, die Riesen brauchte und Riesen zeugte, Riesen an Denkkraft, Leidenschaft und Charakter, an Vielseitigkeit und Gelehrsamkeit". Zuerst in Italien als Renaissance in Erscheinung tretend, gewinnt sie bei ihrem Übergreifen auf fast ganz Europa, besonders in Frankreich, England und Deutschland, sehr unterschiedliche Ausprägung. Je nachdem welche Erscheinungsformen in der ideologischen und politischen Auseinandersetzung in den Vordergrund treten, spricht man in Deutschland von Humanismus, Reformation oder Renaissance. Alle diese Strömungen aber erwachsen aus jener gesellschaftlichen Erschütterung, die im großen deutschen Bauernkrieg ihren Höhepunkt erreicht, der ersten wirklichen Revolution in der deutschen Geschichte, deren Scheitern den Verlauf der deutschen Entwicklung für die kommenden Jahrhunderte bestimmte.

Von diesen Ereignissen wird das gesamte Denken und Wirken auch jener Gestalten bestimmt, die mit ihrem Auftreten den Gang des Geschehens in unterschiedlichem Maße und auf unterschiedlichen Gebieten beeinflußten: Luther, Hutten und Müntzer. Vor allem wird auch ihr schriftstellerisches Werk hiervon geprägt, ein Werk, das im Dienste dieser gesellschaftlichen Auseinandersetzung steht und sich nicht nur in seinen Zielen und Absichten, sondern auch in seinen Formen von der „schönen Literatur" der kommenden Jahrhunderte unterscheidet. Die hier vorgelegte Auswahl besteht zum überwiegenden Teil aus Kampfschriften, aus Agitationsliteratur, die unmittelbar für den Tag bestimmt ist. Selbst dort, wo ein solcher Zweck nicht nachweisbar ist, wie etwa in Luthers Fabelbearbeitungen, liegt die Auffassung zugrunde, daß Literatur ein Mittel ist, mit dem auf die gesellschaftlichen Auseinandersetzungen eingewirkt wird, seien diese nun unmittelbar politisch verstanden wie bei Ulrich von Hutten oder seien sie im theologischen Streit entstanden wie vorwiegend bei Luther und Müntzer. Mit ihrer Zweckbestimmtheit gewinnen diese Schriften zugleich einen eigenständigen ästhetischen Charakter. Indem sie die gesellschaftlichen Umwälzungen mitreißend ausdrücken, erheben sie sich in ihrer Mehrzahl über den Rang bloßer historischer Dokumente. Sprache und Literatur werden in ihnen um neue Ausdrucksformen bereichert, die für die weitere Entwicklung der Nationalsprache und der Literatur von Bedeutung sind.

Ursache für die Angriffe auf das mittelalterliche Weltbild waren wirtschaftliche Veränderungen. Seit der zweiten Hälfte des 15. Jahrhunderts stieg in den ökonomisch fortgeschritteneren Ländern Europas die Warenproduktion in rascherem Tempo an als in den vorangegangenen Jahrzehnten. Durch die Entwicklung neuer Produktivkräfte wurden im Bergbau, im Hüttenwesen und im Textilgewerbe die Schranken der einfachen Warenproduktion durchbrochen. Es bildeten sich erste Formen einer kapitalistischen Produktion heraus, die sich jedoch noch nicht in größerem Umfange durchsetzten. Bezeichnend war die Ansammlung großer Vermögen durch Handel und Geldgeschäfte in den süddeutschen Handelsstädten. Zu einem geringen Teil wurden sie schon als Kapitalinvestitionen, vor allem aber zur Stützung der herrschenden Schichten verwendet. Durch Kredite finanzierten die großen Handelshäuser kriegerische Unternehmungen und Kaiserwahlen und stärkten damit ihren Einfluß und ihre Macht. Die sich rasch entwickelnde Geldwirtschaft, beschleunigt durch den Zustrom von Edelmetallen aus den neuentdeckten überseeischen Ländern, drang auch in das Wirtschaftsleben des Dorfes ein. Einer nur sehr langsamen Produktionssteigerung stand der rasch wachsende Geldbedarf der Feudalherren gegenüber, den diese durch verstärkte Ausbeutung der abhängigen Bauern zu decken versuchten.

Diese ökonomischen Veränderungen hatten Rückwirkungen auf das Sozialgefüge. Um 1500 waren alle aus dem Mittelalter überkommenen Klassen und Schichten in einem Prozeß der Auflösung begriffen. Wenngleich sich noch keine neue Gesellschaftsstruktur abzeichnete, wurde doch die soziale Differenzierung in einem Anwachsen der Vermögensunterschiede sichtbar. Vermögenskonzentration einerseits, Pauperisierung andererseits spalteten die Klassen auf und verwischten ihre Grenzen.

Innerhalb des Adels führte dieser Differenzierungsprozeß zu wachsender Macht der Territorialfürsten, die – außer in Südwestdeutschland, Franken und Thüringen – den mittleren und niederen Adel unter ihre Herrschaft gezwungen hatten. Die niedrigen Adligen standen vor der Wahl, sich im fürstlichen Hofdienst oder als besoldete Landsknechtführer eine Existenz zu suchen oder aber aus den Bauern ihres Gebietes ein Mehreinkommen herauszuschinden, um die standesgemäße Repräsentation bestreiten zu können.

In den Städten verschärfte sich die Auseinandersetzung zwischen dem herrschenden Patriziat, in das reiche Emporkömmlinge eindringen konnten, den bürgerlichen Mittelschichten, vornehmlich den Zünften, und den nahezu besitzlosen plebejischen Schichten, denen verarmte Handwerker, Gesellen, Lohnarbeiter, Fahrende und Bettler angehörten. Besonders diese untersten städtischen Schichten, die von dem wirtschaftlichen Aufschwung nicht profitieren konnten und politisch rechtlos waren, trugen zur Radikalisierung der Auseinandersetzungen bei.

Auch unter der Landbevölkerung vollzog sich ein wirtschaftlicher und sozialer Differenzierungsprozeß, der in den einzelnen Gebieten allerdings sehr unterschiedlich verlief. In West- und Südwestdeutschland verschärfte der Adel die Ausbeutung dadurch, daß er Zinsabhängigkeiten in Leibeigenschaft zu verwandeln suchte und damit die Bauern seiner Rechtswillkür auslieferte. Zahlreiche neue Abgaben und Dienstleistungen wurden eingeführt, so daß sich die materielle Lage der Bauern sehr rasch verschlechterte.

Diese widersprüchlichen Tendenzen in der gesellschaftlichen Entwicklung riefen in zunehmendem Maße Aktionen unter den Bauern und in den Städten hervor. Es war eine Krise herangereift, in der jede gesellschaftliche Schicht mit der anderen in Widerspruch stand. Die Herrschaftsbestrebungen der Fürsten forderten alle anderen Schichten zum Widerstand heraus. Die Interessenwidersprüche zwischen niederem Adel und Städten, zwischen Bauern und Adel sowie Bauern und Städten verhinderten jedoch ein echtes und dauerndes Bündnis dieser Gruppen.

Zunächst freilich konzentrierte sich die Unzufriedenheit auf eine Macht, die allen diesen Kräften und Gruppierungen als gemeinsamer Gegner erschien: die römische Papstkirche. Die sich entwickelnde Geldwirtschaft hatte vor der Kirche nicht haltgemacht. Der päpstliche Stuhl in Rom zog aus den Ansprüchen und Privilegien, die aus den mittelalterlichen Auseinandersetzungen zwischen Papst und Kaiser resultierten, einen großen finanziellen Nutzen. So war zum Beispiel die Bestätigung der in Deutschland eingesetzten hohen Geistlichen ein einträgliches Geschäft. In Frankreich und England waren Ansprüche dieser Art mit Erfolg zurückgewiesen worden. Hier hatte sich eine Zentralmacht auszubilden begonnen, die ihre Unabhängigkeit vom päpstlichen Stuhl proklamierte und auch behauptete. So konzentrierten sich alle Forderungen auf das zersplitterte Deutschland. Gerade deshalb aber wurden hier die Mißstände in der Kirche in einem besonderen Maße Gegenstand der Kritik. Die Ausplünderung Deutschlands durch Rom zu beenden war das gemeinsame Anliegen aller Klassen und Schichten.

Diese Auseinandersetzung begann im ideologischen Bereich als eine theologische Kritik an dem Mißbrauch, der von der Institution der Kirche mit der Lehre Christi betrieben wurde, und griff in dem Maße, wie die Autorität der Kirche in Frage gestellt wurde, in den Bereich unmittelbarer politischer und sozialer Forderungen über. Die theologische Kritik wurde auslösendes Moment für eine große soziale Erschütterung. Dabei spielte in einem bis dahin nicht gekannten Ausmaße das gedruckte Wort eine zündende und mobilisierende Rolle. Mit der Erfindung des Buchdrucks war die Möglichkeit gegeben, große Massen in ideologische Kämpfe einzubeziehen und zu Aktionen aufzurufen. Einen erheblichen Anteil an dieser Entwicklung neuer Formen des gesellschaftlichen Kampfes hatten die Schriftkundigen, die Geistlichen und ein Stand von nichtgeistlichen Gelehrten, der sich im Laufe des 15. Jahrhunderts herausgebildet hatte. Zu diesen Männern gehörten vor allem auch Luther, Hutten und Müntzer. Jeder von ihnen repräsentiert dabei eine andere gesellschaftliche Gruppierung. Luther, wirksamster Kritiker an den Mißständen der römischen Kirche, stellt seine theologischen Anliegen zunehmend unter den Schutz der mächtigsten Gruppe der Herrschenden. Er wird zum Interessenvertreter der Landesfürsten und des städtischen Patriziats, indem er die Unterordnung unter die weltliche Obrigkeit zur Maxime gesellschaftlichen Verhaltens erhebt. Zu ganz anderen Konsequenzen gelangt

Thomas Müntzer, der wie Luther von theologischen Erwägungen ausgeht, jedoch im Christentum die Verheißung für die Armen sieht. Er will den Kampf nicht nur gegen die römische Kirche, sondern gegen alle führen, die Christi Lehre als einen „Schanddeckel" für ihren Eigennutz brauchen. Der Sturz der Gottlosen wird das Ziel einer theologischen Lehre, die die Interessen der Unterdrückten und Ausgebeuteten wahrnimmt. Für die kommunistische Gemeinschaft, die Müntzer vorschwebte, war allerdings die Zeit nicht reif. Wiederum anders geartet ist die Position Huttens. Widersprüchlich sind in ihm frühbürgerliche Ideen eines gelehrten Humanisten, der sich weitgehend von theologischen Denkformen befreit hat, mit einem Nationalgefühl vereinigt, das aus der politischen Interessenvertretung der Reichsritterschaft, des niederen Adels erwächst. Für Hutten ist Luther in erster Linie ein politischer Bundesgenosse im Kampf gegen Rom, einem Kampf, in dem er die Befreiung der Deutschen aus schmählicher Knechtschaft sieht.

Die Reformation der verweltlichten Kirche begann nicht erst mit Martin Luther. Schon Anfang des 15. Jahrhunderts gab es Bestrebungen, die Mißstände einzudämmen und die Ausplünderung Deutschlands zu verhindern. Allerdings blieben sie auf Teilerscheinungen beschränkt und waren im ganzen wirkungslos. Erst als die nationale Krisensituation herangereift war, konnte von einer Kritik, wie sie Luther vorbrachte, der zündende Funke ausgehen, der eine Volksbewegung in Gang brachte. Sie trieb Luther zu Handlungen, die zunächst ganz außerhalb seiner Absichten lagen.

Martin Luther stammte aus einer thüringischen Bauernfamilie, die in Möhra bei Eisenach ansässig war. Allerdings hatte sein Vater schon den Beruf gewechselt. Er war als Häuer im Kupferbergbau tätig. Im Mansfeldischen gelang es ihm, sich zum selbständigen Hüttenmeister emporzuarbeiten. Obwohl er damit zu den wenigen gehörte, die dem Absinken zum Lohnarbeiter entgehen konnten, erforderte dieser Aufstieg zu einem kleinen Unternehmer strenge Sparsamkeit und Härte. Als Martin Luther am 10. November 1483 in Eisleben geboren wurde, war die Stellung des Vaters aber schon so gefestigt, daß es dem Knaben erspart blieb, im Bergbau mitarbeiten zu müssen. Er konnte verschiedene Schulen besuchen und nahm 1501 das Studium an der Universität Erfurt auf. Nach dem

Wunsche des Vaters sollte er Rechtswissenschaft studieren. Dazu kam es jedoch nicht. Nachdem er bereits 1502 die Examina als Bakkalaureus und 1505 als Magister bestanden hatte, brach er im gleichen Jahr sein Studium ab und trat in das Erfurter Augustinerkloster ein. Im Auftrage seines Ordens studierte er Theologie. 1508 wurde er an die neu gegründete Universität Wittenberg berufen, der er mit einer kurzen Unterbrechung im folgenden Jahre, während der er im Ordensauftrage nach Rom reiste, bis zu seinem Tode angehörte.

Im Verlaufe seiner Tätigkeit als Professor und Prediger begannen sich seine Auffassungen zu einigen theologischen Grundfragen zu wandeln. War er bisher der Lehre des scholastischen Theologen Ockham gefolgt, nach der der Mensch kraft seines Willens in der Lage sei, in freier Entscheidung die Gebote Gottes zu erfüllen, so fand er beim Studium der Paulusbriefe im Neuen Testament eine neue, tröstliche Grundlage für seinen Glauben. Fürchtete er bisher, das Gesetz aus Unzulänglichkeit und Schwäche nie ganz erfüllen zu können und damit der ewigen Verdammnis verfallen zu sein, so verstand er jetzt die Gerechtigkeit Gottes in einem anderen Sinne. Sie erschien ihm nicht mehr als richterliche Strafe, sondern als eine Gnade, ein barmherziges Geschenk, das den Menschen erlöst und gerecht macht, wenn er demütig im Glauben diese Gnade ergreift. Das Evangelium, die frohe Botschaft der Erlösung und des Heils, wurde ihm jetzt Wesenskern der christlichen Lehre.

Diese Interpretation, die Luther von seiner Furcht vor der ewigen Verdammnis befreite, hatte eine Fülle von Konsequenzen, die Luther bei seiner Bibellektüre im Wittenberger Turmstübchen 1513 noch nicht ahnte. Gnade und Glaube stellten eine unmittelbare Verbindung des Gläubigen zu Gott her. Damit wurden aber die „Werkheiligkeit", die Funktion der Kirche und der Heiligen, die Rolle eines über die Laien erhobenen Priesterstandes, ja der Kirche als Institution in Frage gestellt. Sie erschienen im Lichte einer irdischen Einrichtung, die für das Seelenheil überflüssig waren und es eher in Gefahr brachten als förderten. Vorerst schlugen sich nur einzelne solcher kritischen Gedanken in seinen Vorlesungen nieder. Zu einer über den Kreis der Universität Wittenberg hinausreichenden Wirkung kam es erst, als sich Luther öffentlich gegen den Ablaßhandel wandte.

Der Ablaßhandel gründet sich auf die von der katholischen Theologie entwickelte Lehre vom Fegefeuer. Als Verwalter des Gnadenschatzes, den Christus und die Heiligen durch ihre geistlichen guten Werke hinterlassen hätten, könne der Papst den Erlaß von Sünden durch Buße gewähren und den Aufenthalt im Fegefeuer verkürzen. Ein solcher Ablaß wurde während der Kreuzzüge für Teilnahme am heiligen Krieg, dann auch für die Stellung eines Ersatzmannes oder für die Zahlung einer entsprechenden Geldsumme gewährt. Bald konnte man sich auch mit einer entsprechenden Summe von Wallfahrten und von den verschiedensten kirchlichen Geboten freikaufen. Selbst die Seelen bereits Verstorbener konnte man mit Geldspenden aus dem Fegefeuer erlösen.

Zahlreiche Theologen lehnten den Ablaß ab oder forderten wenigstens seine Einschränkung. Auch von seiten der Laien gab es Kritik an den Geldgeschäften, an denen Fürsten, Städte und Handelshäuser einträglich beteiligt waren. Zur offenen Krise kam es aber erst, als im Zusammenhang mit dem Aufstieg Albrechts von Hohenzollern zum Erzbischof von Magdeburg und Mainz diese Geschäfte offen und unverhüllt zutage traten. Im Alter von 23 Jahren wurde der Brandenburger zum Erzbischof von Magdeburg und wenig später zum Administrator des Bistums Halberstadt ernannt. Die Vereinigung zweier Bistümer in einer Hand war nicht erlaubt. Außerdem besaß Albrecht nicht das erforderliche Alter. Für eine Summe von rund 1 000 Dukaten erhielt er jedoch die päpstliche Erlaubnis. Ein Jahr später ließ er sich zum Erzbischof von Mainz wählen. Es gehörte zu den Vorrechten der Kurie, daß für die Bestätigung der geistlichen Ämter in Deutschland hohe Summen gezahlt wurden, die für die einzelnen Pfründen genau festgelegt waren. So kostete die des Erzbischofs von Mainz 12 300 Dukaten. Albrecht bot 10 000 Dukaten mehr, wenn er auch in diesem Amt bestätigt würde. Diese gewaltige Summe schoß ihm das Handelshaus der Fugger vor. Dabei wurde ausgehandelt, daß ein Ablaß für die Gebiete des Brandenburgers ausgeschrieben werden sollte, mit dem er die Schulden abdecken konnte. Die Einkünfte sollten angeblich dem Bau der Peterskirche in Rom dienen. Die Hälfte wurde aber einbehalten und den Fuggern zugeführt.

Luther empörte sich über den schändlichen Mißbrauch. Er predigte mehrfach gegen den Ablaßhandel und entschloß sich schließlich, zu einer theologischen Disputation über den Ablaß herauszu fordern. Dazu verfaßte er 95 Thesen in lateinischer Sprache, die er am 31. Oktober 1517 an die Tür der Schloßkirche zu Wittenberg angeschlagen haben soll.

Diese Thesen enthalten, wenn auch noch in versteckter Form, einen Angriff gegen die Kirche als Institution. Die Macht Gottes wird gegenüber der Macht der Kirche hervorgehoben. Nicht vor der Kirche ist der Christ verantwortlich, sondern unmittelbar vor Gott. Die sittliche Verantwortung kann ihm niemand abnehmen.

Gerade mit diesem Angriff auf die Verweltlichung der Kirche wurde Luther aber zum Sprecher breitester Kreise. Seine Kritik traf mit dem Unbehagen an der Ausplünderung Deutschlands durch den römischen Klerus zusammen. So fanden die Thesen rasch eine weite Resonanz über den Kreis der Theologen hinaus, für die sie Luther zunächst bestimmt hatte. Der Dominikanerorden erhob daraufhin Anklage gegen Luther wegen Ketzerei und erreichte, daß ein kanonisches Verfahren gegen den Wittenberger eingeleitet wurde. Weltliche Interessen des Papstes sorgten aber dafür, daß gegen Luther zunächst nur zögernd vorgegangen wurde. Die Kurie wollte nämlich, um einen weiteren Machtzuwachs des Hauses Habsburg zu verhindern, den sächsischen Kurfürsten, unter dessen Schutz Luther aufgetreten war, als Nachfolger Maximilians auf dem Kaiserthron sehen. Deshalb wurde der Kardinal Cajetan, der Luther für einen erwiesenen Ketzer hielt, zunächst nur beauftragt, ihn in Augsburg zu verhören. Obwohl Luther seine Ansichten nicht widerrief, kam es zu keiner Entscheidung in seinem Verfahren.

Zum Bruch mit der Kurie führte erst die Leipziger Disputation im Jahre 1519, zur gleichen Zeit, als in Frankfurt von den Kurfürsten der spanische Habsburger Karl V. als Nachfolger Maximilians gewählt wurde. Der Streit zwischen dem Ingolstädter Theologen Johann Eck und Luthers Wittenberger Kollegen Karlstadt, in den Luther dann selbst eingriff, ging vor allem um die Frage, ob der römische Bischof von Anfang an die Oberhoheit über die anderen Bischöfe gehabt habe. Eck versuchte Luther dadurch in die Enge zu treiben, daß er dessen Ansichten mit denen von Jan Hus gleichsetzte, der vom Konzil zu Konstanz als Ketzer verurteilt und verbrannt worden war. Aber Luther erklärte, Hus habe nicht in allen Fragen falsche Ansichten vertreten und auch Konzilien könnten irren. Damit hatte er sowohl die Autorität des Papstes wie der Konzilien in Frage gestellt.

In der weiteren Auseinandersetzung mit den während der Disputation aufgeworfenen Fragen fand er sich, je mehr er sich mit der Kirchengeschichte beschäftigte, in dem Standpunkt bestätigt, daß die einzige Autorität in Glaubensfragen die Bibel sein müsse. Die Konsequenzen zeigten sich schnell. Da Luther in der Bibel außer Taufe und Abendmahl keine Sakramente findet, stellt er die katholische Sakramentenlehre allgemein in Frage. Das betrifft in erster Linie das Sakrament der Priesterweihe. Die Sonderstellung des Priesters wird mit Hinweis auf Petrus und Johannes, die sagen, alle seien Priester, aufgehoben. Damit wird eine radikale Demokratisierung der Auffassung von der Rolle der Kirche und der Priesterschaft eingeleitet. Die Bevormundung des Laien durch die Kirche und die Geistlichkeit erscheint als kritikwürdig. Priester und Kirche erhalten mit der Berufung auf das Neue Testament eine dienende Funktion, und die Gemeinde der Gläubigen wird in unmittelbare Beziehung zum gnadenreichen Erlösergott gesetzt. Luther selbst ist zunächst weit davon entfernt, diese Konsequenzen zu überschauen. Den Vertretern der alten Kirche aber springen sie sofort in die Augen. Eine unmittelbare Folge dieser Einschränkung der Sakramentenlehre ist die Übernahme der hussitischen Forderung, daß der Kelch beim Abendmahl nicht dem Priester vorbehalten bleibt, sondern allen gereicht wird.

Zum ersten Male verkündet Luther in diesem Zusammenhang seine Auffassung, daß die guten Werke wie Wallfahrten, Messelesen, Kirchenstiftungen und andere äußerliche Handlungen nicht zu Gnade und Seligkeit führen können, sondern daß die Erlösung allein aus dem Glauben erwachse.

Aber auch direkt greift er jetzt die Kurie an. In der Schrift „Vom Papsttum zu Rom wider den hochberühmten Romanisten zu Leipzig“ heißt es zum ersten Male in aller Öffentlichkeit: Das Papsttum ist der Antichrist. Ausdrücklich betont Luther, daß er nicht die Person des Papstes meine, sondern die Institution der römischen Kurie. Mit dem Anspruch auf Unfehlbarkeit stellten sich die Päpste über die Heilige Schrift und damit über Gott. Die Kirche bedürfe keines einheitlichen Oberhauptes und keiner einheitlichen Ordnung. Sie sei eine unsichtbare Gemeinschaft der wahren Gläubigen. In einer anderen Schrift zieht Luther aus den Ansprüchen der Kurie die Schlußfolgerung, wenn die „Romanisten“ weiter so wütend eifern würden, dann bleibe kein anderes Heilmittel, als daß

Kaiser, Könige und Fürsten eingreifen und die Sache nicht mit dem Wort, sondern mit Waffengewalt entscheiden. Freilich distanziert sich Luther wenig später von der allzu wörtlichen Aufnahme der Forderung zur Gewaltanwendung gegen den Antichrist in Rom. Er läßt eine Art von Bündnisangebot der Reichsritterschaft, das ihm Ulrich von Hutten macht, längere Zeit unbeantwortet und lehnt es dann höflich ab. Er will seine Worte als Aufforderung an die Fürsten, an die von Gott verordnete Obrigkeit verstanden wissen. Nur diese sei befugt und berufen, die wahre Lehre mit der Macht des Schwertes zu schützen.

Das Jahr 1520 wurde zum entscheidenden Jahr in der sich formierenden breiten Volksbewegung gegen Rom. Aus der sich zuspitzenden Kampfsituation entstanden die drei großen Streitschriften Luthers, in denen er seine Lehre in ihren Grundthesen und mit den praktischen Schlußfolgerungen darlegte, die sich aus dem Bruch mit der römischen Kirche ergaben. Im August 1520 erschien die weltlichste seiner Reformationsschriften, „An den christlichen Adel deutscher Nation von des christlichen Standes Besserung", in der er sich programmatisch an alle weltlichen Obrigkeiten wendete, vom Kaiser, dem er die Schrift widmete, bis zu den Reichsrittern und Städten. Sie enthält in scharfer Form die Kampfansage an die weltliche Herrschaft der Kirche. Ein nationales Konzil sollte einberufen werden. Niemand könne dies besser bewirken als „das weltlich Schwert", die weltliche Obrigkeit, „sonderlich dieweil sie nu auch Mitchristen sein, Mitpriester, Mitgeistlich, mitmächtig in allen Dingen, und soll ihre Amt und Werk, das sie von Gott haben, uber idermann lassen frei gehen, wo es not und nutz ist zu gehen". Luther begründet also die Berechtigung der Obrigkeit, auch in kirchlichen Fragen zu entscheiden, aus der allgemeinen Priesterschaft aller Christen. Grundsätzlich dürfe es keinen Rechtsunterschied zwischen Priestern und Laien geben. Die weltliche Obrigkeit sei von Gott eingesetzt, die Bösen zu strafen, die Frommen zu schützen, ob sie nun Laien oder Kleriker seien. Deshalb wird die weltliche Obrigkeit aufgerufen, sich gegen die Ansprüche des Antichrists in Rom zur Wehr zu setzen. Alle Zahlungen an die Kurie sollen eingestellt werden.

So radikal Luther gegen die theologischen und weltlichen Ansprüche der Papstkirche vorgeht, so gemäßigt sind seine praktischen Reformvorschläge für die innere gesellschaftliche Ordnung.

Er nimmt ausdrücklich auf die Interessen des Adels Rücksicht, wenn er einerseits sich gegen die Klöster ausspricht, andererseits die Domkapitel als Versorgungsstellen für nicht erbende Nachkommen des höheren Adels erhalten wissen will.

Alle bisher einzeln vorgetragenen Vorschläge zur Reform der kirchlichen Ordnung werden noch einmal zusammengefaßt. Sie stehen im Zeichen von Luthers Gnadenlehre und der Kritik an den „guten Werken". So fordert er die Abschaffung der Wallfahrten, des Fastens, der Ablässe, Reduzierung der Privatmessen, der Kirchenstiftungen, der kirchlichen Feiertage, Verbot des Bettelns, Predigens und Beichtehörens der Mönche, Aufhebung der Bettelklöster und des Eheverbots für die niedere Geistlichkeit. Die Gemeinden sollen das Recht haben, ihre Pfarrer selbst zu wählen, sie zu beaufsichtigen und sie gegebenenfalls auch wieder abzusetzen.

Besondere Aufmerksamkeit widmet Luther dem Bildungswesen, das ganz der Verantwortlichkeit der weltlichen Herrschaft unterstellt sein soll. Alle Vorschläge zu einer Reformierung zielen darauf, zu einem besseren Verständnis der Bibel zu gelangen. Deshalb ist das Studium des Aristoteles und seiner Kommentatoren, das bei den Scholastikern einen wesentlichen Raum in der Universitätsausbildung einnahm, für Luther Zeitverschwendung und Verführung. Er will von ihm nur die Logik, Rhetorik und Poetik gelten lassen. Vor allem aber müsse dem Studium der alten Sprachen, dem Latein, dem Griechischen und auch dem Hebräischen, eine größere Aufmerksamkeit gewidmet werden. Dies biete die Voraussetzung, die Bibel im Urtext zu lesen und damit das Wort Gottes richtig zu verstehen. Luther stützt sich hier auf die philologischen Erkenntnisse der Humanisten, akzeptiert sie aber nur so weit, als sie seiner theologischen Konzeption entgegenkommen. Im Gegensatz zu den meisten von ihnen richtet er aber seine Aufmerksamkeit auch auf die niederen Schulen. Er hält es für erforderlich, daß alle Christen lesen und schreiben lernen, damit sie die Heilige Schrift selbst studieren können. Deshalb soll das Evangelium zum wichtigsten Unterrichtsstoff werden. Die Forderung nach einer allgemeinen Schulbildung, auch für Mädchen, ist von Luther immer wieder erhoben worden. Er ermahnte die Gemeinden und die weltliche Obrigkeit mehrfach, sich um die allgemeinen Schulen zu kümmern, und machte auch Vorschläge zu ihrer materiellen Sicherung. Die Überwindung des Analphabetentums, die Luther damit anstrebte und auch weitgehend erreichte, entsprach den Erfordernissen einer bürgerlichen Entwicklung und gehört – trotz der Einschränkung auf die Bibellektüre – zu den bedeutendsten kulturellen Fortschritten, die die Reformation hervorgebracht hat.

Bürgerliche Auffassungen spiegeln sich auch in den Vorschlägen zur Armenversorgung und in der Ermahnung zur Sparsamkeit. Für den mittelalterlichen Menschen war das Almosengeben ein gutes Werk. Milde (Freigebigkeit) gehörte zu den gepriesenen Eigenschaften eines Feudalherrn. Bürgerlichem Denken aber entsprach es, das Erworbene zusammenzuhalten und es nicht durch Schenkung, sondern durch Arbeit zu mehren. Luther schlägt vor, durch Maßnahmen der Obrigkeit allen Bettel zu unterbinden. Alle arbeitsfähigen Armen sollen Arbeit zugewiesen bekommen. Er zitiert Paulus: „Wer nicht arbeitet, soll auch nicht essen." Wer reich sein will, soll sich den Reichtum durch ehrliche Arbeit verdienen. Solche Ratschläge entsprachen in der Periode der entwickelten einfachen Warenproduktion den Erfordernissen einer fortschrittlichen Ökonomik und gewannen damit besondere Überzeugungskraft.

Mit der gleichen Begründung wendet sich Luther freilich auch gegen den Geldverleih auf Zinsen und nennt dabei ausdrücklich die Fugger, denen man einen „Zaum ins Maul legen" müsse. Damit gibt er zwar verbreiteten Stimmungen des Mißmuts bei Adel und Handwerkern gegen die Ausplünderungspraktiken des Handelskapitals Ausdruck, wendet sich aber gegen eine gesellschaftliche Entwicklung, die als ursprüngliche Akkumulation die Voraussetzung für Kapitalbildung und damit für die Entwicklung des Kapitalismus schafft. Widersprüchlich und mehrdeutig wie hier ist Luthers Position in vielen Fragen. Aber dies ist gerade eine der Ursachen dafür, daß er in der ersten Phase der frühbürgerlichen Revolution von vielen Schichten mit einander widerstreitenden Interessen als ihr Sprecher angesehen werden konnte.

Eine Zusammenfassung seiner Kritik der Sakramentenlehre gibt die zweite große Streitschrift des Jahres 1520 „Von der babylonischen Gefangenschaft der Kirche". Den sieben Sakramenten der römischen Kirche stellt er als einziges das Wort Gottes entgegen. Anderes sei in der Bibel nicht belegt. Der Verheißung des Wortes entspreche das sakramentale Zeichen, das aber nur äußere Bestätigung sei. Drei solcher sakramentaler Zeichen erkennt er an: Taufe, Buße und Abendmahl. Firmung, Ehe, Priesterweihe und Letzte

Ölung seien in der Bibel nicht belegt und könnten deshalb als Sakrament nicht anerkannt werden. Aus der Ablehnung der Priesterweihe ergibt sich eine andere Deutung des Abendmahls. Brot und Wein werden nicht vom Priester in Fleisch und Blut Christi verwandelt. Nach dem Zeugnis der Bibel sei beides bereits im Brot und Wein des Abendmahls enthalten.

In der dritten grundlegenden Schrift dieses Jahres, „Von der Freiheit eines Christenmenschen", stellt Luther eingangs zwei Thesen einander gegenüber: „Ein Christenmensch ist freier Herr über alle Ding und niemand untertan" und „Ein Christenmensch ist ein dienstbar Knecht aller Ding und idermann untertan". Damit stellt er der geistlichen Freiheit die leibliche Gebundenheit entgegen. Frei wird der Christ durch die Gnade des Glaubens. Gute Werke können nicht zur Seligkeit führen. Es ist aber gut, sie zu tun. Sie erwachsen aus dem durch den Glauben gewonnenen wahren Christentum. Der Anspruch eines Christen auf Freiheit bezieht sich aber lediglich auf die geistliche Sphäre. Alles, was den Leib und das Leben in der Gesellschaft betrifft, wird davon nicht berührt. So sollen die guten Werke aus Achtung und Demut vor dem Nächsten weiter getan werden. Und so ordnet sich ein guter Christ auch in die gesellschaftlichen Gegebenheiten ein und stellt nicht rebellische Ansprüche. Schon hier verweist Luther auf Paulus' Brief an die Römer und fordert von den Christen, „daß sie sollen weltlicher Gewalt untertan und bereit sein, nit daß sie dadurch frumm werden sollen, sondern daß sie den andern und der Uberkeit damit frei dieneten und ihren Willen täten aus Lieb und Freiheit".

Die von Luther auf geistlichem Bereich gestellten Forderungen wurden bald in einem viel umfassenderen Sinn verstanden. Mit seinem kühnen Auftreten gegen Rom war er zum Sprecher einer herangereiften Massenbewegung geworden, die ihn zu energischen Worten und Handlungen teils fortriß, teils zwang. Der Widerhall, den sein Wirken in der Öffentlichkeit gefunden hatte, das Sendungsbewußtsein, den Antichrist in Rom vor aller Welt bloßstellen zu müssen, verliehen ihm den Mut zu einer Symbolhandlung von unübersehbarer Tragweite. Am 10. Dezember 1520 verbrannte er öffentlich die päpstliche Bulle, die ihm den Bann androhte, falls er nicht seine ketzerischen Anschauungen widerrufe, dazu das kirchliche Gesetzbuch und verschiedene Schriften seiner Gegner. Damit war der endgültige Bruch mit der Papstkirche vollzogen.

Gegen Ende des Jahres 1520 hatte sich eine antirömische Front gebildet, die alle Klassen und Schichten einbezog. Der Streit hatte den Rahmen der theologischen Auseinandersetzung gesprengt. Eine Fülle von Flugschriften, die sich nicht nur an die Obrigkeit und die Gebildeten wendeten, sondern den „gemeinen Mann", ja den Bauern ansprachen, unterstützte den Kampf Luthers und seine Polemik mit den Gegnern. Die Reformation der Kirche, von Luther als Reinigung der Lehre in Angriff genommen, wurde in zunehmendem Maße ein Politikum. In dem Streit wurden die Interessen und Forderungen verschiedener Klassen und Stände ausgetragen. Unter diesem Aspekt erfolgte auch die Vorladung Luthers auf den Reichstag zu Worms. Der päpstliche Nuntius begründete seinen Antrag auf Verbot der Schriften Luthers damit, daß seine Lehre auf einen Aufruhr gegen alle Obrigkeit ziele. Das war zwar eine Unterstellung, erfaßte jedoch die objektive Wirkung von Luthers Auftreten recht genau. Unter dem Druck der Massenbewegung lehnten die Fürsten den Antrag zwar ab, ersuchten aber den Kaiser, Luther durch sachverständige Gelehrte verhören zu lassen. Unter Zusicherung freien Geleits sollte er im März 1521 seine Lehre vor dem Reichstag vertreten. Mit warnendem Hinweis auf das Schicksal von Jan Hus versuchten ihn viele von der Reise abzuhalten. Aber Luther stellte sich der entscheidenden Instanz. Am 17. und 18. April 1521 wurde er vor dem Reichstag zum Widerruf seiner Schriften aufgefordert. Er lehnte dies standhaft ab. Nur wenn er aus der Bibel widerlegt werden könnte, sei er bereit, Irrtümer zuzugeben. Solange dies jedoch nicht geschehe, könne er seine Lehre nicht widerrufen. Der Kaiser und die Mehrheit der Fürsten waren danach entschlossen, über Luther die Reichsacht auszusprechen. In dieser Situation ließ der Kurfürst von Sachsen Luther mit dessen Einverständnis zum Schein überfallen und auf die Wartburg bringen, um ihn vor den Anschlägen der Gegner zu schützen. Zehn Monate lang blieb er für die Welt verschollen. Während er als „Junker Jörg" am ritterlichen Leben auf der Wartburg teilnahm und zugleich das Neue Testament ins Deutsche übersetzte, griff die Bewegung, die er ausgelöst hatte, weiter um sich. Die politischen Forderungen wurden besonders energisch von der Reichsritterschaft unter der Führung Franz von Sickingens vertreten. Literarischer Repräsentant dieser Bestrebungen war Ulrich von Hutten.

Hutten entstammte selbst der Reichsritterschaft. Wegen seiner schwächlichen körperlichen Konstitution zum Geistlichen bestimmt, wurde der am 21. April 1488 auf der väterlichen Burg Steckelberg geborene Knabe in der Klosterschule Fulda erzogen. Zusammen mit seinem späteren Lehrer und Mitverfasser der „Dunkelmännerbriefe", Crotus Rubeanus, entlief er jedoch 1505 der klösterlichen Zucht, um sich den weltlichen Wissenschaften zu widmen. Die spontane Auflehnung gegen den Anspruch der Theologie gründete sich auf die weltanschaulichen Ansichten der Humanisten, die an den Universitäten in Deutschland in offener Opposition gegen die theologisch bestimmten verschiedenen Richtungen der Scholastik auftraten.

Der Humanismus, eine sich auf eine kleine Schicht von Gelehrten stützende Bewegung, sprengte die Begrenztheit der bisherigen scholastischen Weltsicht und gewann eine neue, höhere Stufe der Wirklichkeitserkenntnis. Die Kritik an den überlieferten Lehrthesen ergab sich aus dem Studium der antiken Kunst und Literatur, in der man ein Menschenbild wiederentdeckte, das, ganz auf das Diesseits gestellt, im Menschen die Verkörperung der höchsten Werte sah. Sie entsprach den Bedürfnissen der Verweltlichung, wie sie auf der Grundlage der frühkapitalistischen Entwicklung entstanden. Aus der Renaissancebewegung in Italien hervorgegangen, wobei er sich allerdings durch die Orientierung auf die Philologie und den Gebrauch des klassischen Latein von dem Aufschwung der volkssprachlichen Literaturentwicklung als eine Elite isolierte, wirkte der Humanismus dadurch progressiv, daß er den Gültigkeitsanspruch der Scholastik erschütterte, mit seiner kritischen philologischen Methode zur Entwicklung des wissenschaftlichen Denkens beitrug und die Voraussetzungen für eine neue Stufe einer humanistischen diesseitsfreudigen Kunst schuf. Denn ein besonderes Merkmal der humanistischen Studien war es, daß sie Wissenschaft und praktische Kunstübung als eine Einheit faßten. In ihren literarischen Produktionen erreichten sie dabei eine ästhetische Höhe, eine Geschliffenheit und Eleganz der Form, wie sie in den Volkssprachen außer in Italien noch nirgends erreicht war. Allerdings war ihre Wirkung wiederum nur auf den kleinen Kreis der Humanisten begrenzt, da nur sie die Schönheiten des erneuerten klassischen Lateins zu würdigen wußten.

In Deutschland brachte der Humanismus bedeutende Leistungen auf dem Gebiete der Sprachwissenschaft, der Geschichtsschreibung, der Geographie, der Literatur hervor, die wesentlich zur Ausbildung eines Nationalbewußtseins und zur Entwicklung einer bürgerlichen Wissenschaft beitrugen. Gerade in der Zeit, als sich der Student Hutten der humanistischen Bewegung anschloß, stellten die kleinen Gruppen an den Universitäten, die infolge der Rivalitäten und Machtkämpfe ständig ihre Wirkungsstätte wechselten, ein Element dar, das gesellschaftlich wirksamere Strömungen vorbereiten half. Hutten tritt in diesen Kämpfen besonders streitbar auf. Da der Vater ihn nach seiner Flucht aus Fulda nicht unterstützte, wanderte er als Student meist mittellos von einer Universität zur anderen. Entscheidende Anregungen erhielt er durch die Humanistenkreise in Erfurt und Wien. 1512 söhnte sich der Vater mit ihm aus und ermöglichte ihm, an den führenden Universitäten Pavia und Bologna die Rechtswissenschaft zu studieren. In Kriegswirren verlor Hutten jedoch seine gesamte Habe und tat daraufhin Kriegsdienst im Heere Maximilians. Nach seiner Genesung von einer schweren Krankheit unternahm er 1515 bis 1517 dann eine zweite Italienreise, die ihn über Florenz und Siena bis nach Rom führte.

In dieser Zeit reifte seine Dichtkunst. Was Huttens lateinische Dichtungen von denen anderer deutscher Humanisten unterscheidet, ist ihr Inhalt. Schon früh findet er zur politischen Aussage. Preis des Vaterlands und Klage über dessen Entartung sind Themen der Gedichte an Maximilian. Sie werden ergänzt durch Kritik an der päpstlichen Machtpolitik, die er in Italien besonders anschaulich kennengelernt hatte, und durch eine Warnung an den Kaiser, sich nicht mit den venezianischen Pfeffersäcken auf ein Bündnis einzulassen. Schon hier wird sein Standpunkt von den Klasseninteressen des Reichsritters mit geprägt. Das der bürgerlichen Entwicklung entsprechende Streben nach einer kraftvollen, einheitlichen Nation unter der Führung eines starken Kaisers verbindet sich mit Mißtrauen gegenüber dem Krämergeist des Stadtbürgertums, des Handelskapitals und mit der Verurteilung ihrer unritterlichen Praktiken. Seine Kritik blieb nicht auf die Venezianer beschränkt. Er wandte sie später ebenso gegen die Fugger und andere deutsche Bankhäuser an.

Eine neue Qualität erhält Huttens Dichtung, als er sie bewußt als Waffe im Kampf gegen das Unrecht einsetzt. Hans von Hutten, ein

Vetter des Dichters, war von Herzog Ulrich von Württemberg als ein Nebenbuhler hinterhältig erstochen worden. Anklagend wandte sich Hutten an die Nation, damit der Mörder nicht ungestraft davonkomme. In diesem Streit, der unter der Losung „In tyrannos" geführt und in dem über den persönlichen Anlaß hinaus die Selbstherrlichkeit der Fürsten angegriffen wurde, findet Hutten die ihm gemäße literarische Form des Gesprächs, in der sich seine Kritik in lebendige, anschauliche Handlung umsetzt. In Anlehnung an die Dialogform der „Totengespräche" des Lukian läßt Hutten den Herzog in der Unterwelt mit dem griechischen Tyrannen Phalaris zusammenkommen und zeigt, daß Ulrichs Handlungsweise den Untaten der antiken Tyrannen nicht nachsteht. Der Spruch „Jacta est alea", den Cäsar beim Überschreiten des Rubikon geprägt haben soll, ist dem „Phalarismus" als Motto vorangestellt. In dem Bewußtsein, die ganze Welt herauszufordern, versinnbildlicht er für Hutten einen Einsatz mit höchstem Risiko. Deshalb übersetzt er ihn auch nicht wörtlich ins Deutsche (Der Würfel ist gefallen), sondern überträgt frei dem Sinne nach: „Ich hab's gewagt!"

Etwa zur gleichen Zeit, als der „Phalarismus" entstand, greift Hutten mit den Mitteln der Satire in einen Streit ein, der sich im engeren Kreis der Humanisten abspielt, aber unmittelbarer als die literarische Fehde mit dem Herzog von Württemberg dem Wirken Luthers vorarbeitete. Die philologischen Bemühungen der Humanisten richteten sich nicht nur auf Latein und Griechisch, sondern auch auf die Erforschung der Originalsprache des Alten Testaments, des Hebräischen. Ein konvertierter Jude, Johannes Pfefferkorn, war nun mit der Forderung hervorgetreten, alle jüdischen Schriften außer den Büchern des Alten Testaments zu vernichten, da sie Irrlehren verbreiteten. Dagegen hatte sich, als Gutachter eingesetzt, Johannes Reuchlin gewandt. Er wollte auch den Talmud und andere Zeugnisse des hebräischen Schrifttums erhalten wissen. Darauf wurde er von den Hintermännern Pfefferkorns heftig angegriffen. Bald zeigte sich in dem Streit, daß es hierbei nicht in erster Linie um die Ehre und das Schicksal Reuchlins ging, sondern um eine öffentliche Abrechnung der neuen humanistischen Weltanschauung mit dem rückwärtsgewandten mittelalterlichen Denken. Zu seiner Rechtfertigung hatte Reuchlin eine Sammlung an ihn selbst gerichteter „Briefe berühmter Männer" (Clarorum virorum epistolae) veröffentlicht, um zu verdeutlichen, daß er mit seiner Ansicht nicht allein stand. 1516 erschien daraufhin eine Sammlung von Briefen, die angeblich an den Magister Ortwin Gratius in Köln, einen Reuchlinfeind, gerichtet waren. Die Satire dieser fingierten Briefe beginnt schon mit dem Titel „Epistolae obscurorum virorum" (Briefe von Dunkelmännern). Diese anonym erschienenen Briefe prangerten in einem barbarischen Mönchs- und Küchenlatein die Dummheit, Aufgeblasenheit und Verkommenheit der Widersacher Reuchlins an und stellten über den unmittelbaren Anlaß hinaus die scholastische Theorie und Praxis, den geistigen und sittlichen Verfall der Mönchsorden bloß. 1517 folgte ihnen ein zweiter Teil, in dem der Streit um Reuchlin unmittelbar in die Satire einbezogen ist. Der Forschung gelang es nachzuweisen, daß der erste Teil vorwiegend von Crotus Rubeanus, der zweite vorwiegend von Hutten verfaßt wurde. Indem nicht andere über die Dunkelmänner schreiben, sondern diese sich selbst bloßstellen, wird, wie Erasmus von Rotterdam sich äußerte, die Barbarei barbarisch verlacht. Das Treiben und Denken dieser Hohlköpfe wird in Karikaturen vorgeführt und damit dem öffentlichen Gelächter preisgegeben. Dabei war die Übertreibung in solchen Grenzen gehalten, daß die Briefe von einigen Mönchen zunächst für echt gehalten und als eine Streitschrift gegen Reuchlin angesehen wurden.

Als anerkannter Schriftsteller, den der Kaiser zum „Poeta laureatus" gekrönt hatte, kehrte Hutten 1517 nach Deutschland zurück. Am Hof des Mainzer Erzbischofs, von dem er sich eine Förderung der Wissenschaften und Künste versprach, erhielt er eine Anstellung und wurde mit einigen diplomatischen Missionen betraut. Dem Auftreten Luthers schenkte er zunächst keine Beachtung. Er hielt den Ablaßstreit für ein alltägliches Theologengezänk. Als sich aber nach der Leipziger Disputation der Bruch mit der römischen Kirche abzuzeichnen begann, bemerkte er, daß sich mit diesem theologischen Streit die Möglichkeit ergab, Deutschland politisch aus der römischen Abhängigkeit zu befreien. Deshalb sah er in Luther nun einen Bundesgenossen für einen Kampf, der nach seiner Meinung militärisch geführt werden mußte.

Noch vor Luther hatte Hutten mit der Herausgabe der Schrift des Lorenzo Valla über die Konstantinische Schenkung den offenen Kampf gegen das Papsttum aufgenommen. Valla hatte mit philologischer Kritik nachgewiesen, daß die Donatio Constantini, nach der Konstantin I. den Vorrang Roms über alle Kirchen anerkannt, dem Papst kaiserliche Abzeichen verliehen und ihm die Herrschaft über die Stadt Rom, Italien und alle abendländischen Provinzen übertragen habe, eine Fälschung aus dem 8. Jahrhundert war, um die Ansprüche des Papstes auf die Herrschaft über Italien zu stützen. Indem Hutten diese Schrift publizierte, gab er auch Luther ein Argument in die Hand, das dieser für seine Kritik am römischen Stuhl nutzte. Nach der Herausgabe von zwei weiteren antipäpstlichen Schriften folgten fünf Gespräche in lateinischer Sprache, von denen er vier später ins Deutsche übersetzte und als „Gesprächsbüchlein“ veröffentlichte.

Diese Gespräche zeigen Huttens Annäherung an Luthers Auffassung. Allerdings interessieren Hutten die für Luther im Mittelpunkt stehenden theologischen Fragen in erster Linie in ihren politischen Auswirkungen. Er will die Korruptheit des römischen Hofes anprangern, die Empörung über die Ausbeutung der Deutschen schüren und mit den Mitteln der Literatur den bewaffneten Kampf gegen die Römlinge in Italien und Deutschland vorbereiten. Deshalb zielen seine Dialoge nur darauf, das Parasitendasein der Kleriker vor Augen zu führen und den Widerspruch sichtbar zu machen, der zwischen der Lehre und dem Verhalten der Geistlichkeit besteht. Inhaltlich wendet sich Hutten an alle, die zu einer Selbstbefreiung aus dieser unwürdigen Abhängigkeit beitragen können. Da die Dialoge aber in lateinischer Sprache abgefaßt waren, erreichte der Autor nur einen kleinen Kreis von Gebildeten, der zwar die Eleganz und Präzision der sprachlichen Diktion zu würdigen wußte, in seiner überwiegenden Mehrheit aber nicht bereit war, sich an der bewaffneten Auseinandersetzung zu beteiligen. Die große Schicht des niederen Adels, der Landsknechtführer und Landsknechte, die im wesentlichen die militärischen Kräfte der Zeit ausmachten, mit denen die Machtfragen entschieden werden konnten, verstand seine Schriften nicht. Die große Wirkung, die andererseits Luther hervorrief, indem er sich mit Predigten, Flugschriften und Aufrufen in deutscher Sprache an das Volk wandte, bewogen Hutten, aus seiner gewohnten literarischen Sphäre herauszutreten. In einer großen Reimdichtung „Klag und Vermahnung gegen der übermäßigen unchristlichen Gewalt des Papstes zu Rom ...“ legt er seine schriftstellerische Absicht und sein Programm dar. Er will jedermann die Wahrheit sagen und die Gebrechen zeigen, von denen die Nation „beschwert“ ist. Dazu wählt er die deutsche Sprache:

Latein ich vor geschrieben hab,
Das war eim jeden nit bekannt.
Jetzt schrei ich an das Vaterland,
Teutsch Nation, in ihrer Sprach
Zu bringen diesen Dingen Rach.

Die umfangreiche Dichtung mündet in den Aufruf an Ritter und Bürger, zur Tat zu schreiten und selbst Abhilfe zu schaffen:

Ist jemand, der darzu wöll tun?
Wohlauf, ihr frommen Teutschen nun,
Viel Harnisch han wir und viel Pferd,
Viel Hallenbarden und auch Schwert.
Und so hilft freundlich Mahnung nit,
So wollen wir die brauchen mit.

Dabei verschweigt Hutten nicht, daß es sich um ein Unternehmen handelt, das Wagemut und höchsten Einsatz verlangt. „Ich hab's gewagt, das ist mein Reim", lautet die Schlußzeile.

Unter diesen Leitspruch stellt Hutten sein ganzes weiteres Wirken. Er ist Leitmotiv in „Ein neu Lied Herr Ulrichs von Hutten", einem Gedicht, das an Kraft und Ausdrucksstärke den besten Liedern Luthers an die Seite zu stellen ist. Er ist Schlußpunkt der Sprüche, die den Dialogen der deutschen Fassung des „Gesprächbüchleins" beigesellt sind. Diese deutschen Fassungen erreichen zwar nicht die Geschliffenheit und den Glanz der lateinischen Originale. Es ist ihnen anzumerken, daß sich Hutten die Ausdrucksmittel der Muttersprache, die für geistige Auseinandersetzungen noch nicht so differenziert entwickelt waren wie im erneuerten Latein der Humanisten, erst noch erarbeiten mußte. Aber sie zeugen von der Gestaltungskraft Huttens und von einem Stilwillen, der für die deutsche Sprache zu einer ähnlichen Bereicherung hätte führen können wie die sprachschöpferische Leistung Luthers, wenn Hutten eine längere Lebens- und Wirkensdauer beschieden gewesen wäre.

Im Wettlauf mit einer schweren unheilbaren Krankheit suchte er sein literarisches und politisches Werk zu vollenden. Der Kampf mit der Feder und dem Schwert galt ihm als Einheit. In Franz von Sickingen sah er den Mann, der die Abhängigkeit von Rom und die

Zersplitterung des Reiches mit der Gewalt der Waffen überwinden konnte. Sickingen und Hutten strebten eine Adelsdemokratie mit einem Kaiser an der Spitze an. Im „gemeinen Adel" sahen sie den gesunden Kern der Nation, der berufen sei, das Reich wieder zur Blüte zu führen. In den „Anschauenden" erläutert der Sonnengott Sol seinem Sohn, dem Wagenlenker Phaethon, was der „gemein Adel" sei: „Das ist der Reuterorden, ein große Macht und Stärke deutscher Nation. Dann ihr' seind viel und geübt in Kriegen, uber das sieht man noch bei ihn' einen Schein alter Tugend, gute Gewohnheit und den Deutschen angeborne Redlichheit. Diesen gefällt noch die alte deutsch Weis, und hassen alle fremde Sitten, wo die bei ihn' einbrechen." Er spart nicht mit Kritik auch an ihrem Verhalten, die meiste Schuld daran trügen jedoch die Fürsten, die sich des Ritterstandes zur Durchsetzung oft unehrenhafter Interessen bedienten.

Huttens Eintreten für die Freiheit und Würde der deutschen Nation, ein Anliegen, das objektiv der Entwicklung des Bürgertums und des Kapitalismus entsprach, wird bei ihm widersprüchlich verkettet mit der Bindung an den zum Untergang verurteilten Reichsritterstand. Allein war dieser zu schwach, sein politisches Anliegen zu realisieren. Zu den Verbündeten, die in einem solchen Kampf gegen Fürsten, hohen Adel und hohe Geistlichkeit die Ritterschaft hätten unterstützen können, bestanden unüberbrückbare Interessengegensätze. Die Ritter schädigten den Handel der Städte. So bestand zwischen ihnen wenn nicht offene Feindschaft, so doch tiefes Mißtrauen. Andererseits lebten sie von der Ausbeutung der leibeigenen Bauern, die in ihnen ihre ärgsten Feinde sahen. „Unter diesen Umständen", schrieb Friedrich Engels, „blieb Hutten nichts übrig, als in seinen Propagandaschriften über die künftige gegenseitige Stellung des Adels, der Städte und der Bauern wenig oder gar nichts zu sagen, alles Übel auf die Fürsten und Pfaffen und die Abhängigkeit von Rom zu schieben und den Bürgern nachzuweisen, daß ihr Interesse ihnen gebiete, im bevorstehenden Kampf zwischen Fürsten und Adel sich mindestens neutral zu halten. Von Aufhebung der Leibeigenschaft und der Lasten, die der Bauer dem Adel schuldig war, ist bei Hutten nirgends die Rede."

Der Versuch Franz von Sickingens, 1522 mit einem ritterlichen Feldzug gegen den Erzbischof von Trier das Signal zur allgemeinen Erhebung der Reichsritterschaft zu geben, schlug unter diesen

Umständen fehl. Isoliert unterlag er im Kampf und fand dabei den Tod. Hutten, der in der Schweiz um Unterstützung für Sickingen geworben hatte und mit ihm in die Reichsacht getan worden war, fand überall verschlossene Türen. Erasmus von Rotterdam, ungekrönter König der Humanisten, verweigerte dem Todkranken die Herberge. Schließlich gewährte ihm Ulrich Zwingli in Zürich Asyl. Auf der Insel Ufenau im Züricher See starb Hutten am 29. August oder 1. September 1523. Er hinterließ nichts als seine Feder und seine Schriften.

„Nicht Ruhm, Reichtum oder Herrschaft suchte ich zu erkämpfen", schrieb er rückschauend über sein Leben, „sondern das Ziel meines Strebens war, dem Vaterland die ihm gewaltsam entrissene Freiheit zurückzuerobern. So habe ich stets meiner guten Pflicht gemäß gehandelt, bis mich einheimischer Neid und die Arglist der eigenen Verwandten fällte. Immer gedachte ich der Freiheit und war aus tiefstem Herzen darauf bedacht, zur rechten Zeit dem Vaterland zu dienen."

Hutten ist unter den deutschen Humanisten derjenige, der, fern aller Stubengelehrsamkeit, Wissenschaft und Kunst in den Dienst nationaler Interessen stellte. Stärker als aus allen anderen deutschen Zeitgenossen spricht aus ihm das große Selbstbewußtsein des Renaissancemenschen, der sich zum ersten Mal in der Neuzeit ganz auf sich selbst gestellt sieht und die Abhängigkeiten zu durchbrechen bemüht ist, an die die Feudalgesellschaft ihn bindet. Erfüllt von Vertrauen auf die Fähigkeit des Menschen, sein Dasein im Diesseits einzurichten und zu meistern, wächst er weit über seine deutschen Zeitgenossen hinaus. Im Bestreben, seine Ideale zu realisieren, bleibt er jedoch in seinen Standesvorurteilen befangen. So ist er wie Luther und Müntzer in Widersprüche verstrickt, die sich unter den Bedingungen Deutschlands im 16. Jahrhundert nicht lösen ließen. Aber wie kein anderer Deutscher hat er die Bedeutung der Wissenschaft für die kommenden Jahrhunderte empfunden. In einem Brief an den Nürnberger Humanisten Willibald Pirckheimer legte er 1518 sein Bekenntnis nieder: „O Jahrhundert, o Wissenschaften! Es ist eine Lust zu leben! Aber die Hände in den Schoß zu legen, das macht noch keine Freude, mein Willibald. Die Studien blühen auf und die Geister regen sich: du nimm den Strick, Barbarei, und mache dich auf die Verbannung gefaßt."

Das Auftreten Luthers auf dem Reichstag zu Worms war der Gipfel der einheitlichen nationalen Bewegung gegen Rom. In der nun folgenden zweiten Etappe der frühbürgerlichen Revolution setzt ein Differenzierungsprozeß ein, in dem sich vier religiös-politische Gruppierungen herausbilden. Im konservativ-katholischen Lager finden sich alle diejenigen zusammen, die an der Erhaltung der bestehenden Verhältnisse interessiert sind: der Kaiser, geistliche und ein Teil der weltlichen Fürsten, aber auch teilweise das städtische Patriziat. Dem Lager der bürgerlich-gemäßigten Reformation gehören im mittleren und nördlichen Deutschland die Masse des niederen Adels, das Stadtbürgertum und ein großer Teil der weltlichen Fürsten an, der sich auf Kosten der geistlichen Besitzungen Machtzuwachs und größere Unabhängigkeit von der zentralen Reichsgewalt erhofft. Der ideologische Sprecher dieser Gruppierung ist von Anfang an Luther, der sich in der Folge bemüht, die revolutionäre Bewegung der Volksmassen einzudämmen und der Obrigkeit unterzuordnen. In der Schweiz bildet sich unter der Führung von Zwingli ein radikal-bürgerliches Lager heraus, das von den besitzenden Kreisen von Zürich und Bern bestimmt wird, humanistische Bestrebungen mit den Forderungen des bürgerlich-gemäßigten Lagers verschmilzt, sich aber mit seiner republikanischen Haltung und in seinem Willen zur Umgestaltung des gesamten öffentlichen Lebens grundsätzlich vom lutherischen Lager unterscheidet, in dem die Fürsten bestimmend sind. Im Gegensatz zu den anderen Gruppierungen steht die ganz Deutschland erfassende revolutionäre Bewegung der Bauern und Plebejer, die als Volksreformation in allen gesellschaftlichen Bereichen radikale Umwälzungen anstrebt und sie gegen die bestehende Obrigkeit in Angriff nimmt. Diese Bestrebungen gipfeln im großen Bauernkrieg. Ihre Ideen werden am eindrucksvollsten von Thomas Müntzer begründet, entwickelt und zur Wirkung gebracht.

Während Luthers Aufenthalt auf der Wartburg hatte sich die reformatorische Massenbewegung weiter radikalisiert. In Wittenberg waren Massenaustritte aus dem Kloster die Folge. Laiengottesdienste wurden abgehalten. Karlstadt predigte in weltlicher Kleidung, erteilte das Abendmahl in beiderlei Gestalt und rief zur Reinigung der Kirchen von der Heiligenverehrung und vom Götzendienst auf. Einem Bildersturm fielen zahlreiche kirchliche Kunstwerke zum Opfer. Der Rat der Stadt Wittenberg richtete einen „gemeinen

Kasten" ein, in den alle kirchlichen Einnahmen fließen und aus dem alle Ausgaben bestritten werden sollten. Auch andernorts, vor allem in Zwickau, wo Thomas Müntzer an Einfluß gewann, zeichneten sich ähnliche Tendenzen ab. Sie richteten sich eindeutig gegen die weltliche Obrigkeit und zielten auf eine Veränderung der bestehenden Sozialordnung. Luther faßte diese weltliche Auslegung des Evangeliums, die zur Empörung aufrief, als eine Versuchung des Satans auf. Er sah seine Lehre in Gefahr und entschloß sich, obwohl er geächtet war, nach Wittenberg zurückzukehren. Durch sein persönliches Auftreten erreichte er, daß die Neuerungen in gemäßigten Formen verwirklicht wurden. Zum ersten Male nahm Luther in den sich zuspitzenden sozialen Auseinandersetzungen klar Stellung. Er entschied sich für die Unterwerfung unter die bestehende Obrigkeit und wandte sich eindeutig gegen jede entscheidende Veränderung der gesellschaftlichen Zustände mit Gewalt. Damit spiegelte sein Denken die Anschauungen der Besitzbürger, die sich lieber unter den Schutz der Fürsten begaben, als sich mit den rebellischen Volksmassen gegen sie zu verbünden. Immer mehr sah er gerade durch die plebejisch radikale Reformation den Erfolg seiner Bemühungen gefährdet. Zu seinem heftigsten Gegner entwickelte sich Thomas Müntzer, den Luther erbittert befehdete, dessen theologische Auffassungen er bekämpfte und den er bei den sächsischen Fürsten als den „bösen Geist von Allstedt" denunzierte.

Thomas Müntzer wurde vor 1490 in Stolberg im Harz als Sohn eines gutsituierten Handwerkers geboren. Erstes sicheres Zeugnis über ihn ist die Immatrikulationseintragung an der Leipziger Universität aus dem Jahre 1506. Dem Universitätsstudium in Leipzig und Frankfurt (Oder), das er mit dem Grad eines Bakkalaureus der Theologie abschloß, folgten unruhige Jahre. Nirgends konnte er für längere Zeit Fuß fassen. 1513 war er als Kollaborator (Hilfslehrer) in Halle, 1514 als Geistlicher und Lehrer in Aschersleben in oppositionelle Verbündnisse einbezogen. Bis 1517 lebte er als Propst im Nonnenkloster Frose bei Aschersleben. 1518 war er vermutlich einige Zeit Lehrer in Braunschweig. Im Januar 1519 knüpfte er in Leipzig Verbindung mit den Wittenbergern. Vor allem scheint er mit Melanchthon näher bekannt geworden zu sein. In Jüterbog predigte er gegen die dortigen Franziskaner, wurde aber bald wieder vertrieben. Im Sommer 1519 verfolgte er in Leipzig die Auseinandersetzung Luthers mit Eck. Das regte ihn an, seine eigenen theologischen Anschauungen zu überprüfen und zu vertiefen. Als Beichtvater der Nonnen des Klosters Beuditz hatte er in den folgenden Monaten Gelegenheit, sich eingehend theologischen Studien zu widmen. Das intensive Studium der Kirchenväter und der deutschen Mystiker Tauler und Seuse, aber auch der Akten des Konzils von Konstanz ließ Ansichten in ihm reifen, die denen Luthers nahestanden, aber in ihren Konsequenzen bald über diese hinausgehen sollten. Vorerst aber galt er in Wittenberg als ein entschiedener Parteigänger des Reformators, und so empfahl ihn Luther im Mai 1520 dem Rat der Stadt Zwickau als Vertreter des evangelischen Stadtpfarrers Egranus an der Marienkirche.

In Zwickau traf Müntzer erstmals auf die ausgeprägten Klassenwidersprüche zwischen einem wohlhabenden patrizischen Besitzbürgertum und den plebejischen Schichten. Das Patriziat war an einer Kirchenreform interessiert, die den Reichtum duldete, rechtfertigte und förderte. Deshalb unterstützte der Rat Müntzer, als dieser es ablehnte, sich vor dem geistlichen Gericht wegen heftiger Angriffe gegen die Franziskaner zu verantworten. Als er dagegen das Wohlleben der reichen Grubenbesitzer und Tuchverleger geißelte und Lehre und Verhalten von Egranus angriff, spitzten sich die Gegensätze rasch bis zu heftiger Feindschaft zu. Nach der Rückkehr von Egranus war Müntzer Pfarrer an der Katharinenkirche geworden. Dort hatten die Tuchknappen (verarmte, nur zum Schein noch selbständige Webermeister und Gesellen) ihren Fronleichnamsaltar. Unter ihnen fand Müntzer Menschen, die bestrebt waren, das Christentum in seinem ursprünglichen Sinne als eine Religion der Mühseligen und Beladenen zu verstehen. Sie trösteten sich in dem Glauben, daß Christus bald wiedererscheinen und sein ewiges Reich auf Erden errichten würde. Führer dieser chiliastischen Sekte war Niklas Storch. Die innere Reinheit und seelische Kraft dieser proletarisierten Weber zogen Müntzer an. Im Austausch mit ihnen festigte sich bei ihm die Überzeugung, daß die Armen zur wahren Gotteskindschaft berufen und daß der echte Glaube sich nicht aus dem toten Buchstaben der Schrift, sondern nur aus der lebendigen Offenbarung des göttlichen Geistes in geläuterten Menschen gewinnen lasse. Im Gegensatz zu Storch und seinen Anhängern vertrat er aber die Meinung, daß man nicht passiv die Ankunft Christi erwarten dürfe, sondern handelnd mithelfen müsse, das Reich Gottes zu errichten. Darin erblickten die Tuchherren eine Ermunterung zum Aufruhr. Mit der Begründung, daß er den Religionsfrieden gebrochen und seine Anhänger fanatisiert habe, wurde Müntzer am 16. April 1521 vom Zwickauer Rat entlassen.

Darauf versuchte er in Böhmen Fuß zu fassen und begab sich zunächst nach Žatec (Saaz), dem alten Taboritenzentrum, später nach Prag, wo er in der Bethlehemskapelle, an der einst Jan Hus gewirkt hatte, und in anderen Kirchen predigte. Er hoffte die Böhmischen Brüder und die Utraquisten, die Nachfahren der Hussiten, erneut in Bewegung zu bringen. Im Prager Anschlag, einem im November 1521 entstandenen Entwurf, hält er den Pfaffen, Mönchen und gelehrten Doktoren vor, daß sie Gottes Wort verfälschen. Das Volk aber strebe danach, den unmittelbaren Weg zu Gott zu finden und die befleckte christliche Kirche in ihrer ursprünglichen Reinheit wiederherzustellen. Böhmen solle damit beginnen, dann werde die neue Ordnung sich über die ganze Welt verbreiten. Die Resonanz war jedoch ganz anders, als sie Müntzer erwartet hatte. Ende November 1521 wurde er aus Prag ausgewiesen und kehrte nach Deutschland zurück.

Nach einem Aufenthalt in Nordhausen, wo es wie in Zwickau zu heftigen Auseinandersetzungen kam, wurde Müntzer im März 1523 probeweise in Allstedt angestellt. Diese Stadt war eine kursächsische Exklave in katholisch beherrschtem Gebiet. In ihrer unmittelbaren Nähe lagen die Bergbaugebiete des Harzes und der Grafschaft Mansfeld, deren Bergknappen stärker als die besitzverbundenen Bürger und Bauern radikalen Ideen aufgeschlossen waren. In der Stadt selbst gab es keine so tiefen sozialen Gegensätze wie in Zwickau oder Nordhausen. Der Rat und selbst der kursächsische Schösser Hans Zeiß sympathisierten mit Müntzers Plänen und Bemühungen. Gefahr drohte zunächst nur von außen. So konnte Müntzer hier in relativer Ruhe seine Auffassungen von einer dem ganzen Volke dienenden und von ihm getragenen Reformation ausarbeiten, niederschreiben und auch in der Praxis erste Schritte auf dem Wege der Volksreformation gehen.

Er begann seine Tätigkeit damit, den Gottesdienst grundlegend zu verändern. Noch vor Luther und gegen dessen Willen verdeutschte er die Messe und bezog die Gemeinde in die Liturgie mit ein. Vor jeder Predigt las und übersetzte er ein ganzes Kapitel aus der Bibel, damit das Volk sie kennenlerne. 1523 gab er das „Deutsche Kirchenamt" und die „Deutsch-evangelische Messe" in Druck, die diese neue Form des Gottesdienstes weithin bekanntmachten. Kraft seines Wortes und seiner Anschauungen hatte er in Allstedt und seiner Umgebung bald einen großen Kreis von Anhängern um sich geschart. Der Graf von Mansfeld untersagte daraufhin seinen Untertanen bei schwerer Strafe, den Allstedter Gottesdienst zu besuchen. Mit Besorgnis wandte sich Müntzer in einem Brief an den sächsischen Kurfürsten: das Volk werde nicht dulden, daß der Mansfelder sich über Gott erhebe, und zum Schwert greifen. Noch hoffte Müntzer, die sächsischen Fürsten würden die gerechte Sache schützen. Zugleich aber tauchte der Gedanke auf, sie könnten sich der Mahnung verschließen und damit einen Aufstand des Volkes unvermeidlich machen.

Da der Druck auf Allstedt sich verstärkte und die sächsischen Fürsten weiterhin eine unentschiedene Haltung einnahmen, gründete Müntzer im Frühjahr 1524 ein Verbündnis. Zunächst gehörten ihm nur etwa dreißig Vertraute an, die vor der Kühnheit der Müntzerschen Gedanken nicht zurückschreckten und seine Lehre auch über Allstedt hinaus verbreiten konnten. Im Mai wurde der Bund durch weitere fünfhundert Mitglieder erweitert, vorwiegend Bergknappen, die Müntzer und seine Lehre auch mit Waffengewalt zu schützen bereit waren. Durch dieses Verbündnis geriet Müntzer aber unausweichlich in Konflikt mit der Obrigkeit. Es gelang ihm nur schwer, die zur Aktion Drängenden von unbedachten Handlungen zurückzuhalten. Als Herzog Johann, der Bruder und Mitregent des Kurfürsten, die Verfolgung und Bestrafung von Müntzeranhängern anordnete, die am 24. März die Mallerbacher Kapelle des Klosters Naundorf mit einem „wundertätigen" Heiligenbild zerstört hatten, leistete der Bund bewaffnet Widerstand.

Diese Ereignisse und die entschiedene und heftige Kritik Luthers an Müntzers Lehre mögen Herzog Johann veranlaßt haben, bei Müntzer eine Predigt zu bestellen, um sich persönlich über dessen Ansichten und Absichten zu informieren. Am 13. Juli 1524 hielt Müntzer vor dem Herzog und seinem Sohn eine Predigt über das 2. Kapitel des Propheten Daniel, die als „Fürstenpredigt" bezeichnet wird. Durch die unverhüllte Darlegung seines Geschichtsbildes und seiner politischen Ansichten suchte er die Fürsten für einen „getreulichen Bund mit dem Volke" zu gewinnen. Vielleicht hoffte Müntzer noch, sie zur Einsicht zu bewegen, daß Gott die Gewalt in die Hände des Volkes legen werde, und glaubte, daß auf diese Weise Blutvergießen verhindert werden könne. Deshalb mahnte er auch das Verbündnis zur Ruhe, selbst als Müntzeranhänger in Sangerhausen verhaftet und andere gewaltsam aus dem Dorf Schönwerda vertrieben wurden. Diese Hoffnung, die eine Illusion war, wurde endgültig zerstört, als Müntzer am 1. August in Weimar in einem Verhör seine Ansichten und Handlungen in Allstedt verantworten mußte. Schultheiß und Vertreter des Rates traten dort gegen ihn auf. Sie seien nur unter Zwang dem Verbündnis beigetreten. Nun nahmen sie die Gelegenheit wahr, das Verbündnis verbieten zu lassen und die von Müntzer eingerichtete Druckerei zu schließen, in der die „Fürstenpredigt" gedruckt worden war. Müntzer wurde auferlegt, sich aller aufrührerischen Äußerungen zu enthalten und alle Schriften vor dem Druck der Zensur vorzulegen. Er durfte zwar unbehelligt nach Allstedt zurückkehren, verließ jedoch, da ihm unmittelbar Verhaftung drohte und ein offenes Wirken unmöglich geworden war, in der Nacht vom 7. zum 8. August 1524 die Stadt heimlich.

In der Freien Reichsstadt Mühlhausen, damals eine der größten Städte Mitteldeutschlands, suchte er nach neuen Wirkungsmöglichkeiten. Hier hatten sich 1523 unter Führung von Heinrich Pfeiffer die plebejischen Schichten gegen das Patriziat erhoben. Dabei war es dem Zunftbürgertum gelungen, Einfluß auf die Finanzgeschäfte der Stadt zu erlangen, die Mehrheit der plebejischen Opposition aber war ohne Recht geblieben. An diese Unzufriedenen wandte sich Müntzer. Angesichts der Resonanz, die er bei der Stadtarmut fand, wurden Pfeiffer und die bürgerliche Opposition mitgerissen. Mitte September schlossen sich die radikalen Kräfte im „Ewigen Bund Gottes" zu einer militärischen Organisation zusammen und gaben sich mit den von Müntzer und Pfeiffer konzipierten „Elf Mühlhäuser Artikeln" ein eigenes Programm, das die demokratische Umgestaltung des städtischen Lebens anstrebte und Grundzüge der Verfassung eines neuen demokratischen Gemeinwesens entwickelte. Nach Anfangserfolgen der radikalen Partei konnte sich zunächst noch einmal der alte Rat durchsetzen. Pfeiffer und Müntzer wurden am 27. September aus der Stadt ausgewiesen. Der Bund aber bestand weiter. Die Entscheidung war nur vertagt.

Müntzer wanderte nach Nürnberg, um dort seine beiden das

Programm der „Fürstenpredigt" ergänzenden politischen Hauptschriften, die „Ausgedrückte Emblößung des falschen Glaubens" und die „Hochverursachte Schutzrede", heimlich drucken zu lassen. Die meisten Exemplare wurden allerdings vom Rat konfisziert und die Druckgesellen verhaftet. Müntzer hatte die Stadt schon zuvor verlassen und war nach Basel weitergereist.

Die „Ausgedrückte Emblößung des falschen Glaubens" war noch in Allstedt entworfen und in einer kürzeren Fassung („Gezeugnis des ersten Kapitels des Evangelions Lucä") in Weimar der Zensur vorgelegt worden. Nach seiner Flucht aus Allstedt hatte Müntzer diese Schrift überarbeitet, erweitert und von allen Kompromissen befreit. Auch die „Hochverursachte Schutzrede", Müntzers Antwort auf Luthers denunzierenden „Brief an die Fürsten zu Sachsen", dürfte noch in Allstedt konzipiert worden sein, ihre endgültige Gestalt aber erst in Mühlhausen erhalten haben.

In den drei Hauptschriften spiegelt sich die Entwicklung der Anschauungen Müntzers in den entscheidenden Monaten vor dem Ausbruch des bewaffneten Kampfes. Die „Fürstenpredigt" enthält noch Illusionen über eine mögliche Mithilfe der Fürsten. In der „Ausgedrückten Emblößung des falschen Glaubens" und der „Hochverursachten Schutzrede" wird die Überwindung der tyrannischen Obrigkeit durch den Volkskampf als der einzig gangbare Weg erkannt. Zugleich melden sich Zweifel an, ob das Volk für diesen Kampf hinreichend geläutert und vorbereitet sei, die aber nicht dazu führen, daß Müntzer vor dem Kampfe zurückschreckt. Wenn man andererseits bedenkt, daß die „Fürstenpredigt" vorwiegend Müntzers Geschichtsbild, die „Ausgedrückte Emblößung des falschen Glaubens" die theologische Konzeption und die „Hochverursachte Schutzrede" die radikale Abrechnung mit Luther enthält, so geben diese drei Schriften die Gesamtheit der Müntzerschen Auffassungen ziemlich umfassend wieder.

Müntzers Anschauungen erwachsen aus den Bedingungen ihrer Zeit. Er fußt dabei auf Traditionen, die weit ins Mittelalter zurückreichen. Chiliastische Erwartungen von einem ewigen Gottesreich, Vorstellungen der deutschen Mystik und Gedankengut der verschiedenen mittelalterlichen Ketzergruppen haben entscheidend zur Ausprägung seines Weltbildes mit beigetragen. Aber er hebt alle diese Vorstellungen auf eine neue Stufe, verwandelt sie in der Auseinandersetzung mit seiner Zeit in eine neue Qualität.

Müntzers Denken vollzieht sich in theologischen Formen. Als Kind seiner Zeit bleibt er auch dort Theologe, wo sich aus seinen Vorstellungen praktisch diesseitiges Handeln ergibt, das auf eine Veränderung der sozialen Ordnung zielt. Die Notwendigkeit sozialer Änderungen begründet er aus dem christlichen Glauben und aus der Bibel. Dabei knüpft er ähnlich wie Luther an die Auffassung der deutschen Mystik an, nach der das Individuum unmittelbar zu Gott in Beziehung treten kann. Es sei möglich, Gott zu zwingen, sich im Menschen, im tiefsten Grunde der menschlichen Seele zu offenbaren. Gott werde in der Menschenseele neu geboren. Die christliche Offenbarungsreligion wird also nicht als abgeschlossen und vergangen angesehen, der Geist der Propheten und der Evangelisten vielmehr als lebendig fortwirkend. Freilich offenbare sich Gott nicht jedem Menschen, sondern nur den „Auserwählten", die sich mit aller Seeleninbrunst um diese Vereinigung mit Gott bemühen. Als Weg zu diesem Ziel gelte es, der Welt zu entsagen, recht im Geiste Christi „das Kreuz auf sich zu nehmen", das heißt, durch Erleben des Leids, der Bedrängnis und der seelischen und materiellen Not reif zu werden für die Vereinigung mit Gott. Diejenigen, die diese Mühsal nicht auf sich nehmen wollen, seien „sanftlebend" und „geistlos", das heißt, nicht vom rechten Geiste Christi erfüllt.

Auf diesen Anschauungen baut Müntzer auf. Auch ihm ist es Ernst mit der Befreiung der menschlichen Seele durch die lebendig fortwirkende Offenbarung Gottes. Auch er ist der Ansicht, daß die wahren Nachfolger Christi diejenigen sind, die aus tiefem Zweifel, aus größter Verzweiflung heraus Gottes Stimme in sich selbst erleben. Auch er fordert Absage an die Lüste und Vergnügungen dieser Welt. Aber er bleibt nicht bei diesem individuellen Erleben stehen. Ihm erwächst daraus die Gewißheit, daß die rechten Jünger Christi nur bei den Armen zu finden sind. Die radikale Schlußfolgerung, die er zieht, ist, daß die Nicht-Armen Gottlose sind, die das Wort Gottes als Deckmantel ihrer Schandtaten mißbrauchen.

Neu an Müntzers Anschauungen ist, daß er nicht passiv auf das Reich Gottes warten will, sondern der Bibel die Verpflichtung entnimmt, daß jeder Auserwählte darum streiten muß, das Gottesreich auf Erden zu verwirklichen. Die Gottlosen müssen bekehrt oder ausgerottet werden. Er scheut sich nicht, den Fürsten ins Gesicht zu sagen, daß ihre Zeit vorüber sei, weil sie die Grundsätze des Christentums nicht erfüllen.

Der Gegenstand der „Fürstenpredigt", der Traum Nebukadnezars und seine Deutung durch Daniel, spielte in der phantastischen Geschichtsphilosophie des Mittelalters eine große Rolle. Joachim von Fiore hatte den „Stein ohn Hände vom Berg gerissen" als das Reich des wiedererstandenen Christus gedeutet, seine eigene Zeit aber mit einiger Vorsicht als das vierte Weltalter angesehen. Müntzers entscheidende Neuauslegung besteht darin, die Gegenwart als das fünfte, dem Untergang nahe Reich anzusehen und die Masse der Armen zur Vernichtung dieses Reiches aufzurufen. In Müntzers Bild einer kommenden Welt ist kein Platz für Herren. Ihm schwebt eine Republik gleichberechtigter Staatsbürger vor, in der die ganze Gemeinde mit der Gewalt des Schwertes darüber wacht, daß Gerechtigkeit herrscht. Während Luther Unterordnung unter die Obrigkeit und Erleiden des Unrechts fordert, hebt Müntzer die Mitverantwortung des Christen für seinen Nächsten hervor. Er sieht in den herrschenden Eigentumsverhältnissen die Ursache aller Übel. Gegen Luther polemisierend, sagt er in der „Hochverursachten Schutzrede": „Sieh zu, die Grundsuppe des Wuchers, der Dieberei und Rauberei sein unser Herrn und Fürsten, nehmen alle Kreaturen zum Eigentum ... Die Herren machen das selber, daß ihn' der arme Mann feind wird. Die Ursach des Aufruhrs wöllen sie nit wegtun." Man müsse sie wie Unkraut ausraufen, wenn sie nicht zur Einsicht kämen.

Zu den Gottlosen rechnet Müntzer auch die Schriftgelehrten, die die Bibel nach dem Buchstaben und nicht nach dem inneren Sinn auslegen, der in der lebendigen Offenbarung des Geistes erfahren wird. Er sieht die Bibel nicht wie Luther als das einzig wahre Gotteswort an, sondern als eine Beispielsammlung, wie man zum rechten Glauben komme. Da die Schriftgelehrten aber keinen Glauben hätten, könnten sie dies nicht vermitteln, und deshalb müsse der einfache Mann selbst die Bibel lesen lernen, daß er nicht länger verführt werde.

Müntzer betrachtet die Bibel als eine Einheit. In Luthers einseitiger Berufung auf die Paulusbriefe erblickt er eine Verfälschung der reinen göttlichen Offenbarung, die die wahre Lehre den Herren ausliefert. Mit erstaunlicher Schärfe erkennt er die objektive historische Rolle Luthers, wenn er im einzelnen auch ungerechtfertigte Vorwürfe gegen ihn erhebt.

Im Herbst des Jahres 1524 gewannen die seit Jahren im süddeutschen Raum immer wieder örtlich aufbrechenden Bauernunruhen den Charakter eines bewaffneten Aufstandes, gegen den der Schwäbische Bund ein Heer aufstellte. Im Februar und März 1525 dehnte sich die Erhebung auf ganz Süddeutschland aus. Fast vierzigtausend Bauern hatten sich in bewaffneten Haufen zusammengeschlossen, um gegen die Privilegien des Adels zu kämpfen und im Namen des Evangeliums eine gerechtere gesellschaftliche Ordnung zu erzwingen. Die Erhebung griff auch auf Thüringen über. Dorthin kehrte Müntzer, der von Nürnberg aus Süddeutschland durchwandert, sich in Basel und Grießen im Klettgau aufgehalten hatte, wo er auf die Formulierung des als „Artikelbrief" bekannten Bauernprogramms Einfluß genommen hatte, über Schweinfurt und Fulda Ende Februar 1525 nach Mühlhausen zurück.

Hier hatte sich inzwischen die Situation gewandelt. Pfeiffer war von seinen Anhängern im Dezember in die Stadt zurückgeholt worden. Die „Achtmänner" übten praktisch die Herrschaft aus. Müntzer wurde am 28. Februar zum Pfarrer von St. Marien berufen. Unter seiner Mitwirkung wurde der „Ewige Rat" eingesetzt und damit die Herrschaft der bürgerlichen Opposition legalisiert. Zwar waren darin noch immer nicht die Stadtarmut und die Landbevölkerung vertreten, aber der „Ewige Rat" war gezwungen, den „Ewigen Bund Gottes" zu unterstützen und einige Maßnahmen zur Verbesserung der sozialen Lage und der politischen Rechte der ärmsten Stadtbevölkerung durchzuführen. Müntzer war nicht Mitglied des „Ewigen Rates", aber als Führer des „Bundes" hatte er großen Einfluß. Er drängte als Sprecher des radikalen plebejischen Flügels auf entschiedenes Handeln.

Die Verbündnisse nach dem Allstedter und Mühlhäuser Beispiel hatten vielerorts wirksam gearbeitet. Nach dem 19. April erfaßte der Aufstand ganz Thüringen. In Mühlhausen sammelte sich unter der Regenbogenfahne der thüringische Haufen, dessen anerkannter Führer Müntzer war. Aber nur kurze Zeit kam es zu einem einheitlichen Handeln. Vergebens versuchte Müntzer zu erreichen, daß die gefährlichen Gegner geschlagen wurden. Während unter Pfeiffers Einfluß der Zug sich auf das reiche Eichsfeld richtete, konnten die Herren ihre Kräfte sammeln. Müntzers Plan, einen großen gemeinsamen Bauernaufstand zustande zu bringen, scheiterte. Sein Einfluß erstreckte sich nur auf eine Minderheit, die sich im Verlauf der Ereignisse nicht durchsetzen konnte. Zu weit eilten seine Vorstellungen der Zeit voraus. Nachdem die süddeutschen Bauernhaufen einzeln aufgerieben worden waren, konnte sich auch das thüringische Bauernheer nicht behaupten. Am 15. Mai wurde es bei Frankenhausen vernichtend geschlagen. Müntzer, der an der Schlacht teilgenommen hatte, wurde gefangengenommen, grausam gefoltert und am 27. Mai 1525 hingerichtet.

Müntzers Vision von einer neuen Gemeinschaft, in der alle gleich sind und jeder nach seinen Bedürfnissen lebt, ist uns nur aus den Vernehmungsprotokollen überliefert. In seinen Schriften findet sich dieses Fernziel nicht. Wohl aber wird er sie im Verbündnis seinen engsten Vertrauten als Züge des Gottesstaates auf Erden entwickelt haben. Mit diesen utopisch-kommunistischen Gedanken griff er weit über die Möglichkeiten seiner Zeit hinaus. Das brachte ihn in eine tragische Situation, die Engels mit folgenden Worten umreißt: „Der gesellschaftliche Umschwung, der seiner Phantasie vorschwebte, war noch so wenig in den vorliegenden materiellen Verhältnissen begründet, daß diese sogar eine Gesellschaftsordnung vorbereiteten, die das gerade Gegenteil seiner geträumten Gesellschaftsordnung war. Dabei blieb er an seine Predigten von der christlichen Gleichheit und der evangelischen Gütergemeinschaft gebunden: er mußte wenigstens den Versuch ihrer Durchführung machen. Die Gemeinschaft aller Güter, die gleiche Verpflichtung aller zur Arbeit und die Abschaffung aller Obrigkeit wurden proklamiert. Aber in Wirklichkeit blieb Mühlhausen eine republikanische Reichsstadt mit etwas demokratisierter Verfassung, mit einem aus allgemeiner Wahl hervorgegangenen Senat, der unter Kontrolle des Forums stand, und mit einer eilig improvisierten Naturalverpflegung der Armen. Der Gesellschaftsumsturz, der den protestantischen bürgerlichen Zeitgenossen so entsetzlich vorkam, ging in der Tat nie hinaus über einen schwachen und unbewußten Versuch zur übereiligen Herstellung der späteren bürgerlichen Gesellschaft."

Während Müntzer der revolutionären Bewegung den Weg wies, sie ideologisch rechtfertigte und organisieren half, trat Luther immer entschiedener gegen jeden Versuch auf, die gesellschaftlichen Verhältnisse von unten zu ändern. Obwohl er schon in der „Freiheit eines Christenmenschen" klar zwischen geistlicher Freiheit und leiblicher Gebundenheit unterschieden hatte, galt er bei den in revolutionärer Gärung begriffenen Massen weiterhin als der Vertreter ihrer Nöte und Interessen. Der persönliche Mut, mit dem er für das „reine Wort" eintrat, verfehlte seine Wirkung nicht. Dies änderte sich bei der Zuspitzung der inneren Konflikte. War Luther schon zuvor entschieden gegen jede Selbsthilfe aufgetreten und hatte solche Ansichten bei Karlstadt und dessen Anhängern, vor allem aber bei Müntzer verdammt, so bezog er gegen die sich erhebenden Bauern noch schärfer Stellung. In der „Ermahnung zum Frieden auf die zwölf Artikel der Bauernschaft in Schwaben" räumte er zwar ein, daß die Herren tyrannisch herrschten und daß die Klagen der Bauern zum Teil zu Recht bestünden, aber er bestritt ihren Anspruch, sich dagegen aufzulehnen. Einzig die Forderung, ihre Priester selbst zu wählen, sei gerechtfertigt. Alle anderen Artikel seien Raub an der Obrigkeit und zu verwerfen. Ermahnte er hier noch beide Seiten zum friedlichen Vergleich, so trat er wenige Wochen später bedingungslos auf die Seite der Herrschenden. In der Flugschrift „Wider die räuberischen und mörderischen Rotten der Bauern" wird der Mord an den Aufständischen zum gottgefälligen Werk erklärt. Jeder, der sie erschlage, werde damit zu seiner Seligkeit beitragen. „... Der Oberkeit, so da kann und will ohn vorgehend Erbieten zum Recht und Billigkeit solche Baurn schlahen und strafen, will ich nicht wehren, ob sie gleich das Evangelion nicht leidet. Denn sie hat des gut Recht." Luther stellt also die Interessen der Herrschenden in diesem Falle selbst über den Kampf gegen die römische Lehre. Einen entscheidenden Einfluß auf den Verlauf des Bauernkrieges hatte seine Schrift nicht mehr, aber sie trug dazu bei, daß diese bedeutende revolutionäre Erhebung der deutschen Geschichte als Zerrbild überliefert wurde. Allerdings schädigte damit Luther sein Ansehen bei den unteren Volksschichten und konnte auf deren aktive Unterstützung nicht mehr zählen. Die Reformation wurde von ihm nun ganz in die Hand der Landesfürsten gegeben, der eigentlichen Gewinner des Bauernkrieges. Als Massenbewegung verlor sie in Deutschland immer mehr an Kraft und verändernder Wirkung. Luthers weitere Tätigkeit geht zunehmend auf die Befestigung erreichter Positionen und auf die Fixierung seiner Lehre zu einem neuen Dogma aus, das sich entschieden gegen alle anderen Spielarten romfeindlicher reformatorischer Bewegungen abgrenzte, sei es Zwingli in der Schweiz, seien es Täufer und andere „Schwarmgeister".

Auch sein persönliches Leben versuchte er in bürgerliche Bahnen zu lenken. Um seine Ablehnung des Zölibats durch das eigene Leben zu bekräftigen, ging er 1525 mit der ehemaligen Nonne Katharina von Bora die Ehe ein und bemühte sich, ein vorbildliches Familienleben zu führen. In den folgenden Jahren half er bei der Errichtung der kursächsischen Kirchen- und Schulvisitation, die dem Aufbau einer Landeskirche diente und Modell für die Durchführung der Reformation in anderen Gebieten wurde. Die „Augsburger Konfession", zwar von Melanchthon formuliert, aber von Luther gebilligt, die dem 1530 nach Augsburg einberufenen Reichstag vorgelegt wurde, faßte die Glaubensartikel zusammen, die in Zukunft verbindliches Bekenntnis für alle lutherischen Protestanten wurden.

In dieser Zeit der Stagnation der reformatorischen Bewegung reiften aber andere Ereignisse, in denen der stürmische Aufschwung der bewegten Jahre um 1520 nachwirkte, Ergebnisse, die den Platz Luthers in der deutschen Literaturentwicklung ebenso gesichert haben wie seine großen Streitschriften. Das gilt vor allem für seine Bibelübersetzung. Da er sich in seiner Auseinandersetzung mit Rom immer mehr auf die Bibel als einzige Autorität in Glaubensfragen berief und da er die Mittlerfunktion der Kirche ablehnte, war es für ihn eine dringende Notwendigkeit, den Text der Bibel auch dem Teil des Volkes zugänglich zu machen, der nicht Latein verstand. So nutzte er seine Sicherheitshaft auf der Wartburg dazu, zunächst den für ihn wichtigsten Teil, das Neue Testament, ins Deutsche zu übertragen.

In diesem Bemühen war Luther nicht der erste. Vor ihm gab es bereits vierzehn hochdeutsche, vier niederdeutsche und vier niederländische Übersetzungen, die im Druck erschienen waren. Diese stützten sich jedoch auf die von der römischen Kirche autorisierte lateinische Übersetzung des Hieronymus aus dem 4. Jahrhundert, die sogenannte Vulgata. Die Humanisten hatten im 15. und 16. Jahrhundert bei der kritischen Erschließung antiker Texte die philologische Wissenschaft entwickelt. Ihre neuen Methoden wandten sie auch auf die Bibel an. Erasmus von Rotterdam gab einen kritisch überprüften griechischen Text des Neuen Testaments heraus, der Luther zur Verfügung stand und aus dem hervorging, daß die lateinische Übersetzung in vieler Hinsicht unzulänglich und ungenau war. Schon von diesem Gesichtspunkt aus war Luthers Übersetzung denen seiner Vorgänger überlegen. Seine große Leistung bestand aber vor allem darin, daß er die Methode der Übersetzung gegenüber seinen Vorläufern änderte. Waren diese darauf bedacht, möglichst wortgetreu zu übertragen, um das göttliche Wort nicht zu verfälschen, so strebte Luther danach, dem Charakter der deutschen Sprache gemäß den Sinn auszudrücken. Er suchte nach sprachlichen Ausdrucksformen, die nicht nur den Informationswert erfassen, sondern auch die emotionale Färbung mit den Mitteln der Muttersprache wiedergeben. Er faßte die Wiedergabe des Originaltextes vom Satzganzen, vom Zusammenhang des ganzen Textes. So ist seine Übersetzung richtiger eine Nachdichtung zu nennen. Dies wird besonders deutlich in der später erarbeiteten Übersetzung der Psalmen und des Hohen Liedes. Bei dieser Übersetzungsmethode flossen allerdings auch eigene theologische Auffassungen in die Textgestaltung ein. Dies wurde ihm vor allem von seinen Gegnern zum Vorwurf gemacht. Hieronymus Emser glaubte in Luthers Bibelübersetzung etwa vierzehnhundert ketzerische Irrtümer zu entdecken.

Im „Sendbrief vom Dolmetschen" setzt sich Luther mit solchen Vorwürfen auseinander und legt zugleich seine Prinzipien der Übertragung dar. Am Beispiel des für Luthers Lehre zentralen Satzes aus dem 3. Kapitel des Briefes an die Römer: „Arbitramur hominem iustificari ex fide absque operibus", den er in folgender Weise verdeutscht: „Wir halten, daß der Mensch gerecht werde ohn des Gesetzes Werk, allein durch den Glauben", rechtfertigt er die Hinzufügung des „allein" damit, „daß gleichwohl die Meinung des Text in sich hat, und wo man's will klar und gewaltiglich verdeutschen, so gehoret es hinein, denn ich habe deutsch, nicht lateinisch noch griechisch reden wöllen ...". Um dies zu erreichen, studiert er die Ausdrucksweise des Volkes, verwendet Sprichwörter und Redewendungen, bildliche Übertragungen, die den Sinn anschaulich machen, erweitert und verkürzt, um in einem höheren Sinne zu einer größeren Präzision zu gelangen. „... denn man muß nicht die Buchstaben in der lateinischen Sprache fragen, wie man soll deutsch reden, wie diese Esel tun, sondern man muß die Mutter im Hause, die Kinder auf der Gassen, den gemeinen Mann auf dem Markt drum fragen und denselbigen auf das Maul sehen, wie sie reden, und darnach dolmetschen, so verstehen sie es denn und merken, daß man deutsch mit ihn' redet."

Mit dieser Übersetzungsleistung hat Luther die Bibel in den Rang einer nationalsprachlichen Dichtung erhoben, die durch Inhalt und Sprachprägung eine weitreichende Ausstrahlungskraft auf die Entwicklung der deutschen Sprache und Kultur gehabt hat. Auch als einigendes sprachliches Band hat diese Bibelübersetzung gewirkt, die sich als eine Gemeinschaftsleistung Wittenberger Humanisten nach dem kühnen Anlauf der 1522 erschienenen „Septemberbibel" fast über zwei Jahrzehnte hin erstreckte. Besonders Melanchthon war an der schwierigen Arbeit der Übertragung aus dem Hebräischen mit Präzisionsvorschlägen maßgebend beteiligt.

Luther fand, als er deutsch zu schreiben begann, keine einheitliche deutsche Schriftsprache vor. Aber er entstammte einem Raum, in dem sich vor allem in dem Bereich der früher slawischen Gebiete bis zur Oder eine allgemeine Verkehrssprache der deutschen Siedler, die aus sehr verschiedenen Gegenden zugewandert waren, herausgebildet hatte. Diese bildete die Grundlage für die Sprache der sächsischen Kanzlei; auf sie konnte sich Luther stützen. Sie stand in Lautformen und Wortschatz zwischen den oberdeutschen und niederdeutschen Mundarten und hatte somit von Anfang an günstigere Voraussetzungen, zum Kern einer im ganzen deutschen Sprachgebiet verständlichen Sprache zu werden, als das „gemeine Deutsch" in Süddeutschland oder das Lübeckische, die Sprache der Hanse. Aber erst indem Luther sie aus lebendigem, anschaulichem Sprachgut anreicherte, erst indem er sie durch seine Bibelübersetzung zu einer Sprache ausbaute, die alle Kultur- und Lebensbereiche umfaßte, erst dadurch, daß die Bibel in dieser Sprache zum bestimmenden Buch für alle Fragen des Lebens, geistliche und weltliche, wurde, setzte sich diese Sprache gegenüber anderen Formen überregionaler Verkehrssprachen in ganz Deutschland durch. Damit wurde eine qualitativ neue Stufe in der Herausbildung einer einheitlichen deutschen Nationalsprache eingeleitet.

Ähnliche Probleme wie bei der Bibelübersetzung ergaben sich für Luther bei der Bearbeitung einer Reihe von Fabeln des Äsop. Er beschäftigte sich damit in der Zeit, als er während des Augsburger Reichstages von 1530, an dem er als Geächteter nicht teilnehmen konnte, in Coburg weilte, um den Verhandlungen näher zu sein und auf sie einen gewissen Einfluß nehmen zu können. Die Arbeit kam nicht zum Abschluß und wurde erst nach seinem Tode veröffentlicht. Sie ist aber für Luthers Auffassung von Literatur sehr bezeichnend. Klar bestimmt er den Zweck, den er der Beschäftigung mit der Fabel beimißt: „Denn man darin unter schlechten Worten und einfältigen Fabeln die allerfeineste Lehre, Warnung und Unterricht findet (wer sie zu brauchen weiß), wie man sich im Haushalten, in und gegen der Oberkeit und Untertanen schicken soll, auf daß man klüglich und friedlich unter den bösen Leuten in der falschen, argen Welt leben müge." Er kenne nicht viele Bücher, die diesem überlegen seien, wenn man nach Nutzen, Kunst und Weisheit und nicht nach „hochbedächtig Geschrei" urteilen wolle. Diesem nützlichen, belehrenden Zweck ist auch der Stil untergeordnet, der auf knappe und präzise Formulierung zielt und sich aller überflüssigen Ausschmückung enthält. Konzentriert auf das unentbehrliche Minimum von Bild und Handlung, erfüllen diese Fabeln schon jenes Formideal, das später Lessing theoretisch forderte und auch praktisch verwirklichte. In der Ausdeutung weicht Luther erheblich von seinen Vorbildern ab. Für die von den eigentlichen Fabeln abgesetzte „Lehre" benutzt er Sprichwörter und Sentenzen, die sich leicht einprägen. Ihr Inhalt entspricht der Grundhaltung, die Luther in weltlichen Dingen seit 1520 in immer neuen Variationen ausspricht: „Der Welt Lauf ist: wer frumm sein will, der muß leiden."

Eine bemerkenswerte poetische Leistung sind Luthers geistliche Lieder, Werke, die er selbst von Wort und Musik her als unerhebliche Nebenprodukte seines Wirkens angesehen hat. Der Anstoß für die Entwicklung des Gemeindeliedes kam von außen. Karlstadt und Müntzer waren dazu übergegangen, auch das Kernstück des Gottesdienstes, die Messe, deutsch abzuhalten. Müntzer bezog dabei die Gemeinde, die im katholischen Gottesdienst nur zuhörte, in die Liturgie mit ein und benutzte für diesen Zweck Lieder mit selbstgefertigten Texten. Luther lehnte diese Neuerungen zunächst ab, erkannte jedoch bald die Möglichkeiten, die sich auch für seine Lehre und für die Festigung der evangelischen Gemeinschaft boten, und kritisierte daraufhin nur die angebliche Unzulänglichkeit der Texte. Deshalb schuf er selbst Muster für diesen neuen Typus des Gemeindegesanges. Dabei knüpfte er an Wallfahrts- und Passionslieder an, die im Mittelalter als geistliche Lieder außerhalb des Gottesdienstes entstanden waren. Er verschmähte es aber auch nicht, weltliche Liedformen, bekannte

Melodien aufzugreifen und ihnen einen neuen Text zu unterlegen. Er wollte damit die „Buhllieder“ ersetzen. Am deutlichsten verrät diese Herkunft die Schlußstrophe eines der ältesten dieser Lieder, „Von den zween Märterern zu Brüssel, von den Sophisten zu Löwen verbrannt“:

Der Sommer ist hart vor der Tür,
Der Winter ist vergangen.
Die zarten Blumen gehn herfur.
Der das hat angefangen,
Der wird es wohl vollenden.

Diese Anlehnung an sangbare, eingängige Volksmelodien wird auch dort sichtbar, wo Luther selbst die Weise schafft wie in „Vom Himmel hoch“ und „Ein feste Burg“. Der Lutherische Choral, der auf diese Weise entstand, war eine spezifische Ausdrucksform für das Gemeinschaftserlebnis, für die Kraft und das Selbstbewußtsein, mit der die Volksmassen aus der Bevormundung der feudalen Kirchenhierarchie ausbrachen und ihr Schicksal unmittelbar in die Hand des Höchsten legten. Wenn auch ein großer Teil der Lutherschen Lieder von theologischer Didaktik bestimmt ist, die besten von ihnen wurden als Trutzlieder aufgenommen. Und so konnte die Umformung des 46. Psalms zu einem Lied werden, das den Geist des großen deutschen Bauernkriegs atmet. Das Vertrauen auf Gottes Gnade spricht sich zugleich als unbeugsamer Wille zum Widerstand gegen die Gottlosen aus:

Und wenn die Welt voll Teufel wär
Und wollt uns gar verschlingen,
So fürchten wir uns nicht zu sehr.
Es soll uns doch gelingen.

So wurde, wie Engels schreibt, dieser Choral zur „Marseillaise des 16. Jahrhunderts“.

Wirkt hier die in der Aufstiegsphase der revolutionären Bewegung geprägte Form mit der Bewahrung wesentlicher Inhalte lebendig fort und strahlt ihre Kraft bis an die Schwelle der bürgerlichen Kulturentwicklung des 18. Jahrhunderts aus, so zeigt „Wider Hans Worst“, eine der letzten Streitschriften Luthers, noch einmal die

Grenzen, die seinem Wirken gesetzt waren. Ein öffentlicher Streit zwischen dem Kurfürsten Johann Friedrich von Sachsen und dem päpstlich gesinnten Herzog Heinrich von Braunschweig-Wolfenbüttel veranlaßt Luther, in heftigster Polemik gegen den Braunschweiger seine Lehre noch einmal in den wesentlichen Punkten darzulegen und sie den groben Verfälschungen durch die römische Kirche gegenüberzustellen. Mit beeindruckender Sprachkraft zieht Luther, alle Nuancen der deutschen Sprache bis hin zu den Derbheiten und der Drastik des zeitgenössischen Grobianismus ausschöpfend, gegen die Behauptung des Herzogs zu Felde, er habe seinen gnädigen Herren einen Hans Worst genannt, weil dieser dem Trunke allzusehr zugetan sei. In maßloser Beschimpfung wendet er nun die ihm vorgeworfenen Beschuldigungen auf seinen Gegner an. Wenn auch solche Methoden allgemein die Auseinandersetzungen im 16. Jahrhundert charakterisieren, die Übertreibung, die sie hier erfährt, und die Nichtigkeit des Anlasses spiegeln in ihrer Weise die Stagnation der reformatorischen Bewegung. Als Luther am 18. Februar 1546 in seiner Geburtsstadt Eisleben starb, stand fest, daß seine Reformation recht zwiespältige Folgen gebracht hatte.

Luther, Hutten und Müntzer sind in unterschiedlicher Weise von ihrer Zeit geprägt. Sie sind Sprecher verschiedener gesellschaftlicher Gruppierungen und greifen mit ihrem Auftreten in den Prozeß der ersten großen Revolution der deutschen Geschichte ein, indem sie das Bewußtsein der in Bewegung geratenen Massen formen helfen. Jeder von ihnen ist dabei mit einem Teil seiner Vorstellungen in seiner Zeit befangen, jeder von ihnen stößt aber auch in einem bestimmten Bereich über die Grenzen des Epochenbewußtseins vor und entwickelt Gedanken, die teilweise erst Jahrhunderte später verwirklicht werden können. Hutten streift am entschiedensten die mittelalterliche Gebundenheit an theologisches Denken ab und sieht die deutsche Nation als sein Ziel. Müntzer erkennt wie Hutten, daß gesellschaftliche Veränderungen nicht von Gott geschenkt werden. Er predigt, daß die Armen aus eigener Kraft das Reich der Gerechtigkeit erkämpfen müssen. Für die Aufhebung aller sozialen Gegensätze, die Müntzer erträumte, war allerdings die Zeit nicht reif. So mußte sein revolutionäres Handeln scheitern. Luther bleibt in seinem theologischen Denken und seinem praktischen Wirken den Möglichkeiten seiner Zeit am nächsten. Sein historischer Beitrag besteht in der Formulierung eines neuen Gottesverständnisses, das den zahlreichen oppositionellen Strömungen und Bestrebungen breitester Volksschichten Ausdruck verlieh. Er leitete die Erhebung gegen die römische Papstkirche ein, eine Bewegung, die auch zu entscheidenden sozialen Veränderungen hätte führen können. Deshalb wurde der Abfall von der römischen Kirche, eine historisch notwendige Erscheinung, vorübergehend zum gemeinsamen Anliegen fast aller Klassen und Schichten des deutschen Volkes. Indem aber Luther den Freiheitsanspruch des Christen auf den geistlichen Bereich einschränkte und die absolute Unterordnung unter jede Obrigkeit forderte, verzichtete er auf soziale und damit gesellschaftliche Veränderungen. So ist er nur bis 1521/22 in diesem gesellschaftlichen Prozeß die führende und vorwärtsweisende Persönlichkeit. Seine bleibenden literarischen Leistungen, auch diejenigen aus den späteren Jahren, fußen auf Positionen und Erfahrungen jener ersten Phase der frühbürgerlichen Revolution. Sie wachsen aus der Verbindung mit dem Denken und Fühlen des einfachen Mannes.

„Drei große Entscheidungsschlachten" haben, wie Engels schrieb, das neue Zeitalter in Deutschland eingeleitet: „Die erste war das, was wir die Reformation in Deutschland nennen. Dem Ruf Luthers zur Rebellion gegen die Kirche antworteten zwei politische Aufstände: zuerst der des niedern Adels unter Franz von Sikkingen 1523, dann der große Bauernkrieg 1525." Und Persönlichkeiten vom Range eines Hutten, Müntzer oder Luther haben als literarische Repräsentanten ihrer Zeit mit der Kraft ihres Wortes diese „Entscheidungsschlachten" nicht nur begleitet, sondern zugleich erheblichen Einfluß auf sie und damit auf die gesellschaftliche Entwicklung von Jahrhunderten genommen.

ULRICH VON HUTTEN

(1488–1523)

Zeitgenössischer Holzschnitt

Ein neu Lied Herr Ulrichs von Hutten

1

Ich hab's gewagt mit Sinnen
  Und trag des noch kein Reu.
Mag ich nit dran gewinnen,
  Noch[1] muß man spüren Treu.
Darmit ich mein[2]
  Nit eim[3] allein,
Wenn man es wollt erkennen,
  Dem Land zugut,
Wiewohl man tut
  Ein Pfaffenfeind mich nennen.

2

Da laß ich jeden liegen[4]
  Und reden, was er will.
Hätt Wahrheit ich geschwiegen,
  Mir wären hulder viel.
Nun hab ich's gsagt.
  Bin drum verjagt.
Das klag ich allen Frummen.
  Wiewohl noch ich
Nit weiter fleich[5],
  Vielleicht werd wiederkummen.

1 dennoch. – 2 meine, treffen will. – 3 einen. –
4 lügen. – 5 fliehe.

3

Um Gnad will ich nit bitten,
Dieweil ich bin ohn Schuld.
Ich hätt das Recht gelitten;
So hindert Ungeduld,
Daß man mich nit
Nach altem Sitt
Zu Ghör hat kummen lassen.
Vielleicht will's Gott,
Und zwingt sie Not,
Zu handlen desermaßen.

4

Nun ist oft diesergleichen
Geschehen auch hievor,
Daß einer von den Reichen
Ein gutes Spiel verlor.
Oft großer Flamm
Von Fünklin kam.
Wer weiß, ob ich's werd rächen!
Staht[1] schon im Lauf!
So setz ich drauf:
Muß gahn oder brechen!

5

Darneben mich zu trösten
Mit gutem Gwissen hab,
Daß keiner von den Bösten
Mir Ehr mag brechen ab
Noch sagen, daß
Uff einig Maß[2]

1 steht (die Sache). – 2 nur einmal.

Ich anders sei gegangen
Dann Ehren nach.
Hab diese Sach
In Gutem angefangen.

6

Will nun ihr[1] selbs nit raten
Dies frumme Nation,
Ihrs Schadens sich ergatten[2],
Als ich vermahnet han,
So ist mir leid.
Hiemit ich scheid,
Will mengen baß die Karten.
Bin unverzagt,
Ich hab's gewagt
Und will des Ends erwarten.

7

Ob dann mir nach tut denken[3]
Der Kurtisanen List,
Ein Herz laßt sich nit kränken,
Das rechter Meinung ist!
Ich weiß, noch viel
Wölln auch ins Spiel,
Und sollten s' drüber sterben:
Auf, Landsknecht gut
Und Reuters Mut!
Laßt Hutten nit verderben!

1 sich. – 2 erholen. – 3 nachstellt.

Beklagunge der Freistädte deutscher Nation
oder
Vermahnung an die Freien und Reichsstädte deutscher Nation

Der Nemo[1] hat das Gedicht gemacht,
  Daß mancher im Regiment nit lacht,
Er sei König, Bischof, Fürst oder Graf:
  Den' allen die Ungerechtigkeit läuft nach.

Vermahnunge
an die Freien und Reichstädt deutscher Nation

Ihr frummen[2] Städt, nun habt in acht
Des gmeinen deutschen Adels Macht,
Zieht den zu euch, vertraut ihm wohl;
Ich sterb, wo's euch gereuen soll!
Ihr seht, daß euch und ihn zugleich
Beschweret der Tyrannen Reich,
Die itzt all ander Ständ verdrückt[3],
Allein sich hant[4] herfürgerückt. –
Ich mein die frommen Fürsten nit.
Dorüm ich hie ihr' iden[5] bitt,
Ob[6] ich von bösen Fürsten sagt,
In gmein[7] der deutschen Notdurft klagt,
Daß man nicht wöll verdenken mich.
Allein die Bösen rühre[8] ich,
Durch die itzt ganze Land beschwert,
Ehr, Recht und Billigkeit verkehrt:
Ich wüßt zu sagen, wann und wie

1 Niemand. – 2 trefflichen. – 3 unterdrückt. – 4 haben. – 5 jeden. – 6 wenn. – 7 im allgemeinen. – 8 treffe.

Den armen Adel fressen sie
Und süchen täglich Weg und Rat,
Daß je bei Freiheit bleib kein Stadt.
Ein Teil sie hant gezwungen schon,
Die andern itzt sie fechten an.
So nun sie all ihr Regiment
Zu gmeiner Bschwerung haben gwendt,
Und ist allein ihr Mut und Sinn,
Zu nehmen deutsche Freiheit hin.
So ist vonnöten, acht ich ganz,
Daß ihr acht nehment diese Schanz[1]
Und stellet euch zu Widerstand.
Sunst bleibt in Fried kein Stadt nach[2] Land.
Nun ist drin, meim Bedunken nach,
Zu finden Rat ein leichte Sach,
Dann es wird stahn[3] dorauf allein,
Daß wir uns rotten in gemein
Und setzen stets dem Adel zu[4];
Der Adel solchs auch wieder tu.
Dann durch ein solch Vereinung mag
Uns werden gholfen, wie ich sag.
Und ist kein ander Ärzenei,
Die uns mach unser Krankheit frei,
Es wär dann, daß von Himmel Gott
Uns helfen wöll aus dieser Not.
Der möcht hie finden ander Gestalt[5]!
Fürwahr, ich's dafür aber halt,
Er werd uns geben selbs den Rat,
Wie man von mir verstanden hat.
Do noch ein Kaiser war im Reich,
Dorft idermann klagen zugleich[6],
Dornach[7] er war mit Gwalt beschwert,
Und war der Reichen Macht gewehrt.

1 Gelegenheit. – 2 noch. – 3 ankommen. – 4 helfen stets dem Adel. – 5 etwas anderes. – 6 in gleicher Weise. – 7 so wie.

Das war der Armen einig[1] Trost,
Dodürch sie von Gewalt erlost.
Do mocht ein armer Rittermann
Ein Fürsten, der ihm Leids getan,
Zu Antwort bringen und zu Recht[2],
Und ward ein ide Stadt verfecht[3]!
Wem soll man aber klagen itzt?
Ich hab in dem nit sondre Witz[4],
Doch will ich sagen mein Verstand[5]:
Verraten ist ganz deutsche Land,
Das Reich die Fursten hant verkauft;
Wer war do, der ein Schwert ausrauft[6],
Der je darwider sagt ein Wort?
Gott weiß, daß ich schrei heimlich Mord[7],
Do ich vermerkt die große Schmach,
Die do dem Vaterland geschach,
Do einer gab, der andre nahm,
Do jener für[8], der nachher kam,
Der bot viel Tausend, der ander mehr,
Daß man ihn ließ zü 's Kaisers Ehr.
Ob ich's nit sagt, so ist's doch laut[9].
Lang ward getanzt um diese Braut,
Bis einer sie erworben hat.
Wer weiß, was ihn die Hochzeit staht[10]?
Fürwahr, umsonst er's nit bekam,
Wiewohl man auch von andern nahm,
Die müssen jetzo sehen nach.
Sagt nun, ist das ein fürstlich Sach?
Soll man also verwesen[11] Reich?
Ist das auch billig, ist das gleich?
Ward auch gehalten Eid und Pflicht?
Ward Gott und Recht geachtet icht[12]?

1 einziger. – 2 zur Verantwortung und Rechenschaft ziehen. – 3 verteidigt. – 4 besonders viel Klugheit, Erfahrung. – 5 nach meinem Verstehen, meiner Auffassung. – 6 dagegen zückt. – 7 laut klage diese heimtückische Missetat. – 8 zuvor. – 9 offenbar. – 10 kostet. – 11 verwalten. – 12 irgend, etwa.

Dem sei nu, wie ihm wöll, so staht
Der Fürsten Sach nach ihrem Rat;
Die hant ihr Schäflein bracht zu Land.
Wer will ihn' werfen für ihr Schand?
Drüm richten s' neu Beschwerung an:
Der will ein Zoll, der anders han,
Das muß ihm werden konfirmiert[1],
Hinwider niemand appelliert,
Am Kürtag[2] ward's ihm zugesagt.
Ich weiß, ich werd noch Lands verjagt,
Um daß ich solchs nit schweigen kann
Und nimm des Dings allein mich an!
Doch ist es wahr und ist nit recht,
Man wöll dann machen krumm zu schlecht[3]
Und wandeln schwarz in weiß Gestalt!
Allein die Fürsten han Gewalt,
Den brauchen s' ihrem Glusten[4] nach,
Tun s' Unrecht schon, so ist kein Rach[5].
Nimmt schon ein Fürst mir wider Recht,
Wem soll ich's klagen? Bin sein Knecht.
Ich sollt's dann klagen dem, der's nimmt,
Sonst anderswo kein Recht mir ziemt.
Zu Nürenberg im Regiment
Itzt mancher Fürst prangt, sticht und rennt.
Komm ich dohin, es kost mich gnug,
Noch[6] bhalt ich nit der Sachen Fug,
Ich hab dann Gunst und breng 's Geschenk.
Do braucht man der Juristen Ränk,
Den' legen Fürsten auf die Bürd,
Die billiger getragen würd
Von den', die Fürsten sein genennt,
Der ider Arbeit von ihm wendt.
Und wenn ihm klagt der Arm sein Not,
So treibt er leichtlich draus ein Spott,

1 bestätigt. – 2 Tag der Wahl. – 3 gerade. – 4 Gelüsten. –
5 Strafe. – 6 dennoch.

Die Sach man schickt zu ’n Räten hin.
Den’ steht allein ihr Mut und Sinn,
Wie sie aufbrengen mögen Geld:
Wer das nit hat, der wird gefällt!
Drum staht itzt in der Schreiber Gwalt,
Ab ich verlier oder behalt,
Und muß sie ehren mancher Mann,
Der s’ doch weiß aller Ehren ahn[1];
Und ist zu weinen jämmerlich,
Daß man hat so beladen sich
Mit Buben, die alle Land regiern
Und uns all Oberkeit verfihrn,
Die raten Fürsten, was sie wollen,
Ja, was ihn’ gfällt, nit was sie sollen,
Do wissen s’ ihren Nutz und Gwinn.
Drum, hätt ein ider meinen Sinn,
Wir wollten sehen so darein,
Es müßt ihn’ gbrechen Sonnenschein!
Dann wär nit solch unnütz Gesind,
Als man in Fürstenhöfen findt,
So wär auch nit der Kost[2] so groß.
Dadürch wir werden arm und bloß.
Dann was man wendt auf diese Leut,
Das ist der Armen Raub und Beut,
Die werden drüm aufs höchst geschatzt[3]
Und täglich mehr und mehr geatzt[4];
Von Tag zu Tag nimmt zu der Raub.
Wer das nit sieht noch hört, ist taub
Und blind, dofür ich’s haben will!
Ist auch ein Fürst, der hab zuviel?
Ich frag, ist einer, der hab gnug
Und nit auf weiter Nutzung lug?
„Möcht ich“, sie sprechen, „finden Rat,
Daß mir würd diensbar diese Stadt!“

1 ledig. – 2 der Aufwand, das Gepränge. – 3 besteuert. – 4 abgeweidet, d. h. geschröpft, ausgesaugt.

Hat etwas dann ein Edelmann,
Das stößt eins Fürsten Herrschaft an
Und ist gelegen seinem Land,
Bald wird ihm Fordrung zugesandt.
Auch halten s' Brief und Siegel kein.
Ihr Ja ist gleich und auch ihr Nein.
Kein Glaub, kein Trau ist bei ihn' mehr,
Sie achten weder Gott noch Ehr,
Allein auf ihren Nutz sie gahn,
Keins Ernsts[1] sich sunst nit nehmen an.
Dann wo man ernstlich Sachen bginnt,
Als man auf Reichsversammlung bfindt,
Do pflegen s' nur der Prasserei
Und wohnen den Banketten bei;
Do wird verzehrt der Armen Gut,
Ob's den' schon nit ist wohl zumut.
Dann was der Arm erschwingen mag,
Wird alls verschlemmt auf sölchem Tag.
Bet[2], Steuer, Ungeld[3] und dergleich,
Als ob es käm zunutz dem Reich,
Das nehmen s' ahn Barmherzigkeit.
Was ist dann itzt der Fürsten Gleit[4]?
Ist's nit ein große Schinderei?
Noch haben s' Zoll und Maut darbei,
Und wer von ihn' beschirmt will sein,
Muß sonderlich[5] auch brocken ein.
Solch Ding hant wider[6] Maß noch Ziel,
Sie machen der Beschwer zuviel.
Ich weiß ihr' einer, wird nit satt,
Wiewohl er viel verschlunden hat,
Verschlindt noch täglich wie ein Tier,
Acht nit, daß imand dran verlier;
Er hat gefressen lange Zeit,
Nach ist ihm stet sein Rach so weit,

1 eines ernsthaften Dinges. – 2 Abgabe. – 3 Zehrsteuer. – 4 Geleit. – 5 insbesondere. – 6 weder.

Der Rhein ihm den möcht füllen nit;
Entgegen hilft kein Fleh, kein Bitt.
Den Adel hat er gfressen schon,
Itzt will er zu den Städten gohn,
Den' setzt er auf ein neuen Zoll.
Sag an, du Wolf, wann bist du voll?
Denkst nit, daß etwan käm ein Tag,
Der dir bisher verborgen lag,
Daß du müßt speien aus den Fraß?
Hör auf, von deinem Fressen laß!
Meinst, daß du seist im Land allein?
Hör, wie von dir ein ganz Gemein
In allen Landen klagen tut!
Noch wird benügt[1] dir nit dein Mut.
So laß ich itzt von diesem Schlund.
Ihr' seind nach mehr, hant auch kein Grund[2],
Die hängen ihre Köpf zugleich
In einem Rat[3], daß ihn' das Reich
Nach Willen ganz bleib untertan;
Den Kaiser abgefertigt han,
Der zeucht nun von uns uber Meer.
Sie wolln nit, daß er wiederkehr,
Dann allen Gwalt des Kaisers hie,
Von ihm gegeben, bhalten sie!
Do darf ihn' niemand tragen ein[4],
Alls, was sie tun, ist recht und fein,
Man darf es niemand klagen an
Dann den', die Unrecht haben gtan;
Die spotten unser dann darzu.
Also bleibt ihr Gewalt in Ruh.
Dawider reden darf kein Mann,
Drüm haben s' noch eins gfangen an,
Verbieten Doktor Luthers Lehr,
Als ob sie ergends[5] sträflich wär.

1 befriedigt. – 2 Boden, sind unersättlich. – 3 einer Partei, die will. – 4 widersprechen. – 5 irgend.

Dann Wahrheit mögen s' leiden nit,
Ist wider ihren Brauch und Sitt.
Dann sollt Gotts Wort in Wesen stahn[1],
Ihn' wurd ihr Gut und Macht zergahn.
Ihn' ist das Evangeli Rauch,
Drüm lassen's kommen nit in Brauch,
Entgegen setzen s' alle Macht,
Damit sie bhalten ihren Pracht.
Dann was ihn' do entgegen ist,
Ob man schon das in Schriften liest,
So wöllen s' doch nit, daß man's sag
Und uber ihre Ubung[2] klag.
Ja, eh sie etwas ließen nach,
Das ihn' verhindert ihre Sach,
Eh müßt man schweigen Gottes Wort.
Wer hat dergleichen je gehort?
Drüm förchten wir die Türken nit,
Dann sie uns wohnen täglich mit[3].
Ja, sag ich, solch unbillig Ding,
Die unser Fürsten achten gring,
Kein Türk, kein Heide uns legt uff!
Gott nie verwegner Menschen schuf,
Dann seind in diesem Regement!
Drüm muß es werden bald zutrennt,
Dann es ist wider Ehr und Gott.
Drüm widerz'streben ist uns not,
Entgegen aller Öberkeit.
Drüm, fromme Städt, euch macht bereit
Und nehmt des Adels Freundschaft an.
So mag man diesen widerstahn
Und helfen deutscher Nation,
Vermeiden Schaden, Spott und Hohn,
Die uns bei Fremden aufgelegt
Durch Sachen, die sie billig bwegt[4]!

1 verwirklicht werden. – 2 Tun und Treiben. – 3 mitten unter uns. – 4 erregt.

Daß sie uns reden schmächlich nach,
Das sein die Fursten ein Ursach,
Die maßen[1] sich ganz keiner Schand!
Das wissen itzt auch fremde Land
Und reden billig, wie es ist.
Hilf uns zum best, Herr Jesu Christ,
Dann du allein der Helfer bist!
Amen.
Bei dem Wein aus Frankenland
Bin ich allein guten Christen gesandt.

1 enthalten.

Gesprächbüchlin Herr Ulrichs von Hutten, das erst Feber genannt

Unterreder: Hutten und das Feber

Hutten: Gingest du hinweg, wär mir viel lieber, wölchen dich so mühsamen Gast ich doch des ersten Tags hätt sollen austreiben. Hörst du nit? Gehe hinweg, flugs! Heb dich!
Feber: Es wär aber doch deiner Gütigkeit gemäß, so ist auch sunst der Deutschen Gebrauch nach Herkummen, daß, so du mich austreibst, doch zuvor in ein ander Herberg weisest. Wiewohl ich dich abermals bitt, mag es gesein, daß du mich (dieweil ich nit weiß wa aus[1]) doch diesen Winter nit ausjagest.
Hutten: Ich sag dir erstlich: gehe hinweg! Darnach, als du mich bittest der Herberg halben: siehst du dort jene Pforten? Daselbst hinaus gehst du recht.
Feber: Lieber, so führ mich doch etwa zu einem, der nach lustigem, gutem Leben tracht, der mächtig reich sei, der Pferd, viel Diener, Nachgänger, ein groß Gesind, hübsche Kleider, lüstig Gärten und Bäder habe.
Hutten: Zu dem ich dich führe, ist selbs hie ein Gast, aber ihm mangelt solcher Ding nit, gebraucht sich auch der'. Und sieh dort jens Haus, dorin hält sich der Kardinal Sant Sixten mit einem großen Hofgesind, ist von Rom herauskummen, daß er Geld von uns Deutschen aufbring, darmit die Römer ein Weil zu zehren haben (ich glaub) wider den Türken, über den sie abermals mit großem Gepräng ein Heerzug fürnehmen, dann es sind gar erfahren, geübt Kriegsleut und ahn das[2] ein Volk, das dir gemeinlich unter-

1 wohinaus. – 2 ohnedies.

würfig ist. Hör mich und nimm dir diesen für, du würdst ihn dort gebogen rühen[1] finden in einem scharlachen Talar, hinter viel Umhängen. Er isset nur aus Silber, trinket aus Gold, aber so schleckhaftig, daß er nit will, daß in deutschen Landen Leut seien, die des Geschmacks Verstand haben. Er veracht auch die hiegen[2] Feldhühner und Krammatsvögel, spricht, sie seien den welischen im Geschmack und sunst ganz ungleich. So widersteht ihm unser Wildbret, sagt, daß Brot unschmackhaft sein, und wann er dieses Weins trinkt, so gehen ihm die Augen über und schreiet alsdann: „O Italia, o Italia", den guten welschen Kurs[3] anrufend. Und zuvorderst um der Ursach willen nennet er uns grob, viehesch und trunken Leut. Sagt auch, er hab in vier Monaten sein Gelust nit künnen büßen, d'weil er gut Schlecklin und recht saftige Bißlin hie nit bekummen möge[4].

Feber: Solchs Liedlin singest du einer Tauben.

Hutten: Wie? Gefällt er dir dann nit zu einem Wirt? Nü, wen möchtest du doch ein größern Fürsten hie finden, gegen dem man mehr Gepräng, Verneigens und Bückens braucht? Oder meinst du, daß er des Febers nit würdig sei?

Feber: Ja, auch des Podagrams.

Hutten: Nu, warum gfällt er dir dann nit?

Feber: Da ist er mager, dürr, schwank[5] als ein Bins, hat keinen Saft hinter ihm, er hängt den Kopf, ist etwan[6] ein Münich und Käsjäger gewesen, jetzo ein neuer Kardinal, sunst in andern Dingen alt. Er darf wohl drei Heller zu eim Mahl verprassen, des Koch ich oft ein halb Unz Fleisch vom Markt heim sieh tragen.

Hutten: Ei, du verkehrest alle Ding. Ich sag dir, es ist der Großgeachtest, der Allerehrwirdigst, der von der Seiten, den man nennet „a latere", zu welchem man redt „Euer Herrlichkeit und Gnad", „Euer Väterlichheit", „Euer fürstlich Mildigkeit", von dem nit zu glauben, daß er nit kostlich

1 geborgen ruhen. – 2 hiesigen. – 3 Korso. – 4 könne. – 5 schlank. – 6 ehemals.

oder wohl leben sollt, d'weil er doch die Deutschen nit reichlich oder zierlich gnug achtet.
Feber: Wie er für sich selbst lebe, streit ich nit. Aber wie wollt er mich wohl halten, der all die Seinen übel speiset und kleidet? Dann als ich jüngst vor seiner Tür klopfet und ein Tag oder etliche Herberg begehrte, grein mich der Torwart an, sagend: „Hörest du nit das Gepölter?" – „Ja, ich hör es wohl", sprach ich. Dann ich hört ein Geklöpf, gleich als ob man etwas haben wöllt. Do sprach der Pfortner: „Es hat diese Gestalt: unser Gesind, das jetzu geessen hat, fordert Brot." Sprach ich: „Wie? Brot? Gibt man dann so kärglich hie inn' Speis, daß auch des Brots nit gnug dargelegt würdet?" – „Ja", sagt er, „ebenso kärglich. So seind auch kein Küsselin[1] noch Pflumfeder oder einige weiche Wat[2] hie inn', ausgenummen die, da sich der Kardinal selbs aufstreckt, dorinnen er seinen Lust hat. Aber er ist wahrlich wider dich gewappent mit Vermaledeiung, würd dich in Bann tun, alsbald du einen Fuß her inn' setzest. Er ist ein Legat Papst Leonis, und steht in seinen Gewalt, einen, darnach er Übels oder Guts verdient hätte oder wie es ihm gefällt, zu behalten[3] oder zu verdammen." Das ließ ich mir gnug gesagt sein. Und im Hingehen hab ich dich wohl ein bessern Würt funden.
Hutten: So mußt ich (als ich merk) bisher auch schmäler gessen haben, wollt ich dein anders überhaben[4] blieben sein. Nun wohlan, du sollt mich (ich vergeß dann mein selbs) füro nimmer fünden bei den großen Herren also überflüssig essen. Aber die Handwerker und das gmein Volk, halt ich, seind ouch nit fur dich.
Feber: Ohn Zweifel. Dann zum Teil verjagent sie mich mit Hunger, zum Teil vertreiben sie mich weit von ihnen[5] mit harter Arbeit.
Hutten: Wie, wann ich dich aber zu der Fürsten oder der Reichen Häuser führte, oder daß ich dir auch die großen Kaufleut und die Fugger anzeigte?

1 Kissen. – 2 Tücher, Stoffe. – 3 erhalten, erretten. – 4 verschont. – 5 sich.

Feber: Ei, nichts! Als ich etwan zu ihm gangen bin, hab ich sie allweg mit einer Schar der Ärzt umgeben funden. Deshalb ist bei ihnen kein Statt. Für mich ein ander Ort, des bitt ich dich um alter Guttät willen.
Hutten: Durch was Guttät? Was sagst du mir da für ein Gedicht[1]? Lieber, meinst du, daß du denen Guttät beweisest, bei den' du herbergst?
Feber: Ja, und dir am meisten. Ist es dir vergessen, wie ich vor acht Jahren dich als lernhaft, geduldig, zahme und gottsförchtig machte, da ich viertäglich bei dir war, doch nit über sechs Monat lang?
Hutten: Ja, wohrlich! Da du mich also hart plagtest und ich dein so gar mud war, daß ich anders nit schaffen mochte, da saß ich fleißiger über den Büchern. Aber ich erkenn jetz dein Behelf. Dann als mich bedunkt, zeugst[2] du dich auf einen deiner Beschirmer, der dich diese Red gelernt hat, die du brauchest bei denen, die du nit ein Genügen hast, mit der Krankheit zu plagen, sunder speiest sie noch mit solichen und dergleichen Worten, nimmst dich an, als ob du einen fleißig, tugendlich und geschickt machest. Wann nu das wahr ist, das derselb, dein Beschirmer, von dein Guttaten schreibt, nämlich, welcher vom viertäglichen Feber einmal wieder genese, daß er dornoch gesünder sei dann vor je, warum hast du mich dann nit auch gesunder darnach gemacht? Aber ich bin dieselbigen Jahr alle nach deinem Abscheiden krank gewesen, dann mit diesem, dann mit jenem ohn unterlassigen[3] Gebrechen.
Feber: Das ist darum, daß mein Will noch nit gewesen, dich gar zu verlassen, dann als ich dasselb Mal von dir schied, war mein Fürsatz, bald wiederum zu dir zu kummen. Und will dir eben itzu gesagt haben: wo du mich nit in ein gut Herberg hinführest, bin ich entschlossen, dich noch nit zu begeben[4], wann du gleich sehr zürnest, und sechs oder sieben ganzer Jahr (lust mich's anders) bei dir sein.
Hutten: So kann ich doch wohl wie der Kardinal unter Ta-

1 Erdichtetes, Lüge. – 2 beziehest. – 3 unaufhörlichen. – 4 verlassen.

gen[1] um drei Heller zehren und ein nüchters Leben führen.

Feber: So kann ich dich dargegen wohl schleckhaft machen und anreizen, daß du mancherlei und verboten Ding begehren würdest.

Hutten: So will ich dir Ärzt übern Hals führen, und eben mit sonderm Vertrauen Doktor Heinrichen Stromer.

Feber: Jawohl, Ärzt, jawohl, den Stromer! Als ob ich dein Weis nit wüßte! Du wärest lieber ein ganz Jahr krank, ehe du einmal oder zwei Rheubarbarum[2], Nieswurz oder sunst einer Purgatz nur zween Skrupel[3] inschlundest. Vielmehr führ den über mich, der ein Haberkorn in einem Harnglas sahe und meint, derselbig Krank hätte ein Pferd fressen.

Hutten: Da will ich wohl vor sein und dich nü zu andern Wirten hinführen. Und d'weil du gern mit Schleckhaftigen zu tun hast, so folg mir nach, wir wöllen hingehen zu den München, die mit allen Dingen sanft leben, als dann gut Anzeigung gibt, daß sie feist sein und wohlgemäster heute, leben lüstlich und im Saus. So wohnen sie stets in den Zellen und haben selten (das dir dann zuwider wär) ziemliche Leibsübung. Auch saufen sie Wein und essen Fisch uff das unmäßigst. Sieh zu, das ist eben ein recht Herberg für dich.

Feber: Nein, du bringst mich mit den Worten nit von dir. Dann sie hören die alten Weiber zu Beicht und lernent viel Segen, darmit sie, als weit sie mich sehen, hinwegtreiben.

Hutten: Willt du dann zu den Dumherrn[4], den dergleich auch nit mangelt, sunder überflüssig haben, allein, daß sie zuzeiten ausreiten und jagen um Übung und Lust willen? Ich mein, es sollt ganz vor dich sein, dieweil du doch Saftig und Wohlgemäste begehrst, die da ganz köstlich essen, sueßlich ruhen, sanftlich müßig gehen, da darfest[5] du nit förchten, daß sie sich verwahren mit Ärzenien. Dann so sie leben gar ohn Sorg, zeigen die Feigen den Arzten[6], die du

1 am Tage. – 2 Rhabarber. – 3 Gramm. – 4 Domherrn. – 5 brauchst. – 6 verhöhnen die Ärzte.

(ich weiß nit warum) so übel forchst bei den Fuggern, so doch [diejenigen] gemeinlich mehr krank seien, bei welchen die Ärzt wohnen, dann die Sachsen, die ohn Ärzt leben. Wo du sie aber je förchten willt, so nimm wahr: die, von den ich gesagt hab, verachten die Ärzt, über das, so liegen sie gemeinlich am Rücken und haben ihre Kurzweil im Bad, und prassend stets sitzen da unter den schönen Metzen oft die ganz Nacht, daraus folgt, daß sie böse, rohe und undäuige[1] Mägen überkummen.

Feber: Solchs, fürwahr, wäre ein geschickt Volk zum Feber und auch wohl wert, daß ich ihne lang beiwohnte. Ich förcht aber, daß viel ander Krankheiten bei denselben mir vorkummen seien bei der Weise, die sie führen. Glaubst du auch, daß einer unter denen noch nit krank sei, den nit neulich das Podagram besessen hab oder der Stein, die Wassersucht, das Gesucht[2], das Hüftweh, oder der nit aussätzig sei oder mit der Gelsucht, dem fallenden Siechtag, mit dem Mal franzos[3] oder sunst mit den bösten Geschweren behaft, als dem Krebs, dem Wolf, der Fistel, mit der Halsgeschwülst, oder aus lang herbrachter Füllerei und Trunkenheit an Händen und Füßen zittere? Oder sich in der Seiten klage oder wie er sunst geplaget ist, deshalb ich, Feber, destminder Statt haben mög? Dann die jetz erzählten und sunst andere unzahlbarlich Gebrechen folgent auch so wohl als ich den Küchen nach und suchen wahrlich die Tisch und den Praß, haben ein Freud, bei den Feisten und Schleckhaftigen zu wohnen, zu der Fülle und mancherhand der Richt[4] und zum Schlemm' (eben wie ich auch tun) fließent sie haufentweis zu.

Hutten: Lieber, getrau mir darum, sie sind noch nit alle krank, und zuvorderst der Kurtisan, der jüngst wieder von Rom kummen, nachdem er bei einem Kardinal daselbst gelernt, weichlich zu leben, hat er sich jetz gar mitten im Praß geworfen und lebt ganz überaus fröhlich.

1 schlecht verdauende, d.h. verdorbene. – 2 Rheumatismus. – 3 der französischen Krankheit. – 4 Gerichte.

Feber: Trinkt er auch Wein?
Hutten: Ja, er schlucket den.
Feber: Würzet er auch mit Pfeffer, Zimmetröhren, Ingber und Nägelin?
Hutten: Ganz geudisch[1].
Feber: Hat er weiche Bett, hübsche Tapet, Pflumfedern, Pfühlblin[2], Hauptküssen und seiden Wat?
Hutten: Aufs kostlichst.
Feber: Isset er dann auch Fisch?
Hutten: Ja freilich, er schluckt sie, aber nur die besten und teuersten; so hält er auch viel von den Feldhühnern und Fasanen, und wann er eins Hasen isset, meint er bald hübscher davon zu werden. Ihn bedunkt auch der Winter lang sein, daß die Spargen[3] nit zeitig wöllen werden.
Feber: Badet er etwan?
Hutten: Uber Maß gern und oft.
Feber: Ist er nit beiweilen karg?
Hutten: Nein, sunder aufs geudischt reichlich.
Feber: Behilft er sich auch mit den Ärzten?
Hutten: Er hasset sie feindlich und sagt, man sällt sie des deutschen Lands verjagen.
Feber: Geht er auch in pelzen Röcken, oder ist er sunst wohl gekleidet?
Hutten: Jawohl, eben wie einer, davon Martialis schreibt:

Frost, Regen, Schnee er wünschen tut.
Sechshundert Schauben[4] hat er gut.

Feber: Ich förcht, daß er mich nit lang leiden möge bei dem Wesen.
Hutten: Da sieh du zu, dann warum wolltest du einen bald umbringen, den du wohl lang brauchen magst?
Feber: Eben aus der Ursach, wo er mir zuviel gutlich tät. Aber hörst du, hat er auch Spielleut?
Hutten: Ja, und Schalksnarren dorzu.
Feber: Hat er nit auch ein schöns Metzlin, das unser pflege?

1 verschwenderisch. – 2 Federkissen. – 3 Spargel. – 4 Oberkleider.

Hutten: Ja, wohrlich, ein glatts, zarts und fründlichs.
Feber: Hat er ein großen Bauch?
Hutten: Er wächst ihm schon daher.
Feber: Wann er mich aber nit annähme, wo wolltest du mich dann hinführen?
Hutten: Dann will ich dich umführen.
Feber: So will ich dich durchächten[1].
Hutten: So will ich dich verachten.
Feber: So erwürg ich dich.
Hutten: So bescheiß ich dich.
Feber: Wer? Du mich?
Hutten: Ja, ich dich, verlassend mich auf Hilf des Hungers, ziemlicher Leibsübung, Nüchterkeit und eins harten Lebens in allen Dingen.
Feber: Nun hin, ich würd den Kurtisanen versuchen, darnoch wieder nach dir denken.
Hutten: Wie du willt, ich will mich aus dem Staub heben.

Das Feber zum Kurtisanen

Herr Kurtisan, ich wünsch Euch Gruß.
 In Euerm Haus ist Überfluß.
Drum kumm ich, Euch zu wohnen bei.
 Tragt Essen, Trinken auf, seid frei.
Doch erst ein Bad man wörmen soll,
 Und unser dorin pflegen wohl
Mit Reiben, Jucken, warm und kalt.
 Daraus wir gehn zum Essen bald.
Do werd ein schön Bankett gemacht,
 Mit großem Kosten, reichem Pracht.
 Das währe bis nach Mitternacht.
Do müssen viel Gerichten sein,
 Fisch, Vögel, Wildbret, Bier und Wein.
Kein Wurz man spar noch Spezerei.
 Schadt nit, ob das schon teuer sei,

1 verfolgen.

Ob's sei geholt aus India,
  Gewachsen in Arabia,
Kumm aus der neuen Insel her.
  Tragt auf, die Fugger bringen's mehr.
Mit Essen, Trinken schafft ein Mut.
  Mit vollem Bauch ist schlafen gut.
Ob dann schon ich bin auch im Spiel
  Hat wohl sein Fug, ist nit zu viel.
  Ein ides[1] Wesen hat sein Ziel.
    Ich hab's gewogt!

1 jedes.

Gesprächbüchlin Herr Ulrichs von Hutten, das ander[1] Feber genannt

Ulrich von Hutten

Do ich das Feber hätt gemacht,
  Von Pfaffen ward ich bald veracht.
Die worfen großen Zorn auf mich,
  Mich scholten ungestumiglich.
Ich sprach: Ihr Herren, nun fahrt schon!
  So übel ist noch nit geton,
Ob einer liegt am Feber krank.
  Ich meint, um euch wollt verdienen Dank.
Kein Antwort mich do helfen mocht[2].
  Alls, was ich redt, zu nichten tocht[3].
Darum mich dunkt der beste Rat,
  Dem Feber geben ander Statt.
Ein ider[4] Pfaff sein Feber hat,
  Des pfleg er nach dem Willen sein.
Oft itzig Freud ist morgen Pein.
  Also hab ich sie absolviert.
Ein ider des wohl innen würd,
  Ob er itz besser sei geziert.
      Ich hab's gewogt!

Unterreder: Hutten, das Feber und Huttens Knab

Hutten: Hörest du dieses Anplatzen? Horest du den Schall der gestoßenen Tür? Willt du uns lossen die Tür zerbrechen? Aber hör eins: sieh zu dem Fenster hinaus, und würst

1 zweite. – 2 konnte. – 3 taugte. – 4 jeder.

du etwas Unbequemes innen, so sprich, ich sei nit doheimet.

Feber: Du seist nit doheimet, den ich doch diese Wort reden hör? Vielmehr laß auftun und mich aus dem Wind, Kält und Regen hineinweichen.

Knab: Es ist das Feber. Hilf Gott! Hilf, du ewiges Heil! Wie wöllen wir uns vor dem Übel wahren? Willt du, daß ich es mit Steinen hinwegtreib, mit Pfeilen und allerhand Woffen?

Hutten: Erstlich verschleuß das Fenster, daß es uns nit wie etwan vor[1] ein giftigen Luft einerblas[2]. Schleuß zu, und mit Fleiß.

Feber: Mach auf!

Hutten: Mitnichten.

Feber: Diese Tüer pflag[3] mir unerfordert offenzustehen.

Hutten: Aber itzo ist sie zugeschlossen.

Feber: Des ich mich verwondere, und hierum mach auf, Wirt, mach auf!

Hutten: Das ist eben geraten, als ob du sprechest: Wirt, henke dich, henke dich.

Feber: So willt du dem Feber nimmer auftun?

Hutten: Wo ich anders zuschließen kann.

Feber: Du allergastmildester Wirt, durch die Freundschaft alter Beiwohnung, schleuß auf!

Hutten: Um Gedächtnis willen derselbigen haßwirdigen Beiwohnung, ausschließe ich dich vielmehr.

Feber: Allerfreundlichster, allergütigster Wirt, willt du mir nit hinein gunnen und diese Tur auftun?

Hutten: Ich gar nicht.

Feber: Ein Wollust aller Künstiger[4], mach auf!

Hutten: Zerstörung guts Studierens, gehe hinweg!

Feber: Mach auf, mach auf, Hutten, ich bin das Feber!

Hutten: Das bleib!

Knab: Sprich ihm härter zu, anders würd es die Tüer zerbrechen und dieses Haus erstürmen. Wie zittern die Balken, treib ab, schelt und flüch!

1 einmal vorher. – 2 hereinwehe. – 3 pflegte. – 4 Künstler.

Hutten: Schlag für einen Riegel, und bald diesen zweischühigen! Was willt du unser, die plegest[1] große Herren und die Wollüstiger zu süchen? Sein also gar kein Pfaffen mehr oder Kaufleut?

Feber: Dich suche ich zuvörderst.

Hutten: Und dich flüch[2] ich zuvörderst.

Feber: Ist Ursach?

Hutten: Auch hie.

Feber: Darum ich dich suche.

Hutten: Darum ich dich flühe.

Feber: Verkündige dir etwas.

Hutten: Ich hör nit.

Feber: Mir ist not, dich anzureden.

Hutten: Aber mir ist des nit not.

Feber: Etwan warest du ein ander Mann.

Hutten: Recht, dann gern sehe ich mich besser.

Feber: Laß mich unter Dach, aus der Kält, aus dem Regen!

Hutten: Wie oft muß ich dir sagen: ich tu das nit?

Feber: Darum würd unbillig von dir gesagt, du seist gutig, freundlich und herbergst gern.

Hutten: Gegen andern bin ich wohl derselbig.

Feber: Und mich schleußest du aus?

Hutten: Wie du siehst.

Feber: Unverdienter Sach.

Hutten: Verdienter Sach.

Feber: Argwöhniglich hie häst du mich und unbillig.

Hutten: Mich dunkt anders.

Feber: Mich aber, daß ich dir nie Leids geton hab.

Hutten: Destoweniger fugen[3] wir zusammen, zweiträchtiglich Urteilende.

Feber: So will ich dir zufallen[4] und Wörter sprechen: wohl mög sein, daß ich dir etwan Leides getan, aber nun will ich dir Liebs tun.

Hutten: Würst kein Dank verdienen.

Feber: Wie weißt du das?

1 pflegst. – 2 fliehe. – 3 passen. – 4 zustimmen.

Hutten: Wie? Ein alter Wirt des Febers aus langwieriger[1] Gewohnheit vieler Weis: des viertäglichen, des täglichen, des drütäglichen[2], des scharfen, des gewöhnlichen und ander, der Namen mir vergessen.
Feber: Ich hab ein ander Weis an mich genummen.
Hutten: Mag ich wohl leiden.
Feber: Und läßt mich ein?
Hutten: Vorwahr lasse ich dich daußen[3].
Feber: Nit weiter dann[4] zu Gespräch.
Knab: Erschrecke es!
Hutten: Auch nit zu Gesicht!
Knab: Willt du, daß ich ein Buchsen abschieße?
Hutten: Ehe würf ihme Linsen entgegen. Feber, meiner Gutigkeit nach, uff daß du nit Hunger leiden dörfest[5], schließe ich dich aus und sende dich wieder zu den Wollüstigern, uff daß du nit klagest, ich hab dich übel gehalten.
Feber: Bei dir liebt mir, wie du mich auch haltest, zu sein.
Hutten: Aber mir weit von dir, wie du dich auch erzeigest.
Feber: Fleihst[6] du einigs[7] Gespräch?
Hutten: Deines vor allen.
Feber: Wie gar hast du dich verwandlet. Nit mehr dann drei Wort will ich dir sagen.
Hutten: Ich hör nit.
Knab: Du die Wollust, Bankett, Überflüssigkeit und Roheit suchest, dieses ist am nächsten unser Speis gewesen.
Feber: Ich sehe wohl Linsen.
Knab: Das ist unsere Kost, dann wir sein itzo Pythagorici.
Feber: Aber gestert aßet ihr Pythagoram selbst, wo anders der Fabeln nach die Seel Pythagorae in dem Hahnen war.
Knab: Wir sein verdorben, dann das Feber hat uns sehen Hühner essen.
Hutten: Den Hahnen, Feber, haben wir getötet, um daß[8] er auch Linsen aß.

1 langer, langjähriger. – 2 dreitägigen. – 3 draußen. – 4 als. – 5 brauchst. – 6 fliehst. – 7 ein einziges. – 8 weil.

Feber: Und gleich, als ob der Hahn in Linsen, nit die Linsen in Hahnen verwandelt wären, habt ihr gessen?
Hutten: Was ist es dann mehe[1]?
Feber: Und den Most, mildiglichen, getrunken?
Knab: Wir trunken Wasser.
Hutten: Gekocht Wasser.
Feber: Es sei also. Ich meid auch nit die Wassertränker und hab itzo gelernet, bei ihn' sein.
Hutten: Darum gehe zu dem nächsten Hüttlin, des Würt in zwänzig Jahren kein Wein nie versücht.
Feber: Wann ich dir zuvor die drei Wort hab gesagt.
Hutten: Hast gereit[2] wohl sechshundert gesagt, doch sag die drei und gehe dann hinweg.
Feber: So ich eingelossen bin.
Hutten: Geschieht nit. Sag mir's daußen!
Feber: So sieh heraus!
Hutten: Ich hör nit mit den Augen.
Feber: Werd dich aber ansichtiglich mehe bewegen.
Hutten: Ich begehr doch von dir nit bewegt werden.
Feber: Will dir des Kurtisans halber, wie ich den gehalten und er mich traktieret hab, Rechenschaft geben.
Hutten: Do frag ich nit viel nach.
Feber: Aber vor dieser Zeit, fragst du wohl darnoch?
Hutten: Uff daß ich dein los würde, die auch noch, wölltest meinem Rat folgen, bei dem Kurtisanen bliebest.
Feber: Ich hab ihn schon verlassen.
Hutten: Such ihn wiederum!
Feber: Das kann nit geschehen, dann er nun andere Krankheit zu ihm genummen hat, zuvorderst die Franzosen, mit den er elendiglich behaft ist. So war ihn auch nähest[3] der reißend Stein ankummen, darzu hat er die Gliedsucht und das Gicht. Uber das ist Notdürftigkeit im Haus.
Hutten: Hat er dann nit mehe Schalksnarren, Hund und Pferde?
Feber: Nit ein Mäuslin.

1 mehr. – 2 gern, schnell. – 3 kürzlich.

Hutten: Und hat auch sein Freundin, das hübsch Dirnlin, verlassen?
Feber: Nein, sunder sie hat ihn verlassen aus nötlicher Ursach, daß nit mehe da war.
Hutten: Aber dann, warum hast dich die andern Krankheit vertreiben lassen?
Feber: Daß ich nit im Armut sein will; und süch die Küchen.
Hutten: Darin Rauch ist.
Feber: Und darin lüstiger Fratem[1] und Geschmack ist.
Hutten: Solich sein doch bei mir nit.
Feber: Werden aber sein, wann du nun (als man sagt tun wöllest) ein Weib nimmst.
Hutten: Jawohl, Weib! Vielmehr hab acht uff des Kurtisanen Dirnlein, wo es hinkumme, dann ich glaub, es werde [sich] in ein feiste Herberg wenden.
Feber: Es ist zu einem alten Dumherren kummen, der hat das Zipperlin und ist gebrochen[2], ahn das[3] unlüstig stinkend, langweilig, verdrießlich, unflätig und unter seinsgleichen ein Sau.
Hutten: Den es mag liebhaben?
Feber: Des Geld es liebhat.
Hutten: Desto bequemlicher würst du bei ihm sein. Dann dieweil das Dirnlin des Geldes wartet, so wartest du sein.
Feber: Mich erbarmet aber sein. Dann er soviel Pein von ihr hat, daß er des Febers wohl entbihret.
Hutten: Aber mein hat dich nie erbarmet.
Feber: Do warest du mit dem Übel nit beladen. Dann du weißt nit, wie ein großes Übel ist ein Zuhälterin im Haus.
Hutten: Ein Übel? So doch die Pfaffen soliche nit allein mit Fleiß, sunder auch mit Zank begehren und wohl so sehre um sie kriegen als zu Rom um die geistlichen Lehen.
Feber: Um der Ursach willen ist auch das Übel desto größer, daß es mit Willen und Begier kummt.
Hutten: Mag dann einer Ubel mit seinem Willen haben?

1 Brodem. – 2 hat Brüche. – 3 außerdem.

Feber: Ab das ander Leut mögen, weiß ich nit. Vorwahr, die Pfaffen mögen das.
Hutten: Daß sie an ihre Zuhälterin freundlichen Fleiß köhren[1] und etwan um derenwillen von Sinnen kummen, weiß ich wohl; daß ihn' aber das ein Ubel sei, ist uber mein Verständnis. Dann ich kann nit vermerken, wann es ihne ein Übel wär, wie sie das mit gutem Willen zu ihn'[2] ziehen wörden.
Feber: Ich verstehe es aber wohl, und aus langer Gewohnheit hab ich das gelernet. Zum ersten haben sie inbrünstiglicher Lieb zu den' dann die Ehemänner zu ihren Hausfrauen.
Hutten: Das weiß ich wohl.
Feber: Aber die hinwider haben einweder[3] gar kein oder aber ein sehr kalte Lieb zu den Pfaffen, Ursach, daß solich Weiber uff ein Zeit viel zugleich liebhaben, ein Teil um fründliches Beiwesens willen, andere, daß sie reich, etliche, daß sie guts Vermögens sein.
Hutten: Wenn man denn eine fünde, die ihre Lieb nit zerteilet, sunder allweg einen liebhätte, wär auch von derselbigen ubel?
Feber: Mitnichten, wenn man eine fünd. Dann ein solch unter den Pfaffen Kellnerin ist wie der Vogel Phönix seltsam, dann wie kann eine, die einmol ihr Ehr, ein unwiederbringlich Ding, verloren hat, immer ab Schanden Entsetzung[4] haben?
Hutten: Du willt sagen, dieselbigen Frauen achten vorder[5] mehr leicht uff das, das sie dermaßen verloren haben, daß es nimmer wiederbracht werden mag?
Feber: Eben also. Und darum: die einmal sich uff den Platz ergeben hat, will darnach allwegen freilich uff demselbigen umgehen. Und seitemal sie vor gewiß hat,[6] daß sich niemand Ehren zu ihr versieht, acht sie klein[7] Gerücht und Leimund[8]. Derhalben gebraucht sie sich der angenummen

1 wenden. – 2 sich. – 3 entweder. – 4 vor der Schande Abscheu. – 5 weiterhin. – 6 da sie ja gewiß ist. – 7 gering. – 8 Ruf und Leumund.

Schand. Und wo ihr gebuhren mag, schafft sie ihr Lust mit Fleiß der Männigfältigkeit[1]. Dann Verlust der Ehren (dem lüstiger Gebrauch anhängt) ist nit wie andere Ding.

Hutten: Solichs ist aber ein böser Gebrauch.

Feber: Davon disputier ich nit. Aber fürwahr, unter solichen Frauen, welch nit viel Männer sücht, allein die meint ihr Ehr mit Schaden verloren haben. Dann zu Ergetzlichheit der verloren Ehren ist erfunden, daß sie an viel Örtern ihre Gelust erfüllen. Deren auch etzlich ein bös Leben angehen[2], um daß ihn' an einem Mann nit genüget. Welchen Mannen nun soliche Zuhälterin werden, haben große Marter von Eiferen[3].

Hutten: Ist dasselbig nit auch in der Ehe?

Feber: Zuzeiten auch, und sein wohl Eheweiber, die dergleichen auch sündigen, aber soliche fallen in die Schar der losen Frauen und bleiben nit teilhaftig der ehelichen Würdigkeit. Dann die Frummen enthält[4] erstlich Scham, dornoch bezwingt sie Gewissen ehelicher Pflicht und Ansehens ihrer Kinder, inwendig den Enden[5] der Ehrbärkeit, deren Ding die Losen nit achthaben dörfen, dann sie sich ohn Sorge erlüstieren. Und je geneigter sie zu dem seind, je sorgfältiger ihr Liebhaber bei ihn' leben, die werden erbärm'glicherweis gepiniget darum, daß sie sehen mit solchem ihrem Schaden sich veracht werden.

Hutten: Mit welchem Schaden?

Feber: Vielfältigem. Dann über das die, so in der Unehe sitzen, uff daß sie ihren Zuhalterin behäglich leben, ihre Seelen (das edelst Teil ihres Lebens) verderben, so müssen sie auch angehaltens Fleiß mit wohl Essen und Trinken und köstlicher Kleidung viel verzehren und mit überiger Unreinigkeit die Kräft ihres Leibs schwächen. Neben diesem achtet ein itzlicher solicher gar gering sein gut Gerücht, domit er ihres Gefallens lebe, in Fahr[6] zu setzen.

Hutten: Daraus ich nimm dein Meinung, daß die Pfaffen, so

1 mit Bemühen um Abwechslung. – 2 anfangen. – 3 Eifersüchtigen. – 4 hält zurück. – 5 Schranken. – 6 Gefahr.

Zuhalterin haben, all das Ihre, Leib, Seel, Ehr und Gut verlieren?

Feber: Wo sie sich denn angezeigtermaß ergeben, sehe ich nichtes, das sie behalten.

Hutten: Bald würdest du mich überreden, daß ich spräch, sie wären unselig.

Feber: Das du sprächest? Wer ist unseliger, dann die also leben, daß sie bei solicher Verliesung[1] ihrer Güter nimmer geruhlichen oder friedsamen Müt haben, dieweil sie kein Treu um sich sehen.

Hutten: Daß unter dem großen Hausgesind der Pfaffen selten imands[2], der sie mit Treuen meine[3], erfunden werd, hab ich gut wissen. Welches ist aber die Unrühe, mit der sie beladen?

Feber: Nit eine. Uff daß ich dir aber mit kurzen Worten Bericht gebe, sag ich, bei den ist die Peinigung und Fülterei[4], von den der Poet Plautus will verstanden werden, do er den Buhler also redend einfuhrt:

Mit Marter, Pein ich übertriff
  All Leut in meinem Herzen tief.
Mein Sinn gerückt würd hin und dar[5],
  Gekreuziget, zerstoßen gar.
In einem Rad mich Lieb umtrebt[6],
  In Todesfahr mein Leib umschwebt,
Ich werd gezogen und gezirrt[7],
  Gedehrt[8], zerrissen und gesperrt.
Von mir hat sich geteilt mein Sinn,
  Von Witz[9] ich gar verlassen bin.
Do ich itz bin, do bin ich nit,
  Do ich nit bin, mein Seel da wit[10].
Manchfaltig ist mir mein Gedank,
  Uff Fürsatz allerlei ich wank.[11]

1 Verlust. – 2 jemand. – 3 liebe. – 4 Folter. – 5 wird hin und her gerissen. – 6 umhertreibt. – 7 gezerrt. – 8 gedehnt. – 9 Verstand, Klugheit. – 10 weilt, ist. – 11 ich schwanke in meinen Vorsätzen.

Itz liebt mir das, dann jens ich will.
Mit mir die Lieb treibt Affenspiel,
Weht, zwingt, stößt, jagt mich hin und her,
Daß ich itz jens, dann das begehr.

Das, wiewohl in einer Gemein[1] von allen Buhlern, so in Lieb wüten, gesagt, mag es doch zuvorderst diesen unsern zugeben werden. Dann erstlich fressen sie sich in ihren Herzen, daß, wiewohl sie ihre Frauen uff das allerinbrünstigest liebhaben, mögen sie doch dergleichen von ihn' wiederum nit erlangen. Ab sie ihn' dann schon liebten, wäre ihn' doch soliche Lieb mit viel andern gemein. Dieweil dann Lieb ein Ding ist, daß es keinen Gemeiner[2] leidt, ist ihre Sorgfältigkeit so viel desto größer, daß sie ihre Lieb an die Leut kehren, den' einiglich Lieb nit annehmlich ist. Ob dann nun ein Buhlerin von Natur unfreundlich oder auch häderisch und zankhaft ist, wer mit der in Lieb behaft, dem ist bekümmerlich, daß er nit gute Wort, ich gschweig der Taten, von ihr haben mag. Ist aber ein freundlich und macht sich ganz holdselig, so macht sie einen Verdacht und Argwohn, dann er nit glauben darf, daß sie einweder solchs aus Herzen oder aber einem andern nit auch tu. Mein Wirt, sooft ihn das Maidlin freundlich anlachte, lieblich umfing, ihr Mündlin bot, sprach er mit einem Seufzen: „O mein liebs Elslin, wöllt Gott, du meinest mich mit Treuen, und diese deine erzeigte Lieb wär dir im Herzen!“ Antwort sie: „Wie dann anders? Mein ich dich dann nit mit Treuen? Oder ist mein Lieb nit von Herzen? Kennest du mich also?“ Dann warf er ihr für einen von den Jünglingen, die täglich pflagen in sein Haus zu gehen, die er etwan sah das Maidlin küssen oder aber sunst freundlicher dann ihm zu leiden gebühren wollt halten. Do erhub sich ein Gerüf, ein Hadern, ein Schelten und zeiten[3] ein langwierige Zerteilung. Dann Elslin rüf, es hätt mit so langem, freundlichem Beiwesen an-

1 im Allgemeinen. – 2 Allgemeinheit, Öffentlichkeit. – 3 zuzeiten, zeitweise.

ders nichts um ihn verdienet, dann daß er bös Verdacht uff sie hab, sprach: „Die Pfaffen ein untreu, argwehnig Volk sein", und fragt: „Wo sein nun die tapfere Verheißungen, die groß gemachte Hoffnung, die du mir eingesprochen? Ist dieses der Dank, daß, do ich fürstlicher Lieb teilhaftig sein möcht[1] und ward von viel Reichern beworben, hab ich dich vor alle gesetzt, mein Wollust, mein Schimpf[2] und mein junges Leben dir allein untergeton, hab dich also liebgehabt, daß ich den reichen Jüngling, der mich zu der Ehe genummen und zu 'n Ehren bracht hätte, übergeben[3] hab? So mag in dieser ganzen Stadt kein sein, die also einen Glauben halt, die also häuslich und dem Gut verständig[4]. Ich hab dasjene, so andere zerstreuen, gesammlet, das andere verwüsten, behalten." Unter solichem ward sie weinend und treib dem Armen auch Zähern aus sein Augen. Also gar nit verstund er ihre Betrügnis.

Hutten: War sie dann nit ein soliche?

Feber: Das will ich dir sagen, wie sie war. Zehen andere Liebhaber hätte sie also heimlich, daß sie die oft alle zu einer Mahlzeit geladen. Dann sie zwang den Pfaffen, wie oft sie wollt, die zu heischen[5], eins an diesem, das andere an jenem lobende. Sie kunnten uff der Lauten pfeufen, Sprüch dichten, etzlich tanzen, ein Teil schimpflich Geschwätz treiben, itzlicher war uff etwas gut. Ab dann schon einer etwas nit wohl kannt, genoß er doch ihres Angeben. Und oft uberredt sie den Pfaffen, einer kannt, das er nie gelernet hatte. Dann nütz war ein jeder, der ihr wohlgefiel. Aber ihre Liebhaber hielt sie ungleicherweis. Von etzlichen nahm sie, gab den andern, vor allen Dingen leeret sie das Haus.

Hutten: Dieses war, als ich sieh, der ander Grad seiner Unseligkeit.

Feber: Ist die äußerlichen Güter verlieren ein Unseligkeit? Wein und Getreide hintragend und dasselbig nach ihrem Gelüst austeilend, hat in der Vorstadt ein Häuslin, darein sie trug, was sie behalten wollt, befahl das einem alten Fräulin,

1 könnte. – 2 Kurzweil. – 3 aufgegeben, verlassen. – 4 vorsteht. – 5 bitten.

das sich meisterlich wohl uff der Buhlerei verstund. Deselbigen Geschäft war, neu Kundschaft und Lieb zu bewerben, wo es mocht etwa einen schönen oder wohlhabenden Jüngling funden, es wär gleich Fremd oder Landsmann.

Hutten: Als ich siehe, ist er an dem unseliger gewest, daß er das Übel mit solchem seinem Schaden gehalten, dann daß er ihr Lieb nit erworben hat. Dann der Lieb halben hat er daran genug gehabt, daß er geglaubt, sich von ihr geliebt werden, seitemal, als in viel andern Dingen, Glaub in der Lieb großes Vermögens ist.

Feber: Es ist, wie du sagst. Aber um den Glauben hat es diese Gestalt, daß je mehr es einem nach seinem Willen geht, je mehr förcht er mittele Zufäll[1], die ihm die geglaubten Lieb benehmen. Darum do der Kurtisan krank ward erstlich durch mein Anzündung.

Hutten: Also verderbst du den Frauen ihre Männer?

Feber: Verstör mich nit mit Einreden! Erstlich durch mein Anzundung, darnach, als ihn der Stein ankam und nach dem andere Krankheite, eine nach der andern, und er sich, sie ihres Gelustes zu erstatten, gebrechlich befand, zittert er, sooft er einen sah ins Haus gehen, Elslin grüßen, umfahen oder ihm freundlich winken, förchtende, daß es ihm nit einer, dieweil er krank wär, abspannet.

Hutten: Ich glaub, er hab den Turn[2] Danaes gewünst, darein er sie schlüßen möcht.

Feber: Nit, sonder vielmehr plag[3] er ihres Willens, dann Elslin wollt unverschlossen sein, war gern bei viel Gesellschaft, also daß es sich meint allein sein, wenn es zwüschen drei oder vier starken Jünglingen zu Tisch saß. Do der Pfaff nun solichs vermerkt (dann er mußt eigentlich achthaben, wazu sie geneugt wär, ihr das zu bestellen), macht er oft Bankett, darzu er leudt[4] von allen Orten, wer künnt Freud oder Kurzweil machen, uff daß er den Gebrechen an ihm mit Verwesung[5] anderer erfüllet, sprechend: „Mein Elslin,

1 vermittelnde Zufälle, Zwischenfälle. – 2 Turm. – 3 pflegte. – 4 lädt. – 5 Vertretung.

schaff dir ein guten Mut und gebrauch dieses Lebens, bis es besser mit mir würde." Dann er verhieß ihr nach wiedererlangter Gesundheit ein seligs Leben.

Hutten: Sah er unter diesem nit, daß ihm sein Haus geleert ward?

Feber: Die Buhler sehen nichs, dann die Lieb ist blind.

Hutten: Merket er das auch nit?

Feber: Weniger wann[1] ein Kind.

Hutten: Do sollt man ihn vermahnet haben.

Feber: Er war nit gehörig, dann als Menander, der gräkisch Poet, spricht: Natürlich[2] jeder Buhler hat verstopfet Ohrn gein[3] weisem Rat.

Hutten: Darum seind die von Thespien unsinnig gewest, daß sie gleich wie Jovi also auch Amorispiel machten, so anders solicher Unrat[4] von der Lieb kummt.

Feber: Es kummt denjenen, die ihr Lieb nit wohl anlegen und allein Gestalt des Leibs vor Augen haben. Dann anders ist es mit der Tugend [der] Liebhaber geton.

Hutten: Das seind diejenigen, so ihr eheliche Weiber liebhaben?

Feber: Es seind ihr etzliche.

Hutten: Ich verstehe, daß es ein große Pein ist, etwas liebhaben, das nit lieblich ist, und doch liebhaben gezwungen werden.

Feber: Und also gezwungen werden, daß einer sein Sinn darüber verleust[5].

Hutten: Wie werden sie aber also Sinn los, daß sie soliche Torheit tun?

Feber: Darum, daß Amor ein Kind ist, geboren kindlich alle Buhler, und darum, daß die Lieb leicht ist und fliehen[6], vermeiden die Buhler alle Tapferkeit und gehen mit Leichtfertigkeit um.

Hutten: Darum auch gleich wie die Kinder lieber mit Nüssen dann mit Geld umgehen, also auch die uff das heftigst

1 als. – 2 von Natur aus. – 3 gegen. – 4 Unglück. – 5 verliert. – 6 fliegend, flüchtig.

liebhaben, dieweil sie ihrer Narrheit nachgehen, versaumen sie ihr Gesundheit, ihr Heil, ihr Freundschaft, ihr Gut, ihr Haus, Ehr, Gerucht und alles, das nit allein nit zu mangeln, sunder mit Schweiß und Ärbeit zu erwerben ist.

Feber: Uff ein Nadelspitz nahe hast du hinzugetroffen. Dann uff daß sie etwan ein gute Nacht haben mögen, ein fröhlich Bankett, Tanz oder Schimpf, kummt ihn' nit in ihre Gemüt, was ehrlich oder nütz sie[1].

Hutten: Als mich aber bedunkt, haben sie dannoch den Nutz dargegen, daß sie in der Buhlschaft erjüngen und allweg einen leichten, fröhlichen Mut haben.

Feber: Du willt sagen, daß sie allweg Narren seind und leben in Irrtum, ihr Wesen uff keinen Grund setzend, sunder, als Seneca spricht, allweg anheben sie zu leben, dann soliche Leut vertreiben ihre Zeit in dem Müßiggang.

Hutten: Meinst du dann, daß niemand sein Leben grundfestige, dann der ein Eheweib hab?

Feber: Fürwahr, dieselbigen haben ihr Leben in Bestand gesetzt.

Hutten: Willt du dann, daß ich ehelich werde?

Feber: Das will ich nit.

Hutten: So willt auch nit, daß ich meinem Leben einen Grund setz?

Feber: Das will ich, aber uff ein ander Gestalt.

Hutten: Daß ich mit einer Zuhälterin haushalt?

Feber: Mitnichten! Sunder daß du ohn ein Weib lebst.

Hutten: Des hab ich keinen Willen. Sag mir aber, warum verbeutest du mir, ein Weib zu nehmen?

Feber: Erstlich deinenthalben, um daß sie dir Mühe machen und kein Rühe lassen, dich an deinem Studieren verhindern würd. So rat ich es auch meinenthalben nit, dann die Eheweiber leiden das Feber nit, mit Fleiß ausschließende von ihren Mannen, deren Wartung sie sorgfältiglicher dann not ist pflegen.

Hutten: Mit den Worten machst du mich eines Weibs noch

1 sei.

meh wider vor[1] begierig. Aber vergiß der Red von den Buhlern nit.

Feber: Alles, was nötlich ist, achten sie nit, haben allein Fleiß auf ihre Gäucherei, die sie doch nimmer vollkummentlich zu Gefallen erlangen. Dann ob es ihn' schon etwan wohl uff der Buhlschaft zustehet, ist das doch ein kurze Freud, und sei wie ihm wöll, so haben sie das nit zu eigen. Dann dieweil soliche Frauen einen umfahen, denken sie an den andern, haben zu keinem rechte Lieb, sunder denken nur, wie sie vieler Mannen teilhaftig mögen werden, nit ahn große Fürsichtigkeit, dann sie ihr hinlaufend Zeit bedenken, zählen oft ihre Jahr. Und etwan strofen sie sich selbst, daß sie ihn'[2] nit mit soviel Mannen, als wohl müglich gewest wär, Lust geschafft haben. Und mehr seind sie der Zeit karg dann keines andern Dinges, zuvoran, wo Gewinst ist. Dann um Gelds willen machen sie sich underton und lassen sich damit bewegen.

Hutten: Sag mir eins: werden sie mehr durch Geld dann durch Wohlgestalt bewegt?

Feber: Die Weisern lassen sich mehr Geld bewegen. Dann welche ihre Lieb unweislich anlegen, sein den Hübschen also geneigt, daß sie den oft Geld zugeben.

Hutten: Aus deinen Reden folget, daß zwei Geschlecht sein der Buhlerin: etzlich buhlen nützlich, etzliche lüschtlich[3].

Feber: Noch ist das dritt, die beider Gestalt buhlen.

Hutten: Als das Elslin, das einem gab, von dem anderen nahm, jenen um Gestalt willen, diesen des Gelds halben liebhabend.

Feber: Als noch viel und ohn Zahl tun. Darum hab ich oft die Pfaffen vor Forcht zittern gesehen, wann man bei ihn' etwan von einem sagt, der viel Geldes hätte oder sunderliche hübsche von Gestalt wäre.

Hutten: Ich hab dergleichen selbs gesehen, wiewohl ich noch nit all Ding gesehen.

1 mehr als vorher. – 2 sich. – 3 des Nutzens, andere der Lust wegen.

Feber: Noch viel mehr, wo ihrn ein reicher oder ein wohlgehalter Jüngling ins Haus kam.

Hutten: Nit ohn Ursach, wo anders das Glick also viel in der Lieb vermag.

Feber: Gläubt man den' von Ägyra, so vermag es mehr dann Gestalt. Darum hatten bei ihnen die zween Götter, Amor und Fortuna, einen Tempel.

Hutten: Warum ließ dann der Pfaff diejenen, so dermaßen geschick waren, nit auswendigs Haus?

Feber: Er hätt es wohl geton, hätt er gedörft.

Hutten: Als ich sehe, müssen die Pfaffen ihre Zuhälterin förchten.

Feber: Mehr dann je kein Untertonen einen Tyrannen.

Hutten: Warum stoßen sie die dann nit von ihn', wenn sie nit ihres Gefallens leben?

Feber: Sie täten es wohl, wann sie die nit liebhätten.

Hutten: Ein jämmerlich Wesen zeigst du mir an, sie nit dörfen ihren Nutz schaffen oder zum besten köhren, und zu ihrem Schaden gezwungen werden. Was haben aber die Fräulin an ihnen[1] selbs, das also zu förchten ist?

Feber: Den Zorn, in dem sie schelten, flüchen, schänden, hadern und sich zeiten gar von den Pfaffen köhren.

Hutten: Von dannen ist soliche Forcht?

Feber: Von dannen! Wann[2] in ihrem Zorn dörfen sie wohl alle Heimlichheit sagen und unverschamt allen Schimpf und Ernst, wie sie den mit den Pfaffen getrieben, offenbaren. Und ob die Pfaffen irged etwas geredt oder geton, des sie Hehlung nimmt[3], der keines verschweigen sie.

Hutten: Bescheid mich: Förchten dann nit auch die Ehemänner ihre Weiber?

Feber: Um dieselbigen hat es gar ein ander Gestalt, dann die Forcht, von der ich sag, ist gemeiniglich in der verbotenen Lieb, gleich wie Herkules forcht sein Buhlschaft, das Maidlin Omphalen, und war ihr in allerlei Dienst zu willen, aber

1 sich. – 2 denn. –3 das sie zu verhehlen hat.

sein Eheweib Deianiram forcht er nit und ward von ihr nit zum Rocken und der Spindeln getrieben.

Hutten: Demokrites spricht: Einem Mann mag größer Spott nit widerfahren, dann daß er sich ein Weib zwingen läßt. Hat er nun, als zu verstehen, solichs in der Ehe vor Schand geacht, wie lästerlich ist es dann bei den Buhlern? Darum hat die ehelich Lieb ein große Sicherheit, do Band inn' sein, durch welche zwei also verstrickt werden, daß die obgemeldte Forcht nit bei ihn' ist.

Feber: Du sollst aber darum kein Weib nehmen.

Hutten: Da will ich nachdenken. Fahr du fortan!

Feber: Mit dieser Notforcht dringen sie den Pfaffen ab Geld, Kleider, Kleinode, Dienstmägde und dergleichen, was sie wöllen, drauende, wo sie ihne solich Ding nit verschaffen, hinwegzuziehen. Ist dann irgedeiner ungeduldiger dann sich dem Ort gebührt und will ihn' widerbellen oder, als man etzliche findt, sie schlagen, zu dem spricht eine: „Weißt du nit, Pfaff, daß ich etzlicher Ding Wissen hab? Itzo will ich das von dir sagen“, läuft damit aus dem Haus, derhalb er in große Forcht kummt. Dann er weiß, daß sie mag, ob[1] sie will. Wohrlich, unser Elslin hub allen Tag ein neuen Krieg an. Itzo hatten andere Weiber bessere Kleider dann sie, denn hatte sie Ring oder Gestein bei einer gesehen, der andern gehen 25 Mägd nach, aber sie müßt allzeit allein und ungeschmückt gehen, darüber macht sich ein Rüfens und ward er bewegt, ab kein Geld do war, Wein oder Korn zu verkaufen oder aber uff Wucher um die Juden entlehen.

Hutten: Das hat er mit Schaden geton.

Feber: Ander hab ich sehen stehlen aus der Kirchen und anderswo, uff daß sie zu geben hätten, nämlich einen Münch, der buhlet mit einer zuviel köstlichen Dirn, der er Gold und Silber aus der Sakristien bracht.

Hutten: O du heilige Geistlichheit! Tun das auch die Münch?

Feber: Münich? Gleich als ob etwas wär, das nit auch Mü-

1 wenn.

nich täten so wohl als ander Leute. Noch mehr hab ich etzliche gesehen meineidig und treulos werden, mit Vergift[1] morden, Verräterei zu richten[2], wider alle gute Sitten und Glauben handlen.

Hutten: Fürwahr! Die sich solicher Ding schuldig wissen, buhlen mit großen Sorgen und Forcht. Warum verhehlen sie aber nit den Weiben ihre Heimlichheit?

Feber: Daß sie liebhaben! Und kein Buhler mag schweigen, dann Cupido geht nacket und bloß.

Hutten: Derhalben entblößen sich die Buhler auch und halten nichtes verdeckt?

Feber: Ja, die dermaßen buhlen.

Hutten: Mit ihrem großen Schaden, als ich acht, darum ist dieses ein fährlich Buhlschaft.

Feber: Wie du sagst. Dann die Lieb der Zuhälterin ist unstet, so haben sie kein Gewissen und scheuen nit Zucht oder Ehr, dann sie haben die schon ubergeben[3], derhalben sie dem nächsten offenbaren, was sie von andern gesehen oder gehort haben, etzliche aus eigener Gebrechlichheit weiblicher Natur, daß sie nit wohl schweigen künnen, etzliche, uff daß sie Dank und Gunst erwerben um die, den' sie soliche Ding offenbaren, etzliche den', die sie besorgen zuwider,[4] wann sie über die erzörnt sein. Und gar leichtlich tun sie das, wenn sie ausgetrieben werden.

Hutten: Dieweil du mir, worum die Zuhälterin nit bald auszutreiben seind, erkläret hast, bin ich weiter ungezweifelt[5], daß ein armselig Leben fuhren, die mit solichen Notbezwang inwendig ihren Hausen verstrickt sein. Dann itzo dunkt mich, wie ich sehe und hör, sie alle Ding reden und tun um der Weiber willen.

Feber: Auch Freund und Feind den' zu Gefallen machen und haben.

Hutten: Und oft ihren Nutz und Frummen, uff daß sie den' zu Willen seien, ubergeben.

1 Gift. – 2 anzurichten. – 3 aufgegeben. – 4 die sie glauben, gegen sich zu haben. – 5 ohne Zweifel, überzeugt.

Feber: Sich aller Leichtfertigkeit fleißen, nichtes Tapfers angehen.
Hutten: Und was die Geistlichheit antrifft, soviel als ein Bohnen achten.
Feber: Billigkeit und Unbilligkeit zugleich achten.
Hutten: Wie gar mitnichten geziemt den Geistlichen solichs Leben, dann so ihn' geistliche Ding also gar heftig befohlen sein, daß sie derhalben alle weltliche Sachen zuruckschlagen söllen, ist es ein groß Verkehrung bei ihn', also großen Fleiß uff eitel und unnütze Ding legen, daß sie der Geistlichheit dieweil vergessen, wiewohl sie der nit ganz vergessen, dann ich sie, um geistlich zu werden, gein Rom laufen und daselbst schwer und vernichtlich Dienst tun gesehen.
Feber: Das tun sie nit um Geistlichheit willen, daß sie besser, sunder um der Pfründen willen, daß sie reicher werden.
Hutten: So ist all ihre Sorg, reich zu werden; aber geistlich zu sein achten sie nit?
Feber: Wie die Geistlichheit an ihr selbs ist, achten sie der gar nit, aber allein den Namen, um daß der großen Gewinst mit ihm bringt, fleißen sie sich, mit aller Uppigkeit zu erwerben. Dann siehst du nit, wieviel großer Buben sich mit dem ehrlichen Namen decken?
Hutten: Jetzo erst erkenn ich's.
Feber: Das hast du mir zu danken.
Hutten: Ist wahr.
Feber: Hierum läßt du mich ein?
Hutten: Das bin ich noch nit bedacht.
Feber: Noch nit? Und wolltest also undankbar sein, daß du mich, die dich weis mache, nit herberigst?
Hutten: Ich mag dich nit leiden, wiewohl du würdig wärest, von einem geherbrigt werden, wann du nit also viel Böses bei dir hättest.
Feber: Wieviel?
Hutten: Mehr dann mir anzunehmen.
Feber: Du bist zumal zart und unleidlich worden. Etwan

hättest du dir vorgesetzt, alle Bitterkeit um der Künst willen zu leiden.
Hutten: Mich hast du nun genug unterweist, hernach lehr die Pfaffen, daß die den rechten Weg gehen, dann ich sehe nichtes, das sie mit Christo gemein haben.
Feber: Ich hab dir doch gesagt, sie haben Übels ahn das genug, derhalben ich, Feber, nit Statt bei ihnen hab. Darum auch Jupiter, als er innen ward des Pfaffen Lebens mit ihren Frauen, sprach er: „Dieses soll der Pfaffen Feber sein!" Und hieß mich, bei andern Leuten herbrigen.
Hutten: Bei welchen andern?
Feber: Erstlich bei dir. Wo ich dir aber nit gefiel, söllt ich zu den Kaufleuten und reichen Burgern in den Städten, die in Freuden und Wollust leben, gehen.
Hutten: Do nun Jupiter solch Ding mit dir redet, sagt er nit auch, wie ihm gefiel das Gestift[1] des Papstes Callisti, daß die Pfaffen nit mehr Eheweiber haben söllen? Daucht ihn auch billig der Geistlichen Leben, von dem ehelichen Stand (des Gott selbs ein Anfänger) zu einer Büberei und Hurenleben geraten sein?
Feber: Das daucht ihn gar nit. Sprach auch, man hätte ihn um solichs nie gefragt und uff die Zeit das Gesetz gemacht, wär er nit im Rat gewest. Sein Meinung sie[2] auch, man söll das abtun und den Pfaffen wieder als etwan Eheweiber geben, uff daß sie nit morgens, von dem unreinen Bett aufstehend, mit befleckten Händen und Gemüten das Heiligtum handelen.
Hutten: Das rate ich auch, und besunder um deinentwillen, daß du wieder Statt bei ihnen habst. Dann dieweil sie in der Unehe sitzen, versehe ich mich, du wöllst mit ihn' nichts zu tun haben.
Feber: Nichtes, dann Jupiter hat mir das verboten. So haben sie auch ahn das andere Krankheiten bei ihn'.
Hutten: Die haben sie von ihrer Fresserei?
Feber: Auch von den Zuhälterin', welche oft um Gewinns

1 Verordnung, Klausel. – 2 sei.

willen die Kranken visitieren, es sei einer aussitzig, wassersüchtig oder hab die Franzosen oder andere dergleichen Krankheiten, die sie von dannen heimet mit ihn' bringen und uff ihre Beischläfer schütten.

Hutten: Das ist auch ein groß Teil ihrer Unseligkeit.

Feber: Wie du sagst.

Hutten: Welch Pfaffen dann keine Zuhälterin haben, willt du auch dieselbigen verlassen?

Feber: Auch dieselbigen, dann mit Geizigkeit (das eine große und unvergleichliche Krankheit ist) seind sie beladen.

Hutten: Die dann auch nit an Geizigkeit siechen, was willt du mit den' machen?

Feber: Die seind arm, und ihre Bedärflichheit treibt mich von ihn'.

Hutten: Allerlei Ursach süchest du, uff daß du bei mir herberigen mögest. Aber es würd nichs doraus.

Feber: So würde auch Weisheit bei dir nit herbrigen.

Hutten: Wer hindert das?

Feber: Dein Geilheit[1], die allein ich preideln[2] kann.

Hutten: Du schwächst die Macht des Körpers.

Feber: Ich mehr die Kraft des Gemuts.

Hutten: Du verbrennest das Geblut.

Feber: Ich lesche aus die Brunst der Unkeuschheit.

Hutten: Du kränkst das Herz.

Feber: Ich mach weislich die Sinn.

Hutten: Du bringst Schmerzen.

Feber: Ich treib aus Unreinigkeit.

Hutten: Wie? Bist du [es] nit, die oft verhinderest viel redlicher Taten der Menschen?

Feber: Wie? Bin ich nit, die viel Sünden unterlaufe[3].

Hutten: Mit der Weis wären alle Krankheiten gut, dann sie auch wie du den Leib schwächen und verzehren die Kraft.

Feber: Nit wie ich, dann deren etzliche stinken und werden

1 Übermut, Eifer. – 2 zäumen, im Zaum halten. – 3 verhindert.

vermieden, machen ungestalt mit Geschwer, und etzliche fressen das Fleisch hinweg, verkrämpfen die Sehnadern und lähmen, derens keins in dem Feber ist.

Hutten: Das fehlt[1], dann in etzlichen Fiebern sein auch solich Gebrechen. Und ob der schon keiner wär, so seind doch Magerheit, Bleiche und der Tod selbs nit weit.

Feber: Des Todes halben antworte ich und sprich, daß keiner, der mich zu halten weiß, am Feber stirbt. Aber mager sein und bleich, ist das bös?

Hutten: Als mich bedunkt.

Feber: Willt du dann einen Qualsterbauch[2] haben, daß du so viel dest ehe wassersüchtig werdest? Oder willt du rot Farb haben, daß jedermann spräch, du studierest nichts?

Hutten: Ein lüstig Ding ist das Feber. Du würst mich aber nit überreden, daß ich um sehr Studieren Ansehens willen begehr, bleich zu sein.

Feber: Aber etwan begehrtest du das, uff daß deine Meister sprächen, du wärest fleißig. Doch vielleicht bist du nun ein Buhler, und daß du den Frauen behagest, willt du rotfärbig sein. Daran du irrest, dann mehr würst du ihn' bleich gefallen, dann sie werden sprechen, es kumme dir von viel Studieren.

Hutten: Welch seind die?

Feber: Die liebhaben Vernunft und Kunst.

Hutten: Ja, wohl Vernunft und Kunst, als ob irged Weiber wärent, die nach Künsten und Studieren fragten, dann Gestalt und Reichtum liebt den Weibern.

Feber: Du bist nit recht weis, aus keiner andern Ursach, dann daß du nit das Feber hast. Den Frauen ist verdächtlich die Hübstheit der Mannen, es sei dann, daß eine aus Jugend oder Unerfahrnheit nit wiß, was sie liebhaben sölle. Die weisen aber sehen an das Gemüt der Mannen und nit das Angesicht.

Hutten: Aber Reichtum haben sie lieb.

Feber: Dieselbig Krankheit ist Frauen und Mannen gemein.

1 stimmt nicht, ist gefehlt. – 2 Dickbauch.

Hutten: Derhalben ist zu förchten, daß, dieweil ich nit reich bin, wo du mich darüber auch ungestalt machest, daß ich beiderlei halben verworfen werd und nehme mich kein Weib.

Feber: Wo ich dich ungestalt mach? Seind dann die Bleichen ungestalt? Hast du also behalten, was dich Ovidius lehret, do er spricht:

Bleich soll ein jeder Buhler sein,
Dann Bleichheit macht ein Buhler fein.

Hutten: Es war mir vergessen. Aber eins will ich dir sagen: Ich will kein Buhler sein, so will ich auch nit bleich sein. Aber von dir förcht ich zuvorderst Schwachheit des Leibs.

Feber: Nun will ich dir doch dein Kraft nit nehmen, dann viertäglich will ich bei dir sein.

Hutten: Darzu viertäglich? Du behagst mir nit.

Feber: So bedenkst du nit, was von mir geschrieben ist, daß ich den, bei den ich viertäglich gewesen bin, hernach stärker mache und vermöglicher, dann er je gewesen sei.

Hutten: Du bist vormals auch viertäglich bei mir gewest, aber hast solichs nit bewiesen. Was soll ich dir dann glauben?

Feber: Zur selbigen Zeit waren auch andere Krankheiten bei dir, darum ich nit vollen Gewalt uber dich hätte. Aber itzo, so ich allein bei dir, würd ich dich ganz hurtig machen und erfrischen.

Hutten: Mit welcherlei Weis?

Feber: Erstlich will ich dich schwank und dünne machen, daß du behend werdest, dann sieter[1] du am Leib zugenummen, hat man dich der Trägheit und Faulheit verdacht. Darnach will ich dir auch ein ernstlich Angesicht machen, daß man dich nit vor leichtfertig achte, dann mir dein viel Lachen und Schimpflichsein[2] nit gefällt.

Hutten: Sag, wolltest du mir das Lachen und den Schimpf

1 seit. – 2 Scherzen, Kurzweiltreiben.

benehmen? So hättest du mir doch alles, das den Frauen liebt, benummen. Darum ist dir diese Tür gezeichnet und steht daroben geschrieben: „Heb dich, Feber!"
Feber: Zörn nit! Ob ich dir solichs schon nähm, wöllt ich es dir darnach mit den Kräften des Leibs wiedergeben.
Hutten: Mittlerzeit soll ich abermals wie vorzeiten sechs Monat krank sein?
Feber: Ich meinet, du solltest mir 12 Monat bei dir vergünnen, das wär vollkummiglich ein Jahr, uff daß ich dich ganz endlich weis mächte, abziehend dir dein Geilheit, vor der du jetzo lang her nit hast ernstiglich können gebären[1].
Hutten: Heb dich, Feber! Heb dich, Feber!
Feber: Ruf nit, jetzo will ich hin zu den Wassertränkern.
Knab: Heb dich, Feber, heb dich, die mir pflegest meinen Herren unlustig und zornig zu machen, so oft du bei ihm hausest. Heb dich!
Feber: Laß auch du dein Rüfen! Jetzo will ich gehen, und eben sieh ich einen Kaufmann uberflüssiglich bankettieren. Der würd mich meiner Zuversicht annehmen, er hat schon von der gesterigen unverdäueten Fresserei einen rohen Magen bekummen. Ich will an ihn.
Hutten: Vielleicht so hat er Ärzt.
Feber: Die hat er, aber von den gemeinen Haufen, die pfropfen ihm täglich ein etwas, aus Arabia bracht oder das in Indien gewachsen.
Hutten: Was pfropfet aber er ihn' wieder ein?
Feber: Sein wohlbereite und kün'glich zugericht Speis, zwänzig Gericht uff ein Mahlzeit, Rebhühner, Krämmetvögel, Pfauen, Fasanen, Fisch, Meermüschelig und was man dem Gold gleich wiegt.
Hutten: Derhalben auch sie selbst sich dir verpflichtigen durch ihre Fresserei.
Feber: Vorwahr. Und ich hab auch itzo acht uff sie.
Hutten: Doran tätest du mir einen Dienst, wann du derselbigen Ärzt sechshundert hinwegnähmst. Vermahnen

1 gebärden.

sie ihn aber nit in der Fresserei, daß er sich vor Krankheit hüte?

Feber: Sie mahnen ihn allzuviel mit seinem Schaden, dann sie schreiben ihm ein Regiment vor, daß er sich nach der Arzteien Regulen halte.

Hutten: Aber die Füllerei verbieten sie ihm nit?

Feber: Sie verbieten ihm die wohl, aber sie übersehen ihm doch etwas und lassen's hingehen, dann wann er nit also lebt, müßten sie Hunger leiden. Und leichtlich sehen sie ihm durch die Finger um Gewinnes willen. Dann wovon wollten die Ärzt leben, wann nit Kranken wären?

Hutten: Sie würden vielleicht leben, aber sie mußten hacken und arbeiten.

Feber: So wären sie kein Ärzte.

Hutten: So wären sie aber Bauern. Und viel besser stund es im deutschen Land, wann man die ganzen Schul der Ärztei mit ihren Rhabarbaro und Coloquintide austrieb.

Feber: Auch den Stromer, Koppen, Ebeln und Ritium und ander Ärzte, die du liebhast?

Hutten: Dieselbigen nit, dann es sein redlich Leut, und deshalben seind sie oft destoweniger Ärzte.

Feber: Sie wären noch viel redlicher, wann sie dir zu einem Mol 12 Pfund Nieswurz eingäben.

Hutten: Wie so viel, mein Feberlin?

Feber: Daß sie dich von der Torheit, ein Weib wöllen nehmen, purgiereten, der zu studieren viel baß geschickt bist. Dann das Weib würd dir kein Ruhe lassen, und in dem Fleiß der Weisheit würd sie dich hindren.

Hutten: Ein Weib zu nehmen bin ich noch unentschlossen, wiewohl, ob ich eines nähm, in dem keinen Irrtum erkennt. Aber du bedörftest wohl Nieswurz, auszutreiben die Unsinnigkeit, mit der du ander auch unsinnig machest.

Feber: Ich mach gelehrt und fleißig.

Hutten: Heb dich, Feber! Heb dich, Feber!

Feber: Ruf nit! Jetzo sollt du des Febers, uff daß andere Krankheiten Statt bei dir haben mögen, mangeln.

Hutten: Heb dich, Feber! Dann alle, die also studieren, daß sie ahn das nichtes tün, sein unnützig und werden Fantasten.
Feber: Mit den Worten wirst du viel Gelehrten wider dich reizen. Zum ersten der Heiligen Geschrift Gelehrten.
Hutten: Die Weisen werden nit über mich zörnen.
Feber: Aber die sich weis dunken.
Hutten: Den' du ihre Köpf also hast ausgehohlt, daß ihr jeder leicht ein halb Unz Hirnes mehr hat.
Feber: Vorwahr, dir wöllt ich das lästerlich Hirnlein ausschäpfen, ließest du mich eines Schuhs breit hier ein.
Hutten: Das hab ich versehen, und darum gehe hinweg, du Schwätzerin!
Feber: Um der dreier Wort willen?
Hutten: Um deines tödlichen Beiwesens willen, mit diesen deinen unendlichen Fabeln zu den Pfaffen, zu den Buhlern, zu den Tränkern, zu den Fuggern, zu den Kaufleuten, zu den Ärzten, oder, wo es dir gefällt, zu des Kaisers Maximiliani Schreibern.
Feber: Die mehr dann zuviel bei ihm gewunnen, reich werden und jetzo in Füllerei und Wollust hachfärtig[1] sein?
Hutten: Eben zu denselbigen oder zu wem du sunst willt, uff daß du von mir seist.
Feber: Ich gehe. Ade.
Hutten: Hör mich! Stehe ein kleins, ich will dein etzwas.
Feber: Ich wißt wohl, daß du des Febers bedörftest.
Hutten: Also viel bedarf ich dein, noch eins zu frogen.
Feber: Was ist das?
Hutten: Sag mir, was Ursach dieses verkehrten Lebens der Geistlichen.
Feber: Das ist Müßiggang und desselbigen Nahrung Reichtum.
Hutten: Ob nun die deutsch Nation diesen Rat fünde, daß sie ihn' erstlich ihre Pfründ geringer mächt, hieß sie dar-

1 hochmütig, hoffärtig.

nach Äcker bauen und alls ander tun, Gut mit Schweiß süchen, würden wir darnach frumme Geistlichen haben?
Feber: An meiner Statt antwort dir Ovidius:

Wurst du meiden Müßiggang,
Bei dir gar bald die Lieb würd krank.
Wer müßig geht, hat nichts zu schaffen.
Aus dem macht bald die Lieb ein Affen.
Wer ernstlich aber zu schaffen hat,
Cupido da sein Schießen lat[1],
Und ist sein Fackel sunder Hitz.
Bei Mußiggohn ist selten Witz.

Und an einem andern Ort spricht auch derselbig Poet:

Wiewohl zu Bösem Reichtum kehrt,
Jedoch man's tief gräbt aus der Erd.

Hutten: Sag an, meinst du, daß solichs die Deutschen immer tun werden?
Feber: Sollt ich's nit meinen!
Hutten: Wie bald aber?
Feber: Uber nit lang, wenn sie nit mehr werden leiden künnen also viel tausend Pfaffen, des mehrern Teils Müßiggänger und zu nichtes nutz dann zu Essen und Trinken. Sobald irgedein Teuerung kummt und tapfere, redliche Leut Verdrüß haben werden, daß sie billiger gebraucheten,[2] diesen trägen, unwissenden und unnützen Leuten, in Wollust verzehret werden[3].
Hutten: Dein Rechnung hält, daß, als Virgilius von den fruchtbaren und honigmachenden Bienen schreibt, wie sie die Wespen und Hummeln, von den' nit Honig kummt, sunder die doch Honig essen, von ihren Bienstöcken mit Gewalt abtreiben, also werden auch etwan die Weisen, Nützlichen und deren man notdurftig ist, die Trägen, Unnützen, Müßiggänger austreiben und -jagen.
Feber: Anders nit.

1 läßt. – 2 daß sie das mit Recht nötig haben, was von. – 3 wird.

Hutten: Sie werden aber ihres Müßiggangs Entschuldigung haben, sprechend, ihn' sie[1] der Müßiggang vonnöten, um weis zu werden, dann Aristoteles spricht: „Sitzend und ruhend würd die Seel des Menschen weiser."

Feber: Das mag man us ihren Werken erkennen, wie sie ihren Müßiggang anlegen. Und sag dir jetzo, sie wären zu leiden, wenn sie, als Plutarchus lehret, ihre Ruh und Müßiggang uff Übung der Künst und Weisheit setzeten.

Hutten: Ich sehe, daß du gute Vermahnung gibst.

Feber: Darum nimm mich auf.

Hutten: Ich nähm dich vielleicht auf, wann ich nit bedächt, daß die Fürsten der deutschen Nation deines Rats bedörften, uff daß sie das Reich zu einem bessern Stand bringen möchten, das unmäßig, unzählig Geld, das die mußigen Geistlichen verzehren, eines Teils uff redliche, aufrichtige Krieg, eines Teils uff Enthaltung[2] gelehrter Leut wendend und austeilend.

Feber: Willt du, daß Carolus solichs tü?

Hutten: Kann er es ohn dich tun, so will ich's.

Feber: Ich meint, du solltest mich zu Carolo geschickt haben.

Hutten: Ich will dich nit zu ihm schicken, sunder an deiner Statt will ich ihm selbs diesen Rat geben.

Feber: So werden dir die Pfaffen das Feber fluchen.

Hutten: So will ich ihn' das Zipperlin, das Gicht, das Gliedweh oder vor alle eins die allergrößten Krankheit (wie du sagst), daß sie mit Zuhälterin behangen seien, wünschen.

Feber: So werden sie dich erwürgen.

Hutten: Carolus würd sie ehe haben gedemutiget, dann sie meines Rats innen werden.

Feber: Als ich sieh, dir steht soviel Unglucks zu, daß du des Febers nit bedörfen würst.

Hutten: Do laß mich für sorgen. Vielleicht werd ich geduldiglich und gutwilliglich Ubel entpfahen, uff daß ich nur Carolum solichs uberrede.

1 sei. – 2 Unterhalt, Rettung.

Feber: Daß er die Pfaffen laß vertilgen?
Hutten: Mitnichten! Sunder daß er sie von dem Müßiggang, von der Trägheit, Unkeusheit, von der Füllerei, von der Eitelkeit und ander ihrem bösen Leben ziehe und heiß sie Priester sein, also daß sie allein geistlicher Ding pflegen und sich der weltlichen gar entschlagen, sie weisen, daß sie nit aus der Geistlichheit ein Täuscherei machen, allein uff Gewinst denken, ihr Unkeuschheit auslesche und ihr schändlich, unehrlich Leben abtu.
Feber: Uff was Geschrift willt du dich ziehen?
Hutten: Uff die Spriche: „Herr, deine Priester sollen angeton werden mit Gerechtigkeit." Dann sunst schreibt derselbig Prophet, von ihn' sprechend: „In ihrem Mund ist kein Wahrheit, ihr Herz ist unnütz." So schreit uber sie ein ander Prophet mit diesen Worten: „Weh, die Hirten Israel weidenden sich selbs."
Feber: Du bist uff dem rechten Sinn, aber durch mein Eingebung, was willt du aber zum ersten vorgeben, wann du Carolo diesen Rat gibst?
Hutten: Den Weizen des Herren will ich ihn heißen reinigen und seinen Weingarten wieder ihm anrichten, von dem er durch den Propheten sagt: „Viel Hirten haben meinen Weingarten verwüstet, mein Erbteil haben sie zertretet." Darnach will ich ihn unterweisen, daß solich von ihm beschehen müsse, wölle er anders deutsch Land in einen Frieden setzen und den Bösen Verhinderung tun, daß sie nit anstatt der Guten gehalten werden. Dann einem gerechten öbersten Regierer gehör nit, zu leiden, daß mit Schaden des gemeinen Nutzes werden in den Müßiggang und Tragheit gehalten lose, unnütze Leut, und werden nit allein ernähret, sunder auch vor Öbersten und Häupter des Regiments gehalten. Dann siehst du, wie ganz stölziglich sie herrschen, die, wiewohl der mehrer Teil eines allerbösten Lebens ist, nennen sich doch die heiligen christenlichen Kirchen, und gleich als ob sie wären von der Seiten Gottes, wöllen sie Clerici geheißen sein, so doch niemans äußerli-

cher von Christo lebt dann sie, aber sie gebrauchen sich der Titel und pflegen einer Tyrannei uber die Fürsten der Welt und haben ihn' das christenlich Volk also gar unterwürflich gemacht, daß es den minsten[1] unter ihnen Herr grüßen muß.

Feber: Jetzo sehe ich, daß du genug gelehrt bist, und fortan [be]darfst du des Febers nimmer. Aber man muß zuvoran Rom, solicher Ding ein Häupt, reinigen.

Hutten: Also muß man.

Feber: Darum bis vermüglich[2]!

Hutten: Willt du in dem Guten?

Feber: Ich mein in vielen Krankheiten, ununterläßlich.

Hutten: Heb dich, du böse Bedeutnis, zu den Bösen, mich bewahr Christus!

Hutten zu den Lesern

Ein Pfaff, der treibt das Feber aus
  Und hält darnach mit Huren haus.
Der hat ein bösen Wechsel geton,
  Wie ich das hie beschrieben hon.
Drum wöllt ich, daß sie dächten nach
  Der Geistlichheit, das wär ihr Sach.
Doch möchten s' ehelich leben wohl;
  Der ehelich Stand ist ehrenvoll,
Den hat Gott selbs zu Gutem gesetzt.
  Weh dem, der anders hat geschwätzt
Und weiser meint dann Gott zu sein.
  Drum wünsch ich ihm der Hellen Pein,
Und allen, die das stiften je,
  Daß Schand vor Ehr sollt gehen hie.
Wär besser nit, ein Priester stünd
  Des Morgens auf ohn alle Sünd
Von seinem Weib und trieb sein Amt,
  Dann daß man s' sieht so unverschamt,

1 geringsten. – 2 sei vermögend, stark.

Mit beflecktem Leib, unreinem Sinn
  Oft laufen zu der Kirchen hin?
Sie haben all nit Schuld daran,
  Ohn Fleisch der Mensch nit leben kann.
Die aber machten dies Gebot,
  Vorwahr, an ihn' will's rächen Gott.
Drum denk ein jeder, was er tü.
  Mag er ahn Weiber haben Rüh,
So sei er Pfaff und leb ohn Schand.
  Vorwahr, es ist die Gotteshand,
Die strafet alls, was übel gschicht.
  Das soll kein Mann verachten nicht.
Gott will sein Kirchen haben rein,
  Ist allen gesagt, nit eim allein.
So sollten, die den Namen han
  Der Geistlichkeit, uns führen an
Und geben andern gute Lehr.
  Von hohem Stand soll kummen Ehr.
    Ich hab's gewogt!

Gesprächbüchlin Herr Ulrichs von Hutten,
gekröneten Poeten und Orator,
von dem verkehrten Stand der Stadt Rom, das er nennet
Vadiscum oder die Römische Dreifaltigkeit

Das Büchlin spricht:

Ich bin ein Büchlin, wie man sicht,
  Ahn sondre Arbeit zugericht,
Und grüß ein jeden, der mich liest,
  Wo anders mein ein Leser ist.
Ehe mich der Dichter fertigt ab,
  Den Rat ich ihm mit Treuen gab,
Daß er doheim mich länger bhielt;
  Von ihm ward ich alsbald gestillt
Und gtrieben aus in fremde Land,
  Zu werden weit und breit bekannt.
Ich mußt wohl tun, was er mich hieß,
  Wiewohl das vielen tut Verdrieß.
Des muß er Abenteuer stahn,
  Davor ich ihn gewarnet han.
Auch hab mein selbs zu sorgen ich,
  Daß man's nit laß entgelten mich.
Ich kenn der Römer Regiment,
  Dergleichen haben s' viel verbrennt.
Daß mir ein solchs nit widerfahr,
  Ich wett, sie beiten[1] nit ein Jahr,
So werden s' führen mich zu Gricht.
  Wer ist, der dann hinwider ficht?
Itz geben viel mir tröstlich Wort.
  Wenn's aber kummt an jenen Ort,

1 warten.

So forcht ich, wenig werden sein,
Die wöllen sich annehmen mein.
Dem sie[1] nun, wie ihm würd und ist,
Ich lehr der Kurtisanen List
Und sag ganz freilich[2], unverhehlt,
Wie jetz mit Sitten Rom gestellt,
Wer do regiert und wie man lebt,
Wie Schand sich mehr und mehr erhebt,
Wie die uns sollten geben Lehr,
Uns schicken bös Exempel her,
Und würd verkauft des Himmels Thron,
Ab[3] den Gott selbs einwohnet schon.
So ist der Schinderei kein Zahl[4],
Domit sie scheren platt und kahl
Und nehmen stets von Deutschen Geld.
Dahin ihr Praktik ist gestellt.
Und finden täglich neue Weg,
Daß Geld man in den Kasten leg.
Do kummen Deutschen um ihr Gut.
Ist niemand, den das reuen tut?
Vorwahr, es ist erbärmlich ie[5],
Daß ihr nit mögen behalten hie,
Was euer Gut und Eigen ist
Und merket nit den falschen List,
Domit man euch beraubt und schindt:
Bisher sein Deutschen gewesen blind.
Die heiß ich tun ihr Augen auf,
Daß sehen möge der ganze Hauf
Der Römer Trüg und Behendigkeit,
Und wie der Hirt sein Schäflin weidt
Und sorget vor der Seelen Heil,
Wie man uns beut den Himmel feil
Und würd Gott selbs dabei verkauft.
Wie mancher Narr gehen[6] Rom hin lauft,

1 sei. – 2 freimütig. – 3 wenn. – 4 unzählig, nicht zu sagen. – 5 immer. – 6 gegen.

Zu holen Ablaß und Genad,
Wie man 's Volk uberschwätzet hat,
Zu glauben, daß ein Teil der Sünd
Auswendig[1] Rom nit bußen künnt.
Von solchen und dergleichen viel
Ich frei und deutschlich sagen will.
Das här[2] ein jeder, dem's geliebt.
Obschon mir Rom nit Ablaß gibt
Und will um Wahrheit hassen mich,
So will ich's leiden geduldiglich.
Wer weiß, was noch mag begeben sich.
Vielleicht, ob Leid mir widerfährt,
Würd funden werden Hand und Schwert
Und gegen solchem Gewalt gekehrt.

Unterreder: Ehrnhold und Hutten

Ehrnhold: Als ich sehe, Hutten, bist du doch zuletzt wieder einmal zu uns gein Frankfurt kummen von Mainz, das du pflegst gülden zu nennen.
Hutten: Und nit unbillig gulden. Dann auch noch mein Bedunken ist, daß unter allen Städten deutscher Nation, die man einweder[3] Lusts halben ihrer Gelegenheit[4] oder aber um Gesundheit willen des Luftes lobt, möge Mainz den Fürgang und Preis behalten. Dann bessern Luft hab ich in keiner Stadt nie funden, so ist es ohn Maßen lüstig gelegen bei der Vermischung zweier großen schiffreichen Wasser, darum man leichtlich und ohn großen Kosten hin und wider spazieren und allweg bald, was an allen Örten neuer Mär sein, Wissens bekummen mag. So bin ich ganz der Meinung, daß vor einen jeden, der studieren und sein Sinn brauchen wöll, Mainz ein gewünschte Wohnung sei. Und mag dir vorwahr sagen, daß, sooft ich ausgewesen und wieder uff Mainz reise, wenn ich noch die Stadt nit in Gesicht hab, geht mir ein Erfrischung meines Gemüts und der Sin-

1 außerhalb. – 2 hör. – 3 entweder. – 4 Lage.

nen entgegen, kann auch zu Mainz nimmer genug lesen oder schreiben. Uber das bedunkt mich, ich hab an keinem Ort besser Zufall[1] in meinem Dichten.

Ehrnhold: Ich bin nit ohn Wissen solichs, wie du gesagt, also sein, hätte aber doch gemeint, du habst Mainz aus einer anderen Ursach gulden genennt.

Hutten: Aus was Ursach?

Ehrnhold: Daß die Pfaffen doselbst viel Gulden haben und die zu sammlen mehr Fleiß dann auf ihre geistlichen Ämter anlegen.

Hutten: Aus solicher Ursach sollt ich noch billiger euer Frankfurt gulden nennen, dann bei euch ist das Geld in Überflüssigkeit, und allhie treibt man Goldhändel mehr dann an keinem Ort. Hieher kummen aus allen Landen, die do kaufen und verkaufen. Hie bringen die Kaufleut ihr Geld zusammen, hie haben die Fugger ganze Berg von Gold liegen. Aber Mainz hab ich gulden genennt, als man flegt ein Ding, das vor andern schön und lüstig ist oder darzu wir ein sundere Lieb und Begier haben und das uns zuvorderst wohlgefällt.

Ehrnhold: Warum hast du es dann nit Perlin[2] genennt?

Hutten: Daß mir das nit im Sinn gewesen! Doch magst du wissen, daß dieser Zunam nit neu oder von mir erfunden ist, sunder kummt aus einem alten Ruhm, gleich wie sich auch Köln läßt „selig“ nennen und hält hart bei demselbigen Namen.

Ehrnhold: Das sagt man. Du weißt aber auch wohl das alte Sprichwort: „Mainz von Anbeginne schalkhaftig“.

Hutten: Ich lob die Stadt, aber von den Leuten darinnen disputier ich nit, wiewohl jetzo Mainz sein eigen eingeboren Volk nimmer hat. Ist auch ganz seines alten Regiments beraubt und hat sein gewöhnliche[3] Gerechtigkeit verloren.

Ehrnhold: Wir wöllen von Gedächtnis alter Ding lassen. Sag mir, was neuer und lüstiger Mär bringest du uns von Mainz?

1 Gelingen, Glück. – 2 Perle. – 3 gewohnte.

Hutten: Ich bring wohl etwas, das ist neu, aber nit lüstig.
Ehrnhold: Das bitt ich dich, mir zu sagen. Ist dir etwas Unlüstigs in der guldenen Stadt widerfahren?
Hutten: Ja, gänzlich etwas. Doch fällt mir jetzo in Gedanken ein sehr lüstig und lächerlich Geschicht, das man mir von Köln gesagt.
Ehrnhold: Was ist das?
Hutten: Wie doselbst ein alter, überschwenglich reicher und ahn Maßen geiziger Pfaff gestorben sei.
Ehrnhold: Dunkt dich das so lüstig sein?
Hutten: Nit das, sunder daß er so ungern sein Leben gelassen. Hat so oft vor sein Geld und Schätz beschauet, die er auch alle wohl zehen Tag vor seinem Tod zu ihm[1] hat bringen lassen und unter sein Häupt setzen, als wöllt er sie (achte ich) mit ihm in jene Welt nehmen. Darnach hat er weit und breit nach Ärzten geschickt, denselbigen groß Geld verheißen, wo sie ihn gesund machen. Do er aber zuletzt gesehen, daß es geton und kein Hoffnung mehr sei, hat er bitterlich geweinet, sich ganz übel gehalten, doch mittlerzeit ihm sein Geld und was er Liebs gehabt, zeigen und oft zu Gesicht bringen heißen, sein Rechenbücher hören lesen und ihm lassen sein Gewinn und Wucher rechnen. Ja, do er mitten im Tod gelegen, hat er wohl sechshundertmal ausgeschrien: „O mein Geld! O mein Wohnung und Güter! O mein Lehen!" Dann hat er ein greulichen Anblick[2] geben den Umständern[3], die er wißte bald nach seinem Tod alles sein Gut hinwegnehmen und ihm des kleinen Dank nachsagen werden. Da ihm auch die Augen gebrochen waren und er seines Gesichts beraubt, hat er noch, so lang er gemöcht[4], mit beiden Händen zu seinen Schätzen gegriffen. Ist das nit zu lachen? Oder ist jemand, den erbarm, daß einer nach einem solichen Leben ein solich End nähme?
Ehrnhold: Mich erbarmet es gar nit, bin deiner Meinung und wünsche allen geizigen Geldfressern, daß sie mit ihrem gro-

1 sich. – 2 Blick. – 3 Umstehenden. – 4 gekonnt.

ßen Schmerzen verlassen müssen, was sie mit so großer Begier gesücht und erworben, und daß sie solicher Verlust in ihrem Herzen peinig und martere. Wär ich auch bei diesem Pfaffen, do er starb, gewesen, ich wollt ihm sein Geldkasten vor seinen Ohren geschüttelt und erklängt haben, uff daß, wann er sein Geld nit mehr hätte sehen mögen, dasselbig doch bis zu Ausgang seiner Seelen hören müssen. Also wenig söllt mich seins Jammers erbarmet haben.

Hutten: Du sagst recht. Und wär ich bei ihm gestanden, ich wöllt es selbst getan und ahn Unterlaß seiner unsinnigen Geizigkeit noch weiter Anreizung geben, die ihn vielerlei Maß erwegt[1] haben.

Ehrnhold: Das wär alles wohl hingangen. Sag mir aber nun, was ist dir Unlustigs zu Mainz widerfahren?

Hutten: Daß man mir den Historienschreiber Cornelium Tacitum, des etzliche Bücher neulich herfürkummen und zu Rom gedruckt sein, nit hat wieder drücken wöllen. Dann da ich solichs dem Drucker angab, hat er gesprochen, er gedörf es nit tun um einer Bullen willen, die der Papst deshalben hat lassen ausgehen, darinnen er, uff daß der römisch Drukker desto mehr gewinne, und aus keiner anderen Ursach, verbeut, daß man genannten Tacitum in zehen Jahren nit wieder söll drücken.

Ehrnhold: Muß nun Deutschland also lang sich Lesung desselbigen Buchs enthalten? Dann ich weiß wohl, daß die Bücher, die man zu Rom drückt, werden selten in Deutschland geführet.

Hutten: Das hat mich auch verdrossen und betrübt mich täglich mehr und mehr, daß ich sieh unser Volk also harte in seinem Aberglauben verharren und darvon sich nit abziehen lassen, so ganz närrisch, daß etliche meinen, sie müssen uff ein solich Bullen, die uns von guten Künsten und Schärpfung unser Vernunft abfordert, etzwas geben, hierum, do ich sah den Mißglauben des Drückers, daß er meinte sich schon des Teufels sein, wo er mir, allen Gelehr-

1 bewegt.

ten und Künstbegierigen zugut und Wohlgefallen, den Tacitum drücket, fragt ich ihn, ab irgedein neidischer Papst sein würde, der uns Deutschen bei dem Bann verböte, Weingarten hinfür zu arbeiten und Gold zu suchen, ab er auch meinte, daß wir angesicht solichs Gebots Wasser trinken und das Geld hinwerfen würden. Antwort er: „Nein, es würd nit geschehen." – „Meinst du dann", sprach ich, „wenn uns einer gute Kunst (das ein Ding ist, besser und mehr zu begehren dann Wein und Gold) verböte und uns hinfur nit mehr studieren wöllt lassen, wörden wir uns auch vörder[1] solicher Sießigkeit enthalten oder mit billigem Schmerzen der päpstlichen Bullen widerrufen und uns je trötzlich entgegensetzen?" Und als er meinte, wir wörden das letzte tun, sprach ich zu ihm: „Warum hast du dann ein Abscheuens, Tacitum zu Licht und vor der Deutschen Augen zu bringen, so doch kein Historienschreiber mehr von unserm Volk geschrieben und unsere Alten lob höchlicher gepreist[2] hat?" Mit solichen Worten und Disputation hatte ich ihn überredt, daß er das Buch zu drucken angenummen, wär nit gwest des Papstes Legat, der jetzo zu Mainz ist, derselbig hat ihn wieder abgeschreckt, die Sach fast[3] heftig machend, und gesagt, wo einer solichs tät, wie sehr und harte er den Papst erzörnen würde. Dieses hat mich (als billig) herziglich betrübt und in Zorn erwegt.

Ehrnbold: Nit unbillig, und ist wohl ein jämmerliche Sach das und dergleichen viel, so wir Deutschen leiden und tragen. Dann, wenn will es doch ein End nehmen mit den Bischofsmänteln, mit den Annaten, Pension und ahn Zahl dergleichen Raubereien? Wenn wöllen doch die Römer einmal ihren Dingen Maß geben? Ich förcht, wir Deutschen werden's nit länger leiden mögen, dann ihr unbillig Vernehmen[4], darmit sie uns vergwaltigen, nimmt täglich zu. Und hat ihre Geldforderung kein Aufhören, Weis noch Maß.

Hutten: Wie du sagst. Sie geben ihren Dingen kein Gestalt und halten in ihrem Leben kein Maße, so lasse ich mich be-

1 fürderhin. – 2 höher lobgepreist. – 3 sehr. – 4 Verhalten.

dunken, deutsch Nation hab wiederum Augen bekummen und erkenne jetzo, wie ganz unbilliger Weis sie bisher umgeführt und betrogen gewest, wie man das Volk so fälschlichen geblendt hat, ein freie, streitbare Nation, ein starkmütig Volk, viel stolzer Edelleut und Fürsten verschmäht und Verachtung gesetzt[1]. Dann ich hör jetzo ihr' viel gar sehr freimütiglich darvon reden und sich auch stellen, als wöllen sie das Joch unser Dienstbarkeit abwerfen.

Ehrnhold: Wöllt Gott, solichs geschäh, uff daß wir nit länger von Ausländern und unseren Nachbauren[2] veracht würden.

Hutten: Mich betriegen dann alle meine Sinn, so würd es geschehen. Dann ich sehe, an allen Örten nach Freiheit gedacht und Verbündnis darzu gemacht werden. Auch was vom Adel ist oder sunst ein ehrbär Gemüt hat, tragen ein groß Mißfallen und Ungeduld darinnen, daß die Güter, so unsere Ältern etwan[3] aus guter christlicher Meinung und Andacht zu den Kirchen geben, jetzo gehen Rom, ich weiß nit wem, gefallen, und daß man alle Jahr zu etzlichen Malen neu Schatzung[4] uff uns Deutschen legt, mancherlei Weis und Weg, damit man, was wir nach[5] von Geld haben, von uns bringe, erdenket, welche Kühnheit und Frevel dahin kummen ist, daß sie jetzo, von den' sie mit Betrug, Gleisnerei und Listen nichtes bringen mögen, durch Schrecken und Drau[6] mit Gewalt zu nehmen unterstehen. Ist das nit ein ungehörter, unbilliger Gewaltsam? Oder wie möcht man uns mehr und höher beschweren? Wie möcht man verächtlicher und schmählicher unterdrucken ein Volk, dem die ganzen Welt zu regiern gebührt und geben ist? Gleich als hätten sie uns mit Woffen und dem Krieg bezwungen und ihn' zinsbar gemacht. Derhalben ich ein große Hoffnung hab, dieweil es jetzo am höchsten ist und vielleicht weiter nit aufsteigen mag, es werde brechen, und wir werden erlöst.

1 sie verachtet. – 2 Nachbarn. – 3 einmal. – 4 Steuern. – 5 noch. – 6 Drohung.

Ehrnhold: Meinst du, der neu Kunig werd das tun?
Hutten: Das und noch viel mehr, dieser Nation gemäß, dem Reich, seinen Ältern und seinem Geschlecht gebührlich. Dann wie mächt er leiden sich veracht, die Seinen beraubt und noch darzu, von den' man stetes viel nimmt, dieselbigen am meisten verlacht und in Gespött gehalten werden? Ist irgedein Volk, das spöttlicher und verächtlicher zu Rom gehalten werde denn die Deutschen?
Ehrnhold: Vorwahr keines, dann zu Rom verlachen uns die Kinder und Alten, Weiber und Männer, Handwerker, Kaufleut, Pfaffen, Laien, Edlen, Unedlen, Herren, Knecht, und die Summ darvon zu reden: die Juden (Gefangen aller Nation) haben zu Rom Macht, die Deutschen zu verspotten. Doselbst hat man auch eigene Sprichwort von den Deutschen, damit man sie heimlich und offentlich berüft[1] und verfolget, als albere Gäuch mit der Nasen umführet, mit Fingern anzeiget, mit schandlichen Zunamen ausschreiet, in Schimpf[2] und Ernst als törichte Narren vexieret. Wiewohl sie uns doch anders keiner Narrheit schuld geben mögen, dann daß wir ihre Verspottung nit merken wöllen, daß wir zuviel glauben und uns in einem Aberglauben unser Gut, das man uns vorzeiten mit Woffen und Krieg nit hat nehmen mögen, jetzo spöttlich abschwätzen und gäuklen lassen, auch daß allweg also viel Deutschen zu Rom dienen um keinen andren Lohn, dann daß sie ihr väterlich Erb (dann wie soll ich anders nennen die unmäßlichen, überschwenglichen Mildigkeit unser Vörfahren, damit sie die Kirchen viel zu höchlich begabt haben) mit großer Bitt und Flöhen[3] erlangen mögen.
Hutten: Darum magst du wohl mit mir hoffen und ihren zukünftigen Fall erkennen.
Ehrnhold: Seitemal du mich des weisgemacht und mir ein Gemüt[4] eingesprochen hast.
Hutten: Du glaubst nit, wie ungeduldiglich und mit großem Zorn am nächsten Reichstag etzliche Fürsten zu Augsburg

1 ausruft. – 2 Scherz, Kurzweil. – 3 Flehen. – 4 Mut.

sein bewegt gewest durch des päpstlichen Legaten Red. Derselbig, als man ihm ein lange Prozeß[1] der Geistlichen hat angezeigt und er den großen Pracht und Ehr (darinnen wir unser Geistlichheit halten) erkennte, ist er, als ob das höflich geredt wär, uff diese Wort kummen: „Ei, wie schön Stallknecht haben wir zu Rom." Mit wölchen Worten er uns unsere Narrheit vorgeworfen, daß wir, die ein soliche Macht haben, uns zwingen lassen, den Kardinälen und Bischöfen zu Rom ihre Mülesel[2] krauen und ihn' schmähliche Dienst tun. Do ich nun sahe etliche über soliche Wort ihre Zähn zusammenbeißen und murren, hab ich mich auch freilich erzeigt und offentlich geklagt, daß es nit billig oder recht sei, auch dieser Nation ungebührlich, uns von solichen Leuten nit allein überwunden, sunder auch als in einem Triumph geführet werden. Dann es ist kein Gewalt verdrießlicher und unleidlicher, dann wo man des Vergwältigten noch darzu spottet und ihn zu seinem Unglück übet und trötzet[3].

Ehrnhold: Wöllt Gott, er redet oft soliche Wort und erhüb sich in seinem Übermut, damit wir Deutschen zuletzt uns schämeten, und sag, er hat die Wahrheit geredt. Dann wie er gesagt, geschieht es zu Rom. So sieht man vor Augen, daß jetzo schier keiner in Deutschland ein gute Pfründ hat, er hab denn zu Rom darum gedienet oder aber die mit Giften[4] und Gaben erworben oder um Geld von den Fuggern erkauft. Hat man aber den Legaten um solicher frevelicher Red willen nit mit Worten oder Tat gestrafet?

Hutten: Wie ich gesagt, wurden etzliche in Zorn bewegt, und ist wohl ein Gemümmel gewest, heimlich, aber doch also, daß man erkannt, die Sachen verstanden werden und die Deutschen sich ihrer Schand schämen, wiewohl er nichts daruff gegeben, sunder jetzo noch hat er den Himmel feil und hoffet, täglich Geld von uns zu lösen. Ja, uff daß du wissest, wie frei und trötzlich er in seinem Fürsatz bleib, hat er nächst in einer Versammlung der Fürsten Caro-

1 Prozession. – 2 Maulesel. – 3 gebraucht und aufreizt. – 4 Geschenken.

lum gescholten, ihn (als zum Kaisertum) an Leib und Gemüt untüglich[1] angezeigt und allen Fleiß dahin gewendt, daß er uns ein französisch Joch auflegte, des Reichs Würde und Herrlichheit von uns nähme, uns in ein unbilligen Bezwang und Dienstbarkeit brächt.

Ehrnhold: O Zeit, o Sitten! Soll dem edlen Jüngling, zu dem jedermann alles Gut verhoffen ist[2], ein solicher Gewalt widerfahren? Söllen die hochberühmten Deutschen ein solich Relation mit Geduld hören? Darf ich auch glauben, daß es also geschehen?

Hutten: Wie ich sage.

Ehrnhold: Und ist der Wolf nit in einen Strick fallen?

Hutten: Er ist ausgerissen.

Ehrnhold: Hat er auch in solicher Fahr[3] sich geförchtet?

Hutten: Nit ein Haar. Ja, mehr hat er sich selbst williglich zu solicher Botschaft dargeben. Und (als man sagt) anders nit ist sein Vorsatz gewest dann Sinonis', von dem Vergilius schreibt:

Mit freies Muts Beständigkeit
Zu einem zweier[4] Weg bereit:
Eintweder zu verfügen Not
Eim andern oder gohn in Tod.

Ehrnhold: Wo du nun würdest von den Dingen reden oder schreiben, laß ich mich bedunken, du möchst viel Leut bewegen.

Hutten: Ab sie nit gereit[5] bewegt sein, dann der Römer Trügerei (die bisher verdeckt gewest und nit idermann bekennt) hat jetzo ihren Deckel verloren, so treiben sie ihre Schalkheit so gar offentlich, so kühnlich und ohn alle Maßen, geben dem auch kein Gestalt, daß es ihn' nit wohl länger mag ausgehen[6]. Etwan, do ich zu Rom solichs mit einem von den allergrößten Buben geredt hab, ihn vermahnend, daß er sich in diesem Handel ein wenig geschickter

1 untauglich. – 2 erhofft. – 3 Gefahr. – 4 zweierlei. – 5 schon. – 6 gut gehen.

und ziemlicher hielte, hör, was er daruff gesprochen, wie höhnlich und mit großer Verachtung er Antwort gab: „Man soll“, sprach er, „nit allein den Barbarischen kein Gold geben, sunder auch, wo man Gold bei ihn’ fünde, dasselbig mit List und Behendigkeit von ihn’ bringen.“ Uff solche sein unverschömte Wort hab ich mich nit erhalten mögen, sunder ihm aus freiem Gemüt mit diesen Worten begegnet: „Achtest du dann uns Deutschen zu diesen Zeiten vor barbarisch? Oder wie darfest du uns solichen Gewalt tun? Dann willt du die barbarisch nennen, die ein grob, unzüchtig und viehisch Leben führen, sich unfreundlich halten und kein Mildigkeit bei ihn’ haben, so sein wir weit von dannen. Heißt du aber barbarisch alle diejenigen, die auswendig Christenglauben leben, als Gratianus in den obverzählten Worten verstanden würd, so magst du je kein Volk anzeigen, das sich beständiger in dem Glauben und härter uber Christus’ Geboten halte dann unsere Nation. So sein allweg die Deutschen von allen Völkern der Welt vör getreu, redlich und gastmild geacht gewesen, haben in Geistlichheit und Forcht Gottes allweg alle Nation übertroffen. Aus was Ursach magst du uns dann mit einer solicher Annennung behöhnen und sprichst, man söll das Gold von uns nehmen? Oder meinst du, euer Wesen zu Rom dann das unser besser sein, die ihr (als Gott weiß) ein solich Leben führet, daß billig die ganze Welt um euch her als zu Ausleschung eines gemeinen Feuers, euch zu strafen und verdämpfen, aufstünde?“ Uff daß aber der Böswicht nit meinet, das bürgerlich Recht mir ganz unwissen sein, hab ich weiter zu ihm gesagte: „Weißt du auch, was in demselbigen Rechten auch von euch geschrieben steht?“ Und als ich hatt lassen das Buch Çodicem herbringen, weiset ich ihm das Gesetz, das der Kaiser Leo von den’, die durch Gab oder Geschenk zu Bistum oder geistlichen Lehen kummen, geben hat.

Ehrnhold: Es ist wohl ein hübsch und heilig Gesetz, und wiewohl es zu diesen Zeiten nit gehalten, sunder uff das allerschmählichst zuruckgeschlagen und verworfen, wär doch billig, daß es um seiner Nutzbarkeit willen in ewigem Gedächtnis bliebe.

Hutten: Dieweil ich mich versieh, daß du es auswendig Buchs sagen könnst, so sag es her, daß wir hören, wie ich dem Geldfraß begegnet bin.

Ehrnhold: „Ob jemand in dieser kün'glichen Stadt Konstantinopel oder in andern unsern Landen, die in aller Welt zerstreuet sein, zu bischoflichen Wirden aus Gotts Geschick[1] gefordert würde, derselbig soll aus reinen Gemüten der Menschen, aus bloßen Gewissen der Wahl, aus lauterer Wohlmeinung und Achtung männiglichs dohin gefordert werden. Niemand soll den priesterlichen Stand mit Gelds Bezahlung erkaufen, sunder soll ein jeder seinen Tugenden und nit dem Geld oder Gaben nach geacht werden. Dann welcher Stand wär sicher, welche Sach mocht behalten oder beschirmet bleiben, wo die wirdigen Kirchen Gottes durch Geld erfochten sollten werden? Wie mocht man Redlichheit vermauren, Treu und Glauben verzäunen, wo der verflucht Hunger des Geldes inwendig die ehrlichen Gottesgemach schluffen[2] würde? Ja, was möchte zuletzt sicher sein oder ahn Fahre, wo die unversehrte Gottesheiligkeit sich versehren und ärgern[3] ließ? Hör uff, du verbannte Begier der Geizigkeit, dich zu den heiligen Altaren nähen! Abgetrieben werde von geistlichen Stätten das peinlich Laster! Und hierum soll man bei unsern Zeiten einen keuschen, demütigen Bischof weihen, der, wohin er kumme, durch Frummkeit seines Lebens alle Ding reinigen und zu Besserung weisen müge. Und soll hinfür nit durch Geschenk, sunder mit angelegte Bitt ein Bischof geweihet werden. Derselbig soll so weit von dem Ehrgeiz sein, daß er sich darzu lasse suchen und zwingen, daß er gebeten entweiche, gefordert entfliehe, daß man ihn so heftiglich darzu bitte, daß er mit keiner andern dann angezeigter Not Entschuldigung sich des Bistums entschlagen möge. Dann wahrlich

1 Anordnung. – 2 schlüpfen. – 3 verschlimmern.

unwirdig ist ein jeder des Amts, er werde dann wider seinen Willen geweihet."

Hutten: Ja, als ich ihm das Gesetz also weit gelesen hatte, sprach ich zu ihm: „Konfirmierent ihr Römer uns Deutschen dieser Zeit auch soliche Bischof? Oder würd, der euch mit den meisten Geld überschütt, am ersten auch darzu gefordert und bestätiget?" Antwort er: „Ihr Deutschen habt doch frei, einen iden Bischof zu wöhlen." Sprach ich: „Das ist wohl wahr, sie müssen aber nit Bischof sein, sie käufen dann vorhin zu Rom einen Mantel. Wie mag das dann ein frei Wahl geheißen werden? Ja, billig möcht man es nit eines Bischofs Erwählung, sunder ein Anzeigung des, der euch Geld zu geben wirdig oder tüglich sei, genennet werden. Darum gib mir Antwort uff ein Frage: Mag man auch billiger Türken (die mit uns um Land und Leut kriegen) Feiande[1] Christi nennen dann euch zu Rom, welche die wirdigen Gotteskirchen mit Geld überwindlich machent? Ja, welche ihr jetzo die Himmel verkaufet, habt durchbrochen die Mauren der Redlichheit, niedergerissen die Umzäunung der Treu und des Glaubens, welcher unersättliche Goldsbegier, nit mehr verhehlends, in die heiligen Gotteshäuser schlüfft, sunder auch jetzo inwendig denselbigen mit Trotz und Übermut regieret. Ihr habt die unversehreten Heiligkeit versehret, die Reinigkeit der jungfräulichen Kirchen geschändet und verunreiniget, ihr habt zu einer Mordgruben gemacht das Haus des Gebetes, aus welchem, wann je Christus wieder uff diese Welt zu uns abher käm, euch viel zorniglicher dann er etwan die Käufer und Verkäufer treiben würde. Dann dieselbigen hatten allein schnöder und verächtlicher Ding einen Markt aufgericht, aber ihr bringt zü Kauf alle Geistlichheit, die Kirchenlehen, Christum selbs und die Gnad des Heiligen Geistes. Söllt man dann nit größern Fleiß haben, euch dann die Türken zu bekriegen und weit hinwegzutreiben, die ihr feilhabt Gott, die Altar, die Sakrament, die Himmel und alle

1 Feinde.

dergleichen? Die ihr auch mit euerm ärgerlichen, schalkhaftigen Leben Ursach seid, daß die Ungläubigen nit Christen werden, dieweil sie euch, die andern Seligkeit zu geben vermeint, in solichen bösen Sitten leben sehen. Auch so sein wir von den Türken allein Fahre des Kriegs (dem uns leicht ist zu widerstehen) gewarten. Es mag vorwahr niemand also ohn Sinn und Vernunft sein, der, wann er euch also leben und doch über Geistlichheit regieren sieht, nit lieber wölle bei seinen alten Irrtum bleiben dann in ein neues Mißleben vornehmen[1]. Hierum ihre, die euch mit Worten vor Schäfer und Hirten der Gottesherd ausgebt, seid in Schein der Wahrheit Räuber des christlichen Volks. Dann ihr nit wie die Aposteln ausbreitet das Evangelium, sunder treibt Geld zusammen, verhüt nit (als eim Hirten gebührt) die befohlene Herd, sunder wie die reißende Wölf pflegen, würget und verwüstet ihr die Schaf und seid jetzo nit mehr (wie euch gebühren wöllt) Fischer der Leute, sunder denkt ihr Reichtum zu fahen, Gold zu erjagen und stellet nach Gewinst, halt Fleiß, fremde Erb anzufallen, und meinet doch, was Gott Sant Petro Gewalts geben hat, frevelich uff euch zu ziehen, macht den christlichen Namen mit euerm Liegen und Triegen, mit euern aufsätzlichen bösen Stücken und Bibereien der ganzen Welt schmählich und verhaßt. Hierum bekehret euch zum rechten Weg und besseret euer Sitten! Bindet diese euer Geizigkeit! Treibt ab von den heiligen Gottshäusern das peinlich Laster! Lebt keusch und geistlich, uff daß andere euch zu einem Beispiel haben, folget nach Christo, uff daß andere euch folgen gedörfen! Dann dieweil ihr euch also haltet, daß ihr auch die Kürbis (wenn sie euch Geld gäben) Bischof ließet sein, werden alle der Sach Verständigen euch hassen, die aber euerm Irrtum nachfolgen, ihre Seel vertümen[2]. So steht euch auch, Aufsehens zu haben, daß nit einmal die barbarischen Deutschen weis und verständig werden, dann viel zuviel mißbrauchet ihr euch unserer Einfältigkeit, also daß ihr keinen Genügen

1 hineinzugehen. – 2 verdammen.

habt, uns des Gelds zu berauben, sunder auch uber das ihr uns Unrecht und Gewalt tut, spottet ihr unser noch darzu, mehret den Schaden des Gutes mit Behöhnung der Wort. Und die ihr gewaltiglichen beraubt und geplöndert habt, den sagt ihr noch solichs in Spöttlins Weis und mit Lächerei vör, uns schmählich verachtend."

Ehrnhold: Mich dedunkt schon, wie ich des Buben Angesicht sehe, der sich gegen solicher deiner Straf ganz entfärbet hab und verbleicht sei.

Hutten: Ja wohl erbleicht! Weniger hat ich ihn bewegt, dann (als Virgilius sagt):

Ein starker Fels im Meer steht fest,
Kein Wind noch Flut sich wegen[1] läßt.

Solch Tratz und Kühnheit ist bei ihn. Hast aber du je gemeint, daß man sich zu Rom auch der Schanden schäme und dargegen entfärbe?

Ehrnhold: Ich weiß wohl, daß sich die Romanischen nit fast schämen. Was antwort er aber auf deine Wort?

Hutten: Anders nit, dann dieses Gesetz sei von einem Kaiser, der über keinen Papst jetzo Macht hab, sunder den auch ein Papst zu diesen Zeiten unter seiner Gehorsam halte, gegeben. Hierum sei es unmächtig und werd nit angesehen. Darneben treib er noch viel unverschämter, unbilliger Wort.

Ehrnhold: Lag ihm da nit dein Faust uff dem Gefreß[2]?

Hutten: Vorwahr hätte sie ihm müssen daruffliegen, wär es nit zu Rom gewesen.

Ehrnhold: Werden sie sich nit noch selbs mit solicher Weis zu Unglück und Verderbnis bringen, würd es mich wunder nehmen.

Hutten: Ahn Zweifel werden sie, als sie auch selbs vermerken und sich bedunken lassen, dann sie sehen jetzo, daß man täglich von ihrem Mißleben, Übermut und Tyrannei sagt und schreibt. Hast du nit gehört, was Vadiscus, der nächst auch hie gewesen, von ihrem Regiment gesagt? Der-

1 rühren. – 2 Maul.

selbig, ihn' zu großen Schanden und Schaden, offenbaret alles, das er zu Rom gesehen. Und erweckt den Kurtisanen und ihrer Gesellschaft einen großen Haß bei allen Menschen.

Ehrnhold: Ihn selbs hab ich nit gehört. Aber der Burgermeister Philips hat mir viel von seinem Gespräch und wie freimütiglich er solichs treib, gesagt. Derhalben ich willens war, ihn zu hören, do fiel mir, ich weiß nit was Geschäftes darzwischen. Mittlerzeit ist er hinweggereiset.

Hutten: Du hättest Wunder gehört, und nit allein hätte dir sein Red wohlgefallen, sunder auch hättest du Wunder darab gehabt, wie zierlich und mit scharpfen Sinnen er das wüßte anzugeben, dann er braucht in dem ein neue Weis und seltsame Art.

Ehrnhold: Lieber, wie?

Hutten: Do wär viel von zu reden, so ist die Zeit kurz, und ich werde noch[1] zu Hof gehen müssen.

Ehrnhold: Sag mir vor[2] von diesen Dingen.

Hutten: Ich hab nit Zeit.

Ehrnhold: Nit Zeit? Als ob du also zu Hof dienest, daß du dich stetes binden lassest und nit etwan ein Stund oder zwo zu deinen Studio oder aber guter Gesellschaft brauchest. Lieber, sag her und laß dich nit lang bitten.

Hutten: Willt du dann auch in meiner Sach, als du wohl weißt, Fleiß haben?

Ehrnhold: Ja, wahrlich ernstlichen Fleiß.

Hutten: Und meinest mir jens zuwegen zu bringen?

Ehrnhold: Wo es müglich ist.

Hutten: Du willt es aber unterstehen[3]?

Ehrnhold: Mit allem Fleiß und Arbeit. Was darf es aber viel Wort? So du wenig Zeit hast, wöllen wir die nit unnützlich verlieren. Hierum heb an die vorgenommen Red.

Hutten: Ich hab es aber nit alles, wie ich von ihm gehört, behalten.

Ehrnhold: Sag, soviel du weißt.

1 jetzt. – 2 vorher. – 3 wagen, auf dich nehmen.

Hutten: Wir haben nit Tags genug darzu.
Ehrnhold: Meinst du das?
Hutten: Du würst ein lange Red hören.
Ehrnhold: So viel, desto lieber, will ich sie hören.
Hutten: Uff daß du dann sehest, daß ich ganz kein Beschwernis hab, dir zu dienen, so will ich mich daruff verlassen, daß ich ein gnädigen Fürsten habe, und diesen ganzen Tag bis in die Nacht deinem Willen und Gefallen ergeben und dir die ganzen Sach verzählen.
Ehrnhold: Jetzo erst kummst du zu dir selbs. Und jetzo erkenn ich den alten Hutten bei dir.
Hutten: Erstlich, was er von den Römern (wie die dann jetzo Römern seind, dann er nennet sie Romanisten) zu sagen wößte, hat er uff ein Dreifaltigkeit gezogen. Und war sein Red also gestalt, daß alles, so jetzo zu Rom böslich, sündlich oder mißbrauchlich geschieht, in gedritts Weis verzählet würde.
Ehrnhold: Ich will es gern hören.
Hutten: Eins will ich dir aber zuvor sagen. Es seind viel seltsamer Wort darinnen, die latinische Sprach nit wohl leiden mag, da laß dir nit ab grauen.
Ehrnhold: Ach, grauen! Als ob ich so zarte Ohren hätte, daß ich bös Latin nit hören möcht, oder nit wüßte, daß die Römer und Kurtisanen nit viel Latins können. Hierum sag an von den Kurtisanen, von den Kopisten, Kammerfegern, von den Lehen, die man Kurat und die man nit Kurat nennet, von ihren Fakultäten, Gratien, Reservation, Regreß, Annaten, auch von dem Kreuzgeld, ob du willt, von ihren Aussprüchen, die sie in Rota lassen gehen, und von Patronenrecht[1] und dergleichen. Ich hab des alles keinen Verdrieß.
Hutten: „Drei Ding“, sprach er, „behalten Rom bei seinen Wirden: Autorität oder Ansehen des Papstes, Heiligtum und Kaufschatz des Ablass'.“
Ehrnhold: Fragst du dann nit, ob er auch meinte, dieselbigen

1 Patronatsrecht.

würde an einem jeglichen andern Orte, wo auch ein Papst die Wohnung hätte, sein werden, ob der schon gein Mainz oder Köllen von der Kirchen gesetzt würde?
Hutten: Ja, über das meinte er, einen jeden Bischof in seinem Bistum gleich Macht haben, als sie ein Papst zu Rom; sprach, Christus hätte allweg die Vergleichung[1] liebgehabt, sei ein Feind gewest des Ehrgeizes. Auch so begaben sich viel Red gegeneinander, dann zwischen dem Gedritten fragt ich vielerlei, wie ich dir das dann auch sagen will. Du sollt aber diese Rede nit mir, sunder Vadisco zugeben. Dann was ich von ihm gehört, werde ich dir verzählen. Und ist sein Meinung, es hab um den Ablaß gar nit ein soliche Gestalt, als die Römer vorgeben. Dann wenn der also große Kraft hätte, als sie sagen, möcht man ihn nit um Geld kaufen. So sei auch Sant Peter nit vollkummenlicher zu Rom dann an einem jeden Ort, do man sein mit Andacht gedenkt. Er sprach auch mehr, es sei nit einem jeden gut, gein Rom zu wanderen. Dann gemein'glich alle, so gein Rom ziehen, bringen dreierlei wieder mit ihn' heraus.
Ehrnhold: Welche drei?
Hutten: Ein verlipt[2] Gewissen, einen bösen Magen und leeren Säckel.
Ehrnhold: O wie geschicklich hat er diese drei zusammenbracht. Und ist die Wahrheit, dann dieweil ich zu Rom mit Essen und Trinken anderst dann mein Gewohnheit mich gehalten, hab ich noch uff diesen Tag einen undäuigen[3] Magen. So sehe ich niemands weniger Gott förchten, Eide und Pflicht halten, Ehr und Frummkeit achten, dann die sich Rom gebrauchen, doselbst mit den geistlichen Lehen, die käufend und verkäufend, umgehen als seint[4] die Kurtisanen. Auch darf niemand zweifelen, wie teuer uns Deutschen Rom täglich ankumme, dann keiner von hinnen ohn große Zehrung, schweren Kosten gein Rom zeucht. Uffs wenigst muß er des je etwas Schaden haben. Meinethalben

1 Gleichheit. – 2 aufgegebenes, verkehrtes. – 3 schlechten. – 4 seither.

mag ich wohl sagen wie in dem Gedritte: ich bin mit leerem Säckel wieder von dannen kummen.

Hutten: Von mir will ich schweigen. Aber Vadiscus sagt, er hab den Säckel mit dem Geld alldo gelassen. „Und wär ich länger da blieben", sprach er, „ich glaub, ich hätte müssen ohn Kleider, ja, ahn Haar abscheiden." Du weißt, Ehrnhold, daß du und ich, wiewohl wir nit um geistlicher Lehen willen zu Rom gewesen, dannoch viel gelitten haben, aber doch ohn unsern großen Schaden. Dann den größten Schaden achte ich derjenen, die von bösen Meistern zu Rom gelernet, haben ein weibisch Gemüt bekummen oder ihn' ihre Frummkeit verkehren lassen, ihre Gewissen vergiften.

Ehrnhold: Als jener Schwab, der von dir gescholten, daß er sich von einem Eide hätte absolvieren lassen, sprach: „Lieber, bedenk, daß wir zu Rom sein."

Hutten: Und der Kölner, der sich offentlich berühmt, er hätte ohn Sünde falsche Siegel uffgedruckt, dann es wär dem Papst zugut geschehen.

Ehrnhold: Als noch viel andere, die wir dergleichen wirken gesehen haben. Aber fahr mir du fort mit den Gedritten!

Hutten: Er sprach auch, Rom sei zu fliehen, um daß es dreierlei, die vor allen ein jeder Frummer unversehret behalten soll, ertöte und zunicht mache: gut Gewissen, Andocht zu Gott und den Eid. Uff dasselbig fiel mir in Gedächtnis, daß dreierlei, wenn man der gedenkt, die Römer verlachen: gut Beispiel der Alten, Sant Peters Papsttum und das Jüngst Gericht.

Ehrnhold: Das reumet[1] sich ganz wohl gegeneinander. Dann wenn man jetzo einem den Eid gibt, hat er die römischen Sitten angenummen, schlägt er den nit aus. Dann er ist gewiß, daß, wenn er will, ihm von dem Papst soliche Knoten aufgelöset werden mögen, daruff er meins Bedunkens zeugt, daß er sagt, sie ertöten den Eid.

Hutten: Ja, es ist wohl dieselbige Meinung. Dann was man hinwegnimmt, das ist nit mehr und würd vor tot geacht. So

1 reimt.

gibt man dem Papst durch einen Mißglauben zu, er möge, was geschehen sei, als wär es nit geschehen machen. Wer ist dann unter den Römern, der geistliche Andacht soviel als ein Haar achte? Oder kehret man zu Rom seinen Fleiß uff anders, dann Geld und Gewinn zu suchen?

Ehrnhold: Wer setzt ihm dann zu Rom vör, guten Beispielen der Alten zu folgen?

Hutten: Wohl hab ich gesehen zu Rom, die gleich wie etwan Simon, Domitianus, Nero und dergleichen gelebt haben, ein Weis annahmen, aber keinen, der gedächt, sich zu richten nach den alten heiligen Vätern. Dann wer zu Rom ein Wort sagt von Sant Peters Leben und seinem Bistum, des Red hält man vor ein lächerliche Fabeln. So haben sie zwo Kirchen gemacht, die anfänglichen, darin die Heiligsten gelebt haben, die sie aber achten als ein Vorbildung[1] und Schatten, die andern, die sie als vor einen Körper des Schattens und recht lebendig halten. Dieselbig ist ganz schön, ganz guldene und an allen Orten vollkummen. Dann sie ist von eitelen, aufsätzigen Betriegern, von Dieben, Kirchenräubern, gefälschten Notarien, simoneischen Bischofen, des Papstes Schmeichelern und von anders keinen Leuten. Dann ob schon irgedein frummer Bischof oder Kardinal zu Rom wär, den sündern[2] die andern weit von ihn', halten ihn auswendig der Kirchen. Uber das berühmen sie sich einer alten und etwan von ihn' selbs erdichten Übergebung, die ihn' Kaiser Constantinus söll getan haben, derhalben sie das ganz Römisch Reich gegen Niedergang der Sunnen als an sie gehörend fordern, und haben nach Inhalt desselbigen Privilegii in gewaltigem Beseß die Stadt Rom, einen Stuhl und Wohnung des Römischen Kaisers, wo einer wär, und ein Haupt des Reichs. So schlagen sie nit aus, als etwan Petrus getan, weltliche Herrschung und Regiment. Ja, sie führen Krieg darum zu Wasser und Land, machen Aufruhr, vergießen Blut und morden mit Gift.

Ehrnhold: Von ihrem Giftmorden wüßte ich wohl zu sagen.

1 gestaltetes Bild, Entstellung. – 2 sondern.

Hutten: So hast du auch gesehen bei Julius' Gezeiten, was sie vor Krieger seind.

Ehrnhold: Ja vorwahr, da er also viel tausend Menschen ums Leben bracht. O Gott, was Mensches! Ja, was Wunders! Sein Augen greulich, sein Angesicht erschrockenlich, er mit aller Weis und Gebärden grausam, mürrisch und unmenschlich.

Hutten: Wiewohl er aber ein solicher war und anfing einen schweren Krieg, desgleichen in Italien zu unsern Zeiten nie gesehen ward, als darin alle christliche Künig und Fürsten verwicklet und zusammengeknöpfet hätte, machent sie sich untereinander aufarbeiten[1], jedoch hat ihm solichs niemand unbilligen gedörfen noch entgegen reden, auch nur mit Worten, dergleichen, als sie im Virgilio Drances zum Turno sagt:

O Haupt und Ursprung aller Sach,
  Die uns han bracht in Ungemach,
Wenn hörest auf, in offne Not
  Das Volk zu führen und den Tod?

Ehrnhold: Das ist wahr, niemand hat es gedörfen sagen. Dann zu der Zeit forcht jedermann Julium. Hat aber Constantinus den Päpsten das Reich des Niedergangs gegeben, so hat Carolus zu förchten, daß ihm nichtes werde, weder von den Landen, die er ererbt, noch auch zu der Regierung, man ihn nächst erwählet hat.

Hutten: Soll es noch der Allerehrwirdigsten zu Rom Meinung ergehen, so würd ihm nichtes werden. Dann alle diese Reich seind der Kirchen.

Ehrnhold: Als ich dann verstehe, sein die vörigen Päpst sehr mild gewesen, die nit aller Ding, so ihn' gegeben, Beseß haben nehmen wöllen, sunder an einem Teil genug gehabt, das ander den Künigen gelassen und leiden mögen, daß ein Kaiser in diesem seinen Teil, wiewohl das nit fast groß ist, bleibe.

Hutten: Es ist nit von Mildigkeit geschehen, sonder Unver-

1 schlagen sie sich in Stücke.

mögenheit. Dann do sie erst diese Übergebung gedicht[1], haben sie förchten müssen, wo sie alsbald alles einnähmen und nit ein Teil nachließen, daß alle Künig und Fürsten sich einträchtiglich zusammenwürfen und wider sie setzeten; den hätten sie dann nit mögen widerstahn. Daß aber der Betrug aus päpstliches Geizes Anreizung und Bewegnis erdicht sei, ist doher abzunehmen, daß, wo die Päpst und Pfaffen zu derselbigen Zeit von solichen Sitten als jetzo gewest, hätten sie ihn' vorwahr nichts entziehen lassen. Seind aber die Bischof zur selbigen Zeit, als ich keinen Zweifel hab, eines geistlichen frummen Lebens gewest, hätten sie soliche ungebührliche Gab nit angenummen. Haben nun dieselbigen Constantinum, als der ihn' ungebuhrliche Ding anbiete, mit seiner Übergebung nit zugelassen, mit was Rechtes mögen dann ihre Nachkummen wiederfordren, das ihre Vorfahrn ihn' nit gemäß geacht und darum den Übergebern williglichen wieder zugestallt, ja, sie vielleicht gebeten, solichs nit auf sie zu anderen[2]. Wahr ist, daß kein Papst nie zu Beseß des vierten Teils der Land, die sie sprechen, ihn' von Constantino gegeben sein, kummen ist. Und daß ich des andern geschweige, die Stadt Rom, die sie bevor nie inn'gehabt, haben sie erst etzliche hundert Jahr nach Constantinus' Zeiten eingenummen. Also langsam sein sie kummen zu Beseß des minsten[3] Teiles von dieser so alten (wie sie sprechen) Übergebung. Uber das, hätten sie je wöllen, das man ihn' gegeben, wieder mit freiem Willen von ihn' stellen[4], wär das auch ohn Mittelsbrief und Siegel, die sie von den Künigen und Fürsten darüber genummen, beschehen? Haben sie nun das Privilegium Constantini, als sie anzeigen, also fleißiglichen bewahrt, wer will dann glauben, daß sie Gezeugnis ihrer Mildigkeit also verwahrlost? Es seind Schwänk. Ja, das sag ich, wie mir zu Herzen, so halt ich gänzlich, das Privilegium Constantini sei also geboren: Als etwan uff ein Zeit ein geiziger Papst einen Vorteil ersehen, dardurch er hat verhofft, Italien unter sich zu bringen,

1 ersonnen. – 2 übertragen. – 3 geringsten. – 4 von sich tun.

hat er erstlich ein Teil angefallen; do ihm nun dasselbig als ein nützlich Ding wohlgefallen und sich doch nit domit (als dann des Geizes Fleiß nimmer zu ersättigen ist) begnügen hat lassen, sunder gedacht weiter um sich zu greifen, und die Zeit vielleicht also gelegen ist gewesen, daß er in Ansehens Kleinmütigkeit und Mißglauben der Menschen Hoffnung gehabt, seinen Willen zu schaffen, und gedacht durch Einfältigkeit des gemeinen Volkes, Versäumung der Fürsten viel zu überkummen, hat er sein Gebiet geweitert. Dem haben dann sein Nochkummen gefolget, und ist des Räubens Gebrauch von eines Kühnheit zu der andern aller Gewohnheit erwachsen, bis zuletzt ein sehr weiser Papst kummen, der gemeint, der Kirchen einen großen Nutz zu schaffen, wo er diesen Sachen ein Befestigung mächt, hat er das göttlich Privilegium uff ein alt Pergamen, oder aber [eines], das er zuvor im Staub gewälzt hat oder sich mit Schimmel überziehen lassen, geschrieben, ohn Zweifel etzliche hundert Jahr nach Constantinus' Zeiten.

Ehrnhold: Wo aber das unangesehen der Papst Leo soliche Übergebung von Carolo forderen würd, was, meinst du, [habe] dann zu geschehen?

Hutten: Was anders, dann daß er, Carolus, dargegen von dem Papst hinwider seine Gerechtigkeit fordere und bedenken werde, daß er ein Künig und Deutscher sei.

Ehrnhold: Und werd darum einen Krieg anfahen? Weit und breit alles durcheinanderwerfen, umkehren und verwüsten?

Hutten: Do sei Gott vor! Es soll darzu nit kummen.

Ehrnhold: Darnach die Römer auch ihren Dingen Maß und Gestalt geben werden. Wem möchten sie aber verschonen, die sich auch gegen den Römischen Kaisern Schmähens und Verspottens nit enthalten? Dann der Papst läßt keinen Kaiser sein, er fall ihm dann vor zu Fuß und entpfahe die kaiserlichen Kronen von seinen Füßen ab, verschwere[1] ihm auch das italianisch Reich und die Stadt Rom.

1 abschwöre.

Hutten: Der Papst Innocentius hat Carolum, der ein Behem[1] gewesen, in keiner anderen Gestalt zu Kaiser krönen wöllen, dann er sich ihm mit dem Eid verpflichte, im selbigen Jahr aus Italien zu ziehen. Wiewohl er ihn ohn das so gar veracht hat, daß er nit gewöllt zu ihm in Gespräch kummen, hat ihm einen Kardinal mit der Kronen entgegengeschickt und geboten, gein Rom nit zu kummen. Er hat ihn auch noch weiter um etzliche Städt, die er ihm hat müssen übergeben, geschätzt[2].

Ehrnhold: Der ist nit uff Erden zu leben, ich geschweig Kaiser zu sein, wirdig gewest, der soliche Unbilligkeit gelitten. Aber die Romanisten, als ich merken kann, glauben nit, daß die drei Ding, die sie so erbärmlich hie ermorden, am Jüngsten Tag wieder auferstehen und sie von denselbigen Rechenschaft geben müssen.

Hutten: Sie verlachen doch das Jüngst Gericht.

Ehrnhold: Ich glaub, sie ermorden es auch mit andern.

Hutten: Nit, dann wie söllten sie das ermorden wöllen, das sie nit glauben etwas sein? Anderst hätten sie auch wie ander Leut Gewissen.

Ehrnhold: Und wären nit so viel heimlicher Giftmörder zu Rom.

Hutten: Darum sprach Vadiscus, drei Ding wären überflüssiglich zu Rom: alte Gesicht, Gift und zerbrochene Mauren. Daruff ich sprach: „So seind freilich auch drei Ding aus Rom ins Elend[3] vertrieben: Einfältigkeit, Mäßigkeit und Frummkeit."

Ehrnhold: Wohl gesagt, dann die Sitten der Stadt Rom leiden nit Einfältigkeit. So führt niemand zu Rom ein mäßigs Leben. Wer ist dann daselbst frumm und redlich?

Hutten: In der Wahrheit selten einer, aber aus Achtung der Leut ein jeder, der viel Gelds hat oder sehr reich ist.

Ehrnhold: Wie du sagst. Solichs ist aber ein böse Achtung, und wär Rom viel nützer, dieselbige von ihr vertreiben dann das Gift der Skorpion, Schlangen und Taranten, das al-

1 Böhme. – 2 besteuert. – 3 Ausland.

lein dem Körper den Menschen tödlich ist. So ist sich auch über Rom viel mehr zu erbarmen, daß es von Tugenden, dem strengen, ehrlichen Leben und guten Gewohnheiten der alten Römer gewichen ist, dann daß so viel überscheinlich[1] hubscher Bäu darinnen zerfallen, so viel schöner und wohlgebaueter Häuser zerbrochen sein. Ja vorwahr, mehr ist das zu erbarmen. Man soll auch billiger beweinen und beklagen, daß anstatt der alten Scipion, Marcellen, Maximen, Caton, Metellen, Ciceron und Marien gein Rom kummen seind eitel Vitellien, Othen und mehr dann Nerones oder Domitiani, Werkmeister und Künstiger[2] aller Unkeuschheit, ergebene Knecht der Geizigkeit, zeitlicher Ehr Begierigen, die sich durch Grimmigkeit und Tyrannei bekannt machen, von allen Tugenden, aller Vernunft verlassen. Mehr, sag ich, ist solichs zu beweinen, dann daß die Stadt, so etwan von Märmelstein und Silber scheinbärlich gewest, jetzo von gebachenen Steinen[3] und Leihmen[4] in Verachtung kummen ist.

Hutten: Du hast ein scharf Verständnis. Wie gefällt dir aber, daß er weiter sprach: „Die Römer handlen mit dreierlei Kaufschatz: Christo, geistlichen Lehen und Weibern."

Ehrnhold: Wöllt Gott, allein mit Weibern! Und gingen nit oft aus der Natur.

Hutten: Viel wollt Vadiscus doselbst von gesagt haben, das er Scham halben unterwegen ließ, wiewohl sich die Römer selbst ihrer Schand gar nit schämen, dann sie an allen Orten darvon reden, als sich der rühmend. Und uff daß die Abbildung ihrer Gemut bleibe, schreiben sie Vers und Reimen dovon; und daß wir uns ab dem, so zu Rom geschieht, desto weniger wondern, was haben oft ihre Legaten und Geschickte hie in deutschen Land vor unsern Augen betrieben? Jedoch meint Vadiscus, drei Ding sein den Römern beschwerlich und erschröckenlich zu hören: von einem gemeinen Concilio sagen, einer Reformation des geistlichen Stands gedenken und daß die Deutschen jetzo Augen ge-

1 überaus glänzender. – 2 Künstler. – 3 Ziegelsteinen. – 4 Lehm.

winnen. Und darneben sie auch drei Ding besorgen und förchten: der christlichen Fürsten Einigkeit, Verstand und Merkung des Volks und daß ihre List und Trügerei an Tag kummen.

Ehrnbold: Vorwahr, der kennet Rom wohl. Dann möcht es iemer[1] zu einem freien Concilio kummen (welchs sie allein verhinderen und aufhalten, dann sie schmirzet noch die Wund, die sie in Concilio Niceno entpfingen) oder doch einmal Vorgang gewünn der Geistlichen Reformation, von der man lang und viel gesagt und ihn' oft darmit gedräuet hat, oder aber unsere Deutschen erkennen wöllten, wie man mit ihnen umgaht oder die Fürsten der Christenheit ein beständige Einigkeit unter ihn' machen und halten würden oder das gemein Volk unterscheidlich zu erkennen wüßte rechten christlichen Glauben und Aberglauben oder jedermann mit Augen sehen möchte und im Herzen verstehen die großen Schande und Schalkheite, so die Romanisten täglich betreiben, vorwahr, so möchte es dohin kummen, daß man nit mehr sehen würde Christum, die Himmel, das ewig Leben und der Seelen Seligkeit im Kauf stehen. Sie würden auch nit mehr die geistlichen Lehen verkaufen gedörfen, und glaub, sie würden ein mäßiger Leben fuhren.

Hutten: Anders nit.

Ehrnbold: Aber dem Concilio sein sie so gar wider, daß ich höre, der Papst zwinge alle deutsche Bischof in der Konfirmation, ihm zu Gott und den Heiligen zu verschweren, daß sie nimmer daran sein wöllen oder das forderen, daß je ein Concilium mehr werde.

Hutten: Man sagt es.

Ehrnbold: Ist es dann also, so möcht doch größer Sünd und Schand nit geschehen.

Hutten: Das bekenn ich, aber Vadiscus meint, drei Ding mögen Rom gegen allen seinen Gebrechen helfen und ihm heilsam sein.

1 jemals.

Ehrnhold: Welche?
Hutten: Bekehrung des Aberglaubens, Hinwegnehmung der Offizien und Umkehrung des ganzen Wesens zu Rom.
Ehrnhold: Mit dem letzten wär es allein genug. Dann wär der Romanisten Regiment und ihr böses Leben umgekehret und verandert, so möcht auch der Mißglaub nit Statt haben. Wo dann ihre schandhaftigen, bösen Gewohnheiten (daß Gott bald gebe) zu Besserung bracht, würden nit mehr Officia sein, die sie jetzo also gar nit denken abzutun, das man auch dem Papst Julio vor ein großes Lob rechnet, daß er die Zahl derselbigen gemehrt hab. Wir söllen aber wünschen, daß anstatt der Offizien zu Rom, die (als wir sehen) Werkstätt sein aller Betriegerei, Untreu, Schanden und Lasters, darinnen man als in einer Schul lernet Verfihrung, Aufsätzlichheit und allerhand böse Stuck, darinnen man als in einem Krämerladen alle Unfrummkeit und Bosheit feil hat, in Gebrauch kummen solich Officia, als von denen die Weisen und Gelehrten viel geschrieben haben, die auch der Menschen Gemüt zieren und werden sunst Tugend genennt.
Hutten: Drei Ding hält man zu Rom in großem Werte: hübsche Frauen, schöne Pferd und päpstliche Bullen.
Ehrnhold: O Frauen, o Pferd und o Papst! Soll man uff soliche Ding größer Fleiß haben dann uff den christlichen Frieden, unsern Glauben, die evangelischen Wahrheit und, die Summa darvon zu reden, dann uff die christlichen Liebe? Wenn ist aber das Christi, unsers Herren, Meinung oder Gedank je gewesen, einen nach ihm zulassen, der sein gottlich Gesetz und Ordenung zurückschlüg, ein neues, unchristlichs Leben führte, die ganzen Welt mit Ablaß und Bullen vexieret und belästiget? So auch ein Papst oder Bischof ist zu einem Hirten der Seelen gesetzt, was darf er dann einem, dem er das ewig Leben oder Himmel gibt, ein Bullen darauf schreiben oder versiegelen, so doch in Geschäft der Seelen weder Brief noch äußerlichs Gezeugnis vonnöten ist, sunder eines guten Gewissens, welches Gott

dermaßen kennt, daß er als menschlicher Gedanken erfahren niemands Anzeigens noch Beweisung darüber bedarf. Was tut dann mit hübschen Pferden ein Vicarius Christi, der nit mehr dann zu einem Mal uff einem ungestalten Esel gesessen ist? Will er Krieg führen? Vorwahr, Christus hat die Krieg gescholten und ruhesam Leben gelobt, zu dem Frieden geraten, den er auch seinen Nachkummenden als zu Erbteil gelassen hat. So ist es fast weit von Christus' Meinung oder Lehr, die Weiber vor allen Dingen liebhaben, durch Unkeuschheit Lusts pflegen, und dasselbig beschehen von denen, die er gänzlich nach dem Geist hat leben heißen und ihn' auch kaum in der Ehe Wollust des Leibs zugelassen. Oder hat der Papst Callistus darum den Pfaffen die Ehe verboten, daß sie dardurch vor andern zu bubischem, unzüchtigem, unfrommlichem Leben gefreit[1] und der geistlichen Sach von der heiligen Ehe in einer schändlichen und lästerigen Büberei geandert würde?

Hutten: Drei Ding (sagt Vadiscus) sein in gemeinen Brauch zu Rom: fleischlich Wollust, köstlich Kleider und Hochfart oder Übermut.

Ehrnhold: Vorwahr sein die drei fast gemein. Aber nit allein hat man zu Rom Unkeuschheit vor[2] ein Regiererin menschlichs Lebens, sonder auch legen die Romanisten ihre Sinn daruff, wie sie in mancherlei Gestalt und uff seltsame Art, auch wönderlicher Weis und wie vor nie gehört Unkeuschheit pflegen, damit sie auch den Kaiser Tiberium und seine Künstiger[3], die er Spintrias nennet, übertreffen. In der Summ davon zu reden: schlechtergestalt und gewöhnlicherweis Unkeuschheit treiben, verachten sie und heißen es Baurenwerk, dann zu Rom tut man Ding, der wir uns hie zu reden schämen.

Hutten: So ist je auch ein großer Pracht alldo mit Kleidung.

Ehrnhold: Größer dann an keinem Ort.

Hutten: Und nit allein kleidet man zu Rom die Leut zierlich,

1 befreit. – 2 als. – 3 hier: Günstlinge.

es müssen auch die Mülesel geschmuckt sein, als mit Gold gezäumet, mit Purpur, Seiden und Sammet behänget. Wie großen Stolz und Übermut tragen dann die Romanisten!

Ehrnhold: Also großen, daß sie billig von jedermann darum verhasset werden. Derhalben mich oft wondert, daß man dem Heiden Diocletiano darum, daß er Edelgestein in seiner Kleidung gehabt und der erst unter allen römischen Kaisern ein künigliche Kron getragen, den größten Hochmut zuschreibt, so wir jetzo sehen einen christenlichen Papst seinen Schetel[1] mit einer dreifältigen Kronen zieren und die Fürsten der Welt ihm seine Füß küssen lassen.

Ehrnhold: Ich weiß wohl, daß Christus der Seinen Füß gewäschen hat.

Hutten: Ist dann das nit ein übermäßige Hochfart, Benamung der Seligkeit annehmen und sich den Allerheiligsten grüßen lassen, den, der noch im Körper lebt und vielleicht nit fast wohl, sonder verkehrlich lebt? Dann wem gedenkt eines frummen, ich geschweig, heiligen Papstes zu unsern Zeiten, ausgenummen, daß sich jetzo Leo der Zehent einen Wiederbringer des Frieds schreibt?

Ehrnhold: Nit allein mag uns keines solichen gedenken, sonder auch hör ich nit von den Alten, daß bei ihren Zeiten einer gewesen. Mehr finde ich auch in keinen Schriften und Historien, daß in etlichen hundert Jahren ein redlicher oder tüglicher Papst gelebt hab. Wohl sein ihr viel große Krieger gewesen, haben Städt und Schloß zerstöret, nach Geld und Gut gestallt, dem verdammten Geiz dienstlich gelebt. Der aber hitzig in göttlicher Lieb, in den evangelischen Schriften scheinbarlich[2] gelehrt oder mit Inbrünst seines Herzens zu wahrer Geistlichheit gericht oder gesinnt gewest sei, muß man weit hinter sich rechnen, bis einer funden werde.

Hutten: Hierum sollten sie den Namen billig fliehen.

Ehrnhold: Also sollten sie. Sag mir aber eins: Wie reumet es sich, daß die Kirch vor einen, der sich laßt allerseligst nen-

1 Scheitel. – 2 offensichtlich.

nen, bitte, daß er selig werde? Dann also singen wir in der Kirchen: „Wir bitten vor unsern Papst Leo. Gott woll ihn fristen[1], erquicken und selig machen uff der Erden."

Hutten: Wie sich auch andere ihre Sachen reumen und fügen.

Ehrnhold: Ist aber vor ein kleine Hochfart zu rechnen, daß zu unsern Zeiten der Vicarius Christi, als er sich nennet, einem Römischen Kaiser ihm die kaiserlichen Kronen von seinen Füßen ab entpfahen heißt?

Hutten: Vor allen groß und überschwenglich. Ich hör aber von etzlichen, die meinen, Carolus werde soliche Unbilligkeit nit leiden und werde die päpstlichen Füß nit küssen wöllen.

Ehrnhold: Wo dem also, was würde er dann verdient haben?

Hutten: Daß man ihne hoch verständig achte und spreche, er kenne sich selbs und laß die christlichen Wahrheit nit fälschen, die Herrlichheit des Reichs und seines Stands nit zu Verachtung kummen.

Ehrnhold: Und daß ihn die Allergelehrtesten Lob zuschreiben?

Hutten: Ja, mit ganzen Büchern.

Ehrnhold: Und daß ihm die Griechen ein Essen in Prytaneo zurichten?

Hutten: Ja, und daß ihn jedermann grüße einen Wiederbringer der deutschen Freiheit und ihm, wo er wandlet, entgegen- und nachrüfe: Du allerstarkmütigster, du allergerechtester, du allerfreiester Kaiser und ihn nenne den recht geistlichen und wahre christlichen Regierer. Wir kummen aber von der römischen Dreifaltigkeit.

Ehrnhold: So fah wieder an! Was sagt Vadiscus mehr?

Hutten: Dreier Ding pflegen die Müßiggänger zu Rom: Spazieren, Buhlen und Prassen.

Ehrnhold: Das ist wahr. Und anders pflegen sie nichtes. Dann die andern zu Rom, die man nit vor Müßiggänger

1 retten, vor Schaden bewahren.

achtet, sinnen, denken, trachten, wie sie mit Schreiben, Reden, Bitten und Schmeichlen Verräterei, Dieberei, Rauberei, Fälscherei und allerlei Betrug zurichten mögen.

Hutten: Drei Gericht essen die Armen zu Rom (spricht Vadiscus): Kraut, Zwiebel und Knoblauch. Herwider auch drei die Reichen: Schweiß der Armen, Gut, mit Wucher und Trug gewunnen, und den Raub des christlichen Volks.

Ehrnhold: Das gesegen ihn' der Teufel!

Hutten: Es sein auch dreierlei Burger zu Rom: Simon, Judas und das Volk von Gomorra.

Ehrnhold: Das ist wohl erschrockenlich zu hören, aber doch wahr, wiewohl sie die Simonei mit Worten höchlich verdammen, aber mit Werken also üben und brauchen, daß zu Rom gemeiner nichtes ist.

Hutten: In dem sie sich zuvoran verhaßt machen bei uns Deutschen, die sie so gar dumm und ohn Hirn meinen sein, daß wir zu überreden seien, wenn man Geld um etzwas gebe, daß solichs nit gekauft heiße. Wiewohl sie das doch so offenlich tunt, daß sie auch die Fugger lassen mit den geistlichen Lehen wie mit anderer Kaufmannschatz handelen und Fürkauf haben. Ich selbs, wiewohl das ein kleine Sach ist, hab etwan ums Geld von ihn' gekauft, daß ich uff Fastentage Butter und Milch essen möcht. Und als ich darnach gein Rom kummen, hab ich ein ganze Fasten aus nie kein Fleischbank zuschließen gesehen. Ja mehr, speiseten etzliche Kardinäl dieselbigen Zeit über Fleisch in ihren Höfen ohn Unterscheid.

Ehrnhold: Solichs haben wir zu Rom gesehen. Was ist aber nächst hie zu Frankfurt geschehen? Mit was großer Beweglichheit hat das Volk des Papstes Geschickte Kuchen[1] verflucht? Dann sie hielten sich nit nach christlicher Ordenung, sonder aßen die Fasten über allerlei Speis, unangesehen, was geboten oder verboten ist.

Hutten: Als sie dasselbig taten, ließen sie auch desto weniger Butterbrief von ihn' kaufen?

1 die Küche der Gesandten des Papstes.

Ehrnhold: Nichtesdestoweniger. Dann in dem behielten sie ihre Weis und Gewohnheit, nichtes denkend, ob sich das Volk ab ihren bösen Sitten ärgeren möchte. Dann hätten sie solichs ansehen wöllen, sie wären also scheinbarlich nit über die Gesetz getreten.

Hutten: Haben sie auch um solichs Red gehört?

Ehrnhold: Ja, von etlichen, und es ist ihn' mit Rüfen gesagt worden.

Hutten: Was antworten aber sie?

Ehrnhold: Die deutschen Fisch wollten ihren Mägen nit bekummen.

Hutten: Was sagt das Volk darzu?

Ehrnhold: Es glaubt vielmehr, daß sie Kargheit halber Fleisch essen, dann die Fisch waren teuer.

Hutten: Das reumet sich eben, wiewohl ich das nit fast bei ihn' zu schelten weiß, so sie doch ihre Bäuch zu füllen gedenken, ob sie das mit diesem oder mit jenem tun. Es ist auch die Meinung Christi nie gewest, Unterscheid in der Speis zu haben. Dann er heißt seine Aposteln, was man ihn' vorsetze, essen, wahin sie kummen. So ist das nach ihm auch Sant Paulus ernstliche Meinung gewest, der spricht: „Mit der Speis mögen wir Gott nit dienen." Und an einem andren Ort spricht er: „Esset alles, das man am Speismarkt feil hat, nichts fragende des Gewissens halber." Dieweil aber Päpste solich Gesetz haben gemacht, sollten sie und die Ihren uns je do selbst vorgehen, uff daß sie uns ein Beispiel und Anweisung wären der Ordenung, die sie gestiftet. So ist es ganz ein Unform[1], was sie selbst uffgesetzt haben, dasselbig übertreten und andern zu übertreten ums Geld erlauben. Aber wir wöllen wieder an die römischen Dreifaltigkeit. Du weißt wohl, uff was Art sich die Kardinäl zu kleiden pflegen, wie sie in langem Scharlach, das ihn' darhinten nachschleuft, reiten, darüber sich auch eigener Diener halten, die nichtes anders zu schaffen haben, dann daß sie den Kardinälen, wenn sie gehen, die Schwänz hinten

1 Unding.

nachtragen, und werden darum Caudatarii, das mögen wir Schwänzträger heißen, genennt. Uff dasselbig schimpfet Vadiscus und sprach: „Die Kardinäl schleufen drei schädliche Schwänz nach ihn': den einen an ihren Röcken, damit sie oft durch Aufweckung des Staubs in ganz Rom der Menschen Augen beleidigen. Den andern ihre Gesind und Dienstvolk, dann dasselbig ist gemeinlich von lautern Buben, Gassentretern, Rufiäneren[1], heimlichen Mördern, Buseronen[2], Verrätern, schalkhaftigen Kurtisanen oder aber von Leuten, die sunst übel gesitt, und einen verleumdten[3], befleckten Haufen.

Ehrnhold: Was besinnest du dich?

Hutten: Ich hab des dritten Schwanzes vergessen. Aber jetzo kumm ich wieder daruff. Der dritt Schwanz ist ihre Nahrung und Einkummens, dann dieweil dasselbig anders nichtes ist dann Betrugerei, Rauben, Stehlen, verschleufen und auskehren sie manchem Biedermann sein Armut mit solichem Schwanz, der gleich, als ob er Gift bei ihm hätte, was er anrühret, verlipet[4] und -letziget. Dann du weißt wohl, wovon die Kardinäl leben.

Ehrnhold: Daß sie nit von dem Ihren, weiß ich wohl, hab auch im vergangen Jahr gar ein jämmerlich Geschrei gehört über des Papstes Leonis Kreaturen. Einenunddreißig ganzer Kardinäl hat er auf einen Tag geschaffen, ich glaub, aus einem Ei gebrütet, dann sie nenneten all ein Mutter, die Kirchen.

Hutten: Und als er dieselbigen hatte geschaffen, zieret er sobald jetzlichen mit neuen Schwänzen, teilend unter sie die Land diesseiten des Gebirgs, darinnen sie liegen, triegen und bescheißen möchten, das ist geistliche Lehen verkaufen oder neu Pension uffsetzen. Von welchen Dingen, als Vadiscus ein lange Red hätt getan und ihn einer fragt, so der Papst den Kardinälen die Land also zu berauben untergäb, was dann er dieweil ihm vorbehalte, da er vor sich raubte, antwort Vadiscus: „Uber das der Papst eigene Städt

1 Kuppler. – 2 Lästerern. – 3 verrufenen. – 4 vergiftet, versehrt.

und Land, ein groß und weit Gebiet inn'hat, so seind noch Gratien und derselbigen etzliche, die man Exspectativas nennet. Es ist auch die Vorbehaltung im Herzen, Pectoralis reservatio genennt, der unziemlichst, schalkhaftigst, lasterlichst Trug, so je erdacht oder vörgewendt ward."

Ehrnhold: Wenn ich dieselbigen Reservation nennen hör, werde ich zu seufzen bewegt. Also ein großes Übel sagt man das sein.

Hutten: Vorwahr, als mich bedunkt, hat kein Landbetrieger oder Falsierer[1] einen schandlichern Betrug je erdacht, kein Zauberer ein lästerlicher Gespenst je vorgewendet. Dann sie überwindet alle Trügerei, gehet vor alle Lügen, übertrifft alle Bosheit. Aber ehe ich darvon sage, will ich dir zuvor in der Kürz viele Ding, damit Rom diese Nation höchlich beschwert, anzeigen, nit, wie das von Vadisco beschehen ist (dann derselbig hat nichtes ausgelassen), sunder soviel mein Gedächtnis hat tragen mögen.

Ehrnhold: Lieber, sag her. Dann ich hab mir vorgesetzt, meinen Magen, der solichs Grauens schon entwohnet war, wiederum uff ein Neues zu belästigen, damit wir kürzlich[2] diese unlüstige Speis verschlicken und den Ruf[3], damit die alte Wund überzogen war, wiederum abklauben. Sagt nit Vadiscus in solichem zum ersten von den Kurtisanen?

Hutten: Von den Kurtisanen sagt er wohl viel. Aber erstlich war sein Red, was der Papst und was andere raubten. Dem Papst gehören zu die Bischofsmäntel, was er daraus erkaufen mag. Auch ist sein eigen, was von Ablaß gefällt[4] und was man vor die Dispensation gein Rom gibt. Item, was seine Legaten von der Seiten im Namen des türkischen Kriegs in deutschem Land einsammlen und was er mag aus allerlei Bullen lösen.

Ehrnhold: Du darfst hie nit die Unterscheid anzeigen. Dann was ist vonnöten zu wissen, was ein jeder uns abnähme oder wie sie unser Gut unter sich teilen. Allein söllen wir unsern Schaden bedenken und die gemeine Erbarmnis mit

1 Falschmünzer, Fälscher. – 2 schnell. – 3 Wundschorf. – 4 einkommt.

inbrünstigem Schmerzen beherzigen, auch gegen dem Unrecht und Gewalt, so uns von den Romanischen geschieht, ob wir nit mit Rache Abköhrung erlangen mögen, sie doch mit Klagen und Entgegenrüfen, die Bitterkeit unsers Schmerzens bezeugend, widerstreben. Und sag erst von den Kurtisanen, was dir Vadiscus, ein Prediger dieser Tragedien, gesagt, auch von dem römischen Wesen und Stand, als wir auch selbs zum Teil gesehen haben und oft (nit ohn große Fahre) uns dargegen hören lassen. Was willt du aber von ersten und was hintennach verzählen? Und dieweil des Dings viel ist, was Ordenung willt du halten?

Hutten: Ah, Ordenung! Als ob in solicher Verkehrung ein Ordenung gehalten werden möge. Ahn das mich eines am meisten bewegt vor allen, darum ich von demselbigen erstlich sagen werde. Und ist, daß sie sprechen, uns geschehe nit Unrecht von ihm, zeigen an ein Bullen, Concordata principium genannt, welche, ob schon nach allem ihrem Inhalt verstanden und gehalten und ihr auch an keinem Ort entgegengetan würde, noch dannocht möcht man sprechen, uns künnt kein schwerer Joch oder schandlicher Bezwang aufgelegt werden. Nun aber wir sehen sie noch weiter greifen und auswendig derselbigen, mehr dann überflüssigen Unbilligkeit, uns beschweren, wie mögen wir denn sagen, sie in ihrer Bosheit einige Maß halten oder iemer denken, daß sie je uff einem Ziel, wie weit ihn' das auch gelegt würde, bleiben werden?

Ehrnhold: Vorwahr sag ich, sie sein nit deutsches Namens, ich geschweig fürstlicher Ehren wert gewesen, die anfänglich dieselbigen zwieträchtigen Eintracht mit den römischen Bischofen gemacht haben. Aber wir sein dreifaltige Narren, die, ob unser Vorfahrn etzwas geirret haben, das wir kehren mögen, uns dahin schwätzen lassen, daß wir bei lebendigen Leiben, mit gesunden Augen und freiem Willen zu unserm größten Schaden desselbigen Entgeltung tragen. Und das nit allein, sonder auch lassen wir uns täglich mehr und weiter mit Beschwerungen überladen. Ich achte aber, daß sie erstlich nit mit Gewalt oder ungestümiglich, sonder mit einer Listigkeit und Kunst zu solichen Sachen kummen sein.

Hutten: Wie du sagst. Dann mich auch bedunkt, der erst Weg zu betriegen sei gewest angenommene Gotteslieb und fälschlich vorgewendte Andacht. Dann sie haben vorgeben, es sei vonnöten, die Kirchen in Einigkeit zu behalten, und uff dasselbig die Oberkeit zu diesem ihrem römischen Bischof geschoben. Dem haben sie erstlich Macht gegeben, alle Bistum und fürstliche Lehen der Kirchen hie außen, ob die Verweser zu Rom stürben, zu verleihen haben, ob die aber bei ihren Kirchen abgingen, zu konfirmieren[1], und erstlich ohn Geld, darnach dort nach Pension, hie außen nach des Mantels Bezahlung denkend, welche sie dann mit der Zeit beide erlangt und an sich bracht haben. Mit diesem Bedacht, daß sie erstlich so ein geringes Geld darauf gesetzt haben, daß es verächtlich[2] hat sein mögen, dasselbig darnach je mehr und mehr ersteigt[3], also daß zuletzt alle Ding zu vielfältiglich aufgewachsen sein.

Ehrnhold: Mit solicher Schalkheit haben sie es dahin bracht, daß des mainzischen Bischofs Mantel jetzo noch soviel als vorzeiten gilt.

Hutten: Das heißen sie ein Straf. Dann in vergangen Jahren, als ein redlicher Bischof und der Ehren wohl wirdig gewählet ward und leiden mocht, daß ihn ein römischer Bischof konfirmieret, wollt ihm aber keinen Mantel abkaufen, bleib auch beständiglich uff derselbigen Meinung, hat ihn der Papst seinerzeit mit dem Bann geschossen, aber alle seine Nachkummen, um daß der Stift Mainz in solichen Ungehorsam (also nennen sie unsere Billigkeit) einsmals verwilliget hätte, zu einer ewigen Straf aufgelegt, hinfür allwegen das Pallium oder Bischofsmantel duppel zu bezahlen. Dann wie man von ersten hat zehntausend Gulden geben, forderen sie jetzo zwanzigtausend, darvon sie ihn' also gar nichtes abbrechen lassen, daß noch auch vonnöten ist, alle diejenen

1 bestätigen. – 2 unerheblich. – 3 gesteigert, erhöht.

zu Rom, die sich in der Sachen brauchen lassen, als die vorher tun, Antwort geben, zwei Wort schreiben, die Bullen und das Blei zu richten, auch die dasselbig hübsch Mäntelin nähen, mit großen Geschenken und Gaben behäglich zu machen, darzu ein große, herrliche Legation mit schwerem und unträglichem Kosten gein Rom zu schicken. Ob nun dasselbig in hundert oder zweihundert Jahren einest geschäh, söllt es doch um der ketzerischen, verflüchten Neuerung willen im Christenglauben nit gelitten werden. So hat man nächst im Bistum Mainz funden einen Alten, dem gedenkt[1], [daß] mit dem jetzigen Herren, Albrechten, acht Bischof zu Mainz [regiert haben]. Also viel Mäntel sein in einem Bistum in eines Menschen Gedächtnis gekauft worden. Und ist derhalben das Fürstentum also zu merklichen großen Schulden kummen, der gemein Mann so oft geschätzt worden, daß jetzo ein Bischof kaum soviel Inkummens hat, daß er seinen Stand darvon erhalten mag.

Ehrnhold: Ob es nun geschäh, daß jetzo dasselbig Bistum wiederum leer würde, meinst du auch, dieweil der Stift solichermaßen verderbt ist, daß man wiederum einen Mantel zu Rom kaufen würde?

Hutten: Gott behüt den frummen Fürsten! Wo sich aber ein Fall begäbe, weiß ich fürwahr, man würde wieder einen Mantel kaufen. Ach Gott, man würde ihn kaufen!

Ehrnhold: Es wär aber nit Geld do, und das Volk würde nit mehr steueren wöllen.

Hutten: Lieber, der Mißglaub ist so groß, daß sich die Leut selbes schätzen würden. Wo sie denn schon nit einträchtiglich in ein Schatzung verwilligen wöllten, würd man bald einen finden, der, uff daß ihm das Bistum zugestallt, den Mantel von seinem Eigen und Erb käufen würde.

Ehrnhold: So würd die Wahl nit statthaben?

Hutten: Nit, dann der Papst würd den armen und bedörftigen Erwählten als bischoflicher Ehren unwirdig nit konfirmieren oder bestätigen wöllen, aber diesen Wohlhabenden

1 der sich erinnern kann.

zulassen, wiewohl ich sehe, daß sich unsere Dumherren in solichem fast weislich halten, die vorkummen[1], daß der Papst nit gescholten werde.
Ehrnhold: Mit was Rat?
Hutten: Wenn sie sehen, daß der Stift nit Geld hat und die Gemein sich der Steuer halben Beschwerd macht, finden sie den Weg, daß sie etwan einem Reichen, der die Sach zu verlegen hab, ob er schon nit fast geschickt ist, wählen.
Ehrnhold: Derhalben würd uns billig vorgesagt, daß wir uns mutwilliglichen in soliche schandliche Dienstbarkeit und Bezwang ergeben und uns unsere Freiheit nehmen lassen. Es mag auch nit Gewalt oder Unrecht genennet werden, das einer von freiem Willen tut.
Hutten: Wie du sagst. Aber mehr vorweisen uns die Romanisten noch ihre Guttat, sagen von dem Fleiß, den sie, unsere Seel zu versorgen, tragen müssen, und wie sie ein Einsehens haben, daß kein Unwirdiger zu Bischof gewählet werde. Diesen Verdienst, als ob er von ihnen beschäh, werfen sie uns vor und wöllen mit der Weis, die sie mit Beschwerung überladen, noch mit Wohltat begabt haben, gesehen werden.
Ehrnhold: Ob man dann diesen Rat fünde, daß sich das Volk im Stift den Dumherren entgegensetzte, und der Adel wöllt einen frommen, wohlgeschickten Bischof haben, der nit allein nit Geld hätte, sonder des auch nit begehrte, saget auch den Dumherren, daß sie gedächten nit einen Pfennig gein Rom vor den Mantel zu schicken, sie nähmen oder sammleten das gleich, wo sie wöllten, würd nit solichs andern Stiften Beispiel geben und also die Beschwerd abgelegt?
Hutten: Es würd keinen Nutz bringen, dann man würd Fürsten finden, die den Mantel bezahleten und sich [durch] den Papst ließen Bischof machen. Die würden dann dasselbig Recht fürwenden, das gemein Volk und den Adel zwingen und also wider aller Willen mit Gewalt herrschen. Wie dann noch bei unserer Alten Gezeiten zu Mainz sich aus

1 vermeiden, vorbeugen.

solicher Ursach ein fast schädlicher Krieg erhaben hat, als in Zwietracht zweier Bischöf, der einen die Dumherren gewöllt, den andern der Papst bestätiget, die arme Stadt mit Gewalt überzogen, gewonnen und geplündert ward, der Stift in großen, verdörblichen Unrat[1] kame.

Ehrnhold: Ich merk wohl, durch welchen Weg die Päpst es dabei behalten, daß, wen sie wöllen, Bischof sei in deutschen Landen, und ihne von denselbigen nit weniger, dann ihre Geizigkeit erfordert, Gewinstes komm.

Hutten: Kein Gewinst ist ihn' aber gnug. Und aus der Ursach ist allweg der letzter Mantel teuerer dann der vörig, und steigt von Tag zu Tag je mehr und mehr auf, was die Romanisten hie pflegen einzufordern.

Ehrnhold: Hierum kann ich denken ein Arztei[2] sein, damit man diesem Schaden helfen möge, wo alle Deutschen einträchtiglich mit strengem Vorsatz und der deutschen Art gebührlicher Beständigkeit das römisch Joch abwürfen, sich der Bürden, die nit allein schwer zu tragen, sonder auch schandlich zu gedulden, entlüden und wiederum ihre alten Freiheit annähmen. Ich förchte aber, daß solichs der Aberglaub nit zulassen werd, dann derselbig gar tief in das Herzen der Deutschen gewurzelet hat.

Hutten: Es würd doch geschehen. Ja, darf ich sprechen, mit demselbigen Joch werden wir auch den Aberglauben hinwerfen und werden nachfolgens Deutschen verstehen, wie ein großer Unterscheid sei zwischen des wahren Gottes Ehr und der päpstlichen Tyrannei Dienstbarkeit, sehend, was wir also überflüssiglich den Romanisten geben, nit uff Geistlichheit gewandt, sunder zu Erhaltung des verdammten, allersundlichsten Lebens, vieler schandlicher, böser Buben gebraucht werden. Es werden auch die Leut nit mehr wie zuvor wähnen, unsere Mildigkeit, die wir in solichem Ausgeben erzeigen, wohl angelegt oder behalten sein, dann sie offentlich sehen, von derselbigen unnützen Geudischheit nichtes zu Gotts Dienst oder dem gemeinen Nutz, sun-

1 Unheil, Unglück. – 2 Heilmittel, Arznei.

der zu Anrichtung vieler lästerlicher, schandlicher, böser Werken, mit unserm großen Spott und Schaden, auch böser Nachred und Schand des gemeinen christlichen Glaubens bei Heiden und Türken gefallen. Dann was möchten die Ungläubigen an uns schelten, wenn sie uns nit der Romanisten Leben vorwürfen, sprechend: „So das die Häupter des Christenglaubens und also krank sein, wie mögen sich dann andere Glied desselbigen Körpers gehaben?"

Ehrnhold: Ist bös genug. Meinst du aber auch, den Körper, ob wir das sieche Häupt abschlügen, bei Leben bleiben mögen?

Hutten: Es kann nit wohl ein Körper ohn Haupt leben, so ist auch nit vonnöten, das Haupt abzunehmen, sonder mag man, was siechs ist, darvon scheiden, die Krankheit heilen und dem Gebrechen Ärztei tun. Gleicherweis als ein guter Arzt pflegt erstlich die Ursach des Siechtums hinwegnehmen und seine Wurzel, davon der wächst, ausziehen, uff daß darnach der Gebrechen, wenn er kein Nahrung oder Grund mehr hat, verlassen von seiner Macht, mit der Zeit selbs verschwinde und sich verzehre. Denn dieses Haupt (wiewohl das ohn großen Schmerzen von wegen der bittern Arztei nit wohl geschehen mag) ist dannoch noch zu heilen.

Ehrnhold: Das verstehe ich also, daß du meinest, wenn man die Geistlichen von ihrem überflüssigen Leben zöge, zu der wahren Geistlichheit kehret und sie ihres Amtes warten hieß, auch uff daß sie an ihrem geistlichen Leben kein Verhindernis mehr haben und aller bösen Anreizung abkommen, von ihnen nähme den großen, überflüssigen Reichtum, desgleichen auch ihre verkehrlichen, bösen Freiheit, darauf sie sich zuviel verlassen, und sie wieder setzte in die einfaltigen Bedörflichheit, in das unschuldig Armut. Dann vorwahr, als der griechisch Poet sagt:

Wär nit so viel des Nehmens ein,
So möcht oft einer frömmer sein.

Hutten: Anders nit. Aber du würst den meinsten Teil der Pfaffen finden, die um Süßigkeit willen dieser Krankheit angezeigte Ärztei nit werden annehmen wöllen, sonder allweg krank bleiben.

Ehrnhold: Man würd ihn' aber das nit gestatten, dann dieses ist ein soliche Krankheit, daß sie den', so doran siechen, wohltut, aber allen, bei den' dieselbigen Kranken wohnen, Schaden, Nachteil und Verdörbnis bringt.

Hutten: Hierum ist Arznei not, ob die schon den Kranken nit behäglich wär.

Ehrnhold: So werden aber viel, wenn man sie dermaßen nit mehr will krank sein lassen, förtan nit wöllen Pfaffen sein.

Hutten: Das würd auch nutz, gut und idermann erschießlich[1] sein. Dann also werden weniger Müßiggänger und derjenen, die jetzo niemands Nütz, aber vielen schädlich und verdrießlich sein.

Ehrnhold: Das geb der Seligmacher Christus, daß es bald geschehe.

Hutten: Es würd geschehen. Dann der Trug ist uffs höchst gestiegen, und dieweil es weiter nit kummen mag, muß es vonnöten fallen.

Ehrnhold: So würd aber, wo jetz hundert Pfaffen, darnach kaum einer sein.

Hutten: Und ihr wären auch überig genug, wenn von hundert einer bliebe. Es würd aber alsdann ein andere Rechnung gewinnen.

Ehrnhold: Wie das?

Hutten: Ich weiß es selbs nit eigentlichen, sonder laß mich etwas bedunken. So meint Vadiscus, es werd darzu kummen, daß man hinfür einen jeden Redlichen und Wohlgesitten werde mit Pfründen versehen. Der nit, dieweil er dohin gewählt sei, sich Müßiggehens befleiße, sunder um daß man sein Vernunft und Geschicklichheit erkannt hat, würd er zu solichem Stand erwählt werden. Darum würd ihm

1 förderlich.

auch Befehl geschehen, daß er sich im gemeinen Nutz brauchen lasse, und würd von andern mit nichtes unterschieden sein, dann daß er eins bessern Lebens und mehr vor die Gemein sorgen würd.

Ehrnhold: So würden alsdann auch die Pfaffen Weiber haben.

Hutten: Wo sie wöllen, uff daß sie desto weniger zu unehrlichem Leben verursacht werden.

Ehrnhold: Das behagt mir fast wohl. Dann, wo es darzu kummt, so mögen darnach auch du und ich Pfaff werden.

Hutten: Das halt ich auch. Und spricht Vadiscus, er wölle ehe nit geistlich werden dann zu derselbigen Zeit. Also fast mißfällt ihm alles, was die Pfaffen tunt, zuvoran Rom, daß er, dergleichen ich nie gehört hab, zierlich schelten kann. Vorwahr, mit seinen Worten hat er mir viel Dings wieder in Gedächtnis bracht, des mir schon vergessen war. Als dieses: Noch bei Menschen Gedächtnis pflagen die Päpst allein Bischof zu konfirmieren und fürstliche Lehen der Kirchen verleihen, aber jetzo haben sie einen Weg funden, daß sie auch der Pröpsteien sich annehmen, wöllen nunmehr auch etzwas von den Dechaneien und Dumherrnpfründen schätzen, und dasselbig nit allein in des Papstes Monaten, die sie ihn erstlich zugeeigt hatten, sunder auch wenn die Ordinarien zu leihen haben, in welchem sie gar fein halten die kostlichen Bullen, Concordata principium genannt. Von dieser Sachen wüßt Vadiscus gar hoflich zu reden und sprach: „Dreier Ding mögen die Romanisten nimmer ersättiget werden: Bischofsmäntel, Papstsmonat und Annaten."

Ehrnhold: Und mich Widerspiels[1] bedunkt, solicher Ding ihn' mehr dann zuviel geraten.

Hutten: Aber sie nit, dann ihr Geiz ist nit zu ersättigen. Wo sie dann ein Genüg hätten an der Bischofs Konfirmation, griffen sie nit weiter zu kleinen Prälaturen, und wo ihn' sechs Monat genug wären zu ihrer Rauberei, fielen sie nit

1 im Gegenteil.

mit Gewalt in die freien Zeit, wo sie auch an den Annaten, so durch Absterbung der Geistlichen gefallen, ein Genügen hätten, erdächten sie nit soviel seltsamer Weg, damit die Annaten aufbringen? Dann sie bedunkt nit, daß genug Pfaffen in Deutschland sterben, und haben in solichen Dingen die Kurtisanen den größten Gewinn. Dieselbigen braucht der römisch Stuhl als Schäffner, Unterhandler, Kundschafter, Anreger, Fürbringer, Forderer und Ratgeber in allen diesen Sachen, aber zuvoran beweisen sie ihren Fleiß und getreuen Dienst in dem Privilegio der romanischen Diener. Dann seitemal die Päpst ein Gewohnheit haben aufbracht und die in Concordata principium geschrieben, daß alle diejenen, so ins Papstes, der Kardinäl oder eines jeden Kalfaktors oder Stallknechtes zu Rom Dienst benennt würd, wer selbig sterbe, daß alsdann alle seine Lehen oder Pfründen der Papst zu leihen habe, und dann aus sonderem Geiz viel sich dohin richten, daß sie mögen Diener genennt werden (dann wer Diener ist, hat einen Vorteil vor andren, etzwas zu Rom zu erwerben), ist es darzu kommen, daß ohn Zahl Diener sein, das dann zu großem Nutz den Romanisten, uns dargegen zu unvergleichlichem Schaden und Nachteil reicht. Und ist der Kurtisanen Befehl, dieselbigen zu Rom, uff daß nichtes verschwiegen bleibe, anzugeben und verraten. Also würd Rom reiche gemacht.

Ehrnbold: Nun hab ich doch gesehen, daß, die Diener gewest, sowohl als andere haben müssen Lehen kaufen und ihr Sach mit Geld ausrichten.

Hutten: Das ist wohl wahr. Dann wer mag zu Rom etzwas ohn Geld erwerben? Wären sie aber nit Diener, würden sie zu solichem Kauf nit zugelassen.

Ehrnbold: Also hat allein Rom ein Privilegium, Simonei zu treiben? Dann anderswo ist das vor ein große und unvergleichliche Ketzerei gehalten. Wo aber viel Diener zu einem Mal um etwas bitten, wer scheidt die dann voneinander? Das Geld? Dann ich achte, wer das meinst Geld geb oder aber die höchste Pension uff sich legen lasse, der hab den Vorgang.

Hutten: Er hat wohl, wie du sagst, den Vorgang, aber dennoch geht solichs langsam zu. Dann wo der Papst das Lehen vielen zugleich hat zugesagt, muß man die Sachen verhören und Erkanntnis darin geben, welchen das am billigsten folge. Als sich dann auch begibt, sooft der Papst Gratien hat geben. Dasselbig ist ein solicher Betrüg, daß ich nit finden mag, wie ich den nennen oder wo ich dem stattgeben soll. Oft hab ich gesehen, daß einem zu dreien Malen sein Gratien geben und so oft auch widerrüft. Und alsdann erdicht ihm der Allerheiligst ein Ursach, warum er sein ausgebene Mildigkeit wiederum zu ihm[1] zöge und die verschlüße. Aber vor allen Dingen ist dem Papst nutz, daß viel zu Rom gehadert werde. Dann die Sachen, die gein Rom kommen und allda rechtlich ausgetragen werden, mehren ohn Maßen den römischen Schatz. Darum ist es Rom ein angenehm Ding, wann viel das Recht daselbs suchen. Dann sie bringen alle etzwas mit ihn'. Wo aber einer nichtes brächt, der würd ein böse Sach haben. Und nit allein würd ihm alsdann zu Rom nichtes geben, sonder auch, das er hat, benommen. Derhalben spricht Vadiscus, wer zu Rom handelen hab, dem seiend drei Ding vonnöten: Geld, Verschrift[2] und Lügen.

Ehrnhold: Aber mich bedunkt, es sei allein an dem Geld genug.

Hutten: Genug, wo des einer die Menig hat. Dann sobald einem des gebrist, ist not Liegen, Triegen, Dichten, Verheißen, Zusagen, Schweren und Meineidschweren, damit er solichen Gebrechen[3] erfülle. Hat er aber Verschrift, so ist not, daß die etwas größer Zusag und gewisser Hoffnung inhalten, sunst schaffen sie nit viel. Dann wo soliche Schrift von einem kummen, der reich von Geld oder mächtig von Gewalt, so ist sich wohl etzwas darauf zu verlassen. Dann drei Ding fürderen alle Sachen zu Rom: Gab, Gunst und Macht. Unter den' muß man die Gunst auch mit Geld erwerben. Dann wer günnt dem andern Gutes zu Rom, er wisse sein dann zu genießen?

1 sich. – 2 schriftliche Empfehlungen. – 3 Mangel.

Ehrnhold: Das wir zween zu Rom zu erwerben gedachten, darzu dorften wir keines bösen Menschen Gunst. Aber sunst haben wir andere viel gesehen in großer Verachtung daselbst leben, das sie mit Geld, wo sie das gehabt, wohl hätten wieder kehren mögen.

Hutten: Uff dieselbigen Meinung spricht Vadiscus: „Drei Ding einen jeden zu Rom erheben: Geld, Kühnheit und Unverschamtsein."

Ehrnhold: Ich sehe wohl, daß allweg Geld mitgeht, wiewohl Kühnheit auch etwas ist, daß einer ein Tat darf tun, um der willen man ihn des Lands verweisen oder im Kerker halten söllt. Und dieselbige Kühnheit begreift viel böser Stuck in ihr. Wer aber zu Rom aufkummen will, darf nit fast scheuen, ein groß Böswichts Stuck zu tun. Hierum muß man zu Rom unverschamt sein und vor keiner begangen Schand bald rot werden. Wie aber, Schonheit des Leibs, vermag die nit auch etzwas zu Rom?

Hutten: Etzwas. Und hierum sprach Vadiscus: „Drei Ding mögen an Gelds Statt zu Rom gebraucht werden: Schonheit des Leibs, Betrüglichheit des Gemüts und der beider Geduld."

Ehrnhold: Das seind sie, ah Gott, das seind sie. Dann welchen hat Schönheit (wo er sich der anders hat wöllen gebrauchen und ist die Jugend gewest) zu Rom nit erhaben?

Hutten: Einen nit weit von hinnen (den du wohl kennest, von dem man auch sagt, um daß er sich zu Rom nit männlich gehalten hab, sei er jetzo hie fast reich) hat sie selig gemacht. Dann Frauen und Mannen mag Wohlgestalt zu Rom nutz sein. Hierum soll uns billig der Deutschen Nation erbarmen, die von solicher Räudigkeit der Romanisten nit ein wenig sich hat verunreinigen lassen. Aber durch Scham sollen wir viel, das wir wohl wissen, nit sagen.

Ehrnhold: Das mein ich auch.

Hutten: Welche betrügen, aufsehen[1], abschweren, Meineid

1 aufpassen.

schweren, Wort geben, ein Farb anstrichen[1], einem das Maul schmieren, Btrug einmischen, Glauben brechen und allerlei Betrug üben, die mögent unter den', die Gut zu Rom erwerben, nit mit den letzten gezahlt[2] werden.

Ehrnhold: Wohl mit den ersten.

Hutten: Und die geduldig seind und Arbeit leiden mögen, uff daß sie Gebrechen des Gelds mit Dienst und Arbeit erfüllen, die schaffen auch wohl etzwas, müssent aber großen, unabläßlichen Fleiß und Arbeit haben. Dann zu Rom muß man um klein Geld groß Arbeit tun. Derhalben man auch sieht viel edeler Jüngling sich in verächtliche und schmähliche Dienst begeben, und haben des kein Scham, bedenkent auch nit, daß es ihnen übel anstehe.

Ehrnhold: Um daß sie hoffen, etzwas dardurch zu gewinnen. Derhalben bei ihnen wohl Statt haben mag das gemein Sprichwort: Einem Armen ist nit nutz, daß er sich schäme.

Hutten: Fürwohr.

Ehrnhold: Was du noch gesagt, ist alles wohl geschickt und bedacht gewesen, aber unter anderen eines muß ich wieder in Gedächtnis bringen, ein großes Laster (als mich bedunket), und zuvoran von einem Papst, daß du sagest, er pfleg oft ein Ding vielen zugleich zu geben oder zusagen und darnoch leiden, daß, die mit solicher Hoffnung verwähnet seind, untereinander darum kriegen.

Hutten: Ja, wohl ist es ein großes Laster, und das Deutschen so lang nit gelitten hätten, wo sie nit der närrisch Mißglaub erbärm'glichen verblendt hätte. Dann durch soliche Verstopfung haben sie bisher, was ihn' unbilligerweis geschieht, nit sehen mögen, seind in dem Irrtum gewest, daß sie geglaubt, dem Papst gezäm allerlei, ob er schon etzwas sehr Unbilligs stiftet, und sei ein unbüßlich Sünd, wider des Papstes Tyrannei ein Wort reden. Nun fleucht Rom kein Schand, sonder durch Schand folget es dem Gewinn nach, verlassend sich darauf, daß, ob einer schon ein große Misse-

1 heucheln. – 2 zu den letzten gezählt.

tat oder Schalkheit beging, mög der Papst schaffen, daß solichs nit Sünd sei. Dem gebent auch Concordata principium zu, daß man alle Lehen, der einer durch päpstlichen Gewalt beraubt ist (als dann geschieht, sooft der Hirt Zorn oder Ungenad uff sein Schäflin würft), wiederum zu Rom von ihm erwerben muß. Do habent die Kurtisanen viel zu schaffen, daß sie, wer ihn' gefällt, anbringen und dargeben.

Ehrnhold: Doher kommt die gemein Klag, daß sie viele unbilligerweise anfechten und oft den Allerunschuldigesten zu schicken[1] machen.

Hutten: Doselbst ist dann aber ein ander Betrug. Also: In den Konkordaten ist unter anderen begriffen, daß, wo ein Lehen, darum zu Rom ein Krieg ist, in der Zeit, dieweil der Krieg noch währet, los[2] würde, soll das gen Rom fallen. Nun finden die Kurtisanen diesen Weg, daß, wo sie irgedeinen reichen Alten wissen oder der schwach von Leib ist, zitieren sie den vorsätzlich gen Rom, förchtend, daß, wo er hie außen, nit in des Papsts Monaten stürb, käm die Sach nit gen Rom. In solichem Fall hab ich viel gesehen, als sie uff die Zitation gen Rom ziehen wollten, uff dem Weg sterben. Und geschieht dieser Gewalt fast den Allerredlichsten und Unschuldigsten. Man erdicht aber ein Ursach, womit er verwürket hab, vielleicht daß er irregularis sei worden oder sunst sich nit recht gehalten, oder würd ein Weg funden, ihm, daß er nit Recht zu seinem Lehen habe, zu verweisen. Dem sei nun allem, wie ihm wölle, so grüblet man ein Ursach aus, derhalben sich ein Krieg zu Rom erhebe. Nun ist den Kurtisanen viel gelegener, zu Rom dann an keinem Ort mit Pfründen zu handlen oder Haders pflegen, ob sie schon großen Kosten darauf wenden oder auch Geschenk geben müssen oder etwas gänzlich käufen. Dann zu Rom mag man sich aller Schalkheit und Böswichts Stücken, das an anderen Orten nit gezämen wollt, behelfen. Doher zeugt Vadiscus, daß um dreier Ding willen viel gen Rom ziehen. Das erst ist der römisch Nam und daß man viel wunderlicher Ding von

1 schaffen. – 2 ledig, verwaisen.

Rom schreibt und sagt, dieselbigen zu sehen und erkennen.

Ehrnhold: Dasselbig ist uns die größte Ursach gewest, Rom zu sehen.

Hutten: Das ander: Gewinst. Das dritt: Freiheit, Übel zu tun.

Ehrnhold: Diese zwei bewegen die Kurtisanen. Das hab ich aber vor nit gewißt, daß den ordenlichen Monaten also viel abgebrochen würd.

Hutten: Fürwohr, also viel, daß den Romanisten und dem Papst schier nichts doran gelegen ist, ob etwas in oder außerthalb den päpstlichen Monaten gefalle, dann man kann allwegen Rat finden, daß es von hinnen gen Rom komme. Uber das, so darf auch kein Ordinarius hie außen ein verfallen Lehen in einem ganzen Monat nach des vorigen Tod hinleihen. Uff was Meinung? Fürwohr, uff daß man Zeit hab, solichs gen Rom zu verkünden und einen Weg zu finden, wie man etzwas herab gen Rom bringe. Hierum ist uns Deutschen gar nichts mit beholfen, daß Jahr in zwei Teil geschieden sein. Dann sie ziehent das doch gar zum Papst. Was sollen wir aber von Bischöf-Postulieren halten? Dann sooft das geschieht, muß der postuliert Bischof, was er im vorigen Bistum hat, alles gen Rom fallen lassen und das darnoch von neuem an wieder von dem Papst kaufen. Also ist es kurz hievor geschehen, daß inwendig einem Jahr ein Pallium zwier[1] zu Rom gekauft warde. Dann derselbig Bischof mußt des ersten Bistums Pallium, das er noch nit ein ganzes Jahr gehabt, als er zu dem anderen Mol postuliert ward, wiederum kaufen und uff ein neues lösen. Doran ward ihm nit ein Pfennig nachgelassen. Sooft dann Gratiae expectativae gegeben werden, das selten geschieht (dann der Papst achtet das für ein große Guttät, die er den Deutschen tu), alsdann geht man stracks wider die Konkordaten. Dann viel Lehen, die aus Vermögen der Konkordaten von der römischen Tyrannei sollten frei sein, werdent unter die Gratien

1 zweimal.

gezogen. Auch fallen sie jetzo die richen[1] Klöster in Deutschland an, plünderen die Äbte, und hebt sich schon an die römisch Gewohnheit, daß man den Kardinälen und Bischöfen die Äbtei in Kommenden (als sie das nennen) gibt, welches ist ein rechter Weg und große Bequemheit, die Klöster zu verwüsten. Nimm wahr ein anders. Etwan war Gewohnheit, wann der Papst schon einmol etzwas verliehen hat, daß es doch darnoch wieder an den Ordinarien fiele, das hieß man Regreß und war ein einiger Trost in der Vielfältigkeit römischer Tyrannei. Das habent sie jetzo auch gewaltiglich abgeschnitten und uns benommen. Und was sie einmol in die Zähn bringen, das lassen sie nit bald mehr daraus, ja, nimmermehr lassen sie das von ihnen, und uff daß es nit wieder zu seiner Freiheit komme, verfechten sie das mit ihrem Bann und Vermaledeiung. Wie dann Annaten? Das seind die Frücht des ersten Jahrs von einem jeden Lehen. Ist es nit auch ein guter, feister Raub? Uff daß aber in demselbigen nit geirret werd und man zu Rom gründlich wisse, was hie eins jeden Lehens Einkommen sei, haben sie ein Gesetz gemacht, daß zu Rom soll geschätzt werden, wieviel Aufhebens[2] ein jeder hie von seiner Pfründen hab. Aber dieselbig Schätzung hat ihre Wurzelen aus dem römischen Geiz und nit Gestalt der Sachen. Darum sie oft zu Rom ihn' selbs zugut ein Ding etwas höher, dann es reichen mag, schätzen. Do seind die Decisiones rotae, das ein unwidersprechlicher Ausspruch ist, gar gut zu. Ob sich dann einer beklagen würd, als gescheh ihm Unrecht, der tut das ganz unbillig, diewil in den Konkordaten klarlich ausgedruckt ist, ob einer sagen wöllt, man hätte sein Lehen höher, dann es sei, geschätzet, daß man von Rom in Deutschland, das zu erkunden, schicke.

Ehrnhold: Wann schicken sie dann her?

Hutten: Wenn hat einer gedörft klagen? Dann es ist nit ein kleine Fahre den Gewaltigen zu Rom, in einem kleinen Ding Geschäft machen. So förcht ein jeder in Sachen, die

1 reichen. – 2 Einkommen.

den Papst betreffen, Inred[1] zu haben, uff daß es nit dem Allerheiligsten Verdrieß tü. Auch sagt Vadiscus, ein ganzer Tag wär ihm nit genug Zeit, wenn er alle Fünd[2] und List, dardurch die freien Lehen und die hie außen verlühen sollten werden, der Papst von uns gen Rom zeucht, verzählen sollte. Und als er lang und viel darvon geredt hat, sprach, er hätte noch erst ein wenig obenhin berührt. Dann er meint ganz nichtes von den Romanisten unterlassen sein; damit sie ihren Nutz schaffen mögen. Darum sie oft wider alle Billigkeit, was vorhin gehandelt, zunicht machen, alte Gewohnheit ablegen, Kompakt[3] und Vereinung ufflösen, die Gesetz verschlagen[4], christliche und geistliche Ordenung abtilgen, alle Ding umwenden und verkehren. Man liehet auch jetzo Kinderen Pfründen, oft die noch nit reden können. Daruber ein Dispensation ums Geld zu Rom erkauft würd. Und ist kein Schand so groß, kein Übeltat so arg, kein so verköhrlich Laster, daß uns die Römer nit gern erlauben, uff daß sie um Dispensation Geld haben mögen, wiewohl sie selbs ohn Dispensation sündigen. Weißt du auch, daß einer zu Mainz einem Weib von Florenz Pension von seiner Pfrunden gibt?

Ehrnhold: Ich hab es nächst gehört.

Hutten: Und was hat ein Weib mit geistlichen Lehen zu tun, besonder ein Welschin mit den unseren?

Ehrnhold: Nichtes. Ja, bei dem wohren Christ, nichtes, dann daß ich hör, der Florentinerin sei dieselbige Pension zugeeignet.

Hutten: Hierum, meinst du, auch einigen Gewalt erdocht werden mögen, darmit sie uns nit angehen gedörfen?

Ehrnhold: Nun förder[5] glaub ich nit, daß einer sein werde, dann ich sieh sie alle Ding tun.

Hutten: Es seind etzliche Lehen, die man aus alter Stiftung unser Vorfahren allein denen verleiht, die einen Namen einer Würdigkeit haben, als do einer Doktor würd. Domit

1 Einspruch. – 2 Finten, Kniffe. – 3 Übereinkommen. – 4 unterschlagen. – 5 fürder, weiter.

nun die Romanisten mit einem Schein der Billigkeit solicher Stiftung auch entgegen gehen, so machen sie jetzo auch Doctores zu Rom, Leut, die des doch gar nit würdig. In welcher Gestalt ich hab gesehen einen Dumherr zu Regensburg werden, dieweil er vor Doktor zu Rom worden war, sunst hätt er das nit sein mögen. Dann ihre Statuten halten, keinen uff den Dum genommen werden, der nit entweder von Geschlecht edel oder aber durch Kunst mit einem Ehrennamen gezieret sei. Aber wiewohl dieser Phisikant kein Kunst nie gelernt, sonder das Doktorat mit Geld erkauft, ist er dannoch seinem Willen, wiewohl wider Ordenung der Statuten, nachkommen. Dann wenn man die also auslegen sollt, so möchten wir auch hie unsere Esel Dumherren machen, das aber viellicht, ob wir schon möchten, doch nit tun wollten. Aber Rom scheuet kein Ungeheur oder Übel, sonder allein unter allen Städten macht sie ihr[1] anderer Leut Sünden nutz. Do kann auch kein so heftige Verhindernis sich begeben, man findt einen Weg hindurch. Es hat auch der Papst zu leihen alle Lehen derjenigen, die zu Rom oder zwo Tagreis von dannen, es geschäh gleich in welcher Gestalt es wöll, sterben. Was kann man doselbst mit Gift schaffen, was mit anderen Dingen, die zu Rom fast gemein?

Ehrnhold: Fürwahr viel. Hierum haben du und ich zu Rom in großer Sicherheit gelebt. Dann dieweil wir nit geistliche Lehen hatten, stund uns niemand nach.

Hutten: Wenn die Lehen ledig werden, haben der Papst und seine Kardinäl ein großen Trost von den Kurtisanen, die bringent das sobald an. Wo dann ein reicher Beneficiat und doch nit alt, auch nit krank wär, also daß zu besorgen, er möchte lang leben, finden die Kurtisanen ein Ursach, daß sie ihn gen Rom zitieren, geben ihm dieses oder jenes schuld, domit sie etzlichen Geld abschrecken, etzliche durch Anfechtung und Bekümmernis zu dem Tod bringen. Und ist solichs wohl ein großer Jammer, zu sehen, wenn sie

1 sich.

die Frommen und Unschuldigen (das sie dann am meisten pflegen) dermaßen fürnehmen, sprechend, einer hab Simonei getrieben, welches Laster die Romanisten unverdammt nit lassen, wiewohl man das zu Rom ohn Sünd und Straf trieben mag. Dann man darf keinen (der zu Rom mit geistlichen Lehen Kaufmannschatz triebt) der Simonei ziehen. Oft auch, wenn sie einen zu wöllen, sprechen sie, er sei im Bann. Nun seind die Ursach und Weis, dadurch man de facto (als sie es nennen) in Bann kommt, so viel, daß oft einer nit weiß, ob er im Bann ist oder nit. Und kommt mancher in Bann, der sich keines Übels noch einiger Missetat schuldig weiß. Als jetzo wir, darum, daß wir Vadiscus' Red wiederum erzählen, seind wir der römischen Verköhrung noch im Bann, ob uns schon niemand zitiert oder beklaget hätt.

Ehrnhold: O Christ Herr! Soll man ein Menschen unverhört, unentschuldiget verdammen?

Hutten: Ja, ehe er zu der Antwort kommen mag, ist das Urteil über ihn gangen.

Ehrnhold: Das lassen sich die überreden, in deren Köpfen kein Hirn mehr ist. Wir aber wöllen diesen zäuberischen Mißglauben nimmer zulassen.

Hutten: Und sie, die Romanisten, bei dem gemeinen Volk geben das vor ein große Geistlichheit us und machen aus der christlichen Sänftmütigkeit ein rechte Füllterei[1] und Diebhenkers Werk. Und wiewohl sie auch selbs ganz übel und sündlich leben, lassen sie doch niemand selig sein, er hab das dann vorhin von ihnen erkauft. Do seind Casus papales, das ist päpstlichs Gewalts Vorbehaltung, die Vadiscus auch für ein unverschamte Lugen hält. Dem sei nun, wie ihm wöll, so scheint es je nit Christus' Meinung gewest sein. Dann er hat seinen Apostelen alle Ding zugleich geben und keinem mehr Gewalts dann dem anderen. Es ist auch etwan, do die Kirch noch gesund und ungeärgert gewest, in einem Concilio einem römischen Bischof die Ober-

1 Völlerei.

keit unter allen Bischöfen angeboten. Der hat die abgeschlagen und nit wöllen annehmen. Woher kommt dann, daß die Päpst sich schreiben Knecht aller Knecht Christi? Haben nit die Alten in solichem bedocht die Meinung Christi, daß ein jeder in der Kirchen, je geringer er sich selbs acht, je höher aufgeworfen soll werden? Und das allen anderen Dienen sei über all andere Regieren? Aber die Unseren jetzo, mit was Stölze seind sie aufgeblasen? Ist aber ein jeder, je mehr er sich mit weltlichen Dingen bemühet und die geistlichen gar nit oder gering achtet, je weiter von Christo abgesündert, in wievielerlei Gestalt mögen dann diese für Unchristen, ich geschweig, für christliche Bischöf und der Kirchen Obersten gehalten werden? Doch möchten wir sie viellicht leiden, wenn sie allein übel lebten und nit auch ander Leut an ihrem Leben ärgerten. Aber nun, von denen wir der Seelen Heil entpfahen sollten, kommt uns Verderbnis aller Dingen. Hierum, wie mögen wir länger leiden, daß, die uns vorzeiten das Geld und Gut abschmeichelten, dasselbig jetzo mit Gewalt zu rauben unterstehen? Und nehmen jetzo der Kirchen Erb, das sie, vorzeiten von uns erbettelt, Almus geheißen haben. Aber sie haben ein geistlich Recht geschrieben; in Ansehen desselbigen muß man alle soliche Gewaltsam leiden und stillschweigend gedulden. Wiewohl sie kein Genügen haben, Canones zu schreiben und Dekret, mehr haben sie noch Paleas, Extravagantes und Declaratorias darzu gesetzt, uff daß in allen Wegen der Wahrheit entgegengegangen, wo sich die hinwägt, bestellt[1], wohinaus sie wöllt, beschlossen[2] werde. Wie mögen nun iemer, die in so mancherlei Weis und Gestalt der Menschen Seel töten, Christi Vikarien genennt werden? Warin seind sie ihm doch gleich oder gemäß? Do etwan Christus Petrum ansahe, sprach er zu ihm: „Petre, weid meine Schof." Was tunt diese? Ausleeren sie nit das christlich Volk und zwingent das mit ihrer Rauberei zu Armut und Hunger? Schinden sie nit die Schof Christi bis uff das Leben? Weiter hat er auch

1 gestellt. – 2 verschlossen.

zu Petro gesprochen: „Und du sollt dich auch etwan umkehren und deine Brüder stärken." Ebendieses tunt auch unser Päpst. Ja, täglich aussetzen, leermachen und schwächen sie uns je mehr und mehr, etwan auch zerknütschen[1] und ertöten sie uns gar mit der Kraft ihres Donderschlags. Dann um mancherlei Ursach willen werdent die Seelen der Menschen ertötet, wo man nit zu Rom beichtet. Gleich als ob einer an dem Ort, er kranket, nit auch geheilet werden möge, und an dem Ort einer sündiget, daselbst nit möge Gnad und Barmherzigkeit vor seine Sünd um Gott erwerben, und sei vonnöten, hin und hinwider zu laufen, oder als ob einem die Stadt und nit sein eigen Gewissen solichs bring. Wenn aber dieses von ihnen nit erdocht wäre, wie möchten dann soviel Penitentier[2], soviel Bullenschreiber und Siegeler zu Rom sich enthalten? So würd niemands einigen Ablaß kaufen, wenn man die Leut nit überredt hätte, alles unser Heil in dem gelegen sein. Es wären auch alle Bullen unwert und veracht, hätten sie nit mit ihren zauberischen Gespensten die Augen aller christgläubigen Menschen dermaßen verblendt, daß man wähnet, ihre Verwesung[3] und Macht not sein zu der Seelen Heil. Welche Meinung dann so gar in das närrisch Volk kommen ist, daß etliche, die nit Geld zu geben haben, sich vor dem Kreuz zu Rom mit Ruten schlagen lassen. Hierum, welcher Tyrann hat je ein freie Stadt schmählicher unterdruckt dann dieser Knecht aller Knecht ein Nation, die nit allein frei, sonder auch der Welt Regiererin sein soll? Ist das die leichte Bürde Christi? Ist das das süß Joch? Oder mäg man das nit nennen Verfolgung der heiligen christlichen Kirchen, neue Gesetz, die dem Gebot Christi entgegen, aufsetzen?

Ehrnhold: Du sagst viel, daruff nit not ist ja zu sagen. Dann es ist so wohr, daß es mit keiner Bezeugung darf befestiget werden.

Hutten: Aber von der Vorbehaltung im Herzen hab ich dich viel zu lang uffgehalten. Was mag aber nach Große des

1 zerquetschen. – 2 Bußprediger. – 3 Verwaltung.

Dings gnugsamlich gesagt werden? Oder welche Wort mögen, einer solichen Schalkheit uszusprechen, gemäß erfunden werden, so es an ihm selbs so unmäßlichen groß ist, daß ich keine Strick, kein Galgen, kein Marter, kein Feur (ob das schon so groß wäre als das letzte, darinnen die Welt zergehen würd), das zu peinigen, genug achte.
Ehrnhold: Und sie ist doch des päpstlichen Herzens?
Hutten: Desselbigen allein, das inwendig so weit und so vieler Lehen begrifflich ist, daß einem jeden, wie er auch ein Lehen erlangt hat, zu förchten ist, daß es nit vor der Allerheiligest im Herzen behalten hab.
Ehrnhold: Uff wievielerlei Gestalt und Maß vorbehaltet[1] er ihm aber die Lehen?
Hutten: Etwan hat das Maß, Ziel und Zahl, jetzo ist es ohn End und Bezirk[2]. Ja, oft würd durch Geschicklichheit der Kurtisanen gedicht[3], er hab etwas vorbehalten, doran er nie gedocht hat.
Ehrnhold: Zürnet er dann nit über die, solichs tunt?
Hutten: Sollt er zu solichem seinem Nutz zürnen? Vielmehr bezeugt er das, lobt ihre Geschicklichheit. Als dann die Kurtisanen solichs sehen, erfragent sie sich an allen Enden nach alten, reichen Pfaffen, erwerben darnoch mit Geld um den Papst, daß er, sobald dieselbigen sterben, spricht, er hab ihre Lehen im Herzen vorbehalten und leihe die ihnen. Oft auch, wenn einer gereit[4] tot ist, erlangen sie dasselbig dannocht, in welchem der Vicarius Christi gar fröhlichen durch die Finger sieht. Also weit ist es von dannen, daß er sollt Beschwerde tragen. Ja, mehr tut ihm der Gewinn so wohl, daß er oft in solichem Fall ein Lehen zweien, dreien oder noch mehren zugleich verkauft. Dann diese herzliche Vorbehaltung ist ein leichts, behends und schlupferischs Ding, desglichen kein Betrügnis nie gesehen ward. Wider das hilfet auch kein Wöhlung[5], kein Patronenrecht, kein alt Herkommen, kein Landsgewohnheit, kein Privilegium, kein

1 vorenthält. – 2 Begrenzung. – 3 erdacht, erfunden. – 4 bereits. – 5 Erwählung.

Vorgang[1], Achtung oder Ansehens der Fürsten. Dann gegen dem Gift, das aus dem Herzen dämpfet, mag kein Arznei bereit werden und würd an keinem anderen Ort sicherer Behelf der[2] Bosheit gefunden. Damit sich dann decken und beschirmen alle diejenen, denen sunst kein Trug, kein List, kein Kremplerei[3], kein Aufsatz[4], kein Hinterlist, kein Nachstellung oder ein'gerlei Betrugnis oder Behendigkeit hat glückseliglich wöllen vonstatt gehen.

Ehrnhold: Hilf Gott, welche ein wonderlich Gespenst, welche einen Haufen großes Übels erzählest du!

Hutten: Mir ist beschwerlich, darvon zu reden, sollt es dann nit bitter sein, zu tragen und leiden?

Ehrnhold: Was hinderet uns nun länger? Hat Deutschland nit Eisen? Hat es nit Feuer?

Hutten: Wöllen Deutschen nit, so werdent's aber Türken haben.

Ehrnhold: Es wär aber besser die Roch[5] und Straf durch uns selbs dann einige ausländische Macht beschehen.

Hutten: Besser. Vonnöten ist aber, daß soliche bald kommen, dann ihr Übermut und Gedörstigkeit sich zu gar weit und übermäßiglich erstreckt. Du hast ein Bullen des Papsts Julii, ein edele und von den Kurtisanen höchlich berühmt Bullen, darin er die Extravaganten des Papsts Pii des anderen, wider alle, so zu einem zukünftigen Concilio appellieren, befestiget, gesehen. O unsterblicher Gott, welch ein frevenlich Fürnehmen beider, Pii, der das erst gestiftet, Julii, der das ander bestätiget. Soll man einen solchen Spott gegen den Augen und Herzen aller Christgläubigen üben? Sie haben aber gemeinet, mit solichem ihrem Gestift uff einmol hinwegzunehmen den ganzen Schrecken, damit sie oft von denjenen, so gegen ihrer Vergewaltigung Zuflucht des Concilii (das man zu Rom fast förchtet) gesucht haben, angefecht seind. Es würd aber dieselbige Bull, wie bös die ist, nunmehr unter anderen päpstlichen Konsti-

1 Vortritt, Vorrecht. – 2 Hilfe gegen die. – 3 Krämerei, Hökerei. – 4 Beschönigung, Bemäntelung. – 5 Rache.

tutionen gezahlt und hat den Venedigern Städt und Land abgedrungen.

Ehrnhold: Nit dieselbig Bull, hab ich recht verstanden, sonder der Franzosen und Deutschen Waffen. Dann was meinst du, Leut in Weisheit unüberwindlich, ein Stadt mit gutem Rat in allen Gegenfällen[1] geschickt und bereit, ein solich schandhaft Gedicht hätten achten werden, wären nit so viel Künig, so viel Gemeinen, so viel gewäppneter Höre[2] gegen ihn' gewesen? Sie hätten wohrlich der unnützen Fabelen die Feigen gewiesen.

Hutten: Dem sei also. Wie aber, daß der Leutbetrüger Julius dieselbigen Bullen als durch Mitwürkung des Heiligen Geists von ihm beschrieben hat ausgegeben? Als ob sich der Geist aller Weisheit und Gewissen Gottes in dem Rat solicher Böswilligkeit vermische! Und man nennet nunmehr die Rott desselbigen Mörders Julii die heiligen Kirchen, so es doch die grausamest Verfolgung der christlichen Kirchen, so je erkennt, gewesen. Dann wie bös seind die Heiden, so etwan in Verfolgung Christi allein die Leib der Menschen gemartert haben, zu achten? Diese Tyrannen, mit ihren allerschädlichsten Gesetzen das Licht der Wahrheit verfinsterend als mit einem Rauch der hellischen Uffdämpfung[3], haben die göttlichen Lehr Christi, in der unser Glaub gegründt, die heilig christlich Kirch befestiget, alles Heil des menschlichen Geschlechts verwurzelet, verstickt[4] und ermördet. Andere Verfolgung haben durch Beständigkeit und Stärke der Natur den Glauben gemehrt und bestätiget, diese verderbt und vertilget den durch Fleiß vieler böser Stück und Taten.

Ehrnhold: Aushin[5], Rom, die du keinen Glauben haltest, sonder der Geizigkeit (eim Gestift des Teufels) anhängst! Aushin, Rom, ein Wurzel aller Sünd und Laster, von dannen aus wächst gemeine Verderbnis christlichs Glaubens! Aushin!

1 Widrigkeiten. – 2 Heere. – 3 Ausdünstung. – 4 erstickt. – 5 hebe dich, fort mit dir.

Hutten: Meinst du aber auch, diese Hirten, wo ihr' vonnöten würd, ihre Seelen für die Schof setzen und sich strenglich erzeigen[1] werden?
Ehrnhold: Sollten ihre Seel verlieren und das Leben für die Herd wogen, die um Gelds willen die Schof ertöten? Ja, ob heut die Türken Rom belägert hätten und man Italien beschützen söllt; der nächst von uns Deutschen Geld, damit man die Türken krieg[2], gefordert hat, würd der erst von dannen fliehen, der erst Italien verlassen und, mich betriegen dann alle meine Sinn, wo man ihn ichts[3] erschrecken würde, auch den Glauben verleugnen. Und haben doch bisher so oft mit demselbigen Gedicht das christlich Volk betrogen. Dann sie wöllent nit den Türken kriegen, wenn sie in dem Namen Geld forderen, sonder sie wöllen zu leben haben und ihn' Lust schaffen.
Hutten: Also mein ich auch. Sie wöllen haben, davon sie Wollust pflegen, darmit sie ihr unkeusch Leben erhalten, daher sie ihnen ein sanfte Wartung bestellen. Das ist ihr Begehr. Dahin denken sie. Zu diesen Sitten aber und diesem der Stadt Rom Stand, meinst du nit, der Türken Schwerter not sein?
Ehrnhold: Wo die Christen nit einsehen wöllen und sich selbs ihres Rats gebrauchen, wöllen in ihrem Aberglauben bleiben und die Übeltat nit strafen, so halt ich, wir werden ihr' bedörfen.
Hutten: Vadiscus spricht: „Drei Ding mögen Rom wieder zu seinem rechten und allerbesten Stand bringen: der deutschen Fürsten Ernst, christlichs Volks Ungeduld und ein gegenwärtig Hör der Türken.
Ehrnhold: Was Ernsts?
Hutten: Dieweil oft gesagt, die Deutschen werden einmal ein redliche Tat tun und es doch bisher keinen Fürgang[4] gehabt, halt man's für Gespött zu Rom bei den römischen Wollüstigern, wenn einer sagt, die Deutschen werden noch Rom reformieren.

1 stark erweisen. – 2 bekriege. – 3 halbwegs, etwas. – 4 Fortschritt.

Ehrnhold: Die Geduld des Volks ist viel zu lang, und wenn meinst du die ein End haben werden?
Hutten: Wenn die Gemüt von Aberglauben zu guter Vernunft gekommen, das ich gänzlich hoffe, bald geschehen werden.
Ehrnhold: Wo dann diese zwei dem Gebrechen zu Hilf kämen, würd man noch der Türken Woffen bedörfen?
Hutten: Vadiscus meint, man werd der noch bedörfen. Dann er spricht: „Wenn die drei schon alle zusammen die Romanisten übergeben[1], werdent sie noch kaum genug sein, ihre böse Sitten zu strafen und die Kirchen zu reformieren." Aber ich halte, Deutschland, wenn es die Sach erkennen und darein sehen wöllt, viel vermögen, hoffe auch, es werd darein sehen und diesen Nöten Rat geben, werd auch anstatt des Aberglaubens den rechten Glauben annehmen, als ich dann aus vielen Anzeigungen vernimm.
Ehrnhold: Das schaff Gott! Sollt es aber ein göttlich Geschick und Straf über die christliche Welt sein, daß von Christenleuten diese Reformation nit mehr zu verhoffen wär, so wöllt ich wünschen, daß die Türken schon Rom und die Romanisten darin gewunnen und gefangen hätten, sie auch weit und breit metzleten und zu Tod schlugen, nit das unschuldig Völklin (dann dovor sei Gott der Seligmacher), sonder diese gemeine Ärgernis guter Sitten, diese wohlangesehene Meister des Lebens, die uns mit großer Schand des ganzen christlichen Glaubens zu geminer Verderbnis führen.
Hutten: Darum soll niemands sich verwunderen, ob schon die Behemen etwas geton haben, so sie noch täglich solich Ursach und Glimpf[2] zu ihrer Verfolgung geben.
Ehrnhold: Wir, die auch der Behemen Sach nit gänzlich loben, haben dannoch kein Wunder dorab. Dann als die Leut sich halten, söllten sie noch größeren Übeln Ursach geben.
Hutten: Was sprichet do Vadiscus zu? „Drei Ding", sprach

1 angreifen, überführen. – 2 Gelegenheit.

er, „haben Deutschland bisher nit weis lassen werden: Ungeschicklichheit der Fürsten, Unbekanntnis der Geschrift und Aberglaub des Volks."

Ehrnhold: Ja fürwohr, das seind Verhindernis gewest, fürwohr, Hutten, es seind. Des Aberglaubens halben haben sie, die Romanisten, noch gute, vorwährliche[1] Hoffnung; von den Fürsten hast du ein tröstliche Zusag geton; Erkanntnis der Geschrift ist schon bei uns aufkommen und steht in Sicherheit.

Hutten: Das verdreußt sie auch. Und ich müß übel verderben, so sie nit ihrer Bosheit noch meinen, wir wissen schon zuviel in guten Künsten, haben allzu großen Fleiß in dem Studio, wiewohl wir uns noch fast gebrechlich[2] in solchen erkennen.

Ehrnhold: Fürwahr, wie du sagst, und glaub auch, ihnen sehr übel gefallen, daß Deutschen jetzo Bücher schreiben.

Hutten: Wir sollen aber nichtsdestweniger schreiben, die Wahrheit an Tag bringen, und zu solichem sollen wir ein andächtig und christenlich Vertrauen haben, angesehen, wie strenglich und unabläßlich unser Seligmacher Christus solichs gepflegen, der täglich wider die Fürsten der Priester und Schriftweisen gerüfen. In welches Fußstapfen wir tretent, sollen uns behärten wider die, so sich des geistlichen Namens zu ihrem Gewinn mißbruchen, haben anstatt der Lehr Christi menschliche Gebot aufgesetzt, jetzo letzt[3] weder Recht lehrend noch Wohl tund. Diese haben auch verwandlet die Gotteswahrheit in Gedicht, heißen uns fürderlicher dienen der Kreatur dann dem Schöpfer, sein nit eingangen als Hirten durch die Tür, sonder als ein Dieb und Räuber anderswo hiningestiegen. Dann die durch Betrug und Geiz eingehen, die gehen nit durch Christum ein. Dann er ist die Tür, dardurch man in den Schafstall gehen muß, in welchem, wo man hineinkommt, gebührt sich, die Schaf Christi zu weiden, nit stehlen, schinden und mörden.

1 wahre, begründete. – 2 als sehr unzureichend, mangelhaft. – 3 jetzt erst kürzlich.

Wider soliche muß man neben Vadisco rufen und ohn Unterlaß schreien bis so lang, wir jemans mit Klagen und Gelfen[1] dahin bewegen, daß er etzwas mit uns understehe gegen denen, die nit, als ihn' gebührt, mit Sanftmütigkeit und friedsam wie etwan Christus die ihm befohlen sein bitten, sonder mit Dräuung der Verdammnis und Schrecken der Verderbnis zwingen, die wir doch, wo sie also geschickt, daß sie einen geistlichen Somen unter uns würfen und die Zeit wär, daß es uns vonnöten sein gedeucht, leiten möchten, von uns dargegen zeitliche[2] Frucht abschnitten. Aber die schalkhaftigen Betrüger geben uns jens nit und hören doch nit auf, dieses zu nehmen, blasen uns ein unnutzen Rouch entgegen, haben ihnen außerlich eine betrugliche Farb angestrichen und nehmen uns mit solichem Trug unser gegenwürtig Gut, verheißend zukünftige Ding, die weder sie haben, noch auch in menschlichem Gewalt seind. Jedoch haben wir nun ein lange Zeit her dieselbige Hoffnung mit großem Geld gekauft. Und wiewohl wir mit Gewalt und auch Spott mannigfaltiglich von ihn' verletziget sein, so wöllen wir uns doch nit mit Beschirmung oder Widerwehr entgegensetzen.

Ehrnhold: Fürwahr, ihr, die solcher Tyrannei entgegen, habt ein rechte gute Meinung. Euch will aber groß vonnöten sein, ganz weislich üch[3] vor ihrer Nochtrachtung zu wahren, uff daß üch nit etzwas, das ihr doch nit verschuldet, widerfahren. Dann sie seind nit zu verachten.

Hutten: Das weiß ich wohl. Aber ei, ein große, löbliche Tat will nit ohn Forcht[4] geschehen.

Ehrnhold: Fürwahr ist dieses ein große, ehrliche Tat, mit Raten, mit Vermahnen, mit Anreizen, mit Treiben, Schreien, Verschaffen, daß unser Vaterland seinen Schaden und Unwirs[5] erkenne und sich richte, sein alte, angeborne Freiheit wiederzuerwerben, wo es nur einer möcht ausführen und vollbringen.

Hutten: Ob es dann einer schon nit vollbrächt, so hat dan-

1 lautem Rufen. – 2 beizeiten. – 3 euch. – 4 hier: Gefahr. – 5 Schmach.

nocht auch, der es untersteht, etzwas verdient. Und viellicht werdent andere ein Beispiel doher nehmen und dergleichen auch unterstehen. Und möcht noch die Welt sich bewegen lassen, also daß Deutschland witzig[1] würde, welches, als mich bedunkt, Christo, unserem Seligmacher, und auch der heiligen christlichen Kirchen baß nit dienen möcht. Dann wenn es die Geldforderung und Schatzung unternähm, behielt das Geld hie außen, dann alsdenn würden die Protonotarien und Kopiisten zu Rom Hungers halber sterben.

Ehrnhold: Wöllt Gott, du möchtest jedermann überreden.

Hutten: Ich will es je unterstehen.

Ehrnhold: Die Wahrheit zu sagen?

Hutten: Ja, wiewohl sie mir Woffen und den Tod dräuen.

Ehrnhold: Dargegen werden sie gar viel Fünd erdenken.

Hutten: So will ich auch Hilf zu mir ziehen und mich mit Verwahrung auch schicken.

Ehrnhold: Da geb dir Gott Glück zu. Wir lassen aber allzu lang von der Dreifaltigkeit.

Hutten: Vadiscus hat dergleichen weniger nit geton, der auch oft mit vielen Worten nebenausging[2]. Aber soviel als je an einem Ort zürnet er, sooft sich begab von den Absolutzen, Relaxation, das ist Milderungen und Dispensation, das ist Nachlassungen. Tät ihm großen Zorn, daß man ein soliche Ungleichung unter den Priesteren erdichte und daß ihm[3] die Romanisten viel zuviel Macht zugeben, von dem Eid, domit sich einer verpflicht hat, erledigend[4], Kompakt zertrennend, Bündnis auflösend und erloubend alles, das wider den Glauben, Christus' Lehr und gute Sitten ist. Weiter goß er aus viel bitterer, scharpfer Wort wider das geistlich Recht. Das solltest du, als desselbigen verständig, gehört haben. Fürwahr, er gefiel mir wohl. Dann er leget aus, wie sie darinnen sich mit Abflucht[5] versehen haben, wie sie Trug und List zusammentragen, sich uff Behelf geschickt[6], dar-

1 weise. – 2 abschweifte. – 3 sich. – 4 sich freizumachen. – 5 Ausflucht. – 6 sich Auswege geschafft.

durch man sie, ob man etzwas hingegen versuchen oder gedenken wurd, entschlüffen mögen. Sprach: Was ist jetzo das weltlich Recht? Wie mit großem Gewalt ist es durch der Päpst Konstitution verdruckt? Und dasselbig ist der beste Weg, christlicher Freiheit Hand anzulegen, gewest. Dann seitenmal drei Ding seind, damit Rom alle Ding unter sich bringt: Gewalt, Betrug und angenommene Heiligkeit. Ist dieses ein sehr großer Gewalt, der aber doch nichtes schaffen möchte, wo sie den nit mit dem Betrug vermischet hätten, daß sie Leut uberredten, alle ihre Stiftung, so sie täglich setzen, sein aus Verwilligung der ganzen christlichen Kirchen gemacht.

Ehrnhold: Der eines ist, daß sie Carolo nächst vorworfen,es soll kein Künig zu Neapolis iemer zu römischen Kaiser erwöhlt werden.

Hutten: Und wer ist, der nit versteht, wonach sie do selbst mit stellen[1]? Wiewohl derglichen ihrer Gesatz ohn Zahl sein, die sie auch von uns angebetet haben wöllen. Dann fürwohr, sie wöllen, daß wir offenlich glauben, einen Buchstaben in ihrem geistlichen Rechten mehr tun dann sechshundert Gesetz der römischen Kaiser oder der alten Rechtgelehrten. Ziehen auch ihre Stiftung vor das Evangelium, die päpstlichen Dekret für Christüs' Lehr, weniger Gott dann die Leut ehrend. Bei welchem sie auch so hart halten, daß sie nit vor ein gering Missetat achten, was einmol ein Papst gesetzt hat, wider dasselbig etzwas aus dem Evangelio auch murmelen. Wie machen sie aber ihre Konstitution? Sooft ein Papst etzwas Neues stiften will, fordert er einen oder zween von den Kardinälen oder seinen Protonotarien oder deren so viel, als er ihm[2] verpflicht hat, oder aber seines Willens in dem, das er vernimmt, weiß. Dornoch, was er also zimmert, es sei, was es sei oder auch so bös es immer wöll, befestiget er mit der Macht und Autorität christlicher Kirchen. Über solichs rüft mancher: „Die Kirch hat es gestift! Die Kirch mag nit irren. Man soll und muß in die heili-

1 trachten. – 2 sich.

gen Kirchen glauben." Und achten solich Geschrei für genug, stopfen jedermann den Mund, dann niemand darf etwas entgegen vermahnen. Und wöllen, daß man es ihm nit für Ketzerei achte. Das jetzt also gemeinlich geschieht, daß sich besser ist, für Übel tun dann Ketzer werden zu hüren[1]. Als sie nun erstlich das Christenvolk mit diesem Anstrich und falschem Schien betrogen, hat darnoch alsbald der Hirt die Zunämung des Allerheiligsten angenommen, sich auch nit mehr geschämt, daß man ihn Allerseligest grüße. Nachfolgends seind kommen der demütig Kuß seiner seligen Füß und Forcht der christlichen Fürsten gegen den gedräueten Bann. Bald darauf hat haufensweis gefolgt die ganze Tyrannei. Als nun in Erhaltung solicher Macht Gelds not gewest, damit sie ihren Kosten, der etzwas größer dann küniglich ist, ausführeten, haben sie dreierlei Rat funden, dardurch sie Geld von den Ausländeren brächten. Erstlich einen Ablaßmarkt zugericht, darnoch sich eines Zugs wider die Türken angenommen, zum dritten ihren Legaten, die sie herausgeschickt, Facultates gegeben.

Ehrnhold: Nie hat einer diese Ding schicklicher zusammengelesen. Und fürwohr seind dieses ihre fürnehmlichsten Fischerei.

Hutten: Es ist aber nit Wunder, ob St. Peters Nochkommen sich Fischens fleißen.

Ehrnhold: Sie sollten aber noch den Seelen der Menschen, nit noch eines iden Geld fischen. Dann es ist je nit wohl verglichen, daß über das, Christus hat gesagt: „Ich will euch machen Fischer der Menschen", ist in Gebrauch kommen die allerschändlichste Geldjagd.

Hutten: Sie fischen doch auch noch Leuten. Dann sie bezwingen und machen ihnen zinsbar, nit wie vormols das gemein christlich Volk, sonder jetzo die Künig und Fürsten selbs.

Ehrnhold: Das ist auch weit von Christo gewesen. Dann er hat seine Apostelen geheißen, ihm durch den gepredigten

1 gehört, genannt zu werden.

Glauben die Seelen der Menschen gewinnen. Daß sie aber Reichtum suchen, weltlichen Gewalt erkriegen, Künigrich und Fürstentum anfallen, ist sein Will nie gewesen. Hierum ist dieses Christo ein große Schmoch, und wöllen doch Christen nit verstehen, wie ganz die evangelisch Wahrheit verköhret und gefälschet ist. Dann derselbigen nach seind menschliche Reichtum ein groß Verhindernis in dem seligen Leben. Diese aber versprechen allein den Geldhabenden den Himmel. Christus spricht, sein Reich sei nit von dieser Welt, und do ihn das Volk will zum Künig machen, fleucht er von dannen. Diese aber sein so fast irdischer Reich begierig, daß sie um derenwillen andere mit Eisen und Feuer überfallen und, unnachläßlich kriegende, Leut und Land betrüben und unrühig machen, Himmel, Erden und das Mör (als man im Sprichwort sagt) durcheinanderwerfen und vermischen. Christus hat auch vermahnet, wir mögen nit zweien Herren zuglich dienen, sprach: „Ihr möget nit Gott und dem Reichtum dienen.“ Aber diese denken nit beiden zu dienen, sonder habent sich dem einen Herren so gar untergeben und verpflicht, daß sie mit dem allein umgehen und ihme anhangen. Wie mögent nun Christus und Belial ubereinkommen? Aber die närrischen Leut wellen nit erkennen, daß, wenn der Romanisten Regiment gerecht wär, die Reichen (die seind Kinder der Welt) viel ehe möchten selig werden dann die Bedörftigen, die ihm[1] Gott erwählt hat. Dann die Reichen mögen mehr geben, mehr Ablaß kaufen, mannigfaltiglicher mit den Fakultäten handlen. Aber die Meinung Christi ist ganz anders gewesen. Er hat die Armen selig ausgerufen und gesprochen, derselbigen sei das Reich der Himmel.

Hutten: Nun schließen doch die Ablaßkrämer arme Leut auch nit aus.

Ehrnhold: Ich weiß es wohl. Sie haben nächst denselbigen Weg erfunden, damit sie dem Volk insprechen, sie führen den Ablaß nit ums Gelds willen, und sagen, sie forderen nit

1 sich.

Geld von den', die es nit haben, sonder von den Wohlhabenden, wöllen's den Armen umsunst geben. Aber mit demselbigen Rat nehment sie mehr hinweg, dann ihnen sunst worden wär. Dann das närrisch Volk glaubt nit, daß es vollkommnenlich Ablaß hab, es gebe dann Geld. Wiewohl sie auch die Ablaßbrief niemands, er sei reich oder arm, umsunst geben. So würd es vor ein gering Geld geacht, das ein jeder gibt. Wann man es aber von allen in ein Summ und zusammenrechnet, würd es unmäßlich groß und viel schienen. Mit der Kunst haben sie ihre Rauberei leidlich gemacht. Hierum will idermann allhie etzwas geben, er nehme es auch, wo er wöll. Dann aus Verachtung[1] (die den Romanisten an solichem Ort zu großer Steur[2] kommt) spricht mancher: „Wer vermöcht nit also viel?" Und meinen die törechten Menschen, Gottes Huld und Genad domit zu erwerben, daß sie ihr Geld zu gutigem, geistlichem Gebrauch geben. Dann sie glauben gänzlich, es sei wohl angelegt. Und zuvoran die güten Fräulin, die dann erbärmlich alldo betrogen werden und mit wunderlichen Zusagungen durch die Beichtiger überschmeichlet. Dieselbigen melken von ihnen, soviel sie wöllen. Und meinen die guten, frommen Weiblin, sie mögen doran nit sündigen, ob sie schon von ihren Mannen pflöcken, ihren Kinderen abnehmen, das Haus leeren, damit sie den Göckelkrämern etzwas zu geben haben. Ja, mehr, nennet man solichs einen Gottsdienst und Werk der Barmherzigkeit, und wissen die Ablaßprediger das in den Himmel zu heben vor allen anderen Tugenden. Dann fräuliche Zucht unversehrt behalten ist nit soviel. Die Kinder fromm'glich und zu heiligem Leben erziehen ist nit soviel. Soviel ist auch nit, die Ehe treulich halten und einträchtiglich darin bis uff den letzten Atem leben. In der Summ[3], nichts ist soviel. Stehlen, domit man Ablaß löse, überwindt alle Tugend und Wohltat. Hat das Christus gewöllt? Oder mag etzwas richtiger wider seine Lehr gefunden werden?

1 Angst vor dem Bann. – 2 Hilfe. – 3 kurz.

Hutten: Ich mein, du habst Vadiscum auch gehört.
Ehrnhold: Ihn hab ich nit gehört, diese Ding aber hab ich selb gesehen und erkannt.
Hutten: Er hat doch nohet[1] diese Wort gebraucht, sprach auch: „Wo ist nun das Salz der Welt, dovon Christus zu seinen Jüngern geredt hat: ‚Ihr seind ein Salz der Erden? Wo aber das Salz verschwindet und entgeht, womit will man dann salzen?'" Nun mein ich, es sei je zu dieser Zeit verschwunden und entgangen und anstatt des rechten Salzs dieses gefälschet und unschmackhaftig einbracht. Und wär, achte ich, Zeit, daß man dasselbig, wie Christus gesagt, hinwegwürfe und mit Füßen vertrete. Aber die Fakultäten, wiewohl das anders nichts ist, dann wie ich auch Vadiscus' Red gesagt, Erlaubnis geben, alles Übel und Unrecht zu tun, so gibt man die doch leichtlich, oft und auch in großer Menig. Etwan haben sie's allein inwendig der römischen Mauren gehaben, doselbst müßt die, wer sie haben wollt, holen vor nit viel Johren. Aber dieweil sie bedaucht, nit genug Leut gen Rom kommen, solich War ze kaufen, haben sie angefangen, Legaten herauszuschicken. Dieselbigen verhängen[2] ums Geld alles, das göttlich und menschlich Gesatz verbieten. Das nennet man Facultates. Aber alldo ist nichtes zu achten, daß man einem erlaubt, die Fasten über Fleisch, Milch, Butter oder Eier zu essen. Dann solichs haben sie selbs geboten, darum mögen sie es auch wieder abtun. Sonder mag um die Legaten erkaufen, ob einer etzwas gelobt hätt, das ihn darnach ruwet[3] und wollt es gern nit erfüllen, oder einen Eid getan, der ihm nit behäglich zu halten, oder begehrt ein Weib zu der Ehe, die ihm die Gesetz verbieten, daß ihm solichs und derglichen zu tun erloubt sei. Oder daß ein Pfaff zwänzig Lehen, die uff Seelversorgung gestift, beieinander haben mög und dörf doch nit Priester sein. Dann viel Pfaffen, und zuvoran im deutschen Land, haben Verdrieß, schämen sich auch, Meß zu halten. Ja, noch mehr!

1 nahezu. – 2 verordnen, bewilligen, (die Zügel) hängen lassen. – 3 reuet.

Ob du ein bös Tat zu tun Willen hättest, kannst du von den Legaten erwerben, daß dir, die zu vollbringen, gezäme. Dann so groß ist nit, ob du jemand etwas mit Unrecht genommen hättest, dasselbig nit mehr zu wiedergeben dörfen, Macht erkaufen.

Ehrnhold: Soliche Legaten, wenn wir die allhie einlassen und aufnehmen, ist es auch anders zu achten, dann do die von Troy[1] das leidig Pferd, darinnen die Griechen verschlossen waren, inwendig ihre Mauren nahmen und uff die Verstörung zogen?

Hutten: Es ist gleich getan. Aber mehr werden von Sünden rein durch die Fakultät alle Übeltäter. Ob schon einer ein Menschen getöt hätte oder seinen Vater entleibt oder, das ihres Sinnes noch größer ist, ob einer aus Rot des Teufels (als sie das nennen) einen Kleriken oder Geweiheten hätt geschlagen oder ob einer sich mit seiner eigen Mutter, Schwester oder Tochter vermischet hätt oder (das am allerhöchsten von ihn' geschätzt würd) ob einer im Bann wär, auch des Vikarien Gottes, oder was einer mag geton haben, kann alles durch die Facultates wiederbracht und zu ungetan gemacht werden.

Ehrnhold: Wie? Sollt man dann uff soliche Sünd nit Genad erwerben mögen?

Hutten: Gänzlich. Man soll die aber nit kaufen. Und sie mag hie auch von einem jeden Priester zugesprochen werden. Dann ein reuig und demütigt Herz will Gott nit verschmähen. Hierum hab ich vor gesagt, Vadiscus hab Verdrieß dorab, daß sie die Absolutzen[2] staffelweis geordenet haben und Fäll dorus beschreiben, deren sie etzliche bischöfliche Fäll, etliche päpstlich nennen um Genieß und Gewinnes willen. Dann wie kann das ein andere Ursach sein?

Ehrnhold: Ich glaub selbs, daß dieses die Ursachen sein.

Hutten: Und von dannen werden Facultates zusammengeflackt, und bringen uns nit allein die Legaten Facultates her, sonder man läßt auch etzlichen den Vorkauf darinnen.

1 Troja. – 2 Absolutionen.

Dann die Bettelmünich treiben Hökenwerk[1] damit, kaufen's zu Rom, uff daß sie die wieder hie außen mögen verkaufen und uff das teuerst ohn werden[2], auch andere Örden und Gestift. Aber zuvor an die Bettelmünich, dann dieselbigen wissen die auszubringen, versorgen dem Papst sein Geschäft getreulich, das Volk wonderlich Ding überschwätzend von dem Ablaß, und besonder die Weiber, welcher Ja und Nein sie ganz regieren, und haben sie nach allem ihrem Willen durch Behelf der Beicht.

Ehrnhold: Als ich sehe, ist ganz kein Unterscheid unter anderen Kaufleuten und den', so mit den Fakultäten handlen.

Hutten: Es ist auch kein Unterscheid dann, daß Geld um Ablaß geben heißt nit kaufen. Dann wo das also hieß, wurde ihr Übeltat offenbar, und möchten alsdann durch ihre Handlung verhaßt werden.

Ehrnhold: Ob es dann schon nit den Namen hat, ist es darum an ihm selbst, nit darfür zu achten? Oder wen haben diese Zäuberin also verblendt, daß er Geld für etzwas geb und meinet das doch nit gekauft sein?

Hutten: Das gemein, einfaltig Volk und etzliche trunkene, unwitzige Fürsten. Und ist dieses ein große Geschicklichheit von ihnen, als sie auch im Namen des türkischen Kriegs nun zum oftern Mol Geld von uns geführt, welicher Krieg doch (sollt du fürwahr glauben), wo jetzo aus gemeiner Verwilligung aller Christen angefangen, wurden allein diese Vermahner und Anrichter, uff daß er nit Fürgang behielt, ein Ursach sein. Dann ihn' ist nutz, daß Türken sein und bleiben, aus vielen und tapferen Ursachen, aber am fürnehmlichsten aus der, uff daß sie von Deutschen Geld forderen mögen. Dann von Italianern heischen sie keins, auch selten von andern Nation. Allein Deutschen bedunken sie ihn' eben sein, die sie so lang und in so manicherlei Gestalt äffen. Wie aber ein anders? Heiligen kanonisieren, das ist, verstorbene Leut in die Schar der Heiligen setzen, wie großen Gewinn haben sie darin gesucht und auch funden?

1 Hökerwerk, Handel. – 2 loswerden.

Ehrnhold: So würd jetzo niemand umsunst heilig?
Hutten: Niemand, als du siehst. Es wär aber viel besser, daß einem sein selbs gute Werk und Verdienst heilig mächten, dann durch fremd Geld den Leuten soliche Meinung ingesprochen werden. Kurz hievor, als die Predigermünich einen aus ihrem Orden, Antonium genennt, heilig haben wollten, hatten sie von dem Kaiser Maximiliano ein Fürgeschrift an den Papst Leonem, domit ihre Sach gefürdert wurde, die sie doch zuletzt mit Geld (man weiß wohl wieviel) durchbracht haben. Aber der ungenähet Rock, den man vor wenig Jahren zu Trier ausgegraben hat, daß er mög der Rock Christi sein, ist also heimlich vom Papst erkauft worden, daß noch ein Teil des Geldes, so die Pilgeram, die den zu schauen dohin kommen, opferen, dem Papst gein Rom gefällt[1]. Ehe verlüren Italianer, was sie hätten, dann sie sich uff ein soliche närrische Meinung und Aberglauben bringen ließen. Derhalben auch, wenn sie sehen uns Deutschen solichs überredt sein, verlachen sie uns bis zum Keichen[2].
Ehrnhold: In Italien hab ich niemands gesehen solicher Ding etzwas tun, die unser Deutschen so mit großem gemeinem und auch eigenen Schaden zulassen. Dann sie kaufen kein Ablaß, ja, kaum nehmen sie den umsunst. So geben sie auch nit Geld zum Türkenkrieg und wissen, daß Facultates sein funden, die Barbarischen darmit zu plonderen, halten die auch darum für fremd und sie nit betreffend. Mehr geben sie zu den Kirchenbäuen, wie wir, nit ein Pfenning.
Hutten: Damit ermahnest du mich eines anderen Gedrittes. „Drei Ding", sprach Vadiscus, „tut man stetigs zu Rom und vollbringt die doch nimmer: Seligmachung der Seelen, Aufrichtung der niedergefallenen Kirchen und den Zug wider die Türken."
Ehrnhold: Und das seind auch die drei, unter denen sie als unter einem Schanddeckel[3] Geld von uns forderen.

1 zufällt. – 2 Keuchen. – 3 Deckmantel.

Hutten: Das seind es. Als nächst schicketen sie ein ganz göttlichen Ablaß her in Deutschland, mit erlogenem Vörgeben, das Geld, so aus solichem Ablaß erkauft würde, gein Rom zu Vollbringung Sankt Peters Münster, des Fundament der Papst Julius gesetzt, gehören.
Ehrnhold: Ob das dann schon wär und solich Geld zu nichtes anders gebrucht wurde, warum sollt man römische Kirchen mit unserem Geld bauen? Habent wir hie außen zu wenig Kirchen, ob die verfallen, wiederum aufzurichten und in Wesen[1] zu halten? Schämet sich nit ein Papst, solichs an uns zu langen lassen[2]?
Hutten: Er müßt sich des schämen, wo jemands zu Rom sich einiger Schand schämet. Wann geht aber der Zug in Türken für sich?
Ehrnhold: Ja, wie oft ist er wohl in seinem Fürgang durch die Päpst verhindert worden?
Hutten: Wie selig machen sie denn die Seelen?
Ehrnhold: Sollten sie ander Leut Seelen selig machen, die selbs so weit von Seligkeit leben? Ja, die also gar von Ehren und Frommkeit verlassen sein?
Hutten: Jetzo rührest du Ding, die nit leiden, Wahrheit von ihn' gesagt werden.
Ehrnhold: Welche sein die?
Hutten: Als Vadiscus sagt drei: der Papst, Ablaß und Unfrommkeit, domit sich ein jeder zu Rom ernähret.
Ehrnhold: Nichsdestorweniger wöllen wir die Wohrheit sagen. Und dieweil sie sich nit mit gütigen und brüderlichen Vermahnungen, in christlicher Lieb beschehen, erwegen[3] lassen, wöllen wir zuletzt, als ihm auch Vadiscus fürgenommen hat, wie Virgilius spricht:

Mit Trotz sie schelten offenlich
Und geben manchen bittern Stich.

Zu welcher Sach, ich hoffe, wir werden nit wenig Mithelfer haben, nit allein im gemeinen Volk, do schon gereit[4] die

1 Ordnung. – 2 von uns zu verlangen. – 3 bewegen. – 4 bereits.

Bullen unwerter seind dann zuvor, do man auch länger je weniger Ablaß kauft, do die päpstlichen Legaten nit mehr angenehm, do Ungeduld der[1] Geldforderung von Tag zu Tag größer wurd, da man auch nit als vorzeiten den schnellen Donnerschlag des Bannes förchtet, da wenig mehr Dispensation kaufen, sonder auch unter den Fürsten und Herren, die nunmehr (als du sagst) frei von Sachen reden, auch [zu] Zeiten mit der Tat sich frei erzeigen, die nit länger wöllen leiden den ganz freien und ganz uneinträglichen[2] Gewalt des römischen Bischofs, den er ihm[3] selbs zugibt, die auch eines Concilii begierig seind und jetzo säumlicher weder vor[4] anbeten den unverschämten Abgott des römischen Stuhls. Die von dem ehrsamlichen, geistlichen und unprächtlichen Leben der alten Bischöf zu sagen wissen und mit großer Ungeduld sehen diese vermommeten Bischöf, Leuten in Geiz und Überfluß verderbt, sich des geistlichen Namens zu ihrer Hoffart und Tyrannei mißbruchen. Und begehren, hinfür die geistlichen Lehen in deutschen Landen nach ihrem Willen denen allhie, die des würdig wären, verliehen werden, uff daß ausländischer Geiz destor weniger Statt haben möcht, dieselbigen[5] mit unsern Schanden und Spott eintweders für sich also zu verschlinden oder aber andern, die der vielleicht gar nit würdig, verkaufen; die auch ein groß Mißfallen tragen, daß hinfür sollen wie bisher die Häder um geistliche Lehen gein Rom gezogen werden, und begehren inbrünstiglich und von Herzen, daß die Obersten der Kirchen für die Sitten, so sie itzo haben, als Torheit, Mußiggang, Überflüß, Geiz, Rauberei, Meineidigkeit, Trunkenheit, Betrug, Unkeuschheit, Übermut, Gezänksuchung, Untreu und Aufsätzung, Gewalt und Unrecht, Böswichtstuck und Wüterei, etwan an sich nähmen diese gegen Tugend, Fürsichtigkeit, Wachen in guter Übung, Emsigkeit, Benügung der Notdurft, Mäßigkeit, Treu, Redlichheit, nüchter Leben, Einfaltigkeit, Keusch-

1 über die. – 2 unerträglichen. – 3 sich. – 4 als vorher. – 5 die Lehen.

heit, Beständigkeit des Gemüts, Eintracht, Glauben, Gerechtigkeit, Andacht, Sanftmütigkeit und Barmherzigkeit. Deren Meinung auch ist, allen Christen nutz sein werden, daß [die], die Statthalter und Vikarien sein wöllen Christi, in desselbigen Fußstapfen treten. Wiewohl sie auch, also das zu sein, nit bitten oder begehren sollten, sonder bezwänglich darzu gefordert werden.

Hutten: Es ist wohl Hoffnung, daß soliche Ding geschehen. Dann etwan ist (als das Sprichwort sagt) aus einem trägen Esel ein arbeitsam, baldlaufend[1] Pferd worden. Wo sich aber die Unseren solichs unterstehen, was meinst, sie entgegen gedenken werden?

Ehrnhold: Ich achte, sie werden sanftmütiger und, als Virgilius sagt:

> Des Kriegs und Bzwangs nit fürder mehr
> Sich brauchen, sonder Bitt und Bgehr
> Zum Frieden wenden, fast und sehr.

Hutten: Nit ein Haar! Sonder mit großem Trotz werden sie sich wehren, Harnisch, Leut und Pferd zurüsten, uns mit unserm eigen Geld kriegen. Und wo sie an eigener Macht verzagen, werden sie (wie oft hievor) Zuflucht bei den Franzosen suchen, allerlei unterstehen und (als man spricht) einen iden Stein uffwegen[2], ehe dann sie sich reformieren lassen. Da werden sie über uns rüfen, wir seien Verfolger der Kirchen (dann also nennen sie alle diejenen, so einen Finger gegen ihnen aufheben), wir seien Schismatici, das ist, Abtrinnigen, werden auch schreien, wir wöllen den ungenäheten Rock Christi zertrennen, mit Bannen und Vermaledeiung um sich werfen. Dann wer altere Historien nit weiß, was etwan viel redlicher deutschen Kaiser (die sie darnoch mit ihren Spreudekreten besprengt und geschändt haben, treulos, meineidig, grimmig und Ketzer schultend[3]) von ihnen gelitten haben und wie unglückselig es denen (Betrugs und Listigkeit der Feind halben) gegangen,

1 schnellaufendes. –2 bewegen, aufheben. – 3 scheltend.

den soll die frevelich unsinnige Bull Julii (darvon wir vor geredt haben), wes von ihn' zu gewarten, vermahnen. Welche, do erstlich von ihm ausgangen und er darinnen alle, die wider ihn und die Kirchen, als er das nennet, wären, dem Teufel gegeben, herwider die unter sein Panier rucketen, denselbigen den Himmel und ob etzwas noch höcher dann der Himmel wär, verheißen und zugesagt hätte. Wen hat er nit bewegt und entweders durch dieselbige Zusag an sich gezogen oder aber durch angehängte Treu und Schrecken in Flucht und Verzagheit bracht? Ja, er allein hat so viel Künig, so viel Land nach allem seinem Willen regiert. Zu welchem er sich mit Bündnis geschlagen, den hat er, solang sein Freundschaft gewehret, siegen lassen. Sobald er aber (als sein Gewohnheit war) das Bündnis zerschnitten und uff die Gegenseiten gefallen ist, hat er dasselbig Teil auch aufgericht. Wo er sich hingekehrt, hat er Sieg, Oberkeit und Herrschung mit ihm gebracht.

Ehrnhold: Das weiß ich alles wohl. Aber ihm, Julio, hat fürwahr nit dieselbig seine Bull noch auch sein eigen Vermögen, sonder Gelegenheit der Zeit und ein wunderliche Schickung und Bequemnis[1] aller Ding zu solichem Handel geholfen. Wiewohl ich hoffe, er söll der letzt gewesen sein, dem ein solich Glück widerfahre. Dann ich mein je nit, daß es einem mehr geraten soll.

Hutten: Aber sie herwider haben ein großes Vertrauen. Und darum sagt Vadiscus, sie pflegen zu Verachtung unser Dütschen zu sprechen: „Drei Ding befestigen Rom: seichte Gräben, zerbrochne Muren und niedere Türn." Als ob sie sprechen sollten: Wiewohl Rom gar nichts zu der Wöhr gebauen, sei es dannocht wohl gesichert und frei vor den Deutschen. Dann sie meinen, es dörf wider ein barbarisch Volk (das sie wohl mit Worten und Briefen kriegen können) nit viel Verwahrung, und sei ein schlechte Macht genug. Also gar wenig förchten sie vor uns der Stadt, dorin-

1 Gedeihen.

nen drierlei Obersten das Regiment haben: Hurenjäger, Kurtisanen und Wucherer.

Ehrnhold: Ja, bei Christo! Dann allein die haben wir zu Rom in Ehren gesehen.

Hutten: Ist aber nit ein Stadt, die von solichen Leuten besetzt, geschickt zu einem Haupt der Kirchen?

Ehrnhold: Als mich bedunkt, sehr unbequem.

Hutten: Wie lebt man dann in einer Stadt, darinnen die Leut drei Ding ungern tun: Glauben halten, Lieb und Dienst tun und von dem Weg weichen?

Ehrnhold: Soliche Sitten sein der christlichen Unschuld und Sanftmütigkeit doch gar entgegen. Dann so die am meisten an dem gelegen ist, was einer ihm selbs widerfahren wöllt, dasselbig einem andern tun, seind die Römer so gar einer andern Meinung, daß sie auch vom Weg weichen für beschwerlichen achten. Aber Glauben halten, mildiglich, freundlich und dienstlich gebären[1] seind größere und göttlichere Tugend, dann daß die zu Rom Statt haben mögen.

Hutten: Aber die Stadt, darinnen drei Ding, Huren, Pfaffen und Schreiber, ein müßig gehend und gar zu nichtes nützlich Volk, also haufecht[2] seind, daß deren kein Zahl gefunden mag werden, wie mit großem Schaden derjenen, von den' man, diese zu ernähren und enthalten, rupft und raubt, mag die gelitten werden?

Ehrnhold: Bei Glauben, mit unlidlichem[3] Schaden. Dann, daß ich anderer geschweig, sehen wir itzo, was es allein deutschs Land entgilt.

Hutten: Und das du nit aus einem oder wenig Stucken, wie die Römer gesitt seind, erkennest, so spricht Vadiscus: „Drei Ding begehren alle Menschen zu Rom: kurz Messen, alt Gold und ein wollüstiges Leben."

Ehrnhold: Daraus abzunehmen, daß sie keiner Geistlichheit pflegen, sonder dem Geiz und Müßiggang anhangen.

Hutten: Welchen Lastern die ganz Stadt Rom unterworfen

1 sich gebärden. – 2 häufig. – 3 unleidlichem.

und zugeignet ist, die ohn das vor anderen Städten drei Ding allein hat: den Papst, alt Gebäu und Geizigkeit.
Ehrnhold: O welch ein Haupt der Kirchen haben wir! Meinst du aber auch müglich sein, daß wir die Oberkeit der Kirchen abnehmen von einer Stadt, die mit so viel Gift verlipt[1], mit so viel Krankheiten beladen, mit so viel Beschwerungen Leib und Seel behaft ist?
Hutten: Es ist aber gut, daß soliche Oberkeit sei an dem Ort, do drei Ding, die man sunst nirgen findt, gemein sein.
Ehrnhold: Welche die?
Hutten: Leut aus allen Landen, allerlei Münz und Gemeinschaft allerlei Sprachen.
Ehrnhold: Besser wär, daß pestilenzisch Rom verdürb mit seinen fremden Gästen, mit seinen vielen Münzen und mancherlei Sprachen, dann daß es unsere Sitten länger verletzigen und ärgeren sollt.
Hutten: Den Römern ist aber nutz, daß wir Deutschen in bösen Sitten leben. Und darum, nachdem Rom drei Ding feiendlich[2] hasset: Patronenrecht, als sie es nennen, freie Wahl der Bischöf und Prälaten und der Deutschen Nüchterheit, so ist es doch diesem Dritten am allergefährlichsten gram und wider. Würd es auch länger nit leiden, sonder ehe ein Gebot lassen ausgehen, darin Trunkenheit gelobt und vielleicht mit Ablaß begabt werde, uff daß nit, wo Deutschen nüchter wären, ihre bösen Stück und Trügerei desto ehe erkenneten. Dann welche Deutschen wenig trinken, pflegen wider soliche ihr unrein Leben und Geizigkeit, freier dann sie meinen billig sein, zu reden und sprechen: ein ider Patron (das ist einer, der ein Lehen gestift hat) und seine Erben oder Nochkommen haben dasselbig zu liehen, und sei auch von alter Herkommen, daß alle Prälaturen söllen durch die Wahl versehen werden. Dieses mag Rom nit leiden.
Ehrnhold: So mögen auch wir hinwider nit leiden römische Gewalt, Betrug und Schalkheit.

1 vergiftet. – 2 feindlich.

Hutten: So würd aber Zier und Herrlichheit der Stadt Rom viel abgebrochen.

Ehrnbold: Welcher Zier und Herrlichheit?

Hutten: Welcher? Als ob solicher Schein nit bekannt wär! Dann erstlich seind es diese drei, die jedermann zu Rom vor Augen hat und einem jeden, wo er geht, begegnen: Reitende, Briefträger und Gebenedeiung.

Ehrnbold: Die seind also gestalt, daß ich ihr keinen Nutz weiß.

Hutten: Darnoch diese, die man auch an allen Örten zu Rom in Gesicht hat, heilige Stätt, unreine Frauen und etliche Anzeigung alter Geschicht und Händel.

Ehrnbold: Aber ich achte die Stätt nit heilig, uff den man solicher Sitten pflegt, und glaub, daß wohl geschrieben stehe, Gott erwähle nit das Volk um der Stadt willen, sonder die Stadt um des Volkes willen. Ob dann Christus Rom lieber hätte dann einige Stadt in Deutschland oder auch in dem letzten Island, fürwahr, so würde er es je von solichen Ungebärden, Schanden, Übeltaten und unchristlichem Leben rein behalten. Und alsdann würde er es jetzo mit einem Donnerschlag gar ausbrennen.

Hutten: Und darinnen solichen Lust und Geschmuck?

Ehrnbold: Ja, und alle Protonotarien, Schreiber, Pfaffen, Kopisten, Pedellen, Auskehrer, Schwänzträger, Bischöf, Altardiener, Wücherer, Rüfianer und denselbigen Haufen, der auch der ganzen Christenheit beschwerlich ist.

Hutten: Du bist ganz gestrenglich uff Vadiscus' Meinung. Daß wir aber wieder auf Zier der Stadt Rom kommen, seind drei Ding zu Rom, die man kostlich kleiden muß: Pfaffen, Maulesel und gemeine Frauen.

Ehrnbold: Laß sie sich kleiden und zieren. Solang das unselig Deutschland in seiner Torheit bleibt, haben sie genug, davon sie solichen Pracht führen. Würd es aber einmal aufwachen und seinen Schmerzen fuhlen, so werden sie darnach kärglicher leben müssen, weniger Hofgesind haben, und nochdem ihre Zins gemindert, werden sie von den vergüldten Eseln steigen und zu Fuß gehen. Darnach würst du nit mehr die Kardinäl in Scharlach gekleidt sehen, mit Hofgesind, als Künig haben sollten, ausspazieren. Alsdann werden auch weniger Müßiggänger sein, weniger Betrug und Bosheit, aber viel mehr heiligs Lebens, Ehrsamkeit, andächtiger Gebet, und sie werden wohl durch Wachen und Fasten mager von Leib werden, aber durch Nüchterheit und mäßlich Leben gesund, auch durch Unschuld und gut Gewissen an ihren Gemüten zunehmen. Und werden sie schon ihres Reichtums und weltlicher Überflüssigkeit berühmt, so würd ihn' doch dargegen an Ehren und priesterlichen Würden zugehen, und man würd sie sehen in Herrlichkeit, ihrem Stand gebührlich und gemäß. Wöllt Gott, ich möcht den Tag erleben, daß ich sollt sehen, angezeigte Ärgernis abgetan und jetz benennte Tugend bei dem Haupt der Kirchen, in welcher Stadt das auch sein würde, gehalten werden! Fürwahr, soliche Bischöf müßten mir behagen, nit, als der Poet sagt, die

Am Leib bekleidt mit reinem Wat,
Das man mit Purpur gmalet hat,
Im Herzen träg und Faulheit voll,
Doch tanzen, springen tut ihn' wohl.

Hutten: Aber nit allein seind sie weich, weibisch und wollüstig, sonder auch betrüglich und uff das außerlichst diebisch und räubisch, haben so große Begier, andern Leuten das Ihr zu nehmen und sie zu plondern, daß sie der Geiz verkehret und ganz widersinnigs Leben heißt, als die, von den geschrieben:

Zu neuem Raub stets haben Mut
Und leben von geraubtem Gut.

Ehrnhold: Das größt Übel aber, das ich an ihnen befind, ist, daß sie alles, so sie mit Rauben, Betriegen und Schinden erwerben, der Kirchen und Gottes Dienst wöllen zu bringen gesehen werden. Und wo ihn' imands etwa ein wenig von dannen nimmt, den schreien sie aus für einen Kirchendieb, sprechen, er hab ein Gotteshaus beraubt, und halten ihn für einen Feind Gottes. Und also rauben allein sie ohn Sünd. Ja, sie wöllen noch um ihre Übeltat Belohnung von Gott haben, und achte, daß sie eben sprechen als die Räuber, von den' Virgilius schriebt:

Wir fielen es mit Woffen an,
Die Gött' uns baten[1] beizustahn.
Drum söllten s' auch Beut mit uns han.

Hutten: Sie nehmen uns doch nit mit Woffen.
Ehrnhold: Blei ist auch Woffen, weiß kein Unterscheid, ob deutsch Land mit Eisen, Blei oder anderm Metall überwonden werde, dann daß sich zu schämen ist, uns, die auch gegen Stahel und Eisen unüberwindlich bleiben sollten, mit bleienen Schwerten gezwungen werden.
Hutten: Was verbeut aber Bulla „Cene domini" allda?
Ehrnhold: Alles, das ein Bull mag.
Hutten: Man förcht aber dieselbigen mehr dann ichtes anders?
Ehrnhold: Was ist es nun mehr? Man weiß, daß uff ihren Reichtum, den sie also erworben haben, etzliche Hoffnung, etzliche Forcht haben, und daß sie die ganzen Christenheit, doch zuvoran deutsch Land, mit einer falschen Befärbung und ihrem Gespenst betöret und geäffet, unter ihn' halten, daß sie auch unsere Fürsten nahet zu einer lauteren Unsinnigkeit bracht haben, also daß, wenn sie den' ihre geweihete Rosen, Schwerter und Hüt zuschicken, hilf Gott! wie großen Dank verdienen sie domit, welche Schenk und Gegennutz entpfahen sie hinwider. Die päpstlichen Boten aber, die soliche Gaben herbringen, wie mit großem Gepräng und Ehren muß man die traktieren! Du hast wohl nächst ein Legätlin gesehen ein Rosen in Sachsen führen. Dasselbig Närrlin wollt die nit überantworten, es hielt dann ein fürstlicher Bischof Meß darzu. Also muß man päpstlich

1 baten die Götter, uns.

Göklerei[1] und den römischen Aberglauben in einer Pomp und ehrlichem[2] Gepräng auslegen[3]. Doch wär es gering zu achten, wenn solichs allein hie außen geschäh und man nit noch darzu mit großem Kosten und Zehrung gein Rom züg, dem Papst seine Füß alldo zu küssen und, ich weiß nit was, zu holen.

Hutten: Auch ich weiß nit was anders, dann oben angezeigte Ding, von Rom mit ihnen bringen, die dahin ziehen. Eigentlich sagt Vadiscus, drei Ding sein verboten, die iemer aus Rom zu tragen, und wär doch solichs zu verbieten nit vonnöten gewest. Das erst: Heiligtum, das man (um Zweifels willen, den jedermann an der Römer Glauben hat) fürwahr nit weiß, ob das, darfür sie es ausgeben und -weisen, sei oder nit. Das ander: große Stein, die ohn das niemand bald von dannen tragen würd. Das dritt: Andacht, die doch ganz kein in Rom ist.

Ehrnhold: Offenlich ist keine alldo. Aber heimlich möcht man noch bei etzlichen frommen, gottförchtigen Fräulin Andacht finden. Die Romanisten aber, zweifel ich ganzlich, ob unter Hunderten einer mög erfunden werden, der nit mehr dann mittelmäßig recht glaube.

Hutten: Dahin hab ich gewollt. „Drei Ding", spricht Vadiscus, „glauben ganz wenig Leut zu Rom: Unsterblichheit der Seelen, Gemeinschaft der Heiligen und Pein der Hellen."

Ehrnhold: Das hat er mich schon überredt. Dann ich halt es ganz darfür, wo sie glaubten die Seel unsterblich sein, es würden ihr' je etliche ihre Seelen mit Tugenden zieren und den' zugut leben. Aber sie hangen also fleißiglichen Wollüsten des Leibs an, daß sie die Seel in allerlei Weg beschweren und überladen. Halten sie dann etzwas von Gemeinschaft der Heiligen, begehreten sie ohn Zweifel, derselbigen teilhaftig zu sein. Aber Pein der Hellen oder des Fegfeuers, wer davon ein Wörtlin sagt unter den tapferen Römern, des Red halten sie für ein Altweibergespräch.

1 Blendwerk, Taschenspielerei. – 2 ehrenvollem. – 3 schmücken, ausrüsten.

Hutten: Jedoch nichsdestorweniger nehmen sie sich einer Andacht und guten Glaubens an, die sie dann äußerlich fürgeben, und wissen gar christlich darvon zu reden. Derhalben spricht Vadiscus: „Drei Ding, wiewohl in Rom nit sein, berühmt man sich, der doch mehr alldo dann an einigem Ort: Andacht, Glaub und Unschuld."

Ehrnhold: Fürwahr seind die in Rom nit. Aber ihre Berühmung scheint gleich sein dem Wunder, das Virgilius beschreibt:

Erst ist's ein menschlich Angesicht,
Schön wie ein Jungfrau zugericht,
Bis auf ihr Scham. Dann gleicht es sich
Eim großen Fisch erschrockenlich.

Hutten: Wiederum seind auch drei Ding fürderlich zu Rom und werden doch selten und wenig gesehen: alt Gold (dann die Kurtisanen, Pfaffen und Wucherer halten dasselbig hinter ihn'), der Papst (dann uff daß der aus Seltsamkeit[1] dem gemeinen Volk ehrlicher erscheine, tut er sich selten aus), schöne Frauen (dann wer die hat, verschleußt sie um großer Freiheit des Ehbruchs willen).

Ehrnhold: Dieweil Vadiscus alle Ding zu Rom dreifältig macht, so sag mir, welche Ding seind am teuresten zu Rom?

Hutten: Drei, das seind Officia, Gerechtigkeit und wahre Freundschaft, um Seltsamkeit willen. Dann nahet ist der selig zu achten, dem diese Ding zu Rom gebühren.

Ehrnhold: Ich glaub es ganz, unter so bösen Leuten, so verkehrten Sitten. Wiewohl sie liederlich Freundschaft einander entbieten und wissen dieselbigen fast schienbarlich darzugeben. Dann wer begegnet uns zu Rom von Bekannten, der uns nit mit Armen umfing und küsset? Aber sie küssen oft zu Rom einen mit dem Mund, von dem sie doch mit Herzen ganz gefremd seind.

Hutten: Dreierlei (meint Vadiscus) küssen die Leut zu Rom: Händ, Altar und Backen.

1 Seltenheit.

Ehrnhold: Wie? Küssen sie dann nit mehr Füß?
Hutten: Ja, dem Papst und wenig, die etwan von großem Stand oder Wesen, und wem der Allerheiligst wohlwill.
Ehrnhold: Als ich sieh, seind oft drei Ding zu Rom, die böslichen geschehen oder mißgläublich gehalten werden. Hat aber Vadiscūs nit irgend auch etwas Guts zu Rom funden?
Hutten: So wenig, daß er kein Gedritts daraus hat machen können, wiewohl er mich einmol in Wartung bracht, daß ich etwas Guts von ihm hören würd, do er sprach: Drei seind Werk der Barmherzigkeit zu Rom. Dann ich meint gänzlich, würd von heiligen Dingen sagen.
Ehrnhold: Was sagt er aber?
Hutten: Werk der Barmherzigkeit seind zu Rom, die Zins der reichen Klöster und Äbteien, den Kardinälen in Kommenden, Dumherren Pfrunden und alle feiste Lehen, wo die auch seind, dem Papst, daß er die zu verleihen hab, zustellen; und die Gemüt christlicher Menschen, so durch unussprechlichen Mißglauben und zäuberische Gespenst in Verzweiflung kommen seind, mit Arznei des Ablaß und päpstlicher Gnaden wieder erquicken.
Ehrnhold: Ich sieh kein Werk der Barmherzigkeit. Geiz und unuswüschlichen Trug sieh ich.
Hutten: Auch ich.
Ehrnhold: Warum läßt sich nun die Welt so lang blenden und verzauberen? Oder was ist die Verhinderung, daß man die nit umkehret, die alle Ding verkehren? Und ist je zu erbarmen, daß wir überredt sein sollen, uns gebühr nit, uff daß dem ganzen Leib desto baß sei, das süchtig Haupt hinwegzutun.
Hutten: Fürwahr, dem Papst mögen wir je nit absetzen, ob schon die ganz Welt sich das us vielen Ursachen unterstehen wollt, um Fürchsichtigkeit willen der Dekret, damit sie sich verwahrt, und des geistlichen Rechtens, damit sie alle Anfechtung, auch das Concilium, überstreiten.
Ehrnhold: Welch ein armselig Wesen christlicher Gemein,

die glaubt, man dörf wider soviel großer Ungebühr und Übeltaten nichts versüchen, nichts unterstehn. Ich hoff aber, unser Seligmacher Christus soll noch den Leuten einen andern Rat ingeben, namlich, daß sie erstlich dieselbigen Dekret, darnoch deren Stifter und Dichter, als seind Kopisten und Notarien, Fürsten der römischen Kirchen, von Grund an umkehren und ausreuten[1].

Hutten: Daß sie auch hinwegnehmen, was ihn' Constantinus geben hat?

Ehrnhold: Was hat er ihn' geben?

Hutten: Erstlich Hofdiener, Trabanten, Pferd, Kronen von reinem, lauterem Gold, schöne Deck und Zeug uff ihre Pferd, Wägen, Rittergürt, Purpur, gulden Stuck, Hauptzierung, gefächlete Infulen und andere dergleichen. Darnoch Fürstentum, Städt und das ganz Reich.

Ehrnhold: Das ist ein alte Fabel und mir nit glaublich. Hierum, sprich ich also, seind soliche Ding zu Rom und in der Romanisten Gewalt, so soll man sie mit ihn' und alles, das sie haben, umkehren, den Papst aber mit seinen Kardinälen in ein Ordnung bringen, zu der alten bischöflichen Mäßigkeit und Unschuld oder, als man spricht, an sein alte Krippen weisen.

Hutten: Sie förchten sich noch nit fast und haben ein trötzigs Vertrauen.

Ehrnhold: Wie das?

Hutten: Um daß man drei Ding zu Rom für gewiß hat: der Römer Macht, der Walschen Trug und der Deutschen Untuglichheit.

Ehrnhold: Verlassen sie sich darauf?

Hutten: Darauf, und meinen sich derhalben sicher sein.

Ehrnhold: Der Römer Macht halt man vor ausgestorben und vergangen so gar, daß auch ein Sprichwort, so etwan uff die Milesier geredet, jetzo auf die Römer gezogen würd. Das ist: „Etwan waren Romer."

Hutten: Sie haben aber ein andere Meinung und ziehen die

1 ausrotten.

Zier des römischen Namens, auch das Lob der Alten als einen Erbteil an sich. Und allein der Nam römischer Majestät tröstet sie.
Ehrnhold: Wie übel werden beschirmet sein, die ihre Zuflucht uff Namen haben. Aber List der Alten ist wohl etzwas. Dann oft haben sie unser große Heer mit Betrug verführet. So hoff ich nit, daß wir Deutschen allwegen untüglich sein werden.
Hutten: Aber sie hoffen es. Sunst würden sie unsere Macht förchten.
Ehrnhold: Sie söllen die nit förchten, sonder fühlen in einer großen Klag der ganzen Welt über sie.
Hutten: Weißt du, was die Christenheit jetzo billig von dem römischen Regiment klagen sollt, wenn sie weis wär?
Ehrnhold: Ich weiß wohl viel beschwerlicher Ding, glaub aber, der Gedritten Meister Vadiscus hab die uff ein sonderliche Art zusammengereimet. Sag was?
Hutten: Zuvorderst drei Ding. Erstlich, daß die allerboshaftigst Sekt der Florentiner jetzo Rom regiert. Darnoch, daß den Papst sein Schmeichler für einen Gott ausgeben. Zum dritten, daß sich der Papst allzu großes Gewalt annimmt in Gnaden des Ablaß und Straf des Banns.
Ehrnhold: Fast lob ich Vadiscus' Scharpfsinnigkeit. Mir gefällt auch dein Fleiß, und einig verwonder ich mich über dein Gedächtnis. Sag mir aber, der alle Ding zu Rom dreifältig macht, gibt er auch dem Papst drei Schwert zu? Dann er hat sich bisher nit mehr dann zweier, des geistlichen und des weltlichen, berühmt.
Hutten: Nunmehr hat er drei Kronen. Dann ihm ist das dritt auch worden, damit derselbig Hirt und Gottes Vicarius seine Herd scheren möge, und ob die Schof etwan räudig wären, uff daß nit eins das ander verunreinige, den Gebrechen abhaube.
Ehrnhold: Tut er das dann nit mit einer Scheren wie andere Hirten?
Hutten: Er tut es mit dem Schwert zu einem Schrecken.

Sunst wöllten sich die Schaf nit scheren lassen. Auch so muß er Zeiten eins ertöten, das kann er baß mit dem Schwert tun.

Ehrnhold: O Schwert, Hirt, Scheren und Abschneiden! Wie gar nit kommt dieses Wesen mit Christo überein, der hat seinen Aposteln verlassen[1] das Schwert des Heiligen Geistes, das ist, das Wort Gottes. Hierum müsse er mit dem Schwert geschlagen werden, der domit schlägt, das gäb Christus! Aber ich, unter so vielen Gedritten uff Rom zusammengereumt, wünsche dem unreinen Haufen, als einer Ärgerung ganzer Welt und gemeiner Vergiftung, auch dreierlei Übel: Pestelenz, Hunger und Krieg. Dieses sei mein Gedritt.

Hutten: Ohn das ist Rom dreierleien Krankheiten unterworfen (als Vadiscus sagt): dem Feber, dem Armut und dem Trug.

Ehrnhold: Wohl seind das Krankheiten, die zu Rom fast hausen. Und fürwahr lagen wir zween am Armut schwerlich krank, auch einmal oder zwei- am Feber. Aber am Trug haben wir etliche unserer Gesellschaft mit großem Schmerzen verderben gesehen.

Hutten: Noch sagt er von dreien Übelen, die Rom hab: teure Zehrung, Meineidigkeit und bösen Luft.

Ehrnhold: So der Papst leichtlich alle Ding verbannen kann und hat Gewalt über Himmel und Erden, warum treibt er nit soliche Übel aus seiner Stadt und nimmt hinweg die gemeine Verletzung und Krankheiten? Oder wie gedarf er sich eines Gewalts über die Seelen berühmen, der soliche noch nit über die Körper bewiesen hat?

Hutten: Ich achte, könnt er eines, so könnt er auch das ander. Darauf schimpfet Vadiscus gar höflich, sprach, Rom verbannet drei Ding von ihm: Armut, Regiment der anfänglichen Kirchen und Verkündung der Wahrheit.

Ehrnhold: Ich glaub, es wöllt, daß noch mehr, alle Andacht und Gottesforcht, all Redlichkeit und Ehrbärkeit mitsamt,

1 hinterlassen.

was Christus gelehrt hat, von ihm ausgeschlossen sein, uff daß es desto freier in allen Sünden und Schanden regieren möcht.

Hutten: Wir seind aber nun fast weit in die Nacht kommen, und achte wohl, dein Hausfrau wart deiner doheimet, desgleichen auch Stromer meiner, dann er meinet sich allein am Hof sein, wenn ich nit bei ihm bin, wiewohl ich auch nit weniger Begier zu ihm hab, als einem Gesellen, dem ich unter allen, so hie seind, am fröhlichsten beiwohne. Hierum gehe heim, so du auch von den Gedritten ersöttiget bist und hast einen bewegten, zornigen Magen über Rom bekommen, so fast, daß ich glaub, du werdest noch doheimet von solicher Roheit etzliche Grollen fahren lassen. Ich hab diesen Tag verloren.

Ehrnhold: Verloren? Ach, wie gern wollte ich, daß du viel Tag dermaßen verlürest! Aber mein Hausfraue hab ich allezeit, dich mag ich kaum selten gebrauchen. Wir wöllen diese Nacht allhie beieinander bleiben und die boshaftigen Gedritt der Romanisten beschlafen.

Hutten: Daß mir din Weib morgen, wo ich dich über Nacht allhie behielt und ihr also abzug, die Augen auskrätzet?

Ehrnhold: Das würd sie mitnichten tun, ja mehr, sie würd nit ein Wörtlin sagen.

Hutten: Ich kenn der Frauen Art wohl. Viellicht wöllt sie denken, ich hätte dich irged zu einer Prasserei und uff die Buhlschaft geführt. Ich will dich nit haben. Gehen wir hin, du zu deiner Hausfrauen, ich gein Hof zu Stromern, der noch frei und fräulichem Verdacht ununterworfen ist. Gehen wir?

Ehrnhold: Weißt du dann kein Gedritt mehr?

Hutten: Es seind noch etzliche unachtbar[1], die mag ich nit verzählen.

Ehrnhold: Aber ich mag sie wohl hören, wie unachtbar sie auch sein.

Hutten: Unterwegen will ich dir sie sagen. Drei seind der rö-

1 unwichtig.

mischen Geizigkeit Instrument oder Werkzeug: Wachs, Pergamen und Blei.

Ehrnhold: Recht!

Hutten: Und drei Ding seind in großer Verachtung zu Rom: Armut, Gottsforcht und Gerechtigkeit.

Ehrnhold: Erbärmlich.

Hutten: So kann man drei Ding so meisterlich an keinem Ort als zu Rom üben: Schlemmen, Glauben brechen und in mancherlei Gestalt Unkeuschheit treiben.

Ehrnhold: Hättest du diese drei ausgelassen, man möcht sprechen, du hättest nichtes von Vadisco gelernet. Dann dieses seind die drei Gift, damit Rom erstlich andere Nation, jetzo auch Deutschland als mit einem pestilenzischen Anblas[1] unarzneilich[2] verlipt hat. Dieses ist der Brunn vieler großen Übel, daraus diese unsere Krankheit quellen, diese Verunreinigung fließen. Und kurz davon zu reden: das ist ganz Rom, ein Teil aller Schanden und Laster, ein gesammlete Pfütz aller Unreinigkeit, ein unusschöpflicher Pfuhl aller Sünden und Übeltaten, welche zu verwüsten, sollt man nit aus allen Landen als zu Usreutung einer gemeiner Verdörbnis zusammenlaufen? Sollt man nit mit Pferden und Segeln eilen? Mit Eisen und Feuer zufallen? Wir sehen sie im deutschen Land, von den ein Gerucht geht, sie haben mit schandlichem, lästerlichem Dienst ihre Pfrunden zu Rom erworben. Wir sehen auch die Kurtisanen hie handelen, das vor unserer Nation unbekannt, und man nit gemeint hätte, daß deutsch Sitten soliche Laster möchten iemer annehmen. Wir sehen auch den Ablaß (der anders nichts ist dann Nachlassung guter Werken) dieses schaffen, daß jetzo viel meinen, ihn' sei böslich zu leben erlaubt. O Rom, du bist das gemein Schauhaus der ganzen Christenheit, darinnen, was gesehen würd, meinet man sei recht und billig. Du bist die weit rüchtig[3] Scheuer der Welt, darein man führt und zusammenträgt, was man von jedermann geraubt und genommen hat. Darinnen mitten sitzt

1 Anhauchen. – 2 unheilbar. – 3 berüchtigte.

der unersättlich Geizworm, der viel verschlindt und stets einen großen Haufen guter Frücht verzehret, umgeben von seinen Mitfressern, die uns erstlich unser Blut ausgesogen, darnach vom Fleisch gefressen, bis sie uns jetzo (ach, Christ Herr!) an das Mark kommen, zerbrechen uns die innerlichsten Bein, und was noch überig ist, wöllen sie auch verzehren. Suchen hie Deutschen nit Woffen harfür? Gehen sie die nit mit Eisen und Flammen an? Das seind Räuber dieser Nation, die vergangener Zeit und etwan allein aus Anreizung ihrer Begier, jetzo aber mit Kühnheit und Grimm berupfen und berauben ein Volk, der Welt Regierer, saufen aus den Schweiß und Blut der armen Deutschen, erfüllen ihren geizigen Hunger, erhalten ihr unrein Leben mit dem Ingeweid unsers Armuts. Den' geben wir Geld. Die halten Pferde, Hund, Maulesel und (pfuch der Schanden!) ihre Weiber und ander mit unserem Kosten. Die steuren ihrer Bosheit mit unserm Geld, schaffen ihn' ein gutes Leben, kleiden sich mit Purpur, bauen Häuser von lauterem Märmelstein. Die, so sie sollten der Geistlichheit vorstehn, versäumen sie die nit allein, das doch übel genug von ihn' getan wäre, sonder auch verachten und verschmähen sie, ja mehr, schwächen, beflecken und schänden sie die. Und dieselbigen pflagen erstlich, domit sie Geld von uns melketen, uns mit Lügen, Dichten und Triegen als mit einem Vögelleim verwehnen[1] und näschhaft machen. Nun aber berupfen und berauben sie uns mit Dräuung, Gewalt und Übermacht

Als reißend Wölf ins Nebels Dampf,
Die großer Hunger treibt in Kampf.
Und daß sie ihren Welfen Speis
Heimbringen mögen, tunt sie Fleiß.
Do scheuen s' keiner Tat nach Fahr.
Vom Grimm sie seind erblindet gar.

Den' müssen wir liebkosen und hofieren, dörfen sie nit etwan stechen oder zucken[2], ja, auch nit bewegen oder anrüh-

1 verwöhnen. – 2 gewaltsam ziehen.

ren. Ei, wöllen wir nit weis werden und unsere Schand erkennen, unsern gemeinen Schaden rächen? Etwan haben wir das us Achtung der Geistlichheit und Ehr Gottes unterlassen, jetzo nun zwinget und treibt uns die Not.
Hutten: Ich schick deiner Frauen einen zornigen Mann heim.
Ehrnhold: Sollt ich nit zürnen? Oder wer ist so geduldig, den diese Ding nit bewegen?
Hutten: Du würst dich aber dannoch lassen milderen?
Ehrnhold: Mich wondert, daß du in einer so ernstlichen Sach schimpfen[1] magst.
Hutten: Würd es je darzu kommen, daß man mit der Hand an die Sachen will, du sollt mich nit mehr schimpfen sehen.
Ehrnhold: Und willt dich mit solicher Gramschaft[2] als etwan wider den schwäbischen Tyrannen richten[3]?
Hutten: Mit viel größerer. Dann dasselbig war ein eigene, heimliche und nur mein und meiner Gesippschaft Sach. Diese aber ist gemein und des Vaterlands.
Ehrnhold: Weißt du dann gar kein Gedritt mehr, daß wir sie vollend verschlinden?
Hutten: Ich hab noch die Hefen von den Gedritten. Drei Ding sind in großer Menig zu Rom: Mulesel, Bullen und Prokuration.
Ehrnhold: Wahrlich.
Hutten: Und drei tragen manicherlei Farben: Knecht, Weiber und Münich. Es haben auch drei Ding Trassen[4] zu Rom: Pferdzäum, Männergürtel und der Kurtisanen Täschen. Do hast du es alles, das ich aus Vadiscus' Red in Gedächtnis hab behalten mögen.
Ehrnhold: Also haben wir diesen Verdrieß mit der Hefen, als man spricht, ausgetrunken.
Hutten: Darzu hast du mich gezwungen.
Ehrnhold: Dir soll nimmer solich Ding zu tun beschwerlich sein. So darf ich auch wohl einen Freund um eines solichen

1 spotten. – 2 Zorn. – 3 wenden. – 4 Tressen.

Nutzes willen bemühen und sag dir freundlichen Dank, daß du diesen Unlust bei mir ausgespien hast.

Hutten: Hierum bis[1] gesegnet!

Ehrnhold: Und auch du. Aber hör, was willt du, daß ich den Kurtisanen diese Nacht wünsche?

Hutten: Was anders, dann daß sie die Pfrunden immerhin begehren und doch nit erlangen, bitten und doch nit erwerben, suchen und doch nit finden, und daß sie in solcher Begier, Sorg und Fleiß sich selbs armseliglichen fressen und verzehren.

Ehrnhold: Und soll meiner Hausfrauen solichs vorsagen, daß sie es auch mit mir wünsche?

Hutten: Wie dir geliebt.

Zu dem Leser von dieser römischen Dreifaltigkeit

Hie siehst du, Leser, wie drei Ding,
Die niemand achten soll gering,
Von Rom aus äffen Land und Leut
Und schmähen Gott, als ist bedeut'.
Hie siehst du, wie Sankt Peter aus-
Getrieben ist und halt nun haus
Zu Rom der Ketzer, Simon gnannt,
Der alles hat in seiner Hand.
Hie siehst du, wie man Schimpf und Spott
Mit Christo treibt, dem wahren Gott,
Wie man des Papstes Dieberei,
Die er dann trotzlich übt und frei,
Ein heilig Wesen nennen muß
Und gibt ihm darum seinen Gruß.
Hie siehst du, wie die Welt verblendt,
All Ehrbärkeit zu Bösem gwendt,
Wie Rom tut liegen[2] mehr und mehr
Und heißt das nennen göttlich Lehr.

1 sei. – 2 lügen.

Hie siehst du, wer Deutschland beraubt
Und stets von uns den Pfennig klaubt.
Hie siehst du, mit was Kunst und List
Die Welt bisher betrogen ist,
Wie unterm Schein der Geistlichheit
Sie hont[1] getrieben Üppigkeit
Und haben uns ihr Fallen gstellt,
Darin sie manchen Frommen gfällt.
Hie siehst du, daß in keiner Stadt
Geringer Glaub sich finden lat[2]
Dann jetzt zu Rom, das man wohl kennt
Und doch ein Haupt der Kirchen nennt.
Hie siehst du, wie manch heilig Gsetz
Muß weichen hin des Papstes Gschwätz,
Die doch gericht all uff Betrug.
Der werden gschrieben mehr dann gnug.
Hie siehst du, wie man handlet Gott,
Der muß oft leiden Zwang und Not,
Daß nur der Papst treib seinen Gwinn.
Drum auch er schickt den Himmel hin,
Verkauft den um der Armen Geld.
Drum würd all Redlichkeit zerfällt[3].
Dann wer dem Papst den Pfennig gibt,
Der mag für[4] leben, wie ihm gliebt,
Darf[5] halten nit Gelübd noch Eid,
Nit Glauben, Bündnis. Ist Gott leid
Des Nam, do in Verspottung gaht,
Dadurch ein jeder gschworen hat,
Dann will man, das sprech jedermann,
Nit gschehen sei, das ist getan.
Der Papst all Ding durchein[6] vermengt,
Sünd, Laster, Schand ums Geld verhängt[7].
Und das die Summ, ich red darvon,
Die Bullen so von Rom her gohn,

1 haben. – 2 läßt. – 3 vernichtet. – 4 fernerhin. – 5 braucht. – 6 durcheinander. – 7 gestattet.

Verkehren Sitten weit und breit.
  Dardurch würd böser Som gespreit[1].
Dieweil es nun ist so gestalt,
  So ist vonnöten, mit Gewalt
Den Sachen bringen Hilf und Rat,
  Herwider an der Lugen Statt
Die göttlich Wahrheit führen ein,
  Die hat gelitten Schmach und Pein,
Den falschen Simon treiben aus,
  Daß halt Sankt Peter wieder haus.
    Ich hab's gewagt!

1 Samen ausgestreut.

Dialogus oder Gesprächbuchlin Herrn Ulrichs von Hutten, die Anschauenden genannt

Uber das nachfolgend Büchlin zu dem Leser

All Ding der Papst sich unterwindt
So törlich, daß oft merkt ein Kind,
Sein Geben aus[1] gelogen sein,
Als ob er meint, der Sonnenschein
Und ander Ding am Himmel hoch
Zu ziehen unter päpstlich Joch.
Drum würd hie angezeigt in Schimpf[2],
Daß er der Sachen hab kein Glimpf[3]
Und nimmt sich an, das er nit kann,
Alsdann kann merken jedermann.
Drum muß er diese Scompen han[4].

In das nachfolgend Gesprächbüchlin
Herr Ulrichs von Hutten,
die Anschauenden genannt,
Vorred und Auslegung

Nachdem dies nachfolgend Büchlin etzwas mehr dann die vorigen uff poetische Art zugericht, ist zu merken, daß hie werden eingeführt als Unterredner Sol, das ist die Sonn oder der Sonnengott, den die Heiden auch Apollinem und Phöbum nennen. Des Suhn ist Phaethon und würd hie den poetischen Fabelen noch[5] für der Sonnen Fuhrmann darge-

1 Vorgeben, Behauptung. – 2 Scherz. – 3 Recht, Befugnis. – 4 Stichelei hinnehmen. – 5 nach.

geben. Von diesem sagen die Poeten, daß er etwo[1] in seiner Jugend als ein unerfahrner, fürwitziger Jüngling seinen Vater gebeten hat, ihn lassen den Sonnenwagen einen Tag aus[2] regieren. Der ihm das erlaubt. Dieweil er aber den Wagen und die Pferd nit zu regieren wißte, irret er am Himmel, fuhr zu nieder und zündet das ganz Erdreich an. Darum ihn Jupiter, als er das ersah, mit dem Donder[3] niederschlug und in Pad[4] (ist ein Wasser in Italien) warf. Da ward er, als etzliche gedicht haben, zu einem Schwanen, als aber Lucianus sagt, ist er in der Sonnen Reich von seinem Vater zu einem Regierer und Gubernator gesetzt und nunmehr ein unsterblicher Gott worden. Dieses hat alles seinen sonderen Verstand[5]. Aber hie würd Phaethon der Sonnen Fuhrmann genennt.

Ein Suhn der Erden würd im Sprichwort genennt einer, der von so gar dunkelem und unbekanntem Ursprung ist, daß er auch seine Vater und Mutter kaum oder gar nit kennet.

Centauri seind gewesen ein Volk in Griechenland, so gar rauch, harte und unfreundlich, daß man, dieweil sie ohn das gute Reuter gewesen, von ihn' geschrieben, hat sie auch also gemalet, als seien sie halb Pferd und halb Leut. Und noch[6], wenn ein Reuter grob, viehisch und ungütig[7] ist, so nennet man ihn ein Centaurum und sein Leben centaurisch, als dann jetzo viel seind.

Etwan[8] seind uff einer Hochzeit und Würtschaft[9] in Griechenland die Centauri und ein ander Volk, Lapithe genennt, als sie trunken wurden, zusammenkommen und haben sich jämmerlich untereinander mit großer Blutvergießung geschlagen. Doher ist ein Sprichwort kommen, daß man ein Hochzeit oder Würtschaft, daruff Leut uneins und zu Aufruhr kommen, der Centauren Würtschaft oder Zech nennet. Als in Deutschland unter den vollen Bauren oft ge-

1 irgend einmal, einst. – 2 hindurch. – 3 Donner. – 4 Po. – 5 besondere Bedeutung. – 6 danach. – 7 schlecht, grausam. – 8 irgend einmal. – 9 Gastmahl, Schmaus.

schieht, daß sie ihre Kürb[1] zu einer centaurischen Würtschaft machen.

Leontini seind ein Volk in Sizilien, die so gar sich uff Prassen und Würtschaftpflegen gelegt, daß man ein Sprichwort von ihn' gemacht: Allweg stecketen Leontini hinter den Fläschen.

Ein Purgatz[2] von Nieswurz pflegen etwan zu nehmen, die sich unvernünftig oder unsinnig zu werden besorgten. Dann die Arznei schärpft die Sinn des Menschen.

Von der Sonnen, die von oben her allen Dingen Kraft gibt, kommt guter und böser Luft, darnach sie den ingibt. Darum dichten die Poeten, wann Pestilenz regier, so schieß der Sonnengott Apollo mit Pfeilen herab zu uns als erzürnet über das menschlich Geschlecht. Darauf würd gezogen, was hierin von der Pestilenz geredt.

Dialogus oder Gesprächbuchlin Herrn Ulrichs von Hutten, die Anschauenden genannt

Unterredner: Sol, die Sonn. Phaethon, sein Suhn. Cajetanus, des Papsts Legat

Sol: Seit wir mitten im Himmel[3] kommen und nun gemächer fahren mögen, o Phaethon, so wöllen wir, dieweil sich die Pferd wieder erholen, etzwas miteinander schwätzen.

Phaethon: Ob[4] es dir gefällt, Vater, und auch, daß wir diese Wolken hinwegtün und die Geschäft der Menschen, so gegen Mittnacht wohnen, anschauen. Dann jetzo lang her haben wir die Händel sterblicher Menschen gar nichts, wie doch unser Gewohnheit war, geacht und stetigs ein Menige der Wolken fürgezogen, daß wir sie desto minder sehen hin und wider laufen, etzliche schiffend, ein Teil sich auch mit Kriegen vermischen[5] und oft um eins nichtigen Dings wil-

1 Kirmes. – 2 Abführmittel. – 3 auf die mittlere Himmelshöhe. – 4 wenn. – 5 bekriegen.

len, als do einer dem anderen einen unnützen Titel fürwitziglich entzogen, bald große Hör[1] ausführen und sich also untereinander ertöten.

Sol: Du sagst wahr. Dann ich hatte die Ding fürder mehr zu schauen Verdrieß, um daß ich sehe, sie auch der Ding, darinnen sie irren, nit geschicklich pflegen. Unter denen die Italianer in Kriegssachen doch ganz unerfahren, also daß man kaum einen oder zween, sich recht wäppenen können, findt, die Harnesch recht fuhren, die Spieß reuterisch schwingen, Ordenung wissen, sich unter dem Fähnlin halten oder zu etzwas, das die Kriegsordenung inhält, unsträflich geschickt sein. Daß einer (in Bedacht der alten Römer) wohl sprechen möcht, es wäre kein Italianer in Italien und von dem Somen[2] welsches Stammes bis uff diese Zeit nichts überblieben sein, ohn daß man noch bei den Venedigern ratschlägig Leut findt und der ein Columneser sich nächst[3] redlich bei Veron gehalten, do er, was ihm die Deutschen gelehrt, fast schickerlich[4] gebrauchet hat.

Phaethon: Aber ich hab noch weniger von den Deutschen gehalten. Dann mich bedunkt, sie künnen nichtes, dann wenn sie trinken und voll seind, ausrichten. So sieh ich ein Teil Ungestümigkeit bei ihnen, die sie im Anhab[5] der Sachen mit großer Hitz brauchen, aber darnoch, sobald die Hitz erkaltet, werden sie unnütz. Und darum hinterkam[6] sie der venedisch Hauptmann Bartolomeus del Viano gar wonderlicher Weis, do er sie zechend und einander zehen oder zwänzig Walchen zutrinken fand (dann sie meinten, die Venediger wären schon geschlagen), und also bei viertausend Mann, daß sie sich schandlich ergeben mußten, bezwang.

Sol: Nach[7] tät er an dem nit recht, daß er sie hintennach, wider zugesagten Glauben, bloß und ohn Wöhr wie das Vieh zu Tod schlug. Dann er hat ihnen gelobt, wo sie ihre Wöhr ablegten, wöllt er sie sicher von ihm lassen, auch vor dem

1 Heere. – 2 Samen. – 3 kürzlich. – 4 sehr geschickt. – 5 am Anfang. – 6 überlistete. – 7 dennoch.

Landvolk, das von allen Örtern zudrang, bis in die kaiserischen Landschaft geleiten. Do sie sich aber also entblößt hatten, schlug er sie zu Tod.

Phaethon: Das laß ich ihn verantworten. Warum trieben sie aber Schimpf in einer ernstlichen Sach und belustigeten sich mit Zutrinken in der Feind Land, ehe sie zum Haufen kamen, hätten ihrer Sachen nit acht? Uber das sieh ich sie viel mit einer großen Ungestümigkeit anfahen und nichts vollbringen.

Sol: Solichs ist wohl, wie du sagest, ein Gebrech an ihn'. Aber nichtsdestoweniger seind sie in Kriegsläufen weiter dann uff diesen Tag kein Nation erfahren und mit Woffen unüberwindlich, wiewohl sie zu regieren ungeschickt. Dann sie genüget doran, wann sie andere überfallen, jagen, verwüsten, umstoßen, berauben und ausbrennen. Darnoch habent sie ein fröhlichen Mut, denken nit weiter, Städt und Flecken, die sie also gewinnen, zu behalten. Und ist ihr Will, fremde Gebiet bezwingen, seind das auch zu tun vermüglich, aber zu behalten und verfechten haben sie kein weitere Sorg. Also können sie überwinden, wissen sich aber der Überwindnis nit zu brauchen.

Phaethon: Das hat man in kurz verschienen[1] Jahren an Padua, Vincenz und Tervis wohl gesehen, welche Städt sie wohl behalten mochten und ließent sie doch ohn Besetzung stehen, derhalben die von den Venedigeren ohn Arbeit wieder erobert.

Sol: Wie weislich hielten sie dann Veron!

Phaethon: Ja, wie unweislich verloren sie das! Was haltest du aber von den Hispaniern? Was seind das für Krieger?

Sol: Suhn, vor allen seind es fleißige Dieb, aber im Feld redlich wie jemand ander. Dann sie seind geübt, des Kriegs erfahren und über das herzhaftig und trotzig. Jetzo aber wöllen wir Deutschland beschauen. Dann daselbst ist ein große Uffruhr, wie vormals je gewest. Treib die Wolken hinweg. Ich sieh schon den Rhein, ein große Anzeigung meiner

1 kürzlich vergangenen.

Macht. Alle Nation gegen Mittnacht möchten den sehr großen Fluß nie mit einer Brucken breidelen[1]. Ich hab den in wenig Stunden nahet gar usgebrennt, etwan do du noch unerfahren, diesen Wagen zu regieren unterfangen, die ganze Welt hast angezündt.

Phaethon: Ach Vater, wie magst du mich meines Unglücks wieder ermahnen?

Sol: Um des Willen, daß du in dem zu einem Gott worden bist. Dann hättest du zur selbigen Zeit nit geirret, darum du in den Pad geworfen und also dich erneuert, wißtest du noch uff diesen Tag der Sonnen Wagen nit gewißlich zü regieren.

Phaethon: Das laß ich sein[2]. Was ist aber für ein Uffruhr im deutschen Land? Etlich sieh ich gewappnet, etliche eilen, die andern nehmen ihn' wohl der Mußen[3], aber alle kommen sie zusammen. Und daselbst siehe ich etliche gereit[4] ohn alle Sorgen schlemmen und prassen. Ein Teil ratschlagen von tapfern Dingen. Die andern pflegen der beider zugleich oder eins nach dem anderen.

Sol: Es ist ein Versammlung zum Rat der Fürsten und gemeiner deutschen Nation.

Phaethon: Hui, welch ein Rat! Oder pflegen sie wie im Krieg der Schlachten also auch im Frieden des Rates bei Trunkenheit?

Sol: Eben also. Du siehst aber auch unter des[5] etzliche nüchtern alle ihre Sachen ausrichten, und darum werden sie von andern ihren Landsleuten als Ausländer gehalten und veracht.

Phaethon: Ich glaub von denen, die ich sieh wohlgekleidt und in gefärbtem Wat[6], mit gebüfften Horen[7] und guldenen Halsbanden. Vater, die mit den langen Schenkelen, die auch groß von Leib und anzusehen wohlgestalt.

Sol: Ja, von denselbigen und dem ganzen trunkenen Haufen.

1 überbrücken. – 2 gelten. – 3 sich sehr Zeit. – 4 bereits. – 5 diesen. – 6 farbigem Gewand. – 7 gekräuselten Haaren.

Phaethon: Warum treiben dann nit diese Nüchtern dieselbigen Vollen aus, erstlich, um daß sie in solchem Unlust leben, darnoch auch, daß sie den Weisen und Vernünftigen Verhindernis tun?
Sol: Wie möchten wenig die mehreren? Doch strafen sie die mit Worten und nit ohn Frucht. Dann ihr' viel bekehren sich, dieweil sie sehen sich an Gesundheit ihrer Leib durch die Füllerei beschädigt werden.
Phaethon: Um daß ihnen ihre Leib geletzt, bekehren sie sich. Daß ihnen aber das unmäßlich Leben ihre Gemüt und Vernunft verderbt, bewegt sie nit?
Sol: Sie verstehen es noch nit. Dann diesem Volk ist leichter des Körpers Sachen dann was zum Gemüt gehört zu erkennen.
Phaethon: Ist sich aber zu versehen, daß sie iemer[1] auch die Güte des Gemuts[2] verstehen werden?
Sol: Gänzlich. Dann sie sich gereit vieler scharpfsinniger Ding unterstehen und nieten sich Zierung der Gemüt[3]. Nimm wahr, daß Geringleibigen und Magern, die wohl von Leib schwach, aber von Sinnen mächtig und unüberwindlich, brauchen sich[4] in behenden und subtilen Künsten bei Wassertrinken. Dann sie haben ein scharpf Verständnis.
Phaethon: Ich sieh sie von erleuchten Sinnen und darum würdig, daß sie von den Trunkenen unbelästiget bleiben und alles Verdrieß überhaben wären.
Sol: Es seind etzliche von den Fürsten, die auch selbs von Sinnen geschickt über ihn' halten[5], aber wenig, als einer oder zween. Wiewohl auch die Vollen den Gelehrten und Nüchteren Ehr erzeigen. Und ob sie schon noch, was an ihn' zu erheben sei, nit begrifflich, halten sie die dannocht bevor und in großem Ansehen. Dann von anderen, Nüchteren haben sie gehört, es seien geschickte, große Leut.
Phaethon: Gott behüt die kleinen Großen! Aber wir wöllen unsere Augen wieder zu der Versammlung wenden. Hilf

1 jemals. – 2 die geistigen Güter. – 3 befleißigen sich, ihren Geist zu bilden. – 4 bemühen sie sich. – 5 sie schützen.

Gott, welch ein Gepölter und Geräusch, welche Sauferei, wie groß und verdrießlich Geschrei! Was ist aber jens für ein groß Menig Volks, das dort mitten inhergaht? Und sag mir erstlich, wie heißt die Stadt?

Sol: Die Stadt heißt Augsburg. Dahin versammelen sich die Fürsten des Reichs, von großen Dingen sich zu beraten. Aber die Versammlung des Volks ist ein Prozession und führt den päpstlichen Legaten aus seiner Herberg.

Phaethon: Welchen Legaten, Vater? Oder wo führen sie den hin? Und dieweil du alle Ding weißt und dir niemand nichts verhehlen kann, so sag mir, was werden sie doch, wenn sie nun wohl beschenkt und von dem Wein erwörmet seind, ratschlagen?

Sol: Den Legaten führen sie auf das Rathaus, da er ihn' aus Befehl des Papstes Relation tun würd[1]. So ratschlagen sie, wie man einen Krieg anfahe wider die Türken, welchen Papst Leo der Zehent mit Verhoffnung eines Gewinns understehet[2], und schicket darauf diesen Cajetanum dahin, zu verschaffen, damit die Deutschen nichts anders, noch Fürderlicher[3] dann denselbigen Krieg fürnehmen.

Phaethon: Was Gewinnes ist er dann verhoffen? Würd vielleicht mit gegen dem Türken ziehen und verhofft, etzwas daselbst zu rauben?

Sol: Nichts! Sonder von den Türken redt er allein, sein Gedänken aber seind weit von dannen. Dann in rechter Wahrheit tracht er nach der Deutschen Geld, hat ihm fürgenommen, die zu plünderen und, was sie noch von Geld haben, abzudringen.

Phaethon: Doran tut er unrecht. Würd er das aber auch vermögen, ein so streitbar und trötzig Volk?

Sol: Daß er solichs tut, da hat er Recht zu. Er würd es auch vermögen, wiewohl mit Kunst[4], die er anstatt des Gewalts brauchet.

Phaethon: Das verstehe ich nit.

1 die Befehle des Papstes eröffnen wird. – 2 zustande bringt. – 3 nichts Nützlicheres. – 4 List.

Sol: Er gibt sich für einen Hirten aus, wie etwan Christus gewest, spricht, alle Christen seien seine Schof, zuvoran und mehr dann andere diese Deutschen, zu denen er jetzo diesen Legaten schickt, ihm sein Schof zu scheren und die Wollen mit ihm wieder über das Gebürg zu führen. Hat er do Unrecht?

Phaethon: Bei Glauben, Vater, nein! Wo sie anders seine Schof seind und er sie weidet.

Sol: Er weidet sie aber mit lauterer Gäucherei, das sie doch ein Weid sein bedunkt.[1]

Phaethon: Ist das aber genug, daß es sie also sein bedunkt?

Sol: Ihnen ist es genug.

Phaethon: So scher er sie, schind sie auch, wo es ihm gefällt, dieweil sie also gar die Gäucherei annehmen.

Sol: Er tut es auch und jetzo schiert er sie bis auf das Leben, der geizig Scherer.

Phaethon: Lassen sie sich aber also scheren und schinden?

Sol: Fortan werden sie ihn' nit mehr wöllen lassen. Dann sieh an, wie sie ihre grimmige Augen auf ihn geworfen. Und kenne ich sie recht, so würd es nit weit darvon sein, daß es ihm übel ergehe. Dann sie seind ihm feind, um daß sie seine Bosheit wissen, wiewohl er sich ganz geistlich und bieder, als ob er das wär, dargibt.

Phaethon: Das tut er fürwahr, der Betrieger, verwandlet sich wie ein Gaukler mit etzlichen Verblendungen also, daß, wer ihn sieht, nit denken möcht, er bös wär, dann er alle seine Gebärden der Frommkeit zu verglichen weiß, seine Stirn, Augen, Schülteren, Red, Gang und alles.

Sol: Noch werden sie ihn nit leiden. Dann vor ihm haben viel dergliche n auch getan. Darum, wiewohl Deutschen von Natur einfältige Leut seind, haben sie doch den Trug so oft befunden, daß sie sich nunmehr betrogen werden verstehen[2].

1 mit Narrheit, was sie aber für ein rechtes Weiden ansehn. – 2 verstehen, daß sie betrogen werden.

Phaethon: So ist dieser Scherer nit beizeiten kommen.
Sol: Wie du sagst. Dann wär er zu rechter Zeit kommen, möcht er reich von dannen ziehen. Aber nun seind ihm viel andere vorkommen und mag sein Betrüglichheit nit statthaben.
Phaethon: Mich bedunkt, er merke selbs, daß er umsunst arbeite.
Sol: Nit heimlich.[1]
Phaethon: Sehe ihn derhalben traurig und betrübt, als dem man das Brot aus den Zähnen gerissen hat. Darum muß er einen andern Weg finden.
Sol: Jetzo tut er das, dicht, sucht und tracht, so es uff diesem Weg nit ausgangen[2] ist, wie er es uff ein andern bring. Und vielleicht würd er Rat finden und List ankehren[3], ist von einer Hoffnung gefallen, hierum richte er sich auf ein andere. Fürwahr, er würd einen behenden Trug erfinden. Stärkt alle seine Kräft dohin, daß er das gemein Völklin erwege[4]. Ist ihm schon das Gold entflogen, er wurd ihm wieder nochfolgen. Ist etzlich Geld zerstreuet, er wurd es zusammentreiben. Etzliche schlafen, er wurd sie aufwecken. Der Aberglaub ist kalt worden, er wurd ihn wiederum anzinden. Mit vorsichtigen Erforschungen und sittlichem Nachgehen[5] wurd er etzwas zuwegen bringen.
Phaethon: Nunmehr sehe ich ihm an, daß er etzwas solichs untersteht. Sag mir aber, bitte ich, ist er von gutem Geschlecht oder eines redlichen, ehrbarn Gemuts, daß ihn Rom vor andern ausschickt?
Sol: Vonnöten ist nit edel sein, wer zu Rom groß wurd, auch nit von Tugenden erleucht, sonder mag ihn helfen, weiß er sich mit Betrug und bösen Tücken herfürzutun. Ich glaub, daß dieser kaum seinen eigen Vater kenne, noch kommt er mit einem solichen Gepräng von Rom über das Gebürg, andere selig zu machen, hat viel Ablaß bei sich ge-

1 deutlich genug. – 2 gelungen. – 3 anwenden. – 4 den großen Haufen in Bewegung bringe. – 5 bedächtigem Handeln.

schürzet und läßt ihm Watsäcke[1] und Gepäcke voll Fakultät nachführen.

Phaethon: Drum wurd er auch leer ausgestoßen werden. Dann ich achte, ob schon Deutschen ihr Geld gen Rom schicken wöllten, daß sie es diesem Suhn der Erden nit vertrauen wurden.

Sol: Wie du sagst. Noch darnoch[2] ist er ausbindig zum Handel geschickt und wurd etzwas versuchen. Dann jetzo dicht er nach wunderlichen Künsten. Und der Böswicht zimmert etzwas Betrugs, daß den Deutschen hoch vonnöten sein wurd, Rat zu finden, wie sie seinen Listen entweichen.

Phaethon: Ob er nun, daß alle Völker gegen Mittnacht in den türkischen Krieg einträchtiglich verwilligten, erlangte, wurd er auch weiter etzwas unterstehen?

Sol: Er denkt doch uff nichtes weniger, dann denselbigen Krieg zu führen. Es ist ihm um Gold zu tun, dem dienet er, das begehret er. Und jetzo schwür er, dasselbig, wo man es ihm gebe, anders nit dann uff den türkischen Krieg zu wenden. Aber sobald er das hätte (dann ich sag, wie es die Wahrheit ist), so würd er es der römischen Prasserei fürsetzen.

Phaethon: Lieber, so sag mir, wie lang würd er solichs Spieles pflegen?

Sol: Bis die Deutschen weis werden, die jetzo durch der Römer Betrug ganz zu Narren gemacht und voller Mißglauben überredt seind.

Phaethon: Ist es aber nahet dabei, daß sie weis werden?

Sol: Nahet. Dann unter allen Legaten ist dieses der erst, den sie leer von ihn' wiederkehren lassen, in großem Schrecken der Stadt Rom. Dann man hätt nit geglaubt, daß die Barbarischen solichs tun dörften.

Phaethon: Seind dann Deutschen nach für barbarisch geacht?

Sol: Als Rom urteilet, nit weniger dann auch Franzosen und

1 Mantelsäcke. – 2 trotzdem.

alle andere Völker auswendig Italien. Will man aber gute Sitten und Achtung freundlicher Beiwohnung[1], auch Fleiß der Tugend, Beständigkeit der Gemüt und Redlichheit ansehen, so ist dieses ein wohlgesitte Nation und dargegen die Römer mit der alleraußerlichsten Barbarei verstallt[2]. Dann erstlich seind sie von Weichmutigkeit und weibischem Leben verdorben Leut. Darnoch ist bei ihnen große Wankelmütigkeit und mehr dann weibische Unbeständigkeit, wenig Glaubens, Betrug und Bosheit, damit sie allen fürtreffen.

Phaethon: Mir gefällt wohl, was du von Deutschen sagst, und ist zu wünschen, daß, die sunst also geschickt, von der Trunkenheit lassen.

Sol: Etwan werden sie auch nüchter, und mein ganz, solichs [wird] bald geschehen. Dann ich sieh sie je länger je weniger trinken, und diejenen, so unter ihn' stets voll seind, von den anderen, die dannocht auch nit ganz nüchtern, veracht werden.

Phaethon: Sag mir eins, trinkent auch ihre Fürsten?

Sol: Wär diese Ungebärd nit in dem fürstlichen Stand, die ganze Gesellschaft der Trunkenen wär lang zergangen. Dieselbigen mit bösen Beispielen bestätigen dieses Mißleben und habent mit großer Macht an ihnen hangen die Sachsen, die du dort siehst, der Trunkenheit sich ganz ergeben haben. Dann allein die aus allen Deutschen haben noch von ihrer alten Weis nichts abgelassen. Setzent sich wider alle Vermahnung und beschirment ihr väterliche Weis.

Phaethon: O Himmel und Erden, welch ein Gesellschaft siehe ich da, welche Trünk, welche Grollen[3], welch Speuen[4]! Da frißt und sauft man unzüchtiglich, überhauft die Gericht, trägt auf das Brot mit großen Körben, den Trank in schweren Fläschen, schreiet, rüft, singt und heulet. Also mag ich von den' sagen und auch wie der Poet Lucilius gesprochen:

1 freundlichen Zusammenlebens. – 2 entstellt. – 3 Rülpsen. – 4 Speien.

Also gebärdt ihr vollen Bäuch,
Ihr Schlucker und auch ihr Weinschläuch.

Diese Prasserei mag sich auch wohl vergleichen der Würtschaft, die etwan zwei Völker, Centauri und Lapithe, miteinander gehabt. Hierum muß man jetzo nit wie zuvor die Griechen von den Leontinern in ihrer Sprach: „Allweg stekken die Leontiner hinter den Fläschen", sonder nunmehr in Latein, daß es jedermann verstehe, von den Sachsen: „Allweg stecken die Sachsen hinter den Fläschen!" Fürwahr müssen sie viel Weins verderben.
Sol: Sie trinken nit Wein.
Phaethon: Wie? Werden sie dann von Wasser voll?
Sol: Ja, von Wasser.
Phaethon: Haben sie dann auch, wie man in Paphlagonia findt, Brunnen bei ihn', von den' die Leut trunken werden?
Sol: Auch nit. Dann wo das wär, wurden sie von Trinken zerbresten. Sonder kochen sie etzliche Kräuter und Frücht, und von demselbigen Trank werden sie voll.
Phaethon: Das ist wohl erfunden. Dann wo wöllt man denen, die also schlurken[1], genug Weins finden?
Sol: In Deutschland nit.
Phaethon: Haben aber auch diese wie andere Leut Sinn und Vernunft?
Sol: Wie andere, und ein guten Verstand.
Phaethon: Und speien, was sie getrunken, also ohn Schaden wieder von ihn'?
Sol: Also. Dann bei keinem Volk findest du, allda die Städt wohl regiert werden, jedermann in Sicherheit leben, von ausländischem Gewalt behüt sein, und seind die Sachsen unüberwindliche Kriegsleut.
Phaethon: Meinest du aber, daß sie iemer werden von der vollen Weis lassen?
Sol: Da zweifel ich fast an.

1 schlauchen.

Phaethon: Oder wo sie von Trunkenheit ließen, ob sie dann auch die anderen guten Weis behalten würden?
Sol: Wo sie die behalten möchten und darbei nüchter leben, wüßte ich kein Nation für sie zu setzen.
Phaethon: Wie seind sie von Leib?
Sol: So gesund, stark, wohlgeschickt und vermüglich[1] als keine anderen. Ja, allein diese von den Deutschen wissen nichtes von den Ärzten. Dann sie ohn das selten krank seind. Aber die Juristen jagen sie mit Geschrei und großer Verachtung von ihnen.
Phaethon: Wie sprechen sie dann Recht?
Sol: Nach alter Gewohnheit und weislich. Dann man findt an keinem Ort weniger jemand Gewalt oder Unrecht widerfahren. Dann anstatt geschriebener Rechten brauchen sie alt Herkommen.
Phaethon: Wunder ist, wo du es nit darfür hältest, daß sie von Trunkenheit besser werden.
Sol: Das sag ich nit. Aber dieses weiset sich also aus, daß sie viel Ding ratlicher[2] tun und weislicher ausrichten dann irgend an einem End die Nüchteren. Halten sich nach einem Sprichwort, das bei ihn' gemein: „Abends zechen, morgends ratschlagen." Dann noch dem Abendessen trinken sie bis in die weite Nacht, morgens gehen sie nüchtern zu Rat, handelen von tapferen und gemeinen Nutz betreffend Geschäften.
Phaethon: Also sieh ich, daß ihn' ihr Trinken nichts schadt, und vielleicht ist ihn' diese Gewohnheit zu einer Natur geraten, daß zu förchten, wo sie sich des Trinkens mäßigten, würden sie auch recht zu leben aufhören.
Sol: Das möcht geschehen.
Phaethon: Ohn diese haben mir nie trunken Leut gefallen. Aber wir wöllen die anderen auch anschauen. Dort sieh ich etzliche vermischt und nacket untereinander baden, Frauen und Männer, und glaub das ohn Schaden ihrer Zucht und Ehr nit zugehen.

1 bei Kräften. – 2 mit Überlegung.

Sol: Ohn Schaden.
Phaethon: Ich sieh sie sich doch küssen.
Sol: Freilich.
Phaethon: Und freundlich umfahen.
Sol: Ja, sie pflegen etwan auch beieinander zu schlafen.
Phaethon: Vielleicht habent sie die Gesetz Platonis angenommen, daß sie die Weiber gemein halten.
Sol: Nit gemein, sonder in diesem beweisen sie ihren Glauben. Dann an keinem Ort, do man der Frauen hüt, magst du weibliche Scham unversehrter finden dann bei diesen, die deren kein Wartung noch Uffsehung haben. Es ist auch nirgend weniger Ehebruch, und würd die Ehe an dem Ort am strenglichsten und festen gehalten.
Phaethon: Sprichest du, [daß] sie neben Küssen, Umfahen, auch Beieinander-Schlafen nichtes weiter beginnen? Und darzu bei der Nacht?
Sol: Ich sprech ja.
Phaethon: Und geschieht das auch ohn allen Verdocht? Und die ihre jungen Weiber und Maidlin von anderen also gehandlet werden sehen, förchten die nit derselbigen Ehren?
Sol: Auch kein Gedenken haben sie des. Dann sie getrauen einander wohl und leben in guter Treu und Glauben, frei und redlich, ohn allen Trug und Untreu. Sie wissen auch von keinem Hinterlist.
Phaethon: O ein Volk, daß niemer bös zu achten! Dann die Italianer sieht man zu allen Zeiten hässig, karg und geizig sein, viel begehren, nach Gewinn stellen, betriegen, Glauben brechen und Hinterlist üben, sich in Haß und Mißgunst untereinander selbs verdecken, heimlich mörden, Gift geben, allweg nach Betrug denken und mit Untreu umgehen, ihrer keiner dem anderen glauben, nichts öffentlich oder aufrichtlichen tun, und glaub, daß sie darum bleich von Farben seind.
Sol: Etzliche um der, etzliche um anderer Ursach willen. Vielleicht tut es auch der Luft.

Phaethon: Fürwahr seind je die Deutschen rotfärbig. Dann sie leben in Freuden und gütem Vertrauen. Enthalten sich der Ding, die das Gemüt verbrennen, das Herz betrüben, das Blut minderen. Dann ich sehe sie nit viel sorgen, in Ängsten mager werden oder sich selbs fressen. Nimm wahr, sie haben auch keinen gemeinen Schatz[1]. Glaub, sie folgen alter Gewohnheit der von Lacedämone, daß sie, wenn ein Krieg vorhanden ist, einzlich[2] zusammensteuren und jeder etzwas zu des Krieges Verlegung[3] gebe.
Sol: Das ist auch hübsch von ihn'. Dann sie leben also gar frei, daß sie weder in der Ruh uff Geschäft denken, noch im Frieden vor Krieg sorgen. Und in derselbigen Sicherheit betrachten sie kein Fahr noch Glückes Fall.
Phaethon: Und ratschlagen nit zuvor uff die Kriege?
Sol: Mitten im Krieg ratschlagen sie. Dann oft gerat ihnen ihre Kühnheit und Verwegenheit zu großer Weisheit, wissen von keinem Betrug, brauchen den auch nit in ihren Schlachten, sonder handlen mit offenlicher Tat.
Phaethon: Billig soll man die sehr loben. Aber damit mir nichts unwissen sei, so bericht mich kürzlich, wie sie doch in ihren Oberkeiten regieren.
Sol: Erstlich ist ihre Natur und Eigenschaft, daß sie nit mögen unterworfen sein, und lassen sich auch nit regieren. Was aber von Fürsten unter ihn' ist, den' dienen sie mit Freimütigkeit und in großem Glauben, einer diesem, der ander jenem. Aber all ingemein erkennen sie jenen Alten[4], der von ihn' Kaiser genannt würd, für ihren Herren. Denselbigen, dieweil er ihn' Recht tut, haben sie ihn in Ehren, aber nit in Forcht und seind ihm derhalben nit fast[5] gehorsam. Darum sich auch oft Aufruhr und Zerteilung unter ihn' erheben. Und ist das die Ursach, daß sie sich nit fast um den gemeinen Nutz bekümmern.
Phaethon: Jetzo ratschlagen sie doch darvon.
Sol: Aber aus Uneinigkeit werden sie nit Rat finden, dann ih-

1 Staatsschatz. – 2 einzeln, Mann für Mann. – 3 Ausrüstung. – 4 Starken. – 5 sehr.

re Gewohnheit ist, oft viel Monat von einem Ding ratschlagen und nichtes beschließen. Mittlerzeit halten sie Bankett, prassen und treiben Schimpf, hingelegt den Ernst[1].

Phaethon: Das gebührt gar nit den', die über andere regieren sollen.

Sol: Mitnichten gebührt es ihn', aber sie tunt es doch.

Phaethon: Hierum tauen[2] sie gar nit zu regieren, vielleicht baß zu anderen Dingen. Dann viele ihre verwegene Taten überwinden der anderen weisliche Ratschläg.

Sol: Wie du sagst. Unter den Fürsten aber seind etzliche von Geburt edel, etzliche durch die Wahl aufgeworfen, als seind die Bischöf und Geistlichen.

Phaethon: Und als mich bedunkt, seind dieselbigen am gewältigsten.

Sol: Das seind die auch. Dann sie in der Zahl übertreffen, auch mit Reichtum und Machtobliegen. Mag fürwahr sagen, daß mehr dann halb Deutschland von Pfaffen besessen würd.

Phaethon: Wie haben es ihre Alten[3] darzu kommen lassen?

Sol: Etwan, do sie den Christenglauben angenommen, haben sie allzu geudisch[4] und mehr dann nutz und billig gewest von dem Ihren zu den Kirchen geben.

Phaethon: Dardurch ihre Nachkommen in Armut gefallen.

Sol: Ja, und müssen Herren haben, die um ihr väterlich Erb gekauft seind.

Phaethon: Darzu hat sie Achtung der Geistlichheit bracht?

Sol: Fürwahr Achtung! Dann es ist ein lautere Mißglaubung gewest, die sie hierin verführt. Es seind auch zwischen ihren Fürsten Zwietracht und stetes heimlich Krieg, in welchen sie sich verderben.

Phaethon: Mag dann der Kaiser die nit stillen?

Sol: Söllt der sie stillen, so sie ihm nutz seind? Dann wo sie sich nit also untereinander verderbten, wären sie ihm viel zu mächtig.

1 indem sie den Ernst ruhen lassen. – 2 taugen. – 3 Vorfahren. – 4 verschwenderisch.

Phaethon: Wer geht nächst nach den Fürsten?
Sol: Die sie Grafen nennen. Dieselbigen seind weniger dann Fürsten und doch mehr dann gemeiner Adel, einen gegen dem anderen zu rechnen.
Phaethon: Was ist aber der gemein Adel?
Sol: Das ist der Reuterorden, ein große Macht und Stärke deutscher Nation. Dann ihr' seind viel und geübt in Kriegen, uber das sieht man doch bei ihn' einen Schein alter Tugend, gute Gewohnheit und den Deutschen angeborne Redlichheit. Diesen gefällt noch die alte deutsch Weis, und hassen alle fremde Sitten, wo die bei ihn' einbrechen.
Phaethon: Ich sehe aber wohl, daß sie vielen Verdrieß tun.
Sol: Das tun sie.
Phaethon: Und anderen das Ihr mit Gewalt nehmen, Krieg und Aufruhr erwecken, auch wider die Fürsten. Aber zuvoran und vor allen verfolgen sie Kaufleut.
Sol: Dardurch machen sie ihn' auch viel Feiende[1]. Dann sie die ungütig schelten und um ihrer rauhen Weis willen unzuleiden achten[2].
Phaethon: Warum treiben sie die dann nit aus?
Sol: Darum, daß ein Teil das nit wöllen tun, ein Teil es nit vermögen, ob sie gern wöllten.
Phaethon: Welche wöllen das nit tun?
Sol: Die Fürsten. Dann sie einig die zu Beschirmung ihres Gewalts brauchen. Ja, mag ich sagen, uff den' steht die Macht aller Fürsten. Darum auch unter ihn', welcher dem anderen feind, nimmt diese zu ihm, mit den er sich als mit Woffen wehret.
Phaethon: Also hält sie einer dem andern zu Verderbnis?
Sol: Also.
Phaethon: Und ist aus der Ursach soliche Rauberei bei den Deutschen, Unsicherheit, Anfallung? Und werden die Straßen verlegt, viel Unfriedens gemacht?
Sol: Am meisten aus der, wiewohl auch aus einer anderen Ursach.

1 Feinde. – 2 für unerträglich halten.

Phaethon: Welches ist die?
Sol: Aus Haß der Kaufleut und Freien Städt, als sie die nennen.
Phaethon: Warum hassen sie Kaufleut?
Sol: Um daß sie ausländische War zu ihn' bringen als Spezerei, Seiden, Purpur und andere, die zu nichtes dann einen unnutzen Pracht und Überfluß gebrauchlich, verkehren die besten und mannlichen Sitten ihrer Nation mit Einbringung ausländischer Gewohnheit und eines weichen Lebens, dem die deutsche Art von Natur [zu]wider und nit unbillig gehaß ist.
Phaethon: Sie haben Ursach. Dann ich kann selbs denken, dieweil ihr' viel sich also zart und weichlich halten, daß bei wenigen bleib Achtung strenger Tugend. So dann ihr alte Gewohnheit und angeborne Tugend also abgeht, mag bald Neuerung und ausländischer Brauch bei ihn' aufkommen. Dann mich bedunkt, schon etzliche von ihn' seien ihn' selbs unähnlich, besonder mit der Kleidung. Daraus ohn Zweifel zu vermuten, daß es ihn' nit wohl anstehen wurd, wo sie ihre Sitten also verwandlen.
Sol: Sie seind schon fast verwandlet.
Phaethon: Aus angezeigter Ursach berauben sie die. Warum verfolgen sie aber die Freien Städt? Vielleicht, daß etwa die Edlen in Städten gewohnet, seind von den Gemeinen ausgetrieben, darum meinen sie sich hinfür also ewiglichen an ihn' zu rächen?
Sol: Der Adel des Orts hat nie in Städten gewohnet, sonder ist allwegen wie auch jetz uff dem Land zerstreut gewest. Daß aber die Edelen den Städtischen feind seind, ist ein andere Ursach.
Phaethon: Die begehre ich von dir zu hören und Ursach ihrer Widerspännigkeit erkennen.
Sol: Du sollt es hören. Anfänglich seind keine Städt gar im deutschen Land gewesen, alle Bäu voneinander abgesündert, und hat ein ider seine Wohnung für sich und allein gehabt.

Phaethon: Das weiß ich wohl.

Sol: Zu denselbigen Zeiten kamen keine Kaufleut zu ihn', die ihn' etzwas Fremdes brächten. Sie begehrten des auch nit, sonder brauchten sich desjenen, so bei ihn' wüchse, und desselbigen allein. Dann ihre Kleidung war von Häuten und Fellwerk der Wilden[1] bei ihn', ihre Speis aus vaterländischer Erden gewachsen und in ihren Luft erzogen. Sie wüßten nichtes von fremden Güteren, und ward zur selbigen Zeit niemand von den Krämern und Kaufleuten betrogen. Allein war ein strenge Ehrbärkeit, noch der hält sich idermann. Geld war bei ihn' ungesehen, hatten kein Silber noch Gold.

Phaethon: Das ist die beste Zeit der Deutschen gewest.

Sol: Nachfolgens haben sich die Ausländer von Tag zu Tag mehr und mehr bei ihn' zugeton und erstlich bei denen, so am Gestaden des Möres gewohnet, angefahren, mit ihn' zu handelen angefangen. Darnoch seind sie auch weiter kommen, so lang, bis daß erstlich den Untüglichen, Trägen und Fürwitzigen die neuen Ding gefallen, und ist Gewohnheit des Überflusses von gemeienen Haufen angenommen. Das hat ihn' Anreizung, erstlich Dörfer, darnoch auch Städt zu bauen gegeben, die sie nachfolgens mit Muren, Bollwerken, Türnen und Gräben befestiget und sich also darein verschlossen. In welche Versammlung alle Trägen, Faulen und Unstreitbaren verwilliget. Was aber von edlem Stamm oder tapferen Gemüten, haben verstocklich bei ihrer väterlichen Weis und Gewohnheit gehalten, sich ganz trötzlich wider angezeigte Ärgernis gesetzt, für unbillig geacht, ein schandliche Veranderung der Sitten bei ihn' zugelassen werden, mit Fürsatz, Gebrauch der Alten fest und hart zu handhaben und von eigener Natur nit abweichen. Wer dieser Meinung gewest, dem haben Krieg geliebt[2], hat das Geld veracht, sich mit Jagen geübt, kein Ruh leiden mögen, die Stille gehasset, den Müßiggang gescholten und ihm wider gewest. Daher ist Zertrennung kommen. Dann die Städti-

1 wilden Tiere. – 2 dem ist Krieg angenehm gewesen.

schen haben sich neuer Ding geflissen, die Edlen dargegen als wider ein soliche Unbilligkeit ob dem alten Herkommen gehalten[1].

Phaethon: In welcher Beweglichheit[2] es zu Woffen[3], bei den sie noch gegeneinander schwitzen, ist kommen.

Sol: Als du siehst. Dann die Starkmütigen haben Verdrieß, daß ein zartes[4] Leben bei ihn' aufkommen und Fleiß des Überflusses geübt würd. Uber das seind auch in den Städten Kaufleut und allerlei Künstiger[5], die zu dem Überfluß helfen. Darum sie die Edlen hassen.

Phaethon: So treiben sie die hinweg.

Sol: Das hätten sie vor langest getan, wären sie nit mit Muren und Festigungen umringet gewest. So nun die Müßiger sich desselbigen Behelfs gebrauchen, ist allein der Wege, sie zu beleidigen, überblieben, wo einer auswandlet, daß sie den überzucken[6] und beropfen[7].

Phaethon: Meines Bedunkens ist nit unnütz, daß die weichen Wollüstiger also in Forcht gehalten, uff daß sie nit aus allzu großer Sicherheit noch ärger werden.

Sol: Sie sprechen aber, es sei nit für den gemeinen Nutz, sonder bringe dem ganzen Land Schaden.

Phaethon: Ach des Schadens! Als ob nit deutschem Land geholfen und geraten wär, wo uff einen Tag alles, das die Kaufleut auswendig[8] hineinbringen, und auch sie mit derselbigen fremden War zu äußerlicher Verderbnis kämen! Dann ich siehe, daß sie Ursach vieler Übel seind.

Sol: Hinwieder berühmen sich die ihres Verdienstes gegen dem Vaterland und hassen die Edlen, denken die auch zu vertilgen und etwa uff einmal zugleich allen Adel ausreuten. Unter den die Fugger Reichtum, ganze Hör[9] darvon zu halten, und küniglichen Kosten zu führen, mehr dann genugsam gesammlet haben.

Phaethon: Meinst du dann nit, daß sie mit solichem Gut und

1 das alte Herkommen bewahrt. – 2 Reizung. – 3 bewaffneten Auseinandersetzungen. – 4 verzärteltes. – 5 Hersteller von Luxuswaren. – 6 überfallen. – 7 berauben. – 8 von außen. – 9 Heere.

Eintracht, darmit sie untereinander verwicklet seind, noch zuletzt überwinden werden?

Sol: Sie würden überwinden, wenn nit diese Sach also gestalt, daß die Trägen und Untüglichen mit den Frischen, Starken und Streitbaren kriegeten.

Phaethon: Seind dann alle, so in Städten wohnen, untüglich? Und ist kein Stärke oder Geistlichheit[1] bei ihn'?

Sol: Ja, es ist auch bei ihn'. Und nit sag ich, daß man nit redliche Leut in Städten finde, aber als der Welt Lauf ist, weichen die wenigen Redlichen vielen Untüglichen.

Phaethon: Und das küniglich Geld, von deswegen doch alle Ding geschehen, vermag so viel nit bei ihn', daß es die Geschicklichheit der Widerwärtigen[2] überwinde?

Sol: Bei andern Nation vermöchte es das wohl. Aber Deutschen haben noch die Redlichheit bei ihn', daß sie Tugend in größern Ehren und Achtung dann das Geld haben. Sie haben auch (wie dann billig) alle Reichen in einem Verdacht und werfen ihn' das Sprichwort für, daß die Reichen sollten redlich sein.

Phaethon: Fürwahr, ist je noch Abbildung der alten Tugend bei diesen Edlen! Wiewohl ich die Rauberei (unangesehen, daß es ein mannliche und herzenhaftige Unfrommkeit genennt wurd) nit lobe, so behagt mir auch eines nit, daß sie also rauh und unfründlich seind und haben ein centaurische Härtigkeit an ihn'. Fast wöllt ich sie aber loben, wenn sie möchten Rat finden, damit sie alle die zarten Verwehneten und Wollüstiger, von den' sich andere ärgeren, die auch deutschem Land ein böses Geschrei machen[3], bezwungen, daß sie entweders von dem weichen Leben ließen und ein besser Wesen an sich nähmen oder aber bald aus dem Land weichen müßten, ehe dann die Räudigkeit ihrer Ärgernis weiter um sich griffe. So ist es gänzlich ihrer Gebühr zu achten, domit der Werkzeug des Überflusses abgenommen werd, alle fremde Ding und Gewohnheit hinzunehmen und abzutun. Dann mir selbs übel gefällt, daß ich etzliche ihr so

1 hier: Mut, Tapferkeit. – 2 Gegner. – 3 schlechten Ruf bringen.

zartlich warten[1] sehe und väterliche Gewohnheit zuruckgeschlagen, ausländische Weis und böse Sitten in Gebrauch lassen, sich des fleißen, daß sie lieber wöllen ausländischem Mißleben folgen, dann angeborne Tugend behalten. Uber das werden sie von solichem Überfluß und ungewöhnlichem[2] Leben nit allein an Leben schwach, sonder auch an Gemüten weich und untüglich. Nimm wahr, ich sehe auch etzliche wider Landsgewohnheit untreu und trugenhaftig[3], die fast geschickt seind, andere zu betriegen und veruntreuen. Die achte ich, wo sie ihre Sitten nit anderen, unwirdig, daß sie Deutschen genennet werden. Dann sie bringen den löblichen Namen in ein bös Geschrei und verfinsteren die Klarheit deutsches Geruches[4].

Sol: Wie aber die Geistlichen, die noch viel schnöder dann diese? Dann von ihn' kommt gar kein Nutz. Es ist auch ihr' ganz kein Gebrauch in Gemein, um daß sie ganz müßiggehen, der Fresserei, dem Schlaf und der Unkeuschheit dienend; pflegen stets Würtschaft und Bankett zu halten; schlemmen, prassen, buhlen und haben Schmeichler bei ihn'; essen und trinken schleckhaftig und wohl; haben sich der Wollust untergeben und seind durch böse Anreizung weibisch worden, durch Unkeuschheit verderbt; leben wie die unvernünftigen Tier und nahet[5] ganz anders, dann Menschen pflegen. Diese geben ihn' einig zu den Überfluß, weich Leben, zarte Ruh und ein lustigs Wesen. Sie wöllen auch in allen Dingen Sicherheit, und daß an keinem Ort anders dann nach ihrem Lust und Gefallen gehe, haben. Dann Härtigkeit mögen sie nit leiden, fliehen Arbeit und umgehen alle Beschwerung. Was hart, scharpf oder rauh ist, macht ihn' Ungeduld. Sie hassen nüchter und ehrbär Leben, meiden alle Unruh und seind von Gemüten also zart, daß sie auch ein klein Bekümmernis nit leiden mögen. Einige Sorgfältigkeit haben sie, wie es wohl in Keller und Küchen stehe und daß ihren je wohl ausgewartet werde. Hierum sie,

1 weichlich pflegen. – 2 ungewohntem. – 3 betrügerisch. – 4 Rufes. – 5 beinahe.

ausgeschlagen alle andere Sorg und Gedenken, pflegen allein ihres Glusts, dienen dem Schleck und der Fresserei, gedenken, wie sie sich füllen und stets voll guter, schmackhaftiger Speis pfropfen. Ihre Geschäft ist auch, ins Bad gehen, sich mit gutem Geroch belüstigen und uff den Rucken liegen. Diese mögen kein Gebrechen leiden. Und all Ding muß überflüssig bei ihn' sein, zuvoran, wie das Sprichwort inhält, bischöfliche Bankett. Dann was liegt ihn' doran, daß sie von solichem unmäßlichem, unordenlichem Leben grob und viehische Sinnen bekommen, daß sie stumpf an Vernunft und dumm von Köpfen werden? Der Bauch ist doch ihr Gott.

Phaethon: Ich sehe sie wohl glatt usgestrichen[1], hübsch, rein, wohlgewartet, bätzicht[2], feist, saftig, gleißend, zart und überaus weich. Aber unterdes schwach von Leib, und mich betrieg dann alles mein Bedunken, seind sie vielen Krankheiten unterwürflich, gleich wie der, von dem der griechisch Poet sagt:

> Podagrisch, bäuchig, feist und schwer,
> Mit gschwollen Schenchlen[3], Gsundheit leer.

Und kommt ihnen solichs vielleicht von ihrem unmäßigen, überflüssigem und unkeuschem Leben. Fürwahr ist dieser Ord[4] ein Verstellung und Unzier der ganzen Nation. Warum leiden aber Deutschen diese bei ihn'?

Sol: Gott und der Geistlichheit zu Ehren.

Phaethon: Kein Wesen möcht gerichter[5] der alten deutschen Gewohnheit entgegensein. Derhalben das Sprichwort (darinnen man sagt: Ländlich, sittlich oder: Die Sitten arten sich nach dem Land) bei diesen nit statthaben mag. Dann sie haben nichts Deutsches an ihn', wiewohl sie für andern das lustigest Wesen haben, am reichsten und gewaltigsten seind. Mich bedunkt, sie seien auch geizig und geldhungerig.

1 geschniegelt. – 2 fettglänzend. – 3 Schenkeln. – 4 Orden, Stand. – 5 direkter, unmittelbarer.

Sol: Mehr dann kein andere.

Phaethon: Die aber mit Kleidung unbeschieden seind, der ich auch viel in Italien sehe, do man sie Brüder[1] nennet, der seind auch mehr in Deutschland dann anderswo. Sieh, wie laufen sie hin und wider, als ob sie viel zu schaffen hätten, und machen sich an allen Örteren zutätig.

Sol: Das seind auch volle Fläschen[2], Unnütz, Träg, Kläffer, Lugenträger und lose Fischer[3].

Phaethon: Noch seind sie alldo wohl gehalten.

Sol: Fast wohl. Us Ursach, daß sie dem gemeinen Volk viel Mißglauben insprechen, damit sie dann, als mit einer Bezauberung, die Gemüt der Menschen betören, äffen und auswendig rechter Sinnlichkeit[4] verleiten und verführen.

Phaethon: Was bedeut dann, daß ich ihn' etzliche sehe in die Ohren murmelen wie auch anderen Pfaffen?

Sol: Das heißen sie beichten. Dann es würd für ein geistlich und gottsförchtig Ding angesehen, daß ein jeder, was er gesündet hab, diesen zu erkennen gebe und nit allein, was er mit der Tat begangen, sonder auch was ihm in Gedenken gewest. Und also muß jedermann diese aller seinen Heimlichheiten mitwissend haben.

Phaethon: Mag jemand des überredt werden, daß er diesem losen Gesellen seine Heimlichheit offenbare?

Sol: Alle Menschen tun das aus Ordenungen und Aufsetzungen der Geistlichen, auch alter Gewohnheit.

Phaethon: Wenn sie aber heimliche Ding also erfahren, offenbaren sie die nit weiter?

Sol: Darnoch[5] ein jeder gehäb[6] und verschwiegen ist oder herwider los und schwatzhaftig, würd es behalten oder ausgeschutt.

Phaethon: Sehre ist es aber fährlich, Heimlichheit diesen entdecken und sie verborgener Sachen bekündigen, zuvoran so sie gern Wein trinken und voll seind. Wie aber, daß

1 Fratres, Mönche. – 2 Säufer. – 3 durchtriebene Gesellen. – 4 von der rechten Besonnenheit. – 5 je nachdem. – 6 fest.

ich sie auch die Weiber Beicht hören sehe? Fürwahr, diese Gewohnheit muß ich schelten. Den' sie aber ihre Häupter begriffen,[1] was machen sie aus denselbigen?

Sol: Rein, lauter, unschuldig und frei von allen Sünden.

Phaethon: Ob sie schon vorhin befleckt, schuldig und in Banden der Sunden verstrickt gewesen?

Sol: Ja, dieselbigen. Und das heißen sie absolvieren.

Phaethon: Was sagst du? Iemer, die selbs also ehrlich leben, andere mögen us Gefängnis der Sünden erledigen[2]?

Sol: Das gibt der Glaub.

Phaethon: Ich lobe es nit. Darum würd diesem Land einer Reformation und Besserung gemeiner Sitten vonnöten sein. Und ist nit zu leiden, daß also viel Müßiggänger seind, die der andern Gut und Hab verprassen und doch sie keinen Nutz noch Frucht gebären. Und wär den Deutschen heilsam und gut, daß sie mit angehängtem Fleiß fern von ihn' trieben den fremden Überfluß und die ausländischen Weiche des Lebens, ihr Wesen wiederum zu der vorigen Starkmütigkeit und alten Tugend brächten.

Sol: Es seind aber Deutschen von alter her Trünker und der Fulleri[3] geflissen. Ist auch bei ihn' nie Schand gewesen, trunken sein.

Phaethon: In demselbigen einig[4] söllen sie von alter Gewohnheit weichen, sunst die in allen Stucken gestrenglich halten.

Sol: Deutschen würden viel zu groß und löblich, wo du sie darzu brächtest. Dieser Gebrechen ist ihn' angeborn, als den Italianer Betrug, Hispaniern Dieberei, Franzosen Stolz und Übermut, anderen andere Mängel.

Phaethon: Müessen sie dann je ein Gebrechen haben, so wöllt ich ihn' noch lieber diesen dann der einen, die jetzo genennt, zulassen. Wiewohl ich hoffe, die Zeit, die alle Gebrechen der Menschen hinnimmt, werde ihn' dieses auch abbringen. Also wöllen wir nun wieder an den Reichs-

1 denen sie aber die Hand aufs Haupt legen. – 2 befreien. – 3 Völlerei. – 4 in diesem einzigen Stück.

tag und des Papstes Legaten. Derselbig (nimm wahr, Vater) ist zu Unwilligkeit bewegt und erhitzet durch Zorn. Dann er rüft etzwas aus der Prozession herauf, und ich glaub gänzlich, er sei über uns erzürnet. Dann er sieht gegen uns.

Sol: Ja, er zürnet über mich. Darum hör doch, was das Männlin sagt, wie es mir mit gerünzeleter Stirnen und ganz stölzlich dräuet.

Cajetan: Der du solltest uff mein erstes Winken, ich geschweig Gebot[1], auch klarer und heller, dann du sunst pflegest, erschienen.

Sol: Was sagst du, Legat? Was sagst du? Redest du diese Wort zu mir?

Cajetan: Zu dir. Als ob du dich nit einer großen Missetat schuldig wüßtest!

Sol: Fürwahr weiß ich nichts, du sagst mir dann, was ich Übels begangen hab.

Cajetan: Ich sprich also. Gehest du zuletzt einmal herfür, du Böswicht, und erschienest der Welt, der du solltest uff mein erstes Winken (ich schweig Gebot) auch klarer und heller, dann du pflagst, erschienen?

Sol: Noch sehe ich nit, was ich Übels getan hab.

Cajetan: Siehst du es nit, der du in zehen ganzen Tagen nit einen Striemen deines Scheins bewiesen, hast mutwilliglichen allen Wolken für dich gezogen, als ob du der Welt das Licht vergunntest[2]?

Sol: Das ist der Astrologen und Sternengucker Schuld, wo es anders Schuld ist, dann die haben in ihren Praktiken also gesetzt, daß ich diese Zeit nit scheinen söll.

Cajetan: Du solltest aber mehr gedocht haben, was eins Papstes Legat wölle, dann was den Sternenguckern gefalle. Weißt du nit, do ich aus Italien zoge, was ich dir drauet, wo du nit mit großer Hitz Deutschland, das zu unzeiten kalt ist, erwörmest und mir das ganz summerisch mächtest, uff daß ich nit wieder in Italien begehren dörft?

1 ich schweige ganz von meinem Befehl. – 2 mißgönntest.

Sol: Gar nichts nahm ich acht, was du mir gebotest. So hab ich auch nit gemeinet, daß ein tödlicher[1] Mensch über die Sonnen gebieten mög.
Cajetan: Hast du das nit gemeinet? Und dir ist unbekannt, einen römischen Bischof (der dann jetzo alle seine Macht in mich, seinen Legaten, gegossen hat) in Himmelen und uff Erden, was er wöll, binden und lösen mögen?
Sol: Wohl hab ich darvon gehört, glaubt aber nit, daß es also wär, wie er sich berühmt, dann ich noch nie gesehen hab, einen sterblichen Menschen etzwas hie oben verwandelen.
Cajetan: Wie? Glaubst du das nit? O böser Christ, den man, um daß du ein Ketzer bist, verbannen und dem Teufel geben soll!
Sol: Wolltest du mich vom Himmel werfen und dem Teufel geben und, als man spricht, die Sonnen von der Welt nehmen?
Cajetan: Fürwahr will ich es tun, wo du nit bald einem von meinen Schreiberen beichtest und bittest ein Absolutz von mir.
Sol: Wann ich dann also gebeicht hab, was willt du darnoch us mir machen?
Cajetan: Dann will ich dir ein Buß aufsetzen, daß du etwo mit Fasten erhungerest oder irgedein schwere Arbeit tuest oder dich mit Wallfahrt Besuchung ermühest oder aber Almus gebest oder etzwas zu dem türkischen Krieg inlegest oder Geld gebest in den Ablaß, darvon man Sankt Peters Münster, das zu Rom verfallen, wiederum bauen will oder, willt du das Geld sparen, daß du dich für deine Sund lassest mit Ruten schlagen.
Sol: Das ist eine harte Sach. Was würst du aber darnoch mit mir tun?
Cajetan: Dann werde ich dich unschuldig sprechen und ganz rein machen.
Sol: So würst du, dem Sprichwort nach, der Sunnen Licht geben?

1 sterblicher.

Cajetan: Ja, wie du sagst, wo es mir gefällt, aus Kraft meiner Fakultäten, die mir der zehent Lew[1] gegeben hat.
Sol: Welche Gäucherei höre ich do? Meinst du, jemand auch von den tödlichen Menschen so närrisch sein, daß er dich dieses vermögen glaubt? Ich geschweig der Sunnen, die alle Ding von oben herab übersieht. Laß dir ein Purgatz von Nieswurz eingeben, dann mich bedunkt, du werdest unsinnig.
Cajetan: Unsinnig? Du bist de facto im Bann, dann du hast unehrsamlich zu des Papstes Legaten geredt, darmit du in große und unausläschliche Vermaledeiung gefallen bist. Derhalben ich dich auch über nit lang offenlich und mit einem Gepräng in einer großen Versammlung, um daß du mich erzürnet hast, als einen verbannten Mann verkündigen will.
Phaethon: Vater, diesen Drauworten sollt ich entgegen farzen. Dann was sollt ein armes Menschlin gegen den unsterblichen Kreaturen vermögen?
Sol: Viel mehr wöllen wir ihn verachten, wiewohl sich zu erbarmen, daß er von Krankheit also unsinnig worden ist.
Phaethon: Von was Krankheit?
Sol: Er liegt am Geiz krank. Dieweil ihm nun sein Sach in Deutschland, daß er sich erfülle, nit für sich gehen will, ist er in einen Grimm kommen und nachfolgens zu Unsinnigkeit bewegt. Aber ich wird sein weiter spotten. Was sagst du, heiliger Vater? Wolltest du mich also unverhört und ohn Schuld verdammen?
Cajetan: Wie ich gesagt. So läßt man sie auch nit alle zu Verantwortung kommen, die durch den Papst und seine Legaten verdammt werden.
Sol: Das wär aber unrecht, wenn es nit von euch beschäh. Aber mir, bitt ich, wöllest du dieses Mal genädig sein und meine Sünd vergeben.
Cajetan: Jetzo erst redest du recht. Dann wer nit verdammt sein will, muß Genad bitten. Hierum gebiete ich dir, daß du mein hinfür acht nehmest, ich sei, wo ich wöll, und jetzo,

1 Papst Leo X.

dieweil ich in Deutschland bin, so mach schöne Tag und mit Kraft deiner Wörme treib aus die Kält, die mich jetzo noch mitten im Heumonat anfichte.

Sol: Warum verbannest du denn nit die Kält?

Cajetan: Da lasse mich nachdenken. Du warte des, so ich dir jetzo befehle.

Sol: Ich hätte es vor langem getan, so bedachte ich, daß du viel heimlicher Ding beginnest, die du nit wölltest, daß gemein Volk der Deutschen von dir sehen. Derhalben ich forchte, wo ich klar erschiene und dieselbigen deine Heimlichheiten den Augen der Menschen anzeigte, daß es dir nit wohl ausginge.

Cajetan: Wie möchtest du mein Heimlichheit andern anzeigen, so du die selbst nit weißt.

Sol: So ich die nit weiß? Meinst du, ich wisse nit, daß du jetzo Künig Karlen verhinderen willt, daß er nit nach dem Willen seines Ahnherren zu römischem Künig gewöhlet werde? Daß du dich auch sunst viel unterwindest, daß, wo die Deutschen wüßten, täten sie nit mehr darzu, würden sie doch uffs wenigst feindlich hassen.

Cajetan: Laß sie mich hassen, noch dannoch müssen sie mich darneben förchten. Wiewohl ich nit haben wollt, daß du soliche Ding offenbarest. Tust du es darüber[1], so bis[2] im Bann.

Phaethon: Welch einen Tyrannen höre ich da!

Cajetan: Auch gebiete ich dir, daß du Pfeil zurichtest und den Deutschen Pestilenz und gähen Tod zuschießest, uff daß viel Pfründen und geistlicher Lehen ledig werden, damit sich Pension begeben, Geld gein Rom gefalle, und auch mir allhie etzwas werde. Dann es seind jetzo lange Zeit her nit genug Pfaffen im deutschen Land gestorben. Hörest du, was ich dir sage?

Sol: Fleißiglich.

Cajetan: Aber erstlich scheuß zu den Bischöfen, daß die Pallia gekauft werden. Und triff die Pröpst und reichen Präla-

1 trotzdem. – 2 sei.

ten, uff daß die neuen Kreaturen des Papstes zu leben haben. Dann man muß die je ihrem Stand nach bedenken, daß sie nichtes mangelen.

Sol: Soll ich dann Pestilenz machen, so ist vonnöten, daß ich ein Gewölk einführe, Nebel über die Erden sprenge, den Luft betrübe. Derhalben ich förchte, das Ungewitter werd dir mißfallen.

Cajetan: Am fürnehmlichsten will ich, daß Pestilenz sei, damit Pfründen ledig werden. Des Lufts halben, den betrübe, so wenig du iemer magst. Kannst du es aber nit umgehen, so tue das Besser und Nutzlichst.

Phaethon: O du verflüchter Böswicht! Jetzo erst hör ich, wo ihn der Schuh druckt, was ihm wohl und was ihm übel tut, was ihn traurig und was ihn fröhlich macht. Ginge es ihm mit dem Ablaß nach seinem Willen, so möchte er allerlei Luft, Kält und Ungewitter leiden. Ich will ihn ansprechen. Höre mich, du unglückhaftiger Mann! Ein Hirt soll seine Schof weiden, nit ermorden.

Cajetan: Was sagest du Kirchendieb? Was sagest du boshaftiger Fuhrmann? Den ich mit Vermaledeiung zertreten und zerknirschen soll bald jetzo. Wolltest du mir meine Sachen verhinderen?

Phaethon: Fürwahr, ob ich kann, will ich es tun. Dann warum willt du noch ertöten die, von den' du ohn das uff alle Weg das Geld dringest?

Cajetan: Du Vermaledeieter, du Übeltäter, du Verdammter, ein Suhn Satanas, wie darfst du mir widerbellen? Ist Unrecht, daß ein Hirt seine Schof schiert?

Phaethon: Daß er sie schiert, ist nit Unrecht. Dann es tunt es auch die guten Hirten, aber dieselbigen schinden und ertöten die nit. Das magst du deinem Papst Leo sagen, und auch, wo er nit fortan mäßigere Legaten ins deutsch Land schickte, werde er etwa sehen ein Zusammenschwerung[1] der Schof wider einen ungerechten, ungütigen und blutdorstigen Hirten, und sie vielleicht auch ein billige und ihn' ge-

1 Verschwörung.

bührliche Tat tun. Fürwahr singen und sagen sie schon jetzo von deiner Weis, und lasse mich bedunken, sie werden dich länger nit dulden, ob du schon Wägen voll Verbannung über das Gebürg gegen ihn' würdest führen lassen.

Cajetan: Du meldest Ding, von den' man nit reden soll. Hierum bis verbannet. Diese Straf lege ich dir an um deine unhöflichen, unversunnen Red, die du mir getan.

Phaethon: So schenke ich dich den Deutschen, die du beraubest, zu einer Spötterei, daß sie dich mit Verspottung, Gespei und Verlachung von ihn' jagen, vielleicht auch übel traktieren und dich dermaßen halten, daß alle Nachkommen ein Beispiel von dir nehmen. Bis verspottet. Also will ich dich gestraft haben.

Sol: Laß von dem Unflat. Es ist Zeit, daß wir den Wagen abwärts biegen und dem Abendsternen stattgeben. Laß ihn liegen, triegen, stehlen, rauben und plönderen uff sein Abenteuer[1].

Phaethon: Der Teufel führe ihn hin! Also treibe ich die Pferde zu Tal und führe uns gegen Niedergang[2].

Ich hab's gewagt!

1 auf seine eigene Gefahr hin. – 2 Westen.

Zu den Leseren dieser Gesprächbüchlin, Herr Ulrichs vom Hutten Beschlußred

Ich hab euch's gsagt, ihr habt's gehört,
Wir seind gewesen lang betört,
Bis daß uns doch hat Gott bedacht
Und wiederum zu Sinnen bracht.
Ich weiß nit, wie ich kumm ins Spiel,
Allein ich eins verjehen[1] will
Und schweren bei der letzten Not,
Als wahrlich müß mir helfen Gott,
Daß mich kein Lohn noch Nutz[2] bewegt,
Do ich mich erst zum Handel legt[3].
Und bgehr auch noch des keinen Gnieß[4].
Allein mir Schalkheit[5] tut Verdrieß,
Darmit die Welt betrogen würd
Und mancher jämmerlich verführt.
So wär es auch ohn Schaden mir,
Ob dieser oder der regier,
Ob sei der Papst ein Herr der Welt
Und ihm das Gott hab zugestellt,
Ob alles, das ein jeder leugt,
Mit keiner wahren Schrift bezeugt,
Fürwohr mög werden gsehen an.
Allein ich alles hab getan
Dem Vaterland zu nutz und gut.
Die Wahrheit mich bewegen tut.
Do kann ich nimmer lassen von,
Hab ich des nie entpfangen Lohn,

1 erklären, bekennen. – 2 Eigennutz. – 3 als ich mich zuerst der Sache annahm. – 4 Lohn. – 5 niedrige Gesinnung.

Ja, mehr zu Schaden kommen bin,
Dann Fahr und Not ist mein Gewinn.
Das steht nunmehr in Gottes Hand,
Dem alle Herzen seind bekannt,
Und ich mein Sach nit bergen kann,
Wiewohl die weiß auch jedermann,
Also daß niemands widerspricht,
Er hab's dann schandlich vor erdicht.
Alsdann ich weiß ein Pfaffen frech –
Kann ich's, ich werd's noch an ihm räch! –
Hat heimlich hinter meinem Ruck
Uff mich gesagt viel böser Stuck.
Dran leugt er als ein Kurtisan!
So will ich ihn gescholten han.
Doch bin ich hoffen auch der Zeit
(Dann Gut und Bös Gott nimmt und geit[1]),
Daß er's müß wieder fressen ein
Und sprechen's alls gelogen sein[2].
Ich wöllt auch hören gern den Mann,
Der mich dörft fröhlich sehen an
Und schelten so aus Billigkeit!
Hierum ich wart und bin bereit,
Zu hören jeden, was er sag,
Damit die Wahrheit komm an Tag.
Dann söllt ich andern sagen wahr
Und mögen selbs nit hören gar
Dergleichen auch, so wär ich wert,
Daß mich nit länger trüg die Erd.
Die Wahrheit muß herfür zugut
Dem Vaterland, das ist mein Mut.
Kein ander Ursach ist noch Grund,
Drum ich hab aufgetan den Mund
Und mich gesetzt in Armuts Not[3],
Das weiß von mir der ewig Gott.

1 gibt. – 2 und es alles für erlogen erklären. – 3 selbst in große materielle Schwierigkeiten gestürzt.

Der helf mir bei der Wahrheit Sach,
Laß gehen aus sein göttlich Rach,
Damit der Bös nit triumphier
Und daß auch werd vergolten mir,
Ob ich vielleicht ohn Fug und Glimpf
Hätt gfangen an ein solchen Schimpf[1],
Der niemand größern Schaden bringt
Dann mir, als noch die Sach gelingt,[2]
Dohin mich Gott und Wahrheit dringt.

Ich hab's gewagt!

M. Luther
Wahrheit, die red ich,
Kauf des Neid an mich.[3]
Gott geb mir den Lohn,
Hab ich's falsch geton.

Ulr. v. Hutten
Um Wahrheit ich ficht,
Niemand mich abricht[4],
Es brech oder gang,
Gotts Geist mich bezwang.

Laeta Libertas[5].

1 Streit. – 2 je nachdem die Sache ausläuft. – 3 erwerbe mir dadurch Haß. – 4 davon abbringt. – 5 (lat.) beglückende Freiheit.

THOMAS MÜNTZER

(1490–1525)

Kupferstich von Ch. van Sichem, um 1600

Die Fürstenpredigt

Auslegung des andern Unterschieds[1] Danielis des Propheten, gepredigt auf'm Schloß zu Allstedt vor den tätigen teuren Herzogen und Vorstehern zu Sachsen durch Thomam Müntzer, Diener des Wort Gottes.

Allstedt 1524

Erstlich ward der Text des obgemeldten Unterschieds der Weissagung des Propheten Daniels nach seinen klaren Worten verzählet[2] und verdolmetschet und auf solchs die ganze Predig mit Verfassen des Text gesatzt[3] wie folget.

Es ist zu wissen, daß der armen, elenden, zerfallenden Christenheit widder[4] zu raten noch zu helfen ist, es sei dann, daß die fleißigen, unverdroßnen Gottesknechte täglich die Biblien treiben[5] mit Singen, Lesen und Predigen. Aber domit wird der Kopf der zarten[6] Pfaffen stetlich große Stöße müssen leiden oder seins Handwerks abgehn[7]. Wie soll man ihm aber anders tun, dieweil die Christenheit so jämmerlich durch reißende Wolfe verwüstet ist, wie geschrieben ist Jes. 5, Ps. 80 vom Weingarten Gottes? Und Sant Paul lehret, wie[8] man sich in göttlichen Lobsängen uben soll (Eph. 5). Dann gleich wie zur Zeit der lieben Propheten Jesajas, Jeremias, Hesekiel und der andern die ganze Gemein der Auserwählten Gottes also ganz und gar in die abgöttische Weise geraten war[9], daß ihr auch Gott nit helfen möcht[10], sonder müßte sie lassen gefangen wegfuhren und

1 des zweiten Kapitels. – 2 erzählt, vorgelesen. – 3 hier: in eine gedankliche Ordnung gesetzt. – 4 weder. – 5 behandeln, lehren, fördern. – 6 verzärtelten. – 7 seinen Beruf aufgeben. – 8 daß. – 9 dem Götzendienst verfallen war. – 10 konnte.

sie unter den Heiden so lange peinigen, bis daß sie seinen heiligen Namen wieder erkannten (wie geschrieben steht Jes. 29, Jer. 15, Hes. 36, Ps. 89); also auch nichtsdestoweniger ist bei unser Väter und unser Zeit die arme Christenheit nach[1] viel höher verstocket und doch mit einem unaussprechlichen Scheine göttlichs Namens (Luk. 21,2, Tim. 3), do sich der Teufel und seine Diener hubsch mit schmucken (2. Kor. 11). Ja, also hubsch, daß die rechten Gottesfreunde domit verfuhrt werden und mit dem höchsten vorgewandten Fleiß kaum merken mügen ihren Irrtum, wie Matth. 24 klärlich angezeigt. Dies macht alles die gedichte[2] Heiligkeit und das heuchlische Entschuldigen[3] der gottlosen Feinde Gottes, do sie sagen, die christliche Kirch kann nit irren, so sie doch, den Irrtum zu verhüten, darum durch das Wort Gottes stetlich soll erbauet werden und vom Irrtum erhalten[4], ja auch die Sunde ihrer Unwissenheit erkennen soll (3. Mos. 4, Hos. 4, Mal. 2, Jes. 1). Aber das ist wohl wahr: Christus, der Sohn Gottes, und seine Aposteln, ja auch vor ihm seine heil'gen Propheten haben wohl ein rechte, reine Christenheit angefangen[5], den reinen Weizen in den Acker geworfen, das ist: das teure Wort Gottes in die Herzen der Auserwählten gepflanzet, wie Matth. 12, Mark. 4, Luk. 8 geschrieben und Hes. 36. Aber die faulen[6] nachlässigen Diener derselbigen Kirchen haben solchs mit emsigem Wachen nit wollen vollfahren und erhalten, sonder sie haben das Ihre gesucht, nit was Jesu Christi war (Phil. 2). Derhalben haben sie den Schaden der Gottlosen, das ist das Unkraut, kräftig lassen einreißen (Ps. 80), do der Eckstein, hie angezeigt, nach kleine gewesen ist, von welchem Jesajas 28 saget. Ja, er hat nach die Welt nit gar[7] erfullet, er wird sie aber gar bald erfullen und voll vollmachen[8]. Drum ist der aufgerichte Eckstein im Anfang der neuen Christenheit bald verworfen

1 noch. – 2 erdichtete, falsche. – 3 das kriecherische, schmeichlerische Lossprechen (Absolution). – 4 von Irrtum freigehalten. – 5 echtes Christentum begründet. – 6 nichtswürdigen, schlechten. – 7 ganz. – 8 völlig aus- und anfüllen.

von den Bauleuten, das ist von den Regenten (Ps. 118 und Luk. 20). Also, sag ich, ist die angefangen Kirche baufällig worden an allen Orten bis auf die Zeit der zertrennten Welt (Luk. 21 und hie Dan. 2, Esra 4). Dann Hegesippus und Eusebius sagen am 4. Buch am 22. Unterschied der christlichen Kirchen, daß die christliche Gemein ein Jungfrau blieben sei nit länger dann bis auf die Zeit des Todes der Aposteln Schuler. Und balde dornach ist sie ein Ehbrecherin worden, wie dann zuvorn verkündigt war durch die lieben Aposteln (2. Petr. 2). Und in Geschichten der Aposteln hat Sant Paul gesagt zu den Hirten der Schafe Gottes mit klaren, hellen Worten (Apostelgesch. 20): „Habt Achtung drauf auf euch selber und auf die ganze Herden, uber wilche euch der Heil'ge Geist gesatzt hat zu Wächtern, daß ihr sollet weiden die Gemeine Gottes, wilche er durch sein Blut erworben hat, dann ich weiß, daß nach meinem Abschied werden unter euch reißende Wolfe kummen, die der Herden nit verschonen werden. Es werden auch von euch selber Männer aufstehn, die do verkahrte Lehre reden, die Jünger nach sich selbs zu ziehen. Drum seht drauf!" Desgleichen steht im Sendebrief der heil'gen Aposteln Judä. Offb. 16 zeigt es auch an. Derhalben warnet uns unser Herr Christus, vor falschen Propheten zu hüten (Matth. 7). Nu ist klar am Tage, daß kein Ding, Gott sei es geklagt, also schlimm[1] und gering geachtet wird als der Geist Christi. Und mag doch niemand selig werden, derselbige Heil'ge Geist versicher ihn dann zuvorn seiner Seligkeit, als geschrieben ist Röm. 8, Luk. 12, Joh. 6 und 17. Wie wollen wir armen Wörmlein aber hiezu kummen, weil[2] wir die Wirdigkeit der Gottlosen in solcher Achbarkeit halten[3], daß leider Christus, der zarte Sohn Gottes, vor den großen Titeln und Namen dieser Welt scheinet wie ein Hanfpotze[4] oder gemalts Männlin. Und er ist doch der wahre Stein, der vom großen Berge ins Meer wird geworfen (Ps. 46) von der prächtigen Uppigkeit dieser Welt. Er ist der Stein, der ohn Menschenhände vom großen Berge

1 schlecht. – 2 da. – 3 so sehr respektieren. – 4 Vogelscheuche.

gerissen, der do heißet Jesus Christus (1. Kor. 10), der geborn ward, gleich do die Hauptschalkheit im Schwang ging[1] (Luk. 1, 2), zu den Zeiten Octaviani, do die ganze Welt im Schwang ging und geschatzt[2] ward. Do hat ein Amächtiger im Geist, ein elender Drecksack, wollen die ganze Welt haben, die ihm doch nirgend zunutze war dann zu Pracht und Hoffart. Ja, er ließ sich dünken, er wär allein groß. O wie gar klein ist da der Eckstein Jesus Christus gewesen in der Menschen Augen. Er ward verweiset in den Viehstall wie ein Hinwerfen[3] der Menschen (Ps. 22). Hiernach verworfen ihn die Schriftgelahrten (Ps. 118, Matth. 21, Mark. 12, Luk. 20), wie sie noch heut des Tages pflegen. Ja, sie haben endlich gar wohl die Passion mit ihm gespielet, seint[4] daß der lieben Aposteln Schuler gestorben sind. Sie haben den Geist Christi vor einen Spottvogel gehalten[5] und tun es noch, wie geschrieben steht Ps. 69. Sie haben ihn ganz visierlich[6] gestohlen wie die Diebe und Mörder (Joh. 10). Sie haben die Schaf Christi der rechten Stimme beraubet und haben den wahren gekreuzigten Christum zum lautern fantastischen[7] Götzen gemacht. Wie hat das zugangen? Antwort: Sie haben die reine Kunst Gottes verworfen und an sein Statt einen hubschen, feinen, gulden Herrgott gesetzt, do die armen Bauren vor schmatzen[8], wie Hoseas klärlich gesagt hat am 4. Kapitel. Und Jeremias 4 im Buch der Betrubnis saget: „Die do vorhin gute gewurzte Speise aßen, die haben nu Dreck und Koet dovor uberkummen[9].“ O leider des erbarmlichen Greuels, dovon Christus selbst redet (Matth. 24)! Daß er so jämmerlich verspottet wird mit dem teufelischen Meßhalten, mit abgöttischem Predigen, Gebärden und Leben und doch darnoch nit anders do ist dann ein eitel hölzener Herrgott. Ja, ein abgöttischer hölzener Pfaff und ein grob tolpelisch und knuttelisch Volk[10], wilchs doch

1 als die Sklaverei, die Leibeigenschaft üblich war. – 2 in Bewegung und gezählt. – 3 Auswurf. – 4 seit. – 5 zum Gespött gemacht. – 6 offensichtlich. – 7 rein trügerischen. – 8 vergnüglich grunzen. – 9 erhalten. – 10 ein rohes, ungeschliffenes und grobschlächtiges Volk.

das allergeringste Urteil[1] von Gott nit beschließen[2] kann, ist das nit ein Jammer, Sunde und Schande? Ich halt je[3] die Tier des Bauchs (Phil. 3). Und die Schwein, dovon Matth. 7, 2. Petr. 2 geschrieben steht, haben den edlen Stein Jesum Christum ganz und gar mit Füßen zertreten, als viel sie vermocht haben. Do ist er worden zum Fußhader[4] der ganzen Welt. Drum haben uns alle ungläubige Turken, Heiden und Juden aufs billigste verspottet und vor Narren gehalten, als man tolle Menschen halten soll, die ihres Glaubens Geist nit wollen hören nennen. Drum ist das Leiden Christi nit anders dann ein Jahrmärkt[5] bei den verzweifelten Buben, wie nie kein Spitzknecht[6] gehabt hat und wie der 69. Ps. saget. Drum, ihr teuren Brüder, sollen wir aus diesem Unflat erstehn und Gottes rechte Schuler werden, von Gott gelehret (Joh. 6, Matth. 23), so will[7] uns vonnöten sein große, mächtige Stärke, die uns von oben hernieder verliehen werde, solche unaussprechliche Bosheit zu strafen und zu schwächen. Das ist die allerklärste Weisheit Gottes[8] (Spr. Sal. 9), wilche allein von der reinen, ungedichten Forcht Gottes entspreußet[9]. Dieselbige muß uns allein mit gewaltiger Hand wappnen zur Rache wider die Feinde Gottes mit dem höchsten Ifer zu Gott, als geschrieben steht Spr. Sal. 5, Joh. 2, Ps. 69. Do ist gar kein Entschuldigen mit menschlichen oder vernunftigen Anschlägen[10], dann der Gottlosen Gestalt ist uber alle Maßen schön und listig, wie die schöne Kornblume unter den gelben Ähern des Weizes (Pred. 8), aber solchs muß die Weisheit Gottes erkennen.

Zum andern mussen wir den Greuel weiter und wohl ansehn, der diesen Stein verachtet. Sollen wir aber das recht an ihn erkennen, so mussen wir der Offenbarung Gottes täglich gewärtig sein. Oh, das ist ganz teuer und seltsam[11]

1 Aussage. – 2 erfassen. – 3 Ich glaube ja an. – 4 Lumpen zum Reinigen der Füße. – 5 ein auf dem Jahrmarkt gekauftes Geschenk, eine wertlose Kleinigkeit. – 6 Spießknecht. – 7 wird. – 8 Wissen von Gott. – 9 Ehrfurcht vor Gott entsprießt. – 10 Vorsätzen, Absichten. – 11 rar und selten.

worden in der schalkhaftigen[1] Welt, dann die listigen Anschläge der Spitzklugen wurden uns alle Augenblick uberfallen und noch viel höher in der reinen Kunst Gottes verhindern (Spr. Sal. 4 und Ps. 37). Solchem muß man vorkummen in der Forcht Gottes. Wann dieselbige allein in uns ganz und reine versorget würde, dann so möchte die heil'ge Christenheit leichtlich wieder zum Geist der Weisheit und Offenbarung göttlichs Willens kummen. Dies alles ist verfasset in der Schrift (Ps. 145, Ps. 111, Spr. Sal. 1). Die Forcht Gottes aber muß reine sein, ohn alle Menschen- oder Kreaturenforcht (Ps. 19, Jes. 66, Luk. 12). Oh, die Forcht ist uns hoch vonnöten! Dann gleich sowenig als man seliglich zeweien Herren dienen mag (Matth. 6), sowenig mag man auch Gott und Kreaturen seliglich förchten. Gott mag sich auch uber uns nit erbarmen (als die Mutter Christi, unsers Herrn, saget), es sei dann, daß wir ihn aus ganzem Herzen allein forchten. Drum sagt Gott (Mal. 1): „Bin ich euer Vater, wo ist dann mein Ehre[2]? Bin ich euer Herre, wo ist dann meine Forcht?" Also, ihr teuren Fursten, ist not, daß wir in diesen ganz fährlichen[3] Tagen (1. Tim. 4) den allerhöchsten Fleiß vorwenden, wie alle liebe Väter, in den Biblien verzeichnet, vom Anfang der Welt solchem hinterlistigen Ubel zu begegnen. Dann die Zeit ist itzt fährlich, und die Tage seind böse (2. Tim. 3, Eph. 5). Worum? Allein dorum, daß die edle Kraft Gottes so gar jämmerlich geschändet und verunehret wird, daß die armen groben Menschen also durch die heillosen Schriftgelehrten verfuhrt werden mit großem Geplauder[4] als der Prophet Micha 3 dovon saget, wilchs itzt fast aller Schriftgelehrten Art ist und gar wenig ausgenommen, das die lehren und sagen, daß Gott seinen lieben Freunden seine göttlichen Geheimnis nit mehr offenbare durch rechte Gesichte oder sein mündlichs Wort etc. Bleiben also bei ihrer unerfahrnen Weise (Sir. 34) und machen von den Menschen, die mit der Offen-

1 knechtischen. – 2 Verehrung, Ansehen, Geltung. – 3 gefährlichen. – 4 leerem Geschwätz.

barung Gottes umgehn, ein Sprichwort[1], wie die Gottlosen täten dem Jeremias (20. Kap.): „Hör, hat dir Gott auch neulich zugesprochen? Oder hast du den Mund Gottes neulich gefraget und mit ihm geratschlaget? Hast du den Geist Christi?" Solchs tun sie mit großem Hohn und Spott. War es nit ein Großes, das zur Zeit Jeremiä geschah? Jeremias warnete das arme, blinde Volk vor der Pein des Gefängnis zu Babylonien gleichwie der frumme Lot seine Tochtermänner (1. Mos. 19). Aber es dunkt sie gar närrisch sein. Sie sagten zu den lieben Propheten: „Ja, ja, Gott sollte die Menschen wohl so väterlich warnen." Was ist aber nu dem spöttischen Haufen in der Babylonischen Gefängnis widerfahren? Nit anders, dann daß sie durch diesen heidnischen Künig Nebukadnezar zuschanden worden[2]. Sieh hie den Text on! Er hat die Rede Gottes angenommen und war doch ein mächtiger Wuetrich und ein Rute des Volks[3] der Auserwählten, die sich wider Gott versundigt hatten. Aber von[4] Blindheit und Verstockung des Gottesvolkes müßte die allerhöchste Gute also der Welt erkläret werden[5], wie Sant Paul. Röm. am 11. und Hesekiel am 23. sagen. Also[6] hie zur Unterricht sag ich also[7], daß Gott der Allmächtige nit allein die Ding, die in vielen Jahren[8] zukünftig waren, weisete[9] dem heidenischen Könige zur unaussprechlichen Schmach der Halsstorrigen unter dem Volk Gottes, welche keinem Propheten wollten gläuben. Gleichermaßen seind auch die unversuchten Menschen zu unsern Zeiten. Sie seind der Strafe Gottes nit gewärtig, wenn sie dieselbigen [Dinge] gleich vor Augen sehn. Was soll dann Gott der Allmächtige mit uns zu schaffen haben? Drum muß er uns sein Gute entziehen. Nu folgt der Text:

Der König Nebukadnezar hatte einen Traum, wilcher ihm verschwand, etc.

Was sollen wir hiezu sagen? Es ist ein unaussprechliche, ja ungewöhnliche und hässige[10] Sache, von Träumen der

1 höhnische Redensart. – 2 beschämt worden sind. – 3 für das Volk. – 4 wegen der. – 5 offenbar gemacht werden. – 6 ebenso. – 7 nämlich. – 8 in der Vergangenheit. – 9 offenbarte. – 10 hassenswerte.

Menschen zu reden, der Ursach, daß die ganze Welt vom Anfang bis anher[1] durch die Träumer betrogen ist, wie geschrieben steht 5. Mos. 13, Sir. 34. Derhalben in diesem Kapitel angezeigt, daß der König den klugen Wahrsagern und Träumern nit gläuben wollte, do er sprach: „Saget mir meinen Traum, darnoch die Auslegung, sunst wurdet ihr mir eitel Betrieglichkeit[2] und Lügen sagen." Was war das? Sie vermochten und kunnten ihm den Traum nicht sagen und sprachen: „O lieber König, es mag dir den Traum kein Mensch auf Erden sagen dann allein die Götter, die kein Gemeinschaft mit den Menschen auf Erden haben." Ja, noch ihrem Verstande redten sie recht in vernunftiger Weise. Sie hatten aber keinen Glauben zu Gott, sonder es waren gottlose Heuchler und Schmeichler, die do redten, was die Herren gern hören, gleichwie itzt zu unser Zeit die Schriftgelehrten tun, die do gern gele Bißlen[3] essen zu Hofe. Aber das ist wider sie, das do geschrieben steht Jeremiä am 5. Kapitel und am 8., was ist mehr do[4]. Es saget der Text hie, es müßten Menschen sein, die do Gemeinschaft im Himmel hätten. Oh, das ist den Klüglingen ein bitter Kraut! Und es will doch der heil'ge Paulus also haben zun Philippern am 3. Kapitel. Nach[5] wollten solche Gelehrten gleichwohl die Geheimnis Gottes auslegen. Oh, der Buben hat itzt die Welt ausdermaßen viel, die sich solches offentlich vermessen. Und von denselbigen saget Jesajas am 58. Kapitel: „Sie wollen meine Wege wissen gleichwie das Volk, das do meine Gerechtigkeit vollführet hätte." Solche Schriftgelehrten seind die Wahrsager, die do offentlich die Offenbarung Gottes leugnen. Und fallen doch dem Heiligen Geist in sein Handwerk, wollen alle Welt unterrichten, und was ihrem unerfahrnen Verstande nit gemäß ist, das muß ihn' alsbald vom Teufel sein. Und seind doch ihrer eigen Seligkeit nit versichert, wilchs doch nothalben[6] sein sollt (Röm. 8). Sie künnen hübsch vom Glauben schwatzen

1 jetzt. – 2 Betrügereien. – 3 üppige Bissen. – 4 und was da mehr (geschrieben) ist. – 5 dennoch. – 6 notwendig.

und einen trunken Glauben einbrauen den armen, verwirreten Gewissen. Dies macht alles das unbeschiedne Urteil[1] und Greuel, wilchen sie haben von der hässigen Betriegerei der ganz verfluchten, vergiftigen[2] Mönchträume, durch wilche der Teufel alle seinen Willen ins Werk bracht[3], ja auch viel frummer Auserwählten unerstattlich[4] betrogen hat, wenn sie ohn allen Bescheid[5] den Gesichten und Träumen mit ihrem tollen Glauben stracks stattgegeben haben. Und also ihre Regel und lose Bockfinzerei[6] durch Offenbarung des Teufels beschrieben[7], wider wilchs die Kolosser am 2. Kapitel heftig gewarnet seind vom heil'gen Paulo. Aber die verfluchten Möncheträumer haben nit gewußt, wie sie sollten der Kraft Gottes gewärtig sein. Daruber seind sie in einem verkahrten Sinne[8] verstockt und sein itzt der ganzen Welt von Tag zu Tage dargestallt zu[9] Sunden und Schanden wie die untätigen Lotterbuben[10]. Noch[11] seind sie blind in ihrer Torheit. Nichts anders hat sie verfuhrt und nach[12] auf diesen heutigen Tag je weiter verführet dann der Afterglaube[13], do sie ohn alle erfahrne Ankunft[14] des Heiligen Geistes, des Meisters der Forcht Gottes, mit Verachtung göttlicher Weisheit[15] das Gute nicht vom Bösen (unter dem guten Schein verdecket) absundern. Uber wilche schreiet Gott durch Jesajam am 5. Kapitel: „Weh euch, die ihr das Gute böse heißet und das Böse gut!" Drum ist's nit frummer Menschen Art, das Gute mit dem Bösen verwerfen. Dann der heil'ge Paulus saget zun Thessaloniern (5. Kap.): „Ihr sollet die Weissagung nit verachten! Versucht es alles! Was unter dem aber gut ist, das behaltet!" etc.

Zum dritten sollt ihr die Meinung wissen, daß Gott seinen Auserwählten also ganz und gar holdselig ist, daß, wenn er sie im allergeringsten künnt warnen (5. Mos. 1 und

1 unbelehrte, unerfahrene Meinung. – 2 vergifteten. – 3 in die Tat umsetzte. – 4 unstatthaft. – 5 unbelehrt, kritiklos. – 6 ihren Ordensbrauch und ihre lose Bockverstellung (?). – 7 niedergeschrieben. – 8 in einer falschen Gesinnung. – 9 in. – 10 Gaukler. – 11 dennoch. – 12 noch. – 13 Aberglaube, falscher Glaube. – 14 Erfahrung des Ursprungs. – 15 des Wissens von und um Gott.

32, Matth. 23), er tät es aufs höchst, wann sie dasselbige vor großem Unglauben empfahen kunnten. Dann hie stimmet dieser Text Danielis mit dem heil'gen Paulo gleich zu den Korinthern am 2. Kapitel und ist genommen aus dem heil'gen Jesajas am 64. Kapitel, sagende[1]: „Das kein Auge gesehn, kein Ohre gehört hat und in keins Menschen Herz kummen ist, dasselbige hat Gott den' bereitet, die ihn lieben. Aber uns hat es Gott offenbart durch seinen Geist, dann der Geist erforschet alle Ding, ja auch die Tiefe der Gottheit." etc. Drum ist das kürzlich die ernstliche Meinung[2]: Wir müssen wissen und nit allein in Wind gläuben, was uns von Gott gegeben sei oder vom Teufel oder Natur. Dann so[3] unser natürlicher Verstand doselbst soll zur Dienstbarkeit des Glaubens[4] gefangen[5] werden (2. Kor. 10), so muß er kummen auf den letzten Grad aller seiner Urteil[6], wie zun Römern am ersten Kapitel und Baruch 3 angezeigt. Der Urteil mag er aber keins beschließen mit gutem Grund seins Gewissens[7] ohn Gottes Offenbarung. Do wird der Mensch klärlich finden, daß er mit dem Kopf[8] durch den Himmel nit laufen[9] kann, sonder er muß erstlich ganz und gar zum innerlichen Narren[10] werden (Jes. 29,33, Obadja 1, 1. Kor. 1). Oh, das ist dann der klugen, fleischlichen, wollustigen Welt gar ein seltsamer Wind. Do folgen alsbald die Schmerzen wie einer Gebärerin (Ps. 48, Joh. 16). Do findet Daniel und ein itzlicher frummer Mensch mit ihm, daß ihm alldo[11] alle Ding gleich so unmüglich seind wie andern gemeinen Menschen von Gotte zu 'rforschen. Das meint' der weise Mann (Pred. 3), do er saget: „Wer do will ausforschen Gottes Herrlichkeit, der wird von seinem Preis verdruckt[12]." Dann je mehr die Natur noch Gotte greift, je[13] weiter sich die Wirkung des Heil'gen Geists von ihr ent-

1 welches sagt; wo es heißt. – 2 kurz gesagt die wahrhafte Bedeutung. – 3 denn wenn. – 4 zum Dienst am Glauben. – 5 gebunden. – 6 Erkenntnisse. – 7 guter Begründung in seinem Gewissen. – 8 Verstand. – 9 zur Seligkeit nicht durchdringen. – 10 verinnerlichten Einfältigen. – 11 unter diesen Umständen. – 12 von seiner Herrlichkeit erdrückt. – 13 desto.

fremdet, wie klärlich anzeigt der 139. Psalm. Ja, wenn sich der Mensch verstunde auf den Vorwitz des natürlich Lichts[1], er würd ohn Zweifel nit viel Behelf[2] suchen mit gestohlner Schrift, wie die Gelehrten mit einem Stucklein oder zweien[3] tun (Jes. 28, Jer. 8), sondern er würde balde empfinden die Wirkung göttlichs Worts aus seinem Herzen quellen (Joh. 4). Ja, er dorfte[4] der faulen Wasser in Brunn nit tragen (Jer. 2), wie itzund unser Gelehrten tun, die verwickeln[5] die Natur mit der Genade ohn allen Unterscheid. Sie verhindern dem Wort seinen Gang (Ps. 119), welcher vom Abgrund[6] der Seelen herkömmt, als Moses saget (5. Mos. 30): „Das Wort ist nit weit von dir. Sieh, es ist in deinem Herzen." etc. Nu fragst du vielleicht, wie kummt es dann ins Herz? Antwort: Es kummt von Gott oben hernieder in einer hohen Verwunderung, wilchs ich itzt laß bestehn bis auf ein andermal. Und diese Verwunderung, ob es Gottes Wort sei oder nit, hebet sich on[7], wann einer ein Kind ist von 6 oder 7 Jahren, wie figuriert[8] ist 4. Mos. am 19. Drum träget Sant Paul hervor den Moses und Jesajas zun Römern am 10. Kapitel und redet do vom innerlichen Worte, zu hören in dem Abgrund der Seelen durch die Offenbarung Gottes. Und wilcher Mensch dieses nit gewahr und empfindlich[9] worden ist durch das lebendige Gezeugnis Gottes (Röm. 8), der weiß von Gotte nichts gründlich zu sagen, wenn er gleich hunderttausend Biblien hätt gefressen. Doraus mag ein itzlicher wohl ermessen, wie fern die Welt noch vom Christenglauben sei. Noch[10] will niemand sehn oder hören. Soll nu der Mensch des Worts gewahr werden und daß er sein empfindlich sei, so muß ihm Gott nehmen seine fleischlichen Luste. Und wenn die Bewegung von Gott kummt ins Herz, daß er[11] töten will alle Wollust des Fleisches, daß er[12] ihm do stattgebe, daß er seiner Wir-

1 bewußt wäre der Vermessenheit des natürlichen Verstandes. – 2 nicht so sehr Notbehelf. – 3 mit willkürlich herausgegriffenen Zitaten. – 4 brauchte. – 5 verwechseln, vermischen. – 6 aus dem tiefsten Grunde. – 7 wird zuerst erlebt. – 8 sinnbildlich dargestellt. – 9 empfänglich. – 10 dennoch. – 11 Gott. – 12 der Mensch.

kung bekummen mag[1]. Dann ein tierischer Mensch vernimmt nit, was Gott in die Seele redet (1. Kor. 2), sonder er muß durch den Heil'gen Geist geweiset werden auf die ernstliche Betrachtung des lautern, reinen Verstands des Gesetzes (Ps. 19), sunst ist er blind im Herzen und dichtet ihm[2] einen hölzern Christum und verfuhret sich selber. Drum sieh hiezu, wie sauer es dem lieben Daniel ist worden, dem Könige das Gesichte auszulegen, und wie fleißig er Gott drum besucht[3] und gebeten hat. Also auch zur Offenbarung Gottes muß sich der Mensch von aller Kürzweil absondern und einen ernsten Mut[4] zur Wahrheit tragen[5] (2. Kor. 6) und muß durch die Ubung solcher Wahrheit die unbetrieglichen Gesicht vor den falschen erkennen. Derhalben spricht der liebe Daniel am 10. Kapitel: „Es soll ein Mensch Verstand haben in den Gesichten, uff daß sie nit alle zu verwerfen seind." etc.

Zum vierten sollt ihr wissen, daß ein auserwählter Mensch, der do wissen will, wilch Gesicht oder Traum von Gott, Natur oder Teufel sei, der muß mit seinem Gemüt und Herzen, auch mit seinem naturlichen Verstande abgeschieden sein von allem zeitlichen Trost seines Fleisches[6] und muß ihm gehn wie dem lieben Joseph in Ägypten (1. Mos. 39) und allhie Daniel in diesem Kapitel. Dann es wird kein wollustiger Mensch annehmen (Luk. 7), dann die Disteln und Dornen, das seind die Wolluste dieser Welt, als[7] der Herr saget Mark. 4, verdrucken alle Wirkung des Worts, das Gott in die Seelen redet. Drum wann Gott schon sein heiliges Wort in die Seelen spricht, so kann es der Mensch nicht hören, so[8] er ungeübt ist, dann er tut keinen Einkehr oder Einsehn in sich selber und in Abgrund seiner Seelen (Ps. 49). Der Mensch will sein Leben nit kreuzigen mit seinen Lastern und Begierden, wie Paulus lehret, der heil'ge Apostel, drum bleibet der Acker des Wort Gottes

1 damit Gott zu seiner Wirkung gelangen kann. – 2 erfindet sich. – 3 ersucht. – 4 einen ernsthaften Sinn. – 5 in sich tragen. – 6 Hoffnung auf seine irdischen Dinge. – 7 wie. – 8 wenn.

voll Disteln und Dörnen und voll großer Stauden, wilche alle weg mussen zu diesem Werk Gottes, auf daß der Mensch nit nachlässig oder faul befunden werde (Spr. 24). Darnoch so sieht man die Mildigkeit des Ackers und zum letzten das gute Gewächse. Dann wird der Mensch erst gewahr, daß er Gottes und des Heil'gen Geists Wohnung sei in der Länge seiner Tage, ja, daß er wahrhaftig geschaffen sei, allein der Ursach, daß er Gottes Gezeugnis[1] in seinem Leben erforschen soll (Ps. 93 und 119). Desselbigen wird er itzt[2] gewahr in den Teilen durch bildreiche Weise[3], itzt auch im ganzen im Abgrund des Herzen (1. Kor. 13). Zum andern muß er gar wohl zusehn, daß solche Figurn, Gleichnis in den Gesichten oder Träumen mit allen ihren Umständigkeiten[4] in der heil'gen Biblien bezeuget seind, auf daß der Teufel nit darneben einreiße[5] und verderbe die Salbe des Heil'gen Geistes mit ihrer Sußigkeit, als der weise Mann von den Fliegen saget, die do sterben (Pred. 10). Zum dritten muß der auserwählte Mensch Achtung haben auf das Werk[6] der Gesichte, daß es nit raußerquelle durch menschliche Anschläge, sonder einfaltig[7] herfließe nach Gottes unverrücklichem Willen, und muß sich gar eben[8] vorsehn, daß nit ein Stiplen doran gebreche[9], was er gesehn habe, dann es muß tapfer[10] ins Werk kummen. Aber wenn der Teufel etwas wirken[11] will, so verraten ihn doch sein faule Fratzen, und seine Lugen gucken doch zuletzt hervor, dann er ist ein Lugner (Joh. 8). Dasselbige ist hie in diesem Kapitel gar klar angezeigt vom Königе Nebukadnezar und darnoch am 3. im Werk[12] beweiset. Dann er hat die Vermahnung Gottes gar schwind[13] vergessen. Das haben ohn Zweifel seine fleischlichen Begier, die er auf die Luste und Kreaturn erstrecket hat, verursacht. Dann also muß es gehn,

1 Bezeugung. – 2 bald. – 3 stückweise durch Gleichnisse. – 4 Umständen. – 5 dazwischenkomme. – 6 auf das Wirken, auf die Art des Vorsichgehens. –7 einfach, ungekünstelt. – 8 ganz genau. – 9 das kleinste Stück davon verlorengehe. – 10 fest, mit Nachdruck. – 11 etwas ausrichten. – 12 im 3. Kapitel in der Tat. – 13 sehr bald.

wann ein Mensch will seiner Wollust stetiglich pflegen, mit Gottes Werk zu schaffen haben und in keinem Betrübnis sein, so kann ihn auch die Kraft des Wort Gottes nit umschättigen[1] (Luk. 8). Gott der Allmächtige weiset die rechten Gesichte und Träume seinen geliebten Freunden am allermeisten in ihrem höchsten Betrübnis, als[2] er tät dem frummen Abraham (1. Mos. 15 und 17). Do ist ihm Gott erschienen, do er sich in großer Forcht entsatzte. Item[3] der liebe Jakob, do er mit großer Betrübnis flüchtig ward vor seinem Bruder Esau, do kam ihm ein Gesicht, daß er die Leitern am Himmel sah aufgericht und die Engel Gottes auf und ab steigen (1. Mos. 28). Darnoch, do er wieder heimzog, hat er sich uber die Maßen vor seinem Bruder Esau geforcht. Do erschein ihm der Herr im Gesicht, do er ihm die Huffen zerknirschet[4] und mit ihm ringet (1. Mos. 32). Item der frumme Joseph ward verhasset von seinen Brüdern, und in solchem Betrübnis hatte er zwei nötliche[5] Gesichte (1. Mos. 37). Und darnoch in seinem herzlichen Betrübnis in Ägypten im Gefängnis ward er also hoch von Gott erleuchtet, daß er alle Gesichte und Träum kunnt auslegen (1. Mos. 39 und 40 und 41). Uber alles[6] dies wird den unversuchten, wollustigen Schweinen, den Klüglingen vorgehalten der ander heil'ge Joseph in Matth. am ersten und andern Kapitel. Er hatte vier Träume, do[7] er geängestet ward in seiner Betrübnis, und ward durch die Träume versichert, wie auch die Weisen im Schlafe unterrichtet vom Engel, zu Herodes nit wiederzukummen. Item die lieben Aposteln haben müssen mit dem höchsten Fleiße der Gesichte gewärtig sein, wie es in ihren Geschichten klärlich beschrieben ist. Ja, es ist ein rechter apostlischer, patriarchischer und prophetischer Geist, auf die Gesichte warten und dieselbigen mit schmerzlichem Betrübnis uberkommen. Drum ist's nicht Wunder, daß sie Bruder Mastschwein und Bruder Sanfteleben verwirfet (Hiob 28). Wann aber der Mensch das

1 umhüllen, entrücken. – 2 wie. – 3 ebenso. – 4 die Hüfte zerschlug. – 5 mit Not verbundene, gefahrvolle. – 6 darüber hinaus. – 7 in denen.

klare Wort Gottes in der Seelen nicht vernummen hat, so muß er Gesichte haben. Wie Sant Peter in den Geschichten der Aposteln verstund das Gesetz nicht (3. Mos. am 11. Kap.). Er zweifelte an der Speise und an den Heiden, sie zu seiner Gesellschaft zu nehmen (Apostelgesch. 10). Do gab ihm Gott ein Gesicht im Uberschwang seins Gemütes. Do sah er ein Leinentuch mit vier Zipfeln vom Himmel auf die Erden gelassen voll vierfußiger Tier und hörte eine Stimm, sagend: „Schlachte und iß!" Desgleichen hatte der frumme Cornelius, do er nicht wußt, wie er tun sollte (Apostelgesch. 10). Auch do Paulus gen Troaden[1] kam, erschein ihm ein Gesicht in der Nacht. Das war ein Mann von Mazedonien, der stund und bat ihn und sprach: „Kumm hernieder gen Mazedonien und hilf uns!" – „Do er aber solchs Gesicht gesehn hatte, trachten wir", saget der Text do (Apostelgesch. 16), „alsobalde zu reisen gen Macedonia, dann wir waren gewiß, daß uns der Herr dohin berufen hatte." Item do sich Paulus forchte, zu predigen in Corintho (Apostelgesch. 18), do sagte der Herr in der Nacht durch ein Gesichte zu ihm: „Du sollt dich nicht förchten etc." – „Es soll sich niemand unterstehn dir zu schaden, dann ich hab ein großes Volk in dieser Stadt." etc. Und was ist not, viel Gezeugnis der Schrift vorzuwenden[2]? Es wär nimmermehr müglich in solchen weitläuftigen, fährlichen Sachen, als do rechte Prediger Herzogen und Regenten haben[3], daß sie sich allenthalben sollten bewahren, sicherlich und ungetadelt[4] zu handeln, wann sie in der Offenbarung Gottes nicht lebten, wie Aaron höret von Moses und David von Nathan und Gad. Derhalben waren die lieben Aposteln der Gesichte ganz und gar gewohnet, wie der Text beweret[5] in den Geschichten am 12. Kapitel. Do der Engel zu Petro kam und fuhret ihn aus dem Gefängnis Herodis, und es dunkte ihn, er hätte ein Gesichte, er wußte nicht, daß der Engel das Werk seiner Erlösung in ihm vollfuhret. Wär aber Petrus

1 Troas. – 2 vorzubringen. – 3 als dort, wo Herzöge und Regenten rechte Prediger haben. – 4 sicher (frei von Gefahr) und untadelig. – 5 beweist.

der Gesichte nit gewohnt gewesen, wie sollt ihn dann solchs gedunkt haben, ein Gesichte sein. Doraus schließ ich nu, daß, wer do will aus fleischlichem Urteil also unbeschieden den Gesichten feind sein und sie alle verwerfen oder alle aufnehmen ohn allen Bescheid[1], darum, daß die falschen Träumer der Welt solchen Schaden getan haben durch die[2] Ehrgeizigen oder Genießsucher[3], der wird nicht wohl anlaufen[4], sonder wird sich stoßen an den Heil'gen Geist, [vgl.] Joel am 2. Kapitel, do Gott klärlich saget wie dieser Text Danielis von der Veranderung der Welt: Er will sie in den letzten Tagen anrichten, daß sein Nam soll recht gepreiset werden. Er will sie von ihrer Schande entledigen und will seinen Geist uber alles Fleisch ausgießen, und unser Söhne und Töchter sollen weissagen und sollen Träume und Gesichte haben etc. Dann so die Christenheit nicht sollt apostolisch werden (Apostelgesch. 2, do Joel vorgetragen[5] wird), warum sollt man dann predigen? Wozu dienet dann die Biblien von Gesichten?[6] Es ist wahr und [ich] weiß vorwahr, daß der Geist Gottes itzt vielen auserwählten, frummen Menschen offenbart: eine treffliche, unuberwindliche, zukünftige Reformation von großen Nöten sein[7]. Und es muß vollführet werden, es wehre sich gleich ein itzlicher wie er will, so bleibet die Weissagung Danielis ungeschwächt, ob ihr wohl niemand gläuben will, wie auch Paulus zun Römern am 3. Kapitel saget. Es ist dieser Text Danielis also klar wie die helle Sonne, und das Werk[8] geht itzt im rechten Schwange vom Ende des funften Reichs der Welt. Das erst ist erkläret durch den gulden Knauf. Das war das Reich zu Babel. Das ander durch die silbern Brust und Arm. Das war das Reich der Medier und Persier. Das dritte war das Reich der Griechen, wilchs erschallet mit seiner Klugheit (durch das Erz angezeigt), das vierte, das Römische Reich, wilchs mit dem Schwert gewonnen ist und ein

1 nähere Bestimmung. – 2 wegen der. – 3 Eigennützigen. – 4 der wird übel ankommen. – 5 zitiert. – 6 daß in der Bibel von Gesichten erzählt wird. – 7 ist. – 8 das Geschehen.

Reich des Zwingens gewesen. Aber das funfte ist dies, das wir vor Augen haben, das auch von Eisen ist und wollte gern zwingen. Aber es ist mit Kote geflickt, wie wir vor sichtigen[1] Augen sehn, eitel Anschläge der Heuchelei, die do krimmet und wimmet auf dem ganzen Erdreich. Dann wer nit plasteuken[2] kann, der muß ein toller Kopf sein[3]. Man sieht itzt hubsch, wie sich die Öle[4] und Schlangen zusammen verunkeuschen auf einem Haufen. Die Pfaffen und alle böse Geistlichen seind Schlangen, wie sie Johannes, der Täufer Christi, nennet (Matth. 3), und die weltliche Herren und Regenten seind Öle, wie figuriert ist 3. Moses am 11. Kapitel von Fischen etc. Do haben sich die Reich des Teufels mit Tone beschmieret. Ach, lieben Herren, wie hubsch wird der Herr do unter die alten Töpf schmeißen mit einer eisern Stangen (Ps. 2). Darum, ihr allerteursten liebsten Regenten, lernt euer Urteil[5] recht aus dem Munde Gottes und laßt euch [durch] eure heuchlisch Pfaffen nit verführen und mit gedichter Geduld und Gute aufhalten. Dann der Stein, ahn[6] Hände vom Berge gerissen, ist groß worden. Die armen Laien und Baurn sehn[7] ihn viel schärfer an dann ihr. Ja, Gott sei gelobt, er ist so groß worden, wann euch andere Herren oder Nachbaurn schon um des Evangelion willen wollten verfolgen, so wurden sie von ihrem eigen Volk vertrieben werden, das weiß ich verwahr[8]. Ja, der Stein ist groß! Do hat sich die blöde[9] Welt lange vor geforcht. Er hat sie uberfallen, do er noch kleine war. Was sollen wir dann nu tun, weil er so groß und mächtig ist worden und weil er so mächtig unverzöglich auf die große Säul gestrichen[10] und sie bis auf die alten Töpf zerschmettert hat? Drum, ihr teuren Regenten von Sachsen, tretet keck auf den Eckstein, wie der heilige Petrus tat (Matth. am 16.), und sucht die rechte Beständigkeit göttliches Willens[11]! Er wird euch wohl erhalten auf dem Stein (Ps. 40). Eure Gänge

1 sehenden. – 2 betrügen. – 3 der gilt für dumm, verrückt. – 4 Aale. – 5 Erkenntnis. – 6 ohne. – 7 erkennen. – 8 fürwahr. – 9 schwache, furchtsame. – 10 geschlagen ist. – 11 Standhaftigkeit im göttlichen Willen.

werden richtig sein. Suchet nur stracks Gottes Gerechtigkeit und greifet die Sache des Evangelion tapfer[1] an. Dann Gott steht so nah bei euch, daß ihr's nicht gläubt. Warum wollt ihr euch dann vorm Gespenst des Menschen entsetzen (Ps. 118). Seht hie den Text wohl an. Der König Nebukadnezar wollte die Klugen darum töten, daß sie ihm den Traum nicht kunnten auslegen. Es war verdienter Lohn. Dann sie wollten sein ganzes Reich mit ihrer Klugheit regieren und kunnten solchs nicht, dozu sie doch gesatzt[2] waren. Solchermaßen seind auch itzt unser Geistlichen. Und ich sag euch vorwahr, wann ihr der Christenheit Schaden so wohl erkennen möchtet und recht bedenken, so wurdet ihr ebensolchen Ifer[3] gewinnen wie Jehu, der König (2. Kön. 9 und am 10.), und wie das ganze Buch Offb. darvon anzeigt. Und ich weiß vorwahr, daß ihr euch so mit großer Not wurdet enthalten[4], dem Schwert sein Gewalt zu unternehmen[5]. Dann der erbärmlich Schade[6] der heil'gen Christenheit ist so groß worden, daß ihn noch zur Zeit kein Zunge mag ausreden[7]. Drum muß ein neuer Daniel aufstehn und euch eure Offenbarung[8] auslegen, und derselbige muß vorn, wie Moses lehret (5. Mos. 20), an der Spitzen gehn. Er muß den Zorn der Fursten und des ergrimmten Volks versuhnen. Dann so ihr werdet recht erfahren den Schaden der Christenheit und Betriegerei der falschen Geistlichen und der verzweifelten[9] Bösewicht, so werdet ihr also auf sie ergrimmen, daß es niemand bedenken[10] mag. Es wird euch ahn Zweifel verdrießen und sehr zu Herzen gehn, daß ihr also gütig gewesen seid, nachdem sie euch mit den allersußesten Worten zu den allerschändlichsten Urteiln geleitet[11] haben (Weish. 6) wider alle aufgerichte[12] Wahrheit. Dann sie haben euch genarret, daß[13] ein jeder zun Heil'gen schwuer, die Fursten seind heidnische Leute ihres Amts halben, sie

1 streitbar und mit Eifer. – 2 eingesetzt. – 3 Fleiß. – 4 zurückhalten. – 5 unterdrücken, verhindern. – 6 erbarmenswerte Verderben. – 7 ausdrücken kann. – 8 hier: Gesichte, Träume. – 9 heillosen, unheilvollen. – 10 ausdenken. – 11 verleitet. – 12 aufrichtige. – 13 als.

sollen nicht anders dann burgerliche Einigkeit erhalten. Ach, Lieber, ja do fällt und streicht der große Stein balde drauf und schmeißt solche vernünftige Anschläge[1] zu Bodem, do er saget (Matth. am 10.): „Ich bin nicht kummen, Fried zu senden, sonder das Schwert." Was soll man aber mit demselbigen machen? Nicht anders dann die Bösen, die das Evangelion verhindern, wegtun und absundern, wollt ihr anders nicht Teufel sonder Diener Gottes sein, wie euch Paulus nennet zun Römern am 13. Ihr dörft nicht zweifeln, Gott wird all eur Widersacher zu Trümmern schlahen, die euch zu verfolgen unterstehn. Dann sein Hand ist noch nicht verkörzet, wie Jesajas sagt 59. Drum mag er euch noch helfen und will es tun, wie er dem auserwählten Könige Josia und andern, die den Namen Gottes vertediget haben, beigestanden hat. Also seid ihr Engel, wo ihr recht tun[2] wollet, wie Petrus saget (2. Petr. 1). Christus hat befohlen mit großem Ernst[3] (Luk. 19) und spricht: „Nehmet meine Feinde und würget mir sie vor meinen Augen." Warum? Ei darum, daß sie Christo sein Regiment verderbet und wollen noch darzu ihre Schalkheit unter der Gestalt des Christenglaubens verteidigen und ärgern[4] mit ihrem hinterlistigen Schanddeckel[5] die ganze Welt. Drum saget Christus, unser Herr (Matth. 18): „Wer do einen aus diesen Kleinen ärgert, ist ihm besser, daß man ihm einen Mühlstein an den Hals hänge und werf ihn in das tiefe Meer." Es glossiere, wer do will, hin und her. Es seind die Wort Christi. Darf nu Christus sagen, wer do einen von den Kleinen ärgert, was soll man dann sagen, so man einen großen Haufen ärgert am Glauben[6]? Das tun die Erzbösewicht, die die ganze Welt ärgern und abtrinnig machen vom rechten Christenglauben und sagen: „Es soll die Geheimnis Gottes niemand wissen. Es soll sich ein idlicher halten noch ihren Worten und nicht nach ihren Werken" (Matth. am 23.). Sie sprechen, es sei

1 Erfindungen der bloßen Vernunft. – 2 richtig handeln. – 3 Nachdruck. – 4 ärger machen. – 5 Deckmantel. – 6 vom rechten Glauben abbringt.

nicht vonnöten, daß der Glaub beweret sei wie das Gold im Feur (1. Petr. 1, Ps. 140). Aber mit der Weise wäre der Christenglaub ärger dann ein Hundesglaub, wann er hofft ein Stuck Brots zu empfahen, so der Tisch gedeckt wird. Solchen Glauben bilden die falschen Gelehrten der armen, blinden Welt vor. Das ist ihn' nicht seltsam[1], dann sie predigen allein um des Bauchs willen (Phil. am 3. Kapitel). Sie künnen von Herzen nicht anders sagen (Matth. am 12. Kapitel). Sollt ihr nu rechte Regenten sein, so müßt ihr das Regiment bei der Worzeln anheben und [handeln], wie Christus befohlen hat. Treibt seine Feinde von den Auserwählten! Dann ihr seid die Mittler dozu. Lieber, gebt uns keine schale Fratzen vor, daß die Kraft Gottes es tun soll ahn eur Zutun des Schwerts, es möcht euch sunst in der Scheiden verrusten. Gott geb es! Sage euch wilcher Gelehrter, was er will, so saget Christus gnung (Matth. am 7., Joh. am 15. Kapitel): „Ein itzlicher Baum, der nicht gute Frucht tut, der soll ausgerodt werden und ins Feur geworfen." So ihr nu die Larve der Welt wegtut[2], so werdet ihr sie bald erkennen mit rechtem Urteil (Joh. am 7. Kapitel). Tut ein recht Urteil aus Gottes Befehl! Ihr habt Hülf gnung dozu (Weish. am 6.), dann Christus ist eur Meister (Matth. am 23. Kapitel). Drum lasset die Ubeltäter nit länger leben, die uns von Gott abwenden (5. Mos. 13). Dann ein gottloser Mensch hat kein Recht zu leben, wo er die Frummen verhindert. 2. Mos. am 22. Kapitel saget Gott: „Du sollt die Ubeltäter nicht leben lassen." Das meinet auch Sant Paulus, do er vom Schwert saget der Regenten, daß es zur Rache der Bösen verliehen sei und Schutz der Frummen (Röm. am 13. Kapitel). Gott ist eur Beschirmung und wird euch lehren streiten wider seine Feinde (Ps. am 18.). Er wird eure Hände läuftig[3] machen zum Streite und wird euch auch erhalten. Aber ihr werdet darüber ein großes Kreuz und Anfechtung müssen leiden, auf daß euch die Forcht Gottes erkläret werde. Das mag ohn Leiden nicht geschehen, aber es kost euch nichts mehr

1 das fällt ihnen nicht schwer. – 2 ablegt. – 3 geübt.

dann die Fährlichkeit um Gotts Willen gewoget[1] und das unnütz Geplauder der Widersacher. Dann so der frumme David schon von seinem Schloß würde vertrieben vom Absalom, er kam doch endlich[2] wieder drauf, wann Absalom erhangen und erstochen wird. Drum, ihr teuren Väter von Sachsen, ihr mußt es wogen um des Evangelion willen, aber Gott wird euch freundlich stäupen[3] wie seine allerliebsten Söhne (5. Mos. 1). Wann er in seinem korzen Zorn inbrünstig[4] ist, selig seind dann alle, die sich do auf Gott verlassen. Saget allein frei mit dem Geist Christi: „Ich will mich vor Hunderttausend nit fürchten, ob sie mich schon umlagern." Ich halt[5] aber, allhie werden wir unser Gelehrten die Gütigkeit[6] Christi vorhalten, wilche sie auf ihre Heuchelei zerren[7]. Aber sie sollen dogegen ansehn auch den Ifer[8] Christi (Joh. 2, Ps. 69), do er die Worzeln der Abgötterei verstöret, wie Paulus saget zun Kolossern am 3. Kapitel, daß um derselbigen willen der Zorn Gottes nicht mag weggetan werden von der Gemeine. Hat er nu noch unserm Ansehn[9] das Kleine herniedergerissen, er würde ohn Zweifel auch der Götzen und Bilder nicht geschonet haben, wo sie do wären gewesen. Wie er dann selber durch Mosen befohlen hat (5. Mos. 7), do er saget: „Ihr seid ein heil'ges Volk. Ihr sollet euch nit erbarmen uber die Abgöttischen. Zerbrecht ihre Altar, zerschmeißet ihre Bilde und verbrennet sie, auf daß ich mit euch nicht zörne." Diese Wort hat Christus nicht aufgehaben, sonder er will sie uns helfen erfullen (Matth. 5). Es seind die Figurn alle durch die Propheten ausgeleget, aber dies seind helle, klare Wort, wilche ewig müssen bestehn (Jes. 40). Gott kann heut nicht ja sagen und morgen nein, sonder er ist unwandelbar in seinem Worte (Mal. 3, 1. Sam. 15, 4. Mos. 22). [Dem Einwand], daß aber die Aposteln der Heiden Abgötter nicht verstöret haben, antwort ich also: daß Sant Peter ein forchtsamer Mann gewesen

1 zu wagen. – 2 am Ende. – 3 wohlwollend, aus Liebe züchtigen. – 4 hell brennend, rasend. – 5 fürchte, nehme an. – 6 Gnade. – 7 gewaltsam beziehen. – 8 den Zorn, die Strenge. – 9 Ermessen.

ist. Galater 2 hat er geheuchelt mit den Heiden. Er war aller Aposteln Figur, daß auch Christus von ihm sagte (Joh. am letzten), daß er sich ganz heftig vorm Tode geforchtet hat und demselbigen darum durch solchs keine Ursach gegeben, ist leichtlich zu ermessen. Aber Sant Paul hat ganz hart geredt wider die Abgötterei (Apostelgesch. 17). Hätt er sein Lehr kunnt aufs höchst treiben bei den' von Athenis[1], er hätt ahn Zweifel die Abgötterei gar herniedergeworfen, wie Gott durch Mosen befohlen hatte und wie es auch hernachmals durch die Märterer geschah in bewährten Historien[2]. Drum ist uns mit der Heil'gen Gebrechen oder Nochlassen[3] kein Ursach gegeben, den Gottlosen ihre Weise zu lassen. Nochdem sie Gottes Namen mit uns bekennen, sollen sie unter zweien eins erwählen, den Christenglauben gar verleugnen oder die Abgötter wegtun (Matth. 18). Daß aber unser Gelehrten herkommen und sagen mit dem Daniel mit ihrer gottlosen gestohlenen Weise[4], daß der Widerchrist soll ahn Hand verstöret[5] werden, ist also viel: Er ist schon verzaget, wie das Volk war, do die Auserwählten ins Gelobte Land wollten, wie Josua schreibet. Er hat gleichwohl in der Schärfe des Schwerts ihrer nit verschonet. Sieh an den 44. Psalm und 1. Chron. 14, do wirst du finden die Auflösung also: Sie haben das Land nicht durch das Schwert gewonnen, sonder durch die Kraft Gottes, aber das Schwert war das Mittel, wie uns Essen und Trinken ein Mittel ist zu leben, also nötlich ist auch das Schwert, die Gottlosen zu vertilgen (Röm. am 13.). Daß aber dasselbige nu redlicherweise und fuglich geschehe, so sollen das unser teuren Väter, die Fursten, tun, die Christum mit uns bekennen. Wo sie aber das nicht tun, so wird ihn' das Schwert genommen werden (Dan. am 7. Kapitel), dann sie bekennen ihn also mit den Worten und leugnen sein mit der Tat (Tit. 1). Also sollen sie den Feinden vortragen den Friede (5. Mos. 2):

1 konsequent durchführen können bei den Athenern. – 2 nach beglaubigten Geschichten. – 3 Mängel. – 4 den Sinn der Heiligen Schrift verfälschenden Weise. – 5 ohne Gewaltanwendung zerstört.

Wollen sie geistlich sein und die Kunst Gottes nit berechnen (1. Petr. 3), so soll man sie wegtun (1. Kor. 5). Aber ich bitt vor sie mit dem frummen Daniel, wo sie Gottes Offenbarung nicht wider sein; wo sie aber das Widerspiel treiben, daß man sie erwürge ohn alle Gnade, wie Hiskia, Josias, Cyrus, Daniel, Elias (1. Kön. 18) die Pfaffen Baal[s] verstöret haben. Anders mag die christliche Kirche zu ihrem Ursprung nicht wieder kummen. Man muß das Unkraut ausräufen aus dem Weingarten Gottes in der Zeit der Ernten, dann wird der schöne rote Weiz beständige Worzeln gewinnen und recht aufgehn (Matth. 13). Die Engel aber, wilche ihre Sicheln darzu schärfen, seind die ernsten[1] Knechte Gottes, die den Eifer[2] göttlicher Weisheit vollführen (Mal. 3).

Nebukadnezar vernahm die göttlichen Weisheit im Daniele. Er fiel nieder vor ihm, nochdem ihn die kräftige Wahrheit uberwunden hatte. Aber er ward bewegt wie ein Rohr vorm Winde, wie das das 3. Kapitel beweiset. Desgleichen seind itzt uber die Maße viel Menschen, die das Evangelion mit großen Freuden annehmen, dieweil es also fein freundlich zugeht[3] (Luk. 8). Aber wann Gott solche Leute will auf den Test[4] adder aufs Feur der Bewährung setzen (1. Petr. 1), ach, do ärgern sie sich[5] im allergeringsten Wortlein, wie Christus im Marco am 4. Kapitel verkündigt hat. In dermaßen werden sich ahne Zweifel viel unversuchter Menschen an diesem Büchlein ärgern, drum daß ich mit Christo sage (Luk. 19 und Matth. 18) und mit Paulo (1. Kor. 5) und mit der Unterrichtung des ganzen göttlichen Gesetzes, daß man die gottlosen Regenten, sunderlich Pfaffen und Mönche töten soll, die uns das heil'ge Evangelion Ketzerei schelten und wollen gleichwohl die besten Christen sein. Do wird die heuchlische gedichte Gütigkeit uber die Maße ergrimmet und erbittert, do will sie dann die Gottlosen vertedigen und saget, Christus habe niemand ge-

1 eifrigen, entschlossenen. – 2 Zorn. – 3 weil es mit keinem Opfer, keiner Entbehrung verbunden ist. – 4 Brenntiegel. – 5 nehmen sie Anstoß.

tötet, etc. Und wil[1] die Freunde Gottes also ganz jämmerlich schlecht dem Winde befehlen, do ist erfullet die Weissagung Pauli (2. Tim. 3): „In den letzten Tagen werden die Liebhaber der Lüste wohl ein Gestalt der Gütigkeit haben, aber sie werden verleugnen ihre Kraft." Es hat kein Ding auf Erden ein besser Gestalt und Larve dann die gedichte Güte. Drum seind alle Winkel voll eitel Heuchler, unter welchen keiner so kühn ist, daß er die rechte Wahrheit möchte sagen. Drum daß die Wahrheit möchte recht an den Tag bracht werden, do müßt ihr Regenten (Gott gebe, ihr tut's gerne adder nicht) euch halten nach dem Beschluß dieses Kapitels, daß der Nebukadnezar hat den heiligen Daniel gesetzt zum Amtmann, auf daß er mochte gute rechte Urteil vollführen[2], wie der Heilige Geist saget (Ps. 58). Dann die Gottlosen haben kein Recht zu leben, allein[3] was ihn die Auserwählten wollen günnen, wie geschrieben stehet im Buch des Ausgangs (2. Mos. am 23.): Freuet euch, ihr rechten Freunde Gottes, daß den Feinden des Kreuzes das Herz in die Bruch[4] gefallen ist! Sie müssen recht tun, wiewohl sie es keinmal geträumet hat[5]! So wir nun Gott förchten, warum wollen wir uns vor losen, untüchtigen Menschen entsetzen (4. Mos. am 14., Jos. am 11.)? Seid nur keck! Der will das Regiment selbern haben, dem alle Gewalt ist gegeben im Himmel und auf Erden (Matth. am letzten), der euch, Allerliebsten, bewahr ewig. Amen.

1 während. – 2 Entscheidungen ausführen. – 3 sondern sind allein darauf angewiesen. – 4 Hose. – 5 sich nicht haben träumen lassen.

Ausgedrückte Emblößung[1] des falschen Glaubens

der ungetreuen Welt durchs Gezeugnis[2] des Evangelions Lukä vorgetragen, der elenden, erbärmlichen[3] Christenheit zur Innerung[4] ihres Irrsals

> Hesekiel am 8. Kapitel: Lieben Gesellen, laßt uns auch das Loch weiter machen, auf daß alle Welt sehen und greifen müg[5], wer unser große Hansen[6] sind, die Gott also lästerlich zum gemalten Männdlein gemacht haben.
> Jer. am 23. Kapitel: Thomas Muntzer mit dem Hammer.
> Jer. am 1.: „Nimm wahr, ich hab meine Wort in deinen Mund gesetzt, ich hab dich heut über die Leut und über die Reich gesetzt, auf daß du auswurzelest, zerbrechst, zerstrauest und verwüstest und bauest und pflanzest."
> Jer. 1. Kapitel: „Ein eiserne Maure wider die Künig, Fürsten und Pfaffen und wider das Volk ist dargestellet[7]. Sie mügen streiten! Der Sieg ist wunderlich[8] zum Untergang der starken, gottlosen Tyrannen."

Vorrede an die armen zerstraute Christenheit

Der Geist der Stärke und die Forcht Gottes[9] sei mit dir, du erbärmliche Gemein! Nachdem[10] dich die Schmachbücher zum Teil scheu und auch aufs allerfrechst gemacht haben, ist's über die Maßen ganz hoch vonnöten, das aufstehend Übel zuvorkummen mit Erweisung[11] christlicher Meisterschaft, welche zu dieser Zeit nit anderst eröffnet mag werden[12] denn mit Auslegung der Heiligen Schrift in der Lehre

1 ausdrückliche Bloßstellung. – 2 anhand des Zeugnisses. – 3 erbarmungswürdigen. – 4 Erinnerung. – 5 kann. – 6 Herren. – 7 dahin gestellt, aufgerichtet. – 8 wunderbar. – 9 Gottesfurcht. – 10 da. – 11 durch Belehrung in. – 12 offenbart werden kann.

des Geistes Christi durch die Vergleichung aller Geheimnis und Urteil Gottes. Dann es haben alle Urteil das höchst Gegenteil bei ihn'[1] selber. Wo sie aber nit zusammen verfaßt[2] werden, mag keins ganz und gar verstanden werden (wie helle oder klar es ist) ohn des andern unaussprechlichen Schaden. Das ist die Grundsupp aller böswichtischen Zertrennung[3]. Um solicher trefflichen Ursach hab ich elender[4] Mensch mich fürgewendet zur Wagenburg, das Loch des Vorhofes weiterzumachen mit Erwartung alles Übels, welichs die gottlos Art der Verderber pflegt zu leisten[5] den Dienern der Christenheit, nachdem[6] sie ihrem buchstabischen Glauben also hoch aufmutzt[7] und verleugnet (daß man's auch greift) die holdselige Kraft Gottes und also Gott stumm, toll und fantastisch[8] machen will mit ihrem gedichten[9] Wort und Glauben. Derhalben auch die prächtige[10] Gewohnheit alles Greuels in allen Gemeinen über die ganze Welt also halsstarrig worden ist und von Tag zu Tag unsinnigern Trutz fürwendet[11]. Drum muß die gründlich Bewegung[12] des heiligen christlichen Glaubens den wilden Wog der empörlichen Bulgen[13] erregen, wie am 93. Psalm beschrieben. Dieweil niemand das Rudel[14] des Schiffs von der erbsaln Härtigkeit wegen[15] ergreifen will, kann ich's nicht lassen, nachdem das Wasser alles Verderbnis in die Seelen der Freunde Gottes gedrungen ist (Ps. 69). Ich muß den vergiften[16] Schaden, der also tief ist eingerissen, greulich entdecken[17]. Wo sich's fügen, will ich's gerne mit allem Glimpf tun. Wo es aber zum Nachteil des Geists Christi kummen würde, da werde ich mit meiner Geduld niemands Schanddecker sein. Zum Anfang dieser Erklärung und Entdeckung will ich allezeit ein Kapitel nach dem andern lassen ausge-

1 in sich. – 2 begriffen. – 3 Grundursache aller Spaltung durch die Bösewichte. – 4 unzulänglicher. – 5 anzutun. – 6 dementsprechend, daß. – 7 herausstellt. – 8 närrisch. – 9 falschen. – 10 hochfahrende. – 11 Widerstand leistet. – 12 echte Betrachtung. – 13 Wellen. – 14 Steuerruder. – 15 wegen des mühseligen Kampfes. – 16 giftigen. – 17 so aufdecken, daß er Grausen erregt.

hen und also guten Raum und Zeit allen meinen Widersachern geben. Den gefährlichen Winkel aber hab ich nicht anders gescheuet denn nach der Sach Foderung, wie auch Christus selber die natterzichtigen Schriftgelehrten gemieden hat (Joh. 7) und wollt dem Hanne kein ander Rechenschaft seiner Lehre geben auf'm Winkel, denn daß er ihn auf seine Zuhörer, aufs gemein Volk, weiset' (Joh. 18). Er sprach klärlich: „Was fragest du mich? Frag meine Zuhörer." Unsere Gelehrten wollten gern das Gezeugnis des Geists Jesu auf die Hohen Schul bringen. Es wird ihn gar weit feilen[1], nachdem[2] sie nicht drum gelehrt sind, daß der gemein Mann ihn' durch ihre Lehre[3] soll gleich werden, sondern sie wöllen allein den Glauben urteilen mit ihrer gestohlnen Schrift[4], so sie doch ganz und gar keinen Glauben wider[5] bei Gott oder vor den Menschen haben. Denn es siehet und greift ein jeder, daß sie nach Ehren[6] und Gütern streben. Derhalben mußt du, gemeiner Mann, selber gelehrt werden, auf daß du nicht länger verführet werdest. Das helf dir derselbig Geist Christi, welcher unsern Gelehrten muß zu ihrem Untergang ein Spottvogel sein[7]. Amen.

Erklärung des ersten Kapitels Lukä

Das ganz Evangelion Lukä gibt der Christenheit mit teurem Gezeugnis zu erkennen, daß der heilig Christenglaub ein solch fremd seltsam[8] Ding worden ist, daß es nit wunder wäre, daß ein Gutherziger möchte Blut weinen, der die Blindheit der christlichen Gemein recht beschauet. Weliches Christus selber in diesem Evangelio Lukä am 18. geredt hat, sagend: „Meinst du, wenn des Menschen Suhn kummen wird, daß er werd Glauben finden auf Erden?" Auch beklagt das Jes. am 65., Paulus zun Römern am 10. Drum ist's ein unaussprechlicher Jammer und ganz ver-

1 fehlschlagen. – 2 weil. – 3 Belehrung. – 4 verfälschten Schriftauslegung. – 5 weder. – 6 weltlichem Ansehen. – 7 durch Gespött beitragen. – 8 seltenes.

drießlicher Greuel, daß die unglaubigen Menschen (wie man vor Augen siehet) wöllen den Christenglauben den Leuten vorpredigen, den sie doch selber nicht haben erfunden[1] und erfahren, wissen auch nicht, wie einem Glaubigen zumut ist. Sie wähnen oder lassen sich bedünken, der Glaub sei also leichtlich zu überkummen[2], wie sie all fast[3] ruhmredig darvon schwatzen. Drum müssen wir, meine allerliebsten Brüder, dies Kapitel mit ernster Betrachtung zu Herzen nehmen vom Anfang bis zum Ende. Dann werden wir je klärlich finden, wie der Unglaub entdeckt würd in allen Auserwählten. Zacharias hat den wahren Worten des Engels Gabriel nit glauben wöllen, um der Unmüglichkeit der Zusag, ihm [vom Engel] fürgehalten. Auch, das[4] am allerhöchsten zu betrachten ist, Maria, die Gebärerin unsers Heilands, welche von Kindskind derhalben gepreiset wird, hat wöllen gute Ankunft und Bescheid[5] haben. Sie haben ihren Glauben nit erlangt, wie jetz die unsinnig Welt glaubet, in einer gefärbten Weis[6]. Sie sind nit also zugefahren[7]: „Ja, ich will schlecht[8] glauben. Gott wird's wohl machen." Mit solcher leichtfertiger Ankunft dichtet[9] die trunken Welt einen vergiftigen Glauben, der do viel ärger ist dann der Türken, Heiden und Juden Glaube. Aber Maria und Zacharias haben sich in der Forcht Gottes entsetzt[10], bis daß der Glaub des Senfkorns den Unglauben überwunden hat, welches denn mit großem Zittern und Bekümmernis erfunden wird.

Es kann auch Gott den Glauben niemand vermehren und ihn damit ansehen, es sei denn, daß er solche Ankunft erdulde mit dem höchsten Zittern und Forchten, wie Gott selber durch den heiligen Jesajam sagt am 66. Kapitel: „Wen soll ich ansehen denn allein den Niedrigen und den, der sich vor all meiner Red entsetzt?" Drum sagt Paulus zun Philippern am 2. Kapitel: „Euer Heil sollt ihr vollstrecken mit Zittern und Forchten." Oho, es ist der Natur ein unleid-

1 gespürt. – 2 erwerben. – 3 sehr. – 4 was. – 5 Begründung und Unterrichtung. – 6 auf den Schein gerichteten Weise. – 7 so fortgefahren. – 8 schlechthin. – 9 erfindet. – 10 in der Ehrfurcht vor Gott gefürchtet.

lichs Werk[1], die Forcht Gottes zum Anfang des Glaubens [zu üben]. Moses höret Gott selber reden, noch[2] wollte er auf seine Wort nit hingehen, do er ihn hieß in Ägypten ziehen (2. Mos. am 4. Kap.). Er mußte der Kraft Gottes gewahr werden im Abgrund[3] der Seelen, wie er darnach bezeuget (5. Mos. am 30. Kap.), sonst wär er nit hingangen. Gott verhieß dem Patriarchen Jakob viel Guts und über die Maß große Versicherung[4]. Dennoch hat er sich mit ihm überworfen. Er mußt vorhin Gott überwinden, sollte er anderst den Segen überkummen, welchen der Glaub mitbringet (1. Mos. am 32.). Darüber findt ein jeder Fleißiger in der ganzen Schrift Gezeugnis, wie der Glaub mit dem Unglauben ganz ungehörten Zank anrichtet. Sonderlich im Buch der Richter am 6. und am 7. und achten Kapitel. Gideon hätt einen solchen festen, starken Glauben, daß er mit ihm ein unzählige, große Welt durch dreihundert Mann überwand. Ehe er aber solchen Glauben wollt annehmen, saget er zum Engel, gleich wie man einen pflegt in der Lügen zu strafen: „Du sprichst, der Herr sei mit dir, du allerstärkster Mann. Wie kann das sein, wenn wir soviel Unglücks müssen leiden?" Ein ungeübter Glaub zur ersten Ankunft[5] hat kein ander Urteil[6], denn sich an allen Orten förchten und schwerlich allem Singen und Sagen stattzugeben[7]. Wer do leichtlich glaubt, ist eins leichtfertigen Herzens. Die Forcht Gottes aber gibt dem Heiligen Geist Statt[8], auf daß der Auserwählt möge umschättigt werden von dem, do sich die Welt mit großer Torheit vor förchtet zum unerstattlichem[9] Schaden ihrer Weisheit[10].

Drum ist in diesem Evangelio der Anfang wie das End zu merken von der Umschättigung des[11] Heiligen Geists, welcher uns den Glauben lehret mit[12] der reinen Forcht Gottes, welche so hoch Verwunderung gebiert im unmüglichen[13]

1 widerstrebt der Natur. – 2 dennoch. – 3 tiefsten Innern. – 4 Schutz. – 5 Begegnung (mit dem Heiligen Geist). – 6 Erkenntnis. – 7 als wahr zu betrachten. – 8 eine Stätte. – 9 unersetzlichen. – 10 für ihr Wissen. – 11 durch den. – 12 mittels. – 13 überaus großen.

Werk des Glaubens, do die Kraft des Allerhöchsten (wie Lukä am ersten und letzten beschrieben) allen gedichten, heimlichen Unglauben[1] verwirft aufs allergestrackste[2], denn er wird entdeckt durch das Antun oder Durchgang im Abgrund der Seelen. Paulus sagt: „Ihr sollt Christon antun[3], do kann der falsche Glaub überall kein Statt haben.“ Wer aber diesen Durchgang[4] nicht gehabt, der weiß vom Glauben ganz und gar nichts, dann er behält sunst einen unerfahrnen[5] Glauben an[6] seinem verstockten Geist wie einen alten Bettlersmantel, welchen die ungetreuen, verzweifelten[7] Schriftgelehrten ganz meisterlich fetzen[8] künnen mit einem neuen Flecken, wie dies Evangelion Lukä am 5. sagt, zum selben verwenden sie nicht anderst denn ihre gestohlne Schrift. Wenn sie gefragt werden, wie sie zum solchen hohen Glauben kummen, do sie also viel unaufhörlich von schwatzen, oder warum sie nit lieber Heiden, Juden oder Türken sein wöllen oder wer ihn' doch etwas zugesagt[9], do sie also fährlichen[10] die Welt mit stürmen und also heftig trotzen, da kummen sie mit einem über die Maßen lahmen, schalen Fratzen[11] und sprechen schlecht unverschämt: „Siehe, ich glaub der Schrift“, und werden do also neidisch und grimmig, daß sie schlecht aus dem Barte grünzen, sagende: „Oho, dieser laugnet die Schrift!“ Da wöllen sie viel ärger mit ihrem Lästern aller Leut Maul verstopfen denn der Tölpel, der Papst, mit seinen Butterbuben. Sie wöllen die hohen Bewegung[12] und herzlich Betrübnis[13] der Auserwählten schlecht[14] sättigen oder ohn alle Widerred dem Teufel geben. Sie pflegen fürzutragen, wie Christus die gottlosen Schriftgelehrten abweiset, drum daß sie auch desselbigen Mehls sind. Sie tun das dünne Zünglein herfür. Mit zarter Weis sprechen sie: „Erforschet die Schrift, denn

1 falschen (Glauben), verborgenen Unglauben. – 2 auf unmittelbarstem Wege. – 3 annehmen. – 4 Durchbruch zum Geist. – 5 unerprobten. – 6 in. – 7 heillosen. – 8 flicken. – 9 offenbart hat. – 10 gefährlich. – 11 Verzerrungen. – 12 tiefe Erregung. – 13 Verzweiflung des Herzens. – 14 gewöhnlich.

ihr wähnet, ihr lasset euch dünken, ihr wöllet euer Seligkeit daselbst überkummen.“ Da werden denn die armen dürftigen Leut also hoch betrogen, daß es kein Zung genug erzählen mag. Mit allen Worten und Werken machen sie es ja also, daß der arm Mann nicht lesen lerne vorm Bekümmernis der Nahrung[1]. Und sie predigen unverschämt, der arm Mann soll sich von den Tyrannen lassen schinden und schaben. Wenn will er denn lernen die Schrift lesen? Ja, lieber Thomas, du schwärmest! Die Schriftgelehrten sollen schöne Bücher lesen, und der Baur soll ihn' zuhören, denn der Glaub kummt durchs Gehöre! Ach ja, da haben sie ein feinen Griff funden, der wurde viel ärger Buben an die Statt der Pfaffen und Münch setzen, denn vom Anbeginn der Welt geschehen ist. Gott sei aber gesegnet, daß fast viel Auserwählter die Wurzeln des Unglaubens do erkennen, wie[2] sie sich lange Zeit verdeckt hat und noch heut gerne verwildern[3] wollte, auf daß je[4] der Weizen [nicht] aufging. Derhalben spricht Christus kurz vor obgemeldten Worten zu den frummen Leuten, den Schriftgelehrten: „Mein Wort bleibt bei euch nit.“ Ei warum? Um 's Unglaubens willen, der der rechten Wurzeln des unbetrieglichen[5] Glaubens ganz und gar kein Statt geben will (Matth. am 13., Mark. 4., Luk. 8., Joh. am 9., Jes. am 6.).

Soll nun solche schädliche Wurzeln ausgerottet werden, so muß man sich hüten vor der gottlosen Art der Schriftgelehrten, mit welchen sich Christus keinmal vertragen kunnt. Denn sie machen aus der Schrift einen Schanddeckel[6], welcher verhindert, die rechte Natur des Christenglaubens vor der ganzen Welt zu scheinen[7] (Matth. am 5. und 10. Kap.).

Der Suhn Gottes hat gesagt: „Die Schrift gibt Gezeugnis.“ Da sagen die Schriftgelehrten, sie gibt den Glauben! O nein, Allerliebsten, sehet euch viel weiter um, ihr habt anderst den allertörlichsten Glauben, der auf Erden ist, wie

1 vor Sorge um den Lebensunterhalt. – 2 wo. – 3 sich ungehemmt entwikkeln. – 4 ja. – 5 untrüglichen, wahren. – 6 Deckmantel. – 7 leuchten.

die Affen. Also ist der arm Hauf verführet durch die hochfärtigen Bacchanten. Darum muß die verhaltene Wahrheit einmal ganz kühne an den Tag kummen, welche also ganz lang geschlafen hat, in solcher Maß: Wenn ein Christ unter dem armen Haufen spräch, daß er den Christenglauben von Gott selber gelernet hätt, würde man ihm nit glauben (wie wir noch geschickt sind[1]), wenn er mit der Schrift durch sein Berechen[2] nicht übereinstimmte, wie alle Auserwählten sollen von Gott gelehrt werden. Joh. 6, Jes. 54, Jer. 31, Hiob 35, Ps. 18, 25, 34, 71, 94 und viel ander Schrift treibt[3] alle drauf, von Gott allein gelehrt werden.

Wenn einer nu sein Leben lang die Biblien wider gehöret noch gesehen hätt, künnt er wohl für sich durch die gerechten Lehre des Geistes einen unbetrieglichen Christenglauben haben, wie alle die gehabt, die ohne alle Bücher die Heilige Schrift beschrieben[4] haben. Und er wäre auch aufs höchst versichert, daß er solchen Glauben vom unbetrieglichen Gott geschöpft und nit vom abgekunterfeiten des Teufels oder eigener Natur eingezogen[5] hätte. Derhalben müßte er denselbigen berechen[6] mit aller Ankunft[7] vor den Menschen, die auch einen bewährten, ungedichten Glauben hätten, nach aller Foderung[8], wie das Gold im Feur des allerhöchsten Herzenleides bewähret. Sunst würde eitel Spott und ganz höhnisch Lachen daraus werden vor den Zartlingen, die sich ihr Leben lang nach dem rechten Glauben nie, keinmal mit dem allergeringsten Gedanken beflissen haben. Dann sie wähnen schlecht[9], man soll glauben, wie die Erzverführer raußerfahren mit ihrem Gedicht[10].

Sollen wir Christen nu zusammen einträchtig übereinstimmen (Ps. 73) mit allen Auserwählten unter allen Zertrennungen oder Geschlechten[11] allerlei Glaubens, wie uns dann der helle Text an den Geschichten der Boten Gottes

1 dennoch bereit sind (zuzugeben). – 2 Berichten. – 3 zielt. – 4 geschrieben. – 5 bezogen. – 6 über denselbigen Rechenschaft ablegen. – 7 Entstehung. – 8 Anforderungen. – 9 einfach. – 10 aus sich herausgehen mit ihrer Erdichtung. – 11 Konfessionen oder Völker.

am 10. Kapitel Gezeugnis gibt, so müssen wir wissen, wie einem zu Sinnen ist, der unter den Unglaubigen von Jugend auf erzogen ist, der das recht Werk[1] und die Lehre Gottes ohn alle Bücher erfahren hat.

Darauf sollte man die Schrift nützen, daß man über solche treffliche Werk und solcher Leut Gezeugnis mit freundlichem Urteil einem jeden, er wär Jud oder Türk, Unterrichtung tät und bewährte da[2] die Geister, welche Gott oder dem Teufel zuständig sein (1. Joh. 4). Da treten unser Gelehrten gar keck herein und wöllen Wunderwerk haben, wie die gottlosen Schriftgelehrten [zu tun] pflegen (Matth. am 12.). Sie geben mit ihrem schwinden[3] Urteil die Leut dem Teufel, die ein einigs[4] Wort wider sie reden, und machen einen Spottvogel aus dem Geist Christi und sind also kühne, daß sie dörfen[5] schreien und schreiben: „Geist hin, Geist her, ich lob mein Schreiben, ich hab's geton" etc. Auch daß man sie erkenne, trachten sie mit allen ihren Anschlägen Tag und Nacht, wie sie die umbringen, die ein Wort vom Geist Gottes sagen, in gleichermaßen wie die Schriftgelehrten täten, ehe sie Christon ans Kreuz brachten.

Sie sagten zu Christo, er wär im Gesetz Gottes nit verheißen, und jetz sagen sie dem gleich, ja viel verkehrter, man soll im Geist Christi nicht anfangen, man soll sich auch desselbigen nicht berühmen, denn wer das tut, ist gezeichnet mit der ersten, noten Zeichen[6] eines falschen Propheten. Aber die Geschrift (wie sie sprechen) soll den Glauben geben. Und die gottlosen Zärtling wissen doch keinen Bescheid, Bewegung[7], warum die Heilige Schrift anzunehmen oder zu verwerfen sei, denn allein, daß sie vom Alten herkummen, also durch viel Menschen angenummen ist. Ein solche affenschmalzische[8] Weis hat auch der Jud, Türk und alle Völker, ihren Glauben zu bestätigen.

Das Widerspiel aber sagt uns Maria und Zacharias, Abra-

1 Handeln. – 2 erprobte daran. – 3 geschwinden. – 4 einziges. – 5 wagen (zu). – 6 notwendigen Kennzeichen. – 7 Nachricht, Beweggrund. – 8 nachahmend-betrügerische.

ham, Joseph, Moses und alle Patriarchen, die sich nach dem Anregen des Heiligen Geists gehalten im Abgrund des Herzens und sich ganz und gar an die Vortracht[1] der verzweifelten, untüchtigen Gottlosen nit gekehrt haben, wie Jesaja spricht am 8. Unterscheid[2]. Denn ihre Vereinung und Ratschläg haben dem Geist Gottes seine Tätigkeit zur Schmach dargestellet[3].

Sie sprechen, ahn[4] schamrot werden: „Dies und das hat die heilige christliche Kirch angenummen, dieser Artikel, diese Lehre ist Ketzerei", und wissen doch darüber nit das allergeringste Seufzen und auch nit das allergeringste Wort zu verantworten, welches doch sie zum Christenglauben mehr denn zu andern bewegt. Drum sind die Taglöhner solche böse Tröster den armen, elenden, traurigen, herzbetrübten Menschen.

Zum andern. Sehe ein jeder ganz wohl zu, denn wird er sicherlich finden, daß der christliche Glaub einem fleischlichen Menschen solch ein unmüglich Ding ist (1. Kor. 3). Jawohl, weiter allhie im Text allen wohlglaubigen[5] Menschen, wie Maria, Zacharias, Elisabeth gewesen ist, daß einem nüchtern, langweiligen, ernsten, bittern, wohlversuchten[6] Menschen, der Achtung drauf hat, die Haare auf'm Haupt möchten krachen. Merkt nur eben drauf in diesem Text. Der Engel sprach zur Mutter Gottes: „Es ist bei Gott kein Ding unmüglich." Warum, meine Allerliebsten? Wahrlich um des willen, daß es der Natur ganz ein unmüglichs, ungedachts, ungehörts[7] Ding war (1. Kor. 2, Jes. 64). Wie es uns denn allen in der Ankunft des Glaubens muß widerfahren und gehalten[8] werden, daß wir fleischlichen, irdischen Menschen sollen Götter werden durch die Menschwerdung Christi und also mit ihm Gottes Schuler sein, von ihm selber gelehrt werden und vergottet sein. Jawohl, viel mehr: In hn ganz und gar verwandelt, auf daß sich das irdische Le- l en schwenke in den Himmel (Phil. 3).

1 Anweisung. – 2 Kapitel. – 3 als Lästerung hingestellt. – 4 ohne. – 5 gut- äubigen. – 6 wohlerprobten. – 7 unverhofftes, unerhörtes. – 8 festgehalten.

Siehe, welch ein unmüglich Ding war das allen Gottlosen und langsamen[1] Auserwählten (Joh. am 10. und am 82. Ps.). Sie wollten Christon mit Steinen totwerfen, da er diese Wort redet. Ach, lieben Herrn, wie unsinnig wird die Welt, wenn ihr die Stimm Gottes mit rechter Weis wird fürgehalten, in der Unmüglichkeit und Ankunft des Glaubens zu warten und endlich zu harren (Ps. 40).

Ei, warum wird Bruder Sanftleben und Vater Leisentret also heftig und gar schellig[2] (Hiob am 28.)? Ja, er meinet, er wollt gerne seine fürgenummene Lüst alle ins Werk führen[3], seine Pracht und Reichtumer behalten und gleichwohl einen bewährten Glauben haben, welchs doch der Suhn Gottes mit klaren Worten den Schriftgelehrten getadelt hat (Joh. am 5.), da er spricht: „Wie ist's müglich, daß ihr künnet glauben, wenn ihr euer Ehr sucht?"

Darneben ist auch ein Unmüglichkeit im Matth. 6 angestellet[4], den unglaubigen Wollüstigen sagende: „Ihr künnet nit Gott und den Reichtumern dienen." Wer dieselbigen, Ehr und Güter, zum Besitzer nimmt, der muß zuletzt ewig von Gott leer gelassen werden, wie am 5. Psalm Gott sagt: „Ihr Herz ist eitel, und darüber müssen die gewaltigen, eigensinnigen, unglaubigen Menschen vom Stuhl gestoßen werden, darum, daß[5] sie den heiligen, wahrhaftigen Christenglauben in ihn[6] und in der ganzen Welt verhindern, so er will mit allem seinem wahrhaftigen Ursprung aufgehen."

Darum, da die Gnad Gottes durch die Geburt Johannis und Empfängnis Christi verkündiget ward, regieret Herodes, das frumm Blut, das dem Adel dieser Welt aus 'm Sack träuft, auf daß das alleredelst, höchst Gut[7] mit dem Gegenteil des Gottlosen würde erkläret. Wie bei[8] unsern Zeiten nu Gott sein Licht in die Welt schickt, wird beweiset durch der gottlosen, unsinnigen Menschen Regiment und Öberkeit, nach allem Mutwillen[9] mit allem äußerlichem Toben

1 zögernden. – 2 ganz aufgeregt. – 3 verwirklichen. – 4 ausgeführt. – 5 weil. – 6 sich. – 7 Christus. – 8 daß zu. – 9 durch beinahe alle Willkür.

und Wüten aufs allerhöchst wider Gott und alle seine Gesalbten (Ps. 2, 1. Joh. 2), daß auch jetzt etlich erst recht anfangen, ihr Volk zu stöcken, blöcken[1], schinden und schaben, und bedrauen[2] darzu die ganzen Christenheit und peinigen und töten schmahlich die Ihren und Fremden aufs allerschärpfst, daß auch Gott nach dem Ringen[3] der Auserwählten den Jammer nit länger wird künnen und mügen ansehen. Und die Tag [des Leidens] muß er seinen Auserwählten verkürzen (Matth. am 24.), sonst würden die Leut durch kein recht Betrachten die Menschwerdung Christi annehmen. Es würden eitel Heiden und Teufel draus, viel ärger Sekten denn vorm Anfang. Darum sagt Paulus (1. Kor. 10), daß Gott seinen Geliebten also ganz treu ist, daß er ihn' nicht mehr auflegt, denn sie tragen mügen. Wiewohl die Natur [des Menschen] stets gedenkt, daß ihr zuviel aufgelegt wird. Der gütig allwissende Vater tut nicht ehe den Staupbesen[4] weg, das Kind erkenne denn vorhin seine Schuld, damit es soliche böse Uberkeit[5] verdienet hat mit Umständigkeit[6] beider Grobheit.

Wie kummt das, Allerliebsten, zum Verstand dieses Evangelii? Siehe vom Herodes, zu welchs Tagen Christus und Johannes empfangen und geborn sind, und auch daß dieser Text ohn alles Verwickeln sagt: „Die Gewaltigen hat er vom Stuhl gestoßen." Darum, daß sie sich unterwinden[7], den Christenglauben zu regieren, und wöllen ihn meisterlich anrichten[8], welches Ankunft[9] sie nimmermehr gedenken zu lernen. Wöllen es auch niemands gestatten zu lernen und wöllen gleichwohl alle Leut verurteilen und allein darum die Obersten sein, daß man sie vor allen Leuten förcht, anbete, in Ehren halte. Und wöllen doch daneben das Evangelion aufs allerschändlichest verketzern, wie sie immer erdenken mügen. Da wird die recht Arte Herodes, des weltlichen Regi-

1 in den Stock und in den Block (im Gefängnis) zu schließen. – 2 bedrohen. – 3 zur Erleichterung. – 4 Züchtigungsrute. – 5 Obrigkeit. – 6 unter Berücksichtigung des Umstands. – 7 erkühnen. – 8 als Meister festlegen. – 9 obwohl dessen Entstehung.

ments, erklärt, wie der heilig Samuel (1. Sam. am 8.) mit dem rechten durchleuchtigsten[1] Hosea am 13. weissagt: „Gott hat die Herren und Fürsten in seinem Grimm der Welt gegeben, und er will sie in der Erbitterung wieder wegtun."

Darum, daß der Mensch von Gott zun Kreaturn gefallen, ist über die Maßen billig gewesen, daß er die Kreatur (zu seinem Schaden) meher[2] dann Gott muß förchten. Derhalben saget Paulus zun Römern am 13. Kapitel, daß die Fürsten sind nicht um der Forcht des guten Werks, sondern um der henkerischen[3] Forcht des Bösens. Darum sind sie nicht anderst dann Henker und Büttel, da ist ihr ganzes Handwerk. Welch ist nun anderst das böse Werk, dann daß man die Kreatur Gott fürsetzt mit achtbarer Forcht und Wirdigkeit[4]? Ei, wie kummt das? Darum, daß niemand Gott (wie man vor Augen sieht) allein mit emsigem Ernste mit all seinem Tun und Lassen vorsetzt. Ach, die Forcht Gottes kann und mag vor großer menschlicher Gunst[5] nit rein werden (Ps. 19). Wiewohl Christus ein mächtigs, großes, hartes Gebot darvon geton[6] hat (Luk. am 12. und vorhin durch Moses, 5. Mos. am 6.). Dermaßen auch Maria ihres Glaubens Ankunft (allen Auserwählten zuständig[7]) vorgetragen hat, sagend: „Seine Barmherzigkeit ist von Geschlecht in Geschlecht bei den', die ihn förchten."

Wenn der Geist der Forcht Gottes bei den Auserwählten recht versorget[8] wird, so muß die ganze Welt einen rechtschaffnen Eiferer der Wirdigkeit Gottes förchten, sie tu es gern oder nicht, wie vom David in dem ersten Buch der Geschicht der Patriarchen (1. Chron.) am 14. Kapitel beschrieben. Wer aber Gott vom Abgrund seines Herzens nicht allein förchtet, dem kann auch Gott nicht gnädig sein, wie ein jeder aus dem Gegenteil der Wort Mariä vernimmt. Wir künnen auch nit erlöset werden von der Hand aller, die uns verhassen, und die herzliche Barmherzigkeit Gottes kann

1 wahrhaft erleuchteten. – 2 mehr. – 3 ketzerischen. – 4 vorzieht mit Ehrfurcht und Würde. – 5 Rücksicht und Begünstigung. – 6 darüber gesetzt. – 7 zur Unterstützung. – 8 richtig bewahrt.

unser unerkannte[1] Finsternis nit erleuchten, dieweil uns die Forcht Gottes nicht leer macht zum Anfang der unaufhörlichen Weisheit. Drum stehet klärlich geschrieben Psalm 145: „Der Herr tut den Willen der Gottforchtigen, mit welchem sie erfüllet werden in der Weisheit und dem Verstand und der Kunst Gottes[2]" (Kol. 1). Die Welt will do das Aug nit auftun zur Ankunft des Glaubens.

Der Ursach halben muß sie alle ihr Vernunft mit großer, mächtiger Arbeit[3] in allen Kräften verzehren, einem armen, elenden, jämmerlichen Pulversack[4] zu dienen und denselbigen unverschämt Gott fürsetzen. Drum ist die Welt also grob, Gottes Urteil zu vernehmen. Der Meinung nach[5] ist auch die Weisheit Gottes, der recht Christenglaub, ein solch fremd, seltsam, verborgen, unbekannt Ding worden und auch ganz unmüglich[6], daß kein Aug dies genug begreinen und beweinen mag, kein Zung genug darvon sagen kann. Es mag sich ein entsetzter Mensch nit genug[7] hören oder lesen, daß die recht teure Weisheit Gottes, der recht Christenglaub verunehret und geschmäht ist worden. Das macht, daß man die Geistlosen[8], die kein Forcht Gottes haben, zur Christenheit aufgenummen hat und man muß dieselbigen offenbärlich[9] anbeten, wie niemand vor sichtigen Augen laugnen[10] mag.

Abraham in Geraris, wie im Buch der Schöpfung am 20. Kap. beschrieben, richtet alle sein Sach an nach der Forcht Gottes, durch welche ihn auch der Engel erkannte (im selben Buch am 22. Kap.). Er hat sich über die Maße entsetzt. Wo er das Werk göttlicher Forcht nit befunden hat,[11] da kunnt er das Unmügliche vom Müglichen nicht absündern. So ging's auch dem Zacharias und Elisabeth, wiewohl sie rechtfertige[12] Menschen vor Gott und der Welt

1 von uns nicht erkannte. – 2 im Wissen, im Verständnis und im rechten Weg zu Gott. – 3 Mühe. – 4 Staubsack. – 5 demzufolge. – 6 sehr schwierig. – 7 satt. – 8 nicht vom Geist Ergriffenen. – 9 öffentlich. – 10 mit sehenden Augen leugnen. – 11 wenn er nicht aus Gottesfurcht handelte. – 12 gerechte.

waren. Sie förchten Gott vor allen Dingen, dennocht vermochten sie nicht das Mügliche vom Unmüglichen beschauen[1], drum, daß ihn' der Geist der Forcht Gottes zur Ankunft des Glaubens nicht eröffnet war. Drum kunnt Zacharias dem Engel nit glauben. Ei, nach gelegner Sach[2]. Denn sein Weib war alt und darzu unfruchtbar. Es ließ sich nit anderst ansehen, sie künnte nimmermehr schwanger werden.

O allerliebsten Brüder, wozu erinnert uns dies Evangelion anderst, denn daß der Glaub mit alle seinem Ursprunge hält uns unmüglich Ding für[3], welche die Zartlinge nimmermehr wähnen, daß sie ins Werk kummen sollen[4]. Die ganz unsinnige, fantastische Welt bringt herfür einen falschen glossierten Weg[5] und saget mit einem spitzen Zünglein: „Ei, man mag wohl das Evangelion predigen, Gott allein förchten und auch die unvernünftigen Regenten in Ehren halten, wiewohl sie wider alle Billigkeit streben und Gottes Wort nit annehmen. Ach, um Gottes Willen, man soll ihn in allen Sachen, den guten Junkern, gehorsam sein." Ei, willkummen du Vertadiger[6] der Gottlosen! Wie fein, fein muß das stehn, daß man also löblich zweien Herrn, die widereinander streben, dienen künnt, wie der Regenten Rät tun. Oho, wie kündig weiß sich da die kluge Vernunft, welche sich mit der Lieb des Nächsten in ihrer Heuchelei pflegt zu putzen und aufs visierlichest[7] zu schmücken. Ja, es ist ganz unmüglich, zu unsern Zeiten viel mehr dann vom Anbeginn des verkehrten Regiments, daß die ganz Welt muß den Puff halten[8]. Ja, es dünkt, unzählige Leut mächtig groß Schwärmerei sein. Sie künnen nicht anderst urteiln, dann daß es unmüglich sei, daß ein solchs Spiel sollt angericht und vollführt werden, die Gottlosen vom Stuhl der Urteil zu stoßen und die Niedrigen, Groben erheben. Da wöllen

1 wahrnehmen. – 2 nach Lage der Dinge. – 3 uns Dinge vorbringt, die für den natürlichen Verstand unmöglich sind. – 4 verwirklicht werden könnten. – 5 einen Weg, der auf falscher Auslegung beruht. – 6 Verteidiger. – 7 aufs ansehnlichste. – 8 Stoß aushalten.

sie Maria nicht hören, wiewohl sie ihr allerliebste Matrona[1] ist, da wöllen sie ihr kein Rede gestehen[2]. O Maria, wie werden deine Wort noch so viel Unglücks anrichten durch deine Anbeter, welche ander Leut wöllen regieren und künnten doch zur Not nicht ein Laus im Busen verordenen[3].

Es dünkt die Welt und die unversuchten Schriftgelehrten oben abgeschäumet[4] das allerunmüglichst Ding sein, daß die Niedrigen sollen erhaben[5] und abgesundert von den Bösen werden. Ja, da ist der recht, schwer, ganz Reif[6]. Sie wöllen dem Text Matth. am 13. Kapitel kein Statt geben von der Absünderung der Gottlosen von den Auserwählten. Sie haben daselbst imaginiert, aus einem alten Balken visiert, die Engel mit langen Spießen, die sollen absündern die Guten von den Bösen zum Jüngsten Tage. Ich meine, sie künnen dem Heiligen Geist eine Nasen drehen. Sie sagen unverschamt, daß Gott seine Urteil niemands offenbare. Darum leugnen sie solche Engel, weliche sind rechte Boten, zukünftig (Malachias sagt's [Mal. 3]) die Guten von den Bösen zu scheiden. Es ist aber unsern frummen Leuten, den Schriftgelehrten, nit für übel zu halten, wie ein jeglicher wohl merken kann, dann sie sind Neutrales, das sind gute Erzheuchler, die den Zuberbaum[7] auf beiden Schultern wohl tragen künnen. Sie sprechen aus dem Bart[8], die vielglaubwird'gen Leut: „Es kann niemand wissen, wer auserwählt oder verdammt sei." Ach ja, sie haben ein solchen starken Glauben, der ist also mächtig gewiß, daß er ganz und gar keinen Verstand hat, denn allein die Gottlosen zu vertadigen. Ja, es ist dennoch ein fein Glaube. Er würd noch viel Guts anrichten. Er wird wohl ein subtil Volk anrichten, wie Plato, der Philosophus, spekuliert hat ‚de republica' und Apuleius ‚vom gülden Esel' und wie Jes. sagt am 29. von dem Träumer etc. Sie tragen herfür, ihren Mutwillen zu bestätigen, den heiligen Paulum (2. Tim. 2) zu ihrem Schand-

1 Mutter, Madonna. – 2 stehen. – 3 zur Ordnung bringen. – 4 als ihrem Abschaum. – 5 erhoben. – 6 Fessel. – 7 Tragebalken. – 8 geradeheraus.

deckel, wie denn stets ihr Gewohnheit ist. Sie sagen: „Der Herr weiß, die ihm zuständig sind." Es ist wahr, lieber Geselle, du mußt dich aber deiner stückwerkischen[1] Weis enthalten und dem Wort auch Raum geben, das hernacher folgt im Text, sagende: „Der den Namen Gottes sucht, der weichet von der Missetat." Der Auserwählt sei ein Sünder, wie er wöll, dennocht weiset ihn der Gewissen[2] von den Sünden, wenn er nur seiner Bewegung im Betrübnis wahrnehme[3], wie, das bezeuget der 40. Psalm. Das tut aber der Gewissen des Gottlosen nit, wie der 36. Psalm sagt. Er trachtet stets auf Unzucht und auf Geiz und Hoffart[4]. Es mag ihm kein Schalkheit[5] zuviel werden. Also bricht er raußer[6]. Auch kann er der Bosheit nimmermeher feind werden, wiewohl er auch mit Juda in der Marterwochen[7] ein Galgenreu hat. Er trachtet aber im Grund seines Herzens nit anderst denn wie der reich Mann in diesem Evangelio (Luk. am 12.) von[8] einem langen wollüstigen Leben, und er will immer einen guten Mut haben. Er meinet nit anderst, denn daß er dazu geschaffen sei.

Zum dritten muß man vernehmen, wie das Herz der Auserwählten wird stets zu seinem Ursprung[9] bewegt durch die Kraft des Allerhöchsten. Darum pflegt er zu sagen (Ps. 51): „Ach Herr, mein Sünd ist mir allezeit von meinen Augen. Nimm nicht von mir deinen Heiligen Geist!" Da wird der Geist Gottes in der Forcht also hoch eröffnet, daß das Herz ganz und gar mürbe wird, Gottes Gabe zu empfahen. Da kann Gott das reuig und verdemütigte Herz nicht verachten, er muß es erhören, drum daß solch gut Rauchwerk draus gemacht ist. Dasselbig schmeckt zu Geruch der Süßigkeit, die manchem Gottförchtigen um seines Unverstands willen verborgen ist, aufs allertiefst mit ihrer Menge[10] (Ps. 31), bis in die verständige[11] Anfechtung, da wird sie eröffnet (Ps. 34, 1. Petr. 2).

1 Zitat zerstückelnden. – 2 treibt ihn sein Gewissen. – 3 im Schmerz achtet. – 4 Zuchtlosigkeit und Streben nach irdischen Gütern und Hochmut. – 5 Bosheit. – 6 gibt er sich zu erkennen. – 7 Karwoche. – 8 nach. – 9 zur Entstehung des Glaubens. – 10 Fülle. – 11 bedeutungsvolle.

Siehe an, wie Zacharias in Tempel gangen ist nach der Anweisung des Gesetzes. Es ist nichts anderst, denn das der 5. Psalm auslegt: „Ich will gehen in dein Haus, ich will bitten gegen deinem heiligen Tempel in deiner Forcht[1], auf daß du mich in deine Gerechtigkeit führest um meiner Feind willen." Dies hat Zacharias im gegenwärtigen Lobgesang selber erklärt, daß wir Gott ohn Forcht der[2] Menschen mügen dienen in Heiligkeit und in Gerechtigkeit, das ist, in einem unbetrieglichen, erfahrnen Glauben, der ihm wohl gefället. Was ist nun das aufs allerklarest? Ein jeder Mensch soll in sich selber schlahen[3] und eben merken bei seiner Bewegung, wie er selber ein heiliger Tempel sei (1. Kor. 3 und 6), Gott zuständig von Ewigkeit, daß er nirgen anderst zu geschaffen ist, denn daß er den Heiligen Geist zum Schulmeister des Glaubens habe und all seiner Wirkung wahrnehme (Joh. 14 und 16, Röm. 8) und daß derselbig Tempel über die Maßen von den ungelehrten Pfaffen verwüstet sei. Ach, es möchten sich wohl alle Kreaturen darüber erbarmen, daß niemand solchen Greuel in der heiligen Statt erkennen will. Das arme Volk kann vor der Vergift[4] der Gottlosen in sich nit kummen. Es stehet ein jeder noch raußen vorm Tempel und erwartet, wenn's doch will einmal gut werden.

Das Volk hat nie anderst gewähnet und lässet sich auf den heutigen Tag noch also dünken, die Pfaffen wissen den Glauben, drum daß sie viel schöner, großer Bücher gelesen haben. Derhalben spricht der arm gemein Mann: „Ei, es sind feine Männer mit ihren roten und braunen Baretten, sollten sie es nit wissen, was recht oder unrecht ist?" Es haben in der Wahrheit die Leut (nachdem[5] sie Christen wöllen sein) ein tölpisch Urteil, wie doch Christus über die Maße hoch[6] befohlen hat, die falschen von den wahrhaftigen Knechten Gottes zu unterscheiden und erkennen (Matth. am 7. Kap.). Es hat niemand kein Achtung denn

1 in deinem Tempel in Gottesfurcht beten. – 2 vor den. – 3 in sich gehen. – 4 wegen des Gifts. – 5 in Anbetracht dessen, daß. – 6 ganz ausdrücklich.

[dar]auf, viel Kreaturen zu versammlen. Drum harret ein jeder vorm Tempel, kann in sein Herz nicht kummen vorm großen Unglauben, den er nicht erkennen will vorm Geschäft der Nahrung. Das klaget der Heilige Geist im Jeremia. Wenn sich darüber[1] das Volk ganz und gar lang auf den Pfaffen und Schriftgelehrten verlassen hat, so ist er ein stummer Götz, er weiß von Gott viel weniger denn ein Eichenblock und Kieselstein. Es wird wahr Psalm 31: „Die Lippen des Hinterlistigen verstummen."

Da lauft Jeremias gerings rummer durch alle Gassen und wollte gern einen Menschen hören, der da Fleiß fürwende, Gottes Urteil und Glauben zu erlangen. Er kummt zun armen Bauren und fraget sie um den Glauben. Da weisen sie ihn zu den Pfaffen und Schriftgelehrten. Ja, die armen, elenden Bauren wissen nichts darvon, nachdem sie sich auf die allervergiftigsten Leut verlassen haben. So gedenkt der Prophet: „Ach Gott, die Bauren sind arbetselige[2] Leut, sie haben ihr Leben mit der ganz sauren Nahrung zubracht, auf daß sie den erzgottlosen Tyrannen den Hals gefüllet haben. Was sollte dann das arm grob Volk wissen?" Jeremias redet weiter am 5. Kapitel: „Ich gedachte, harr, harr, ich will zun großen Hansen gehen, die werden das arme Volk ja versorgen und ihm den Glauben und Urteil mit Worten und Werken wie gute Hirten vortragen. Ich will mit ihn' darvon reden. Sie werden's ohn Zweifel wissen." Jaja, sie weßten[3] viel weniger dann der Allergeringste.

Das ist das, welchs der Heilig Geist durch Hoseam am 4. Kapitel geweissagt hat. Sie wöllen die Kunst Gottes nicht haben auf Erden. Drum wie das Volk ist, so ist der Pfaff (Jes. am 24.). Ein Blinder führet also immer den andern, und fallen über einen Haufen in die Grub des unwissenden Verderbnis (Matth. 15). Es will sich in diesem Fall ein jeder schön aufputzen mit eines andern Unflat. Und es ist doch aller Menschen Schuld, daß die ganz christliche Gemein einen stummen Gott anbetet.

1 außerdem. – 2 geplagte. – 3 wußten.

Wo ist das anderst herkummen, denn daß ein jeder Baur hat wöllen einen Pfaffen haben, darum, daß sie gute Tag hätten. Jetz begehren sie es nicht. Denn zum rechten Priestertum hilft die ganze Welt ungern, ja, sie pflegt den rechten Pfaffen die Köpf für die Füß zu streichen[1]. Oh, ein solch gut Amt schmeckt ihr wie ein bittere Gall. Man muß die Wahrheit sagen: Wir sind viel gröber nach dem Adel unser Seelen dann die unvernünftigen Tier. Hat doch schier keiner Verstand denn vom Wucher und von den Tücken dieser Welt. Wenn etwas von Gott gesagt wird, denn kummt der Spruch Salomonis herzu (Spr. 23): „Wer dem Narren lang vorpredigt, so sagt er am End der Rede: ‚Hui, was hast du gesagt?'" Es ist alles, wie[2] man einen schläferigen Menschen anredet. Drum künnen wir armen, elenden, jämmerlichen Christen nichts mehr von Gott handeln[3], denn das ein jeder aus dem Buch[4] gestohlen hat, und wenn uns dasselbige genummen würd (wie es müglich ist), so möchte man dieser groben Christenheit ganz und gar nicht helfen. Ist das nicht das allerhöchste Jammer? Noch[5] will's niemand zu Herzen nehmen. Man meinet, es sei zu verschweigen. O der großen, elenden Blindheit, daß doch ein jeder lernte mit einem halben Aug sehen (Johannis am 9. Kap., Jesaja am 6. Kapitel).

Zum vierten. So anderst die Christenheit soll recht aufgerichtet werden, so muß man die wuchersüchtigen Böswichter wegtun und sie zu Hundknechten machen, da sie denn kaum zu dienen, und sollen Prälaten der christlichen Kirchen sein! Das arm, gemeine Volk muß des Geists Erinnerung pflegen und also lernen seufzen (Röm. 8) und bitten und warten auf einen neuen Johannes, auf einen gnadenreichen Prediger, welcher den Glauben allenthalben durch seinen Unglauben erfahren hab. Denn er muß wissen, wie einem Erzunglaubigen zu Sinnen ist, und er muß der emsigen Begier Maße an dem Maße des Glaubens wissen

1 vor die Füße zu legen, zu enthaupten. – 2 als ob. – 3 erwirken. – 4 Bibel. – 5 dennoch.

(Eph. 4, Ps. 68). Wenn das nicht geschähe, so wär dieser unerfahrner Christenglaub viel ärger dann des Teufels Lästerung im Abgrund der Hellen gegen Gott.

Darum muß einer aufstehen, der die Menschen weise auf die Offenbarung des göttlichen Lämmlins im Urteil[1] des ewigen Worts, vom Vater abgehend[2]. Du siehest allhie wohl, daß das Volk ein Urteil[3] hätte darüber, daß Zacharias also lang im Tempel war. Denn die Leut kunnten es wohl ausrechen, abnehmen, daß er müßte ein Gesicht gesehen haben um des Verziehens willen[4] im Tempel. Es war auf das Mal das Volk nicht also ganz und gar hoch verstocket, wie jetzt die Christenheit durch die böswichtischen Schriftgelehrten geworden ist. Sie will keinerlei Weis glauben, daß ihr Gott also nahe sei (5. Mos. 4, Jer. 23) und seinen Willen ihr müge eröffnen. Oho, wie scheu sind die Leut an der Offenbarung worden, wie Micha am 3. Kapitel darvon geweissagt hat.

Sie sprechen fast alle: „Ei, wir sind gesättiget an der Schrift. Wir wöllen keiner Offenbarung glauben. Gott redet nicht mehr." Wie meinst du, wenn solche Leut gelebt hätten, da die Propheten waren, ob sie ihn auch geglaubt hätten oder sie lieber totgeschlagen? Sind sie doch in der Heiligen Schrift also blind, daß sie nicht sehen oder hören wöllen, wie sie ganz und gar kräftiglich drauf dringt, wie[5] man allein soll und muß von Gott gelehret werden.

Soll anderst jemand mit den ewigen göttlichen Gütern erfüllt werden, so [muß] er nach langer Zucht[6] darzu leer gemacht [werden] durch sein Leiden und Kreuz, auf daß ihm sein Maß des Glaubens erfüllet müge werden mit den höchsten Schätzen christlicher Weisheit (Kol. 2, Eph. 4).

Es muß ein jeder die Kunst Gottes, den rechten Christenglauben, nit durch stinkenden Atem teuflischer Schriftgelehrten überkummen, sonder durchs ewige kräftig[7] Wort des Vaters im Suhn mit Erläuterung des Heiligen Geists, und

1 im Sinne. – 2 hergeleitet. – 3 Meinung. – 4 wegen der Verzögerung. – 5 daß. – 6 Züchtigung. – 7 Kraft gebende.

also erfüllet werden in seiner Seelen in die Länge, in die Weite, in die Breite, in die Tiefe, in die Höhe (Eph. 3. Kap.).

Kurzum, es kann nit anderst sein, der Mensch muß seinen gestohlnen, gedichten Christenglauben zu Trümmern verstoßen[1] durch mächtig hoch Herzleid und schmerzlich Betrübnis und durch unausschlahlich[2] Verwundern. Da wird der Mensch sehr klein und ihm[3] vor seinen Augen verächtlich. Damit sich die Gottlosen aufbrüsten und hoch aufmutzen, versinkt der Auserwählte. Da kann er Gott erheben und groß machen und kann sich nach der herzlichen Betrübnis auch aus ganzem Herzen freuen in Gott, seinem Heiland. Da muß das Groß dem Kleinen weichen und vor ihm zuschanden werden. Ach, weßten das die armen, verworfnen Bauren, es wäre ihn' ganz nütz!

Gott verachtet die großen Hansen als[4] den Herodes und Kaiphas, Hannas und nahm auf zu seinem Dienst die Kleinen als Maria, Zacharias und Elisabeth. Denn das ist Gottes Werk, er tut auf den heutigen Tag nit anderst (1. Kor. 1, Matth. 11, Luk. 10). Zacharias war ein verachtlicher Mann, darum, daß sein Weib unfruchtbar war. Nach Einhalt des Gesetz[5] Maria war ganz verachtet[6] (Matth. am 13.). Oh, lieber Freund, es waren nit große Köpf mit prächtigen Titeln, wie jetzt die Kirch der Gottlosen hat (am 26. Psalm)! Es wähnen viel armer, grober Menschen, daß die großen, dikken, feisten Pausbacken sollen gut Urteil über die Ankunft des Christenglaubens beschließen[7]. Ach, Allerliebsten, was sollen die Leut doch urteilen, die uns alle Bewegung des Glaubens laugnen, verfluchen und durchächten[8] alles, was wider sie strebt, aufs allerschmächlichst? Denn sie haben ihr Leben zubracht mit tierischem Fressen und Saufen. Von Jugend auf zum Allerzartlichsten erzogen, haben ihr Leben lang keinen bösen Tag gehabt, wöllen und gedenken noch keinen anzunehmen um der Wahrheit willen[9], einen[10] Hel-

1 zerstoßen. – 2 unabweisbares. – 3 sich. – 4 wie. – 5 Bericht des Neuen Testaments. – 6 niedrigen Standes. – 7 festlegen. – 8 verfolgen. – 9 um die Wahrheit zu erfahren. – 10 noch einen (keinen).

ler an ihren Zinsen nachzulassen, und [dennoch] wöllen Richter und Beschirmer des Glaubens sein. Ach, du arme Christenheit, wie bist du mit deinen Tölpeln also ganz und gar zum Hackelbloch[1] geworden, bist du doch also recht übel mit ihn' versorget.

Zum fünften. So die heilig Kirch soll durch die bitter Wahrheit verneut werden, so muß ein gnadenreicher Knecht Gottes herfürtreten im Geist Elias' (Matth. am 17., 1. Kön. 18, Offb. 11) und muß alle Ding in den rechten Schwang bringen. Wahrlich, ihr' wird viel müssen erweckt werden, auf daß sie mit dem allerhöchsten Eifer durch brünstigen Ernst die Christenheit fegen[2] von den gottlosen Regenten. Auch muß vorhin das Volk ganz hart gestraft[3] werden um der unördenlichen Lüst wegen, die also üppig die Zeit verkurzweilen ohn alle einbleibenden Mut[4] zur ernsten Betrachtung des Glaubens. Drum wissen gar wenig Menschen von der anfänglichen Bewegung des Geists zu sagen. Ja, drum ist's ihn' also spöttlich[5], daß sie die Langweil nit gekost haben, durch welche Gottes Werk allein erfunden[6] wird (Ps. 40). Zum ersten durch die Besprengung (4. Mos. 19), da die Wasser göttlicher Weisheit sich erregen (Sir. 15). Da wird der Traurig gewahr, daß Gott ganz überschwengliche Ding an ihm anhebet[7]. Drum entsetzt er sich zum ersten vor Gottes Namen, der ihm eröffnet wird aus der ersten Bewegung göttliche Werks. Er hat keinen Fried all sein Leben lang, denselbigen Namen aus ganzem Herzen zu suchen, bis daß er durch ihn begnadet werd, zu erkennen, daß sein Name im Himmel von Ewigkeit beschrieben sei (Luk. am 10.). Er kann und mag anderst keinen Fried, Freud und Gerechtigkeit in seinem Gewissen erreichen, die ihm doch zuständig ist, wie Röm. am 14. beschrieben und Joh. 17 und Eph. 1. Sunst tappet er nach dem wahren Gott im Finsternis und Schatten des Tods, auf daß seine Füß durch mannigfaltigen Fall gerichtet werden auf den Weg des

1 Hackblock. – 2 reinigen. – 3 getadelt. – 4 beharrlichen Sinn. – 5 schmachvoll. – 6 gefunden. – 7 mit ihm beginnt.

Frieds im allerhöchsten Unfried[1]. Alle Begierd erstrecken sich zu der erstlichen Besprengung durch das seufzenlichste Anblasen[2] des Heiligen Geists. So einer all seinen Fleiß daselbst fürwendet, denn künnt er kein Ruh haben vor dem Treiben des Heiligen Geists, der ihn nimmer zufrieden läßt, ihn zu weisen zum ewigen Gut. Das kann er einem groben Menschen nicht zu verstehen geben, dann nach den allergröbsten Tölpsünden[3], da der Ungeschliffne die gnahenden[4], fressenden Stacheln ohn Unterlaß vernimmet, wie der 32. Psalm sagt, da muß er sich zu Gott umkehren von den Sünden und ihn' feinde werden. Der Mensch nach allen kreaturischen Lüsten muß sich zu Gott kehren, es künnt anderst sein natürlichs Wesen nicht bestehen. Da bekennet er erst seinen Unglauben und schreit nach dem Arzt, welcher es um seiner Holdseligkeit willen nimmermehr lassen kann, einem solchen Armgeistigen zu helfen. Da ist der Ursprung alles Guten, das recht Reich der Himmel, da wird der Mensch den Sünden feind und der Gerechtigkeit geneigt auf das allerherzlichst, da wird er erst seiner Seligkeit versichert und vernimmt klärlich, daß ihn Gott durch seine unwandelbare Lieb zum Guten vom Bösen getrieben hat, von den Sünden, durch welche der Unglaub gespöret[5] wird, da ist er gefreiet aufs fertigst[6]. Dies ist beschrieben Jeremiä am 31.

Also muß der recht Glaub den Sieg gewinnen (1. Johannes 5), nachdem er die Welt überwindet, die im Herzen ist viel tausendfaltiger dann auswendig[7]. Nach solichem ernsten Erkenntnis bleibt des Glaubens Überschwang unverhindert, zu wuchern, zuzunehmen in ihm. Da erfindest du,[8] buchstabischer Geselle, wie schwer dein Pfund ist. Du kannst's aber nit ehe wägen, du habest dann die Waage des göttlichen Urteils in Erfoderung deines Herzens[9] (Ps. 119).

1 Weg, der durch die tiefste Unzufriedenheit zum Frieden führt. – 2 durch den mit höchsten Seufzen erwachsenden Anhauch. – 3 unabsichtlichen aus Unbildung entstehenden Sünden. – 4 nagenden. – 5 gespürt. – 6 endgültig befreit. – 7 außerhalb dessen. – 8 Daran kannst du finden. – 9 zum Gericht über dein Herz.

So du aber einen Spott willt machen aus dem Wucher des heiligen Glaubens, so wird man dich in deinen Untergang in deine Backen[1] verspotten (Spr. am 1. Kap.). Wie wollt sich's finden, wie die Schriftstehler sagen, man soll schlecht[2] glauben der Schrift ohn alle Erfindung[3] des allersichersten Gezeugnis des Geists und sich verkriechen in allem wuchersüchtigen Wandel[4], durch welchen die Gottlosen ineinander wie Krötenreich[5] hängen, wie der 55. Psalm zu verstehen gibt. Es kann vor dem Wucher und vorm Schoß[6] und Zinsen niemand zum Glauben kummen. Der Schade der Welt wird je länger je breiter und weiter, daß dem menschlichen Glauben auch der Wege verschlossen ist.

Die vernünftigen Urteil seind mit der Weis nit zu entschließen. So wir uns nicht in kurzer Zeit bessern, haben wir auch die natürlichen Vernunft verloren von unsers Eigennutz' wegen, den wir doch alle auf fleischliche Lüst wenden (Ps. 32, Jes. 1). Darum hieß Johannes der Taufer das Volk mit den Schriftgelehrten Otterngezichte (Matth. und Luk. am 3. Kap.), darum, daß eitel Vergift draus wird, wenn man wollüstigen Menschen vorpredigt. Sie erlesen das allerärgste vom besten,[7] wie dann die jetzigen Christen mit dem teuren Glauben geton haben. Es wäre ihn' besser gewesen, sie wären mit ihren Vätern Heiden blieben. Was ihn' fürgepredigt wird, das sagt man den Schweinen im Koet (Matth. 7, 2. Petr. 2). Sie laufen ins Mör und ersticken (Matth. am 8.). Man sage ihn', wieviel es sei[8] oder wie doch sei zum Glauben zu kummen, so hilft's doch ganz und gar nichts. Sie entschuldigen sich mit ihren lahmen, schalen Fratzen: „Ja, wir sind arme Sünder. Hat doch Christus die Sünder nicht verachtet, wie verachtet uns dann dieser pharisäischer Geist?“ Ich sage ihn' vom Glauben, den sie gestohlen haben; so antworten sie mir mit Sünden, sich zu ent-

1 bei deinem Untergang deiner Backen. – 2 schlechthin. – 3 Auffindung. – 4 gewinnsüchtigen Lebenswandel. – 5 Krötenlaich. – 6 Abgabe, Steuer. – 7 Sie wählen sich aus dem besten das allerschlimmste aus. – 8 soviel man will.

schuldigen, und mit ihrem Schein des Glaubens und der Lieb, sich zu rechtfertigen, nachdem sie die Heimsuchung Gottes[1] verleugnen. Dann sie wöllen nicht anziehen[2] das Heil der Seligkeit durch den Mund aller Propheten von Anbeginn. Derhalben werden sie leer gelassen ohn Glauben und Liebe, welicher sie sich doch aufs allertapferst[3] berühmen, und haben nicht ein Trümmlein darvon, nachdem sie also visierlich heucheln künnen, daß ein jeder zun Heiligen schwür, sie wären frumme Christen, und sind aller Tück voll, die den Glauben an allen Ortern zu Boden stoßen. Wie ist's müglich, daß der göttlichen Glauben hab, der aller Lügen voll ist, wie die Schriftstehler die ganze Welt voll machen (Jer. 8)?

Christus ist darum von einer reinen Jungfrauen durch den Heiligen Geist empfangen, auf daß wir den Schaden der Sünd mit alle seiner Ankunft erkennen sollen. Denn er ist durch unser ersten Eltern durch Lüst der Frucht des verboten Holz' herkummen (1. Mos. am 3.). Denn der menschlich Leib ist darüber verrücket[4], davon auch alle Leibslüste Verhinderung der Wirkung des Heiligen Geists sind (Weish. 9). Denselbigen Schaden zu erkennen und vermeiden mit ernstem Entschlahen[5] sind all Tag des Menschens schier zu kurz (Pred. am 2.). Wenn einer nun zu solcher Sachen nachlässig und mit aller Üppigkeit will sehen wie ein salzricht[6] Angesicht und gleich sich stellen, wie einer, der gespeiet hätt und saget ohn allen Unterlaß: „Glaub, glaub, daß dir der Rotz vor der Nasen plastere[7]!", der ist den Schweinen und nicht den Menschen zuständig.

Es schwatze ein jeder vom Glauben, was er will, den wollüstigen Ehrgeizigen ist ganz und gar nichts zu glauben, denn sie predigen, das sie selber nicht versucht haben. Darum spricht Christus (Joh. 10), die Schaf sollen nicht hören die Stimm der Fremdlingen. Der Glaub ist ihn' fremd

1 Heimsuchung durch Gott. – 2 heranziehen. – 3 sehr ansehnlich. – 4 außer Fassung, aus der Ordnung gebracht worden. – 5 Entsagen. – 6 salziges, saures. – 7 blähe.

und sie ihm, dann das Heil ist weit von ihn' (Ps. 119). Derhalben sind sie auch Tier des Bauchs (Phil. 3). Sie predigen, was sie wöllen, dennoch suchen sie den Bauch. Oho, den zu erhalten, nehmen sie gern rote Gülden mit großer Andacht. Sie dörften[1] kaum das Hundertteil, dennocht wöllen sie unser Evangelisten sein. Darum hat ihre Lehre auch kein Kraft (Matth. am 7., im End desselbigen Kapitels). Ihr Lehre will ganz und gar nicht ins Werk[2] denn zur Freiheit des Fleischs. Darum vergiften[3] sie dem Heiligen Geist die Heiligen Schrift. Man höret zu etlichen Zeiten sie wohl auf der rechten Bahn einhertreten. Es währet aber nit lang. Es kann sich niemand ihrer[4] bessern, denn ihr Lehre ist gestohlen (Jer. am 23. Kap.). Darum gehet niemand dadurch in sein Herz[5].

Johannes ist aber viel ein ander[6] Prediger, ein bezeugender Engel Christi, in einem jeden rechten Prediger angezeigt. Das Lob muß ein jeder haben wie Johannes, nicht von der Werk Verdienst[7], sonder von des Ernstes wegen, den die tapfer Nüchterheit[8] gebieret, der sich zur Entfremdung der Lüst erstreckt, da die Kräft der Seelen emblößet werden, auf daß der Abgrund des Geistes erscheine durch alle Kräft, da der Heilig Geist sein Einreden tun muß[9] (Ps. 85). In solcher Emblößung muß ein Prediger durch wunderliche Weis von Jugend auf im Untergang seins Willens[10] getrieben sein. Darum ward Johannes zur Figur[11] aller Prediger, im Mutterleib geheiligt[12]. Paulus sagt, daß er von Mutterleib darzu verordnet sei, die unschätzlichen Reichtumer Christi zu verkündigen. Aus solchem Grund müssen die Prediger wissen, wer sie pflegt auszusenden in die Ernte (Matth. 9, Joh. 4), zu welcher sie Gott vom Anfang ihres Lebens ge-

1 bedürften. – 2 zur Verwirklichung. – 3 verfälschen. – 4 keiner von ihnen. – 5 in sich und prüft sein Herz. – 6 ein ganz anderer. – 7 nicht nach dem Verdienst dessen, was sie handelnd vollbringen. – 8 ausdauernde Enthaltsamkeit. – 9 die der Heilige Geist aufrufen muß. – 10 bei gleichzeitigem Untergang seines eigenen Willens. – 11 Sinnbild. – 12 die schon im Mutterleib geheiligt sind.

schliffen hat, wie ein starke Sensen oder Sicheln. Es kann ein jeder dies Amt nicht versorgen, wenn er auch gleich alle Bücher gelesen hätte. Er muß erst wissen die Sicherheit[1] seines Glaubens, wie die gehabt, die die Schrift beschrieben haben. Sunst ist's ein Diebsgeschwätz und ein Wortkrieg.

Zum sechsten. Es will sich dermaßen nimmermehr fügen der unverschämt Vertadigung der böswichtigen Erzheuchler, die da gütiger denn Gott sein wöllen, zu vertadigen die gottlosen, verfluchten, falschen Prediger. Sie sprechen, ein Pfaff sei gut oder bös, dennocht mag er Gottes Geheimnis handeln[2] und das recht Wort predigen. Diese verkehrten Vertadiger der Gottlosen, ihrer Gesellen (ein Rabe kratzt dem andern die Augen nit aus), sind offenbarlich verstockt wider den klaren, hellen Text (2. Mos. 23), da Gott saget wohl von einem geringern Urteil[3]: „Ich bin dem Gottlosen nicht hold. Du sollt seine Sach nit schmücken." Darnach irren sie noch viel gröber wider den 50. Psalm, da von der Verordnung der Knecht Gottes[4] und von seinem Wort geredt wird. Und Gott sagt zum gottlosen Prediger: „Wer hat dich geheißen, meine Gerechtigkeit predigen? Und du nimmst meinen bezeugten Bund in deinen Mund und hast die Zucht verhasset[5]." Wie er sollte sagen[6]: „Willt du meinen lieben gekreuzigten Suhn der Welt um deines Bauchs willen predigen und weißt nit, wie man ihm muß gleichförmig werden (Röm. 8)? Du hast die Kunst [Gottes] nit gelernet und du willt ander Leut Schulmeister sein?"

Derhalben muß der allergelassenste Mensch von Gott erwecket werden aus der Wüstnei seins Herzens, herfürbrechen und eiferen unter den wollüstigen Zartlingen, die viel härter sind denn Adamantenstein[7], die Wahrheit anzunehmen. Durch ein bewährtes Leben[8] muß er, das Kreuz von Jugend auf erkannt, andern eröffnen und schreien in den elenden, wüsten, irrenden Herzen der Gottförchtigen, die

1 Gewißheit. – 2 behandeln. – 3 aus einem geringfügigeren Anlaß. – 4 Ordnung der Gottesdiener. – 5 das Gesetz nicht befolgt. – 6 sagen würde. – 7 Diamanten. – 8 durch die Prüfungen des Lebens.

da jetz anfahen zu wachen[1] nach der Wahrheit (Luk. 12). Ach, sie wollten gerne recht glauben, wenn sie nur recht möchten antreffen. Solcher Leut Begierd ist beschrieben am 63. Psalm: „O Gott, mein Gott, von's Lichts wegen hab ich auf dich gewartet. Mein Seel dürstet nach dir. Ach, wie hat sich mancherlei Weis mein Fleisch bemühet im wüsten Land ohne Weg und Wasser, da erkannt ich mich, daß ich dein Stärk und Preis also erfahren mußte." Also muß die Kraft Gottes erlangt werden in der Umschättigung Gottes[2]. Man mag sich billig der rechten Prediger freuen, daß sie Gott zu unser Zeit auf die Erden geben will, auf daß das recht Gezeugnis des Glaubens an den Tag kumme. Drum sagt dieser Text: „Es werden sich seiner viel freuen" etc. Die Herzen werden erregt von ihrer Nachlässigkeit, welche sie machet verharren im Unglauben, abzustehen desselbigen[3] und sich im rechten Glauben befleißen durch das einmütig erfundene Gezeugnis Christi. Du mußt allhie den ganzen Kontext ein Wort beim andern im Gedächtnis haben, willt du mich anderst vernehmen[4], was ich sag vom Glauben und seiner Unmüglichkeit.

Es findet der auserwählt Freund Gottes[5] ein wunnsame[6] überschwengliche Freud, wenn sein Mitbruder auch also durch solche gleichformige Ankunft[7] zum Glauben kummen ist wie er. Darum gibt die Mutter Gottes Zeugnis Elisabeth und sie wiederum [ihr]. Also müssen wir auch tun. Paulus und Petrus besprachen sich. Sie überlegten das Evangelion, welchs Petrus durch die Offenbarung des Vaters hatt (Matth. am 16.) und Paulus durch himmlische Eröffnung (Gal. 2), wiewohl es dem vergiftigem schwarzen Kulkraben spöttisch ist[8], wie ihr in seinem Lästerbuch sehet. Es wird in kurzer Zeit darzu kummen, den Glauben so zu brechen[9], wie ein jeder darzu kummen ist. Das machte[10]

1 auszublicken. – 2 Umschattung durch Gott, Entrückung. – 3 von demselben Abstand nehmen wollen. – 4 wenn du recht verstehen willst. – 5 Gottesfreund. – 6 wonnesame. – 7 auf dem gleichen Wege. – 8 ein Spott ist. – 9 über den Glauben so Rechenschaft abzulegen. – 10 würde hervorbringen.

wohl ein rechte christliche Kirche, die Gottlosen von den Auserwählten zu sündern[1]. Darum, daß sie durch den Unglauben nie traurig worden und ihn auch nie erkannt haben, was söllen[2] sie denn vom rechten Glauben wissen?

Die jetzige Kirch ist zumal ein alte Profeuse[3] dargegen, welche soll noch mit dem inbrünstigen Eifer angericht[4] werden, wenn nu das Unkraut die Wurfschaufel muß erdulden. Die Zeit aber der Ernten ist allweg da (Matth. am 9.). Lieben Brüder, das Unkraut schreit jetz an allen Orten, die Ernte sei noch nit. Ach, der Verräter verrät sich selber. Die recht jetzige Christenheit wird den rechten Schwang nach allem Ärgernis gewinnen (Matth. 18), denn die Besserung folgt der Ärgernis nach der Erstattung des Schadens und der Pein des Unglaubens.

Das Evangelion (Matth. 8) wird viel höher ins Wesen[5] kummen denn zu den Zeiten der Aposteln. Es werden von vielen Landen und fremden Nation mannigfältige Auserwählten uns faulen, nachlässigen Christen hoch überlegen sein. Ach, lieben Herren, seid mit euerm tollen Glauben nit also kühne, daß ihr alle Leut (ohne euch allein)[6] dem Teufel gebt, wie ihr denn stets gewohnt seid. Denn das Verteufeln hebt sich nu aufs höchst an durch die wuchersüchtigen Evangelisten, die ihren Namen also hoch aufwerfen. Sie meinen, es sei keiner ein Christ, er muß [denn] ihren buchstabischen Glauben annehmen.

Sehet, wie vorzeiten von[7] der Menge der Heiden Judgenossen aufgenummen wurden, Rahab von Jericho, ein Weib Salmas, welcher von ihr gebar[8] Boas (Matth. 1), Naaman von Syrien ward durch Elisa angenummen zum Glauben, Hiob von den Edomitern von Gott erwählet, Jetro durch Moses, Cornelius von Petrus. Der Amtmann vom Herren Jesu (Luk. 7) ward Israel weit vorgesetzt[9] ums großen Glaubens willen. Das heidnisch Weiblein ward weit fürgesetzt den Ju-

1 wenn man ... sonderte. – 2 können. – 3 Hure(?). – 4 hergerichtet. – 5 Dasein, in die Wirklichkeit. – 6 außer allein euch selbst. – 7 aus. – 8 mit ihr zeugte. – 9 vorgezogen.

den zu Jerusalem (Matth. am 15.). Drum sind ihr' viel, die von wilden, fremden Heiden sollen aufgenummen werden, den falschen Schriftstehlern zu Schanden. Denn sie sich, wie ich von ihn' gehört, über die Maße sehr verwundern an unserm Glauben, und unser lose Frechheit[1] hält sie zurück. Sie werden oft hoch bestürzet durch übervernünftige Bekümmernis, und also sicher, daß sie zum ewigen Leben geneigt und verordnet sind (Apostelgesch. 13.). Es gebricht ihn' am rechten Gezeugnis des Glaubens, wie auch uns allen. Sunst würden unzählig viel Heiden und Türken Christen werden. Das kannst du wohl abnehmen, wenn ein Jud oder Türk unter uns sollte sein und sollte durch diesen Glauben, den wir noch zur Zeit haben, gebessert werden. Da sollt er wohl viel Gewinns treiben[2], als viel ein Muck auf ihrem Schwanz möcht wegführen, ja, noch viel weniger. Denn es ist kein Volk unter der Sunnen, das sein eigen Gesetz also erbärmlich verketzert, verfluchet und verunehret wie die jetzigen Christen. Und sonderlich die buchstabischen Böswichter geben wichtige[3] Ursach zum Allerärgesten und wöllen doch nichtsdesterweniger alle Welt rechtfertigen. Sie glauben doch nit, daß ihn' Gott möchte eines Heller Wert Guts bescheren oder geben. Darum sind alle Winkel voll Wucherer und der Verräter (Ps. 55).

Und die der Christenheit sollten am allerhöchsten vorstehen, darum sie auch Fürsten heißen, beweisen am allerhöchsten ihren Unglauben mit allen Sachen und Anschlägen, daß sie sich vor ihren Gesellen (Jes. 1) förchten, recht zu tun. Sie meinen, sie würden vertrieben, wenn sie bei der Wahrheit stünden, die sie schlecht zum Schein angenummen haben, dieweil kein Verfolgung auf sie gefallen. Wöllen auch die Allerchristlichsten genennt sein und gaukeln hin und her, die Gottlosen, ihre Gesellen, zu verteidigen; und sprechen aus dem Bart, sie wöllen nit wehren, wenn ihre Untertanen von ihren Nachbauren ums Evangelion verfolget werden. Sie wöllen nur schlecht Diebhenker und gute,

1 Verwegenheit. – 2 eintreiben. – 3 gewichtige.

prächtige Büttel sein. Die frummen Leut, ihre Pfaffen, die ihn' das Evangelion predigen, freien alte Weiber mit großen Reichtumen. Dann sie haben Sorg, sie müssen zuletzt nach Brot gehen. Ja, wahrlich, es sind feine evangelische Leut, sie haben gar einen festen, starken Glauben. Er sollte wohl antreffen, wer sich auf ihre scheinbarliche[1] Larve und Geschwätz mit ihrem münchischen Abgott verließe, denn sie pochen gar sehr drauf und aufmutzen ihren buchstabischen Glauben viel höher, denn niemand sagen kann.

Ich sag es euch, allerliebsten Brüder, es ist mir nicht zu verschweigen[2]: Ich wollt ehe Heiden, Türken und Juden unterrichten, mit dem allergeringsten Wort von Gott und seiner Ordnung zu reden, von der Besitzung nach uns und zu Gott zu rechen. Denn die kluglichsten Schriftstehler laugnen solch zu Boden[3], auf daß [an] ihn' wahr werde, was Judas und Petrus in ihren Sendbriefen sagen: was sie wissen wie die unvernünftigen Tier, darin verderben sie sich, ja, sie verwerfen's gar. Sie haben vor[4] ihrem tollen Glauben weder Sinn noch Witz und verlästern alle Ding, die sie nit wöllen annehmen, wöllen's weder hören noch sehen, wenn ich sie freundlich vermahnet hab zum Anfang der Biblien, die Besitzung Gottes und unser über die Kreaturen zu lernen. So muß ihn' alles Schwärmerei sein. Drum sag ich, wöllt ihr den Anfang der Biblien nit recht lernen, so werdt ihr weder Gott noch Kreaturn recht (zum Preis seines rechten Namens) verstehen und verordnen[5]. Und Gott wird euch durch der Heiden Grassingen[6] aufs alleräußerlichste[7] zuschanden machen, daß euch die Nachkummlingen anspeien werden, wenn euer wird gedacht werden.

Wenn nun unser Schriftgelehrten schon wöllen grunzen und heftig zürnen mit ihren sterblichen Abgöttern[8], so finden sie doch ihren Irrtum in diesem Evangelio mit Vergleichung der ganzen Heiligen Schrift.

1 ansehnliche. – 2 ich kann es nicht verschweigen. – 3 leugnen in Grund und Boden. – 4 durch. – 5 einordnen. – 6 Wachstum. – 7 alleräußerste. – 8 zornig sein zusammen mit ihren Fürsten.

Jesus ward in Galiläa zu Nazareth empfangen und ward daselbst aufgezogen (Matth. 3). Die Evangelisten haben es ganz eigentlich beschrieben. So jemand ein gut Monotessaron draus macht, so findet er's auf allerklärlichste, nicht ohn treffliche, mächtige Ursach, wie ein jeder siehet im Evangelio Johannis am 7. Kapitel. Die tollen, tobendigen[1], unsinnigen Schriftstehler gedachten in ihrem fleischlichen Gehirn, daß Jesus von Nazareth keinerlei Weis künnte Christus sein, drum, daß er in Galiläa erzogen war. Sie hielten sich nach der Schrift ohn den Geist der Schrift, wie die Gottlosen auf den heutigen Tag pflegen. Sie straften den armen Nicodemus um seines einfaltigen Glaubens willen. Sie weiseten ihn auf die Geschrift und meinten, sie hätten's troffen. Aber Gott führet sie mit der Nasen rumher. Darum vermochten sie die Schrift nicht vor großer Blindheit zusammen allenthalben verfassen[2] und hätten kein Achtung auf das wunderliche Werk Gottes, wie jetz unser neidischen Fantasten das Volk verführen zu aller Üppigkeit, wie ein jeder vor Augen siehet. So doch solches zu verhüten die Heilige Schrift zum einigen[3] Trost allhie auf Erden uns Nachlässigen dargelassen ist.

Wär den Schriftdieben die Schrift nicht ums Bauchs willen liebgewesen etc., sie hätten wohl künnt durch Daniel die Zeit der Geburt Christi wissen und durch Micha die Stadt mit dem Gebornen heimgesucht und durch Jesaja und andere mügen erkünden das Aufziehen[4] unsers Heilands.

Es war alles darum zu tun (wie jetz der Welt), daß Christus ein verachtliche Person war, von geringen Eltern. Und er wollte dennocht die großen Pausbacken, die wollüstigen Menschen, zu viel unterrichten und zu viel strafen, da er die Weisheit seines himmelischen Vaters also klärlich predigte, daß sie nicht kunnten darwider sein, und tät solche Wunderwerk, die sie nit kunnten verwerfen (Joh. 9). Da saget einer zum andern: „Wanne[5] kummt diesem die Weisheit

1 tobenden. – 2 im Zusammenhang erfassen. – 3 einzigen. – 4 Heranwachsen. – 5 von woher.

und Kraft? Er ist eines Zimmermanns Suhn. Heißt nit sein Mutter Maria? etc. Woher kummt ihm dann dies alles?" Und sie ärgerten sich an ihm (Matth. am 13., Luk. am 4.). Also tun die Gottlosen auf den heutigen Tag, wenn jemand ihre Larve, ihr Gepräng, ihre falsche, kluglingsche[1] Weisheit strafet. Oh, wie oft hat sich das ewige Wort geschwunden[2] in die auserwählten Menschen zu unserm Nazareth in der Christenheit, das ist in die blühenden Auserwählten, die da grünen und süß blühen in der Weisheit des Kreuzes, und es hat sie ein jeder wollüstiger Leisentret für toll und unsinnig gehalten. Das ist der Welt böswichtische Sitt, da sie sich soll an[3] bessern, da ärgert sie sich aufs allerhöchste. Ach, Allerliebsten, da ist die Weisheit des Kreuzes, mit welcher Gott seine Auserwählten grüßet. Da muß einer sich an der ganzen Welt nit ärgern und siehet in keinem Winkel etwas Guts und die ganz Welt ärgert sich an der Wirkung des besten Guts und sagt, es sei teuflisch Gespenst.

Uber die Maße würden die Auserwählten voll der Huld Gottes werden, wann sie am selbigen Ort[4] ihren Willen ließen sausen und um Gottes willen raumeten die Statt. Darum sagt Christus mit hellen Worten: „Wer da tut den Willen meines Vaters, der ist mein Mutter" (Matth. am 12., Mark. 3, Luk. 8). Er hat um unser willen sein Mutter am Kreuz übergeben[5] und sie [als] unser Mitgenossen dargestellet. Wir verschrecken auch vor Gottes Gruß wie sie, wenn uns Gott mit der Menschwerdung seines Suhns vergotten will, das ist, wenn er unsern Glauben beweret wie das Gold im Feuer. Wir gedenken: Ei, was will draus werden? Maria ist nach menschlicher Natur argwehnig[6] gewesen auf den Engel, wie wir auf rechtschaffne Prediger, die uns das Kreuz und Unmüglichkeit des Glaubens verklären und vortragen, zu erkennen, da doch ist das recht Reich Davids, da Christus am Holz regiert und wir mit ihm gekreuziget sind: da ist auch das Haus Jakobs die leer Seel durch das

1 ausgeklügelte. – 2 verborgen. – 3 woran sie sich soll. – 4 auf der Stelle. – 5 aufgeben, verlassen. – 6 argwöhnisch, mißtrauisch.

Zerknirschen[1] ihrer Lenden, durch das Wegtun ihrer Lüste. Da gebiert die Kraft des Allerhöchsten das unmügliche Werk Gottes in unserm Leiden durch die Umschättigung des heiligen Alten Bunds und wird ganz und gar durchglastet[2] vom Licht der Welt, welchs ist der wahrhaftig ungedichte Suhn Gottes, Jesus Christus.

Die Summa dieses ersten Kapitels ist von der Stärkung des Geists im Glauben, ist nichts anderst, denn daß der allerhöchste Gott, unser lieber Herr, will uns den allerhöchsten Christenglauben durch das Mittel der Menschwerdung Christi geben, so wir ihm gleichförmig in seinem Leiden und Leben werden durch Umschättigung des Heiligen Geists, auf welchen also bitterlich fleischenzt[3] die Welt und verspottet ihn aufs gröbste. Drum wird er allein den Armgeistigen (die ihren Unglauben erkennen) gegeben.

Diese Schlußred wird bestätigt durch alle Wort des ganzen Kapitels und sonderlich in den allerwunnsamen Lobgesangen Mariä und Zachariä, in welchen von der herzlichen Barmherzigkeit also klärlich geredt wird, welch durch den Geist der Forcht Gottes überkummen wird. Das ist der heilig Bund, den Gott Abraham und uns allen geschworen hat (Röm. 4), zu halten, ihm zu dienen in Heiligkeit und in Gerechtigkeit, die da vor ihm in Wahrheit recht gelten wird. Wer Gott nit recht förcht, kann auch von Tag zu Tag nit verneuet werden in der Erkanntnis Gottes, welche ihm doch vonnöten ist, zu vernehmen den Glauben und das Werk Gottes in ihm[4], kann auch den Glauben nit lernen berechen. Daß[5] solches verachtet ist, drum ist der Glaub also seltsam, welchen Gott in der Anfechtung geben und vermehren will. Das helf euch der Geist Christi, ein Spottvogel der Gottlosen. Amen.

1 Zerschlagen. – 2 durchleuchtet. – 3 fleischlich aufführt, sündigt. – 4 sich. – 5 weil.

Hochverursachte Schutzrede

und Antwort wider das geistlose, sanftlebende Fleisch zu Wittenberg, welches mit verkehrter Weise durch den Diebstahl[1] der Heiligen Schrift die erbärmliche[2] Christenheit also ganz jämmerlichen[3] besudelt hat. Thomas Müntzer, Allstedter

Aus der Höhlen Eliä, welches Ernst[4] niemand verschonet (1. Kön. 18, Matth. 17, Luk. 1, Offb. 11). Anno 1524

Dem durchläuchtigsten, erstgebornen Fürsten und allmächtigen Herren Jesu Christo, dem gütigen König aller Könige, dem tapfern Herzogen allen Gelaubigen, meinem gnädigsten Herrn und getreuem Beschirmer und seiner betrübten, einigen[5] Braut, der armen Christenheit.

Aller Preis, Name, Ehre und Wirde, Titel und alle Herrlichkeit sei dir allein, du ewiger Gottessohne (Phil. 2), nachdem[6] dein Heiliger Geist vor den gnadlosen Lewen, den Schriftgelehrten, allezeit sölich Glück gehabt, daß er müßte der allerärgste Teufel sein[7] (Joh. 8), wiewohl du ihn ohne Maße von Anbeginn hast (Joh. 3), und alle Auserwöhlte haben ihn von deiner Völle uberkommen (Joh. 1), und er in ihnen also wohnet (1. Kor. 3 und 4, 2. Kor. 1, Eph. 1, Ps. 5). Du gibst ihn' allen, die dir entgegenlaufen, nach der Maß ihres Glaubens (Eph. 4, Ps. 68). Und wer ihn nit hat, daß er seinem Geist unbetrieglich Gezeugnis gebe, der ist dir, Christo, nit zuständig[8] (Röm. 8). Das unüberwindlich Gezeugnis hast du (Ps. 93).

Derhalben ist es nit fast[9] groß Wunder, daß der allerehr-

1 hier: Mißbrauch. – 2 erbarmungswürdige. – 3 beklagenswert. – 4 Eifer, Strenge. – 5 einzigen. – 6 da doch. – 7 gelten. – 8 zugehörig. – 9 sehr.

geizigster Schriftgelehrter Doktor Lügner je länger je weiter zum hochfärtigen Narren wird und sich mit deiner Heiligen Schrift ohne alles Absterben seines Namen und Gemachs bedeckt[1] und aufs allerbetrieglichst behilft und nichts weniger will mit dir aufs vorderste[2] zu schaffen haben (Jes. am 8. Kap.), gleichwie er deine Urteil[3] (durch dich, die Pforten der Wahrheit) erlangt hätt, und ist also frech vor deinem Angesicht und verachtet zu Boden[4] deinen richtigen Geist. Dann er meldet sich deutlich unwiderrüflich, daß er aus tobendem Neide und durch den allerverbittersten Haß, mich, dein erworben Gelied in dir, ohne redliche, wahrhaftige Ursach vor seinen höhnischen, spöttischen, erzgrimmigen Mitgenossen zur Lächerei macht und vor den Einfältigen zur unerstattlichen[5] Ärgernis einen Satan oder Teufel schilt und mit seinem verkehrten, lästerlichen Urteil schmähet und spottet.

In dir bin ich aber wunnsam[6] und hiergegen deines milden Trostes ganz voll gesättigt, wie du auch deinen herzlichen Freunden ganz holdselig vorgetragen hast, sagende (Matth. 10): „Der Schuler hat es nit besser dann der Meister." So sie nun dich unschuldigen Herzogen und getrösten[7] Seligmacher also lästerlich haben Beelzebub geheißen, wieviel mehr mich, deinen unverdrossen Landsknecht, nachdem ich mich des schmeichelnden Schelmen zu Wittenberg geäußert[8] hab und deiner Stimm gefolget (Joh. 10). Ja, es muß also hergehn, wo man die sanftlebenden Gutdunkler im gedichten[9] Glauben und in ihren pharisäischen Tücken nit will lassen recht haben, ihren Namen und Pracht zu niedergehn[10]. Du vermöchtest dasselbig auch nit vor ihn' uberhaben sein. Sie ließen sich auch bedunken, gelehrter zu sein denn du und deine Schuler. Ja, sie waren mit ihrem buchstabischen Trotz wohl gelehrter, denn der Doktor Ludibrii nimmermehr werden kann, sie hätten auch Ge-

1 Eigenruhms und Bequemlichkeit deckt. – 2 in erster Linie. – 3 Erkenntnisse. – 4 in Grund und Boden. – 5 unstatthaften, ungehörigen. – 6 freudig. – 7 trostreichen. – 8 entäußert, abgewandt. – 9 erdichteten. – 10 sondern ihren Namen und ihre Pracht will zugrunde gehen lassen.

schreis und Namens genug in aller Welt. Es war dannoch nit recht, das[1] sie gegen dir mit ihrem Verstand fürnahmen[2] und wollten's mit der klaren Schrift wider dich beweisen, wie sie dann dem Nicodemo vorworfen (Joh. 7) und vom Sabath (Joh. 5 und am 9. Kap.) [sagten]. Sie zogen die ganze Schrift gegen dir, aufs allerhöchst, daß du darum solltest und müssest sterben, daß du dich frei bekennest einen Sohn Gottes, vom ewigen Vater geborn, wie wir deinen Geist. Darum sprachen sie: „Wir haben ein Gesetz, nach des Inhalt muß er sterben!" Dann sie hätten den Text (5. Mos. am 13. und am 18.) auf dich gezerret und möchten[3] sich auch nit weiter umsehen im selbigen, in aller Maß wie[4] jetzund mir der verschmitzte Schriftstehler tut. Do die Schrift aufweiset am höchsten,[5] verspottet er mit inbrünstigem Neide, nennet den Geist Gottes einen Teufel.

Die ganze Heilige Schrift saget nit anderst (wie auch alle Kreaturen ausweisen) dann vom gekreuzigten Sohne Gottes, derhalben er auch selber anfing vom Mose[6] durch alle Propheten zu eröffnen sein Amt[7], daß er müßte also leiden und eingehen in den Preis seines Vaters. Dies ist klärlich beschrieben Lukä am letzten Kapitel. Und Paulus saget auch, daß er nit anderst denn Christum den Gekreuzigten predigen könne (1. Kor. 1). Nachdem er das Gesetz Gottes füderlicher[8] erforschet hätte denn alle seine Mitgenossen (Gal. 1), möchte er doch nichts anders darinnen finden denn den leidenden Sohn Gottes, welicher saget (Matth. 5), daß er nit kommen wär, das Gesetz aufzuheben oder den Bund Gottes zerreißen, sonder vielmehr zu vollführen, erklären und erfüllen.

Es möchten dies alles die hässigen[9] Schriftgelehrten nit erkennen, dann sie erforscheten nit die Geschrift aus ganz ihrem Herzen und Geiste, wie ihnen doch gebührete (Ps. 119) und Christus ihnen auch befahl (Joh. 5). Sie warn

1 was. – 2 unternahmen. – 3 konnten, vermochten. – 4 genauso wie. – 5 wo die Schrift sich am deutlichsten vernehmen läßt. – 6 seit Moses. – 7 seine Aufgabe zu erklären. – 8 tiefer. – 9 haßerfüllten.

darinnen gelehret wie die Affen, wöllen dem Schuster Schuh nachmachen und verderben das Leder. Ei warum? Sie wöllen des Heiligen Geists Trost vernehmen und sein ihr Leben lang durch Traurigkeit des Herzens auf ihren Grund nie kommen, wie sich's doch gebühret, soll anderst das rechte Licht leuchten im Finsternis und uns durch das Gewalt[1] geben, Kinder Gottes zu sein, wie klärlich beschrieben ist (Ps. 55 und 63, Joh. 1).

So nun Christus schon also angenommen durch den Alten und Neuen bezeugten Bund Gottes gepredigt ohn Eröffnung des Geists würde, könnt ein viel ärger verwickelts Affenspiel daraus werden dann mit den Juden und Heiden, wie ein jeder jetz vor sichtigen Augen siehet, daß die jetzigen Schriftgelehrten nit anderst tun dann vorzeiten die Pharisäer, berühmen sich der Heiligen Schrift, schreiben und klicken[2] alle Bücher voll und schwatzen immer je länger je mehr: „... Gelaube, gelaube!", und verleugen doch die Ankunft[3] des Glaubens, verspotten den Geist Gottes und glauben gar uberall nichts, wie du siehst. Es will ihr' keiner predigen, er hab dann 40 oder 50 Gulden. Ja, die besten wöllen mehr dann hundert oder zweihundert Gulden haben. Do wird an ihnen wahr die Weissagung Michas (3): „Die Pfaffen predigen um Lohns willen und wöllen Ruhe und gute Gemach haben und die allergrößte Wirdigkeit[4] auf Erden", und sich dennoch wissen zu rühmen, sie verstehen den Ursprung und treiben doch wider ihn das allerhöchste Widerspiel, darum, daß sie den richtigen Geist einen irrigen Geist und Satan schelten mit dem Deckel[5] der Heiligen Schrift, wie Christo widerfuhre, do er durch sein Unschuld den Willen seines Vaters verkündigte, welcher den Schriftgelehrten viel zu hoch und verdrießlich war (Joh. 5 und 6).

Du findest's nit anders [bis] auf den heutigen Tag. Wann die Gottlosen durchs Gesetz beschlossen[6] werden, sagen sie mit großer Leichtfertigkeit: „Ha, es ist aufgehaben[7]!" Wann

1 dadurch Kraft. – 2 klecksen. – 3 Herkunft, Abkunft, Ursprung. – 4 Ansehen. – 5 unter dem Deckmantel. – 6 festgelegt, getroffen. – 7 aufgehoben.

es aber ihnen recht erklärt wird, wie es im Herzen geschrieben (2. Kor. 3) und wie man durch Anweisung desselbigen Achtung haben muß, zu betrachten die richtigen Gänge zum Ursprung [des Glaubens] (Ps. 37), do uberfällt der Gottlose den Gerechten und trägt Paulum herfürer[1] mit einem sölchen tölpischen Verstand, daß es den Kindern auch[2] zum Poppenspiel wird (Ps. 64). Noch will er der Allerklügste auf Erden sein, daß er sich auch rühmet, er hab keinen gleichen. Daruber nennet er alle armselige Menschen die Schwimmelgeister[3] und mag nit hören, so man das Wort Geist redet oder lieset. Er muß den klugen Kopf schütteln, der Teufel mag's nit hören (Spr. 18), so man ihm vom Anfang [des Glaubens] saget, denn er ist herausßergestoßen. Darum hat er den Gebrauch der Täuscherei (2. Kor. 11). Im höchsten Alphabet der Musiken, Disdiapason[4], singt er aus Paulo (Röm. 12), man soll sich mit sölichen hohen Dingen nit bekümmern, sonder ebenmachen[5] den geringen. Da schmecket ihm der Brei, nit anderst. Es grauset ihm vor der Suppen zum Fruheessen. Er spricht, man soll einfaltig glauben, und sieht nit, was darzu [er]forderlich ist. Darum saget Salomon von einem sölichen Menschen, daß er ein Stocknarr ist, wie geschrieben stehet Spr. am 24. Kap., sagende: „Dem Narren ist die Weisheit Gottes viel zu hoch."

Christus fing an von Ursprung wie Moses und erklärt das Gesetz vom Anfang bis zum Ende. Darum sagte er: „Ich bin ein Licht der Welt." Sein Predigen war also wahrhaftig und also ganz wohl verfasset, daß er die menschlichen Vernunft auch in den Gottlosen gefangennahm[6], wie der Evangelist Matthäus beschreibt am 13. Kap. und auch Lukas zu verstehn gibt am 2. Kap. Aber do ihnen die Lehre zu hoch ware und die Person und das Leben Christi zu gering, ärgerten sie sich an ihm und seiner Lehre und sagten aus dem Barte[7],

1 zitiert Paulus. – 2 selbst den Kindern. – 3 Schwarmgeister. – 4 Tönen der Musik, in der zweigestrichenen Oktave. – 5 passend machen. – 6 daß es auch die Gottlosen mit ihrer bloßen Vernunft verstehen konnten. – 7 geradeheraus.

er wäre ein Samaritan und hätte den Teufel. Dann ihr Urteil war nach dem Fleisch gerichtet. Wie es dem Teufel dann doselbst wohlgefällt, mußt es heraußerplatzen[1]. Denn sie mißfielen der Welt nit, welche gern Bruder Sanftleben ist (Hiob 28). Alles, das sie täten, richteten sie an, daß sie der Welt gefielen (Matth. 6 und 23).

Also tut mir auch das gottlose Wittenbergische Fleisch, nun ich durch den Anfang[2] der Biblien und Ordenung des ersten Unterscheids derselbigen[3] strebe nach der Reinigkeit göttlichs Gesetzs (Ps. 19) und durch alle Urteil[4] erkläre die Erfüllung des Geists der Forcht Gottes (Jes. am 11.), ihme[5] auch nit zulassen will seine verkehrte Weis, vom Neuen Bunde Gottes zu handelen ohne Erklärung göttlicher Gebot und Ankunft des Glaubens, weliche erst nach der Straf[6] des Heiligen Geistes gar erkündiget[7] wird (Joh. am 16.). Dann der Geist straft erst nach Erkanntnis des Gesetzes den Unglauben, welchen niemand erkennet, er habe ihn denn zuvor beherzigt[8] also heftig wie der allerunglaubigste Heide. Also haben alle Auserwählte vom Anfang ihren Unglauben erkennet durch Ubung des Gesetzes (Röm. 2 und 7). Ich setze Christum mit allen seinen Geliedern zum Erfüller des Gesetzs (Ps. 19). Denn es muß der Wille Gottes und sein Werk zu Boden[9] durch Betrachtung des Gesetzes vollführet werden (Ps. 1, Röm. 12). Sonst würde niemand den Glauben vom Unglauben absundern denn mit gedichter Weise, wie die Juden mit ihrem Sabbat und Schrift taten, ihren Grund nimmer nicht zu vernehmen[10].

Ich hab dem tückischen Kulkraben (welchen Noah in einer Figur[11] aus der Archen ließ fliegen) nichts anders getan, denn daß ich wie ein einfältige Taube meine Federn geschwungen, durch Silber uberzogen, das siebenmal gefegt[12]

1 sich darin zeigen. – 2 richtiges Anpacken. – 3 dadurch, daß ich ihr erstes Kapitel in den richtigen Zusammenhang bringe. – 4 Aussprüche. – 5 Luther. – 6 Strafung (durch). – 7 ganz erfahren. – 8 in sein Herz hineingenommen. – 9 bis auf den Grund. – 10 Seelengrund niemals innezuwerden. – 11 Symbol, Zeichen. – 12 gereinigt.

und am Rucken lassen goldfarb werden (Ps. 68), und uberflogen und verhasset das Aas, do er gerne aufsitzet. Denn ich will's an die ganze Welt lassen, daß er den gottlosen Schelmen heuchelt[1], wie du siehst im Büchlen wider mich, und will sie kurzum vertädigen. Aus welichem dann klärlich erscheinet, daß der Doktor Lügner nit wohnet im Haus Gottes (Ps. 15). Darum, daß der Gottlose durch ihnen[2] nit verachtet, sonder viel Gottforchtiger um der Gottlosen willen Teufel und aufrührische Geister gescholten werden, dies weiß der schwarze Kulkrabe wohl. Daß ihm das Aas werde, hacket er den Schweinen die Augen aus dem Haupt, die wollustigen Leut machet er blind, darum daß er so körre[3] ist, auf daß er ihrer satt werde an Ehren und Gut und sonderlich am allergrößten Titel.

Die Juden wollten Christum allenthalben gerne gelästert[4] und zuschanden machen, wie mit mir jetz der Luther fürnimmt. Er schilt mich gar heftig und wirft mir für die Gütigkeit des Sohn Gottes[5] und seiner lieben Freund, nachdem ich den Ernst des Gesetzs gepredigt hab, wie es von der Straf wegen[6] der geistlosen Ubertreter (wiewohl sie Regenten sein) nit aufgehaben, sonder mit dem allerhöchsten Ernst vollzogen werden soll, wie dann Paulus seinen Schuler Timetheon und durch ihn alle Seelewarter unterricht (1. Tim. 1), dem Volk zu predigen. Er sagt klärlich, daß es die uberfallen soll, die wider die gesunden Lehre fechten und streben, wie niemand verneinen kann (5. Mos. am 13. Kap.). Ist[7] das helle klare Urteil beschlossen[8]. Und Paulus fället es auch uber den unkeuschen Ubertreter (1. Kor. 5). Wiewohl ich das hab lassen in Druck gehn, wie ich's vorn Fürsten zu Sachsen hab gepredigt, ohne alle Hinterlist[9] ihnen das Schwert aus der Schrift gezeigt, daß sie es sollten brauchen, auf daß nit Empörung erwüchse. Kurzum, die

1 vor den gottlosen Schelmen kriecht. – 2 ihn. – 3 nachsichtig (mit den Sünden der Großen). – 4 verwerflich. – 5 Güte und erbarmende Liebe des Gottessohns. – 6 bezüglich der Strafe. – 7 es ist darin. – 8 enthalten. – 9 Hintergedanken.

Ubertretung muß gestraft werden, es kann weder der Groß noch der Klein darvonkommen (4. Mos. 25).

Gleichwohl kommet Vater Leisentritt, ach, der körre Geselle, und saget, ich wölle Aufruhr machen, wie er dann aus meinem Sendebrief an die Berggesellen erlesen. Eines saget er, und das Allerbescheidneste[1] verschweiget er: Wie ich klärlich vor den Fürsten ausbreitete, daß ein ganze Gemein Gewalt des Schwerts hab wie auch den Schlüssel der Auflösung[2], und sagte vom Text Dan. 7, Offb. 6 und Röm. 13, 1. Sam. 8, daß die Fürsten keine Herren, sonder Diener des Schwerts sein. Sie sollen's nicht machen, wie es ihnen wohlgefället (5. Mos. 17), sie sollen Recht tun. Darum muß auch aus altem, gutem Brauch das Volk darneben[3] sein, wenn einer recht verrichtet[4] wird nach dem Gesetz Gottes (4. Mos. 15). Ei warum? Ob[5] die Oberkeit das Urteil wöllte verkehren (Jes. 10), so söllen die umstehenden Christen das verneinen und nit leiden. Dann Gott will Rechenschaft haben vom unschuldigen Blut (Ps. 79). Es ist der allergrößt Greuel auf Erden, daß niemand der Dürftigen Not sich will annehmen. Die Großen machen's, wie sie wöllen, wie Hiob am 41. beschreibt.

Der arme Schmeichler will sich mit Christo in gedichter Gütigkeit decken wider den Text Pauli (1. Tim. 1). Er saget aber im Buch von Kaufshandelung, daß die Fürsten söllen getrost unter die Diebe und Rauber streichen[6]. Im selbigen verschweigt er aber den Orsprung aller Dieberei. Er ist ein Heerhold. Er will Dank verdienen mit der Leute Blutvergießen um zeitlichs Guts willen, welches doch Gott nit auf seine Meinung[7] befohlen. Sieh zu, die Grundsuppe des Wuchers, der Dieberei und Rauberei sein unser Herrn und Fürsten, nehmen alle Kreaturen zum Eigentum: die Fisch im Wasser, die Vögel im Luft, das Gewächs auf Erden muß alles ihr sein (Jes. 5). Darüber lassen sie dann Gottes Gebot

1 Allerentscheidenste. – 2 die Gewalt zu binden und zu lösen. – 3 dabei anwesend. – 4 rechtmäßig gerichtet. – 5 wenn. – 6 sich begeben. – 7 als seine Absicht.

ausgehen unter die Armen und sprechen: „Gott hat geboten: Du sollt nit stehlen." Es dienet aber ihn' nit. So sie nun alle Menschen verursachen, den armen Ackermann, Handwerkmann und alles, das da lebet, schinden und schaben[1] (Micha 3. Kap.). So er sich dann vergreift am allergeringesten, so muß er hängen. Do saget denn der Doktor Lügner: Amen. Die Herren machen das selber, daß ihn' der arme Mann feind wird. Die Ursach des Aufruhrs wöllen sie nit wegtun. Wie kann es die Länge[2] gut werden? So ich das sage, muß ich aufrührisch sein! Wohlhin!

Er kann sich ganz und gar nit schämen. Wie[3] die Juden (Joh. am 8.) brachten Christo ein Weib, im Ehebruch begriffen[4], sie versuchten ihn. Ob er den Ernst[5] des Vaters wöllt ubertreten, hätten sie ihn billig für einen Ubeltäter gescholten; so er aber das Weib ohne Bescheid hätt losgegeben[6], so hätten sie gesagt, er wär ein Vertädinger[7] der Ungerechtigkeit. Christus hat im Evangelio durch seine Gütigkeit des Vaters Ernst erklärt[8]. Die Gütigkeit Gottes strebet uber alle Werk seiner Hände (Ps. 145). Sie wird nit verruckt durch die Pein des Gesetzs, welcher der Auserwählte nit begehret zu entfliehen. Wie Jeremias saget und Psalm 7: Er will mit Urteil und nit im Grimm gestraft sein, welchen Gott von Ewigkeit nie gehabt, sonder er entspreußt aus der verkehrten Forcht der Menschen gegen Gott, die sich von der Pein wegen entsetzen und nit ansehen[9], wie sie Gott durch Trügnis[10] in seine Ewigkeit nach aller Pein führe.

Alle Ubeltäter der ursprünglichen Mißhandlung[11] der gemeinen Christenheit müssen durch das Gesetz gerechtfertigt werden, wie Paulus saget, auf daß der Ernst des Vaters die gottlosen Christen aus dem Wege raume, die der heilbaren[12] Lehre Christi widerstreben, auf daß die Gerechten

1 saugen sie aus. – 2 auf die Dauer. – 3 als. – 4 ergriffen, ertappt. – 5 Strenge, das Gesetz. – 6 ohne Entscheidung freigegeben hätte. – 7 Verteidiger. – 8 offenbart. – 9 beachten, bedenken. – 10 Angst, Beängstigung. – 11 alle durch den Sündenfall zu Übeltätern gewordenen Glieder. – 12 heilbringenden.

Weil und Raum haben mögen, Gottes Willen [kennen] zu lernen. Es wär nimmermehr möglich, daß ein einiger[1] Christ bei sölcher Tyrannei könnte seiner Betrachtung wahrnehmen[2], so daß Ubel durchs Gesetz zu strafen söllte frei sein[3] und der Unschuldige sollte sich also lassen peinigen. Darum, daß sich der gottlose Tyranne behilft wider den Frummen, sagende: „Ich muß dich marteren; Christus hat auch gelitten; du sollt mir nit widerstreben" (Matth. am 5.), das wär ein groß Verderbnis. Es muß höchlich[4] unterscheiden werden, nach dem[5] die Verfolger die besten Christen sein wöllen.

Der Teufel hat gar listige Tück, wider Christum und die Seinen zu streben (2. Kor. 6 und 11), jetzt mit schmeichelender Gütigkeit, wie der Luther mit den Worten Christi die Gottlosen vertädiget, jetz auch mit grimmigem Ernst, fürzuwenden von der zeitlichen Güter wegen sein verderbliche Gerechtigkeit[6]. Welichem doch der Finger Christi, der Heilig Geist (2. Kor. 3) nit den freundlichen Ernst des Gesetzs einbildet[7] und den gekreuzigten Sohn Gottes durch die allerernste Gütigkeit zu Eröffnung göttliches Willens entgegenhält mit Vergleichung beider[8] (1. Kor. 2). Der verachtet das Gesetz des Vaters und heuchlet durch[9] den allerteuristen Schatz der Gütigkeit Christi und machet den Vater mit seinem Ernst des Gesetzs zuschanden durch die Geduld des Sohnes[10] (Joh. 15 und 16) und verachtet also den Unterscheid des Heiligen Geists[11] und verderbet eines mit dem andern, also lange, daß schier kein Urteil auf Erden bleibt (Jer. 5) und daß Christus allein[12] geduldig sei, auf daß die gottlosen Christen ihre Brüder wohl peinigten.

1 einziger. – 2 pflegen. – 3 wenn es freistünde, die Sünde durchs Gesetz zu strafen. – 4 scharf. – 5 weshalb. – 6 um seine verderblichen Privilegien vorzuwenden nur um der zeitlichen Güter willen. – 7 einprägt. – 8 und hält nicht den gekreuzigten Gottessohn mit strenger Güte entgegen, damit der göttliche Wille offenbart werde, indem beide in Übereinstimmung gebracht werden. – 9 kriecht mittels. – 10 spielt die Nachsicht des Sohnes gegen die Gesetzesstrenge des Vaters aus und macht ihn damit zuschanden. – 11 die Unterscheidung, die der Heilige Geist macht. – 12 nur.

Christus ward für einen Teufel gescholten, do er die Juden auf die Werk Abrahams weisete und gab ihnen den allerbesten Unterscheid[1], zu strafen und zu vergeben. Zu strafen nach dem rechten Ernst. Darum hat er das Gesetz nit aufgehaben, darum daß[2] er im siebenten Kapitel Johannis vor dem achteten sagete: „Ihr söllet ein rechtes Urteil vollführen, nicht nach dem Angesicht[3]." Es sein ihnen kein andere Urteil, dann im Gesetz beschrieben, fürgehalten, zu richten nach dem Geist des Gesetzs. Also[4] auch mit dem Evangelio zu vergeben, mit dem Geist Christi zur Foderung[5] und keiner Verhinderung des Evangelii[6] (2. Kor. 3 und 13), wie mich dann durch solicher Unterscheid der Doktor Lügner zum Teufel machen will mit seinen Schriftgelehrten, sagende: „Hab ich nit recht gelehret mit meinem Schreiben und Dichten? Du aber hast kein andere Frucht dann aufrührisch sein. Du bist ein Satan und dannocht ein schlechter Satan etc. Sieh, du bist ein Samaritan und hast den Teufel."

O Christe, ich schätze mich unwirdig, söliches kostbarlichen Leidens mit dir zu tragen in gleicher Sach. Wiewohl des Widersachers Urteil viel geneigter, verkehrter Richter hat, sage ich mit dir dem stolzen, aufgeblasen, tückischen Dracken[7]: „Hörest du es? Ich hab den Teufel nicht. Ich suche durch mein Amt den Namen Gottes zu verkündigen, Trost den Betrübten, Verstockung[8] und Krankheit den Gesunden" (Jes. 6, Matth. 9, 13, Luk. 8 und 4). Und wenn ich spräche, daß ich das wollte lassen ums bösen Namens willen, der mir mit Lügen wird aufgelegt, so wär ich dir, Doktor Lügner, gleich mit deinem verkehrten Schmähen und Lästern. Du kannst doch anderst nit tun, dann dich mit den Gottlosen schelten. Nun dir aber das geraten[9] ist, hast du dich an der Böswicht Statt gesetzt, die du am allerschändlichesten hast ausgewässert[10]. Nun du vernimmst, es möchte zu

1 Maßstab. – 2 wenn. – 3 Ansehen. – 4 ebenso ist. – 5 Förderung. – 6 hier: Gottesreiches. – 7 Drachen. – 8 Verderbnis. – 9 gelungen. – 10 denen du aufs härteste zugesetzt hast.

tief einreißen, so willt du deinen Namen, da er am ärgsten ist, einen andern, dem die Welt vorhin feind ist, auflegen und dich schöne brennen[1], wie der Teufel pflegt, daß ja niemand deiner Bosheit offenlich innen werde. Darum nennet dich der Prophet (Ps. 91) einen Basiliscum, Dracken, Aspidem[2] und einen Lewen, darum, daß du mit deiner Vergift jetzt schmeichlest, jetz tobest und wütest, wie dein Art ist.

Der ungetadelte[3] Gottessohne hat die ehregeizigsten Schriftgelehrten dem Teufel die Bewährung vergleichet[4] und uns durch das Evangelion das Urteil zu richten[5] gelassen mit Verfassung[6] seines unbefleckten Gesetzes (Ps. 19). Ihre Begiere[7] waren zu eitel Totschlahen dürstig[8], dann sie sagten (Joh. am 11.): „So wir ihn lassen bezähmen[9], dann werden die Leute alle in[10] ihn glauben. Es wird ihm das Volk anhängen. Sehet, es lauft ihm schone mit großen Haufen zu. Werden wir ihn lassen seine Sach also hinausführen[11], so haben wir verloren, so sein wir arme Leut." Also kam auch Kaiphas, Doktor Lügner, und gab einen guten Rat seinen Fürsten. Do hat er die Sach wohl ausgerichtet. Er hätte Sorg für seine Landsleute hart bei Allstedt. Es ist nit anders in der Wahrheit, wie mir das ganze Land Gezeugnis gibt, das arme dürstige Volk begehrte der Wahrheit also fleißig, daß auch alle Straße voll Leute waren von allen Orten, anzuhören, wie das Amt, die Biblien zu singen und zu predigen, zu Allstedt angerichtet ward. Sollte er auch zubrechen[12], so könnte er's zu Wittenberg nit tun. Man sieht's in seiner Teutschen Meß wohl, wie heilig[13] er darauf war. Welches den Luther also sehre verdroß, daß er zum ersten[14] bei seinen Fürsten zuweg brachte, daß mein Amt nit sollte in Druck gehen. Do nun des wittenbergisch Papstes Gebot nit geachtet ward, gedachte er, harre, der Sache will ich

1 rein waschen. – 2 Otter. – 3 untadelige. – 4 mit Erfolg verglichen. – 5 Erkenntnis zum Richten. – 6 unter Einbeziehung. – 7 (der Juden) Begierden. – 8 nur darauf gerichtet, ihn (Christus) totzuschlagen. – 9 gewähren. – 10 an. – 11 vollenden. – 12 zerspringen. – 13 eifersüchtig. – 14 erst, anfänglich.

wohl raten[1], daß ich die Wallfahrt zu Trümmer verstöre. Der Gottlose hat einen spitzfündischen Kopf, sölich Dinge auszutrachten[2] (Ps. 36). Dann seine Anschläg waren auch also, wie du merken kannst, seine Lehre aufzubringen[3] durch der Laien Haß wider die Pfaffen. Hätte er einen zu strafen rechte Liebe gehabt, so hätte er sich jetz nit an die Statt des Papsts gesetzt, und den Fürsten würde er nit heuchlen, wie du klärlich siehst beschrieben Psalm 10. Er hat denselbigen Psalm gar hübsch von ihm selber[4] und nit allein vom Papst verdolmetscht[5] und will Sant Peter und Paul zu Bütteln machen, seine Diebhenker damit verfechten[6].

Der Doktor Lügner ist aber ein einfaltiger Mann, daß er schreibt, das Predigen soll man mir nit wehren. Oder[7] do sollt ihr darauf sehen, spricht er, daß der Geist zu Allstedt die Fauste stillehalte. Sehet, lieben Brüder Christi, ob er nit gelehrt sei. Ja, freilich ist er gelehret, es wird's die Welt noch in zwei oder drei Jahren nit innenwerden, welch einen mörderischen, hinterlistigen Schaden er getan hat. Daß er aber also schreibt, do[8] will er seine Hände aufs unschuldigste waschen, daß niemand merken soll, daß er ein Verfolger der Wahrheit sei, dann er trotzet[9] darauf, daß sein Predigen darum das rechte Wort Gottes sei, daß es also groß Verfolgung trägt[10]. Es nimmt mich auch sehre wunder, wie es der ausgeschämte Münch tragen kann, daß er also greulich verfolgt wird bei dem guten Malmasier und bei den Hurnköstlein. Er kann nit anders tun, dann der Schriftgelehrten Art ist (Joh. 10). „Um deines guten Werks willen wöllen wir dir nichts tun, aber um der Lästerung willen wöllen wir dich mit Steinen zu Tod werfen." Also sprachen sie zu Christo wie dieser wider mich, nit ums Predigens willen, sonder ums Aufruhrs willen soll man dich vertreiben.

Allerliebsten Brüder! Es ist wahrlich nit ein schlechte Sach, die jetzt zur Zeit gehet. Ihr seid zumal ohn Urteil der-

1 Rat schaffen. – 2 auszusinnen. – 3 emporzubringen. – 4 auf sich selbst. – 5 auf den Papst übersetzt und ausgelegt. – 6 verteidigen. – 7 aber. – 8 damit. – 9 pocht. – 10 hervorruft.

selbigen[1]. Ihr wähnet, so ihr den Pfaffen nit mehr gebet, es sei ausgericht[2]. Aber ihr wisset nit, wie ihr jetzt hundertmal, tausendmal ärger daran seid dann zuvor. Man wird euch fortan mit einer neuen Logiken bescheischen[3], mit Täuscherei des Wort Gottes. Ihr habt aber dargegen den Befehl Christi (Matth. 7). Den betrachtet von Herzen, so wird euch keiner betriegen, er sage oder schreib, was er will. Ihr müßt aber eben[4] darauf sehen, wie Paulus seine Korinthier warnet, sagende (2. Kor. 11): „Sehet, daß eure Sinne nit verruckt werden von der Einfältigkeit Christi[5]." Diese Einfältigkeit haben die Schriftgelehrten auf die „vollen Schätz göttlicher Weisheit" gezogen (Kol. 2) wider den Text 1. Mos. 3, da Gott Adam durch ein einiges Gebot warnte vorm zukünftigen Schaden, auf daß er durch der Kreaturen Lüste nit vermanchfältigt würde, sonder sich allein in Gott belüstigte, wie geschrieben: „In Gott sollt du dich belüstigen."

Ein große Ursach will der Doktor Lügner wider mich setzen, wie seine Lehre einfältig[6] ist, und meint, will's alls durchgrübeln[7]. Doch ist ihm zuletzt nichts gelegen am Predigen, denn es müssen Sekten sein, und bittet, der Fürst soll mir das Predigen nit wehren. Ich hab nit anderst gehofft, er würde mit dem Worte handelen, mich vor der Welt zu verhören[8] und sich auf den Plan stellen, nicht anders denn vom Wort handeln. So kehret er es um und will die Fürsten darzuhalten[9], wie es dann ein angelegter Karrn[10] war, auf daß niemand sagt: „Ei, wöllen sie dann nun selber das Evangelion verfolgen?" Sie sollen mich lassen predigen, mir das nit verbieten, aber die Hand soll ich stillhalten, auch in Druck zu schreiben [unterlassen]. Ja, das ist ein feine Sach gleich wie mit den Juden, sagende: „Um deiner guten Werk willen tun wir dir nichts, aber ums Lästern wil-

1 ohne die richtige Meinung darüber. – 2 getan. – 3 scholastischen Lehre bescheißen. – 4 ebenso. – 5 eindeutigen Richtung auf Christi. – 6 falls seine Lehre redlich. – 7 durchwühlen, herausgraben. – 8 anzuhören. – 9 vorschieben. – 10 abgekartetes Spiel.

len." Die rechten frummen Leut sageten, wann einer schon einen Eid täte, wann er nit bei der Gabe des Altars[1] schwür, so hindert es gar nichts. Derselbigen Tück brauchten sie gar mächtig viel (Matth. 23, Luk. 11), noch[2] waren sie frumm Leute, ja, sie schadten nit, so du nur glaubest, muß man[3] der Schwachen verschonen.

Die Lästerung möchte den Juden nit zu Herzen gehn, wie du aus dem Evangelion greifen[4] kannst. Auch ging sie das gute Werk uberall nit fast an[5] wie auch den Luther. Darum warf ihn' Gott für[6] das Werk Abrahams (Joh. 8). Es war aber in den Juden ein grimmiger Haß, die sich wollten schöne brennen vor den Leuten, wie jetz Jungfrau Mertin tut, ach, die keusche babylonische Frau (Offb. 18). Er will's alles von 's Worts wegen handeln und will am Wort nit anfahen, meine Sach zu rechtfertigen oder verdammen, nur schlecht Ursach machen[7] bei den Großen, daß ja niemand meiner Lehre folge, dann sie ist aufrührisch. Wer hie ein rein Urteil haben will, der muß den Aufruhr nit lieben, auch muß er füglicher[8] Empörung nit feind sein. Er muß ein ganz vernünftiges Mittel halten. Sonst muß er meine Lehre anderst zuviel hassen oder zu hoch lieben nach seiner Gelegenheit, des ich nimmermehr begehrn will.

Es wäre wohl forderlicher, daß ich mit guter Lehre das arme Volk unterrichtete, dann daß ich mich mit dem lästerlichen Münche soll [in Streit] verwicklen, nachdem er[9] will ein neuer Christus sein, welcher mit seinem Blut für die Christenheit viel Guts erworben hat. Und denn noch um einer feinen Sach willen: daß die Pfaffen mögen Weiber nehmen, was soll ich darauf antworten? Ich werde vielleicht nichts finden, denn du hast dich allenthalben (wie du dich dunken läßt) bewahret[10]. Sieh, wie fein hast du die armen Pfaffen in der Erklärung Kaiserlichs Ersten Mandats auf die

1 Sakraments. – 2 dennoch. – 3 man müsse. – 4 ersehen. – 5 berührte sie das gute Handeln überhaupt nicht sehr. – 6 hielt ihnen Gott vor. – 7 in ein schlechtes Licht setzen. – 8 rechtmäßiger. – 9 da er nun einmal. – 10 vorgesehen.

Fleischbank geopfert, do du sprichst, es würde uber sie [er]gehn etc., auf daß dein angefangne Lehre nit gerechtfertigt sollt sein[1]. Dann mit Heucheln wöllest du es gerne zulassen, daß sie immer hin[weg]genommen würden. So würdest du dann immer neu Märterer gemacht haben und hättest ein Liedlein oder zwei von ihnen gesungen. Dann wärst du allererst ein bestätigter[2] Seligmacher worden. Freilich würdest du dann auch singen auf deine Weis: „Nunc dimittis" etc., und daß sie dir alle nachsüngen: „Münch, willt du tanzen, so hofiert dir die ganz Welt."

Bist du aber ein Seligmacher, so mußt du je aber wahrlich ein wunderlicher Seligmacher sein. Christus gibt den Preis seinem Vater (Joh. 8) und sagt: „So ich meine Ehre suche, so ist sie nichts." Aber du willt von den' von Orlamünde haben, einen großen Titel. Du nimmst und stiehlest (wie des Kulkraben Art ist) den Namen Gottes Sohne und willt von deinen Fürsten Dank verdienen. Hast du nit gelesen, du hochgelehrter Bube, wie Gott durch Jesajam sagt am 42. Kap.: „Ich will meinen Preis niemand geben"? Kannst du nit die guten Leut nennen, wie Paulus Festum in Geschichten der Aposteln am 25. Kap.? Warum heißt du sie die durchläuchtigen Fürsten? Ist doch der Titel nit ihr', ist er doch Christi (Hebr. 1, Joh. 1 und 8). Warum heißt du sie hochgebornen? Ich meinte, du wärest ein Christ, so bist du ein Erzheid, machest Joves und Musas daraus. Vielleicht nit aus der Scham der Weiber, wie Weish. am 7. Kap., sonder aus der Stirn geboren? Ei, zuviel, zuviel![3]

Schäme dich, du Erzbube! Willt du dich mit der[4] irrenden Welt Heuchlen zuflicken[5] (Luk. 9) und[6] hast alle Menschen wöllen rechtfertigen? Du weißt aber wohl, wen du sollt lästern: die armen Münch und Pfaffen und Kaufleut können sich nit wehren, darum hast du sie wohl zu schelten. Aber die gottlosen Regenten soll niemand richten, ob sie schon

1 zur Rechenschaft gezogen werden sollte. – 2 ein ganz richtiger. – 3 Was zuviel ist, ist zuviel. – 4 vor der. – 5 mit Kriecherei einschmeicheln. – 6 indem du.

Christum mit Füßen treten. Daß du aber den Baurn sättigst, schreibest du, die Fürsten werden durch das Wort Gottes zu Scheitern[1] gehn, und sagest in deiner Gloß uber das neulicheste Kaiserlich Mandat: Die Fürsten werden von dem Stuhl gestoßen. Du siehst sie auch an vor Kaufleut. Du solltest deine Fürsten auch bei der Nasen rucken, sie haben's wohl viel höher dann vielleicht die andern verdienet. Was lassen sie abgehn[2] an ihren Zinsen und Schinderei etc.? Doch daß[3] du die Fürsten gescholten hast, kannst du sie wohl wieder Muts[4] machen, du neuer Papst, schenkest ihn' Klöster und Kirchen, do sein sie mit dir zufrieden. Ich rat dir's! Der Bauer möcht sonst zufallen[5]! Das du aber willt immer vom Glauben sagen und schreibst, daß ich unter deinen Schirm und Schutz will wider dich fechten, do siehet man mein Biederkeit und dein Torheit. Unter deinem Schirm und Schutz bin ich gewesen wie das Schaf unterm Wolf (Matth. 10). Hättest du darselbst nit größer Macht uber mich gehabt denn andestwo? Könntest du das nit bedenken, was noch daraus erwachsen würde? Darum war ich in deinem Fürstentum, daß du keine Entschuldigung haben solltest. Du sprichst unter unserm Schirm und Schutz. Oho, wie läßt du dich merken! Ich meine[6], du seiest Fürste mit! Was darfest du dich mit dem Schirm und Schutz aufblasen? Hab ich doch in allen Sendbriefen seinen Schirm und Schutz nit wöllen haben. Ich hab begehrt, daß er sein eigen Volk nit wollte scheu machen von des Ziegenstalls wegen und der Marien Bildnis zu Malderbach. Darum er wollt in Flecken und Städtlein fallen und nicht ansehen[7], daß die armen Leut Tag und Nacht mußten in Fährlichkeit[8] sitzen ums Evangelions willen. Meinst du, daß ein ganz Land nit weiß, wie sie schirmen oder schützen? Genad Gott der Christenheit, hat sie nit ihn zum Schutzer, der sie geschaffen hat (Ps. 111).

Du sagest, ich sei drei Jahr vertrieben und herumherge-

1 zugrunde. – 2 ermäßigen sie. – 3 wenn. – 4 wohlgesinnt. – 5 rasch bei der Hand sein. – 6 glaube fast. – 7 berücksichtigen. – 8 Gefahr.

laufen, und sprichst, ich klag von viel Leiden. Sieh, wie es zusammenstimmt! Du hast mich mit deiner Federn gegen[1] manchem Biedermanne belogen[2] und geschmähet, wie ich dir's kann nachbringen[3]. Du hast mich mit deinem Lästermaul offentlich einen Teufel gescholten. Ja, du tust allen Widersachern also. Was kannst du anderst dann der Kulkrabe, schreit [auch nur] seinen eigen Namen aus. Du weißt auch wohl mit deinem ungebraten Lorenzen zu Nordhausen, was den Mißtätern schon zu Lohn gegeben, mich zu töten etc. Du bist kein mörderischer oder aufrührischer Geist, aber du hetzest und treibest wie ein Hellhund, daß Herzog Jörge dem Fürsten Friedrichen soll ins Land fallen und also den gemeinen Fried aufheben. Noch machst du keinen Aufruhr. Du bist die ertige[4] Schlange, die uber den Felsen hupfet (Spr. 30). Christus saget Matthäi 10 und 23: „So sie euch in einer Stadt verfolgen, fliehet in die andern." Aber dieser Bot[5], des Teufels sicherlicher[6] Erzkanzler, saget, so ich vertrieben bin, sei ich ein Teufel, und er will's beweren (Matth. 12) und erlangt[7] den Verstand wider den Heiligen Geist, den er bespottet, hauet darüber sich in die Backen[8] (Ps. 27).

Viel unnutz Gespeis und Spott machet er aus göttlichem Wort und spricht, ich heiß es ein himmelische Stimme, und die Engel reden mit mir etc. Antwort: Was der allmächtig Gott mit mir machet oder redet, kann ich nit viel Rühmens von, dann allein, was ich durchs Gezeugnis Gottes dem Volk aus der Heilige Schrift vorsage, und will ob Gott Will[9] meinen Dunkel[10] nit predigen. Tu ich's aber, so will ich mich von Gott und durch seine lieben Freunde gern lassen strafen und ihnen urbütig[11] sein, aber dem Spotter bin ich gar nichts schuldig (Spr. 9). Soll ich doch den Häher nit essen (3. Mos. 11), des gottlosen Spotters Unflat nit in mich

1 gegenüber. – 2 verleumdet. – 3 nachweisen. – 4 geschickte. – 5 Apostel. – 6 wahrhaftiger. – 7 begreift. – 8 schlägt sich selbst ins Gesicht. – 9 über Gottes Willen. – 10 Dünkel. – 11 erbötig (zur Verantwortung).

ziehen. Mich wundert deines rechten Musters,[1] nachdem[2] du aus dem Harz bist, möchtest die Geheimnis göttlichs Wortes nit ein himmelische Sackpfeifen heißen? Do hätte dir dann der Teufel, dein Engel, dein Liedlein aufgepfiffen: „Münich, willt du tanzen, so hofiern dir die Gottlosen alle.“

Ich sag[3] von göttlichem Worte mit seinen manchfältigen Schätzen (Kol. 2), weliches Moses im 5. Buch am 30. Kap. anträgt[4], zu lernen, und Paulus zun Römern am 10. Der 85. Psalm sagt, wie es soll gehört werden von denen, die sich von ganzem Herzen bekehren und in der Lehre des Geists alle Urteil[5] von der Barmherzigkeit und Gerechtigkeit Gottes gleich erstrecken. Du aber leugnest das rechte Wort und hältest der Welt nur den Schein für. Darum machest du dich gröblich zu einem Erzteufel, daß du aus dem Text Jesajä ohne allen Verstand Gott machest zur Ursach des Bösens. Ist das nit die allergrausamste Strafe Gottes uber dich? Noch bist du verblendet, und du willt doch auch der Welt Blindenleiter sein und willt es Gott in Busem stoßen[6], daß du ein armer Sünder und ein giftiges Würmlein bist mit deiner beschissen Demut. Das hast du mit deinem fantastischen Verstand angericht aus deinem Augustino. Wahrlich ein lästerliche Sach von freiem Willen, die Menschen frech zu verachten!

Du sagest, ich wöll es stracks mit Gewalt gelaubt haben und wöll niemand zu bedenken Zeit geben. Ich sage mit Christo: „Wer aus Gott ist, der höret seine Wort.“ Bist du aus Gott? Warum hörest du es nit? Warum verspottest du es und richtest das, das du nit befunden hast? Willt du nun erst darauf sinnen, welches du andere Menschen sollest lehren? Du solltest viel billiger ein Krümmer denn ein Richter heißen. Das wird die arme Christenheit wohl innenwerden, wie richtig dein fleischlicher Verstand wider den unbetrieglichen Geist Gottes gehandelt hat. Laß dir Paulum das Ur-

1 Mich verlangt dein eigentliches Vorbild zu wissen. – 2 in Anbetracht dessen, daß. – 3 künde. – 4 vorträgt. – 5 allen Ansprüchen. – 6 zur Last legen.

teil sagen (2. Kor. 11). Du hast allezeit mit Einfältigkeit (durch eine Zwiebeln angezeigt, die neun Häut hat) gehandelt, alles nach der Fuchsart. Sieh, bist du doch zum Brandfuchs[1] worden, der vorm Tage heißer billet[2]. Und nun die rechte Wahrheit will aufgehn, willt du die Kleinen und nit die Großen schelten, du tust gleich, wie wir Teutschen sagen: Du steigst in Brunn, wie der Fuchs in den einen Eimer trat und fraß die Fische. Darnach locket er dem unsinnigen[3] Wolf in den Brunn in andern Eimer. So fähret er empore, und der Wolf bleibet darunter. Also werden die Fürsten, die dir folgen, auch bestehn und die edlen Strauchhähnlin[4], welch du an die Kaufleut hetzest. Hesekiel gibt das Urteil vom Fuchs am 13. Kap. und am 34. von den Bestien, wilden Tieren, die Christus Wölf nennet (Joh. 10). Den' allen wird's gehn wie den gefangen Füchsen (Ps. 73). Wenn die Leut werden erst anfangen, aufs Licht zu warten[5], so werden die kleinen Hündlein (Matth. 15. Kap.) zun Füchsen ins Loch laufen. Do werden sie nit mehr können denn ein wenig vorn ins Maul beißen. Der frisch Hund aber schüttelt dem Fuchs das Fell. Er muß aus dem Loch. Er hat der Hühner genug gefressen. Sieh, Merten[6], hast du diesen Braten nicht gerochen vom Fuchs, den man zu Herrenhof für einen Hasen den unerfahrnen Wildschützen gibt? Du Esau hast es wohl verdienet, daß dich der Jakob verdrucke[7]. Warum hast du dein Recht um deiner Suppen willen verkauft?

Hesekiel saget dir's am 13. und Micha am 3.: Du hast die Christenheit mit einem falschen Gelauben verwerret und kannst sie, nun die Noet hergehet[8], nit berichten. Darum heuchelst du mit[9] den Fürsten. Du meinst aber, es sei gut worden, so du einen großen Namen uberkommen hast, und kummest ahne Ende[10], wie du zu Leipzig vor der allerfährlichesten Gemein gestanden bist. Was willt du die Leute

1 hier: wütender Fuchs. – 2 bellt. – 3 unverständigen, dummen. – 4 Strauchritter. – 5 achten. – 6 Martin. – 7 verdränge. – 8 Not herankommt. – 9 kriechst du vor. – 10 unaufhörlich.

blind machen? Dir war also wohl zu Leipzig. Fuhrest du doch mit Nägelenkränzlen[1] zum Tor hinaus und trunkest des guten Weins zum[2] Melchior Lotter. Daß du aber zu Augsburg warest, möchte dir zu keiner Fährlichkeit gelangen, dann Stupicianum Oraculum[3] stund hart bei dir. Er möchte dir wohl helfen. Aber jetzt ist er von dir abgewichen und ein Abt worden. Ich hab sicherlich Sorg, du werdest ihm folgen. Der Teufel steht wahrlich nit in der Wahrheit. Er kann seiner Tück nit lassen. Doch er forchtet sich im Büchlein vom Aufruhr vor der Prophezei seines Greuels. Darum saget er auch von den neuen Propheten wie die Schriftgelehrten wider Christum (Joh. 8. Kap.). Darum hab ich fast das ganz Kapitel zum gegenwärtigen Urteil[4] genützt. Paulus sagt von Propheten (1. Kor. 14): „Ein rechter Prediger muß ja ein Prophet sein, wann es die Welt noch also spöttisch dunket." Es muß die ganz Welt prophetisch sein, soll sie anders urteilen uber die falschen Propheten. Wie willt du die Leute [be]urteilen, so du dich im Münchkalbe des Amts [ent]äußerst? Daß du sagest, wie[5] du mich ins Maul geschlagen hast, redest du die Unwahrheit. Ja, du leugst in deinen Hals spießtief. Bin ich doch in sechs oder sieben Jahren nit bei dir gewesen. Hast du aber die guten Brüder zu Narren gemacht, die bei dir gewesen, das muß freilich an Tag kommen. Es wird sich auch anderst nit reimen. Du solltest die Kleinen nit verachten (Matth. 18).

Uber deinem Rühmen möchte einer wohl entschlafen vor deiner unsinnigen Torheit. Daß du zu Worms vorm Reich gestanden bist, Dank hab der deutsch Adel, dem du das Maul also wohl bestrichen hast und Hönig gegeben. Dann er wähnete nit anderst, du würdest mit deinem Predigen beheimische Geschenk geben, Klöster und Stift, welche du itzt den Fürsten verheißest. So du zu Worms hättest gewankt, wärest du ehe erstochen vom Adel worden dann los-

1 Nelkenkränzlein. – 2 beim. – 3 Staupitz als Orakel. – 4 d. h. als Verurteilung Luthers. – 5 wenn du sagst, daß.

gegeben. Weiß doch ein jeder! Du darfst [es] wahrlich dir nit zuschreiben, du wolltest dann noch einmal dein edels Blut, wie du dich rühmest, darum wagen. Du gebrauchest doselbst mit den Deinen wilden Tück und Liste. Du ließest dich durch deinen Rat gefangennehmen und stellest dich gar unleidlich. Wer sich auf deine Schalkheit[1] nit verstünde, schwür wohl zun Heiligen, du wärest ein frümmer Mertin. Schlaf sanft, liebes Fleisch! Ich rüche dich lieber gebraten in deinem Trotz durch Gottes Grimm im Hafen oder Topf beim Feur (Jer. 1). Dann, in deinem eigen Sötlein[2] gekocht, sollte dich der Teufel fressen (Hes. 23). Du bist ein eselisch Fleisch, du würdest langsam gar werden und ein zähs Gerichte werden deinen Milchmäulern.

Ihr allerliebsten Brüder in Christo! Ich bin zum Anfang des Zanks müde worden um der unausschlaglichen[3] Ärgernis des armen Haufens. Hätte aber mich Doktor Lügner predigen lassen oder mich vorm Volk uberwunden oder seine Fürsten, do ich zu Weimar vor ihnen war, lassen richten, do sie mich durch Antragen desselben Münichs[4] fragten, so wollte ich viel lieber dieser Sach müßig gangen sein[5].

Es ward endlich beschlossen, der Fürst wollte den ernsten Richter zum Jüngsten Tag die Sach lassen hinausführen[6]. Er wollt den Tyrannen nit wehren, die ums Evangelions willen wollten in sein Pfleg fallen[7]. Es wäre fein, wenn es auch dem Gericht befohlen würde. So würden's die Bauern wohl[8] sehen. Es wäre fein Ding, daß man es alles aufs Jüngste Urteil zöge[9]. So hätten die Bauern auch gute Sach[10]. Wann sie sollten recht tun, sprächen sie: „Ich spar's für den Richter." Aber die Rute der Gottlosen ist dozwischen das Mittel[11].

Do ich heimkam von der Verhörung zu Weimar, meinte ich zu predigen das ernste Wort Gottes. Do kamen meine

1 Bosheit. – 2 Sud, Saft. – 3 unvermeidlichen. – 4 auf Antrag Luthers. – 5 überhoben gewesen sein. – 6 entscheiden. – 7 in seinen Amtsbereich einfallen. – 8 gern. – 9 hinauszögere. – 10 Vorwand. – 11 die Vermittlung.

Ratsherren und wollten mich den höchsten Feinden des Evangelii uberantworten[1]. Do ich das vernahm, war meines Bleibens nimmer. Ich wischte meine Schuh von ihrem Staub, dann ich sah mit meinen sichtigen Augen, daß sie viel mehr ihre Eide und Pflichte dann Gottes Wort achteten. Sie nahmen [sich] für, zweien Herrn gegeneinander zu dienen, so ihnen doch Gott aufs allerscheinbarste beistund, der sie erlöset hat aus der Gewalt des Bärens und Lewens, hätte sie auch erlöset von der Hand Goliath (1. Sam. 17), wiewohl sich der Goliath auf sein Panzer und Schwert verließ. So wird's ihn der David wohl lernen[2]. Saul fing auch etwas Guts an, aber David nach langem Umtreiben[3] mußt es vollführen, welicher eine Figur deiner, o Christe, in deinen lieben Freunden, weliche du fleißig bewahrest ewig. Amen.

Anno MDXXIIII

Vulpis/ Fecisti merere mendaciter cor iusti: quem dominus non contristavit. Confortastique manus impiorum tuorum: ne revertantur a via sua mala: ob id peribis: et populus dei liberabitur a tyrannide tua. Tu videbis deum esse dominum. Ezechielis XIII. capitulo.

Das ist verdolmetscht: O Doktor Lügner, du tückischer Fuchs, du hast durch deine Lügen das Herz des Gerechten traurig gemacht, den Gott nit betrübt hat. Darmit du gestärkest hast die Gewalt der gottlosen Böswichter, auf daß sie je ja auf ihrem alten Wege bleiben. Darum wird dir's gehen wie einem gefangen Fuchs. Das Volk wird frei werden, und Gott will allein der Herr daruber sein!

1 gerichtlich übergeben. – 2 lehren. – 3 Umhergetriebensein.

An die Allstedter
Manifest an die Mansfeldischen Berggesellen

Die reinen Forcht Gottes zuvor, lieben Brueder. Wie lange slaft ihr, wie lang seid ihr Gott seins Willens nit geständig[1], darum, daß er euch nach eurem Ansehen[2] verlassen hat? Ach, wie viel hab ich euch das gesagt, wie es muß sein. Gott kann sich anderst nit offenbaren, ihr mußt gelassen stehen. Tuet ihr's nicht, so ist das Opfer, euer herzbetruebtes Herzeleid umsunst. Ihr mußt darnach von neuem auf wieder in Leiden kommen. Das sag ich euch, wollt ihr nit um Gottes Willen leiden, so mußt ihr des Teufels Märterer sein. Darum huet euch, seid nit also verzagt, nachlässig, schmeichelt nit länger den verkahrten Fantasten, den gottlosen Boswichtern, fanget an und streitet den Streit des Herren! Es ist hoch Zeit haltet eure Bruder alle darzu, daß sie gottlichs Gezeugnis nicht verspotten, sunst mussen sie alle verderben. Das ganze deutsche, franzosisch und welsch Land ist wag[3]. Der Meister will Spiel machen, die Böswichter mussen dran. Zu Fulda seind in der Osterwochen vier Stiftkirchen verwuestet. Die Bauern im Kleegau und Hegau, Schwarzwald seind auf, dreimal tausend stark, und wird der Hauf je länger je großer. Allein ist das mein Sorg, daß die närrischen Menschen sich verwilligen[4] in einen falschen Vertrag, darum, daß sie den Schaden nach nit erkennen.

Wann euer nur drei ist, die, in Gott gelassen, allein seinen Namen und Ehre suchen, werdet ihr hunderttausend nit furchten. Nun dran, dran, dran! Es ist Zeit! Die Boswichter seind frei verzagt wie die Hund. Regt die Bruder

1 Sinn: wie lange noch seid ihr nicht bereit, Gottes Willen auszuführen. – 2 euerer Meinung. – 3 unruhig, bewegt. – 4 einwilligen.

an, daß sie zur Fried kommen und ihr Bewegung Gezeugnis holen. Es ist uber die Maß hoch hoch vonnöten. Dran, dran, dran! Laßt euch nicht erbarmen, ab euch der Esau gute Wort furslägt[1] (1. Mos. 33). Sehet nit an den Jammer der Gottlosen! Sie werden euch also freundlich bitten, greinen, flehen wie die Kinder. Lasset euch nit erbarmen, wie Gott durch Mosen befohlen hat (5. Mos. 7), und uns hat er auch offenbart dasselb. Reget an in Dorfern und Städten und sonderlich die Berggesellen mit ander guter Burse[2], welche gut darzu wird sein. Wir mussen nit länger slafen.

Sieh, da ich die Wort schreib, kame mir Botschaft von Salza, wie das Volk den Amtmann Herzog Georgen vom Sloß lange weil[3] um des Willen, daß er drei hab heimlich wollen umbringen. Die Bauern vom Eisfelde seind ihr Junkern feind worden, kurz, sie wollen ihr kein Gnade haben. Es ist des Wesens viel euch zum Ebenbilde. Ihr mußt dran, dran, es ist Zeit. Balthasar und Barthel Krump, Valtein und Bischof, gehet vorne an den Tanz!

Lasset diesen Brief den Berggesellen werden. Mein Drukker wird kommen in kurzen Tagen, ich habe die Botschaft kriegen. Ich kann es itzund nit anders machen, sonst wollt ich den Bruedern Unterricht gnug geben, daß ihnen das Herz viel großer sollt werden dann alle Slosser und Rustung der gottlosen Böswichter auf Erden.

Dran, dran, dieweil das Feuer heiß ist. Lasset euer Schwert nit kalt werden, lasset nit verlähmen[4]! Schmiedet pinke-panke auf den Anbossen Nimrods, werfet ihne den Torm zu Bodem! Es ist nit mugelich, weil sie leben, daß ihr der menschlichen Forcht solltet leer werden. Man kann euch von Gotte nit sagen, dieweil sie uber euch regieren. Dran, dran, weil ihr Tag habt. Gott gehet euch vor, folget, folget! Die Geschichte stehen beschrieben Matth. 24, Hes. 34, Danielis 74, Esra 16, Offenbarung Joh. 6, welche Schrift alle Röm. 13 erkläret. Drum laßt euch nit abschrek-

1 wenn … vormacht. – 2 Gesellschaft. – 3 belangen will (?). – 4 werdet nicht ganz lahm.

ken. Gott ist mit euch, wie geschrieben 2. Chron. 20, 15–18. Dies sagt Gott: „Ihr sollt euch nit forchten. Ihr sollt diese große Menge nit scheuen, es ist nit euer, sondern des Herrn Streit. Ihr seid nit, die da streiten, stellet euch vor männlich. Ihr werdet sehen die Hulfe des Herren uber euch." Da Josaphat diese Worte horete, da fiel er nieder. Also tuet auch und durch Gott, der euch stärke ohne Furcht der Menschen im rechten Glauben. Amen.

Datum zu Muhlhausen im Jahre 1525

Thomas Muntzer,
ein Knecht Gottes wider die Gottlosen

Sendebrief zu Bekehrunge Bruder Ernstes zu Heldrungen

Die gestrackt[1] Kraft, feste Forcht Gottes und der beständige Grund seines gerechten Willens sei mit dir, Bruder Ernst. Ich, Thomas Muntzer, etwan Pfarrherr zu Allstedt, vermahne dich zum uberflussigen Anregen, daß du um des lebendigen Gottes Namen willen deines tyrannischen Wutens wollest mußig sein und nicht länger den Grimm Gottes uber dich erbittern. Du hast die Christen angefangen zu martern. Du hast den heiligen Christenglauben ein Buberei geschulten. Du hast die Christen unterstanden zu vertilgen. Sag an, du elender, dorftiger Madensack, wer hat dich zu einem Fursten des Volks gemacht, welichs Gott mit seinem teuren Bloet erworben hat? Du mußt und sollt beweisen, ob du ein Christen bist, du sollt und mußt deinen Glauben berechen[2], wie 1. Petr. 3 befohlen. Du sollt in wahrhaftiger Wahrheit gut sicher Geleit haben, deinen Glauben an den Tag zu bringen. Das hat dir ein ganz Gemein im Ringe zugesagt. Und sollt dich auch entschuldigen deiner uffenbarlichen Tyrannei, auch ansagen, wer dich doch also torstlich[3] gemacht, daß du allen Christen zu Nachteil unterm christlichen Namen willt ein solicher heidenischer Boswicht sein. Wirdest du außen bleiben und dich aufgelegter Sache nicht entledigen, so will ich's ausschreien vor aller Welt, daß alle Bruder ihr Blut getrost sollen wagen wie etwan wider den Turken. Da sollt du verfolget und ausgereutet[4] werden, dann es wird ein ider[5] viel emsiger sein, die do an dir Ablaß verdienen, dann vorzeiten der Papest gegeben. Wir wissen

1 unmittelbare. – 2 über deinen Glauben Rechenschaft ablegen. – 3 keck. – 4 ausgerodet, ausgerottet. – 5 jeder.

nichts anders an dir zu bekommen. Es will keine Scham in dich. Gott hat dich verstockt wie den Pharaonem, auch wie die Konige, weliche Gott wollt vertilgen (Josua 5. und am 11.). Sei es Gott ummer geklaget, daß die Welt deine grobe, puffel[1] wutende Tyrannei nicht ehe erkannt, wie hast du doch solichen merklichen unerstattlichen Schaden tan, wie mag man sich anderst dann Gott selbern uber dich erbarmen? Kurzum, du bist durch Gottes kräftige Gewalt der Verderbunge uberantwort. Wirst du dich nicht demutigen fur den Kleinen, so wird dir ein ewige Schande fur der ganzen Christenheit auf den Hals fallen und wirst des Teufels Marterer werden.

Daß du auch wissest, daß wir's gestrackten Befehl haben, sage ich: Der ewige lebendige Gott hat's geheißen, dich von dem Stuhl mit Gewalt, uns gegeben zu stoßen; dann du bist der Christenheit nichts nutze. Du bist ein schadlicher Staupbesem[2] der Freunde Gottes. Gott hat von dir und von deinesgleichen gesaget Hesekiel am 34. und am 39., Danielis 7., Michaä 3. Abdias der Prophet saget, dein Nest muß zerrischen[3] und zerschmettert werden.

Wir wollen dein Antwort nach heinet[4] haben ader dich im Namen Gottes der Scharen heimsuchen, da wiß dich nach zu richten. Wir werden unverzuglich tun, was uns Gott befohlen hat. Tu auch du dein Bestes. Ich fahr daher.

Gegeben zu Frankenhausen freitags nach Jubilate, anno domini 1525

Thomas Muntzer
mit dem Schwert Gedeonis

1 pöbelhafte. – 2 Züchtigungsrute. – 3 zerrissen. – 4 heute.

DIE GRUNDLICHEN
UND RECHTEN HAUPTARTIKEL
ALLER BAURSCHAFT ...

Die grundlichen[1] und rechten Hauptartikel aller Baurschaft und Hintersässen der geistlichen und weltlichen Oberkeiten, von wölchen sie sich beschwert vermeinen

Dem christlichen Leser Fried und Gnad Gottes durch Christum. Es sein viel Widerchristen, die jetzund von wegen der versammleten Baurschaft das Evangelion zu schmähen Ursach nehmen, sagend: „Das sein die Frücht des neuen Evangelions? Niemand gehorsam sein, an allen Orten sich emporheben und aufbömen[2], mit großem Gewalt zuhauf laufen und sich rotten, geistlich und weltliche Oberkeiten zu reformieren, auszureiten[3], ja, vielleucht gar zu erschlagen?“ Allen diesen gottlosen frevenlichen Urteilern antwurten diese nachgeschriebne Artikel. Am ersten, daß sie diese Schmach des Wort Gottes aufheben. Zum andern die Ungehorsamigkeit, ja, die Empörung aller Bauren christenlich entschuldigen[4]. Zum ersten ist das Evangelion nit ein Ursach der Empörungen oder Aufruhren, dieweil es ein Rede ist von Christo, dem verheißne Messia, welchs Wort und Leben nichts dann Liebe, Friede, Gedüld und Einigkeiten lernet, also daß alle, die in diesen Christum glauben, lieblich, friedlich, geduldig und einig werden. Sodann der Grund aller Artikel der Bauren (wie dann klar gesehen wird), das Evangelion zu hören und demgemäß zu leben, dahin gericht ist. Wie mügen[5] dann die Widerchristen das Evangelion ein Ursach der Empörung und des Ungehorsams nennen? Daß aber etlich Widerchristen und Feind des Evangelii wider söliche Anmutung und Begehrung sich löhnen[6] und aufbömen, ist das Evangelion nit Ursach, sonder

1 begründeten. – 2 aufbäumen. – 3 abzurechnen (?). – 4 rechtfertigen. – 5 können. – 6 auflehnen.

der Teufel, der schädlichst Feind des Evangelii, der solches durch den Unglauben in den Seinen erweckt, hiemite daß[1] das Wort Gottes (Liebe, Fried und Einigkeit lernend) untergedruckt und weggenommen wurde. Zum andern dann klar lauter[2] folget, daß die Bauren, in ihren Artikeln solches Evangelion zur Lehr und Leben begehrend, nit mügen ungehorsam, aufrührisch genennt werden. Ob aber Gott die Bauren (nach seinem Wort zu leben ängstlich rufend) erhören will, wer will den Willen Gottes tadlen? Wer will in sein Gericht greifen? Ja, wer will seiner Majestät widerstreben? Hat er die Kinder Israel, zu ihm schreiend, erhöret und aus der Hand Pharaonis erlediget[3], mag er nit noch heut die Seinen erretten? Ja, er wird s' erretten! Und in einer Kürz! Derhalben, christlicher Leser, soliche nachfolgend Artikel liese mit Fleiß, und nachmals urteil!

Hie nachfolgend die Artikel:

Der erst Artikel

Zum ersten ist unser diemütig Bitt und Begehr, auch unser aller Will und Meinung, daß wir nun fürohin Gewalt und Macht wöllen haben. Ein ganze Gemein soll ein Pfarrer selbs erwöhlen und kiesen, auch Gewalt haben, denselbigen wieder zu entsetzen[4], wann er sich ungebührlich hielt. Derselbig erwöhlt Pfarrer soll uns das heilig Evangeli lauter und klar predigen ohne allen menschlichen Zusatz, Lehr und Gebot, dann uns den wahren Glauben stets verkündigen, geit[5] uns ein Ursach, Gott um sein Gnad zu bitten, uns denselbigen wahren Glauben einbilden[6] und in uns bestätten[7]. Dann wann sein Genad in uns nit eingebildet wird, so bleiben wir stets Fleisch und Blut, das dann nichts nutz ist, wie klärlich in der Geschrift staht, daß wir allein durch den wahren Glauben zu Gott kommen kinnten und allein durch sein Barmherzigkeit selig müssen werden. Darum ist uns

1 wodurch. – 2 klar und eindeutig. – 3 befreit. – 4 abzusetzen. – 5 gibt. – 6 einprägen. – 7 bestätigen, befestigen.

ein sölicher Vorgeher[1] und Pfarrer vonnöten und in dieser Gestalt in der Geschrift gegrindt.

Der ander Artikel

Zum andern: Nachdem der recht Zehat[2] aufgesetzt ist im Alten Testament und im Neuen alls erfüllt, nichtsdestminder wöllen wir den rechten Kornzehat gern geben. Doch wie sich gebührt: demnach man soll ihn Gott geben und den Seinen mitteilen, gebührt es einem Pfarrer, so klar das Wort Gotts verkindt. Seien wir des Willen[3], hinfüro diesen Zehat unser Kirch-Pröpst, so dann ein Gemein setzt, sollen einsämmlen und einnehmen, darvon einem Pfarrer, so von einer ganzen Gemein erwöhlt wird, sein ziemlich[4] gnugsam Aufenthalt geben; ihm und den Seinen nach Erkanntnis einer ganzen Gmein. Und was überbleibt, soll man armen Dürftigen (so im selben Dorf verhanden seind) mitteilen, nach Gestalt der Sach und Erkanntnis einer Gemein. Was überbleibt, soll man behalten, ob man reisen[5] müßt von Landsnot wegen. Darmit man kein Landssteuer dürf[6] auf den armen Mann legen, soll man's von diesem Überschuß ausrichten. Auch ob Sach wäre, daß eins oder mehr Dörfer wären, die den Zehenten selbs verkauft hättent aus etlicher Not halben, dieselbigen so darum zu zeigen in der Gestalt haben von einem ganzen Dorf, der soll es nit entgelten, sonder wir wellen uns ziemlicherweis nach Gestalt der Sach mit ihm vergleichen, ihm solichs wieder mit ziemlicher Ziel[7] und Zeit ablösen. Aber wer von keinem Dorf solichs erkauft hat und ihre Vorfahren ihnen[8] selbs solchs zugeeigent haben, wöllen und sollen und seind ihnen nichts weiters schuldig zu geben, allein, wie ob[9] staht, unsern erwöhlten Pfarrer darmit zu unterhalten. Nachmalen[10] ablesen[11] oder den Dürftigen mitteilen, wie die Heilig Geschrift inhölt[12], sie seien geistlich oder weltlich. Den

1 Vorsteher. – 2 Zehnt. – 3 wir verlangen. – 4 angemessenen. – 5 zu Felde ziehen. – 6 braucht. – 7 Frist. – 8 sich. – 9 oben. – 10 nachher, hier: den Rest. – 11 ablösen. – 12 beinhaltet.

kleinen Zehat wöllen wir gar nit geben, dann Gott der Herr hat das Vieh frei dem Menschen beschaffen, daß wir für ein unziemlichen Zehat schätzen, den die Menschen erdicht[1] haben. Darum wöllen wir ihn nit weiter geben.

Der dritt Artikel

Zum dritten ist der Brauch bisher gewesen, daß man uns für ihr Eigenleut[2] gehalten haben, wölchs zu erbarmen ist, angesehen[3], daß uns Christus all mit seinem kostbarlichen Blutvergüßen erlöst und erkauft hat, den Hirten gleich als wohl als den Höchsten, kein' ausgenommen. Darum erfindt sich mit der[4] Geschrift, daß wir frei seien und wöllen sein. Nit daß wir gar frei wöllen sein, kein Oberkeit haben wellen, lernet uns Gott nit. Wir sollen in Geboten leben, nit in freiem fleischlichen Mutwillen, sonder Gott lieben, ihn als unsern Herren in unsern Nächsten erkennen und alles das ton, so wir auch gern hätten, das uns Gott am Nachtmahl[5] geboten hat zu einer Letz[6]. Darum sollen wir nach seinem Gebot leben. Zeigt und weist uns dies Gebot an, daß wir der Oberkeit nit ghorsam seien? Nit allein der Oberkeit, sunder wir sollen uns gegen jedermann diemütigen, daß wir auch geren[7] gegen unser erwählten und gesetzten Oberkeit (so uns von Gott gesetzt) in allen ziemlichen und christlichen Sachen geren gehorsam sein. Seien[8] auch ohn Zweifel, ihr werdent[9] uns der Eigenschaft[10] als wahr und recht Christen geren entlassen oder uns im Evangeli des berichten[11], daß wir's seien.

Der viert Artikel

Zum vierten ist bisher im Brauch gewesen, daß kein armer Mann nit Gewalt gehabt hat, das Wildbret, Gefligel oder Fisch in fließenden Wasser nit zu fahen zugelassen werden, welchs uns ganz unziemlich und unbrüderlich dunkt, sun-

1 ausgedacht. – 2 Leibeigene. – 3 angesichts dessen. – 4 belegt die. – 5 Abendmahl. – 6 Vermächtnis. – 7 gern. – 8 wir sind. – 9 werdet. – 10 Leibeigenschaft. – 11 darüber belehren.

der[1] eigennützig und dem Wort Gotts nit gemäß sein. Auch in etlichen Ortern die Oberkeit uns das Gewild zu Trutz und mächtigem Schaden haben, wir, uns das Unser (so Gott dem Menschen zu Nutz wachsen hat lassen) die unvernünftigen Tier zu Unnutz verfretzen mutwilliglich, leiden müssen, darzu stillschweigen, das wider Gott und dem Nächsten ist. Wann[2] als Gott der Herr den Menschen erschuf, hat er ihm Gewalt geben uber alle Tier, uber den Vogel im Luft und uber den Fisch im Wasser. Darum ist unser Begehren: wann einer Wasser hätte, daß er's mit gnugsamer Schrift[3] beweisen mag, daß man das Wasser ihn wissenlich also erkauft hätte, begehren wir ihm's nit mit Gewalt zu nehmen, sunder man müßt an christlich Einsehen darinnen haben von wegen brüderlicher Lieb. Aber wer nit gnugsam Anzeigen darum kann ton, soll's einer Gemein ziemlicherweis mitteilen.

Der funft Artikel

Zum fünften seien wir auch beschwert der Holzung[4] halb, dann unsere Herrschaften habent ihnen[5] die Hölzer alle allein geeignet, und wann der arm Mann was bedarf, muß er's um zwei[6] Geld kaufen, ist unser Meinung: was für Hölzer seien, es haben s' geistlich oder weltlich innen, die es nit erkauft haben, sollen einer ganzen Gemein wieder anheimfallen und einer Gemein ziemlicherweis frei sein, eim jedlichen sein Notdurft[7] ins Haus zu brechen[8] umsunst lassen nehmen, auch wann vonnöten sein wurde zu zimmern, auch umsunst nehmen, doch mit Wissen der, so von der Gemein darzu erwählt werden. So aber keins vorhanden wär dann das, so redlich erkauft ist worden, soll man sich mit denselbigen [Besitzern] briederlich und christelich vergleichen. Wann aber das Gut am Anfang aus ihnen selbs geeignet wär worden[9] und nachmals verkauft worden, soll

1 besonders. – 2 denn. – 3 urkundlich. – 4 Waldungen. – 5 sich. – 6 doppeltes. – 7 Notwendigstes. – 8 bringen. – 9 sie sich selbst angeeignet hätten.

man sich vergleichen nach Gestalt der Sach und Erkanntnis briederlicher Lieb und Heiliger Geschrift.

Der sechst Artikel

Zum sechsten ist unser hart Beschwerung der Dienst halben, wölche von Tag zu Tag gemehrt werden und täglich zunehmen. Begehren wir, daß man ein ziemlich Einsehen darein tu, uns dermaßen nit so hart beschweren, sonder uns gnädig hierinnen ansehen[1], wie unser Eltern gedient haben, allein nach Laut des Wort Gotts.

Der siebent Artikel

Zum siebenten: daß wir hinfüro uns ein[2] Herrschaft nit weiter wölle lassen beschweren, sonder wie's ein Herrschaft ziemlicherweis eim verleiht, also soll er's besitzen laut der Vereinigung[3] des Herren und Bauren. Der Herr soll ihn nit weiter zwingen noch dringen, mehr Dienst noch anders von ihm umsunst begehren, darmit der Baur solich Gut ohnbeschwert, also rüeblich[4] brauchen und [ge]nießen müg. Ob aber dem Herren Dienst vonnöten wären, soll ihm der Baur willig und gehorsam für ander[5] sein, doch zu Stund und Zeit, das dem Bauren nit zu Nachteil dien und ihme um einen ziemlichen Pfenning Dienst tun.

Der achtet Artikel

Zum achten sei wir beschwert und der[er] viel, so Güter innen haben, daß dieselbigen Güter die Gült[6] nit ertragen kinnten und die Bauren das Ihr darauf einbießen und verderben. [Wir wollen,] daß die Herrschaft dieselbigen Güter ehrbär Leut besichtigen lassen und nach der Billigkeit ein Gilt erschöpf[7], damit der Baur sein Arbeit nit umsunst tue, dann ein jedlicher Tagwerker ist seins Lohns wirdig.

1 dabei bedenken. – 2 von der. – 3 Vereinbarung. – 4 ruhig. – 5 wie bisher. – 6 Pachtzins. – 7 Pachtzins festsetze.

Der neunt Artikel

Zum neunten seien wir beschwert der großen Frevel, so man stets neu Satzung[1] macht, nit daß man uns straft nach Gestalt der Sach, sunder zuzeiten aus großem Neid und zuzeiten aus großem Gunst. Ist unser Meinung, uns bei alter geschriebner Straf strafen, darnach die Sach gehandelt ist, und nit nach Gunst.

Der zehent Artikel

Zum zehenten sei wir beschwert, daß etlich haben ihnen zugeeignet Wiesen, dergleichen Äcker, die dann[2] einer Gemein zugeherend. Dieselbigen werden wir wieder zu unsern gemeinen Handen nehmen. Es sei dann Sach, daß man's redlich erkauft hab. Wann man's aber unbilligerweis erkauft hätt, soll man sich gütlich und briederlich miteinander vergleichen nach Gestalt der Sach.

Der eilft Artikel

Zum eilften wellen wir den Brauch, genannt den Todfall[3], ganz und gar abtun haben, denn[4] nimmer leiden noch gestatten, daß man Witwen, Waisen das Ihr wider Gott und Ehren also schändlich nehmen, berauben soll, wie es an viel Orten (männigerleigestalt) geschehen ist. Und von den', so sie beschitzen und beschirmen sollten, hant sie uns geschunden und geschaben. Und wann sie wenig Fug hättent gehabt, hättent sie's gar genommen. Das Gott nit mehr leiden will, sunder soll ganz absein, kein Mensch nichts hinfiro schuldig sein zu geben, weder wenig noch viel.

Beschluß

Zum zwelften ist unser Beschluß und endliche Meinung: wann einer oder mehr Artikel, allhie gestellt (so dem Wort Gottes nit gemäß) wären, als wir dann nit vermeinen, dieselbigen Artikel woll man uns mit dem Wort Gotts für un-

1 gesetzliche Bestimmungen. – 2 aber. – 3 Erbschaftssteuer. – 4 und.

ziemlich anzeigen, wollt wir darvon abstohn, wann man's uns mit Grund der Schrift erklärt. Ob man uns schon etlich Artikel jetz zuließ und hernach sich befänd, daß unrecht wären, sollen sie von Stund an tot und absein, nichts mehr gelten. Dergleichen, ob sich in der Schrift mit der Wahrheit mehr Artikel erfunden, die wider Gott und Beschwernis des Nächsten wären, wöll wir uns auch vorbehalten und beschlossen haben und uns in aller christlicher Lehr ieben und brauchen. Darum wir Gott den Herren bitten wöllen, der uns dasselbig geben kann und sunst niemand. Der Fried Christi sei mit uns allen.

ANMERKUNGEN

HUTTEN

Ein neu Lied Herr Ulrichs von Hutten

Dieses an Volksliedformen angelehnte politische Lied erschien als Flugblatt im Großformat (Folio) im Jahre 1521.

Beklagunge der Freistädte deutscher Nation

Mit dieser Reimdichtung, die die Aussage der programmatischen „Klag und Vermahnung gegen dem übermäßigen, unchristlichen Gewalt des Papsts zu Rom und der ungeistlichen Geistlichen" (1520) fortsetzt, fordert Hutten die Städte zum Bündnis mit der Reichsritterschaft auf. Sie entstand und erschien 1522.

6 *Nemo* – (lat.) Niemand. Hutten hatte 1513 eine lateinische Dichtung unter diesem Titel veröffentlicht.
Tyrannen – Die Fürsten, die vertrieben werden müssen.
Reich – Herrschaft.

7 *Do noch ein Kaiser war im Reich* – Maximilian I. (1459–1519), seit 1493 deutscher Kaiser, setzte zur Erhaltung des „ewigen Landfriedens" Reichskammergerichte ein.
Dorft ... beschwert – Durfte jedermann in gleicher Weise Klage führen, sowie ihm Gewalt geschehen war.

8 *zŭ 's Kaisers Ehr* – zur Ehre der kaiserlichen Würde. Karl V., von 1519 bis 1556 Römischer Kaiser Deutscher Nation, erkaufte die Stimmen der Kurfürsten zur Kaiserwahl mit riesigen Summen. Das Geld schossen die Fugger vor.

9 *so staht der Fürsten Sach nach ihrem Rat* – Der Fürsten Sache steht so, wie sie es gemeinsam wollen.
zu Nürenberg im Regiment – Im September 1521 war das Reichsregiment eingesetzt worden, das während der Abwesenheit Karls V. die Regierung führte. Von seinen zweiundzwanzig Mitgliedern benannten die Städte achtzehn, der Kaiser vier. Sie waren nur auf den Kaiser, nicht auf das Reich vereidigt.

10 *„Möcht ich", sie sprechen, „... diese Stadt."* – „Könnte ich doch", sagen sie. „Mittel finden, daß diese Stadt mir dienstbar würde."
11 *Ich weiß ihr' einer, wird nit satt* – Gemeint ist Albrecht von Hohenzollern, der Erzbischof von Magdeburg, der sich 1514 auch das Amt des Erzbischofs von Mainz erkaufte.
12 *uber Meer* – Karl V. reiste im Herbst 1522 von Antwerpen aus zu Schiff nach Spanien.
13 *die Türken* – Die Türken hatten Belgrad und den größten Teil von Ungarn erobert und bedrohten das Reich.

Gesprächbüchlin Herr Ulrichs von Hutten

Von den Dialogen des Gesprächbüchleins erschien das „erst Feber" in lateinischer Fassung 1519, die übrigen folgten im April 1520. Sie sind also noch vor dem Erscheinen von Luthers großen Streitschriften verfaßt und publiziert. In deutscher Sprache wurden sie 1521 veröffentlicht.

Das erst Feber

15 *Kardinal Sant Sixten* – Jakob Cajetanus, eigentlich de Vio (1469 bis 1534), Dominikanergeneral, 1517 Kardinal, 1518 päpstlicher Legat auf dem Reichstag zu Augsburg.
16 *a latere* – (lat.) von der Seite.
19 *Heinrich Stromer* – Leibarzt Albrechts von Hohenzollern, des Mainzer Erzbischofs.
20 *Kurtisan* – Höfling am päpstlichen Hofe.
21 *Martialis* – Marcus Valerius Martialis (um 40–104), römischer Epigrammdichter. Zitat nach „Martialis gegen Bacchara", Epigramm VI, 59.
23 *aus der neuen Insel* – Gemeint ist Amerika.

Das ander Feber

27 *Pythagorici* – Griechische Philosophenschule im 5. und 4. Jahrhundert v. u. Z., die sich auf die Lehre des griechischen Philosophen und Mathematikers Pythagoras (6. Jahrhundert v. u. Z.) gründete. Sie enthielt mystische Züge, u. a. Vorstellungen der Seelenwanderung.
28 *Franzosen* – Die Syphilis.
32 *Plautus* – Titus Macchius Plautus (um 244 v. u. Z. bis um 184 v. u. Z.), römischer Komödiendichter. Das Zitat stammt aus der Komödie „Cistellaria" (Das Schmuckkästchen), Vers 205 ff.

35 *Turn Danaes* – Nach der griechischen Mythologie hat Akrisios seine Tochter Danae in einen Turm gesperrt, da ein Orakel ihm verkündet hatte, Danaes Sohn werde ihn töten. Zeus nahte sich ihr in Form eines Goldregens und zeugte mit ihr den Perseus. Dieser tötete später Akrisios beim Diskuswerfen.

36 *Menander* – Menandros (342–293 v. u. Z.), griechischer Komödiendichter.

die von Thespien – In Thespiä in Böotien wurde besonders Eros verehrt. Der Sage nach sollen Herakles in dieser Stadt fünfzig Jungfrauen in einer Nacht zugeführt worden sein, damit er mit ihnen kräftige Knaben zeuge.

37 *Seneca* – Lucius Annaeus Seneca (um 5 v. u. Z.–63 u. Z.), römischer Politiker, Philosoph und Dichter, Zitat nach „Briefe" 23, 9.

39 *den' von Ägyra* – Ägyra, eine Stadt in der Landschaft Achaia am korinthischen Meerbusen, war ebenfalls Kultstätte des Eros.

Herkules – Dem Herakles wurde vom Orakel zu Delphi Heilung vom Wahnsinn versprochen, wenn er sich auf drei Jahre als Sklave verdinge. Er wurde daraufhin Knecht der Omphale, Königin der Lydier.

40 *Demokrites* – Demokritos von Abdera (um 460 v. u. Z. bis um 370 v. u. Z.), griechischer Philosoph.

43 *des Papstes Callisti* – Calixtus II., Papst von 1119 bis 1124. Das Zölibat wurde bereits früher durchgesetzt.

46 *Ovidius* – Publius Ovidius Naso (43 v. u. Z.–18 u. Z.), römischer Dichter. Das Zitat stammt aus der „Liebeskunst" I, 729.

48 *Coloquintide* – Koloquinte, Früchte von Citrullus colocythidis, stark wirkendes Abführmittel.

50 *Wurst du meiden Müßiggang* ... – Nach Ovid, „Heilmittel gegen die Liebe", 139, und „Metamorphosen" I, 140

als Virgilius von den fruchtbaren und honigmachenden Bienen schreibt – Publius Vergilius Maro (70–19 v. u. Z.), römischer Dichter; gemeint ist das „Gedicht vom Landbau", 4. Gesang, Vers 168.

51 *Plutarchus* – Plutarchos (46– nach 120), griechischer Schriftsteller, bekannt durch seine Lebensbeschreibungen berühmter Männer.

52 *derselbig Prophet* – Altes Testament, Ps. 131 und 5.

ein ander Prophet – Altes Testament, Hes. 34, 5

Vadiscus oder Die römische Dreifaltigkeit

55 *Orator* – Rhetoriker, Redekünstler.

56 *Ab den Gott selbs einwohnet schon* – Und wenn Gott selbst darauf säße.

58 *solichs, wie du gesagt, also sein* – daß solches so ist, wie du gesagt hast.

hält hart bei demselbigen Namen – und erfüllt diesen Namen kaum, d. h. so wie die Zustände in Köln sind, kann man sie sicher nicht selig nennen.

60 *Cornelium Tacitum* – Publius Cornelius Tacitus (um 55 bis um 120), römischer Geschichtsschreiber, der in seiner Schrift „Germania" (98) der Sittenlosigkeit des entarteten Rom die unverdorbene, natürliche Lebensweise der Germanen entgegenhält.

Drucker – Johannes Schöffer.

61 *Papstes Legat* – Hieronymus Aleander (1480–1542), Präfekt der päpstlichen Bibliothek, außerordentlicher Nuntius bei Karl V.

Annaten – Abgaben eines Geistlichen an den Papst für die Verleihung einer Pfründe.

65 *französisch Joch* – Der Vatikan hatte die Wahl Franz' I. von Frankreich zum Kaiser unterstützt, nachdem Kurfürst Friedrich von Sachsen sich nicht zur Wahl stellte.

Relation – Bewertung.

Vergilius – Nach Vergil, Aeneis, 2. Buch, Vers 61f.

66 *Gratianus* – Flavius Gratianus (359–383), weströmischer Kaiser seit 375, bekämpfte die Arianer, eine christliche Sekte, die die Dreifaltigkeit der christlichen Lehre bezweifelte.

Buch Codicem – Gesetzessammlung.

Kaiser Leo – Leo VI. (866–912), byzantinischer Kaiser.

69 *So steht euch auch, Aufsehens zu haben* – So ist es euch auch gemäß, so paßt es zu euch, daß ihr darauf seht.

70 *Ein starker Fels … wegen läßt* – Nach Vergil, Aeneis, 6. Buch, Vers 471.

72 *Kurat* – Gehilfe des Pfarrers, der für den Pfründeninhaber den geistlichen Dienst verrichtet.

Fakultäten – Besondere Vollmachten.

Gratien – Zusagen einer Pfründe.

Reservation – Vorbehalt des Papstes, verliehene Ämter abzuerkennen und anderen zu verleihen.

Rota – Sacra Romana Rota, oberster päpstlicher Gerichtshof für kirchliche Zivil- und Strafprozesse.

Heiligtum – Reliquien der Heiligen.

75 *Simon* – Simon Magus wollte von den Aposteln die Mitteilung des Heiligen Geistes für Geld erwerben. Nach ihm wird der Ämterverkauf als Simonie bezeichnet (Neues Testament, Apostelgesch. 8, 18ff.).
Domitianus – Titus Flavius Domitianus (51–96), seit 81 römischer Kaiser, wurde wegen seiner Grausamkeit von Verschwörern ermordet.
Übergebung, die ihn' Kaiser Constantinus ... – Die sogenannte Konstantinische Schenkung (vgl. Einleitung, S. XXII).
76 *Julius' Gezeiten* – Zeiten Julius' II. (1443–1513), seit 1503 Papst; er führte gegen Frankreich und Venedig Krieg.
Drances zum Turno – Gestalten aus der Aeneis von Vergil; vgl. 11. Buch, Vers 360ff.
79 *Innocentius* – Innozenz VI., Papst von 1352 bis 1362, krönte Karl. IV. 1355 zum römischen Kaiser.
80 *Scipion ... Marien* – Namen römischer Geschlechter, deren Angehörige sich vor allem durch „Tugend" und Rechtschaffenheit auszeichneten.
Vitellien ... Domitiani – Römische Kaiser, die wegen ihrer Grausamkeit und Tyrannei berüchtigt waren.
81 *Concilio Niceno* – Konzil von Nikäa 325. Dort wurde für den Bischof von Rom nur die Amtsgewalt über das weströmische Reich, nicht aber über die Bischöfe von Alexandrien, Antiochia und Konstantinopel bestätigt.
82 *Offizien* – Ämter und Vertreter der geistlichen Rechtsgewalt.
Julio – Julius II. Vgl. Anm. zu S. 74.
83 *Vicarius* – Stellvertreter.
Callistus – Calixtus II. Vgl. Anm. zu S. 43
Tiberium – Tiberius Claudius Nero (42 v. u. Z.–37 u. Z.), Stiefsohn und Nachfolger des Augustus, römischer Kaiser seit dem Jahre 14.
Spintrias – Spintrien, altrömische münzähnliche Gebilde mit sexuellen Darstellungen, vermutlich Bordellmarken.
84 *Diocletiano* – Gajus Aurelius Valerius Diocletianus (243–316), römischer Kaiser von 284 bis 305.
85 *Prytaneo* – Rathaus im alten Griechenland.
86 *Simon* – Vgl. Anm. zu S. 75.
Fürkauf – Vorkaufsrecht.
88 *Caudatarii* – (lat.) Schleppenträger.
einenunddreißig ganzer Kardinäl – Am 1. Juli 1517 ernannte Papst Leo X. einunddreißig Kardinäle auf einmal.
89 *Exspectativas* – (lat.) Anwärter auf eine Pfründe oder ein Amt.
Legaten von der Seiten – Gesandte mit besonderer Mission, wie z. B. Cajetan in Augsburg.

92 *die sich in der Sachen brauchen lassen, als die vorher tun* – die sich für die Sache verwenden lassen, alles, was die vorher tun, d.h. was zur Vorbereitung nötig ist.

93 *bei unserer Alten Gezeiten* – Diese Vorgänge spielten sich 1462 bis 1475 ab.

95 *griechisch Poet* – Diphilos aus Sinope, Komödiendichter in der zweiten Hälfte des 4. Jahrhunderts v. u. Z.

97 *des Papstes Monaten* – Auf Grund des Wiener Konkordats (1448) durfte der Papst in den ungeraden Monaten über alle frei werdenden Pfründe verfügen.

102 *irregularis* – (lat.) außer der Regel stehend.

103 *ordenliche Monate* – Gemeint sind die geraden Monate, in denen die Ämter und Pfründen durch Bischöfe, Kapiteln oder weltliche Fürsten verliehen wurden.

Gratiae expectativae – (lat.) Zusagen noch nicht erledigter Pfründen.

104 *Kommenden* – Die Einnahme von Einkünften eines Kirchenamts ohne dessen wirklichen Besitz durch Geistliche, die erledigte Kirchenämter bis zur Wiederbesetzung verwalten, oder durch belehnte Laien.

Regreß – Rückgabe, Rückerstattung.

Decisiones rotae – (lat.) Festlegungen, Entscheidungen des obersten päpstlichen Gerichts.

106 *Phisikant* – (alemannisch: Fisigug) Soviel wie naseweiser Tor, Dummkopf.

Beneficiat – Nutznießer eines Kirchengutes, einer Pfründe.

107 *Casus papales* – (lat.) Fälle, die der Entscheidung des Papstes vorbehalten sind.

108 *Paleas, Extravagantes, Declaratorias* – (lat.) Hinzufügungen und Ergänzungen zu den Dekreten.

111 *Pii des anderen* – Enea Silvio de' Piccolomini (1405–1464), bedeutender italienischer Humanist und Staatsmann, zunächst im Dienst Kaiser Friedrichs III., Gesandter auf dem Wiener Konkordat, seit 1458 als Papst Pius II.

117 *Protonotarien* – Eigentlich Notare der päpstlichen Kanzlei, vom Papst verliehener Ehrentitel, im Rang unmittelbar nach den Bischöfen stehend.

125 *Antoninum* – Antoninus (1389–1459), Erzbischof von Florenz. Der Dominikanerorden stellte den Antrag auf seine Heiligsprechung, die 1523 auch erfolgte.

126 *Mit Trotz sie schelten offenlich* ... – Nach Vergil, Aeneis, 11. Buch, Vers 337.

128 *Des Kriegs und Bzwangs* ... – Nach Vergil, Aeneis, 3. Buch, Vers 260f.

133 *als der Poet sagt* – Nach Vergil, Aeneis, 9. Buch, Vers 611ff.
Zu neuem Raub ... – Nach Vergil, Aeneis, 9. Buch, Vers 609.
Wir fielen es mit Woffen an ... – Nach Vergil, Aeneis, 3. Buch, Vers 222f.

134 *Bulla „Cene domini"* – Gemeint ist die Bulle „In coena domini", die seit Urban V. 1362 öfters wiederholte Bannbulle gegen die Ketzer.
Legätlin gesehen ein Rosen in Sachsen führen – Karl von Miltitz, vgl. Einleitung S. XIIf.

136 *Erst ist's ein menschlich Angesicht* ... – Nach Vergil, Aeneis, 3. Buch, Vers 426ff.

138 *Milesier* – Die Bewohner von Milet, einer Stadt in Kleinasien, an der Mündung des Mäandros gelegen, die im 7. Jahrhundert v. u. Z. als die mächtigste des ionischen Griechenlands galt.

139 *allerboshaftigst Sekt der Florentinier* – Gemeint sind die Medici, ein mächtiges geadeltes florentinisches Kaufmannsgeschlecht, dem Leo X. entstammte.

141 *Stromer* – Vgl. Anm. zu S. 19.

143 *Als reißend Wölf* ... – Nach Vergil, Aeneis, 2. Buch, Vers 356f.

Die Anschauenden

148 *Apollinem* – Apollon, Gott der Reinheit und des Lichts, der Poesie und der Wahrsagekunst.
Phöbum – Phoibos, der Glänzende, Beiname des griechisch-römischen Gottes Apollon.
Phaethon – Der Leuchtende, in der griechischen Mythologie Sohn des Helios, des Sonnengottes.

149 *Lucianus* – Lukianos (um 120–um 180), griechischer Satiriker; seine „Totengespräche" und „Hetärengespräche" regten Hutten zu dem „Gesprächbüchlein" an.
Lapithe – Die Erzählung vom Kampf der Kentauren und Lapithen auf der Hochzeit des Pirithoos schildert Ovid in den „Metamorphosen".

150 *Leontini* – Die Stadt Leontini in Sizilien war wegen ihres Reichtums berühmt.

151 *Columneser* – Marcus Antonius Colonna, zunächst im Dienste Julius' II., später der Habsburger, verteidigte mit seinem Heer Verona erfolgreich gegen Franz I. von Frankreich.
Bartolomeus del Viano – Bartolomeo d'Alvian, Kapitän der Signorie von Venedig, schlug mit seinem Heer 1508 die deutschen Truppen bei Cadore.

152 *Tervis* – Treviso.
unweislich verloren sie das – Verona wurde 1516 für 200000 Dukaten von Maximilian I. an Franz I. abgetreten.
158 *Fakultät* – Besondere Vollmachten.
159 *Lucilius* – Römischer Dichter (um 180–102 v.u.Z.), Begründer der römischen Satire, Zitat nach Satiren V.
160 *Sachsen* – Gemeint sind alle Norddeutschen.
Paphlagonia – Landschaft in Kleinasien. Die Paphlagonier galten bei den Griechen als dumm und abergläubisch.
162 *Gesetz Platonis* – In seiner Schrift über den Staat schlug Platon für die Regierenden und Krieger Güter- und Frauengemeinschaft vor.
163 *der von Lacedämone* – Der aus Lakedaimon, der Spartaner.
171 *griechisch Poet* – Gemeint ist Aristophanes (um 445 bis um 385 v.u.Z.), griechischer Komödiendichter; Zitat nach der Komödie „Plutos", Vers 559ff.

MÜNTZER

Fürstenpredigt

Vermutlich hat Herzog Johann, der Bruder und Mitregent von Kurfürst Friedrich dem Weisen, am 1. Juli 1524 eine Probepredigt bestellt, da Müntzer ohne kurfürstliche Bestätigung in Allstedt angestellt war. Müntzer hielt diese Predigt dann am 13. Juli vor Herzog Johann und seinem Sohn, dem kurfürstlichen Kanzler Dr. Gregor Brück und dem Rat Dr. Hans von Grefendorf. Unmittelbar danach ließ er sie in Allstedt drucken.

185 *verdolmetschet* – Müntzer las das 2. Kapitel Daniels aus dem Alten Testament nach dem lateinischen Text der „Vulgata" vor und übersetzte es, bevor er mit der Predigt darüber begann.
elenden – Hier wohl noch im Sinne „in der Fremde wohnend" gebraucht, aber in sinnbildlicher Übertragung: die Christenheit ist außerhalb ihrer selbst, ihrer eigentlichen Bestimmung, und deshalb ist sie sich fremd geworden.
Auserwählten Gottes – Hier das Volk Israel. Für seine Zeit betrachtet Müntzer die Armen und Unterdrückten als die von Gott für sein Reich Auserwählten.
186 *mit einem unaussprechlichen Scheine göttlichs Namens* – unter dem Deckmantel einer vorgespiegelten Gottesverehrung.
die christliche Kirch kann nit irren – Müntzer wendet sich hier gegen den Unfehlbarkeitsanspruch der Kirche und fordert wie

Luther, die Bibel als Grundlage für die Wahrheitsfindung zu nutzen.

186 *... erbauet werden* – Müntzer vertritt im Gegensatz zur christlichen Autoritätskirche die Auffassung, die göttliche Offenbarung sei kein abgeschlossener Vorgang. Gott spreche zu seinen Auserwählten und baue zusammen mit ihnen die lebendige Kirche immer aufs neue.

Unwissenheit – Nach Müntzers Auffassung weiß der Mensch nichts von Gott, wenn er ihn nicht in sich erfahren hat durch Schmerz, Leid und Trauer. In diesem Sinne ist „Unwissenheit" hier das fehlende Gotteserlebnis und die mangelnde Verbindung zum Göttlichen, eine Sünde, die erkannt werden muß.

... in die Herzen der Auserwählten – Müntzer fordert, daß der ganze Mensch von den Lehren Christi erfaßt, daß er durch diese Gottesbegegnung innerlich gewandelt wird und christlich lebt und handelt. Damit richtet er sich gegen jedes Wortchristentum, das ein bequemes Leben mit Bibelzitaten rechtfertigt. Dieses Verhalten wirft Müntzer auch Luther vor.

das Ihre – Ihren weltlichen Vorteil.

der Eckstein – Gemeint ist nach der biblischen Auffassung der Stein, von dem im Traum Nebukadnezars (Altes Testament, Dan. 2) die Rede ist. Er zermalmt die Statue, die die fünf Königreiche versinnbildlicht, und stellt das ewig währende Reich Gottes auf Erden dar, das an deren Stelle tritt.

187 *Regenten* – Die Regenten, deren Reich von dem Eckstein (d.i. die Kraft Gottes in den Auserwählten, Armen) zertrümmert werden wird, sind für Müntzer wegen ihrer Unterdrückung der Mitchristen Feinde des Evangeliums.

... zertrennten Welt – Das fünfte Weltzeitalter, im Traum Nebukadnezars durch die aus Eisen und Ton gemischten Füße der Statue versinnbildlicht, wird von Müntzer als das zu seiner Zeit herrschende kirchlich-feudale Zeitalter gedeutet.

Hegesippus – Hegesippus schrieb im 2. Jahrhundert fünf Bücher über die unverfälschte Überlieferung der apostolischen Predigt, von denen nur wenige Fragmente in der Kirchengeschichte des Eusebius von Caesarea (um 260–um 340), die Müntzer hier zitiert, erhalten sind.

... von der prächtigen Uppigkeit dieser Welt – Nach Müntzers Auffassung ist der schwelgerische Genuß am Verfall der Welt die Ursache dafür, daß Gott sich in Christi Gestalt opfern mußte und als der Stein, ohne Hände vom Berg gerissen (vgl. Anm. zu S. 186), wiederkehren wird.

188 *geschatzt* – Unter Kaiser Augustus (63 v. u. Z.–14 u. Z.) wurde eine Volkszählung durchgeführt, zu der sich jeder an seinen Geburtsort begeben mußte.
Amächtiger im Geist – Ein Ohnmächtiger, nicht Erleuchteter, damit Gottloser. Gemeint ist Augustus.
Schriftgelahrten – Müntzer vergleicht Luther und seine Anhänger, die die Erleuchtung durch den Geist ablehnen und sich stets auf den Wortlaut der Schrift berufen, mit den jüdischen Schriftgelehrten, die Jesus bekämpfte. Er bezeichnet die Verweltlichung der Kirche als eine zweite Passion.
Kunst Gottes – Ein aus der deutschen Mystik stammender Ausdruck für den mystischen Heilsweg, dessen einzelne Stationen in der „Ausgedrückten Emblößung des falschen Glaubens" deutlicher werden. Müntzer verwendet den Begriff polemisch gegen die „reine Lehre" Luthers.
… *verspottet wird mit dem teufelischen Meßhalten* – Müntzer wendet sich gegen das Abhalten der Messe in lateinischer Sprache, die niemand verstehe.

190 … *Kreaturenforcht* – Nach Müntzers Auffassung muß die Furcht (Ehrfurcht, Verehrung) Gottes frei sein von der Verehrung irdischer Dinge.
seliglich förchten – zu gleicher Zeit Ehrfurcht erweisen und zum Heil kommen. Der Begriff „fürchten" ist nicht so passiv wie heute, sondern er umfaßt auch die aus dem Fürchten im Sinne von „verehren" erwachsende Handlungs- und Verhaltensweise.
hinterlistiges Ubel – Das Übel besteht nach Müntzer darin, daß die Menschen nicht Gott allein fürchten (d. h. ihm Ehrfurcht entgegenbringen).
die groben Menschen – Müntzers Gebrauch von „grob" beruht auf der Tradition der deutschen Mystik. „Grob" bedeutet „ungeübt in der Kunst Gottes" und deshalb noch versunken in der Leiblichkeit, auch ungebildet.
bei ihrer unerfahrnen Weise – Müntzer beklagt, daß die Menschen durch die Praktiken der Schriftgelehrten bei der Lehre verharren, die nicht aus Gotteserfahrung gewonnen ist.

191 *Nebukadnezar* – Nebukadnezar II., König von Babylon von 604 bis 562 v. u. Z.
unversuchten – in der Kunst Gottes unerprobten.

193 *Möncheträumer* – Müntzer stellt hier der „Kunst Gottes" die aus mönchischer Askese erwachsenen Fiebervisionen als Versuchung durch den Teufel gegenüber und warnt mit Berufung auf Paulus davor.

194 *zum innerlichen Narren werden* – Zur Offenbarung gelangte man nicht durch den klügelnden Verstand, sondern dadurch, daß

man zu innerer Einfalt komme. Diese Anschauung Müntzers ist eine Polemik gegen die theologischen Spitzfindigkeiten der Scholastik, gegen den Streit um Worte, bei dem das religiöse Erlebnis, welches das Handeln bestimmt, verlorengeht. In Luthers Argumentation sieht Müntzer nichts Wesensverschiedenes zur Scholastik.

194 *Gebärerin* – Auf die Erkenntnis der Unzulänglichkeit des natürlichen Verstandes zur Gotteserkenntnis folge die Verzweiflung, aus der heraus das „innerliche Wort", die Offenbarung Gottes, aus dem Seelenabgrund geboren werde. Hier wirken die in der Mystik verbreiteten Vorstellungen von der Gottesgeburt im Menschen nach. Müntzer betont aber besonders das Schmerzhafte des Vorgangs.

195 *mit gestohlner Schrift* – Ein aus der Schrift mit dem Verstand ohne innere Erfahrung „gestohlener" Glaube.

… *Verwunderung* – Nach Müntzers Auffassung kommt das Gotteserlebnis in den Menschen durch ein großes, ehrfürchtiges Wissensverlangen (Verlangen nach Gott).

197 … *der Teufel nit darneben einreiße* – Müntzer nimmt die Bibel als Prüfstein für die Echtheit der Offenbarungen und Gesichte. Die Bibel ist ihm eine beglaubigte Beispielsammlung für die Art und Weise, wie sich Gott offenbart, während Luther sie als die abgeschlossene Offenbarung auffaßt, die nur noch auszulegen ist.

Salbe – Sinnbildlich für Wohltat, Gnade.

daß es nit raußerquelle durch menschliche Anschläge – Müntzer meint, der auserwählte Mensch müsse achthaben, daß die Gesichte nicht künstlich erzwungen würden wie in den Fiebervisionen durch die Mönchsaskese.

198 *der ander heil'ge Joseph* – Der Mann Marias, der Pflegevater von Jesus.

Sanfteleben – Luther. „Sanft" bedeutet hier die mangelnde Härte und Entschlossenheit, den irdischen Genüssen, die von Gott ablenken, zu entsagen.

199 *Gesetz* – Das Mosaische Gesetz. Es untersagt den Juden, in Gemeinschaft von Nichtjuden zu essen, und verbietet den Genuß des Fleisches bestimmter Tiere, die als unrein gelten. Müntzer bringt diese Beispiele als Korrektur des Gesetzes in der Bibel selbst.

201 … *wollte gern zwingen* … – Das jetzt bestehende, das „Heilige Römische Reich Deutscher Nation" sei dem Wesen nach dem Römischen Reich (Eisen) gleich. Müntzer führt das biblische Gleichnis von der Statue weiter und deutet die Sinnbilder Eisen und Kot (Luther übersetzt: Ton). Kot sind die unnützen

Pläne der Heuchelei, die darin besteht, daß man vorgibt, Christ zu sein, jedoch unchristlich handelt.

201 *heuchlisch Pfaffen* – Zu diesen zählt Müntzer auch Luther, der mit falschen Reden von Gottes Nachsicht die Regenten daran hindert, eine wahrhaft christliche Ordnung herzustellen.

... noch kleine war – Im Traum Nebukadnezars zertrümmert der Stein die Statue der fünf Weltreiche und wächst dann zu einem Berge an, der die ganze Welt ausfüllt.

die alten Töpf – Gemeint ist das bestehende Reich, dem die Kraft des Zwingens, die Macht zur Expansion, zur Errichtung eines Weltreiches, verlorengegangen ist.

Eckstein – Der Geist Christi. Die Fürsten sollen sich den Auserwählten anschließen und sich an ihre Spitze stellen.

202 *... versuhnen* – Müntzer charakterisiert hiermit die Absicht seiner Predigt: Er will Blutvergießen vermeiden, aber nicht auf Kosten der berechtigten Forderungen der Armen.

... heidnische Leute ihres Amts halben – Nach Luthers Lehre hat die Obrigkeit lediglich die Aufgabe, für irdische Ordnung zu sorgen. Die Fürsten sind für ihr Amt nicht an die Pflichten des Christen gebunden. Ihr Christentum wird zur Privatsache. Damit ist die feudale Praxis sanktioniert.

204 *Dann ihr seid die Mittler dozu* – Denn ihr (Fürsten) seid diejenigen, die vermitteln können, da euch das Mittel des Schwerts in die Hand gegeben worden ist.

... in der Scheiden verrusten – Das Schwert könnte sonst unbrauchbar, den Fürsten die Herrschergewalt genommen werden. Müntzer droht mit dem revolutionären Sturz der Herren, wenn sie sich der Neuordnung nicht anschließen.

Kreuz und Anfechtung – Leiden (Kreuz) und Versuchung sind nach Müntzers Auffassung die Voraussetzung zur wahren Gotteserkenntnis. Diese wird nicht einfach durch Gnade den Menschen geschenkt (Luthers Auffassung), sondern sie muß selbstverantwortlich errungen werden.

205 *Absalom* – Sohn Davids, der einen Aufstand gegen seinen Vater entfesselte, nach anfänglichem Erfolg aber geschlagen und getötet wurde. Er blieb auf der Flucht mit den Haaren im Gezweig eines Baumes hängen und war seinen Verfolgern hilflos ausgeliefert.

das Kleine herniedergerissen – Gemeint sind die Tische der Wechsler, die Jesus aus dem Tempel entfernte. Christus wird als handelnder Gott gesehen.

206 *durch solchs* – durch aktives Vorgehen gegen Abgötterei und Götzendienst.

207 *Hiskia* – König von Juda (715–690 v. u. Z.).

207 *Josias* – König von Juda (639–609 v. u. Z.).
Cyrus – Kyros II. (gest. 529 v. u. Z.), Gründer des alten persischen Reiches.
Elias – Prophet, der den Kampf gegen den Baalkult führte.
bewegt wie ein Rohr vorm Winde – Nebukadnezar fiel wieder vom rechten Glauben ab.
mit der Unterrichtung des ganzen göttlichen Gesetzes – Während sich Luther in erster Linie auf das Neue Testament stützt, betrachtet Müntzer beide Teile der Bibel als gleichberechtigt.

208 *... schlecht dem Winde befehlen* – Müntzer kritisiert, daß viele Pfaffen und Mönche die wahren Freunde Gottes nur mit leeren Worten abspeisen, anstatt den vorher dargelegten Befehlen entsprechend zu handeln.

Ausgedrückte Emblößung des falschen Glaubens

Diese Schrift entstand unmittelbar im Anschluß an die Fürstenpredigt im Juli 1524 in Allstedt. Das für die Zensur bestimmte Exemplar legte Müntzer am 1. August 1524 in Weimar vor. Gedruckt wurde die Schrift vor dem 29. Oktober 1524 in Nürnberg im Auftrag von Hans Hut, dem Müntzer das Manuskript nach seiner Flucht aus Allstedt Anfang August 1524 übergeben hatte.

209 *zum gemalten Männdlein* – die Gott so lästerlich zu einem toten Bild, einem Götzenbild, gemacht haben, weil sie die lebendige Gottesoffenbarung leugnen. Hes. 8: wird der Prophet nach Jerusalem entrückt und sieht durch ein Loch in der Tempelwand, wie die Ältesten des Volkes Israel (das heißt die weltliche und geistliche Obrigkeit) im Tempel Götzenbilder anbeten.
mit dem Hammer – Altes Testament, Jer. 23, 29: „Ist mein Wort nicht wie Feuer, spricht der Herr, und wie ein Hammer, der die Felsen zerschmeißt?“
auswurzelest ... pflanzest – alles, was gottlos ist, zerstörst und die wahre Lehre aufbaust und in die Herzen pflanzt.
Jer. 1. Kapitel – In der Lutherbibel heißt diese Stelle: „Denn ich will dich heute zur festen Stadt, zur eisernen Säule, zur ehernen Mauer machen im ganzen Lande wider die Könige Judas, wider ihre Fürsten, wider ihre Priester, wider das Volk im Lande, daß, wenn sie gleich wider dich streiten, sie dennoch nicht wider dich siegen, denn ich bin bei dir, spricht der Herr, daß ich dich errette.“
Schmachbücher – Gemeint ist Luthers „Brief an die Fürsten zu Sachsen von dem aufruhrischen Geist“.

210 *durch die Vergleichung aller Geheimnis und Urteil Gottes* – indem man allen vertrauten Umgang mit Gott und alle Ansichten, Erkenntnisse über Gott mit der Heiligen Schrift vergleicht.

... Zertrennung – Die Stelle zielt gegen Luther, der seine Ansichten vornehmlich auf einige Pauluszitate stützt. Müntzer fordert, daß immer und überall das Ganze betrachtet wird: die ganze Heilige Schrift, das ganze Kapitel bei einer Predigt, damit nicht der Sinn des Zusammenhangs verfälscht wird.

Wagenburg – Gemeint ist das Lager, in dem sich die Gottlosen verschanzt haben.

Wasser alles Verderbnis – Gemeint ist die falsche Lehre.

... guten Raum und Zeit – ... allen meinen Widersachern Zeit und Gelegenheit gebe, sich zu rechtfertigen.

211 *den gefährlichen Winkel* – Eine Disputation mit Luther unter Ausschluß der Öffentlichkeit.

Hanne – Hannas, Schwiegervater des Hohenpriesters Kaiphas, der Jesus nach seiner Festnahme zuerst verhörte.

212 *Unglaub entdeckt würd in allen Auserwählten* – Nach Müntzers Auffassung muß der Weg zur göttlichen Offenbarung über Unglaube, Zweifel und Verzweiflung führen.

... Unmüglichkeit der Zusag – Zacharias hat die Verheißung des Engels, seine unfruchtbare Frau würde ihm ein Kind gebären, nicht glauben wollen, weil ihm die Erfüllung unmöglich erschien.

Glaub des Senfkorns – Anspielung auf das Gleichnis vom Senfkorn (Neues Testament, Matth. 13, 31f.).

213 *Zank anrichtet* – im Streit liegt. Der Akzent liegt darauf, daß der Glaube gegenüber dem Unglauben oder dem falschen Glauben unduldsam ist. Müntzer stellt als höchste Aufgabe die streitbare Beseitigung der Gottlosen, braucht also für den Sturz der Gesellschaftsordnung die Legitimierung dieser Unduldsamkeit. Diese Intoleranz ist in der gegebenen Situation progressiv.

umschättigt – (mhd. schate: Schatten, Schutz) Nach der Vorstellung der Mystik wird der Auserwählte durch die „Furcht Gottes“ vom Heiligen Geist, dem er damit eine Wirkungsstätte gibt, umhüllt und aus der Welt herausgehoben.

214 *... Antun oder Durchgang im Abgrund der Seelen* – Begriffe der deutschen Mystik. Gott offenbart sich den Auserwählten direkt im tiefsten innersten Seelengrunde durch das Anziehen des Geistes oder den Durchbruch zum Geiste.

Butterbuben – Gemeint sind diejenigen, die sich einen sogenannten Butterbrief gekauft haben, eine Erlaubnis, während der Fastenzeit Butter essen zu dürfen.

214 *das dünne Zünglein* – Die Schlangenzunge, mit der der Teufel die Menschen zum Sündenfall verleitet hat.
215 ... *wie die Affen* – Ihr habt einen tierischen Nachahmungstrieb wie die Affen.
216 *Bacchanten* – Eigentlich trunkene Gefolgsleute im Zuge des Weingotts Bacchus; zu Müntzers Zeit übertragen gebraucht für fahrende Schüler, Gaukler, Schwätzer.
... *durch sein Berechen nicht übereinstimmte* – Nach Müntzer erfolgt die Gotteserkenntnis auf einem bestimmten Wege, auf dem alle Auserwählten zu Gott kommen. Dieser Weg muß durch den Vergleich mit der Bibel überprüft werden.
Zartlingen – Gemeint sind die Weichlinge, die sich den irdischen Lebensgenüssen verschrieben haben und nicht bereit sind, das Kreuz, die Leidensnachfolge Christi, auf sich zu nehmen.
217 *Gesetz Gottes* – Altes Testament.
im Geist Christi nicht anfangen – Man soll die Offenbarung durch den Geist Christi nicht an den Anfang stellen, nicht zur Grundlage des Glaubens nehmen.
218 *Taglöhner* – Mietlinge, die um des Lohnes willen für den Tag und nicht für die Ewigkeit predigen.
langweilig – Gegensatz zu der Verstrickung in weltliche „Kurzweil"; die Mystiker bezeichneten mit diesem Terminus die Entleerung der Seele vom weltlichen Schein und Treiben.
das irdische Leben schwenke in den Himmel – Müntzer leitet hier aus den mystischen Vorstellungen die Auffassung ab, daß Gott nicht im Jenseits, sondern in den Menschen gegenwärtig sei und daß die Seligkeit nicht nach dem Tode im Jenseits zu finden sei, sondern durch den Sturz der bestehenden Ordnung als Gottesreich auf der Erde von den Auserwählten verwirklicht werden solle.
219 *Vater Leisentret* – Leisetreter, Schmeichler; gemeint ist Luther.
Herodes – Herodes, genannt der Große (72–4 v. u. Z.), von den Römern 37 v. u. Z. eingesetzter und gestützter König in Palästina.
... *aus 'm Sack träuft* – Ironisch: das fromme Blut, das dem Adel dieser Welt aus der Tasche tropft; nach Müntzers Auffassung verkörpert Herodes alle Eigenschaften dieses irdischen Adels.
220 ... *Menschwerdung Christi annehmen* – Müntzer meint, die Herren wüten so sehr, daß den Armen keine Zeit mehr zur Besinnung und zur richtigen Gotteserkenntnis bleibt.
Sekten – Als Sekten bezeichnet Müntzer die falschen Lehren, z. B. auch die der katholischen Kirche und Luthers.

221 *... von Gott zun Kreaturn gefallen* – Durch den Sündenfall und sein genußsüchtiges, weltliches Leben sei der Mensch von Gott abgefallen, deshalb müsse er die Fürsten und andere weltliche Herren mehr als Gott fürchten.

die Fürsten ... Forcht des Bösen – Die Fürsten seien nicht um der Furcht willen, die als Ehrfurcht vor Gott das Gute vollbringe, sondern wegen der ketzerischen Furcht vor dem Bösen, vorhanden. Müntzer will damit sagen: den Fürsten wird nicht Ehrfurcht wegen ihrer guten Werke entgegengebracht, sondern sie werden gefürchtet wegen ihrer schlechten Taten.

Eiferer der Wirdigkeit Gottes – Einer, der ohne eigennützige Motive eifersüchtig über die wahre Verehrung Gottes wacht.

222 *dieweil uns die Forcht Gottes ... Weisheit* – Solange die Gottesfurcht nicht innerlich leer mache, d.h. frei vom Interesse an irdischen Genüssen, könne das unermeßliche Wissen, die unerschöpfliche Gotteserkenntnis nicht ihren Anfang nehmen.

entsetzter Mensch – Im Sinne der Mystik ein durch die „Furcht Gottes" außer sich gesetzter und daher für die Offenbarung bereiter Mensch.

223 *der Regenten Rät* – Gemeint ist Luther.

des verkehrten Regiments – Gemeint ist das fünfte Zeitalter, das Müntzer in der „Fürstenpredigt" beschreibt.

Schwärmerei – Luther diffamierte diese Ansichten als „Schwärmerei", als Ausgeburten einer ungesunden, erhitzten Fantasie, die mit Wirklichkeit und Wahrheit nichts zu tun hätten.

224 *aus einem alten Balken visiert* – aus der alten Vorstellung eines Waagebalkens, einer Waage heraus dargestellt; nach einer überlieferten Vorstellung kommen die Guten und Bösen beim Jüngsten Gericht auf eine Waage.

‚de republica' – Die Schrift „Politeia" (Der Staat) des griechischen Philosophen Platon (427–347 v. u. Z.) lehrte als Zweck des Staates die Erziehung des Volkes zur Tugend und als Mittel dazu die Herrschaft der Philosophen im Staate.

Apuleius ‚vom gülden Esel' – Die im Jahre 151 geschriebenen „Metamorphosen" (Verwandlungen) des römischen Schriftstellers Apuleius (um 125–um 180), die später den Titel „Der goldene Esel" erhielten, schildern das Schicksal eines Jünglings, der, wegen seiner Laster in einen Esel verwandelt, durch die Mysterien als ein neuer Mensch wiedergeboren wird. Eine Episode daraus ist das Märchen von „Amor und Psyche".

225 *Galgenreu* – Reue, die zu spät kommt.

Rauchwerk – Das reuige Herz wird mit einem biblischen Rauchopfer (z. B. Weihrauch) verglichen.

228 *die wuchersüchtigen Böswichter* – Die Pfaffen, die des Geldes oder Bauches (des leiblichen Wohles) wegen predigen.
Hundknechte – Hundewärter, weil sie die Christen zu einer hündischen, kriecherischen Haltung erziehen.
des Geists Erinnerung – Nach Auffassung der Mystiker ist die Erinnerung an den Geist die Methode, die zur Offenbarung vorbereitet, also die erste Stufe der „Kunst Gottes".
... der emsigen Begier Maße an dem Maße des Glaubens wissen – Er (dieser neue Johannes) muß wissen, daß das Maß des Glaubens dem Maß der emsigen Begier entspricht.

229 *... durchs ewige kräftig Wort des Vaters im Suhn mit Erläuterung des Heiligen Geists* – Jeder muß den rechten Glauben durch das ewig Kraft gebende Wort des Vaters, d.i. das Alte Testament, durch den Sohn, d.i. das Neue Testament, erläutert durch den Heiligen Geist, erlangen. Müntzer erklärt hier die Dreifaltigkeit Gottes im Zusammenhang mit dem Weg der Gotteserkenntnis durch die Schrift und die lebendige Offenbarung.

230 *Langweil* – Vgl. Anm. zu S. 218.

231 *Besprengung* – Müntzer deutet hier die rituelle Besprengung mit Wasser, in dem die Asche einer geopferten Kuh gelöst ist, als „anfängliche Bewegung des Geistes", die erstmals im Alter von etwa sieben Jahren geschieht.

233 *deine Backen* – Zeichen des genießerischen Wohllebens.
Schade der Welt – Die Herrschaft der Gottlosen.
Sie laufen ins Mör – Nach dem Neuen Testament, Matth. 8 treibt Jesus Teufel aus Besessenen aus. Diese fahren in eine Schweineherde, die sich ins Wasser stürzt und ertrinkt.

234 *Frucht des verboten Holz'* – Anspielung auf den biblischen Sündenfall von Adam und Eva und dessen Folgen für die Menschheit durch das Gelüst nach der verbotenen Frucht vom Baum der Erkenntnis.
den Schweinen und nicht den Menschen zuständig – vom Teufel besessen (Anspielung auf Neues Testament, Matth. 8).

236 *bezeugter Bund* – Das Gesetz des Alten Testamentes.
der allergelassenste Mensch – Begriff der Mystik: der Mensch, der sich von allem Irdischen gelöst, alles „losgelassen" hat.
Wüstnei seins Herzens – Die durch das Leiden hervorgerufene schmerzhafte Leere des Herzens, Verzweiflung, Verlassenheit von allem „Trost der Kreatur".

237 *Lästerbuch* – Gemeint ist „Ein Brief an den Fürsten zu Sachsen von dem aufruhrischen Geist" von Luther.

238 *Wurfschaufel* – Um das Getreide von Spreu und Unkrautsamen zu säubern, warf man es früher mit einer Wurfschaufel gegen den Wind.

238 *nach der Erstattung des Schadens* – nach dem Ende der Herrschaft der Gottlosen.

Amtmann – Der Hauptmann von Kapernaum übertraf die Israeliter im Glauben an Jesus.

heidnisch Weiblein – Das kananäische Weib, dessen Tochter Jesus vom Wahnsinn wegen ihres starken Glaubens geheilt haben soll.

239 *übervernünftige Bekümmernis* – Nach Müntzers Auffassung muß der Offenbarung eine tiefe Traurigkeit und Verzweiflung vorausgehen.

241 *Monotessaron* – „Eins aus vier", eine Zusammenziehung der vier Evangelien (Evangelienharmonie).

Nicodemus – Ein Schriftgelehrter, der Jesus gegen die übrigen Pharisäer verteidigte (Neues Testament, Joh. 7).

242 *Nazareth* – Gott habe sich nach Müntzers Auffassung in den auserwählten Menschen verborgen und sie so zu einem Nazareth, einem verkannten, verachteten Ort, gemacht.

Weisheit des Kreuzes – Wissen vom Kreuz; gemeint ist das Nachvollziehen der Leiden Christi.

... *die uns das Kreuz ... gekreuziget sind* – Müntzer meint: Die Menschen sind von Natur aus argwöhnisch gegen rechtschaffene Prediger, die ihnen das Kreuz (die Nachfolge Christi, das Aufsichnehmen des Leidens) und große Schwierigkeit des Glaubens (das Angewiesensein auf die Hilfe des Heiligen Geistes, um die Einwände der natürlichen Vernunft, die Unmöglichkeiten sieht, zu überwinden) erklären, damit sie erkennen, wo das rechte Reich Davids ist, nämlich dort, wo Christus am Holz regiert (wo er das Kreuz, das Leid, das Opfer auf sich genommen hat) und wo sie mit ihm gekreuzigt sind (seinem Vorbild folgen, seine Leiden im Innern nachvollziehen).

243 *Zerknirschen ihrer Lenden* – Nach dem Alten Testament, 1. Mos. 32, 25ff. wurde Jakob beim Kampf mit dem Engel das Hüftgelenk verrenkt.

Da gebiert ... Jesus Christus – Müntzer umschreibt hier noch einmal mit Bildern und Begriffen der Mystik das lebendige Wirken des dreieinigen Gottes (Vater, Sohn, Heiliger Geist).

Hochverursachte Schutzrede

Müntzers Antwort auf Luthers „Brief an die Fürsten zu Sachsen von dem aufruhrischen Geist" wurde vermutlich in Mühlhausen Ende August bis Anfang September 1524 geschrieben und dann in Nürnberg gedruckt. Die Zeit des Erscheinens liegt vor dem 17. Dezember 1524.

244 *geistlos* – vom Heiligen Geist nicht erleuchtet.
sanftlebend – bequem lebend, den irdischen Genüssen verfallen und nicht bereit, das Kreuz der Nachfolge Christi auf sich zu nehmen.
Fleisch – Betont wird nochmals das Ungeistige, das Irdische.
aus der Höhlen Eliä – Auch Elias mußte vor Verfolgung verborgen werden. Müntzer rechtfertigt mit diesem Hinweis seine Flucht aus Allstedt.
Dem durchläuchtigsten ... Christenheit – Die Anrede ist eine Parodie auf Luthers Anrede im „Brief an die Fürsten zu Sachsen von dem aufruhrischen Geist". Dort heißt es: „Den durchläuchtigsten hochgebornen Fürsten und Herrn, Herrn Friedrich, des Röm. Reichs Kurfürst, und Johanns, Herzogen zu Sachsen, Landgrafen in Thüringen, und Markgrafen zu Meißen, meinen gnädigsten Herrn." Müntzer gesteht alle diese Titel einzig Christus zu und drückt gleich zu Beginn seine Fürstenfeindlichkeit aus, indem er seine Schrift nur Christus und der gesamten Christenheit widmet.
unüberwindlich Gezeugnis – Gemeint ist das unwiderlegbare Beweismittel, daß der Geist in fleischlich gesinnten Menschen nicht wohne.
allerehrgeizigster – „Ehrgeizig" spielt hier auf die beiden Hauptlaster an, die dem Heiligen Geist zuwider sind: Streben nach Ehre (Ansehen vor der Welt) und Geiz (Verfallensein den irdischen Gütern).
245 *Gutdunkler* – Bequem nach eigenem Gutdünken Lebende und Glaubende, die dem Kreuz ausweichen.
... uberhaben sein – Du (Christus) vermochtest desselbigen (der Beschuldigungen) auch nicht vor ihnen (den Schriftgelehrten) enthoben zu sein.
Doktor Ludibrii – Ludibrium: (lat.) Spielwerk. Lautliche Anspielung auf Luther.
246 *Nicodemo vorworfen* – Die Schriftgelehrten warfen Nicodemus vor, daß aus Galiläa kein Prophet kommen könne.
Die ganze Heilige Schrift ... – Müntzer gibt hier dem Gedanken Ausdruck, daß beide Testamente der Heiligen Schrift gemeinsam und mit dem ursprünglichen Wesen der menschlichen Kreatur eine Einheit bilden, in der die Wahrheit verborgen liegt.
aus ganz ihrem Herzen und Geiste – Müntzer wirft den Schriftgelehrten vor, daß sie die Bibel nicht aus dem Ganzen, dem Innersten, dem „Grund" ihres Herzens und Geistes erforschen, wo das „innere Wort", der wahre Sinn der Schrift durch das „Fleisch" zugedeckt, verborgen ist.

247 *Unschuld* – Sündenlosigkeit. Nach dem Dogma ist Jesus ohne Erbsünde geboren.

248 *armselige Menschen* – Menschen, die im Sinne der Mystik am Geiste arm und leer geworden und daher zur Seligkeit auserwählt sind.

Disdiapason – zweigestrichene Oktave. Müntzer wirft Luther hier vor, daß er gewaltsam Unzusammengehöriges harmonisiere.

Fruheessen – Müntzer meint: wenn einer die hohen und die geringen Dinge vermischt hat, dann schmeckt ihm der Brei, sonst nicht, aber er hat ein Grausen vor dem wahren „Anfang" des Glaubens. „Suppe zu Frühessen" steht hier im Gegensatz zu „Brei", dem Getrübten, Vermengten, als Symbol für das, was die Seele im Zustand der Nüchternheit, des Reingefegtseins durch das Kreuzesleiden als echten Glauben empfängt.

249 *Samaritan* – Samariter, Angehöriger eines von den Juden verachteten Volksstammes.

nach dem Fleisch gerichtet – Das Urteil der Richter Jesu war auf Äußeres gerichtet, auf seine Herkunft, Galiläer und Angehöriger eines niedrigen Standes zu sein.

Christum mit allen seinen Geliedern – Nach Müntzer lebt Christus fort in der geistigen Kirche der Auserwählten, von denen jeder sich als Teil, als Glied Christi fühlt.

Kulkrabe – Der Kolkrabe (Luther) kehrte im Gegensatz zur Taube (Müntzer) nicht zum Hause Gottes, der Arche zurück, weil er unterwegs Aas (Wohlleben) zu fressen fand.

250 *Büchlen wider mich* – Gemeint ist Luthers Schrift „Ein Brief an die Fürsten zu Sachsen von dem aufruhrischen Geist".

wie ich's vorn Fürsten ... darvonkommen – In diesem eingeschobenen Satz faßt Müntzer noch einmal den Kern seiner „Fürstenpredigt" zusammen.

251 *Leisentritt* – Leisetreter, ein Mensch, der aus feiger Vorsicht nicht aufzutreten wagt; gemeint ist Luther.

Buch von Kaufshandelung – Luthers Schrift „Von Kaufshandlung und Wucher", in der die Raubritter als Werkzeuge der Strafe für den Wucher der Kaufleute dargestellt werden.

Heerhold – Wortspiel: einerseits Herold, andererseits dem Heer (Blutvergießen) hold.

253 *nach dem die Verfolger die besten Christen sein wöllen* – Müntzer meint, es muß unterschieden werden, ob die Gottlosen als Verfolger der Gerechten sich für die besten Christen ausgeben oder ob die Gerechten als Verfolger der Gottlosen die richtigen Christen sind.

253 *Welichem doch der Finger Christi … beider* – Müntzer meint, daß Luther Gesetz und Gnade in einer nicht vom Heiligen Geist erleuchteten Weise unterscheidet und auseinanderreißt, während er beide als zusammengehörige Einheit betrachtet. Die Strenge des Gesetzes ist nur dann sinnvoll, wenn sie nicht von irdischen Interessen, sondern davon bestimmt ist, daß der Seele die Begegnung mit Gott ermöglicht und damit der wahre Sinn des Gesetzes erhellt wird. Das verpflichtet nach Müntzers Auffassung allerdings zur Beseitigung irdischer Mißstände.

254 *… Gesunden* – Verderbnis und Krankheit komme über die körperlich Gesunden, die sorglos und „unbetrübt" leben.

Nun du vernimmst … innen werde – Der Sinn des Satzes ist: Nun, da Luther spürt, daß sein Auftreten gegen die katholische Kirche zu revolutionären Folgen führen könnte, die er nicht wünscht, versucht er Müntzer als Aufrührer abzustempeln und sich selbst vor den Fürsten reinzuwaschen.

255 *Baseliscum, Dracken, Aspidem und einen Lewen* – Basilisk, Drachen, Otter und Löwe sind hier Teufelssymbole.

Kaiphas – Luther wird hier mit dem Hohenpriester Kaiphas verglichen, dem Obersten der Schriftgelehrten, der Christus' Hinrichtung veranlaßte.

die Biblien zu singen und zu predigen – Müntzer führte den Gottesdienst und die Messe in deutscher Sprache ein, was Luther mißbilligt hatte.

seiner Teutschen Meß – Gemeint ist Luthers Schrift „Von der Ordnung des Gottesdienstes in der Gemeinde" (1523).

mein Amt – Bezieht sich auf Müntzers Schrift „Deutsches Kirchenamt und deutsch-evangelische Messe".

256 *Diebhenker* – Die Fürsten, denen Luther das alleinige Recht des Schwerts zuschrieb.

Malmasier – Malvasier, ein Süßwein.

257 *vorm zukünftigen Schaden* – vor dem Sündenfall.

… vermanchfältigt – Gott habe Adam davor gewarnt, daß er aus der einfältigen Richtung zu Christus sich in die Mannigfaltigkeit der Welt verstricke.

… mit dem Worte handelen – Müntzer hatte gehofft, daß Luther sich ihm in einer Disputation stellte und die Meinungsverschiedenheiten nur mit dem Wort, nicht mit der „Faust", der Gewalt, austrüge.

258 *Jungfrau Mertin* – Ironisch: das Symbol der Unschuld (Jungfrau) wird durch das zweite Bild der babylonischen Hure, das Sinnbild völliger Weltverfallenheit, als Heuchelei charakterisiert.

258 *daß die Pfaffen mögen Weiber nehmen* – Antwort auf eine Stelle im „Brief an die Fürsten zu Sachsen von dem aufruhrischen Geist".

Erklärung Kaiserlichs Ersten Mandats – Luthers Schrift „Wider die Verkehrer und Fälscher Kaiserlichs Mandats" (1523). Der vierte Artikel des Mandats bestimmte, daß Geistliche, die ein Weib nehmen, nach geistlichem Recht bestraft werden sollten und daß die weltliche Obrigkeit solche Strafe nicht hindern sollte. Luther fordert auf, dieses Unrecht zu erdulden, „sintemal Unrecht leiden köstlich, aber Unrecht tun schädlich ist ...".

259 *ein Liedlein oder zwei* – Anspielung auf Luthers Lied „Von den zween Märterern Christi zu Brussel, von den Sophisten zu Löwen verbrannt" (1523).

von den' von Orlamünde – Die Orlamünder hatten sich beim Kurfürsten über Luthers heftiges Auftreten gegen Karlstadt und dessen Anhänger beschwert. Luther hatte protestiert und dabei gesagt: „Ihr habt mir einen Feindesbrief geschrieben, Ihr gebt mir meinen Titel nicht, den mir doch etliche Fürsten und Herren, so meine Feinde sind, geben und nicht abbrechen."

wie Paulus Festum – Müntzer verhöhnt hier das Anreden mit Titeln. Während der römische Landpfleger in der Apostelgeschichte (25,1) einfach mit seinem Namen Festus genannt wird, pocht Luther auf Titel.

Joves und Musas – Müntzer meint offenbar Minerva (Pallas Athene), die aus der Stirn des Jupiter (Zeus) entsprungen sein soll und so wirklich hoch geboren genannt werden kann, während es bei den Fürsten eine unwahre Schmeichelei ist.

rechtfertigen – durch den bloßen äußeren Glauben gerecht machen.

260 *Gloß uber das neulicheste Kaiserlich Mandat* – Gemeint ist Luthers Schrift „Zwei Kaiserliche uneinige und widerwärtige Gebot den Luther betreffend" (1524).

... *daraus erwachsen würde* – Der Zwang, sich offen mit Müntzer auseinanderzusetzen.

... *der Marien Bildnis zu Malderbach* – Müntzers Anhänger zerstörten am 24. 3. 1524, nachdem seine Predigten in Allstedt verboten und einige seiner Gefolgsleute verhaftet worden waren, die zum Kloster Naundorf gehörige Feldklause Mallerbach, in der sich das angeblich „wundertätige" Marienbild befand. Der „Ziegenstall" ist die Hütte des Klausners. Um Verhaftungen der an der Zerstörung Beteiligten zu verhindern, rief Müntzer am 13. 6. 1524 seine Anhänger zu den Waffen.

261 *ungebraten Lorenzen zu Nordhausen* – Justus Jonas, gebürtig in Nordhausen, Propst zu Wittenberg, dem Müntzer vorwirft, Luthers „Brief an die Fürsten zu Sachsen" verursacht zu haben. Der heilige Lorenz wurde lebendig auf einem Rost gebraten. Ein ungebratener Lorenz ist also ein Heiliger, der nicht durch Leiden geprüft ist.

262 *ein himmelische Sackpfeifen heißen* – Müntzer meint, der Ausdruck „himmelische Sackpfeife" passe besser zu Luther, weil er aus dem Harz stamme und weil er „tanzen", d.h. unter dem Deckmantel des Wortes Gottes seinen weltlichen Neigungen frönen wolle.

... gleich erstrecken – allen Aussprüchen von Barmherzigkeit und Gerechtigkeit Gottes die gleiche Ausdehnung geben, den gleichen Wert, das gleiche Gewicht beimessen. Gesetz und Gnade gehören also nach Müntzers Auffassung untrennbar zusammen.

lästerliche Sach von freiem Willen – Müntzer polemisiert hier gegen Luthers Auffassung, daß der Mensch keine Willensfreiheit besitze, sondern nur durch den Glauben und die Gnade selig werden könne. Er betont dagegen die freie Entscheidung und die Selbstverantwortlichkeit des Menschen für sein Leben und die Gottesbegegnung.

263 *... alles nach der Fuchsart* – Du hast stets nach der Art eines Fuchses mit der Einfältigkeit (Gradheit) gehandelt, die durch eine Zwiebel mit neun Häuten versinnbildlicht wird, also das Gegenteil von Einfalt darstellt.

vom Fuchs – Luther ist der Fuchs, mit dem man nach der Sitte der Herrenhöfe die unerfahrnen Jäger, das „arm, grob Volk", betrügt.

wie du zu Leipzig – Die Disputation mit Eck 1519 in Leipzig.

264 *Melchior Lotter* – Luthers Leipziger Verleger und Drucker.

zu Augsburg – Luther wurde in Augsburg am 12., 13. und 14. Oktober 1518 von dem päpstlichen Legaten Kardinal Cajetan verhört. Am 20. Oktober floh er vor der drohenden Verhaftung. Staupitz war sein Vorgesetzter im Augustinerorden. Er hatte ihn gewarnt und sich selbst schon vorher entfernt. Er unterstützte Luther zunächst, unterwarf sich aber bald der päpstlichen Gewalt und wurde schließlich Abt in Salzburg.

Büchlein vom Aufruhr – Luthers Schrift „Ein treu Vermahnung Martin Luther zu allen Christen, sich zu hüten vor Aufruhr und Empörung" (1522).

im Münchkalbe – Gemeint ist Luthers Schrift „Deutung der zwo greulichen Figuren Papstesels zu Rom und Münchkalbes zu Freiberg, in Meißen gefunden" (1523).

264 *die guten Brüder* – Markus Thomas Stübner und Niklas Storch, Zwickauer Wiedertäufer, dann Anhänger Müntzers, hatten im April bzw. September 1522 Unterredungen mit Luther. Müntzer war zwar auch in Wittenberg, bei den Gesprächen aber vermutlich nicht anwesend.
zu Worms vorm Reich – Der Reichstag in Worms fand 1521 statt.
beheimische Geschenk – böhmische Geschenke, Säkularisierungen geistlichen Besitzes nach hussitischem Vorbild.

265 *zu Weimar vor ihnen war* – Gemeint ist das Verhör vor Herzog Johann am 1. 8. 1524.
in sein Pfleg fallen – Müntzer stellt hier die gleiche Forderung wie in der „Fürstenpredigt" an die Fürsten. Offenbar will er damit andeuten, daß er keinen Wert auf nachsichtige Behandlung durch die Fürsten legt, sondern sie im Gegensatz zu Luther weiter „an der Nasen ruckt".
... das Mittel – Zwischen die armen Bauern und das Jüngste Gericht stellt sich die Justiz der gottlosen Fürsten, während sie die Großen nicht straft.

266 *Goliath ... David* – Müntzer vergleicht die kriegerischen Fürsten mit dem Riesen Goliath und den in seiner Lehre lebendigen Christus mit David, der den Goliath überwand.
Saul – Gemeint ist Luther.

An die Allstedter

Dieser Brief ist nicht an die Mansfeldischen Bergknappen gerichtet, sondern an die Verschworenen des Allstedter Bundes. Er enthält die Aufforderung, sich jetzt der Erhebung anzuschließen und die Mansfeldischen Bergknappen zur Teilnahme zu gewinnen.

268 *Balthasar und Barthel Krump, Valtein und Bischof* – Vertraute des Allstedter Bündnisses.
Nimrod – Nach der Bibel sagenhafter Jäger und Städtebauer, Begründer von Ninive und anderen Städten (vgl. Altes Testament, Micha 5, 5).

Sendebrief zur Bekehrunge Bruder Ernstes zu Heldrungen

Aus dem Lager der aufständischen Bauern in Frankenhausen forderte Müntzer den Grafen Ernst von Mansfeld auf, sich dem Bund der Bauern anzuschließen.

270 *Bruder Ernstes zu Heldrungen* – Graf Ernst von Mansfeld, der im Schloß zu Heldrungen residierte.
Madensack – Fleischlich, weltlich gesinnter Mensch.
271 *wie den Pharaonem* – Der Pharao weigerte sich, die Israeliter aus Ägypten fortziehen zu lassen (Altes Testament, 2. Mos. 7).
Jubilate – Dritter Sonntag nach Ostern.
Schwert Gedeonis – Gideon besiegte mit seinem kleinen Heer die plündernd über den Jordan vorbrechenden Midianiter (Altes Testament, Richter 7, 14).

Die grundlichen und rechten Hauptartikel ...

Im Februar 1525 wurden vom Feldschreiber des Baltringer Haufens Sebastian Lotzer, einem Kürschnergesellen aus Memmingen, die Beschwerden der Bauern zusammengestellt und mit Bibelstellen belegt. Für den Druck fügte der Memminger Stadtprediger Christoph Schappeler die Einleitung hinzu. Sie erschienen im März 1525 in Augsburg und wurden in diesem Jahre wenigstens zweiundzwanzigmal nachgedruckt. Die Mehrheit der Bauern betrachtete diese Artikel als ihr Programm. Der Text unserer Ausgabe folgt dem von A. Götze und L. E. Schmitt besorgten Neudruck (Halle 1953). Auf die dort als Marginalien gegebenen Bibelstellen verzichtet unsere Ausgabe.

275 *Hintersässen* – Hintersassen, von einem Grundherren abhängige Bauern, die dem Stande der Freien oder Halbfreien angehörten.
Widerchristen – Feinde der wahren christlichen Lehre.
276 *die Bauren ... ängstlich rufend* – Die Bauern, die dringend verlangen, nach Gottes Wort, seinem in der Bibel gegebenen Gesetz, leben zu können.
aus der Hand Pharaonis erlediget – Der Pharao verweigerte unter Moses dem Volk Israel die Auswanderung aus Ägypten, die nur durch Wunder gelang (Durchzug der Juden durchs Rote Meer).
277 *Zehat* – Zehnt. Im Mosaischen Gesetz (Altes Testament, 5. Moses 22f.) ist bestimmt, daß der zehnte Teil der Ernte an die Priester abgegeben werden soll.
Kirch-Pröpst – Hier: die obersten gewählten Kirchenvorgesetzten.
281 *zu unsern gemeinen Handen* – Gemeint ist die Verwaltung der Allmende, des gemeinsam bewirtschafteten und genutzten Landes.

INHALTSVERZEICHNIS